U0870980

中国法学教科书·原理与应用系列

Administrative Law and Administrative Procedure Law

行政法与行政诉讼法

（第二版）

主　编　胡锦光
副主编　刘飞宇
撰稿人（以撰写章节先后为序）
胡锦光　戚建刚　宋功德　刘飞宇　章志远
张献勇　张德瑞　张步峰　高秦伟　罗　杰

高等教育出版社·北京

图书在版编目（CIP）数据

行政法与行政诉讼法／胡锦光主编. -- 2 版. -- 北京：高等教育出版社，2019.8

ISBN 978-7-04-052177-1

Ⅰ. ①行… Ⅱ. ①胡… Ⅲ. ①行政法-中国-高等学校-教材②行政诉讼法-中国-高等学校-教材 Ⅳ. ①D922.1②D925.3

中国版本图书馆 CIP 数据核字(2019)第 130056 号

XINGZHENG FA YU XINGZHENG SUSONG FA

策划编辑 程传省　　责任编辑 程传省　　封面设计 张 志　　版式设计 马 云
责任校对 张 薇　　责任印制 刁 毅

出版发行 高等教育出版社
社　　址 北京市西城区德外大街 4 号
邮政编码 100120
印　　刷 中农印务有限公司
开　　本 787mm × 1092mm　1/16
印　　张 22.75
字　　数 570 千字
购书热线 010-58581118
咨询电话 400-810-0598
网　　址 http://www.hep.edu.cn
　　　　 http://www.hep.com.cn
网上订购 http://www.hepmall.com.cn
　　　　 http://www.hepmall.com
　　　　 http://www.hepmall.cn
版　　次 2007 年 12 月第 1 版
　　　　 2019 年 8 月第 2 版
印　　次 2019 年 8 月第 1 次印刷
定　　价 49.00 元

本书如有缺页、倒页、脱页等质量问题，请到所购图书销售部门联系调换
版权所有 侵权必究
物 料 号 52177-00

作 者 简 介

（以编写章节先后为序）

胡锦光，男，1960年生，安徽黄山人，教授、法学博士、博士生导师，中国人民大学宪政与行政法治研究中心主任，兼任中国法学会宪法学研究会副会长、北京市法学会宪法学研究会副会长等。在宪法学基本理论、宪法救济、行政诉讼等方面取得了重要研究成果。代表性成果有：专著《中国宪法问题研究》《行政处罚研究》《违宪审查论》；主编《违宪审查比较研究》《中国宪法发展研究报告》《行政法专题研究》和《中国十大行政法案例评析》等；合著《中国宪法》《行政处罚听证程序研究》等；在国外出版有《中国的政治》和《中国宪法的理论与实务》等书；在国内《中国法学》《法学研究》《法学家》《中国人民大学学报》等刊物上发表论文200余篇。近年来承担的项目主要有：国家社科基金重大项目《和谐社会运行中的法治保障体系》、新世纪优秀人才支持项目《构建和谐社会的法治基础》、教育部重点课题《公民受教育权的法律救济》、司法部课题《宪法权利救济制度研究》等。论文与论著也多次在全国获奖，其中主编的《以案说法——行政法案例》（丛书）获得教育部2002年"高等院校出版社社会经济效益双效奖"，主编的《中国宪法发展研究报告》获2006年第四届"中国高校人文社会科学研究优秀成果奖"法学类三等奖。撰写本书第一章。

戚建刚，男，1976年生，祖籍浙江，中南财经政法大学法学院教授、法学博士、博士生导师。（合）著《权力制约机制及其法制化研究》《法治国家架构下的行政紧急权力》等3部，主编或参编《行政法与行政诉讼法理论评述》《行政法与行政诉讼法》等教材4部，发表《紧急权力的自由模式之演进》（刊于《中国法学》2005年第4期）、《我国行政法发展的分析模式》（刊于《现代法学》2005年第2期）等学术论文30篇，主持并参与国家或省部级项目8项。曾获"北京大学学术十杰"（2005年）、中国法学会优秀论文三等奖（2006年）。撰写本书第二章、第三章、第四章、第五章、第六章。

宋功德，男，1971年生，安徽庐江人，法学博士，曾任国家行政学院法学部研究员，现任中共中央办公厅法规局副局长。主持和参与多项国家课题，出版《论行政指导》《行政法哲学》《法学的坦白》《税务行政处罚》《WTO与行政法》《论经济行政法的制度结构——交易费用的视角》《行政法的均衡之约》《依法行政干部读本》《统一公法学原论——公法学总论的一种模式》《论行政处理》等法学专著10部，译著《贪婪、无序与治理——利用公共选择改良公法》，并在《中国法学》《中外法学》《中国行政管理》《行政法论丛》《人民日报》《法制日报》等刊物上发表论文近70篇，其中《论行政法治原则的地域化》一文获中国法学会2001年度论文一等奖，《统一公法学原论——公法学总论的一种模式》一书获第二届"全国法学教材与科研成果奖"二等奖。撰写本书第七章。

刘飞宇，男，1975 年生，湖南衡阳人，原中国人民大学法学院副教授、法学博士，执业律师。主要研究方向为基本权利、行政信息公开制度、行政听证程序等；主持多项国家社科重大研究课题及北京市社科项目和横向课题，其中《中国宪法发展研究报告》获 2006 年第四届“中国高校人文社会科学研究优秀成果奖”法学类三等奖，“中国宪法”获“国家精品课程奖”，《以案说法》获教育部“高等院校出版社社会经济效益双效奖”；主编、副主编《中国十大行政法案例研究》《行政法专题研究》《行政法与行政诉讼法》等多部法学核心系列教材；在《法学》《法学评论》《法学家》等刊物上发表学术论文 40 余篇；代表著作为《转型中国的行政信息公开》《多维视野下的行政信息公开制度研究》。撰写本书第八章、第十三章。

章志远，男，1975 年生，安徽贵池人，华东政法大学教授、法学博士、博士生导师，江苏省“青蓝工程”高校优秀青年骨干教师。出版《行政行为效力论》《中国行政法基本理论研究》《行政法学基本论》等专著，主编《行政诉讼法专题研究述评》《行政判例研究》等，在《法学研究》《中外法学》《法学》《法商研究》《法律科学》《现代法学》《政治与法律》《比较法研究》《法学评论》等刊物上发表论文 60 余篇，成果曾获司法部第二届法学研究优秀成果一等奖。撰写本书第九章。

张献勇，男，1970 年生，山东工商学院法学院院长、教授、法学博士。毕业于中国人民大学法学院，获硕士（2002 年）、博士（2006 年）学位。代表性论文有《试论对抽象行政行为的司法审查》《专利复审委员会的诉讼地位》等。撰写本书第十章。

张德瑞，男，1966 年生，河南信阳人，华侨大学法学院教授、法学博士，中国宪法学研究会理事。主编、参编著作（教材）6 部，在《人民日报（理论版）》《人民论坛》《河南社会科学》《河北法学》《法律适用》《理论与改革》《内蒙古社会科学》《郑州大学学报》等刊物上发表专业论文 20 余篇。代表性论文有《权力的行使与规制——以行业组织足协为研究个案》《我国农民平等权的法律保障：回顾、反省与前瞻》《论人民法院行使审判权的自律性原则》等。撰写本书第十一章。

张步峰，男，1979 年生，湖南衡阳人，中央民族大学法学院教授、法学博士。主要研究方向为行政法学、宪法学。曾发表论文《论行政程序的理念——程序正义的理论与课题辨析》（载《人大法律评论》2003 年卷）、《现代私塾“孟母堂”不容于现代法治》（载《法学》2006 年第 9 期）等 10 篇。参与撰写学术著作和统编教材十余部，参与国家级和部级科研项目 9 项。撰写本书第十二章。

高秦伟，男，1973 年生，中央财经大学法学院教授、法学博士、博士生导师。主要研究方向为行政法学、宪法学与政府规制。已在《法商研究》《比较法研究》《行政法论丛》《浙江学刊》等刊物上发表论文数十篇。多篇文章被人大《报刊复印资料（宪法学、行政法学）》《中国宪法学精萃》全文转摘或收录，主译《法国行政法》。作为项目主持人或主要成员参加了多项国家级、省部级课题的研究。撰写本书第十四章。

罗杰，男，1972 年生，副教授、法学博士、博士后，国家食品药品监督管理总局高级研修学院副书记。主编《行政行为法典型案例》，合著《行政法与行政诉讼法》等，在国内学术期刊上发表专业论文多篇。撰写本书第十五章。

第二版说明

党的十五大确立了依法治国，建设社会主义法治国家的基本方略后，1999 年第九届全国人大二次会议将其载入《中华人民共和国宪法》，从而使得依法治国有了宪法依据。依法行政是依法治国的重要组成部分，1999 年 11 月，国务院发布《关于全面推进依法行政的决定》。2004 年 3 月 22 日，国务院又发布《全面推进依法行政实施纲要》，该纲要确定我国要在 10 年内即在 2014 年基本实现建设法治政府的目标。2005 年 10 月 18 日，中共中央十六届五中全会在《中共中央关于制定国民经济和社会发展第十一个五年规划的建议》中明确指出："加快建设法治政府，全面推进依法行政，健全科学民主决策机制和行政监督机制。"2008 年国务院《关于加强市县政府依法行政的决定》认为，市县政府能否切实做到依法行政，很大程度上决定着政府依法行政的整体水平和法治政府建设的整体进程。为贯彻《全面推进依法行政实施纲要》，2010 年 10 月 10 日发布的《国务院关于加强法治政府建设的意见》确定，我国要在 2020 年实现建设法治政府的目标。2014 年 10 月 23 日，中共中央十八届四中全会在《中共中央关于全面推进依法治国若干重大问题的决定》中明确提出，"深入推进依法行政，加快建设法治政府"，要求"各级政府必须坚持在党的领导下、在法治轨道上开展工作，创新执法体制，完善执法程序，推进综合执法，严格执法责任，建立权责统一、权威高效的依法行政体制，加快建设职能科学、权责法定、执法严明、公开公正、廉洁高效、守法诚信的法治政府"。

为深入推进依法行政，加快建设法治政府，如期实现法治政府基本建成的奋斗目标，中共中央、国务院联合印发《法治政府建设实施纲要（2015—2020)》，明确法治政府建设的具体要求、目标和实现步骤，积极推进全面依法治国，全面推进依法行政，加快建设法治政府的步伐。

依法治国，建设社会主义法治国家基本方略的确立，为实施依法行政开辟了道路，创造了前提条件，营造了一个良好的法治环境。依法行政不仅是党和国家在依法治国中对掌握和行使国家行政权力的行政机关提出的要求，还是依法治国基本方略实现的关键和核心。行政机关肩负着管理国家和社会公共事务的重任，我国大部分法律法规是由行政机关组织实施的，行政机关是依法治国的最主要力量。没有强有力的行政执法，立法的一切努力将缺乏保障。对于法律、法规规定的操作程序，任何单位和个人都无权擅自变更，必须按照法定程序的统一要求进行操作。因此，行政机关是否合法行使职权并准确地执行法律，是衡量一个国家法治程度的最主要的标志。

行政执法是国家行政机关最主要的职能，行政机关日常大量的活动体现为行政执法活动。法律法规能否在实际生活中产生作用，最终要靠行政执法活动来落实。行政执法活动直接影响公民、法人和其他组织的权利和义务，因而与人民群众的关系最密切、最具体。由于行政执法活动主要基于行政机关的单方意思实施，并且行政机关有较大的裁量权，因而较之国家机关的其他行为更容易产生各种问题。行政执法人员是依法行政最基本的主体，是一切行政活动的最终实施者，其依法行政意识和能力的高低，直接影响我国依法治国、依法行政的进程。十八届四中全会在《中共中央关于全面推进依法治国若干重大问题的决定》中提出：深化行政执法体制改革，坚持严格规范公正文明执法，不断推进综合执法体制改革，严格实行行政执法人员持证上岗和资格管理制度，未经执法资格考试合格，不得授予执法资格，不得从事执法活动；在行政执法过程中，完善执法程序，建立执法全过程记录制度；明确具体操作流程，重点规范行政许可、行政处罚、行政强制、行政征收、行政收费、行政检查等执法行为；严格执行重大执法决定法制审核制度。

本教材就是关于依法行政和建设法治政府的基本概念、基本原理、基本制度所作的阐释。本版是在第一版的基础上修订完成的。此次修订涉及的主要内容是：(1) 对原版的文字表述进行了系统的梳理，使文字表述更准确。(2) 依据最新的法律修改和国家发展战略，对相关内容进行了更新，例如，2015 年，全国人大对《中华人民共和国立法法》进行了修改，依据相关内容对教材相应部分进行了修订；2011 年，全国人大常委会制定了《中华人民共和国行政强制法》，依据该法对教材相应部分进行了修订；2014 年 11 月，全国人大对《中华人民共和国行政诉讼法》进行了较大的修改，依据修改后的内容对教材的行政诉讼部分进行了全面系统的修订；2017 年 6 月全国人大常委会对《行政诉讼法》又进行了一次小修；2018 年 2 月，最高人民法院颁行了《关于适用〈中华人民共和国行政诉讼法〉的解释》(简称《行政诉讼法司法解释》)，本教材对该文件中相关内容亦有所吸纳；2018 年 12 月 29 日，全国人大常委会修订了《公务员法》，本教材对该文件中的重要内容亦有所吸收、补充。

衷心感谢使用本教材，并恳请所有使用者对教材的体例、内容、文字表述等提出批评和建议。

主编　胡锦光

2019 年 1 月 3 日

目　　录

第一章 行政法概述

【本章导学】

行政法是调整行政关系的法，是调整行政主体在行政活动中发生的社会关系的法。它是我国法律体系中一个独立的法律部门。随着我国法治建设的深入、市场经济体制的确立和发展，国家越来越多地运用法律手段来调整社会生活，要求国家作为管理者，与被管理者一样，都按照法律法规的既定内容活动，尤其要求国家行政机关和公务员严格依法行政，保证行政行为的合法性与合理性。

第一节 分权制度与行政法

一、分权学说与分权制度

行政法是分权制度和法治理念的产物，而分权制度和法治理念又源于分权学说。虽然有学者著书认为，中国古代即存在行政法，并且还很发达，但无论是中国还是西方，古代并不存在分权学说、分权制度和法治理念。因此，古代意义上的行政法与近现代意义上的行政法在性质上是完全相异的，不可同日而语。古代意义上的行政法与近现代意义上的行政法并不能在同一个层次上进行讨论，甚至可以断言，以近代的角度观察，古代并不存在行政法，讨论古代意义上的行政法并不具有实质上的价值。

自古希腊始，即有学者探讨分权问题①，但真正成熟的分权思想肇始于资产阶级革命过程之中。英国的洛克在《政府论》中提出将国家权力分为立法权、行政权和外交权，行政权和外交权可以由国王行使。可见，洛克的分权思想实际上是两权分立，在国家权力之中提出了行政权的概念。法国的孟德斯鸠在《论法的精神》中比较系统地提出和论证了近代以来所普遍接受的分权原则。他认为，国家权力应当区分为立法权、行政权和司法权，三种不同的国家权力应当分别由不同的人掌握，三权之间应当相互制约。美国宪法在起草过程中，就分权原则进行了深入的探讨，其探讨的过程反映在汉密尔顿等人所著的《联邦党人文集》之中。美国式的分权原则主要借鉴了孟德斯鸠的思想，与孟氏有所不同，其更强调三权之间的平衡，以及除横向的分权外的纵向分权（联邦与州之间的分权）。

通过不同形式的资产阶级革命所建立起来的资本主义国家机构均按照分权原则实行了分权制度。法国1789年的《人权宣言》指出，凡是权力没有分立和人权没有保障的社会便没有宪法。各国的分权制度大体上可以分为两类：一是立法权相对于行政权、司法权处于优越地位的

① 古希腊著名学者亚里士多德在《政治学》一书中，提出了一切政体的三要素，即议事职能、行政职能和审判职能。

英国式；二是立法权、行政权与司法权相平衡的美国式。无论何种分权制度，都是将国家权力分为立法权、行政权和司法权——创制规范的权力为立法权，执行规范的权力为行政权，依据规范裁判纠纷的权力为司法权；行使立法权的国家机关称为立法机关，行使行政权的国家机关称为行政机关，行使司法权的国家机关称为司法机关。

在资产阶级革命以前，奴隶制国家和封建制国家所建立的政权体制中，国家权力高度集中，内部并没有明确的界限，虽然设立了诸多国家机关，但它们之间的权力分工也并不明确。因此，也就不可能产生针对某种国家权力的行使而形成的特定的法律规范，更不可能形成体系。

只有在分权制度下，国家权力之中才存在明确的“行政权”概念和行政权的基本内容。在中国古代典籍中，人们可以找到许多关于“行政”概念的记载，但人们无法找到“行政权”这一概念。因此，所谓古代意义上的“行政法”，也就是规范行政活动的法律，并不是我们今天所说的针对行政权的运行而形成的法律规范体系，更谈不上为控制行政权而形成的法律规范体系。

国家权力只有明确分立并建立相应的行使国家权力的不同国家机关，才可能形成针对某种国家权力的行使的体系化的规范。正是在这个意义上，行政法是国家权力分立的产物。

二、分权与国家作用

根据资产阶级启蒙思想家的论述，之所以国家权力要分立，目的在于让国家权力之间互相制约，以权力对抗权力，最终达到保障人权的效果。而实际上，分权的另一个目的是将国家权力进行必要的分工。正如恩格斯所说：权力分立不过是一种权力分工罢了。从人类的生活经验中，人们得出的结论是，将国家权力的运行进行一定的分工，比高度集中行使更为有效。

在分权制度下，国家权力分为立法权、行政权和司法权，因此，国家权力的作用或者说国家的作用，实际上也就分为立法作用、行政作用和司法作用。国家的存在，以及国家权力的运行，其根本的作用在于有效处理社会公共事务，维持正常的公平社会秩序，使人们在有序的社会共同体中生活和发展。立法权、行政权和司法权从不同方面、依据不同原则和不同方法、方式，处理不同的社会公共事务。国家通过立法作用、行政作用、司法作用，达到处理社会公共事务、维持社会秩序的效果和目的。

社会主义国家并不奉行分权原则，在国家政权体制的设计上也不实行分权制度，但其在国家权力的分工上仍然是非常清晰的。社会主义国家的国家政权体制虽然实行民主集中制，国家权力高度集中于人民的代表机关，但并不是说由人民的代表机关行使全部的国家权力，而是说其享有最高的决定权和对其他国家机关的监督权。除人民的代表机关自己行使立法权和其他重要的国家权力外，仍然设立行政机关、司法机关，分别行使行政权和司法权。

社会主义国家的民主集中制与资本主义国家的权力分立制的区别体现在国家机关之间的相互关系上：社会主义国家的国家机关之间呈自上而下的权力监督关系，而资本主义国家的国家机关之间呈平行的相互制约关系。社会主义国家和资本主义国家政权体制在设计上的共同点，在于都把国家权力分为三部分，即立法、行政和司法。相应地，都把国家权力的作用分为立法作用、行政作用和司法作用。换言之，资本主义国家需要以行政法规范行政权的运行，同样，社会主义国家也需要以行政法规范行政权的运行。或者说，资本主义国家需要以行政法去规范行政作用，社会主义国家也同样需要以行政法去规范行政作用。

同时，行政权作为国家权力的一部分，基于国家权力的本质，以及国家权力存在和运行的必要性，都需要以法的形式对国家权力进行控制、规范和保障。

基于上述原因，资本主义国家产生了行政法，社会主义国家也同样产生了行政法。

第二节 行政权与行政

一、行政、公共行政与国家行政

近现代关于行政法的学说和法律规范所指之“行政”，是在将国家作用明确分为立法作用、行政作用和司法作用的前提下展开的。

“行政”从其本意上说，既作为名词使用，也作为动词使用，而无论是作为名词还是作为动词，都指的是组织、管理、执行。因此，在这一意义上，一切主体的组织、管理和执行活动都属于行政的范畴。其中，又可以根据行政活动主体的不同，将行政分为私人行政和公共行政。所谓私人行政，是指处理内部自身事务的组织、管理和执行活动，如企业内部的组织、管理和执行活动。所谓公共行政，是指处理社会公共事务的组织、管理和执行活动。

行政法上所指之“行政”，是指公共行政。私人行政属于企业管理或者其他领域研究的课题，因私人行政发生的纠纷，由于其中不存在国家权力运作的因素，故属于民事诉讼的范畴。

凡属于处理社会公共事务范畴的组织、管理和执行活动均为公共行政。因此，在公共行政中，依据是否涉及国家行政权的运用又可以分为国家行政和非国家行政。

所谓国家行政，是指运用国家行政权处理社会公共事务的组织、管理和执行活动。其因含有国家行政权的因素和特性而有别于其他处理社会公共事务的组织、管理和执行活动。根据国家行政的主体，国家行政又可以分为国家行政机关的行政和非国家行政机关的行政。

在宪政体制中设置国家行政机关的目的，就在于由其根据宪法和法律实施行政管理，对社会公共事务实施具体的组织、管理和执行活动。行政机关的基本职能就是通过行使行政权来处理社会公共事务。行政机关是行使国家行政权的基本主体，国家行政中的主要的和基本的部分是国家行政机关的行政。

因行政机关的人力、财力、专业技术的有限性，某些应当由国家行政权作用的领域，没有必要由行政机关直接实施管理，可以由法律、法规授权或者由行政机关委托的具备条件的社会组织实施管理活动。这些社会组织在法律、法规授权或者行政机关委托的权限范围内对社会公共事务所实施的组织、管理和执行活动，即非国家行政机关的行政。如高等院校就根据《学位条例》① 的规定，对学生的学术水平进行认定，发给相应的学位证书。对学生的学术水平进行认定，行政机关并不具备这一条件和能力，而只有高等院校才具备，因此，法律授权高等院校实施这一行为。

非国家行政机关的行政与国家行政机关的行政相比较，它们的共同点是：（1）都是国家行政的内容；（2）都是国家行政作用的表现；（3）无论是社会组织还是国家行政机关，在行使行政权时所享有的法律地位在优益性上相同；（4）所承担的法律责任相同，即都承担行政

---

① 为行文简洁，本教材在引用法律法规时，如未特殊注明，一律使用简称，如《中华人民共和国行政诉讼法》简称为《行政诉讼法》。

责任。

非国家行政机关的行政与国家行政机关的行政相比较，它们的不同点是：(1) 社会组织的本来性质并非专门行使行政权的行政机关，它们或者是事业组织，或者是企业组织，或者是自治组织等；而行政机关是国家专门为行使行政权、实施行政管理而设立的国家机关。(2) 社会组织在行使法律法规授予的行政权时，其法律地位才为行政主体，而在除此之外的情况下，仍然以原有性质的法律地位进行活动；而行政机关的基本性质是行使行政权、实施行政管理的专门国家机关，只是在特殊情况下，才作为民事主体或者以行政相对人的地位进行活动。(3) 国家行政机关的行政权既可以是组织法授予的，即固有的，也可以是单行法律、法规、规章授权的；而社会组织所行使的行政权只能是单行法律、法规、规章授予的，或者是行政机关委托的。

所谓非国家行政，是指社会组织在自治范围内对社会公共事务的组织、管理和执行活动。例如，在我国，根据《村民委员会组织法》的规定，在农村一定范围的地域建立村民委员会，由村民委员会对农村范围内的事务进行管理；根据《城市居民委员会组织法》的规定，在城市一定范围的地域建立居民委员会，由居民委员会对城市一定范围的社区的事务进行管理。村民委员会和居民委员会属于地方一定范围的村民和城市居民实行自我管理、自我教育、自我服务的自治组织。一些行业性的协会、社会团体等对本行业、某些领域的公共事务也实施管理活动。在西方国家，这类组织非常发达，即政府以外的第三部门对社会公共事务的处理，其范围越来越广泛。过去我国由于长期实行计划经济体制，政府权力的范围非常广泛，社会萎缩，社会组织即使存在也只是依附于政府组织，由这些社会组织处理的社会公共事务非常有限。在市场经济体制下，特别是在建设法治国家的进程中，由社会组织处理的社会公共事务越来越多。根据《行政许可法》的规定，必须是在公民个人、社会组织、社会中介组织无法处理、市场竞争无法解决的情况下，国家才得以设定相应的许可。因此，可以预见，未来我国的非国家行政将会越来越发达。

确切地说，行政法上所指之“行政”主要是指国家行政。行政法作为公法，主要是指对公权力的控制、规范和保障，对作为公权力的行政权的控制、规范和保障。正是在这一意义上，马克思说：“行政是国家的组织活动。”① 非国家行政并不存在国家权力的因素，它按照其成员的共同意志或者自律原则实施管理，因此，不属于行政法所指之行政。

二、行政的含义

行政法上所指之“行政”是指国家行政，而国家行政之“行政”的含义是什么呢？

国家行政之“行政”是相对于立法、司法而言的。如前所述，国家行政是在将国家权力分为立法、行政、司法三种具体的国家权力，将国家作用分为立法作用、行政作用、司法作用之后才形成的概念。

立法的含义是非常明确的。立法是指创制法律规范的活动，包括制定、修改和废止法律规范的活动。而创制法律规范涉及社会不同利益之间的平衡和公民的基本权利，因此，立法由经选举产生的民意代表机关进行。只有在民意代表机关条件不成熟时，才可将少量的立法权授予行政机关行使。

① 《马克思恩格斯全集》第1卷，人民出版社1965年版，第479页。

司法的含义同样也非常明确。司法是指适用法律裁判纠纷的活动。现代的司法主要是指法院适用法律裁判纠纷的活动，而不包括社会其他组织裁判纠纷的活动。只有在社会纠纷发生以后，并符合成熟原则时，法院才可通过适用法律进行裁判。

迄今为止，学术界对于行政的含义仍然没有基本统一的观点。现举其要者介绍之。

（一）国家意志执行说

这一学说以美国的行政学家弗兰克·J. 古德诺为代表。古德诺认为，政治是国家体制的表达，行政是国家意志的执行。制定政策是政治，执行政策是行政，政治与行政应分立。① 古德诺的观点基本反映了行政的特征。因为，立法活动是国家意志的表达，行政活动主要是执行作为国家意志的法律。但在现代，行政除执行法律外，还在一定范围和程度上进行着表达国家意志、裁判纠纷的活动。

（二）排除说

排除说，又称为“扣除说”“蒸馏说”“除外说”，这一学说以德国和日本的一些学者为代表。② 这一学说认为，行政是指国家立法、司法以外的一类国家职能。这一学说的主要特征是，认为在不可能积极地给行政作出定义的情况下，只能消极地给行政下定义。其考虑的基本要素有二：(1) 三权分立制度。国家权力分为立法权、行政权和司法权，在此基础上，国家作用分为立法作用、行政作用和司法作用，因此，行政权是除立法权、司法权之外的一种国家权力，行政作用是除立法作用、司法作用之外的一种国家作用，行政也就是除立法、司法之外的一种国家职能。(2) 现代行政权扩大。从近代到现代，行政权呈日益扩大的趋势，行政也由消极行政发展到积极行政，而不再单纯地是一种对社会公共事务的管理活动，也不仅仅是事后消极地去应对社会公共事务，因此，要给行政下一个肯定的、正面的、积极的定义实际上是不可能的。这一学说的积极意义是，在难以给行政作出正面定义的情况下，给行政的含义和内容界定预留了极大的空间，也正因为如此，这一定义在相当长的时期内成为国际上比较能够被接受的定义；其消极意义是，它实际上并没有给行政作出定义，而且现代行政除了近代行政的典型内容外，还包括了一定的立法作用和司法作用。

（三）目的说

这一学说以日本的一些学者为代表。这一学说试图从积极的、正面的角度给行政作出定义，它的基本特征是以行政的目的为基准对行政进行定义。如日本行政法学家田中二郎认为：“近代行政，可理解为于法之下，受法之规制，并以现实具体地积极实现国家目的为目标，所为之整体上具有统一性之继续的形成性国家活动。”③ 并进一步论证说：“行政之特色，在于通常为实现其目的，而依法享有相当广泛之裁量余地。”④ 这一学说遭到同为日本行政法学家的盐野宏的批评：“行政虽可谓存有许多裁量活动，然却不能谓行政之本质即在裁量。甚至免于法律拘束之实质自由此一意，亦可见诸法院之活动；就积极实现国家目的而论，行政与立法、司法职能并没有区别；就具体性而论，并不能概括行政计划等行为的特征；就整体性而论，也

---

① 参见［美］F. J. 古德诺：《政治与行政》，王元译，华夏出版社 1987 年版，第 9~11 页。

② 日本的美浓部达吉、德国的耶里内克、哈采克等学者持这一主张。

③ ［日］田中二郎：《行政法》（上卷），弘文堂 1974 年版，第 5 页。

④ ［日］田中二郎：《行政法》（上卷），弘文堂 1974 年版，第 5 页。

并未描述出行政的状态。”①

（四）组织管理说

这是我国一些行政法学者提出的学说，认为：“行政是指国家行政机关对国家与公共事务的决策、组织、管理和调控。”② 这一学说主要有以下三个要素：（1）主体上强调国家行政机关的活动；（2）对象上强调国家事务与公共事务；（3）内容上强调决策、组织、管理和调控。如前分析，行政法上之“行政”为国家行政，而国家行政既包括国家行政机关的行政，也包括非国家行政机关的行政，因此，在主体上并不仅限于国家行政机关；行政法之“行政”的作用对象为社会公共事务，但所有国家作用包括立法作用、司法作用的对象都是社会公共事务，而不仅仅是行政作用的对象，因此，这一点并没有突出行政的特征；认为行政的内容是决策、组织、管理和调控，即对社会公共事务的决策、组织、管理和调控，但立法作用、司法作用中，也含有决策、组织、管理和调控，因此，也没有突出行政的特征。

要给行政作出定义，必须明确两个方面的问题：第一，给行政作出定义的困难所在。我们认为，困难主要在于：（1）现代行政的范围不仅仅是近代行政的基本内容，还包括了立法作用和司法作用；（2）现代行政的方式和手段不是单一的。第二，任何定义都不可能是全面的，但既然是定义就应当说明被定义对象的本质特征和基本特征，因此，必须在定义中表明行政的本质特征和基本特征。

我们认为，给行政法上之“行政”作出如下定义可能更为恰当一些：行使国家行政权的主体为处理社会公共事务，执行国家意志的活动。对于这一定义说明如下：

1. 行政法上之“行政”是指国家行政，国家行政区别于私人行政的本质特征在于国家行政权，而行使国家行政权的主体除国家行政机关外，还包括法律法规授权的社会组织。因此，行政法上之行政的主体是所有行使国家行政权的组织，包括国家行政机关和法律法规授权的社会组织。

2. 如前所述，国家权力作用的对象是社会公共事务，包括行政权作用的对象，这既是所有国家作用的界限，也是行政权作用的界限，还可以理解为行政作用的目的所在。

3. 行政的本质特征在于它是对国家意志的执行活动。近代行政有别于立法、司法的特征在于它是国家意志的执行，这既是分权学说创始人的基本观点，也是行政法学家们的基本看法。那么，现代行政在本质上是否异于近代行政？即现代行政在近代行政的基础上扩大的范围，是否改变了近代行政的本质特征？我们认为，虽然现代行政在范围上扩大了近代行政的管理方法、管理领域和管理内容，但在本质特征上仍然没有改变。现代行政在范围上扩大到具备了一定的立法职能和司法职能，但它所行使的立法权与立法机关所行使的立法权仍然不可同日而语，而且还受制于立法权；它所行使的司法权与司法机关所行使的司法权也是无法比拟的，“司法终局”原则仍然是现代法治的基本精神。进言之，现代行政的主体部分仍然是近代行政的基本内容，所扩大的立法权和司法权部分仍然是为了国家意志的执行。

作为国家行政的“行政”，与作为私人行政的“行政”相比较，具有以下四个方面的特征：

---

① ［日］盐野宏：《行政法》，刘宗德、赖恒盈译，台湾月旦股份有限公司 1996 年版，第 4 页。

② 罗豪才主编：《行政法学》（新编本），北京大学出版社 1996 年版，第 3 页。

1. 国家意志性。行政不是一般社会组织的活动，不是个人的活动，也不是行政主体的民事活动，而是行政主体以国家的名义对国家事务和社会事务进行的决策、组织、管理和调控等活动，具有体现和实现国家意志的特性。

2. 执行性。行政并不是国家的一切活动，也不是行政主体的一切活动，而是行政主体进行的执行宪法和法律的国家活动。行政从其内涵上并不具有创制性的功能，即不能进行立法活动。只有在立法机关的立法不能到位并在立法机关委托的前提下，才可以进行委任立法。委任立法在本质上仍然属于执行宪法和法律的范畴。行政机关依职权制定的抽象行政行为，包括国务院制定的行政法规，也仍然属于执行宪法和法律的活动。

3. 法律性。在现代国家，法治原则已成为国家制度的基本原则。这一原则反映在行政领域，就要求行政主体必须依法行政，包括：行政机关必须依法组织，行政机关的相互关系必须依法规范，一切行政活动必须具有法律上的授权；遵循法律所规定的条件、程序、方式和形式，凡违法行政都应当受到相应的追究，承担相应的法律责任。

4. 国家强制性。行政属于国家作用的一种，体现和实现着国家意志，它的实施也就必然要以国家政权的强制力为后盾。对于行政主体的行政活动，相对人有服从、接受和协助的义务。相对人若不依法履行义务，行政主体则可借助法律手段强制相对人服从和履行行政决定。

三、行政的演变

如前所述，行政法上的“行政”是近代权力分立的产物。资本主义国家在近代奉行自由放任主义原理，强调公民的权利和自由，尤其强调公民的自由。根据这一理念，在宪法上，列举了大量公民基本自由和权利，例如，思想自由、政治自由、良心自由、宗教自由、人身自由、各种表现自由（言论自由、出版自由、集会自由、请愿自由、游行自由、结社自由、示威自由等）、经济自由、经营自由、选择职业的自由、学问自由、大学自由、研究自由等。所谓自由，即意味着不受干预；所谓公民的自由，即意味着公民不受政府的不当干预。为了保障公民的自由，防止政府的不当干预，宪法和法律授予政府的权力是非常有限的。政府处于消极的地位，即政府通常只能事后处理社会公共事务，起到“警察”的作用，这一阶段的行政被称为“警察行政”。由于政府处于消极的地位，这一阶段的行政又被称为“消极行政”。评价这一阶段政府行为的标准是“管的越少的政府是越好的政府”，或者说“政府管的越少越好”。

近代资本主义国家所奉行的自由放任主义原理，突出强调的是公民自身的自由，公民依靠自身的能力去行使和实现这种自由，政府只在这种自由受到侵犯以后，才出面加以保护。这一原理有其合理性，对于发挥社会成员的创造性、能动性，使社会自身的运行具有活力具有一定的作用。但是，这一原理忽略了公民自身在能力和机会上的差异。在社会发展到一定阶段之后，社会成员之间贫富差距逐渐拉大，造成贫者愈贫、富者愈富的局面，而贫者的数量大大超过富者，这样，社会成员之间的矛盾日益突出，导致社会秩序极不稳定。为了维护正常的社会秩序，资本主义国家放弃了自由放任主义原理，采用团体主义原理。最为典型的是德国 1919 年的《魏玛宪法》，这部宪法被认为是由自由资本主义向垄断资本主义转变的标志。

进入垄断资本主义阶段，资本主义国家普遍通过修改宪法，在原来规定的公民自由权的基础上，增加了大量的公民基本权利，如劳动权、受教育权、休息权、环境权、生存权、劳动者的团结权、劳动者的团体交涉权等。这些权利相对于自由资本主义阶段的自由权，被称为“社会权”，即为了维护社会秩序而在宪法中规定的权利。所谓权利，即要求特定人或者不特定人做或者不做什么的资格；所谓公民的基本权利，即要求政府做或者不做什么的资格。公民的基本权利更多的是要求政府作为而不是不作为，要求政府履行相应的职责。

随着公民权利的扩大，政府的责任也随之增加。政府要承担比以往更多的责任，就必须具有相应的权力。因此，进入垄断资本主义阶段以来，资本主义国家政府的权力比近代政府的权力大大增加。政府不仅可以积极地介入社会生活，还可以介入国家的经济生活；不仅可以行使传统的行政权，还可以行使一定的立法权和司法权；不仅可以依法行使行政权，还可以在更大范围和空间内行使裁量权；不仅可以行使平时状态下的行政权，还可以行使紧急状态下的特殊性质的行政权。与近代政府相比较，政府在国家生活和社会生活中，处于异常活跃的状态。由此，政府由近代的消极行政阶段进入现代的积极行政阶段。

在当代西方国家，公民社会权利的范围呈逐渐扩大的趋势，特别是随着社会救济制度的发达，出现了“福利国家”。在这些所谓的“福利国家”，政府对公民承担起“生存照顾”的责任，相应地，政府所拥有的行政权也比以往扩大。据此，一些学者将这种国家状况称为“行政国”。行政国的出现只是说明行政在当代社会的发达程度和重要程度，并不能说明在这些国家中，行政已经超过了立法和司法的作用，凌驾于立法和司法之上。在这些国家，立法、行政和司法之间的本质关系并没有改变，立法作用、行政作用和司法作用的基本内容也并没有改变。

我国行政演变的情形与资本主义国家表现出不同的轨迹。我国自 1949 年以来，长期实行计划经济体制，在这一经济体制下，行政权实际上处于不受限制的状态。可以说，在我国的国家生活、社会生活、经济生活、个人生活中，行政权无处不在、无时不有，渗入社会的任何一个角落。社会生活即国家生活，个人生活即国家生活，经济生活即国家生活，国家生活即行政权活动的内容。在当时状况下，立法机关和司法机关在国家生活中并不活跃，甚至可以说基本上处于一种无为的状态。如果借用资本主义国家行政权发展阶段的术语，我国这个阶段的行政处于“超积极行政”的状态。

自 1978 年年底国家实行对外开放和经济体制改革、发扬社会主义民主、建设社会主义法制以来，立法机关和司法机关在社会生活中的作用日益扩大，公民个人的权利和自由意识逐渐觉醒，企业的自主权逐渐增多，社会权利作用的领域和范围增大，相应地，政府的行政权总体上受到限制并逐渐收缩。特别是实行社会主义市场经济体制以来，公民个人、社会、市场与国家之间的关系逐渐理顺。我国目前阶段的行政权处于“积极行政”的状态。当然，由于社会主义市场经济体制在我国还没有完全形成，在社会生活中，我们还时时能够见到计划经济体制下政府管理观念和方法的痕迹。①

第三节　行政法与行政权

一、行政法对于行政权的基本功能

对于行政法的基本理论或称理论基础，学者们存在着“控权论”“管理论”“平衡论”“组

① 对于政府的基本职能，各级政府仍然没有比较清晰的认识。政府直接参与各种经济活动的现象普遍存在，政府的普遍认识仍然是“作为负责任的政府就应该这样做”。

织论”等分歧。这一分歧实质上涉及行政法对于行政权的基本功能。换言之，它所涉及的核心问题是人类和人类社会为什么需要行政法这一基本问题。

人类社会发展到一定历史阶段，产生了大量的社会公共事务，而且这些社会公共事务之中，相当一部分涉及社会不同政治力量之间的利益冲突，包括阶级之间、阶层之间、群体之间等的利益矛盾和冲突。这些矛盾和冲突是一般的社会组织无力解决的，因此产生了国家和国家权力。国家的产生和国家权力的运行主要是为了协调和平衡这些政治力量之间的矛盾和冲突，同时，处理其他的社会公共事务。如果没有国家和国家权力，没有国家权力的有效运行，社会公共事务将无法得到处理，社会的正常秩序也就难以维持。国家组织具有其他社会组织所缺乏的优势，国家权力具有其他社会组织所缺乏的处理社会公共事务的能力和力量。因此，确保国家权力的有效运行，也就保障了正常的社会秩序，保障了社会成员的安宁、幸福和发展。

但是，另一方面，国家权力是一种命令，是一种强制社会成员作为或者不作为的力量。因而其具有扩张的天性。正如阿克顿勋爵所言，绝对的权力必然导致绝对的腐败。又如孟德斯鸠所言，权力的特征就是其行使一直到遇到界限为止。因此，如果不对国家权力进行有效的控制，国家权力必然会被滥用，而被滥用的国家权力又必然会侵犯人权，侵犯人权的国家权力即违背了国家和国家权力存在和运行的初衷。

这就存在着一个两难的命题：既要保障国家权力的有效运行，又要有效控制国家权力。学者们之所以对行政法的基本理论或者基础理论存在分歧，其根本就在于对这一两难命题的解析，以及在解析基础上的基本认识。控权论者更多地看到了对国家权力控制的必要性；管理论者更多地看到了国家权力有效运行的必要性；平衡论者看到了控权论和管理论各自的偏颇。

要破解这一命题，必须回到“法治的精神”这一基本问题上来。人类在长期的社会生活经验中，深切地认识和体会到国家权力的存在和运行是必要的、必然的，但又必须对国家权力实施有效的监督和控制。解决这一问题必须认识到这一矛盾的基本方面和主要方面。到底是有效保障国家权力运行比有效控制国家权力运行更为重要，还是有效控制国家权力运行比有效保障国家权力运行更为重要？有效运行的国家权力能否被有效控制？被有效控制的国家权力能否有效运行？在现代社会生活中，不同国家、不同文化背景、不同法律背景、不同地域的人们都认识到了实行法治的重要性，其实际上已经回答了这一问题。即有效控制国家权力比有效保障国家权力更为重要，或者说控制国家权力是矛盾的主要方面和基本方面。

所谓法治，简言之，即法的统治；法治的精神，简言之，即以法控制国家权力。在以法控制国家权力之中，宪法确定了控制国家权力的基本原则，宪法从总体上通过控制国家权力所能触及的范围而清楚界定国家权力与公民个人权利之间的界限。因此，宪法是最上位的控权法，也正是在这一意义上，法治的核心是宪治，或者说宪治是法治的主要方面。尽管其他法律也在一定意义上控制国家权力，但均是在宪法所确定的基本原则之下进行的。宪法从宏观上控制着国家权力，确立了控制国家权力的界限和方法。

如前所述，近代以来，将国家权力划分为立法权、行政权和司法权，因而在宪法之下，具体形成了控制立法权的法律规范体系、控制行政权的法律规范体系和控制司法权的法律规范体系，这就是立法法、行政法和司法法。立法法、行政法和司法法就是在宪法的基本原则之下，根据立法权、行政权和司法权的具体特点所形成的分别控制相应的国家权力的法律规范体系。也正是在这一意义上，学者们将宪法、立法法、行政法和司法法称为“公法”。由于在传统上，立法机关处于人们非常信任的地位，需要进行控制的必要性不太为人们所充分认识，因此，以控制立法权为目的的立法法并不发达；司法机关处于消极的地位，其侵犯人权的可能性并不太大，因此，以控制司法权为目的的司法法也不太发达。人们一般地将宪法和行政法称为“公法”，实际上，现代以来，立法法和司法法也应当属于公法的范畴。

学界存在赞成和反对公法与私法之划分的两派。公法与私法之间既存在着差异，又存在着联系。公法以控制公权力为基本目的，而私法以确认和保障私权利为基本目的，以禁止和限制私权利为例外；公权力以授权为取得之根源，私权利以天赋为基础、以禁止为例外。公权力范围之外的即属于私权利的范围，公权力要去规范私权利行使的规则和界限，因此，将公权力限定在一定范围之内，其他即属于私权利的范畴。

控制公权力是公法的基本目的和基本功能。因为不受控制的公权力必然被滥用，因此，控权即使在现代仍然可以说是行政法的基本价值，甚至可以说，在近代行政的范围迅速扩大到现代行政的范围，或者说由消极行政发展到积极行政时，控权的价值和意义更突出。我们在分析某一个单一的行政法规范时，甚至在分析整个行政法规范体系时，都不难得出行政法是控权法的结论。行政法的基本原则是行政法规范形成和展开的基础，我们在确立行政法的基本原则时，唯一的根据就是它是否能够起到控制行政权运行的作用。当然，我们在认为行政法的基本功能是控制行政权运行时，并不否认行政法之于行政权的其他功能，即保障和规范行政权运行的功能。我们认为，行政法之于行政权的功能主要是控制、规范和保障，但这三项功能并不是平行的，控制功能是行政法的基本和主要的功能，可以说是发挥行政法规范和保障行政权运行功能的基本前提。

管理论者看到了行政权之于社会公共事务的积极作用，看到了行政权之于现代社会的必要性，但没有看到行政权的消极作用。甚至可以说，没有看到行政权之于现代社会，若不加控制的话，其消极作用必然要超过积极作用，其积极作用必须在控制的前提下才能够得以发挥。

平衡论者的出发点是正确的，其基本论点是，作为国家权力的行政权必须与公民个人的权利保持一种平衡状态，当行政权超过公民个人权利或者当公民个人权利超过行政权，即双方处于一种失衡状态时，社会即会呈现一种不和谐。但平衡论者只看到了问题的表面，没有看到问题的实质。行政权在运行过程中，行政权与公民个人的权利保持一种平衡状态，即行政权在运行的任何阶段，公民个人都能够以相应的权利予以制衡，这一思维及在这一思维之下的制度安排，实质上是以公民个人的权利去对抗、制约行政权。而同时，控制和监督行政权的运行也远远不止公民个人通过行使自己的权利去抗衡行政权这一途径，国家权力之间的抗衡、社会权利对行政权的制约，都是控制行政权运行的基本方法。因此，行政权与公民个人权利的平衡只是问题的表面，平衡的实质是控制行政权的运行，控制的基本目的是保障公民个人的权利。

行政法是调整行政关系的法律规范的总称；行政关系是因行政权的行使而形成的社会关系。作为公权力的行政权，与其他公权力一样，均存在滥用和腐败的本性，因此，行政法之于行政权的基本作用在于控制行政权的行使；同时，社会发展到现阶段，又必须发挥行政权维持社会秩序和提高社会效率的特殊作用。质言之，所谓行政法，就是控制、规范和保障行政权的法律规范的总称。

1. 行政法是独立的法律部门。行政法具有自身特定的调整对象和调整方法，因此，它是国家重要的独立的法律部门之一，由各种法律规范和原则构成，而这一系列的法律规范和原则又是通过各种各样的法律形式表现出来的。

2. 行政法的调整对象是行政关系，而行政关系的核心是行政权。所谓行政关系，是指行政权在获得、行使与受监督过程中与相关各方所产生的各种关系。主要包括：行政机关的组织及其行政权在获得过程中所产生的关系；行政权在行使过程中所产生的各种关系；行政机关对其内部进行监督所产生的行政关系等。

3. 行政法属于公法。公法是与私法相对应的概念。所谓公法，即调整公权力的获得和运行的法律规范；所谓私法，即调整私权利运行的法律规范。传统意义上的公法包括宪法和行政法。实际上，宪法是从宏观上调整公权力获得和运行的法律规范的总和。如前所述，国家权力的作用可以分为立法作用、行政作用和司法作用，调整立法权的法为立法法，调整行政权的法为行政法，调整司法权的法为司法法。立法法、行政法、司法法是在宪法宏观调整国家权力的基本原则之下，调整某一部分具体的国家权力的法律规范。因此，它们都属于公法的范畴。因公权力的获得和运行与私权利完全不同，因此，公法的调整原则和调整方法与私法也就完全不同。

4. 行政法的存在是为了控制、规范和保障行政权的运行。作为公权力的行政权，必须由法律限制其范围，控制其行使，才能得以善用；繁杂的社会公共事务需要行政权去进行有效的处理，就要在法律上保障其充分行使；不同领域的行政事务、不同重要程度的行政事务，需要诸多的行政机关去处理，法律上就需要对行政权进行合理规范和协调。但是，行政法在本质上的基本功能是控制行政权。若法律无法控制行政权的运行，其保障和规范行政权的基本功能也就不复存在，行政法也就毫无价值了。

二、行政法发展的两大模式

在法治原则下，沿着必须对国家权力进行控制的思路，当然也需要对作为国家权力之一的行政权进行必要的控制，并建立相应的法律制度。但是，在英美法系国家和大陆法系国家，基于法律传统、政治理念和政治制度的差异，形成了不同的行政法发展模式。

在英美法系国家，基于历史的原因，法院的地位非常崇高，法官在没有明确法律依据的情况下，可以“造法”，一切案件都由法院进行审理。在这类国家，法治表面是宪法和法律之治，实际上是法官之治。法院和法官处于绝对独立的地位，所谓宪法和法律，并不是完全的规范意义上的法，而是法官所理解的活生生的法。通常情况下，一切国家权力的行使都应置于宪法和法律之下，置于法院和法官之下，都要受司法审查。同时，在平等观念下，公民与政府都应当同等地遵守宪法和法律，而不应有例外。因此，在英美法系国家，并没有建立专门针对国家权力的特殊的法律规范，以及执行这些特殊法律规范的专门的法院系统。正是在这一意义上，英国著名的法学家戴雪在《英宪精义》中说，英国没有行政法。所谓英国没有行政法，实际上说的是英国没有法国模式的行政法。

法国模式的行政法的基本特征是，有一套专门针对行政权的特殊的法律规范，并建立了一套执行这些特殊法律规范的独立的法院系统，即行政法院体系。大陆法系国家之所以形成这种模式的行政法，基本原因是：

1. 在大陆法系国家，法院并不具有英美法系国家法院那样崇高的地位，法官在没有明确的法律规范依据时，并不能“造法”，法院和法官要受到法律的拘束，而不能对法律的合宪性质疑，甚至挑战。法官在审理案件时，如果认为某项法律违反了宪法，不得直接就其合宪性进行审查，如果认为某项法律存在不足需要进行修改，也只能向立法机关提出修改或者制定建议。通常而言，在英美法系国家，法院的“法”既指法律，又指宪法，即法院既解决法律纠纷，又解决宪法纠纷；既判断法律问题，又判断宪法问题；既能够解释法律，又能够解释宪法；既进行法律诉讼，又进行宪法诉讼；既保护公民的法律权利，又保护公民的宪法权利。而在大陆法系国家，其法院的“法”仅指法律，它只解决法律纠纷，判断法律问题，解释法律，进行法律诉讼，保护公民的法律权利。

2. 在大陆法系国家，对法院和法官持不信任的态度。大陆法系的特点为成文法制度，实行法典化，这一法律规范形式上的特征表明这些国家在观念上对法院和法官的不信任。换言之，立法者为法院和法官提供详尽的法律规范依据，法院和法官只能依照这些法律规范裁判案件，说明了对于“立法者专断可怕还是法官专断可怕”问题的基本判断和基本态度。① 同时，在资产阶级革命过程中，法院曾经扮演了阻碍革命的不光彩的角色。其中，尤以法国巴黎高等法院最为突出。依据法国的传统，法律在通过以后，必须上交到巴黎高等法院进行登记方能生效。在法国大革命中，资产阶级控制的议会将其通过的法律交到巴黎高等法院进行登记时，该法院屡屡拒绝登记。在此背景下，议会在 1790 年通过一项法律，禁止法院对公权力的行使进行审查判断，包括对立法权和行政权行使的合法性进行判断；如果法院对公权力的行使进行了判断，则对法官以渎职罪论处。②

3. 公法和私法的划分。将法律划分为公法和私法，这是大陆法系国家的特色。这些国家在理念上认为，公权力的行使与私权利的行使，在原则上和具体规则上表现为不同的特点，需要以不同的法律规范区别对待。既然形成了专门针对公权力的法律规范，特别是针对行政权行使的法律规范，相应地就需要建立解决因这些法律规范的适用而产生的纠纷的法律制度。而在英美法系国家，在它们独特的法治观念下，特别强调平等原则，认为公权力的行使与私权利的行使在本质上并不存在，也不应该存在差异，应当适用同样的法律，受制于同一个法律，相应地也就没有必要建立专门的法院体系和审理规则。

4. 对行政权控制的具体方法。英美法系国家和大陆法系国家都强调对行政权控制的必要性。在英美法系国家，普通法院可以通过法律诉讼和宪法诉讼的方式，对行政机关的行政行为进行司法审查。但是，如上所述，在大陆法系国家，其普通法院并不能审查行政机关的行政行为，但鉴于存在对行政权控制的必要性，形成了行政机关自我控制的法律制度，即行政机关自律的法律机制。由行政机关的一部分负责审查行政机关的另一部分与行政相对人之间的法律纠纷，随着时间的推移和法律规则的完善，逐渐形成了行政法院制度。但是，行政法院与普通法院之间并不存在隶属关系，行政法院在性质上仍然属于行政机关。今天的行政法院实际上已经完全独立于行政机关，其审理案件的规则、方式、程序和适用法律，都与普通法院无异，成了名副其实的“法院”。

其他大陆法系国家也借鉴法国的制度，建立了自己的行政法院，由行政法院审理行政案

---

① 大陆法系国家认为，立法者由民选产生并有任期限制，可以更换，而法官非由民选产生并终身任职。因此，立法者如果专断，只能专断于一时，而法官专断则无法加以限制。

② 正是在这一理念下，法国没有建立起美国式的由普通法院法官在审理案件过程中附带地对该案件所适用的法律的合宪性进行审查的司法审查制度，而是建立了成立专门的宪法法院进行宪法诉讼的宪法法院制度。其他大陆法系国家也基于同样的理念，建立了宪法法院制度。

件，在大致同样的理念下，形成了与法国基本相同的行政法体系。

英美法系国家是否如戴雪所言没有行政法呢？如果以是否存在专门的行政法院为标准进行判断，英美法系国家当然不存在行政法；如果以是否存在控制行政权运行的法律规范及依据该法律规范裁判纠纷的诉讼制度为标准进行判断，英美法系国家当然存在行政法。英美法系国家进入现代以来，制定了专门针对以控制行政权运行为目的的法律，这些法律的适用对象和基本原则显然不同于私权利领域法律规范的特点，它们与大陆法系国家的主要差异仅在于所发生的纠纷是否由专门的行政法院进行裁判。

三、行政法体系

行政法的调整对象为行政关系，而行政关系是因行政权的运行而形成的社会关系。因此，行政权是行政关系的核心，行政法体系就是围绕着行政权而形成和展开的。行政法体系可以分为总论和分论两大部分。总论部分主要阐述行政法的基本原理和一般制度，分论部分主要阐述具体的行政管理领域中的行政法制度。

总论部分的基本内容又可以分为四大部分：

第一部分为行政法基本原理。这一部分主要围绕行政权的一般原理研究行政法的基本原理。具体内容有行政、行政法、行政法律关系、行政法基本原则、行政法体系、行政法的性质和地位、行政法的基本作用、行政法的特点、行政法渊源等。

第二部分为行政主体。这一部分主要研究行使行政权之主体的资格、行政权之渊源。具体内容有行政主体的一般原理、行政主体资格的确认、行政主体的法律地位、行政主体与行政机关的关系、行政组织法、公务员法、行政职权、行政职责等。

第三部分为行政行为法。这一部分主要研究行政行为的一般原理和一般制度，控制行政权的重要方面是控制行政权的具体运行。具体内容有行政行为的界定和范围、行政行为的分类、行政行为的内容、行政行为的成立、行政行为的生效、行政行为的合法要件、行政行为的效力、行政行为的无效、行政行为的撤销、行政行为的废止、抽象行政行为（行政规范行为）、行政许可制度、行政征收制度、行政检查制度、行政合同制度、行政处罚制度、行政强制执行制度、行政裁决制度、行政程序制度、行政调查制度等。

第四部分为行政监督与行政救济法。行政监督与行政救济是一个问题的两个方面，对行政权的监督即意味着对公民权利的救济，而为公民提供法律上的救济，又是对行政权的监督。控制行政权的另一个重要方面是事前对行政权的专门监督和事后为行政相对人提供的法律上的救济。具体内容有行政复议制度、行政诉讼制度、行政赔偿制度、行政补偿制度等。

我国行政法学目前主要研究对象是行政法总论部分，我们所看到的我国行政法学者所出版的行政法学著作特别是教材通常是按照这一体系进行安排的。

分论部分的内容因是按照行政管理领域进行安排的，内容上非常繁杂，如人事行政法、公安行政法、税收行政法、土地行政法等。

四、行政法的形式特点与渊源

（一）行政法的形式特点

行政法是我国法律体系中的一个法律部门，作为法律部门的行政法与其他法律部门相比较，其最大的特点是没有形成统一的法典。以基本统一的法典形式调整相应的社会关系，这是部门法通常的表现形式。法典化的优越性在于法律内容的一致性、严密性，以及适用机关和被适用对象对其引用上的便利性、明确性。因此，无论是英美法系还是大陆法系，一个法律部门的法律规范通常会形成一个比较统一的法典。但是，行政法这一法律部门处于例外的情形，即使像法国这类行政法非常发达而又奉行成文法的国家，行政法也未能形成统一的法典。行政法未能形成一部统一的法典，基本原因是：

1. 行政法调整对象的多样性。对象的多样性的原因是：（1）行政法的调整对象为行政关系，而现代行政关系所涉及的领域非常广阔；（2）不同的领域具有自身的特点；（3）现代行政管理不仅在领域上非常广阔，在深度上也是近代行政所不可比拟的，正如学者们所形容的“一个人从出生到坟墓”的整个过程，无不在现代行政管理的视野之中。调整对象的多样性决定了难以用统一的方法进行规范。例如，人事行政与税收行政之间虽具有共同点，但在具体的管理方法上就存在很大差异。

2. 行政法内容上的易变性。内容上易变的原因是行政关系的易变。行政关系与其他社会关系的不同在于，它需要顺应时代和情势的变化而及时变化，其他社会关系当然也需要随着时代的变化而变化，但时代变化的节奏对其他社会关系的要求和影响，相比较行政关系要缓慢得多。例如，时代变化对刑事关系同样也提出变化的要求，但一些犯罪的确定标准可以在相当长的时间内不作变化，而另一些犯罪的确定标准只需要作较小的变化；民事关系同样如此。行政法的内容可以分为几个层面：一是法律层面；二是行政机关依据法律制定实施性的法规层面；三是行政机关依据法律和法规实施具体的行为层面。随着时代的进步和情势的变迁，法律层面的行政法规范必然要经常进行变动；随着法律层面的行政法规范的变动，法规层面的行政法规范也会随之变动；相应地，行政机关实施行政管理过程中的具体行为也会发生变化。法典化的缺陷是，其中一个条款的变动都会对整个法典产生震动。法律权威的表现之一便是法律规范的相对稳定性，因为只有相对稳定的法律规范才能在社会成员的心目中产生信用、信赖和尊严，而行政法如果法典化就无法满足这一要求。

虽然在总体上，作为法律部门的行政法表现为非法典化的特点，即没有一部统一的行政法法典，但在行政法规范的局部，仍然存在着法典化。其中，比较突出的是关于行政程序的法典化，世界各国通常都制定了统一的行政程序法。我国为统一行政管理，提高行政管理法治化的程度，引入先进的行政管理法治理念，也致力于行政法规范局部领域的法典化。例如，1989年全国人大制定了《行政诉讼法》（2014 年、2017 年修正），1994 年全国人大常委会制定了《国家赔偿法》（2010 年、2012 年修正），1996 年全国人大制定了《行政处罚法》（2009 年、2017 年修正），1999 年全国人大常委会制定了《行政复议法》（2009 年、2017 年修正），2003年全国人大制定了《行政许可法》（2019 年修正），2005 年全国人大常委会制定了《公务员法》（2017 年修正、2018 年修订），2007 年国务院制定了《政府信息公开条例》（2019 年修订），2011 年全国人大常委会制定了《行政强制法》，等等。

（二）行政法的渊源

所谓行政法的渊源，是指作为行政管理依据的行政法规范的表现形式。在一个国家的法律体系中，作为法的渊源的各种表现形式通常都可能成为行政法的渊源，但并不是所有的法的渊源的表现形式的规范都是行政法的渊源。在英美法系国家和大陆法系国家，行政法的渊源也存在着差异。

因行政法没有一部统一的法典，在渊源上表现得就比其他法律部门更为复杂和多样。就英美法系和大陆法系比较，其在行政法渊源上的差异在于判例是否为行政法的渊源。在英美法系，根据“先例约束”原则，上级法院的判决为下级法院判决的依据，因此，上级法院的判决成为判例并进而成为行政法的渊源。在大陆法系，因并不存在“先例约束”原则，上级法院的判决并不能成为下级法院判决的依据，换言之，并不存在判例，因此，上级法院的判决不是行政法的渊源。

有学者认为，在英美法系国家，法理及学者的论述也是行政法的渊源。从法理上说，法理和学者的论述并不具有法律效力，当然不能成为直接的行政法的渊源，必须是法院在审理案件时，在没有直接的法律根据的情况下，依据法理或者由学者所阐述的法理即学者的论述，作出判决而成为判例，进而成为行政法的渊源。在大陆法系国家，因判例不能成为行政法的渊源，法理或者学者的论述也就不能成为行政法的渊源。

我国属于大陆法系国家，奉行成文法制度，判例并不是我国行政法的渊源，上级法院的判决不能成为下级法院审理案件的直接依据，而只能作为参考。法理或者学者的论述同样也不可能成为行政法的渊源。概括起来，我国行政法的渊源主要有：

1. 宪法。宪法作为行政法的渊源，仅限于可以直接作为行政管理依据的宪法规范。主要包括两部分：（1）作为行政机关制定行政法规范所依据的宪法规范。这部分主要是指国务院制定行政法规所依据的宪法规范。根据宪法规定，国务院制定行政法规应当根据“宪法和法律”，这里的根据宪法，是指根据《宪法》第 89 条关于国务院职权的规定，即国务院有权根据宪法规定的国务院职权，直接制定行政法规。制定国务院各部门的规章和地方政府规章的根据是法律、行政法规或者地方性法规，故宪法中关于国务院各部门职权的规定和地方政府职权的规定不能成为制定规章的依据。（2）行政机关实施行政管理所直接依据的宪法规范。全国人大和全国人大常委会依据宪法制定了法律，通常情况下，行政机关直接依据法律实施行政管理即可，因此即使存在这一部分宪法规范，但因已经被转化为法律规范，这一部分宪法规范并不是行政法的渊源。只有在全国人大和全国人大常委会还没有根据宪法制定法律，行政机关直接依据宪法规定实施行政管理时，这一部分宪法规范才是行政法的渊源。

2. 法律。这里的法律是指狭义的法律，即由全国人大和全国人大常委会制定的法律。法律是行政法的主要渊源，因为行政机关依法行政的基本依据是法律，故“依法行政”中的“法”主要是指法律。在我国，行政机关制定行政法规、规章及其他规范性文件，通常是实施性而非创制性的，即通常是依据法律而制定的。这些抽象行政行为的依据和前提是法律，判断的基准是法律，适用的前提是合乎法律，行政机关实施行政管理的最高依据通常情况下也是法律。

我国全国人大和全国人大常委会根据宪法制定了大量的法律，这些法律中，一部分是直接针对行政管理的特殊需要制定的，因此，其全部规范都是行政法的渊源；一部分不完全是专门针对行政管理的需要制定的，但其中也有涉及行政管理的内容，这一部分法律规范也是行政法的渊源。

3. 行政法规。行政法规是国务院根据宪法和法律制定的各种规范性文件的总称，根据国务院《行政法规制定程序管理条例》的规定，其名称为“条例”“规定”“办法”三种。根据《宪法》和《立法法》的规定，国务院制定的行政法规有三类：（1）直接根据宪法制定的行政法规。这类行政法规具有法律的性质，例如，根据《宪法》第 89 条关于国务院职权的规定所制定的行政法规。(2) 根据法律制定的行政法规。这类行政法规具有实施性质，而不具有法律的性质。这类行政法规占绝大多数。(3) 根据全国人大或者全国人大常委会的授权制定的行政法规。根据《立法法》规定，属于全国人大和全国人大常委会法律保留范围而又不属于绝对法律保留的事项，全国人大和全国人大常委会一时无法制定为法律的，可以授权国务院根据实际需要，对其中的部分事项先行制定行政法规。这类行政法规具有法律的性质，例如，全国人大和全国人大常委会已经多次授权国务院制定单行条例。其中，第一次是关于离退休的规定，第二次是关于税收问题的规定，第三次是针对改革开放和经济体制改革问题制定单行条例。

行政法规是国务院制定的规范性文件，国务院作为我国的最高行政机关、中央人民政府和最高国家权力机关的执行机关，所制定的行政法规通常是关于行政管理的内容，因此，行政法规是我国行政法的主要渊源。

4. 地方性法规。地方性法规是省（自治区、直辖市）、设区的市的人大和人大常委会制定的规范性文件的总称。其制定的前提是不与宪法、法律、行政法规相抵触，名称通常称“条例”。有权制定地方性法规的人大和人大常委会可以在没有法律的情况下，或者在有法律而没有行政法规的情况下，根据本地方的特点制定地方性法规，只是不得与宪法、法律、行政法规相抵触。其中，设区的市的人民代表大会及其常务委员会制定的地方性法规的内容限于城乡建设与管理、环境保护、历史文化保护等方面的事项。地方性法规中的相当一部分是关于行政管理内容的规定，该部分规定即行政法的渊源。

5. 规章。在我国，规章制定的主体有两类：一类是国务院部门制定的规章，称“部门规章”；一类是地方一定级别以上的政府制定的规章，称“地方政府规章”。部门规章制定的主体有国务院各部、各委员会、中国人民银行、审计署和具有行政管理职能的直属机构；地方政府规章制定的主体有省、自治区、直辖市和设区的市、自治州人民政府①。规章制定的依据是法律、行政法规，如果是地方政府规章，其制定依据还包括地方性法规。规章为具体实施行政管理的行政机关所制定，因此，其基本上是关于行政管理的内容，是行政法的主要渊源。

6. 自治条例和单行条例。根据《宪法》和《民族区域自治法》的规定，自治区、自治州和自治县的人大有权根据本民族特点制定自治条例和单行条例。所谓自治条例，是指民族区域自治地方的人大制定的行使宏观性民族自治权的法规；所谓单行条例，是指民族自治地方的人大制定的行使某一方面民族自治权的法规。自治条例和单行条例制定的前提条件是“本民族特点”，因此，根据《立法法》第 75 条第 2 款的规定，自治条例和单行条例可以对法律、行政法规的规定作出变通规定，但不得违背法律或者行政法规的基本原则，其变通必须有充分的“本民族特点”。但如果民族区域自治法、法律、行政法规专门针对民族自治地方作出了规定，自治条例和单行条例就不得作出变通规定。可见，自治条例和单行条例在我国的法律体系中处于比较特殊的地位。

自治条例和单行条例是专门针对民族自治地方的特点制定的，其中相当一部分是民族自治地方的行政机关实施行政管理的依据，因此，这一部分是行政法的渊源。

---

① 根据《立法法》第 82 条规定，设区的市、自治州的人民政府所制定的地方政府规章，限于城乡建设与管理、环境保护、历史文化保护等方面的事项。

7. 宪法解释和法律解释。宪法解释属于宪法规范的组成部分，法律解释属于法律规范的组成部分，因此，其中关于实施行政管理依据的规范当然是行政法的渊源。

根据《宪法》的规定，我国由全国人大常委会解释宪法。全国人大常委会就宪法中关于行政管理部分规范的解释，属于行政法的渊源。在我国，全国人大常委会至今还没有明确地就宪法规范进行解释。

根据《宪法》的规定，我国由全国人大常委会解释法律。根据 1981 年全国人大常委会《关于加强法律解释工作的决议》，全国人大常委会授权国务院、最高人民法院和最高人民检察院在各自的领域和范围内解释法律。通常，人们将全国人大常委会对法律的解释称为“立法解释”，将国务院对法律的解释称为“行政解释”，将最高人民法院和最高人民检察院对法律的解释称为“司法解释”。因国务院、最高人民法院和最高人民检察院解释法律的权力来源于全国人大常委会的授权，因此，它们的解释（即行政解释和司法解释）的效力要低于全国人大常委会的立法解释，即行政解释和司法解释不得与立法解释相抵触。目前，最高人民法院和最高人民检察院在法律适用过程中，对法律的解释比较普遍。其中，尤以最高人民法院的解释为多。司法解释虽然仅适用于法院和检察院，适用于法院和检察院所办理的个案，但其效力实际上要延及行政机关和行政管理的过程。

8. 国际条约和国际协定。国际条约即两国之间的协议，国际协定即两国政府之间的协议，国际公约即多国之间的协议，通常情况下，人们将三者统称为“条约”。在一个国家的宪法上，国际条约和国际公约的批准程序是相同的，而政府之间的协定的批准程序则相对较为简单。

现代国家之间在政治、经济、文化等方面的交往日益频繁，往往需要通过条约的形式确定相互之间的权利义务，确定相互交往的规则，确定相互之间的法律地位。条约与一国的法律相比较，具有明显的特殊性，它涉及两国之间的关系，涉及一个国家的国际信用。因此，各国宪法中通常明确规定，要诚实履行国际条约。即使在通过革命、政变或者其他方式发生政府更迭的情况下，新政府均会声明要诚实履行前政府签订的国际条约；即使在国际条约违反一国宪法的情况下，只要该国际条约是在平等的基础上达成的，也不对该国际条约进行通常的违宪审查。

我国也同样与其他国家签订并加入了一系列国际公约、国际条约和政府间的协定，这些条约在我国具有当然效力，其中，涉及行政管理的部分要拘束我国的行政机关，属于我国行政法的渊源。其效力是否高于我国的宪法，目前还是未知数，但这些条约在我国必然要予以适用，在适用过程中与我国法律之间的关系则是非常明确的。例如，我国的《行政诉讼法》在关于涉外行政诉讼部分规定，法院在审理涉外行政案件时，国际条约处于优先适用的地位，即如果有国际条约，优先适用国际条约，在没有国际条约的情况下，才适用我国的法律。即使在我国加入世界贸易组织时，也承诺要按照世界贸易组织的规则修改我国的法律：在我国有法律规定时优先适用我国的法律，在没有国内法时，应适用 WTO 规则。

五、行政法的分类

行政法的内容十分广泛，依据不同的标准，可将行政法分成不同的种类。常见的行政法分类主要有以下几种：

1. 一般行政法与特别行政法。这是以行政法调整对象范围为标准对行政法进行的划分。

一般行政法是对一般行政关系加以调整的法律规范的总称，如行政组织法、公务员法、行政程序法、行政处罚法等。一般行政法调整的行政关系具有更多的概括性和普遍性，通常是其他行政法律规范的基础。特别行政法是对某一方面或某一领域的行政关系加以调整的法律规范的总称。如统计行政法、卫生行政法、体育行政法、公安行政法、科技行政法等。

2. 实体行政法与程序行政法。这是以行政法规范的性质为标准对行政法进行的划分。实体行政法是以规范行政法主体权利、义务等实体问题为其主要内容的行政法规范的总称。程序行政法是规定行政主体在实施行政行为时所遵循的方法、步骤、时限和顺序的行政法规范的总称，如行政诉讼法、行政程序法等。对行政主体而言，实体行政法规定行政主体的组织原则和组织体系，规定行政行为的内容、效果和责任等，程序行政法则规定行政主体组织、活动及承担责任的步骤、方式及方法等。二者具有不同的功能，并且所遵循的原则也不同。

3. 行政组织法、行政行为法、行政监督法和行政救济法。这是以行政法的作用为标准对行政法进行的划分。行政组织法是以规范行政主体的设置、编制、职权、职责等为内容的行政法；行政行为法是规范行政主体行使行政职权的活动的行政法；行政监督法是规范特定行政主体对于一般行政主体的行为进行检查督促的行政法；行政救济法是规定如何对违法、不当或其他行政行为造成的后果进行补救的行政法。

4. 经济行政法、军事行政法、民政行政法、卫生行政法、公安行政法等。这是以国家行政管理部门的划分或行政管理领域的划分为标准对行政法进行的分类。经济行政法即国家运用行政手段管理和调控经济生活的行政法；军事行政法即国家用以管理军队编制、军事装备、军事行动及兵役制度等方面的行政法；公安行政法即国家管理社会治安公共安全的行政法；等等。按照这种分类方法，国家有多少行政管理部门，管理多少行政领域，就有多少种行政法。

第四节 行政法律关系

一、行政法律关系的概念及特点

（一）行政法律关系的概念

行政法律关系是指为行政法所调整的、以行政法上权利与义务为内容的各种社会关系。简言之，行政法律关系就是受行政法调整的行政关系。但行政法律关系和行政关系又有区别：

1. 行政法律关系属于法律关系，体现了国家的意志，有国家强制力保障；而行政关系是一种社会关系，不反映国家意志。

2. 行政法律关系以行政关系为基础，但不等于行政关系，只有当行政关系为行政法调整，具有行政法上的权利义务内容时才转化为行政法律关系；未经行政法调整，不具有行政法上的权利义务内容的行政关系，均不能转化成行政法律关系。

（二）行政法律关系的特点

1. 在行政法律关系当事人中，必有一方是行政主体，即行政机关和法律、法规授权的组织等。行政法律关系是行政主体在行使行政职权的过程中，与行政相对人等形成的相互关系。因此，在行政法律关系中，行使行政职权的行政主体是任何一个具体行政法律关系都不可或缺的。根据法律、法规的规定，它们在行政法律关系中居于支配的地位，具有固定性和不可替代性，离开了行使行政职权的行政主体，行政法律关系就不可能形成。

2. 行政法律关系当事人的权利义务是由行政法律规范预先设定的。在行政法律关系中，当事人的权利义务不能由当事人双方相互协商确定，而是由行政法律规范事先设定的。当事人不得自由选择权利、义务，也不得随意放弃权利、转让义务，而只能依据行政法律规范的规定享有权利或承担义务，这是行政法律关系区别于民事法律关系的主要特征。但行政合同是一个例外，行政法律关系当事人可以进行一定程度的协商让步和约定一定的权利义务。

3. 行政法律关系具有不对等性。这种不对等性主要表现在两个方面：第一，行政法律关系双方主体的地位不平等。行政主体由国家强制力保证其职权的行使，行政主体可以行使强制权，迫使相对人履行义务。当行政主体不履行或者不当履行行政职责时，相对人只能通过申诉或诉讼程序要求有权机关责令行政机关履行法定职责。对行政主体的违法或不当行为，在法定部门确认该行为违法或不当之前，相对人既不能否认其效力而加以抵制，也不能停止执行。第二，行政法律关系的产生、变更不以双方主体的意思表示一致为必要条件，行政主体可以单方面地设定或变更行政法律关系，而无须征得相对人的同意。

4. 行政法律关系中产生的争议在解决方式及程序上有其特殊性。行政法律关系中产生的争议，大都由行政机关或行政裁判机关依照行政程序或行政司法程序加以解决，只有在法律明文规定的情况下才可通过司法程序解决，并不能全部直接地诉诸司法机关。这是由于此类争议所涉及问题的专业性、技术性强，宜先由具有专业性优势的行政机关或行政裁判机关来解决。

二、行政法律关系的构成要素

行政法律关系由行政法律关系主体、客体和内容三大要素组成。

（一）行政法律关系主体

行政法律关系主体，又称“行政法主体”，即行政法律关系当事人，也就是行政法律关系的参与者。任何一种法律关系都不可能是单方面的，必须有双方当事人，他们是法律关系中权利的享有者和义务的承担者。作为行政法律关系当事人一方的国家行政机关及法律、法规授权的组织也叫行政主体；当事人的另一方，即公民、法人和其他组织，称为行政管理相对人，通常简称为“行政相对人”。

1. 行政主体。行政主体是指拥有法定职权并能够以自己的名义行使行政职权，并对行使行政职权的行为造成的后果承担法律责任的机关和组织，包括国家行政机关和法律、法规授权的企事业单位、社会团体和其他组织等。有关行政主体的内容在第二章中有详细论述，本章不再赘述。

2. 行政相对人。行政相对人是指在行政法律关系中与行政主体相对应，处于被管理和被支配地位的公民、法人或者其他组织。行政相对人在行政法理论上具有重要意义，它表明行政管理活动中处于被管理地位的当事人，绝不是单纯的被支配对象，而是既享有权利又承担义务的行政法律关系主体。根据我国现行法律的规定，在具体的行政法律关系中可以成为行政相对人的主要有国家组织、企事业单位、社会团体、公民和在我国境内的外国组织、外国人和无国籍人等。

（二）行政法律关系客体

行政法律关系的客体，是指行政法律关系当事人的权利、义务所指向的对象，包括物、行为和精神财富等。行政法律关系主体的权利义务若没有指向具体对象，就会因没有目标而不能落实，从而也就丧失了其存在的意义，法律关系也难以成立。所以，客体是行政法律关系不可缺少的因素。

1. 物。物是行政法律关系中比较常见的客体，作为行政法律关系客体的物，可以是物质形式，也可以是货币形式；可以是消费资料，也可以是生产资料。如行政赔偿关系的客体可能是金钱，行政没收关系的客体可能是物品，行政救济关系的客体可能是生活资料，行政合同关系的客体则可能是生产资料。

2. 行为。行为作为行政法律关系的客体，包括作为和不作为，它可以是行政主体的行为，也可以是行政相对人的行为。如因行政处理引起的行政法律关系的客体，可以是行政主体责令行政相对人所为的一定行为；而申请行政主体颁发执照引起的行政法律关系中的客体，则是行政相对人的申请行为。同时，并不是所有的行为都可以成为行政法律关系的客体，只有与行政职能有关且具有法律意义的行为或经法律规范的行为，才能成为行政法律关系的客体。

3. 精神财富。作为行政法律关系客体的精神财富，是指行政法律关系主体从事智力活动所取得的成果，如学术著作、专利、发明等。如行政相对人向行政机关申请发明专利权而与行政机关发生争议所引起的行政法律关系，其客体就是一定形式的智力成果。

（三）行政法律关系的内容

行政法律关系的内容即行政法律关系主体所享有的权利和所承担的义务的总和。每个行政法律关系的主体在具体的行政法律关系中都是权利的享有者和义务的承担者。行政法律关系的内容分为行政主体的权利义务和行政相对人的权利义务。

双方当事人在具体的行政法律关系中的权利义务是不同的，但是任何一种行政法律关系主体之间产生的权利和义务都是相对应的，即一方享有的权利就是另一方必须承担的义务，一方承担的义务也就是另一方所享有的权利。

在行政法律关系主体的权利中，行政主体的权力具有特殊性，它既是权力又是职责。因此，行政主体对自己所享有的行政职权不能放弃，而必须依法行使，若有违法或失职，便要承担相应的法律责任。

行政主体的行政职权主要有行政规范权、行政命令权、行政处罚权、行政处理权、行政执行权、行政司法权等。行政主体的职责主要有：遵守行政法律、法规、规章，履行行政职务，遵守行政权限，遵循法定程序，符合行政目的，行政合理、适当等。

行政相对人在行政法律关系中的权利主要有参与权和知情权、隐私权、监督权、救济权等。行政相对人所承担的义务主要有：遵守法律、法规和规章，服从行政命令，协助行政管理等。

三、行政法律关系的产生、变更与消灭

（一）行政法律关系的产生

行政法律关系的产生，是指由于一定的法律事实而在行政主体和行政相对人之间形成的特定的权利义务关系。除了必须存在行政法律关系的主体和客体以外，行政法律关系的产生还必须具有两个基本条件：

1. 具有相应的行政法律关系赖以发生的法律根据，即有行政法律规范的存在。

2. 具有导致行政法律关系发生的法律事实。行政法律事实，是指由行政法律规范所规定的能够引起行政法律关系发生、变更或消灭的客观存在的现象或事实。这种法律事实包括法律事件和法律行为。法律事件是指能够导致行政法律关系产生、变更和消灭的不以人的意志为转移的客观现象；法律行为是指能够引起行政法律关系产生、变更和消灭的人的有意识的活动。

（二）行政法律关系的变更

行政法律关系的变更是指行政法律关系要素的变更，包括主体变更、客体变更和内容变更。

1. 主体变更，包括主体的增加、减少和改变，如作为一方当事人的行政机关被合并到另一个行政机关。

2. 客体变更，是指行政法律关系当事人权利义务所指向的对象，即物、行为或精神财富发生变更。如行政相对人申请复议，要求撤销违法的行政行为，后又补充要求责令该行政机关赔偿因其违法行政行为所造成的损害等。

3. 内容变更，是指行政法律关系双方当事人的权利义务发生变化，如在税收法律关系中，因税率变化而发生征税数额的变化。

（三）行政法律关系的消灭

行政法律关系的消灭，是指行政法律关系权利义务消灭，主要有两种情况：

1. 一方或双方当事人消灭。

2. 行政法律关系的全部内容因被撤销或履行完毕不复存在。

第五节 行政法基本原则

一、行政法基本原则概述

（一）行政法基本原则的确定

法律规范是法律最基本的构成单位，一组法律规范构成一个法律制度，多个法律制度构成一个法律部门，多个法律部门构成一个国家的法律体系。所谓法的原则，是指指导一组法律规范、形成一个法律制度的精神和要求；所谓法的基本原则，是指指导构成一个法律部门的法律规范的基本精神和基本要求。法的原则特别是其基本原则是高于法律规范的、抽象的指导思想。法律的原则是法律规范形成的根据，法律规范在原则指导下形成。换言之，法律规范是围绕着原则展开的，是原则的具体化，是原则的具体体现。法律的基本原则是法律规范形成的基本根据。

行政法规范也是在原则或者基本原则指导之下形成的。相应的，指导一组行政法规范形成的，或者说，指导某一个行政法律制度形成的，作为某一个行政法律制度形成根据的，可以称为“原则”；指导整个行政法部门的法律规范形成的，作为整个行政法规范形成根据的，可以称为“基本原则”。前者如行政处罚制度的原则。行政处罚制度包括行政处罚的设定制度和行政处罚的实施制度，指导行政处罚制度形成的原则是行政处罚法定原则、行政处罚公开原则、行政处罚公正原则、行政处罚与教育相结合原则、保障行政相对人权利救济原则等。

作为一个法律部门的行政法，应当具有哪些基本原则，学者们的看法和概括是不一致的。[①] 在确定行政法的基本原则时，必须明确这样两个问题：

1. 确定行政法基本原则的根据是什么？如前所述，行政法的基本原则是作为部门法的行政法规范形成的基本根据，那么，这些基本根据又是根据什么因素确定的呢？这一问题仍然需要回到行政法的基本功能和基本价值上来。很显然，在控权论、管理论和平衡论的视角中，行政法的基本原则是存在差异的。我们认为，近代行政法发展到现代行政法，控权论仍然具有其合理的价值，仍然是行政法最基本的功能和最基本的价值。因此，确定行政法基本原则的基本根据是控权论。从目前学者们关于行政法基本原则的阐述看，实际上，无论其是否承认控权论，都在按照控权论的思维论述着行政法的基本原则，仅在表述行政法基本原则所涵盖的内容，即行政法应当从哪些方面对行政权进行控制上存在着分歧。

2. 行政法的哪些原则是在所有的行政法律制度中通用的，或者至少是在多个行政法律制度中所共同适用的？只有在宏观上指导整个或者大多数行政法规范形成的原则，才可以说是行政法的基本原则。

根据上述分析，我们认为，将行政法的基本原则确定为行政法治原则、行政合理性原则、行政公开原则、保障当事人程序权利原则较为恰当。这些原则符合上述确定行政法基本原则的标准。

（二）行政法基本原则的基本功能

基于行政法基本原则的特性和地位，其具有以下基本功能：

1. 行政法基本原则是行政法最基本功能和最基本价值的体现，了解和认识行政法的基本原则，对于了解和认识行政法，具有重要的指导意义。学习和研究行政法，必须从学习和研究行政法的基本原则入手，只有这样，我们才能从宏观上把握什么是行政法、为什么产生行政法以及行政法发展演变的基本原因。

2. 如前所述，行政法的基本原则是行政法规范形成的基本根据，行政法规范是行政法基本原则的具体展开，因此，我们研究具体的行政法规范，也必须从研究行政法基本原则入手。掌握了行政法的基本原则，就能够了解和领会具体的行政法规范。只有把单个行政法规范放到一组行政法规范之中，把一组行政法规范放到整个行政法规范之中，进行学习和研究，才能真正掌握某一个具体的行政法规范。而要做好这一点，必须掌握一组行政法规范形成的根据即原则，整个行政法规范形成的根据即基本原则。

---

① 由王珉灿主编的《行政法概要》认为，国家行政管理的指导思想和基本原则有 7 项：（1）在党的统一领导下实行党政分工和党企分工；（2）广泛吸收人民群众参加国家行政管理；（3）贯彻民主集中制；（4）实行精简的原则；（5）坚持各民族一律平等；（6）按照客观规律办事，实行有效的行政管理；（7）维持社会主义法制的统一和尊严，坚持依法办事（参见王珉灿主编：《行政法概要》，法律出版社 1983 年版，第 43~60 页）。由杨达等编著的《行政法概要》认为，我国行政机关管理活动的主要原则是：（1）坚持共产党的领导，发挥国家行政机关的效能；（2）人民群众参加国家管理；（3）民主集中制；（4）各民族权利平等；（5）国家实行计划化管理（参见杨达等编：《行政法概要》，北京政法学院校内用书 1982 年版）。此外，由应松年、朱维究编著的《行政法学总论》中认为行政法的基本原则有 3 项；由应松年主编的《行政法学教程》认为行政法的基本原则有 2 项；由侯直旬主编的《中国行政法》认为行政法的基本原则有 9 项；由胡建淼等人合写的《略论我国行政法的基本原则》一文认为行政法的基本原则有 5 项；由罗豪才主编的《行政法论丛》认为行政法的基本原则主要有 2 项；由龚祥瑞主编的《行政法与行政诉讼法》认为行政法的基本原则有 5 项；由杨海坤撰写的《论我国行政法的基本原则》一文认为行政法的基本原则有两类，共 12 项等。

3. 通常情况下，行政法规范之间处于一种协调的关系，但在某些情况下，行政法规范之间存在着矛盾和冲突，我们要理解和解决行政法规范之间的矛盾和冲突，必须全面掌握行政法的基本原则。若根据某单一基本原则形成了基本的行政法规范，而根据另一单一基本原则又形成了其他的基本的行政法规范，其中就可能存在着某种矛盾和冲突。例如，依据行政法治原则，行政机关的所有行政行为都应当依法进行，即法律上应当为行政机关实施行政管理提供明确的法治化标准。但是，事实上，在现代社会的社会公共事务面前，法律无力担负起这一重任。在许多情况下，法律只能确定一个基本的标准和作出一个原则性的规定，而由行政机关根据具体情形予以裁量。

4. 掌握了行政法的基本原则，即掌握了行政法规范的一般的和通常的情况。如果我们公认某些内容是行政法的原则和行政法的基本原则，我们就没有必要去详细探究这些内容为什么是行政法的原则和基本原则，我们所要研究的主要是两个基本问题：（1）作为行政法的原则和基本原则的具体要求是什么？具体的行政法规范是否全面体现了行政法的原则和行政法的基本原则？（2）更为重要的是，要研究作为行政法原则和行政法基本原则的例外情况。简言之，对于那些体现行政法原则和行政法基本原则的行政法规范，我们无须去探究它们为什么存在，行政法学者的主要任务是探究它们为什么这样规定和作为基本原则的例外情况。研究作为基本原则的例外情况，特别是这种例外情况存在的根据，是行政法学者更为重要的任务。例如，依据行政法治原则，所有的行政行为都应当接受司法审查。但是，事实上，某些行政行为可以不接受司法审查，而由行政机关作出终局决定。我们不需要去研究为什么行政行为要接受司法审查，而应该去研究某些行政行为可以不接受司法审查的理由和根据。

5. 在某些情况下，因时间、条件等客观原因，立法机关无法形成体现行政法基本原则的全部的、成熟的行政法规范，可能只存在一些零散的行政法规范。如果我们明确了行政法的基本原则，行政机关即可以在行政法基本原则的指导下实施具体的行政管理，司法机关也可以在没有明确的行政法规范的情况下，依据行政法的基本原则去判断行政机关的行政行为的合法性。例如，我国目前还没有制定行政程序法，对行政机关的行政程序还没有统一的要求，只在某些单行法律、法规中有一些关于行政程序的规定，大多数法律、法规中并没有基本的、比较严格的关于行政程序的规定，在这一具体情况下，行政法的基本原则即可以起到弥补行政法规范不足的作用。

二、行政法治原则

行政法治原则是法治原则在行政法领域的具体体现。如前所述，法治原则的基本精神是控制国家权力，以保障公民权利。行政法治原则是指在行政法领域通过控制行政权的运行，以保障行政相对人的权利。行政法治原则是行政法的最基本原则，这一基本原则的具体要求是：

（一）行政组织依法设立

行政组织是行使行政权的专门的国家组织，其在行使行政权过程中，享有各种优先权和优益权，其对行政相对人可以采取命令、监督、处罚、强制、调查等各种可能损害行政相对人合法权益的措施。同时，行政权也必须在行政组织的层级和管理范围上作合理配置。因此，行政组织必须依法设立，在主体资格上作出严格的法律限制。通常，国家通过制定行政组织法，设立具有独立法律地位的行政组织，并对行政组织的具体构成、权能及与其他行政组织之间的法律关系作出具体规定。

我国目前关于行政组织的法律主要有两部：一部是《国务院组织法》，另一部是《地方各级人民代表大会和地方各级人民政府组织法》。这两部组织法对于特定行政组织的设立、权能及与其他国家机关的关系作出了规定。但是，我国目前实践中的行政组织非常繁杂，法律地位非常不明确。例如，有依据行政组织法设立的一般行政机关，有依据行政组织法规定的程序设立的派出机关和派出机构，有临时设立的综合执法机关，有法律法规授权的组织，有行政机关委托的组织，等等。因此，在行政组织设立的法治化方面，我国有以下三方面的工作要做：(1) 修改《国务院组织法》，进一步具体明确国务院及国务院部门的组织、权能及与其他国家机关的相互关系；(2) 单独制定地方政府组织法，对地方政府组织与地方人大组织分别立法；(3) 明确法律法规授权和行政机关委托的条件、规则及其与行政机关之间的相互关系等。

(二) 依法行政

依法行政是指行政机关的行为必须受到法律控制，行政机关的行政管理活动必须依法实施。其具体要求是：

1. 法律授权。行政机关行使的行政权属于国家权力的一部分，国家机关获得国家权力的途径和方法是法律授权，行政机关获得行政权也是如此。所谓法律授权，是指宪法、法律、法规、规章中明确将某项国家权力授予某个具体的国家机关。法律授权之“法律”包括宪法、法律、法规和规章。即使是依法设立的行政机关也不能自动地、天然地拥有某项行政权，而必须要有法律的明确授权。具体说来：(1) 行政机关只有在得到法律授权之后，才能够拥有行政权，才能够依凭该行政权具体实施行政管理；(2) 行政机关在没有得到法律的明确授权时，不得实施行政管理；(3) 行政机关只能在法律所授予的权力范围之内实施行政管理。在法理上，授权即限权。只有法律授予某个行政机关某项行政权，该行政机关才能够行使该项行政权；法律授予某个行政机关拥有某项行政权，即意味着其他行政机关不拥有该项行政权；法律授予某个行政机关一定范围的行政权的，该行政机关仅能在该范围内行使行政权。

决定国家权力获得的授权原则或称授权规则，是建立有限政府的基本前提，而有限政府又是实行法治的基本条件。在授权原则下，行政机关“越权无效”成为最普遍的规则。

2. 法律优先。所谓法律优先，即法律在适用上处于优先的地位，上位法优于下位法，下位法不得同上位法相抵触。行政机关在适用行政法规范时，存在法律、行政法规、地方性法规、规章及其他规范性文件的，必须优先适用法律，再适用其他规范性文件。因为，法律的位阶和效力要高于其他规范性文件，其他规范性文件若违反法律则无效。同时，法律由民意代表机关制定，具有低于宪法的创制性，是真正意义上的法。虽然依法行政之“法”包括宪法、法律、行政法规、地方性法规、自治条例和单行条例、规章等规范性文件，但行政机关在实施行政管理时所依之“法”主要是法律。

3. 法律保留。所谓法律保留，是指某些事项专门保留给法律，只能由法律而不得由法律以外的其他规范性文件作出规定。这些事项通常涉及宪法规定的公民基本权利。因宪法规定的公民基本权利是作为一个国家的公民的最主要的和最基本的权利，因此，对其进行限制必须非常慎重。制定法律的机关的性质决定了其具有判断是否需要对公民基本权利进行限制的资格。我国《立法法》第8条规定了法律保留的事项范围，第9条规定了法律绝对保留的事项和相对保留的事项。所谓由法律绝对保留的事项，是指在任何情况下都只能由法律作出规定的事项；所谓相对保留的事项，是指在法律一时无法制定而实践中又非常需要的情况下，可以授权国务院制定为行政法规的事项。

因此，如果属于法律绝对保留的事项，任何行政机关都无权作出规定；如果属于相对保留的事项，必须由全国人大或者全国人大常委会作出授权决定，明确授权国务院行使制定行政法规的权力。任何行政机关如果制定了属于法律绝对保留的事项的规范性文件，或者国务院在没有全国人大或者全国人大常委会授权的情况下制定了属于法律保留事项的行政法规，都是无效的。

4. 符合法律目的。法律、法规、规章在授予行政机关某项行政职权时，都同时暗含地规定了行使此项行政职权的目的。行政机关在行使该项行政职权时，必须符合法律规定的目的。否则，行政机关即构成滥用行政职权。行政机关滥用行政职权的行为，表面上是在其职权范围内所作出的行为，但在实质上，这一行为属于违法的行为。行政机关的行为是否符合法律目的，需要在行政复议和行政诉讼中，根据行政机关作出行为时的具体情形作出判断。

5. 符合法律程序。行政机关在实施行政管理时，必须遵循法律规定的程序。法律程序是制约行政机关行使行政权的一种手段和方法，同时，也是保证行政权正当性的一种力量。行政机关违反法律程序的行为通常在实质上就是滥用行政职权的行为，或者是侵犯公民权利的行为。

（三）司法审查

依据法治原则，行政行为都必须接受司法审查。上级行政机关解决下级行政机关与行政相对人之间行政争议的行政复议，其公正性和正当性是令人质疑的。而不受独立的第三者监督的权力必然是一种易腐败的权力，因此，由独立的、更具公正性的司法机关对行政机关的行政行为进行审查，能够对行政机关行使行政权实施强有力的监督，同时，司法审查也能够为行政相对人提供法律上的救济。

我国于 1989 年由全国人大制定了《行政诉讼法》，建立了行政诉讼制度，由法院在当事人请求的情况下对行政机关的行政行为的合法性进行审查。我国司法审查制度中所存在的主要问题是，法院的受案范围过于狭窄，即行政机关接受司法审查的行政行为的范围过小，还不足以对行政机关的行政行为构成强有力的监督。

（四）法律责任

法律在授予行政机关行政权的同时，必须建立追究行政机关违法行为或者不当行为之法律责任的法律机制。行政机关对其作出的行政行为承担法律责任是依法行政的重要方面，没有法律责任的行政权必然是一种被滥用的权力。

我国目前建立的追究行政机关法律责任的机制，主要有行政复议制度、行政诉讼制度、行政赔偿制度、刑事诉讼制度。违法的行政机关及公务员所要承担的行政责任包括：（1）承认错误，赔礼道歉；（2）恢复名誉，消除影响；（3）履行职务；（4）撤销或者确认违法；（5）纠正不当；（6）返还权益；（7）恢复原状；（8）行政赔偿；（9）行政追偿；（10）行政处分；等等。

三、行政合理性原则

明确行政合理性原则的含义，必须首先明确合理性的“理”的含义。如果我们将合理性的“理”理解为人类的“理性”，那么，其主要是指正当性问题，即行政行为是否具有正当的基础。如果我们将合理性的“理”，理解为适当、适度，那么，其主要是指在合法的前提下与处理对象的性质、程度是否相当的问题。根据我国学者约定俗成的论述，行政合理性主要是指后者。行政合理性原则的基本要求主要是：

（一）比例原则

比例原则是大陆法系国家判断行政机关的行政行为是否合理的基本标准，一些大陆法系国家的法律对这一原则作出了明确规定。所谓比例原则，是指行政机关所实施的行政行为与所要达到的目标之间成比例。比例原则又可以分为以下三个具体指标：

1. 妥当性原则。所谓妥当性原则，是指行政机关所实施的行政行为要与其所期望达到的目的成比例。简言之，手段与目的之间要符合比例。在判断行政机关所采取的手段是否能够成立时，首先必须找到行政机关期望通过该手段所要达到的目的，然后根据目的去一一衡量这些手段中哪些是能够达到目的的手段，哪些不是达到目的的手段。能够达到目的的手段即被认为是符合比例的，而不可能达到目的的手段就是不符合比例的。

2. 最小损失原则。所谓最小损失原则，是指行政机关为了达到某一目的而采取的手段，如果可以选择，必须选择给相对人造成最小损失的手段，如果本来可以选择给当事人造成最小损失的手段，却采取了给当事人造成更大损失的手段，该手段就是不符合比例的。给当事人造成的损失是否可以更小，需要根据具体情形进行判断。因此，这一原则的基本前提是，达到目的的手段是否可以选择，在选择某一手段以后，在损失程度上是否可以选择。

3. 利益衡量原则。这一原则又被称为“比例原则”，因为它是典型的比例原则。所谓利益衡量原则，是指行政机关通过实施行政行为所要保护的利益必须大于因此而牺牲的利益。换言之，行政机关为了保护一个更大的利益，可以牺牲一个小的利益，而不能为了保护一个小的利益而牺牲一个更大的利益，即保护的利益与牺牲的利益之间必须符合比例。

（二）信赖保护原则

所谓信赖保护原则，是指行政相对人因行政机关的行政行为而应获得的利益，或者基于对行政机关的信任而附属的利益，如果因行政机关在确有必要的情况下改变其行政行为而受到损失，则行政机关必须承担补偿责任。许多国家的法律对这一原则作了明确规定，我国目前仅在《行政许可法》中对此原则作出了明确的规定。

信赖保护原则的基础是行政机关所具有的特殊信用。行政机关作为行使国家权力、处理社会公共事务的公共机关，其依据法律的授权获得了一系列行政权，但是，行政机关能够真正充分有效行使行政权的基础是它的社会公信力。行政机关基于这种社会公信力的要求，同时为了保护公民个人的权利，在其作出行政行为以后，通常情况下，不得进行变更或者撤销，只有在极其特殊的情况下，才可以进行变更或者撤销。所谓极其特殊的情况，是指基于重大公共利益的需要，如果不变更或者撤销原有的行政行为，该重大公共利益将遭受损失的情形。长期以来我们所奉行的“有错必究”原则是与信赖保护原则相抵触的。行政机关的行政行为出现了错误，是否需要纠正，要根据具体情形判断：其纠正的结果对公共利益或者对行政相对人有利的，行政机关应该纠正自己的错误；其纠正结果如果对公共利益或者对行政相对人不利，即使是错误的，也不应纠正；如果纠正以后得到的利益比不纠正得到的利益大，那么，必须予以纠正；反之，就不能纠正。

四、行政公开原则

行政公开原则是指与公民、法人或其他组织的权利/义务直接相关的公权力行为，应通过一定的行政程序让公众或者特定人知晓。正当程序以公开为原则，以不公开为例外。

2007年4月5日，国务院颁布了《政府信息公开条例》，系统规定了政府信息公开制度的基本内容。其中，第5条规定，行政机关公开政府信息，应当遵循公正、公平、便民的原则。第6条规定，行政机关应当及时、准确地公开政府信息。行政机关发现影响或者可能影响社会稳定、扰乱社会管理秩序的虚假或者不完整信息的，应当在其职责范围内发布准确的政府信息予以澄清。第8条规定，行政机关公开政府信息，不得危及国家安全、公共安全、经济安全和社会稳定。

行政公开的主要内容，包括以下五个方面：

1. 行政立法和行政政策公开。行政立法和行政政策公开有两个方面的要求：（1）制定行政法规、规章、政策的活动应该公开。（2）行政法规、规章应一律在政府公报或其他公开刊物上公布，行政政策除依法应予保密的以外，也应通过一定的形式予以公布。除此之外，对于特别涉及行政相对人权益的有关行政法规、规章、政策，政府还应该印制成单行本，向社会免费提供，或者供公众购买。

2. 行政决策公开。规范行政决策程序，推进行政决策的科学化、民主化和法治化，要求在行政决策中做到决策过程的公开性和参与性。《国务院关于加强法治政府建设的意见》《中共中央关于全面推进依法治国若干重大问题的决定》以及《关于全面推进政务公开工作的意见》提出，要把公众参与、专家论证、风险评估、合法性审查、集体讨论决定确定为重大行政决策的法定程序。实行重大决策预公开制度，涉及群众切身利益、需要社会广泛知晓的重要改革方案、重大政策措施、重点工程项目，除依法应当保密的外，在决策前应向社会公布决策草案、决策依据，通过听证座谈、调查研究、咨询协商、媒体沟通等方式广泛听取公众意见，以适当方式公布意见收集和采纳情况。探索利益相关方、公众、专家、媒体等列席政府有关会议制度，增强决策透明度。决策作出后，按照规定及时公开议定事项和相关文件。

3. 行政执法行为公开。行政执法行为公开有三个方面的要求：（1）执法行为的标准、条件公开。行政机关实施涉及行政相对方权益的行为，比如行政机关在实施行政批准、行政许可、行政征收、行政发放、行政免除等行为时，对行为的标准、条件，应一律在网络上公开或在办公地点张贴告示公开。（2）执法行为的程序、手续公开。行政机关实施行政执法行为，其执法程序和手续，都应该通过公开文件发布或张贴于办公场所公布，使行政相对人能够事前了解相关的内容。（3）一些涉及行政相对人人身权或者重大财产权的行政执法行为，应该采取听证会等特定的公开形式，允许一般的公众旁听，允许新闻记者采访报道。《关于全面推进政务公开工作的意见》强调，要主动公开重点改革任务、重要政策、重大工程项目的执行措施、实施步骤、责任分工、监督方式，根据工作进展公布取得的成效、后续举措，听取公众意见、建议，加强和改进工作，确保执行到位。各级政府及其工作部门都要做好督查和审计发现问题及整改落实情况的公开，对不作为、慢作为、乱作为的问责情况也要向社会公开，增强抓落实的执行力。

4. 行政司法行为公开。行政司法行为主要包括行政裁决和行政复议行为。行政机关无论进行行政裁决还是进行行政复议，其裁决与复议的依据、标准、程序都应该公开，方便当事人了解。行政裁决书和行政复议决定书，除了应送达当事人知晓外，也应该允许其他个人、组织通过一定的程序查阅。

5. 行政信息与情报公开。行政机关制定的法规、规章、政策，作出的行政决议，发布的行政命令、指示，作出的行政裁决与行政复议行为，除法律、法规明确规定应予保密的外，都应该允许媒介予以发布、报道。对于行政机关及其工作人员遵纪守法、廉政勤政的情况，也应该允许新闻媒介在真实准确的前提下予以公开报道。

五、保障当事人程序性权利原则

保障当事人程序性权利在行政法上具有极其重要的价值，它贯穿于整个行政法律制度。这是行政法规范通常既具有实体法规范又具有程序法规范的原因所在。在行政法上，对行政程序的规定非常严格，要求行政机关必须按照行政程序的规定实施行政行为，这既是行政机关的行政职责，也是当事人的程序性权利。

对于行政机关所拥有的行政权必须予以有效的监督和控制，其基本的方法之一是当事人对行政机关行政权的行使进行制约。而当事人制约行政机关的基本方式是行使自己的程序性权利，从而与行政机关的行政权进行对抗。

行政机关行使的行政权属于国家强制力的范畴，它会侵犯当事人的合法权益。依据法治原则的基本精神，有权利必须有救济，即没有救济的权利不是权利而是恩赐，无法得到有效的保障。法律在赋予当事人实体权利的同时，必须赋予当事人保护该实体权利的相应的程序权利。既然行政机关的行政行为极有可能侵犯当事人的合法权益，就必须赋予当事人相应的程序性权利，这样，才符合法治的本质和行政机关行使行政权的基本精神。

当事人享有的程序性权利，包括在行政管理过程中的程序性权利和在实施行政行为以后的程序性权利。在行政管理过程中，当事人享有的程序性权利包括了解权（知情权）、陈述权、申辩权、申请听证权以及在听证程序中的各项程序性权利；在行政机关实施行政行为以后，当事人的程序性权利包括申请行政复议的权利、提起行政诉讼的权利、请求国家赔偿的权利以及请求行政补偿的权利。

【引导案例】

石某系某高校大学生，在2007年6月23日举行的全国大学英语四级考试中，因为使用手机舞弊，该高校根据《高等教育法》和学校内部的《学籍管理规定》作出开除石某学籍的处分。石某不服，向某区人民法院提起行政诉讼，请求撤销学校的处理决定，恢复学籍。被告认为，学校对原告的处理决定属于学校的内部管理行为，不属于法律意义上的行政机关，原告无权提起行政诉讼，请求法院依法驳回原告的起诉。①

解析：本案的主要分歧在于，如果该高校的行为属于内部管理行为，则不属于行政法调整的范畴，也就不属于行政诉讼管辖范围；如果该高校行使的是法律法规授予的行政权力，其行为属于外部管理行为，那么，该诉讼即属于行政诉讼。

本书认为，该高校对石某作出的处理决定属于行政行为，该诉讼属于行政诉讼，理由如下：第一，《教育法》第29条第1款第4项规定，学校及其他教育机构有权对受教育者进行

① 案例来源于最高人民法院行政裁定书（2016）最高法行再62号。

学籍管理，实施奖励或者处分。可见，学校管理学生学籍的权力是根据《教育法》获得的，学校处于管理者的地位。第二，内部管理行为影响的是特定身份下的权利义务。然而，在本案中，显然，石某享有的作为公民基本权利的受教育权受到了影响，因而符合行政行为要求的“效果要素”。最终，最高人民法院再审认定该案属于行政诉讼受案范围。

【练习案例】

湖南省溆浦县中医院（以下简称“县中医院”）根据上级文件的规定和主管部门批准，向溆浦县邮电局（以下简称“县邮电局”）申请开通“120”急救电话，县邮电局拒绝开通，致使县中医院购置的急救车辆和其他设施不能正常运转，而遭受损失。县中医院遂以县邮电局为被告向县法院提起诉讼，请求判令县邮电局立即履行开通“120”急救电话的职责，并赔偿县中医院的经济损失。县邮电局辩称：“120”急救电话属于全社会，而不属于县中医院。根据文件的规定，县邮电局确对本县开通“120”急救电话承担义务，但是，不承担对某一医院开通“120”急救电话的义务。原告申办“120”急救电话，不符合文件的规定，请求法院驳回县中医院诉讼请求。县法院经审理查明：医疗机构申请开通“120”急救电话的程序是：经当地卫生行政部门指定并提交书面报告，由地、市卫生行政部门审核批准后，到当地邮电部门办理“120”急救电话开通手续。原告县中医院是一所功能较全、急诊科已达标的二级甲等综合医院，具备设置急救中心的条件。县卫生局曾指定县中医院开办急救中心开通“120”急救电话。县中医院向被告县邮电局提交了开通“120”急救专用电话的报告，县邮电局也为县中医院安装了“120”急救电话，但是该电话一直未开通。县中医院曾数次书面请求县邮电局开通“120”急救电话，但县邮电局仍拒不开通。①

问题：县中医院与县邮电局之间的争议属于民事争议还是行政争议？为什么？

【测试题】

一、名词解释

1. 行政法
2. 行政权
3. 国家行政
4. 行政法治

二、思考题

1. 古代存在行政法吗？
2. 行政法在由近代到现代的发展过程中，其本质特征发生变化了吗？
3. 依法行政与法治之间是什么关系？
4. 我国行政法的发展与西方国家有什么不同？

---

① 本案例为2002年司法考试卷4第9题。

【扩展阅读】

1. 杨建顺：《日本行政法通论》，中国法制出版社 1998 年版。

2. 余凌云：《行政法讲义》，清华大学出版社 2010 年版。

3. 姜明安主编：《行政法与行政诉讼法》，北京大学出版社、高等教育出版社 2015 年版。

4. 胡锦光、莫于川：《行政法与行政诉讼法概论》，中国人民大学出版社 2017 年版。

5. 刘飞：《信赖保护原则的行政法意义——以授益行为的撤销与废止为基点的考察》，《法学研究》2010 年第 6 期。

6. 王贵松：《依法律行政原理的移植与嬗变》，《法学研究》2015 年第 2 期。

本章自测自评

第二章　行政主体概述

【本章导学】

行政主体是行政法学中的基本范畴，在行政法整个体系中占据非常重要的位置。通过本章的学习，应该掌握以下内容：理解行政主体的概念与成立要件；掌握行政主体的资格；理解行政主体与相关概念的区别；了解行政主体的类型与范围。

第一节　行政主体的概念与成立要件

一、行政主体的概念

在我国，行政主体是一个舶来品。20世纪80年代，我国学者在介绍法国、日本等国家的行政主体概念时，行政主体才被引入我国行政法学。[①] 在法国，行政主体是个法律概念，它是指具有行政职能，并能负担由于行政职权而引起的权利和义务的主体，包括国家、地方团体和公务法人三类。[②] 在日本，行政主体是个学理概念，法律并没有明确规定。它是指行政权的归属者，即在行政法律关系中处于支配地位的管理者，包括国家和公共团体。[③] 在德国，行政主体是指被赋予权利能力，在行政法上享有权利、承担义务，实现行政任务的组织，包括国家、具有权利能力的公法团体、被授权组织、具有部分权利的行政机构和私法组织形式的行政主体五类。[④] 在英美国家，则不存在"行政主体"这个词。它们用行政机关来表示法、德等国的"行政主体"的含义。

在我国，行政主体是行政法学中的一个基本范畴，但不是一个法律概念，而是学理概念。对于行政主体的概念，行政法学界有多种表述。有学者认为，行政主体是指依法享有行政权，能以自己的名义对外行使该权力，并对行为的效果承担法律责任的组织。[⑤] 有学者则认为，行政主体是指行政法律关系中与行政相对人互有权利义务的另一方，是以其行政法上的权利能力和行为能力而独立行使行政权力并承担法律责任的组织。[⑥] 还有学者认为，行政主体特指能以

---

① 在我国，关于行政主体的概念最早出现在王名扬先生的《法国行政法》（中国政法大学出版社1988年版，第39~43页）一书中。

② 参见王名扬：《法国行政法》，北京大学出版社2007年版，第32~33页。

③ 参见［日］南博方：《日本行政法》，杨建顺译，中国人民大学出版社2009年版，第13~14页。

④ 参见［德］哈特穆特·毛雷尔：《行政法学总论》，高家伟译，法律出版社2000年版，第498~502页。

⑤ 参见王连昌主编：《行政法学》，中国政法大学出版社1997年版，第35页；朱新力：《行政法基本原理》，浙江大学出版社1995年版，第42页。

⑥ 参见方世荣主编：《行政法与行政诉讼法学》，中国政法大学出版社2015年版，第64页。

自己名义实施国家行政权，并对行政效果承担责任的组织。[①] 这些表述虽然各异，但却包括着实质的共同点，即从组织要素而言，行政主体是组织；从职权要素而言，行政主体享有行政权力；从名义要素而言，行政主体能以自己的名义行使行政权力；从责任要素而言，行政主体能够承担相应的法律责任。我们认为，随着近年来我国社会结构与社会阶层的逐步变化及分化，公共行政出现了许多新的内容，如大量的非政府公共组织行使着许多公共管理职能[②]，相应地，传统的以国家行政为核心的行政主体概念也应当做相应的调整。基于此，我们认为，行政主体是指依法享有公共行政权力，以自己的名义从事公共行政活动，并能独立承担相应法律责任的组织。

二、行政主体的成立要件

根据行政主体的概念，我们可以分析它的成立要件。

（一）行政主体是一种组织

这是由行政的功能所决定的。因为行政是以谋求社会成员共同利益为目的，由特定的团体来从事一般人无法独立从事的事业的活动。因此，行政的担当者不可能是特定的个体，而必须是由社会成员组成的团体。[③]“组织”这一概念的外延很广，可以指机关、机构，也可以指单位、团体等，如国家行政机关、企业与事业单位。组织在一定条件下可以成为行政主体，但个人不能成为行政主体。虽然行政行为大多由国家公务员来实施，但他们都是以组织而不是以个人的名义来实施的。

（二）行政主体是依法享有公共行政权力的组织

行政主体是一种组织，但并不是所有的组织都是行政主体。虽然国家权力机关行使立法权，人民法院行使审判权，人民检察院行使检察权，但它们都不是行政主体。只有依法享有公共行政权力的组织才是行政主体。所谓“依法享有”，是指这种组织的行政权力或者是由宪法、法律、法规、规章以及其他规范性文件所设定的，或者是由有关机关通过法定程序授予的。所谓“公共行政权力”，是相对于“国家行政权力”的一个概念。“公共行政权力”除了“国家行政权力”之外，还包括其他非政府公共组织，如各类行业协会、基金会等，对国家和社会公共事务进行管理时所享有的行政权力。

（三）行政主体是以自己的名义从事公共行政活动的组织

所谓“以自己的名义”，是指行政主体能按照自己的意志独立地实施特定的行为，具体表现为以自己的名义对外行文、以自己的名义作出行政决定、以自己的名义参加行政复议或行政诉讼活动。即使某一组织依法享有一定的公共行政权力，如果其不能以自己的名义从事行政活动，也不能成为行政主体。如作为某县公安局内部机构的治安科，虽然根据法律规定有权查处违反治安管理的行为，但其只能以某县公安局的名义作出行政处罚决定，因而它不是行政主体。

为进一步说明这一问题，试举一例：

---

① 参见罗豪才主编：《行政法学》，中国政法大学出版社 1996 年版，第 66 页。

② 参见戚建刚：《论我国行政法发展的分析模式》，《现代法学》2005 年第 2 期。

③ 参见杨建顺：《日本行政法通论》，中国法制出版社 1998 年版，第 233 页。

【案例 2-1】

2014 年 10 月 3 日至 10 日期间，某煤气公司发生煤气泄漏事件，使周围村庄中的农作物受到不同程度的污染。10 月 13 日，某农民向某市环境保护局环境保护监察大队提出申诉，要求煤气公司赔偿农作物受到的损失。经查证，某市环境保护局环境保护监察大队以自己的名义，即以“某市环境保护局环境保护监察大队”名义，依据国家相关法律，作出“对某煤气公司煤气泄漏事件的处理决定”，对该公司罚款 3 000 元，并由其赔偿某农民损失 2 300 元。某煤气公司不服某市环境保护局环境保护监察大队的处理决定，向某市人民法院提起行政诉讼。

法院经审理认定，该行政处理决定是以“某市环境保护局环境保护监察大队”名义作出的，而该环境保护监察大队仅仅是某市环境保护局的一个职能部门，无权以自己的名义作出行政处理决定，遂撤销了该处理决定。

（四）行政主体是能够独立承担法律责任的组织

所谓“承担法律责任”，主要是指行政主体在行政复议、行政诉讼和行政赔偿过程中依法所应当承担的各种形式的有利或不利后果。例如根据《行政复议法》第 28 条第 1 款第 3 项的规定，如果行政主体的具体行为存在主要事实不清、证据不足的情况，复议机关有权撤销该违法的具体行政行为。行政主体违法的具体行政行为被复议机关撤销就是一种法律责任的形式。所谓“能够独立承担”，就是指行政主体能以自己的名义承受。如果不能以自己的名义承担法律责任，即使享有公共行政权力，也不能作为行政主体。如一个依法接受行政机关委托从事行政活动的组织，就不能被称为行政主体，因为它的行政行为所产生的法律责任是由委托的行政机关来承担的。

组织要件、职能要件、名义要件和责任要件共同构成了行政主体的成立要件。从行政主体的成立要件中，我们可以得出行政主体其实是特定的行政法律关系中的组织。所谓行政法律关系，是指行政法对由行政活动所产生的各种社会关系加以调整后，所形成的行政主体与行政相对人之间以及行政主体之间的权利与义务关系。行政主体属于特定的行政法律关系中的组织，意味着它是与行政相对人互负权利与义务的组织，是一个动态的法律概念，是一个实施公共行政权力的组织。例如，虽然国家行政机关依法享有多项行政权力，但是如果其没有行使该类行政权力，就不会产生特定的行政法律关系，则它就不属于行政主体。

第二节 行政主体与相关概念的关系

一、行政主体与行政法主体

行政法主体，指受行政法调整的各种行政关系的参加人——包括组织和个人。[①] 从静态来看，行政法主体包括国家行政机关、国家其他机关、企事业单位和社会团体、中华人民共和国公民、在中国境内的外国组织和外国人等。从动态看，行政法主体包括处于特定行政法律关系

① 参见姜明安主编：《行政法与行政诉讼法》，北京大学出版社、高等教育出版社 2015 年版，第 82 页。

中的行政主体和行政相对人。因此，行政主体必定是行政法主体，但行政法主体未必就是行政主体。

二、行政主体与行政机关

行政机关是指为实现行政目的而依宪法、组织法的规定设置的具有国家行政权力的国家机关。行政机关是个法律概念，它是指从中央到地方的各级人民政府（如国务院、省级人民政府、市级人民政府、县级人民政府和乡镇人民政府）及人民政府的职能部门（如省级人民政府的公安厅、劳动保障局等）。但行政主体是个学理概念，是学者对公共行政活动中一切依法享有公共行政权力，以自己的名义从事公共行政活动，并能独立承担相应法律责任的组织的抽象概括。同时，它也是一个动态的概念，即处于特定行政法律关系中的组织。在我国，虽然行政机关是最重要的行政主体，但是行政机关并非在任何场合都是行政主体。当行政机关没有行使法律所赋予的行政权力，而只以"机关法人"的身份从事民事活动时，就不是行政主体。另外，行政主体在范围上要大于行政机关。在我国，行政主体除了国家行政机关之外，还包括法律、法规和规章授权组织。

三、行政主体与行为主体

行为主体是指"虽无法律上的名义，但直接、具体实施行政行为的组织或个人"①。行政主体与行为主体的区别主要表现为：行政主体能以自己的名义行使行政权力，而行为主体只能以他人（行政主体）的名义行使行政权力；行政主体由自己来承担法律责任，而行为主体则由他人即行政主体来承担法律责任。行政主体只能是组织，行为主体除了组织之外，也可以是个人，如国家公务员。在一般情况下，行政主体与行为主体统一于同一个组织内，如某税务局工作人员征收某行政相对人的税款，此时税务局是行政主体，税务局的工作人员是行为主体，统一于税务局这一组织内。但有时，行政主体与行为主体也会分离，如公安机关委托乡政府实施罚款，此时行为主体是乡政府的工作人员，而行政主体是公安机关。

四、行政主体与特殊法人、公法人、公务法人

特殊法人是日本行政法的一个概念。它主要是指由国家或地方公共团体投资设立的公共团体法人，如国有公司、公库、公团、金库、基金等，具有公共财团法人的性质，属于日本行政主体的范围。② 公法人是英国行政法学中的一个概念。它是指在具有一般行政职权范围的中央行政机关和地方行政机关以外，享有一定的独立性和单独存在的法律人格，并从事某种特定的公共事务的行政机构。它具有三个特征：有独立的法人人格；在全国或一定地区内执行由法律或特许状所规定的某种公共事务；虽然对一般行政机关保持一定程度的独立性，但仍然具有联系。③ 公务法人是法国行政法的一个概念，它是指具有独立的管理机构和法律人格，能够享有权利、负有义务，独立承担法律规定的某种脱离于国家或地方团体的公务，行使相应行政权力的组织。这是一种以公务为基础的分权形式，属于法国行政主体的范围。④

可见，日本的特殊法人、英国的公法人和法国的公务法人在其所在国的行政法学中，都属于行政主体的范围，但不能等同于行政主体本身。因为它们只是行政主体的一个组成部分，如

① 胡建淼：《行政法学》，法律出版社 2015 年版，第 68 页。

② 参见［日］南博方：《日本行政法》，杨建顺译，中国人民大学出版社 2009 年版，第 13 页。

③ 参见王名扬：《王名扬全集①：英国行政法 比较行政法》，北京大学出版社 2016 年版，第 80~81 页。

④ 参见王名扬：《法国行政法》，北京大学出版社 2007 年版，第 37 页。

法国的行政主体还包括国家和地方团体。如果用我国的行政主体来比照，它们只类似于我国行政主体中的法律、法规或规章授权组织。

第三节 行政主体的资格要件

一、行政主体资格要件的含义

行政主体的资格要件是指作为行政主体应当具备的前提条件。它不同于行政主体的成立要件；成立要件是对行政主体的动态描述，表明行政主体是处于特定行政法律关系中的组织；资格要件是对行政主体的静态描述，只是某一组织成为行政主体的可能条件。具有行政主体资格要件的组织，并不必然就是行政主体，只是表明它能够以行政主体身份参与特定的行政法律关系。只有当它真正参与到某一行政法律关系中，行使了法律所赋予的行政权力时，才是行政主体。例如，国家税务机关虽然具备行政主体资格要件，但是它并不一定是行政主体。它有可能是特定行政主体的相对人，也可能是民事主体。

二、行政主体资格要件的内容

从我国法律的规定和行政实践来看①，行政主体资格要件主要包括两个方面的内容。

（一）组织要件

组织要件是作为行政主体的组织本身所需要具备的条件。通常情况下，作为行政主体的行政机关的组织要件应当包括六方面的内容：（1）行政机关的组成已获得有权机关的批准，依法设立。例如根据《地方各级人民代表大会和地方各级人民政府组织法》第 64 条第 3 款的规定，省、自治区、直辖市的人民政府的厅、局、委员会等工作部门的设立、增加、减少或者合并，由本级人民政府报请国务院批准，并报本级人民代表大会常务委员会备案。（2）行政机关的权力已经由宪法、组织法和其他法律作了规定。（3）行政机关已经获得了独立的行政经费。（4）有必要的办公场所和办公条件。（5）已经配备了一定的人员编制。（6）行政机关的成立已经正式对外公告。

作为法律、法规或规章授权组织，其组织要件通常包括四个方面：（1）该类组织所从事的公共事务与授权的内容具有一定的联系；（2）应当具有熟悉相关法律、法规、规章或者其他规范性文件的工作人员；（3）应当具备与所承担的行政事务相适应的技术及设备条件；（4）应当具有相应的经费及办公条件。

（二）法律要件

法律要件是作为行政主体的组织在法律上应当具备的条件。一般认为，行政主体资格的法律要件比较简单，即该组织的成立及所享有的权力应当以宪法、法律、法规或规章为依据。但是，如果仔细分析，则可以发现，作为行政主体的行政机关的成立是基于宪法和组织法的规定，其权力主要基于宪法和组织法的授予。如我国《宪法》第 89 条规定，国务院享有 18 项行政权力，《地方各级人民代表大会和地方各级人民政府组织法》规定县级以上人民政府享有 10 项行政权力，而乡镇人民政府则享有 7 项行政权力。而作为行政主体的授权组织，它的成

---

① 参见李牧主编：《中国行政法学总论》，中国方正出版社 2006 年版，第 105 页；张世信、周帆主编：《行政法学》，复旦大学出版社 2001 年版，第 50~61 页。

立则基于宪法和组织法以外的法律或法规的规定，其权力主要基于宪法和组织法以外的规范性文件的授予。

第四节 行政主体的范围与类型

一、行政主体的范围

对于行政主体的范围，我国行政法学界一般认为包括国家行政机关、法律与法规授权组织。① 但对于规章授权组织是否属于行政主体，我国传统行政法教材没有提到，但在行政管理实践中，有一些组织属于规章授权组织。我们认为，规章授权组织也属于行政主体的范围。这是因为规章是行政法的渊源，是享有规章制定权的行政主体对行政权力进行分配的法律文件，规章在不与上位法相冲突的情况下，所配置的行政权力也具有法律效力。

二、行政主体的类型

从不同角度对行政主体进行分类，能够更明确地理解行政主体的基本原理。行政主体的类型主要包括以下几种。②

（一）职权行政主体与授权行政主体

依据权力来源的方式不同，行政主体可以分为职权行政主体与授权行政主体。所谓职权行政主体，是指依照宪法或组织法的规定，在成立之时就享有行政权力并具备行政主体资格的组织。在我国，从中央到地方的各级人民政府均属于这类行政主体。所谓授权行政主体，是指依照宪法或组织法以外的法律、法规或规章的规定，享有行政权力并具备行政主体资格的组织。如行政机关的内设机构或派出机构在得到法律、法规的授权后，其行使权力的直接依据是授予其权力的法律、法规的规定，与具有独立行政主体地位的行政机关行使权力的依据相一致。如作为公安机关派出机构的公安派出所本不属于行政主体，但是《治安管理处罚法》第 91 条规定“警告、五百元以下的罚款可以由公安派出所决定”。当它在行使警告或 500 元以下罚款的处罚权时，就属于行政主体。

为说明这一问题，试举一例：

【案例 2-2】

2006 年 10 月 3 日，某公安派出所接到群众举报电话，举报内容是某村村民李某在家里做庄家赌博。派出所民警立即出警调查此事，发现李某在节假日为打发时间而在家里进行赌注为 5 元到 10 元不等的纸牌活动。派出所民警认为李某的行为属于轻微违法行为，遂以派出所的名义对李某作出警告并罚款 30 元的处罚决定。在此案中，作为公安机关派出机构的公安派出所本不属于行政主体，但是《治安管理处罚法》第 91 条规定：“治安管理处罚由县级以上人民政府公安机关决定；其中警告、五百元以下的罚款可以由公安派出所决定。”据此，

① 参见姜明安主编：《行政法与行政诉讼法》，北京大学出版社、高等教育出版社 2015 年版，第 85 页；方世荣主编：《行政法与行政诉讼法学》，中国政法大学出版社 2015 年版，第 66~67 页。

② 参见胡建淼：《行政法学》，法律出版社 2015 年版，第 69~70 页；张世信、周帆主编：《行政法学》，复旦大学出版社 2001 年版，第 63~66 页。

当它在行使警告或500元以下罚款时，就属于授权行政主体，取得了法律的具体授权。因而，某公安派出所的处罚决定是合法的。

将行政主体分为职权行政主体与授权行政主体的法律意义在于，对于授权行政主体的行政行为进行合法性审查时，人民法院应首先审查“授权关系”（包括授权的依据与授权的范围）是否合法存在。

（二）外部行政主体与内部行政主体

依据行政权力所指向的对象不同，行政主体可以分为外部行政主体与内部行政主体。外部行政主体，是指根据地域对社会上的相对人行使行政权力的组织。行政权力所指向的对象是与该行政主体没有隶属关系的相对人。如某市场监督管理机关颁发给某人营业执照。内部行政主体，是指对与自身有隶属关系的相对人行使行政权力的组织。如某税务行政管理机关考核该机关的工作人员。当然，某些行政主体具有双重身份。如县级人民政府既有权对社会事务进行管理（外部行政主体），也有权对所属的职能部门进行监督和领导（内部行政主体）。

将行政主体分为内部行政主体与外部行政主体的法律意义在于：（1）行政法学研究既要重视外部行政主体与相对人之间的关系，也要重视内部行政主体与相对人之间的关系；（2）有助于确定行政诉讼被告，内部行政主体不能作为行政诉讼被告。

（三）本行政主体与派生行政主体

当一个行政主体与另一个行政主体之间具有派生关系时，前一个行政主体就是本行政主体，后一个行政主体就是派生行政主体。如县公安局与派出所之间的关系。当然公安派出所成为行政主体必须符合法定的条件。① 本行政主体与派生行政主体的划分，是以行政组织中的派生关系为基础的。这种划分有助于我们正确认识派生行政机关的行政主体身份。

（四）共同行政主体与单一行政主体

这是以作出行政行为的行政主体的数量为标准所作的分类。如果一个行政行为由两个或两个以上行政主体共同盖章作出，那么这些行政主体就是共同行政主体。如果一个行政行为只由一个行政主体盖章作出，那么其就是单一行政主体。区别共同行政主体与单一行政主体的意义在于，在联合执法或综合执法中，有助于行政相对人识别行政诉讼被告的对象。

【引导案例】

2012年12月28日，湖南省人民政府作出《农用地转用、土地征收审批单》，同意征收湘潭昭山示范区昭山乡昭山村等部分集体土地为建设用地。2012年12月29日，湘潭市政府发布《征收土地方案公告》。2013年2月7日，湘潭市国土资源局发布《征地补偿安置方案公告》，明确由湘潭昭山示范区征地拆迁事务所（以下简称“昭山示范区征地所”）负责办理房屋拆迁安置补偿的具体事宜。2013年5月15日，沈某与昭云大道项目建设协调服务指挥部及示范区征地所签订《房屋拆迁货币补偿协议》，协议确定对沈某的补偿金额合计40.34万元。2013年5月23日，沈某领取全部补偿款。2016年7月25日，沈某提起行政诉

① 即只有行使《治安管理处罚法》第91条规定的警告、500元以下罚款的权力时，才是行政主体。

讼，请求确认货币补偿协议无效。

另查，2009 年 6 月 7 日，中共湘潭市委办公室、市政府办公室联合下发关于成立昭山示范区的通知，明确昭山示范区管委会是湘潭市委市政府决定设立的市政府所属派出机构。

该案中，湘潭市中级人民法院认为，与沈某签订货币补偿协议的是昭山示范区征地所，而非湘潭市政府，沈某起诉错列被告，经释明后拒绝变更，裁定驳回沈某的起诉。沈某不服，提起上诉。而后，湖南省高级人民法院裁定驳回上诉，维持一审裁定。

沈某向最高人民法院申请再审称：昭山示范区、昭山示范区征地所没有行政法上独立合法的地位，湘潭市政府是适格被告。请求撤销一、二审裁定，依法再审本案。

经审查，最高人民法院指出：根据《地方各级人民代表大会和地方各级人民政府组织法》第 68 条第 2、3 款规定，县、自治县人民政府经省级人民政府批准，可以设立若干区公所，作为其派出机关。市辖区、不设区的市人民政府，经上一级人民政府批准，可以设立若干街道办事处，作为其派出机关。据此，湘潭市政府批准设立隶属于自身的昭山示范区管委会，不符合上述规定。该管委会不是依法设立的湘潭市政府的派出机关，只是派出机构，不具有独立的行政主体资格，不能以自己的名义对外行使行政权。作为昭山示范区管委会下属的示范区征地所，更不具备独立的行政主体资格。根据《最高人民法院关于适用〈中华人民共和国行政诉讼法〉的解释》第 20 条规定，没有法律、法规或者规章规定，行政机关授权其内设机构、派出机构或者其他组织行使行政职权的，属于《行政诉讼法》第 26 条规定的委托。当事人不服提起诉讼的，应当以该行政机关为被告。

该案中，昭山示范区管委会、示范区征地所均不是适格被告，设立昭山示范区管委会的湘潭市政府才是该案的适格被告，因此，最高人民法院认为该案一审裁定认为沈某错列被告不妥，应予指正。①

【练习案例】

高某森、厉某霞以中国外交部下属原中国驻罗马大使馆、中国外交部领事司为被告，向北京市第三中级人民法院提起行政赔偿诉讼。高某森、厉某霞起诉称，2006 年 7 月 28 日，二人的儿子高某在意大利罗马被害，至今案件的真相仍未公布，凶手未被缉拿，高某的遗体被擅自处理。二人认为原中国驻罗马大使馆的官员在高某被害一案中存在着严重的不作为，甚至有些官员还参与了这场犯罪。故起诉请求：（1）依法赔偿高某生命被残暴剥夺赔偿金 700 万元人民币。（2）依法赔偿高某亲属因为陶某、董某身为政府领事官员滥用职权犯罪的欺骗、迫害造成的经济损失 320 万元人民币。（3）赔偿高某年老的父母身体伤害、精神损害抚慰金 100 万元人民币。②

问题：请结合行政主体的基本原理，分析本案中的中国外交部下属原中国驻罗马大使馆、中国外交部领事司是否具有行政主体资格？

① 作者适度改编了案例，详参最高人民法院行政裁定书（2017）最高法行申 5396 号。

② 案件来源于北京市高级人民法院行政裁定书（2016）京行赔终 19 号。

【测试题】

一、名词解释

1. 行政主体

2. 行为主体

3. 行政法主体

二、思考题

1. 行政主体的成立要件与资格要件的关系如何?

2. 为什么将规章授权组织纳入行政主体范围?

3. 内部行政主体与外部行政主体的划分有何意义?

【扩展阅读】

1. [法] 莫里斯·奥里乌:《行政法与公法精要》,龚觅等译,辽海出版社、春风文艺出版社 1999 年版。

2. 张树义:《行政主体研究》,《中国法学》2000 年第 2 期。

3. 沈岿:《重构行政主体范式的尝试》,《法律科学(西北政法学院学报)》2000 年第 6 期。

4. 李昕:《现代行政主体多元化的理论分析》,罗豪才主编:《行政法论丛》(第 6 卷),法律出版社 2003 年版。

5. 戚建刚:《长春亚泰足球俱乐部诉中国足协案再评析——以公共职能为视角》,《行政法学研究》2004 年第 3 期。

6. 葛云松:《法人与行政主体理论的再探讨——以公法人概念为重点》,《中国法学》2007 年第 3 期。

本章自测自评

第三章　国家行政机关

【本章导学】

行政机关是最基本的行政主体，是主要的行政执法机关。通过本章的学习，应该掌握以下内容：理解行政机关的概念与特征；掌握中央国家行政机关和地方国家行政机关的主要类型；了解特别行政区行政机关与民族自治区行政机关。

第一节　国家行政机关的含义

一、国家行政机关的概念与特征

国家行政机关是指依照宪法和组织法设立的，以自己名义行使国家行政权力、管理国家和社会事务的国家机关。国家行政机关的特征如下：

（一）它是国家机关

行政机关是由国家设置的，是代表国家行使行政权力，管理国家和社会事务的机关。这一点使得它与政党、社会组织相区别。政党，特别是执政党，虽然能对国家的政治、经济和文化的发展起到决定性作用，但它们不是国家机关。社会组织，虽然经国家法律、法规或规章的授权，也可以行使一定的国家行政权力，但是它们也不是国家机关。试举一例：

【案例 3-1】

某歌舞厅在没有取得“消防许可证”的情况下，于 2007 年 3 月 1 日开始营业。根据群众举报，某市消防局于 2007 年 4 月 3 日到该歌舞厅进行消防检查，在检查中发现多处火灾隐患，并且发现没有任何消防设施。消防局遂作出要求该歌舞厅停业整顿，待整顿合格取得“消防许可证”后方能营业的行政决定。在此案中，某市消防局就属于国家行政机关。它是由国家设立的，代表国家行使法定的检查权，并拥有作出相应的处理决定的权力。

（二）它是行使行政权力的国家机关

从行使权力的性质上看，行政机关是行使行政权力的国家机关。这一点使得它与国家立法机关、国家司法机关和军事机关相区别。根据我国宪法与组织法的规定，国家行政机关行使行政权力，执行国家法律、管理国家内政与外交事务。国家立法机关主要行使立法权和监督权。国家司法机关行使审判权和检察权。军事机关行使指挥武装力量的权力。

（三）它是依据宪法和组织法的规定行使行政权力的国家机关

从行使权力的依据上看，国家行政机关的权力直接来源于宪法与组织法的规定。这一点使得它与法律、法规或规章授权组织相区别。授权组织行使权力的依据不是宪法和组织法，而是其他具体的法律规范。因此，行政机关是固定的、基本的行政主体，而授权组织是相对的行政主体。

（四）在领导体制上，实行首长负责制

《宪法》第 86 条规定，国务院实行总理负责制，各部、委员会实行部长、主任负责制的规定。第 105 条规定，地方各级人民政府实行省长、市长、县长、区长、乡长和镇长负责制。据此，在领导体制上，行政机关实行首长负责制，即行政机关的首长对自己所管辖的事务具有最终决定权，并承担相应的法律责任。这一点使得行政机关与国家权力机关和司法机关相区别。国家权力机关和司法机关实行集体负责制，遵循少数服从多数的原则。行政机关实行首长负责制是由行政的性质和任务所决定的。

（五）在行使权力状态上，它具有能动性和连续性

由于国家行政机关行使的是对国家社会、经济和政治方面的组织与管理职能，包括保障和维护国家安全、发展社会经济和福利、维护社会秩序，等等，因此从行使权力状态上看，往往具有主动性和连续性。这一点与权力机关和司法机关行使权力的状态是不同的。司法机关奉行“不告不理”的原则，属于典型的被动状态。权力机关行使权力的状态虽然也是主动的，但不像行政机关那样能动。况且，权力机关一般采用开会的形式行使权力，因而不是连续的。

二、国家行政机关与相关概念的区别

国家行政机关与行政主体的区别在前文已作了阐述。为了更深入理解行政机关的概念，在此将其与行政组织和行政机构加以区别。

（一）行政机关与行政组织

行政组织通常是行政管理学上的一个概念，它是行政机关与行政机构的统称。另外，行政组织作为一个系统概念，不能作为特定行政法律关系的主体，但行政机关可以作为特定行政法律关系的主体。

（二）行政机关与行政机构

行政机构通常是指行政机关的组成单位。它是国家行政机关根据行政管理需要在其内部设立的、具体承担和处理特定行政事务的工作机构，包括行政机关的内设机构（如公安局内部的经济侦察科）、临时机构和派出机构。行政机关与行政机构的区别在于，前者能够作为行政主体，而后者一般情况下不能作为行政主体，除非有国家法律、法规或规章的授权。

第二节 国家行政机关的分类

从不同角度可以对国家行政机关作多种分类。例如根据其权限范围，行政机关可以分为一般行政机关与特别行政机关。前者的权限是全面的，涉及各个行政领域的行政事务；后者的权限是局部的，仅涉及特定行政领域或特定行政事项。在我国，一般行政机关是指国务院和地方各级人民政府。特定行政机关是指国务院组成部门和地方各级人民政府的职能部门。又如根据其管理内容的性质，行政机关可以分为综合性行政机关和专业性行政机关。前者的管理内容是综合性的，跨部门和跨行业的。后者的管理内容是专门性的和行业性的。在我国，综合性的行政机关是指市场监管、财政、人事等机关。专业行政机关是指石油、矿产、林业等机关。但最

重要的分类是根据层级不同，行政机关可以分为中央行政机关和地方行政机关。这种分类其实包括了许多其他分类。以下我们主要阐述这种分类。

一、中央行政机关

中央行政机关是指权力范围涉及全国的行政机关。它是领导全国和地方行政工作的最高行政机关，由国务院及其各部委和直属机构等组成。

（一）国务院

根据我国《宪法》和《国务院组织法》的规定，国务院，即中央人民政府，是最高国家权力机关的执行机关，是最高国家行政机关。国务院由全国人民代表大会产生，对全国人民代表大会负责，受全国人民代表大会及其常务委员会的监督。国务院由总理、副总理若干人、国务委员若干人、各部部长、各委员会主任、审计长和秘书长组成。国务院实行总理负责制，每届任期同全国人民代表大会每届任期相同。总理、副总理和国务委员连续任职不得超过两届。总理领导国务院的工作，副总理、国务委员协助总理工作。总理、副总理、国务委员、秘书长组成国务院常务会议。总理召集和主持国务院常务会议和国务院全体会议。

国务院作为最高国家行政机关，享有广泛的行政管理权力，宪法共列举了 18 项。它们是：

1. 根据宪法和法律，规定行政措施，制定行政法规，发布决定和命令。
2. 向全国人民代表大会或者全国人民代表大会常务委员会提出议案。
3. 规定各部和各委员会的任务和职责，统一领导各部和各委员会的工作，并且领导不属于各部和各委员会的全国性的行政工作。
4. 统一领导全国地方各级国家行政机关的工作，规定中央和省、自治区、直辖市的国家行政机关的职权的具体划分。
5. 编制和执行国民经济和社会发展计划和国家预算。
6. 领导和管理经济工作和城乡建设、生态文明建设。
7. 领导和管理教育、科学、文化、卫生、体育和计划生育工作。
8. 领导和管理民政、公安、司法行政等工作。
9. 管理对外事务，同外国缔结条约和协定。
10. 领导和管理国防建设事业。
11. 领导和管理民族事务，保障少数民族的平等权利和民族自治地方的自治权利。
12. 保护华侨的正当的权利和利益，保护归侨和侨眷的合法的权利和利益。
13. 改变或者撤销各部、各委员会发布的不适当的决定和命令。
14. 改变或者撤销地方各级国家行政机关的不适当的决定和命令。
15. 批准省、自治区、直辖市的区域划分，批准自治州、县、自治县、市的建置和区域划分。
16. 依照法律规定决定省、自治区、直辖市的范围内部分地区进入紧急状态。
17. 审定行政机构的编制，依照法律规定任免、培训、考核和奖惩行政人员。
18. 全国人民代表大会和全国人民代表大会常务委员会授予的其他职权。

（二）国务院组成部门

国务院组成部门是国务院重要组成部分。根据《国务院行政机构设置和编制管理条例》第 6 条第 3 款的规定，国务院组成部门依法分别履行国务院基本的行政管理职能，包括各部、各委员会、中国人民银行和审计署。国务院组成部门的设立由国务院总理提出，并由全国人大或全国人大常委会决定。各部设立部长 1 人，副部长 2~4 人。各委员会设主任 1 人，副主任 2~4 人，委员 5~10 人。它们实行首长负责制，在各自权限范围内实施行政管理活动，受国务院领导和监督。它们都具有行政主体资格。

根据 2018 年第十三届全国人大一次会议通过的《国务院关于提请审议国务院机构改革方案》，国务院除办公厅外，下设 26 个组成部门：外交部、国防部、国家发展和改革委员会、教育部、科学技术部、工业和信息化部、国家民族事务委员会、公安部、国家安全部、民政部、司法部、财政部、人力资源和社会保障部、自然资源部、生态环境部、住房和城乡建设部、交通运输部、水利部、农业农村部、商务部、文化和旅游部、国家卫生健康委员会、退役军人事务部、应急管理部、中国人民银行、审计署。

（三）国务院直属机构

国务院直属机构是主管国务院的某项专门业务，具有独立的行政管理职能的行政机关。它与前文所述的属于行政机关组成单位的行政机构不同。根据宪法和法律的规定，国务院直属机构享有法定的行政管理权力，能以自己的名义行使行政权力并承担相应的法律责任。因此，具备行政主体资格。

根据 2018 年《国务院关于提请审议国务院机构改革方案》，目前，国务院共有直属机构 11 个。其中，特设机构 1 个，即国务院国有资产监督管理委员会。此外，还包括如下一般直属机构：海关总署、国家市场监督管理总局、国家体育总局、国家国际发展合作署、国务院参事室、国家税务总局、国家广播电视总局、国家统计局、国家医疗保障局、国家机关事务管理局。

（四）国务院办事机构

国务院办事机构是协助国务院总理办理专门事项，不具有独立的行政管理职能的行政机关。例如，国务院港澳事务办公室、国务院研究室等。

（五）国务院直属事业单位

国务院直属事业单位经过国家法律、法规和国务院的授权享有一定的行政职权，管理某项特定的行政事务。国务院直属事业单位包括新华通讯社、中国社会科学院、国务院发展研究中心、中国气象局、中国证券监督管理委员会、中国科学院、中国工程院、中央广播电视总台、中国银行保险监督管理委员会等。

（六）国务院部、委管理的国家局

国务院部、委管理的国家局是国务院根据国家行政管理事务的需要而设立的，行使特定的行政管理权力的国家行政机关，具有行政主体资格。这些国家局包括国家信访局、国家能源局、国家烟草专卖局、国家林业和草原局、中国民用航空局、国家文物局、国家煤矿安全监察局、国家药品监督管理局、国家粮食和物资储备局、国家国防科技工业局、国家移民管理局、国家铁路局、国家邮政局、国家中医药管理局、国家外汇管理局、国家知识产权局等。

（七）国务院议事协调机构和临时机构

国务院议事协调机构和临时机构是国务院根据具体工作需要而设立的，协调国务院各行政机构的非常设性机构。经国务院授权，能够行使相应的行政权力，在该权力范围内具有行政主体资格。国务院设立议事协调机构，应当严格控制数量；可以交由现有机构承担的或者由现有机构进行协调可以解决问题的，不另设立议事协调机构。另外，设立国务院议事机构，还应当明确规定承担办事职能的具体工作部门。为处理一定时期内某项特定工作设立的议事协调机构，应当明确规定其撤销的条件或者撤销的期限。根据《国务院行政机构设置和编制管理条例》第6条第7款的规定，国务院议事协调机构承担跨国务院行政机构的重要业务工作的组织协调任务。国务院议事协调机构议定的事项，经国务院同意，由有关的行政机构按照各自的职责负责办理。在特殊或者紧急的情况下，经国务院同意，国务院议事机构可以规定临时性的行政管理措施。

二、地方国家行政机关

我国地方国家行政机关包括三类：一是地方各级行政机关；二是民族自治地方的行政机关；三是特别行政区的行政机关。它们的活动范围及管辖事项仅限于国家一定区域范围内。

（一）地方各级行政机关

地方各级行政机关又可以分为地方各级人民政府、地方各级人民政府的职能部门和派出机关。

1. 地方各级人民政府。根据宪法的规定，地方各级人民政府是地方各级国家权力机关的执行机关，是地方各级国家行政机关。地方各级人民政府实行省长、市长、县长、区长、乡长、镇长负责制。地方各级人民政府每届任期与本级人民代表大会每届任期相同。乡、民族乡、镇的人民政府执行本级人民代表大会的决议和上级国家行政机关的决定和命令，管理本行政区域内的行政工作。省、直辖市的人民政府决定乡、民族乡、镇的建置和区域划分。地方各级人民政府对本级人民代表大会负责并报告工作，在本级人民代表大会闭会期间，对本级人民代表大会常务委员会负责并报告工作。地方各级人民政府对上一级国家行政机关负责并向其报告工作，统一服从国务院的领导。

县级以上的地方各级人民政府会议分为全体会议和常务会议。全体会议由本级人民政府全体成员组成。省、自治区、直辖市、自治州、设区的市的人民政府常务会议，分别由省长、副省长，自治区主席、副主席，市长、副市长，州长、副州长和秘书长组成。县、自治县、不设区的市、市辖区的人民政府常务会议，分别由县长、副县长，市长、副市长，区长、副区长组成。省长、自治区主席、市长、州长、县长、区长负责召集和主持本级人民政府全体会议和常务会议。政府工作中的重大问题，须经政府常务会议或者全体会议讨论决定。

根据《地方各级人民代表大会和地方各级人民政府组织法》的规定，县级以上的地方各级人民政府行使下列职权：

（1）执行本级人民代表大会及其常务委员会的决议，以及上级国家行政机关的决定和命令，规定行政措施，发布决定和命令。

（2）领导所属各工作部门和下级人民政府的工作。

（3）改变或者撤销所属各工作部门的不适当的命令、指示和下级人民政府的不适当的决定、命令。

（4）依照法律的规定任免、培训、考核和奖惩国家行政机关工作人员。

（5）执行国民经济和社会发展计划、预算，管理本行政区域内的经济、教育、科学、文化、卫生、体育事业、环境和资源保护、城乡建设事业和财政、民政、公安、民族事务、司法行政、计划生育等行政工作。

（6）保护社会主义的全民所有的财产和劳动群众集体所有的财产，保护公民私人所有的合法财产，维护社会秩序，保障公民的人身权利、民主权利和其他权利。

（7）保护各种经济组织的合法权益。

（8）保障少数民族的权利和尊重少数民族的风俗习惯，帮助本行政区域内各少数民族聚居的地方依照宪法和法律实行区域自治，帮助各少数民族发展政治、经济和文化的建设事业。

（9）保障宪法和法律赋予妇女的男女平等、同工同酬和婚姻自由等各项权利。

（10）办理上级国家行政机关交办的其他事项。

其中，省、自治区、直辖市的人民政府可以根据法律、行政法规和本省、自治区、直辖市的地方性法规，制定规章。所制定的规章需报国务院和本级人民代表大会常务委员会备案。设区的市、自治州的人民政府，可以根据法律、行政法规和本省、自治区的地方性法规，制定规章。《立法法》第 82 条第 3 款规定："设区的市、自治州的人民政府根据本条第一款、第二款制定地方政府规章，限于城乡建设与管理、环境保护、历史文化保护等方面的事项。……"设区的市、自治州的人民政府制定的规章应当同时报省、自治区的人民代表大会常务委员会和人民政府备案。

乡、民族乡、镇的人民政府则行使下列职权：

（1）执行本级人民代表大会的决议和上级国家行政机关的决定和命令，发布决定和命令。

（2）执行本行政区域内的经济和社会发展计划、预算，管理本行政区域内的经济、教育、科学、文化、卫生、体育事业和财政、民政、公安、司法行政、计划生育等行政工作。

（3）保护社会主义的全民所有的财产和劳动群众集体所有的财产，保护公民私人所有的合法财产，维护社会秩序，保障公民的人身权利、民主权利和其他权利。

（4）保护各种经济组织的合法权益。

（5）保障少数民族的权利和尊重少数民族的风俗习惯。

（6）保障宪法和法律赋予妇女的男女平等、同工同酬和婚姻自由等各项权利。

（7）办理上级人民政府交办的其他事项。

2. 地方各级人民政府的职能部门。地方各级人民政府的职能部门是地方各级人民政府根据工作需要和精简的原则依法设立，享有法定行政管理权力的行政机关。县级以上的地方各级人民政府设立审计机关，它们依照法律规定独立行使审计监督权，对本级人民政府和上一级审计机关负责。省、自治区、直辖市的人民政府的厅、局、委员会等工作部门的设立、增加、减少或者合并，由本级人民政府报请国务院批准，并报本级人民代表大会常务委员会备案。自治州、县、自治县、市、市辖区的人民政府的局、科等工作部门的设立、增加、减少或者合并，由本级人民政府报请上一级人民政府批准，并报本级人民代表大会常务委员会备案。各厅、局、委员会、科分别设厅长、局长、主任、科长，在必要的时候可以设副职。省、自治区、直辖市的人民政府的各工作部门受人民政府统一领导，并且依照法律或者行政法规的规定受国务院主管部门的业务指导或者领导。自治州、县、自治县、市、市辖区的人民政府的各工作部门受人民政府统一领导，并且依照法律或者行政法规的规定受上级人民政府主管部门的业务指导或者领导。

3. 地方各级人民政府的派出机关。派出机关是县级以上地方各级人民政府因工作需要在一定区域内设立的代表本级政府实施行政管理的机关，具有行政主体资格。根据《地方各级人民代表大会和地方各级人民政府组织法》的规定，我国有三类派出机关：第一，行政公署。它们是省、自治区的人民政府在必要的时候，经国务院批准而设立的。第二，区公所。它们是县、自治县的人民政府在必要的时候，经省、自治区、直辖市的人民政府批准而设立的。第三，街道办事处。它们是市辖区、不设区的市的人民政府，经上一级人民政府批准而设立的。

需要指出的是，地方各级人民政府的派出机关与人民政府职能部门的派出机构是两个不同的概念。派出机构是政府职能部门根据行政管理的需要而在一定区域内设立的，代表该政府职能部门管理某些专门行政事务的机构。如县（区）公安局设立的公安派出所、县（区）税务局设立的税务所，等等。它们与派出机关的区别在于：(1) 设立的主体不同。派出机关是由各级人民政府设立的，而派出机构是由人民政府的职能部门设立的。(2) 权限范围不同。派出机关的职能和权限范围多是综合性的和全面性的，是对该行政区域内各种行政事项进行管理。派出机构的职能和权限范围是专业性和单一性的，是对该行政区域内某项专门行政事项的管理。(3) 法律地位不同。派出机关自其成立之日起就享有独立的行政主体资格。派出机构在成立时并没有独立的行政主体资格，只有在依据法律、法规或规章的特别授权时，才能享有独立的行政主体资格。

（二）民族自治地方的行政机关

民族自治地方的行政机关指自治区、自治州、自治县和民族乡的人民政府及其工作部门(民族乡不设专门的工作部门)。民族自治地方的人民政府对本级人民代表大会和上一级国家行政机关负责并报告工作，在本级人民代表大会闭会期间，对本级人民代表大会常务委员会负责并报告工作，它们都是国务院统一领导下的国家行政机关，都服从国务院。同时，自治区、自治州、自治县的人民政府与其相应的人民代表大会共同组成民族自治地方的自治机关。民族自治地方的人民政府实行自治区主席、自治州州长、自治县县长负责制。自治区主席、自治州州长、自治县县长，分别主持本级人民政府工作。

为维护民族自治地方的自治权，我国《民族区域自治法》规定，自治区主席、自治州州长、自治县县长由实行区域自治地区的少数民族公民担任。自治区、自治州、自治县的人民政府的其他组成人员，应当合理配备实行区域自治的民族和其他少数民族的人员。民族自治地方的行政机关除了享有宪法和法律规定的一般地方行政机关的权力，同时依照宪法、民族区域自治法和其他法律的规定行使自治权。这些自治权主要包括：

1. 上级国家机关的决议、决定、命令和指示，如有不适合民族自治地方实际情况的，自治机关可以报经该上级国家机关批准，变通执行或者停止执行；该上级国家机关应当在收到报告之日起60日内给予答复。

2. 依照本民族自治地方自治条例的规定，使用当地通用的一种或者几种语言文字；同时使用几种通用的语言文字执行职务的，可以以实行区域自治的民族的语言文字为主。

3. 根据社会主义建设的需要，采取各种措施从当地民族中大量培养各级干部、各种科学技术、经营管理等专业人才和技术工人，充分发挥他们的作用，并且注意在少数民族妇女中培养各级干部和各种专业技术人才。

4. 民族自治地方的自治机关录用工作人员的时候，对实行区域自治的民族和其他少数民族的人员应当给予适当的照顾。

5. 民族自治地方的企业、事业单位依照国家规定招收人员时，优先招收少数民族人员，并且可以从农村和牧区少数民族人口中招收。

6. 依照国家的军事制度和当地的实际需要，经国务院批准，可以组织本地方维护社会治安的公安部队。

7. 在国家计划的指导下，根据本地方的特点和需要，制定经济建设的方针、政策和计划，自主地安排和管理地方性的经济建设事业。

8. 在坚持社会主义原则的前提下，根据法律规定和本地方经济发展的特点，合理调整生产关系和经济结构，努力发展社会主义市场经济。

9. 根据法律规定，确定本地方内草场和森林的所有权和使用权，管理和保护本地方的自然资源。优先合理开发利用本地方开发的自然资源。

10. 在国家计划的指导下，根据本地方的财力、物力和其他具体条件，自主安排地方基本建设项目。

11. 在对外经济贸易活动中，享受国家的优惠政策。

12. 有管理地方财政的自治权。

13. 在执行国家税法的时候，除应由国家统一审批的减免税收项目以外，对属于地方财政收入的某些需要从税收上加以照顾和鼓励的，可以实行减税或者免税。

14. 根据国家的教育方针，依照法律规定，决定本地方的教育规划，各级各类学校的设置、学制、办学形式、教学内容、教学用语和招生办法。

15. 自主发展民族教育，扫除文盲，举办各类学校，普及九年义务教育，采取多种形式发展普通高级中等教育和中等职业技术教育，根据条件和需要发展高等教育，培养各少数民族专业人才。

16. 自主发展具有民族形式和民族特点的文学、艺术、新闻、出版、广播、电影、电视等民族文化事业，加大对文化事业的投入，加强文化设施建设，加快各项文化事业的发展。

17. 自主决定本地方的医疗卫生事业的发展规划，发展现代医药和民族传统医药。

（三）特别行政区的行政机关

根据《香港特别行政区基本法》第59~64条的规定，香港特别行政区政府是香港特别行政区行政机关。特别行政区政府的首长是香港特别行政区行政长官。特别行政区政府设政务司、财政司、律政司和各局、处、署。特别行政区的主要官员由在香港通常居住连续满十五年并在外国无居留权的香港特别行政区永久性居民中的中国公民担任。特别行政区政府必须遵守法律，对特别行政区立法会负责：执行立法会通过并已生效的法律；定期向立法会作施政报告；接受立法会议员的质询；征税和公共开支须经立法会批准。特别行政区政府行使下列职权：（1）制定并执行政策；（2）管理各项行政事务；（3）办理本法规定的中央人民政府授权的对外事务；（4）编制并提出财政预算、决算；（5）拟定并提出法案、议案、附属法规；（6）委派官员列席立法会并代表政府发言。

根据《澳门特别行政区基本法》第61~66条的规定，澳门特别行政区政府是澳门特别行政区的行政机关。特别行政区政府的首长是澳门特别行政区行政长官。澳门特别行政区政府设司、局、厅、处。特别行政区政府的主要官员由在澳门通常居住连续满十五年的澳门特别行政区永久性居民中的中国公民担任。特别行政区主要官员就任时应向澳门特别行政区终审法院院长申报财产，记录在案。特别行政区政府必须遵守法律，对澳门特别行政区立法会负责：执行立法会通过并已生效的法律；定期向立法会作施政报告；答复立法会议员的质询。特别行政区行政机关可根据需要设立咨询组织。特别行政区政府行使下列职权：（1）制定并执行政策；（2）管理各项行政事务；（3）办理本法规定的中央人民政府授权的对外事务；（4）编制并提出财政预算、决算；（5）提出法案、议案，草拟行政法规；（6）委派官员列席立法会会议听取意见或代表政府发言。

【引导案例】

2008 年 9 月 26 日，某市某区街道办事处将其闲置的一处临街房屋租给李某从事商业经营活动，租金为每年 10 000 元。一年后，李某以原定租金过高、现生意亏损为由，只交纳了租金 5 000 元。双方经过多次协商但没有结果。2004 年 3 月 18 日，该街道办事处指使所属的城市监察分队的 3 名执法人员，身着制服，佩戴执法标志，将李某的店铺查封，同时禁止李某继续租用该房屋。李某认为街道办事处的查封行为属于违法的行政强制措施，遂于 2004 年 5 月 5 日，向某区人民政府申请行政复议。但区政府认为本案不属于行政案件，没有受理。随后，李某又向某区人民法院提起行政诉讼。

解析：《地方各级人民代表大会和地方各级人民政府组织法》第 68 条第 3 款规定：“市辖区、不设区的市的人民政府，经上一级人民政府批准，可以设立若干街道办事处，作为它的派出机关。”因而，街道办事处是市辖区、不设区的市人民政府因工作需要在一定区域内设立的代表本级政府实施行政管理的机关，具有行政主体资格。那么，在本案中街道办事处是否行使了行政权力呢？

街道办事处将其闲置的一处临街房屋租给李某从事商业经营活动，并收取约定的租金。这属于平等的民事主体——出租人和承租人之间发生的民事纠纷。因此，尽管街道办事处是行政机关，具备行政主体资格，但具体到本案中，其并没有行使行政权力。租赁行为属于民事行为。由于李某没有按约定交纳租金，街道办事处就指使所属的城市监察分队的执法人员，身着制服，佩戴执法标志，将李某的店铺查封，同时禁止李某继续租用该房屋。这一查封行为具有强制性，没有征得李某的同意就加以实施，并且对李某的权利产生了实际影响，显然不是以民事主体身份所为的。因此，街道办事处行使了行政权力，此时，它以行政主体的身份出现。

所以，某区政府认为本案不属于行政案件，不予受理的决定是错误的。

【练习案例】

2010 年 3 月 1 日，某县公安局林业派出所向某县公路养路费征收办公室申请办理免征养路费证。某县公路养路费征收办公室认为该林业派出所属于事业单位，不予颁发养路费免征证，并对林业派出所的车辆照章征费。从 2010 年 6 月到 2010 年 12 月，林业派出所根据国家有关规定，共三次向某县公路养路费征收办公室申请办理免征养路费证，但均被拒绝。林业派出所作为原告，以某县公路养路费征收办公室为被告提起行政诉讼。

问题：分析某县公安局林业派出所和某县公路养路费征收办公室在本案中的法律地位。

【测试题】

一、名词解释

1. 行政机关

2. 派出机构

3. 派出机关

二、思考题

1. 国家行政机关的主要特点是什么?

2. 中央国家行政机关主要有哪些类型?

3. 地方国家行政机关主要有哪些类型?

【扩展阅读】

1. 姜明安主编:《行政法与行政诉讼法》，北京大学出版社、高等教育出版社2015年版。

2. 杨解君:《行政法律关系研究》，应松年主编:《当代中国行政法》，中国方正出版社2005年版。

3. 法治斌:《行政法律关系与特别权力关系》，翁岳生编:《行政法》(上册)，中国法制出版社2002年版。

4. 沈岿:《重构行政主体范式的尝试》,《法律科学》2000年第6期。

5. 薛刚凌:《行政主体之再思考》,《中国法学》2001年第2期。

6. 沈岿:《公共行政组织建构的合法化进路》,《法学研究》2005年第4期。

本章自测自评

第四章　公　务　员

【本章导学】

公务员是行政法学中一个相对重要的概念。通过本章的学习应当理解公务员的概念与特点，了解公务员的范围，理解公务员的法律身份。了解公务员法律关系的概念与特点及其产生、变更与消灭。掌握公务员的考核、培训、奖励、申诉与控告等管理和保障制度。

第一节　公务员概述

一、公务员的概念、特征与范围

"公务员"一词来源于西方。在英国，公务员称为"civil service"，译为文官，指不与内阁共进退，一般需要经过公开考试竞争，择优录用，无过失可长期任职的文职工作人员。法国的公务员称为"functionarie"，译为公务员，有广义与狭义之分。广义上的公务员是指在中央和地方行政机关中不通过选举产生和政治任命的正式工作人员及公共企事业单位的工作人员。狭义的公务员则是指在中央和地方行政机关中不通过选举产生和政治任命的正式工作人员，不包括公共企事业单位的工作人员。美国的公务员称为"governmental employee"，译为政府雇员，也有广义与狭义之分。广义上的公务员指与军队相区别的所有联邦政府雇员，包括民选官员，但不包括议员、国会雇用的职员和法官。狭义的公务员仅指职业文官，不包括行政部门中由民选产生的官员、政治任命的人员、临时职位人员、行政机关自行委派的人员和驻外机构雇用的外国公民。①

我国在正式使用公务员称谓之前，国家公职人员一般称为"国家干部"。新中国成立后，第一次正式使用"公务员"这一名称的是在1987年的中国共产党的十三大报告中。1993年的《国家公务员暂行条例》对我国"公务员"概念作了解释，指各级国家行政机关中除工勤人员以外的工作人员。2006年1月1日起正式实施的《中华人民共和国公务员法》（以下简称《公务员法》）对公务员的概念作了重新界定。

根据《公务员法》第2条的规定，在我国，公务员是指依法履行公职、纳入国家行政编制、由国家财政负担工资福利，除工勤人员以外的工作人员。它具有以下特征：

1. 必须是履行公职的工作人员。履行公职是公务员的核心要素。所谓公职，就是指国家机关、人民团体、公共企业或事业单位中的正式职务。因此，只有在国家机关、人民团体、公共企业或事业单位中担任正式职务的人员才可能属于公务员。这就意味着公务员不是为私人企

① 参见仝志敏主编：《国家公务员概论》，中国人民大学出版社1989年版，第16~17页。

业或者组织而工作，而是为国家和社会公共利益而实施公务活动。

2. 必须是纳入行政编制的工作人员。纳入行政编制意味着只有具有干部身份的人员才可能是国家公务员。如果属于事业编制或没有编制的人员，即使履行公职，也不属于公务员。在我国，中央和县级以上地方各级人民政府都设立了行政编制机构，负责行政编制的管理工作。

3. 必须是由国家财政负担工资福利的工作人员。公务员属于国家财政供养的人员，其工资和福利来源于国家财政的供给。在国家机关或其他公共职能部门工作的人员，如果其工资福利并非由国家财政负担，那么就不会是公务员。但并不是由国家财政供养的人员都是公务员，如公立学校的教师，就不是国家公务员。

4. 必须是依法定方式和程序任用的工作人员。是否依法定的方式和程序任用是判别某人是否为公务员的重要标准。普通公民在符合《公务员法》等法律规定的条件下，依法定的方式和程序可以成为公务员。任何人未经法定的方式和程序任用均不能自动成为公务员。

只有同时符合以上四个条件，才能成为国家公务员。据此，我国的公务员具体指以下机关的工作人员：（1）中国共产党各级机关的工作人员，包括中央和地方各级党委、纪委的专职领导成员；中央和地方各级党委工作部门和纪检机关的工作人员；街道、乡、镇党委机关的工作人员。（2）人民政协的工作人员，包括各级政协委员会主席、专职副主席、秘书长；各级政协委员会工作机构的工作人员；政协各专门委员会办事机构的工作人员。（3）各级人大机关的工作人员，包括全国人大常委会委员长、专职副委员长、秘书长；各级人大常委会工作人员；各级人大专门委员会办事机构工作人员；乡、镇人大专职主席、副主席。（4）各级国家行政机关，包括各级人民政府的组成人员，各级人民政府工作部门及派出机构的工作人员。（5）审判机关的工作人员，包括最高人民法院及地方各级人民法院的法官、审判辅助人员和行政管理人员。（6）检察机关的工作人员，包括最高人民检察院及地方各级人民检察院的检察官、检察辅助人员和行政管理人员。（7）民主党派机关的工作人员，包括中国国民党革命委员会、中国民主同盟、中国民主建国会、中国民主促进会、中国农工民主党、中国致公党、九三学社、台湾民主自治同盟等。这八个民主党派的中央和地方各级委员会主席（主委）、专职（驻会）副主席（副主委）、秘书长，各民主党派中央和地方各级委员会职能部门和办事机构的工作人员；中华全国工商业联合会机关的工作人员也属于公务员的范围。①（8）部分社会团体机关的工作人员，即工会、共青团、妇女联合会、科学技术协会、归国华侨联合会、中国文学艺术界联合会、中国作家协会、中华全国台湾同胞联谊会、中国残疾人联合会、中国法学会、中国人民对外友好协会、中国国际贸易促进委员会、中国红十字会、中国人民外交学会、宋庆龄基金会、中华全国新闻工作者协会、黄埔军校同学会、中国职工思想政治工作研究会等机关的工作人员，但上述部分社会团体机关中的工勤人员不属于公务员。②

二、公务员的分类

为进一步理解公务员的概念与特点，有必要依据一定标准对公务员进行分类。

（一）国家机关中的公务员与非国家机关中的公务员

这是根据公务员是否在国家机关中工作所作的分类，属于一种学理上的分类。国家机关中

---

① 参见胡光明、张春生主编：《〈中华人民共和国公务员法〉释解》，群众出版社2005年版，第29~30页。

② 参见侯通山主编：《中华人民共和国公务员法辅导读本》，法律出版社2005年版，第6页。

的公务员，是指在我国的国家机关（各级人大、人民政府、人民检察院、人民法院）中工作的公务员；非国家机关中的公务员，是指在中国共产党、民主党派、人民政协和人民团体等组织中工作的公务员。

（二）综合管理类、专业技术类、行政执法类和其他类公务员

这是根据公务员职位的性质、特点和管理需要所作的一种分类，属于一种法定分类。《公务员法》第 16 条第 2 款规定：“公务员职位类别按照公务员职位的性质、特点和管理需要，划分为综合管理类、专业技术类和行政执法类等类别。国务院根据本法，对于具有职位特殊性，需要单独管理的，可以增设其他职位类别。各职位类别的适用范围由国家另行规定。”所谓综合管理类公务员，是指在机关中履行决策、组织、指挥、协调、监督等综合管理的公务员。如省级人民政府的省长。所谓专业技术类公务员，是指在机关中履行专业技术服务和支持职责的公务员。如公安机关中的法医。所谓行政执法类公务员，是指在市场监管、税务、质检等机关，履行行政监管、行政处罚、行政强制、行政检查等执法职责的公务员。其他类公务员，是指国家根据实际需要在综合管理类、专业技术类和行政执法类公务员以外单独设立的特殊职务类别的公务员。这种分类，为国家公务员的发展留下了空间。

（三）选任制、委任制、考任制和聘任制的公务员

这是根据公务员任用的方式不同而作的分类。所谓选任制公务员，是指通过民主选举方式产生的公务员。以政府机关工作人员为例，各级人民政府组成人员都是选任制公务员。所谓委任制公务员，是指由任免机关在其任免权限范围内直接委派工作人员担任一定职务。委任制的一般做法是，由机关中的主管领导或有关部门根据一定的任职条件提出任职人选，由人事部门对任职人选进行考察，报任免机关决定后正式任命。所谓聘任制的公务员，是指机关根据工作需要，经省级以上公务员主管部门批准，对不涉及国家秘密的专业性较强的职位和辅助性职位，以合同方式产生的公务员。所谓考任制公务员，是指有任免权的机关根据公开考试和严格考核的方法，择优录用而产生的公务员。

（四）政务类公务员与业务类公务员

这是根据公务员的身份性质不同所作的分类，是世界上许多国家对公务员的一种最基本的分类方法。我国在理论上有研究，但立法上没有直接体现。

所谓政务类公务员，是指通过政治任命或选举的方式产生，与相应的政党共进退，具有严格任期的公务员。所谓业务类公务员，是指通过公开考试，择优录用，无过失可长期任职，不与内阁共进退的公务员。

三、公务员的法律身份

公务员具有多重的法律身份，即普通公民身份、国家公务员身份和机关代表身份。

公务员是公民的一部分。作为公民，其享有宪法、法律和法规所赋予的各项权利，同时承担各项义务，能够以民事主体的身份参与各种民事或劳动法律关系，也能够以行政相对人的身份参与行政法律关系。

当部分公民通过法定的方式和程序成为国家公务员后，便取得了公务员的身份。从本质上讲，公务员身份导致的公务员与所在机关之间产生的权利与义务关系，属于一种内部法律关系。公务员享有特定的权利，并履行特定的义务。根据《公务员法》第 14 条的规定，公务员应当履行下列义务：（1）忠于宪法，模范遵守、自觉维护宪法和法律，自觉接受中国共产党

领导；(2) 忠于国家，维护国家的安全、荣誉和利益；(3) 忠于人民，全心全意为人民服务，接受人民监督；(4) 忠于职守，勤勉尽责，服从和执行上级依法作出的决定和命令，按照规定的权限和程序履行职责，努力提高工作质量和效率；(5) 保守国家秘密和工作秘密；(6) 带头践行社会主义核心价值观，坚守法治，遵守纪律，恪守职业道德，模范遵守社会公德、家庭美德；(7) 清正廉洁，公道正派；(8) 法律规定的其他义务。

根据《公务员法》第 15 条的规定，公务员享有下列权利：(1) 获得履行职责应当具有的工作条件；(2) 非因法定事由、非经法定程序，不被免职、降职、辞退或者处分；(3) 获得工资报酬，享受福利、保险待遇；(4) 参加培训；(5) 对机关工作和领导人员提出批评和建议；(6) 提出申诉和控告；(7) 申请辞职；(8) 法律规定的其他权利。为区分某人公民的身份和国家公务员的身份，试举一例：

【案例 4-1】

李某是某县市场监管局工作人员，王某是李某的好朋友。王某因与邻居陈某在生意上存在竞争，便请李某去检查陈某的商店。李某到陈某的商店后，以县市场监管局工作人员的身份进行询问和检查。陈某要求李某出示证件，李某不理睬。陈某要求李某离开，否则将报警。李某恼羞成怒，上前就打陈某。第二天，李某到公安局报案，经鉴定陈某受轻微伤。县公务局对李某作出行政拘留 5 天的处罚决定。李某所在县市场监管局得知此事后，给予李某降级的处分。李某不服，向县人民政府申请行政复议。县人民政府依法经过调查，受理了李某就县公安局对其作出拘留 5 天的行政处罚决定的复议决定，但没有受理县市场监管局对其作出降级处分的复议决定。之所以如此，理由在于李某在本案中具有双重法律身份，当他实施打人的行为时是普通公民，公安机关对其行政处罚决定属于《中华人民共和国行政复议法》(以下简称《行政复议法》) 的受案范围。当他被所在单位——县市场监管局——降级处分时，则是国家公务员，县市场监管局对其处分不属于《行政复议法》规定的受案范围。

机关的代表身份则表现在外部法律关系中。行政机关在对外管理时，通常是通过国家公务员进行的。此时，国家公务员就以机关代表的身份与外部各种主体发生权利与义务关系。就国家行政机关而言，作为行政机关的代表，公务员以行政机关的名义行使职权和履行职责，产生的法律后果由所在的行政机关承担。当行政相对人对行政机关的行政行为不服，提起行政复议或行政诉讼时，公务员不是被申请人或被告，而其所在的行政机关是被告或被申请人。

公务员以不同的身份所实施的行为的性质是不同的。当以公民的身份出现时，所实施的行为属于个人行为，如向某人借钱。当以公务员身份在机关内部实施行为时，则属于个人行为或内部行政行为。如某公务员对自己所受的处分不服提出申诉的行为属于个人行为。某公务员保管档案的行为则属于内部公务行为。当以机关代表的身份出现，特别是以行政机关的代表身份出现时，所实施的行为则属于外部公务行为。如税务机关的工作人员向纳税人征税，市场监督管理机关的工作人员向特定的相对人颁发营业执照，等等。

那么如何区别公务员的个人行为与公务行为呢？一般认为有以下几个要素：(1) 时间要素。公务员在上班时间所实施的行为，通常认为是公务行为，在下班时间所实施的行为则是非执行公务的行为。(2) 公益要素。公务员的行为涉及公共利益或者以公共利益为目的，一般认为是公务行为。(3) 职权与职责要素。公务员的行为属于其职权与职责范围内的，则视为执行公务的行为。(4) 名义或公务标志要素。公务员以所属机关的名义或出示能表明其身份的公务标志所实施的行为，通常认为是公务行为。(5) 命令要素。公务员根据其主管领导的命令、指示所实施的行为，通常认为是公务行为。当然，在实践中判断公务员的某一行为究竟属于个人行为，还是公务行为，则需要综合考虑上述要素。为说明这一问题，试举一例：

【案例 4-2】

某县为加强社会治安综合治理，抽调人员成立治安巡逻大队。队员赵某在巡逻中发现周某等正在聚众赌博，争吵之中，赵某将周某铐上，并带回县治安巡逻大队。事后，县公安局以赵某擅自使用械具、非法限制他人的人身自由为由，对赵某行政拘留 15 天。赵某对此不服。在此案中，赵某行为应认定为是个人行为，还是公务行为呢？根据公务行为与个人行为的区分标准，可以这样认定：从时间要素来看，赵某是在上班时间所实施的行为，因为他在巡逻中发现周某等正在聚众赌博；从公益要素来看，赵某的行为主要还是出于公共利益，即为了制止周某等聚众赌博；从职权要素来看，赵某也具有相应的权力来制止周某等聚众赌博。从这些要素来看，赵某的行为是公务行为。但也应当指出的是，赵某的行为是一种不当的公务行为。

第二节 公务员法律关系

一、公务员法律关系的概念与特点

公务员法律关系，是指受公务员法律规范所调整的，公务员基于履行公职而与机关之间形成的权利与义务关系。如公务员与人大之间的关系、公务员与国家行政机关之间的关系、公务员与政协之间的关系、公务员与司法机关之间的关系，等等。它具有以下几个法律特点：

1. 公务员法律关系中的主体双方具有特定性。公务员法律关系只发生在机关与公务员之间。普通公民只有经过法定的方式和程序任职于机关，具有公务员身份后，才能成为公务员法律关系中的当事人。因此，公务员法律关系的主体双方是特定的，即机关和公务员。所谓机关，则包括各级人大、人民政府、人民检察院、人民法院等国家机关以及中国共产党、民主党派、人民政协和人民团体等组织。

2. 公务员法律关系中，机关总是居于主导地位。公务员法律关系中，虽然双方都享有一定的权利并承担一定的义务，但机关总是处于优越或主导地位，它们之间的关系是不对等的。如公务员法律关系的产生、变更或消灭，通常由机关的单方意志而决定；在公务员法律关系中，机关享有较多的权利，而公务员则承担较多的义务，公务员要接受机关的监督与管理；当公务员与机关发生纠纷时，通常在机关内部加以解决。

3. 公务员法律关系本质上是一种国家委托关系。机关通常情况下代表国家行使职权，普通公民只有取得公务员身份才能以机关名义实施公务活动，履行公共管理职能。因此，公务员担任的公职是一种国家公职，是代表国家，以国家名义实施的公务活动，产生的法律后果由国家承担。所以，公务员法律关系实质上是国家通过机关与公务员之间形成的一种职务的委托关系。①

二、公务员法律关系的产生、变更与消灭

（一）产生

公务员法律关系的产生，是指公务员经过法定的程序和方式开始担任国家公职。公务员通常通过选任、委任、考任和聘任等方式产生。选任，是指通过民主选举方式产生的公务员。委任，是指由任免机关在其任免权限范围内直接委派工作人员担任一定职务而产生的公务员。聘任，是指机关根据工作需要，经省级以上公务员主管部门批准，对不涉及国家秘密的专业性较强的职位和辅助性职位，以合同方式产生的公务员。考任，是指有任免权的机关根据公开考试和严格考核的方法，择优录用而产生的公务员。

（二）变更

公务员法律关系的变更，是指在公务员任职期间，因某种法律事实的出现而引起公务员法律关系内容发生变化，但公务员的身份却没有变化。这些法律事实通常指：

1. 职务晋升。公务员的职务晋升，是指公务员管理机关按照国家有关法律、法规或规章的规定，根据工作需要和公务中本人的德才表现与工作业绩，提高公务员职务与级别的活动。这意味着公务员在职位结构中所处地位的提高，职权与职责的增大，同时也伴随着工资、福利等方面待遇的提高。因此，晋升能够引起公务员法律关系的变更。

2. 降职。公务员的降职，是指公务员在定期考核中被确定为不称职，按照规定程序降低一个职务层次、职级层次任职。这意味着公务员在本部门的职位结构中所处位置的降低以及职权与职责范围的缩小，工资、福利等待遇的减少。因此，降职能够引起公务员法律关系的变更。

3. 转任。公务员的转任，是指因工作需要或者其他原因导致公务员在不同职位之间的平级调动。转任会改变公务员与原机关和新任职之间的人事关系，因而能引起公务员法律关系的变更。

4. 撤职。公务员的撤职，是指撤销公务员现任职务，但保留其公务员身份的一种行为。它同样导致原公务员法律关系的变更。

（三）消灭

公务员法律关系的消灭，是指出现一定法律事实或法律行为，导致公务员身份的丧失。这主要包括以下情形：

1. 辞去公职。它是指公务员根据本人意愿，根据一定程序解除其与机关的职务关系的法律行为。辞去公职申请一经有权机关批准，公务员法律关系就宣告结束。

2. 辞退。它是指机关依据法定条件和程序解除其与公务员之间的公职关系。被辞退的公务员因此丧失了公务员身份，公务员法律关系自然就不存在了。

3. 退休。它是指公务员因达到一定年龄和工龄，或因丧失工作能力而根据规定办理手续，离开公务员队伍，并领取一定养老金的法律行为。公务员退休后，公务员法律身份就不存在。

---

① 参见徐银华、石佑启、杨勇萍：《公务员法新论》，北京大学出版社2014年版，第43~44页。

4. 罢免。它是指因某种法定原因，公务员被权力机关免去公共职务的法律行为。公务员被罢免，公务员的法律关系就不存在。

5. 开除。它是指机关对严重违法失职的公务员给予开除其公职的处分行为。被开除的公务员自然丧失公务员身份。

6. 死亡。公务员死亡必然导致公务员身份的丧失，其与机关之间的法律关系也不存在。

7. 丧失国籍。它是指因某种原因，公务员丧失了中华人民共和国国籍。这意味着公务员已经丧失担任公务员的资格，公务员法律关系也不复存在。

第三节 公务员的管理与保障制度

一、公务员的管理制度

根据《公务员法》第12条的规定，中央公务员主管部门负责全国公务员的综合管理工作。县级以上地方各级公务员主管部门负责本辖区内公务员的综合管理工作。上级公务员主管部门指导下级公务员主管部门的公务员管理工作。各级公务员主管部门指导同级各机关的公务员管理工作。我国的公务员管理制度主要包括有以下几项：

（一）考核制度

它是指主管机关依据有关法律或法规的规定，在其管理权限内，对公务员的思想品德、工作能力和态度以及工作业绩等进行考察与评价，从而确定其是否胜任现职并决定其任用和待遇的重要制度。根据《公务员法》的规定，考核制度主要包括这些内容：

1. 考核范围。主管机关全面考核公务员的德、能、勤、绩和廉，重点考核工作实绩。

2. 考核方式。考核分为平时考核和定期考核两种，定期考核以平时考核为基础。

3. 考核主体和程序。对省部级正职以下领导成员的考核，由主管机关成立并派出考核组。考核组必须对领导成员进行民主测评和个别谈话，在此基础上提出考核等次建议。根据考核组的建议，由主管机关提出考核等次。对非领导成员公务员的定期考核采取年度考核的方式，先由个人按照职位职责和有关要求进行总结，主管领导在听取群众意见后，提出考核等次建议，由本机关负责人或者授权的考核委员会确定考核等次。

4. 考核结果。定期考核结果分为优秀、称职、基本称职和不称职四个等次。定期考核的结果应当以书面形式通知公务员本人。

5. 考核结果的法律效力。定期考核的结果作为调整公务员职务、级别、工资以及公务员奖励、培训、辞退的依据。

（二）奖励制度

它是指有权机关对在工作中表现突出，有显著成绩和贡献，或者有其他突出事迹的公务员或者公务员集体，给予一定的精神与物质利益以示鼓励的制度。其中，对公务员集体的奖励适用于按照编制序列设置的机构或者为完成专项任务组成的工作集体。根据《公务员法》的规定，奖励制度主要包括这些内容：

1. 奖励原则。坚持定期奖励与及时奖励相结合、精神奖励与物质奖励相结合，以精神奖励为主的原则。

2. 奖励条件。公务员或者公务员集体有下列情形之一的，给予奖励：（1）忠于职守，勇于担当，积极工作，成绩显著的；（2）遵守纪律，廉洁奉公、作风正派，办事公道，模范作用突出的；（3）在工作中有发明创造或者提出合理化建议，取得显著经济效益或者社会效益的；（4）为增进民族团结、维护社会稳定作出突出贡献的；（5）爱护公共财产，节约国家资财有突出成绩的；（6）防止或者消除事故有功的，使国家和人民群众利益免受或者减少损失的；（7）在抢险、救灾等特定环境中奋不顾身，作出贡献的；（8）同违法违纪行为作斗争的；（9）在对外交往中为国家争得荣誉和利益的；（10）有其他突出功绩的。

3. 奖励的等级。奖励分为：嘉奖、记三等功、记二等功、记一等功、授予荣誉称号。对受奖励的公务员或者公务员集体予以表彰，并对受奖励的个人给予一次性奖金或者其他待遇。

4. 奖励的撤销。公务员或公务员集体有下列情形之一的，撤销奖励：（1）弄虚作假，骗取奖励的；（2）申报奖励时隐瞒严重错误或者严重违反规定程序的；（3）有严重违纪违法行为，影响称号声誉的；（4）法律、法规规定的应当撤销奖励的其他情形。

（三）培训制度

它是指机关根据经济、社会发展状况，按照公务员工作职责的要求和提高公务员素质的需要，分级分类开展各种教育和训练活动的制度。根据《公务员法》的规定，培训制度主要包括这些内容：

1. 培训要求。机关根据公务员工作职责的要求和提高公务员素质的需要，对公务员进行分级分类的培训。

2. 培训种类。主要包括四种：一是对新录用人员在试用期内进行初任培训；二是对晋升领导职务的公务员在任职前或者任免后一年内进行任职培训；三是对从事专项工作的公务员进行专门业务培训；四是对全体公务员进行更新知识，提高政治素质、工作能力的在职培训，其中对担任专业技术职务的公务员，应当进行专业技术培训。

3. 培训机构。国家建立专门的公务员培训机构，如中共中央党校（国家行政学院）、地方各级党校（行政学院）等。机关根据需要也可以委任其他培训机构承担公务员培训任务。

4. 培训管理。公务员的培训实行登记管理。公务员参加培训的时间由公务员主管部门按照《公务员法》规定的培训要求确定。

（四）交流制度

它是指根据工作需要或公务员个人愿望，通过调任、转任、挂职锻炼等形式，在机关内部调整公务员的工作职位，或者把公务员调出机关任职，或者将非公务员身份的公职人员调入机关担任公务员职务的制度。根据《公务员法》的规定，交流制度主要指这些内容：

1. 交流的原则。公务员的交流主要遵循四项原则，即依法交流原则、相对稳定和合理交流原则、科学用人原则以及工作需要和个人志愿相结合原则。

2. 交流的形式。公务员交流的法定形式包括两种：（1）调任。它是指公务员队伍以外的公职人员调入机关担任领导职务或者四级调研员以上及其他相当职务层次的职级。（2）转任。它是指公务员因工作需要或其他正当理由在机关系统内部的平级调动。它可以跨地区、跨部门，也可以在同一部门内的不同职位之间进行。

（五）回避制度

它是指为保证公务员公正地执行公务，对公务员在其岗位任职、地区任职或处理公务等方面所作的限制性规定，以避免人为因素对其公正执法造成影响的制度。我国公务员回避制度主要包括以下内容：

1. 任职回避。公务员之间有夫妻关系、直系血亲关系、三代以内旁系血亲关系以及有近姻亲关系的，不得在同一机关双方直接隶属于同一领导人员的职位或者有直接上下级领导关系的职位工作，也不得在其中一方担任领导职务的机关从事组织、人事、纪检、审计和财务工作。公务员不得在其配偶、子女及其配偶经营的企业、营利性组织的行业监管或者主管部门担任领导成员。因地域或者工作性质特殊，需要变通执行任职回避的，由省级以上公务员主管部门规定。

2. 地域回避。公务员担任乡级机关、县级机关、设区的市级机关及其有关部门主要领导职务的，一般不得在原籍任职。法律另有规定除外。

3. 公务回避。公务员执行公务时，有下列情形之一的，应当回避：涉及本人利害关系的；涉及与本人有上述亲属关系人员的利害关系的；其他可能影响公正执行公务的。

公务员有应当回避情形的，本人应当申请回避，利害关系人有权申请公务员回避，其他人员可以向机关提供公务员需要回避的情况。

根据公务员本人或者利害关系人的申请，机关经审查后作出是否回避的决定，也可以不经申请直接作出回避决定。

除了上述五项有关公务员的管理制度外，根据《公务员法》的规定，公务员的管理制度还包括辞职与辞退制度、惩戒制度、退休制度等。

二、公务员的保障制度

公务员的保障制度是对公务员人身权利和财产权利的一种保护。根据《公务员法》的规定，保障制度主要有以下几项：

（一）工资制度

我国公务员工资制度的主要内容是：

1. 分配制度。公务员实行国家统一规定的工资制度。公务员工资制度贯彻按劳分配的原则，体现工作职责、工作能力、工作实绩、资历等因素，保持不同领导职务、职级、级别之间的合理工资差距。国家建立公务员工资的正常增长机制。

2. 工资结构。公务员工资包括基本工资、津贴、补贴和奖金。

3. 工资调整。国家建立公务员工资的正常增长机制。公务员的工资水平应当与国民经济发展相协调、与社会进步相适应。国家实行工资调查制度，定期进行公务员和企业相当人员工资水平的调查比较，并将工资调查比较结果作为调整公务员工资水平的依据。

（二）福利制度

公务员的福利是机关为改善和提高公务员的物质文化生活水平而采取的措施和提供的待遇。它主要包括为公务员提供住房、医疗、交通、通信等补贴、补助以及交流培训、加班补贴和带薪休假等。

（三）保险制度

公务员的保险，是指公务员依法参加社会保险，由国家对因生育、年老、疾病、伤残和死亡等原因，对暂时或永久丧失劳动能力的公务员给予物质保障的制度，主要包括养老保险、医疗保险、工伤保险、生育保险、失业保险和死亡保险等。

（四）申诉制度

它是指公务员对机关作出的涉及本人权益的人事处理决定不服，依法向原处理机关、同级公务员主管部门、作出该人事处理的机关的上一级机关或者监察机关提出重新处理的请求，由受理机关重新进行处理的活动。申诉的主体是公务员，申诉的对象是涉及公务员本人的人事处理决定，申诉的原因是公务员认为人事处理决定违法或不当，损害了自己的合法权益，申诉的主要目的在于维护和保障公务员本人的合法权益，受理公务员申诉的机关是法定的，即原处理机关、同级公务员主管部门或者作出该人事处理决定的机关的上一级机关。

（五）控告制度

公务员的控告，是指公务员对机关及其领导人在职权活动中侵犯其合法权益的行为向上级机关或纪检、监察机关提出的指控。控告的主体是公务员。控告的对象是机关及其领导人员侵犯公务员合法权益的行为。控告的目的是提供法律监督手段，维护公务员的合法权益，制止和惩罚违法乱纪行为。

【引导案例】

某年春节期间的一天下午，某市法院法警大队的队长李某与某镇法庭副庭长何某，驾驶着警车回家。路过某一街道时，发现街上人多车挤，便拉开警笛借人行道穿行。由于车速过快，将停在路边的一辆私家车刮破。私家车司机上前论理。李某称，我们这是在执行公务，你为何不让道，你的行为属于妨害公务。私家车司机争论道，李某执行公务的说法没有道理，哪有在春节期间执行公务的。于是双方吵了起来。李某与何某一把将私家车司机推开，扬长而去。第二天，私家车司机找到某市法院领导，要求法院赔偿。经市法院纪检部门调查，李某等人当天是开着警车去某企业老板处吃年饭，并非执行公务，而是其个人行为，责令李某等自己赔偿私家车司机的损失。私家车司机不服，认为人是法院的干部和法官，肇事车是法庭的警车，应当由法院承担赔偿责任。

解析：本案的关键是如何认定李某等人行为的性质。李某等人虽然是国家公务员，但是其法律身份却具有多重性。当公务员以普通公民身份出现时，所实施的行为属于个人行为。当公务员与机关之间形成法律关系时，其行为既可能是个人行为，也可能是内部的公务行为。当公务员以机关代表身份出现时，其行为是公务行为。区别公务员的个人行为与公务行为，一般有以下几个要素：(1) 时间要素。公务员在上班时间所实施的行为，通常认为是公务行为，在下班时间所实施的行为则是非执行公务的行为。(2) 公益要素。公务员的行为涉及公共利益或者以公共利益为目的，一般认为是公务行为。(3) 职权与职责要素。公务员的行为属于其职权与职责范围内的，则视为执行公务的行为。(4) 名义或公务标志要素。公务员以所属机关的名义或出示能表明其身份的公务标志所实施的行为，通常认为是公务行为。(5) 命令要素。公务员根据其主管领导的命令、指示所实施的行为，通常认为是公务行为。

本案中，虽然在公务标志上，李某与何某的行为可以被认定为公务行为，但是从其他要素来看，如时间要素上，是在春节期间；公益要素上，是去某企业老板处吃年饭，不是为了公共利益；命令要素上，也没有领导的指示，他们的行为应当是个人行为。李某等人应当对私家车司机承担民事赔偿责任。

【练习案例】

安徽芜湖青年张某，于2009年6月报名参加了H省公务员考试。经过笔试和面试，他的成绩均排在第一名，并进入×市人事局规定的体检程序。但在体检中，张某被铜陵市人民医院诊断为“乙肝小三阳”。同年10月，×市人事局以口头方式宣布，张某由于“两对半”不符合公务员身体健康标准而不被录取。张某遂以“乙肝歧视”为由状告H省×市人事局。

问题：本案中，H省×市人事局是否侵犯了张某的平等权利？为什么？

【测试题】

一、名词解释

1. 公务员
2. 公务员法律关系
3. 公务员的考核
4. 公务员的培训

二、思考题

1. 如何区别公务员的个人行为与公务行为？
2. 我国公务员的管理制度包括哪些？
3. 公务员的申诉制度与控告制度有何区别与联系？

【扩展阅读】

1. 宋世明：《解析〈公务员法〉中分类制度之设计原理》，《法商研究》2005年第4期。
2. 姬亚平：《质疑〈公务员法〉中的八大问题》，《法学》2005年第7期。
3. 应松年主编：《公务员法》，法律出版社2010年版。
4. 徐银华、石佑启、杨勇萍：《公务员法新论》，北京大学出版社2014年版。

本章自测自评

第五章 被授权组织与被委托组织

【本章导学】

被授权组织和被委托组织具有一定的特殊性。通过本章的学习应当理解被授权组织与被委托组织的概念与特征，掌握被授权组织的范围，了解被授权组织与被委托组织的条件，理解二者的区别。

第一节 被授权组织

一、被授权组织的概念与特征

被授权组织，是指根据法律、法规或规章的授权而享有一定的行政权力，能够以自己名义实施特定的行政管理事务并独立承担法律责任的非国家行政机关组织。它具有以下几个法律特征：

1. 属于非国家行政机关的组织。被授权组织不同于国家行政机关，不具有国家行政机关的法律地位，通常是行政机构和国家机关以外的其他社会组织。行政机构虽然是国家行政机关的组成部分，但不是国家行政机关，不能以自己的名义行使行政权力。国家机关以外的其他社会组织主要是企事业单位。这些组织的工作人员不属于国家行政编制，在没有得到国家法律、法规或规章授权时，一般是民事主体。

2. 被授权组织的行政权力来自特定的法律、法规或规章的授予。被授权组织的行政权力并非在其成立时就享有，而是基于特定的需要，由特定的法律、法规或规章授予，并且这种授权往往具有一定的期限，随着特定的行政任务的完成，相应的授权就结束。这一点不同于国家行政机关。国家行政机关的行政权力从其成立时就享有，是由宪法或组织法授予的，并且这种授权具有相对稳定性，只要该行政机关存在，它就一直享有行政权力。

3. 被授权组织承担的行政事务是特定的和单一的。与国家行政机关承担的行政事务往往具有一般性不同，被授权组织承担的行政事务是特定的，即限于法律、法规或规章明确规定的某项行政权力或某种具体行政事务，它的范围是有限的。如《城市生活无着的流浪乞讨人员救助管理办法》将对流浪乞讨人员救助的权力授予作为事业单位的流浪乞讨人员救助站。流浪乞讨人员救助站就是专门负责对流浪乞讨人员进行救助的被授权组织。

二、被授权组织的条件与范围

目前，我国法律、法规或规章还没有明确规定被授权组织的条件，但从行政法的基本原理出发，被授权组织一般需要满足以下条件：（1）相应组织应当具备了解和掌握与所授权力有关的法律、法规和规章的能力；（2）相应组织必须具有行使所授权力所需的技术、设备和工作人员；(3) 相应组织具备独立承担因自己的行为而引起的法律责任的能力；(4) 相应组织与所授权的管理事项没有直接的利害关系。如不允许授予参与市场竞争的企业管理与市场竞争有关的行政权力。

对于被授权组织的范围，在实践中相当广泛。根据我国现行法律、法规和规章的规定，大致可以归纳为以下几种①：

(一) 事业单位

事业单位是指国家为了社会公益目的，由国家机关设立或者其他组织利用国有资产设立的，从事教育、科技、文化、卫生活动的社会服务组织。在实践中，事业单位作为被授权组织是很常见的。例如《教育法》就授予公立高等学校招收学生，对受教育者进行处分（包括开除学籍），对受教育者颁发毕业证书与学位证书等行政性权力。对此可以举一例子加以说明：

【案例 5-1】

1995 年，公民章某以同等学力身份报考了某高校的博士研究生。该高校对其资格进行了审查并颁发了准考证。经考试，章某最终获得第一名的成绩。但该高校以章某不具有硕士学位为由，拒绝录取。后经多方协调，1998 年该高校才允许章某和 98 级博士研究生一起上课。章某于 2001 年修完了全部学位课程。在准备答辩时，章某发现其并没有正式学籍，而且户口关系未转入该高校，所以他的答辩申请遭到拒绝。于是，2001 年 4 月，章某遂以该高校为被告向人民法院提起行政诉讼。在本案中，该高校是经由《教育法》授权的事业单位，它具备行政主体资格，能够作为被告参与行政诉讼。

又如《城市生活无着的流浪乞讨人员救助管理办法》授予流浪乞讨人员救助站以下救助性权力：为受助人员提供符合食品卫生要求的食物；提供符合基本条件的住处；对在站内突发急病的，及时送医院救治；帮助与其亲属或者所在单位联系；对没有交通费返回其住所地或者所在单位的，提供乘车凭证。

(二) 企业单位

企业单位主要是以营利为目的，从而往往与一定的行政权力的行使具有利害关系。因此，从理论上讲，企业单位不宜成为被授权组织。但在我国体制转轨时期，某些国有企业可以成为被授权组织。目前，我国企业作为被授权组织的主要是行政性公司，各类公用企业，如电力公司、自来水公司，以及金融企业，如商业银行和保险公司。《烟草专卖法》第 14 条第 2 款就授予全国烟草总公司根据国务院计划部门下达的年度总产量计划向省级烟草公司下达分等级、分种类的卷烟产量指标的权力。同时，又授予省级烟草公司根据全国烟草总公司下达的分等级、分种类的卷烟产量指标，结合市场销售情况，向烟草制品生产企业下达分等级、分种类的卷烟产量指标的权力。

(三) 社会团体

社会团体是指社会成员按照自愿的原则，为实现特定的共同目标，根据其章程开展活动的

---

① 参见姜明安主编：《行政法与行政诉讼法》，北京大学出版社、高等教育出版社 2015 年版，第 112~116 页；方世荣主编：《行政法与行政诉讼法》，中国政法大学出版社 1999 年版，第 76~77 页；李牧主编：《中国行政法学总论》，中国方正出版社 2006 年版，第 125~127 页。

非营利性社会组织。在我国，存在大量的社会团体，如工会、共青团、红十字会、法学会、妇联、侨联、天主教爱国会、律师协会、体育协会等。这些社会团体根据法律、法规或规章的授权可以行使特定的行政权力，管理某一方面的行政事务。如《体育法》就授予全国性的单项体育协会管理该项运动的普及与提高工作，代表中国参加相应的国际单项体育比赛的权力。《工会法》就授予工会保障职工合法权益，对企事业单位、机关侵犯职工合法权益的问题可以派出代表进行调查的权力；对职工伤亡事故和其他严重危害职工健康的问题，进行调查，向有关部门提出处理意见的权力。又如《律师法》授予律师协会保障律师依法执业、维护律师合法权益、组织律师业务培训、教育和监督律师以及开展对外交流的权力。

（四）基层群众性自治组织

基层群众性自治组织包括居民委员会和村民委员会，不是国家行政机关。《村民委员会组织法》授予村民委员会办理本村的公共事务和公益事业，调解民间纠纷，协助维护社会治安，协助乡和镇人民政府开展工作，维护村民合法权益的权力。《城市居民委员会组织法》就授予居民委员会办理本居住地区的公共事务和公益事业，调解民间纠纷，协助维护社会治安，协助人民政府做好与居民利益有关的公共卫生、计划生育等工作的权力。

（五）行政机构

行政机构是各级人民政府及其职能部门根据工作需要而在其内部设立的工作机构，包括行政机关的内设机构、派出机构和临时机构。行政机构通常情况下不是行政主体，但根据特定法律、法规或规章的授权，能够成为被授权组织，从而能以自己的名义行使相应的行政权力，具有行政主体资格。在我国，行政机构作为被授权组织是相当常见的。如《专利法》就授予作为国家专利行政管理部门内设机构的复审和无效审理部专门行使专利复审的权力。《商标法》就授予作为国家商标行政管理部门内设机构的商标局，专门负责处理商标事务的权力。《消防法》就授予作为县级以上公安机关的内设机构的消防机构负责对消防工作进行监督的权力。另外，县级税务局设置的税务所、县级公安局设置的派出所以及各类临时机构，如国家防汛抗旱总指挥部、全国爱国卫生运动委员会等，在相关的法律、法规或规章的授权下，都可以成为被授权组织，取得行政主体地位。

三、被授权组织的法律地位

行政机构或社会组织经过国家法律、法规或规章的授权，就成为被授权组织。它们就取得了行政主体的法律地位，能够以自己的名义，在授权范围内发布行政命令，采取行政措施，实施行政行为。它们能够承担因行使所授权力而引起的法律责任，作为当事人参加行政复议和行政诉讼，也能够承担行政赔偿责任。

第二节 被委托组织

一、被委托组织的概念与特征

被委托组织，是指受行政机关委托行使一定行政权力的非国家机关组织。它具有以下几个法律特征：

1. 被委托组织的权力来源于行政机关的委托。行政机关可以根据行政管理工作的需要，以法律、法规或规章为依据将一部分行政权力委托给非行政机关组织来行使。因此，被委托组织所行使的行政权力来源于行政机关的委托行为，而不是法律、法规或规章的直接授予。

2. 被委托组织并没有因委托行为而取得行政权力。被委托组织虽然依据行政机关的委托行为，可以行使一定的行政权力，但并不表明其已经取得了这些行政权力。或者说，行政机关的委托行为并不引起行政权力的转移，被委托组织只能在委托的范围内以委托机关的名义来行使行政权力。

3. 被委托组织不是行政主体。行政机关的委托行为并不导致新的行政主体的产生，即被委托组织并不因行政委托行为而取得行政主体资格。被委托组织作出行政行为时，行政主体仍然是委托机关，法律责任仍然由委托机关来承担。对此可以举一例子来加以说明：

【案例 5-2】

2013 年 6 月 3 日，吴某将村委会没有用完的木材以低价出售给本镇农民李某。县林业局委托管理当地林木器厂的机构某镇农业管理站得知此事后，于 2013 年 6 月 10 日，以吴某“盗伐林木”为由，根据《中华人民共和国森林法》第 34 条的规定，对吴某作出罚款 50 元、没收非法所得 200 元的处罚决定。吴某不服某镇农业管理站的决定行为，向人民法院提起行政诉讼。在此案中，某镇农业管理站是县林业局的委托机构，不具备行政主体的资格，只能以县林业局的名义作出行政处罚决定，法律后果也由县林业局承担。因而，法院撤销了某镇农业管理站的处罚决定。

4. 被委托组织行使的是特定的行政权力。被委托组织只能行使委托机关所委托的特定的行政权力，而不能行使一般的行政权力。有些行政权力，如限制人身自由的权力、采取强制措施的权力，行政机关是不能委托的。

二、被委托组织的条件与范围

目前，对于被委托组织的条件，我国的法律和法规没有作出明确规定。但《行政处罚法》第一次明确规定了被委托行使行政处罚权的组织的条件。根据该法第 18 条和第 19 条的规定，被委托行使行政处罚权的组织的条件是：

1. 是依法成立的管理公共事务的事业组织。这一条件表明，被委托组织应当是事业组织，而不是企业或其他社会组织；受委托组织应当是以管理公共事务为基本职能的事业组织，而不能是以从事经营为基本职能的事业组织；受委托组织必须是依法成立的，而不是行政机关临时设立的。

2. 具有熟悉相关法律规范和工作任务的工作人员。这一条件表明，被委托组织应当有了解和掌握与受托行使的行政权力有关的法律、法规或规章的知识以及相关的业务知识的工作人员。所谓“相关”仅仅指与受托的行政权力有关，而不是与委托机关所在的整个管理领域有关。

3. 具有相应的技术条件。被委托组织履行受委托权力需要进行检查或者技术鉴定的，它应当具有进行相应的技术检查或技术鉴定的条件。这是对被委托组织“物”的要求。

虽然上述条件仅仅是法律对被委托行使行政处罚权的组织的条件，但是从行政法理进行分析，上述条件中的第二项与第三项通常也适用于其他被委托组织。对于第一项，即被委托组织必须是依法成立的管理公共事务的事业组织则并不一定适用。这一条件其实涉及被委托组织的范围。由于行政处罚将对相对人权益造成严重的不利影响，因而法律对被委托组织的范围作了严格限制。对于其他行政事务，则没有必要作如此严格的限制。例如《税收征收管理法实施细则》第 44 条①对被委托组织的规定就没有严格限定范围。

三、被委托组织的法律地位

被委托组织不是行政主体，其行使所委托的权力必须以委托机关的名义进行，且由委托机关对外承担法律责任。

四、被授权组织与被委托组织的区别

（一）所行使的行政权力的来源不同

被授权组织所行使的行政权力来源于法律、法规或规章的授予，而被委托组织所行使的行政权力来源于行政机关的委托。

（二）行政名义和法律效果不同

被授权组织能够以自己的名义行使法律、法规或规章所授予的权力，行为的法律效果归属于自己；被委托组织只能以委托组织的名义行使所委托的权力，行为的法律效果归属于委托机关。

（三）在行政诉讼中的地位不同

被授权组织属于行政主体，能够成为行政诉讼的被告，而被委托组织不是行政主体，不能成为行政诉讼的被告。

（四）所创设的主体不同

法律、法规或者规章的授权所创设的是行政主体，而行政机关的委托行为所创设的仅仅是行为主体。

【引导案例】

2003 年 3 月 20 日早晨，某县城附近农村某队 15 亩鱼塘的鱼突然大量死亡，又发现十多位农民发生恶心和肚子疼痛等症状。某县环保局得知该事件后，立即展开调查。经调查，县环保局怀疑某村的鱼塘和水可能受到附近某化工厂排放的污染物的污染。为进一步查清事实，某县环保局就委托该县环境检测站对该化工厂排放的污染物和该村受到污染的鱼塘和水进行对比检测，并委托该环境检测站依法进行处理。该环境检测站经过对比检测后，认为某村鱼塘和水的污染源就是该化工厂排放的污染物，同时依据《环境保护法》《征收排污费暂行条例》和《排污费征收标准》的有关规定，作出如下处理：某化工厂共排放污水 2 万吨，每吨 8 毛，共 1.6 万元；罚款 5 万元；赔偿村民经济损失共 5 万元。该化工厂不服该环境检测站的处理决定，以其为被告诉至某县人民法院：认为该环境检测站是一个科研事业单位，不具有行政处罚权。该环境检测站的处罚过重。某县环境检测站则认为，自己接受县环保局的委托作出该处罚决定，自己不是合格的被告。②

① 即税务机关根据国家有关规定可以委托有关单位代征零星分散和异地缴纳的税收，并发给委托代征证书，受托单位按照代征证书的要求，以税务机关的名义依法征收税款。

② 参见姜明安、张恋华主编：《政府法制案例分析》，中共中央党校出版社 2005 年版，第 263~264 页。

解析：《行政处罚法》第18条规定："行政机关依照法律、法规或者规章的规定，可以在其法定权限内委托符合本法第十九条规定条件的组织实施行政处罚"。"委托行政机关对受托的组织实施行政处罚的行为应当负责监督，并对该行为的后果承担法律责任。""受委托的组织在委托范围内，以委托行政机关名义实施行政处罚；不得再委托其他任何组织或者个人实施行政处罚。"该法第19条规定："受委托组织必须符合以下条件：（一）依法成立的管理公共事务的事业组织；（二）具有熟悉有关法律、法规、规章和业务的工作人员；（三）对违法行为需要进行技术检查或者技术鉴定的，应当有条件组织进行相应的技术检查或者技术鉴定。"本案中，某县环境检测站虽然不是国家行政机关，而是一个事业单位，但符合《行政处罚法》所规定的能够接受委托进行行政处罚的有关条件。本案涉及对污染物的鉴定和确认，需要具有专业鉴定技术的机构鉴定。某县环保局将对污染物的提取和鉴定、确认等工作一并委托给该环境检测站，并委托其依法处理，也是合法的。因此，本案中某县环境检测站不是适格的被告，真正的被告应该是县环保局。

【练习案例】

华东理工大学于2012年7月2日作出《关于对刘某同学作开除学籍处分的决定》，主要内容为：刘某，系商学院工商管理硕士（MBA）研究生，该生在2012年6月CET-6考试中使用手机接收信息，构成作弊事实。根据《华东理工大学研究生违纪处分条例》第13条规定，经校长办公会研究决定，给予刘某同学开除学籍处分。刘某对本处分决定如有异议，可在接到处分决定书之日起5个工作日内，向校学生申诉处理委员会提出书面申诉。同年7月6日，刘某向华东理工大学学生申诉仲裁委员会提出申诉申请。7月16日，华东理工大学学生申诉仲裁委员会就学校对刘某的处分决定进行了投票表决。同日，学生申诉仲裁委员会向刘某发出《复查决议通知书》，告知刘某，委员会对处理依据、处理尺度等进行了认真审查，认为学校作出的有关纪律处分的决定事实清楚，依据准确，程序合法，不存在不当问题。

刘某遂向法院提起行政诉讼，认为华东理工大学对其作出的被诉开除学籍处分决定程序违法，无事实与法律依据，处罚过重，剥夺了刘某的受教育权，请求法院撤销华东理工大学作出的被诉开除学籍处分决定。

问题：本案中，华东理工大学的法律地位是什么？能否成为行政主体？

【测试题】

一、名词解释

1. 被授权组织
2. 被委托组织

二、思考题

1. 被授权组织与被委托组织的区别？
2. 被授权组织的类型有哪些？
3. 被委托组织的条件有哪些？

【扩展阅读】

1. 张树义:《行政主体研究》,《中国法学》2000 年第 2 期。
2. 姜明安、张恋华主编:《政府法制案例分析》,中共中央党校出版社 2005 年版。
3. [英] 威廉·韦德:《行政法》,徐炳等译,中国大百科全书出版社 1997 年版。
4. 薛刚凌:《行政诉权研究》,华文出版社 1999 年版。

第六章　行政相对人

【本章导学】

行政相对人是行政法学中一个相对重要的范畴。通过本章的学习要理解行政相对人的概念与法律特征，了解行政相对人的类型，理解行政相对人的权利的概念及主要类型，了解行政相对人的义务的概念及主要类型。

第一节　行政相对人概述

一、行政相对人的概念与特征

行政法学界一般从两种角度来理解行政相对人。一是从行政主体的行政行为的对象角度来理解，即行政行为所指向或者说所针对的对象就是行政相对人。① 如 1992 年的《德国行政程序法》第 13 条，在规定行政程序当事人的范围时，明确使用了官署欲为或所为行政处分之“相对人”和官署欲与其或已与其缔结公法契约之“相对人”的概念。② 二是从行政法律关系的角度来理解行政相对人，即在行政法律关系主体双方中，行政主体是一方，与其互有权利义务关系的对应一方就是行政相对人。如日本行政法学者室井力教授认为：“行政法律关系中权利义务的主体称为行政法律关系的当事人。在这种法律关系上，实施行政的当事人就是行政主体，其相对人是普通的私人，即国民或居民。”③ 显然，将行政相对人界定为行政行为所直接指向的对象在范围上要明显小于将行政相对人界定为行政法律关系的当事人。本书认为，行政相对人，是指在行政法律关系中与行政主体互有权利和义务的作为其相对一方的公民、法人或者其他组织。它具有以下几个法律特征：

1. 是处于行政法律关系中的公民、法人或其他组织。所谓行政法律关系，是指行政法对由行政活动所产生的各种社会关系加以调整后，所形成的行政主体与相对人之间，以及行政主体相互之间的权利与义务关系。行政相对人是处于行政法律关系中的公民、法人或其他组织的特征表明：任何个人或组织如果不处于行政法律关系中而处在其他法律关系，如民事法律关系中，就不是行政相对人，不能赋予其“行政相对人”的称谓。为说明此问题，试举一例：

---

① 参见［德］平特纳：《德国普通行政法》，朱林译，中国政法大学出版社 1999 年版，第 122 页。

② 参见应松年主编：《外国行政程序法汇编》，中国法制出版社 1999 年版，第 123 页。

③ ［日］室井力主编：《日本现代行政法》，吴微译，中国政法大学出版社 1995 年版，第 41 页。

【案例 6-1】

2006 年 9 月 26 日，某市某区开发区管理委员会将其闲置的一处临街房屋租给高某从事商业经营活动，租金为每年 8 000 元。2 年后，高某以原定租金过高、现生意亏损为由，只交纳了租金 5 000 元。双方经过多次协商但没有结果。那么，在此案中高某是否属于某区开发区管理委员会的相对人呢？显然从表面上看，某区开发区管理委员会是行政机关，但从实质上而言，某区开发区管理委员会在此案中并没有行使行政权力，而是以民事主体身份出现的，是与高某签订了一个民事租赁合同。因而，高某不是某区开发区管理委员会的相对人。

2. 是行政法律关系中作为与行政主体相对应的公民、法人或其他组织。行政法律关系既可以指行政主体之间的权利与义务关系，如上级行政机关对下级行政机关的命令与指挥，也可以指行政主体与公民、法人或其他组织之间的权利与义务关系。相对人仅仅指与行政主体互有权利与义务的公民、法人或其他组织。这一特征表明，在行政法律关系中，相对人通常受行政主体的管理，具有服从的义务。

3. 是权益受到行政主体的行政行为影响的公民、法人或其他组织。行政主体的行政行为对相对人权益的影响有时是直接的，如市场监督管理机关吊销某企业的营业执照，公安机关对某公民处以 200 元的罚款；有时是间接的，如土地行政管理部门批准公民甲依法在乙占领的土地上建房，该行政许可行为对公民甲的权益的影响是直接的，而对公民乙的权益的影响则是间接的。作为公民、法人或其他组织，无论其权益直接受到行政行为的影响，还是间接受到行政行为的影响，都是行政相对人。那种仅仅将行政相对人界定为行政行为直接针对的对象的观点是不适当的，不利于保护公民、法人或其他组织的合法权益。①

4. 是不具有或不行使国家权力的公民、法人或其他组织。行政相对人是行政法律关系中不具有或不行使国家权力的公民、法人或其他组织。这包括两层意思：一是行政相对人是不具有国家权力的公民、法人或其他组织，如税务局征收企业的营业税，该企业就是不具有国家权力的法人；二是行政相对人虽然具有国家权力，但没有行使。如土地管理部门批准某法院建造大楼，法院虽然具有国家司法权力，但在此类行政法律关系中，它不是以行使司法权力的国家机关的身份出现的，而是一个机关法人，属于土地管理部门的许可行为的行政相对人。

二、行政相对人的分类

（一）个体行政相对人与组织行政相对人

以行政相对人存在的形态为标准，可以将其分为个体行政相对人与组织行政相对人。个体相对人是自然人形态的行政相对人，可以指一人，也可以指多人的情况，可以指中国公民，也可以指外国人或无国籍的人。个体相对人以自己名义成为行政主体的相对人，也是行政相对人中最常见的形态。公务员在代表行政机关行使权力时不是行政相对人，但当其作为普通公民身份出现时，也可能成为行政相对人。外国人或者无国籍人在中国境内时，必须遵守中国的法律和法规，接受中国政府的管理，在出入境、社会治安等行政领域也会作为行政相对人。组织相对人是指以一定组织形态存在的行政相对人，包括法人和非法人两类。法人是指依法成立的，

① 参见李牧主编：《中国行政法学总论》，中国方正出版社 2006 年版，第 150 页。

具有民事权利能力和行为能力并能以自己的财产独立承担法律责任的组织，分为企业法人、机关法人、事业法人和社会团体法人。非法人是指经主管部门认定，能够进行某种业务活动，但不具备法人条件的组织，如合伙组织、联营组织，等等。

区分个体行政相对人与组织行政相对人的意义在于：（1）有利于明确不同相对人的资格。在有些行政法律关系中，自然人不能作为行政相对人，如在社团登记法律关系中，只有企业法人才能成为行政相对人。在有些行政法律关系中，组织不能成为行政相对人，如在行政拘留的法律关系中，只有自然人才能成为行政相对人。（2）有利于明确责任的承担者。个体相对人是以自己的名义，通过自己的行为与行政主体发生关系的，应当由自己承担法律责任。组织相对人是以组织的名义与行政主体发生关系，法律责任通常由组织承担，而不是由组织中的法定代表人或其他作为直接行为人的成员承担。

（二）直接相对人与间接相对人

直接相对人与间接相对人也称为行政行为明指的相对人和受行政行为结果影响的相对人。这是以行政相对人与行政主体的行政行为的关系为标准所作的分类。直接相对人是行政主体的行政行为明确针对和指向的对象，其权益受到行政行为的直接影响，是行政主体在作出行政行为时，主观上明确指向且客观上也对其权益直接发生影响的人。如行政许可中的被申请人，行政处罚中的被处罚人，行政征收中的被征收人等。间接相对人是行政主体的行政行为间接指向的对象，其权益受到行政行为的间接影响，是行政主体在作出一个行政行为时，主观上虽然没有直接指向他的目的，但行政行为的结果却影响了他的权益的人。如治安处罚关系中受到被处罚行为侵害的被害人，行政许可关系中其权益受到许可行为不利影响的与申请人有利害关系的人。

区分直接相对人与间接相对人的意义在于：有利于维护间接相对人的合法权益。间接相对人也是相对人，其权益受到行政行为侵害时，在符合有关法律规定的前提下也能够通过行政复议或行政诉讼途径获得救济。

（三）抽象行政相对人与具体行政相对人

以行政相对人的权益是否受到行政主体的行政行为实际影响为标准，可以分为抽象行政相对人与具体行政相对人。前者是指其权益尚未受到行政行为的实际影响，而仅具有潜在影响的相对人，具有广泛性和不确定性。后者是指其权益受到行政行为实际影响的相对人，具有确定性和有限性。通常情况下，行政主体发布具有普遍约束力的行政法规、规章等规范性文件的行为所针对的相对人是抽象行政相对人。为说明抽象行政相对人与具体行政相对人，以下列例子加以说明：

【案例 6-2】

2003 年 5 月，国务院发布《突发公共卫生事件应急条例》①。该条例是对全国范围内的公民、法人和其他组织都有效的。它所针对的相对人，就属于抽象的行政相对人，因而这些相对人权益尚未受到《突发公共卫生事件应急条例》的直接影响；而行政主体实施特定行政行为的相对人是具体行政相对人，如行政机关给某人颁发驾驶执照，某人就属于颁发驾驶

① 该条例于 2011 年 1 月 8 日被修订。

执照的行政机关的具体的相对人，因而某人取得了驾驶车辆的资格，获得了一种受益性的权利。

区分抽象行政相对人与具体行政相对人的意义在于，有利于根据行政行为的类型不同，确定相对人的权利与义务。

（四）受益相对人与损益相对人

以相对人的权益受到行政行为影响的性质不同为标准，可以将其分为受益相对人与损益相对人。前者是指其权益受到行政主体有利影响的人，即行政主体为相对人设定、增加了某种权利，或者消灭、减少了某种义务。如行政许可的被许可人，行政奖励的被奖励人，行政救助的被救助人，都是受益行政相对人。后者是指其权益受到行政主体不利影响的人，即行政主体为相对人设定、增加了某种义务，或者消灭、减少了相对人的权利。如行政处罚中的被处罚人，行政征收中的被征收人，行政强制中的被强制人，都是损益相对人。

区分受益相对人与损益相对人的意义在于，有助于明确相对人在不同行政法律关系中的地位。

（五）作为行为的相对人与不作为行为的相对人

以影响行政相对人权益的行政行为的方式不同为标准，可以将其分为作为行为的相对人与不作为行为的相对人。前者是指其权益受到作为行政行为影响的行政相对人，如行政主体实施的行政处罚、行政强制、行政征用行为的相对人，等等。后者是指其权益受到不作为行政行为影响的相对人，如灾难发生后，向民政部门申请救济金，但没有得到民政部门答复的相对人。

区分作为行为的相对人与不作为行为的相对人的意义在于，学术界不仅应当研究前者，更应当研究后者，强调对不作为行为的相对人的合法权益的保障。

此外，行政相对人还可以分为外部行政相对人与内部行政相对人，权利行政相人与义务行政相对人，等等。

第二节　行政相对人的权利与义务

一、行政相对人的权利

行政相对人的权利指由行政法所规定或确认的，在行政法律关系中由行政相对人享有，同时与行政主体的义务相对应的各种权利。我国行政相对人的权利是相当丰富的，既包括实体性的权利，也包括程序性的权利；既可以有行政法规规定的权利，也可以有行政规章所规定的权利，但主要的权利类型则是如下几种：

（一）自由权

它是指行政相对人所享有的各类合法权益与自由排除行政主体的非法妨碍和侵害的权利。相对人作为我国公民，享有宪法所规定的一切权利与自由，为了实现这些权利与自由，其中一个重要方面是行政主体负有消极不作为或不干涉的义务，行政主体不能非法干预，否则将承担赔偿责任。例如根据《全民所有制工业企业法》以及《全民所有制工业企业转换经营机制条例》等的规定，我国国有企业享有生产经营决策权、产品和劳务定价权、产品销售权、物质采购权、进出口权、投资决策权、留用资金支配权、资产处置权、劳动用工权和人事管理等方面的自主权。当国有企业在行使这些自主权时，行政机关不得非法干预。又如根据《教育法》的规定，公立高等学校享有自主调整系科招生比例、自主设置和调整学科与专业、自主制定教学计划和选择教材、自主开展科学研究与技术开发、自主开展与境外高等学校之间的合作等一系列办学自主权。当公立高等学校在行使自主权时，行政机关也负有不得非法干涉的义务。从相对人的自由权中可以延伸出相对人的对抗权，即相对人对行政主体的明显违法的行政行为有权依法予以抵制，不履行行政主体为其设定的义务。如《行政处罚法》第49条规定："行政机关及其执法人员当场收缴罚款的，必须向当事人出具省、自治区、直辖市财政部门统一制发的罚款收据；不出具财政部门统一制发的罚款收据的，当事人有权拒绝缴纳罚款"。

（二）受到平等对待的权利

它是指行政相对人在行政活动中有平等地享有权利、承担义务并受到行政主体平等保护的权利。公民基于在宪法上所享有的平等权而有权要求作为执法者的行政主体公平地对待。它的基本含义是行政相对人在同等条件下受到行政主体同等对待。

行政相对人受到平等对待的权利首先要求行政机关在制定行政法规、规章时，对相同条件的行政相对人应当平等地分配利益，平等地设立义务，不能有歧视性的标准和条款，不能搞地方保护主义或行业保护主义。

其次，在行政执法过程中，要求行政主体公平地实施行政行为。当行政主体做出行政奖励、行政救助、行政许可、行政强制、行政处罚等具体行政行为时，对于同等情况的相对人，应当同等对待，不得有歧视。

（三）受益权利

它是指行政相对人有权通过行政主体的行为获得财产、人身和其他各种利益。根据我国法律、法规及规章的规定，行政相对人的受益权主要包括基本生活水平的受保障权、特定群体福利优待的受保障权、劳动就业和劳动安全受保障权、义务教育的受保障权、参加基本社会生活的受保障权、受到行政指导的权利、受到行政奖励的权利、在紧急情况下受到救助的权利以及从事某种生产活动受到政策优待的权利等。

（四）参与权利

它是指行政相对人有参与国家管理活动的权利。参与权利是相对人的一种集合权利，主要包括担任国家行政机关公职的应试权和因条件合格的被录用权、对国家机关及其工作人员的批评与建议权、协助行政主体实施行政活动的权利、参与制定国家行政法规和规章的权利、参与编制国民经济和社会发展计划的权利、对行政机关及其工作人员的违法行为的控告与检举权等。

（五）程序性权利

它是行政相对人在行政行为作出前后依法享有的为保证实体权利得以实现的权利，主要包括：（1）申请权。相对人有权依法向特定的行政主体提出实现其法定权利的请求权，如申请行政奖励、申请行政许可。（2）听证权。它是指行政主体在行政立法或作出具体行政行为时，由于涉及自身的合法权益，相对人依法享有得到通知、进行陈述和申辩、举证和质证等权利。（3）寻求救济的权利，如申请行政复议、提起行政诉讼、请求行政赔偿和补偿权利。另外还包括申请回避的权利、委托代理人的权利、取得档案资料副本的权利等。

二、行政相对人的义务

它是指由行政法规范所规定或确认的，行政相对人应当履行，并与行政主体的权力相对应的各种义务。行政相对人的义务比较简单，主要包括遵守行政法规范的义务、服从行政管理的义务、协助执行公务的义务、提供真实信息的义务和维护公共利益的义务等。

【引导案例】

2005年6月2日，金堂工商局会同金堂县文体广电局、金堂县公安局对金堂县赵镇桔园路门面房进行检查时发现，金堂实验中学数名成年人在上网游戏。作为经营业主的黄某未能出示《网络文化经营许可证》和营业执照。金堂工商局按照《互联网上网服务营业场所管理条例》第27条“擅自设立互联网上网服务营业场所，或者擅自从事互联网上网服务经营活动的，由工商行政管理部门或者由工商行政管理部门会同公安机关依法予以取缔，查封其从事违法经营活动的场所，扣押从事违法经营活动的专用工具、设备”的规定，作出《扣留财物通知书》，决定扣押黄某的32台电脑主机。黄某对该扣押行为及扣押电脑主机数量有异议，遂诉至法院，认为实际扣押了其33台电脑主机，并请求撤销该《扣留财物通知书》。

解析：成都市中级人民法院认为，《行政处罚法》第42条第1款规定：“行政机关作出责令停产停业、吊销许可证或者执照、较大数额罚款等行政处罚决定之前，应当告知当事人有要求举行听证的权利。……”虽然该条规定没有明确列举“没收财产”，但是该条中的“等”系不完全列举，应当包括与明文列举的“责令停产停业、吊销许可证或者执照、较大数额罚款”类似的其他对相对人权益产生较大影响的行政处罚。为了保证行政相对人充分行使陈述权和申辩权，保障行政处罚决定的合法性和合理性，对没收较大数额财产的行政处罚，也应当根据《行政处罚法》第42条的规定适用听证程序。

关于没收较大数额的财产标准，比照《四川省行政处罚听证程序规定》第3条“本规定所称较大数额的罚款，是指对非经营活动中的违法行为处以1 000元以上，对经营活动中的违法行为处以20 000元以上罚款”中对罚款数额的规定。因此，金堂工商局没收黄某32台电脑主机的行政处罚决定，应属没收较大数额的财产，对黄某的利益产生重大影响的行为，金堂工商局在作出行政处罚前应当告知被处罚人有要求听证的权利。

本案中，金堂工商局在作出处罚决定前只按照行政处罚一般程序告知黄某等三人有陈述、申辩的权利，而没有告知听证权利，违反了法定程序，依法应予撤销。①

【练习案例】

2015年5月12日，彭某芳向长沙市人民政府提出行政复议申请，请求长沙市政府撤销宁乡县人民政府颁发给宁乡县横市镇云山村石磡第×××号林权证，并责成宁乡县人民政府将小河洞肖家坡林地权属证颁发给邓家组甘二小组。行政复议申请书中注明申请人为“彭某

① 案例来源于四川省成都市中级人民法院行政判决书（2006）成行终字第228号。

芳"，代表人为"秦某村"。

2015年5月19日，长沙市人民政府向彭某芳作出长府复告字（2015）406号行政复议告知书，告知其申请不符合行政复议受理条件。秦某村不服，提起本案诉讼，请求判决确认长沙人民市政府作出的被诉复议告知书无效，并责令长沙市人民政府受理其行政复议申请。①

问题：该案中，秦某村是长沙市人民政府作出的被诉行政复议告知书的行政相对人吗？秦某村可否以自己的名义对长沙市人民政府作出的被诉行政复议告知书提起行政诉讼呢？为什么？

【测试题】

一、名词解释

1. 行政相对人
2. 行政相对人的权利
3. 行政相对人的义务

二、思考题

1. 行政相对人的法律特征是什么？
2. 行政相对人主要有哪些类型？
3. 行政相对人的权利主要有哪些？

【扩展阅读】

1. ［日］室井力主编：《日本现代行政法》，吴微译，中国政法大学出版社1995年版。
2. 方世荣：《论行政相对人》，中国政法大学出版社2000年版。
3. 周佑勇、何渊：《论行政第三人》，《湘潭工学院学报（社会科学版）》2001年第12期。
4. ［德］平特纳：《德国普通行政法》，朱林译，中国政法大学出版社1999年版。
5. 马怀德、解志勇：《行政诉讼第三人研究》，《法律科学（西北政法学院学报）》2000年第3期。

① 案例来源于最高人民法院行政裁定书（2016）最高法行申5107号。

第七章　行政行为总论

【本章导学】

行政法以实现行政行为的法治化为己任，行政行为概念是行政法（学）体系的基石范畴。掌握了行政行为的基本理论，就如同拿到了打开行政法知识大门的一把钥匙。通过本章的学习，将会获得四个方面的基本知识：一是行政行为的构成要件与基本分类；二是行政行为的四种基本效力；三是行政行为的成立、生效与消灭；四是行政行为的四类瑕疵及其矫治。

第一节　行政行为的构成与分类

一、行政行为的含义及其构成

对于中国行政法学而言，行政行为这个概念是个舶来品。一般认为，行政行为首先是一种法律行为，它是指由具有国家行政职权的机关、组织及其工作人员所实施的，与行使国家职权有关的，对公民、法人或者其他组织的权益产生实际影响的行为以及相应的不作为。①

所谓行政行为的构成要件，是指每个行政行为都必备的基本“部件”，它是从本质到形式将行政行为与非行政行为区别开来的判断标准。我们认为，行政行为的构成要件主要包括以下几点：（1）行政行为由行政主体作出，行政主体主要是行政机关，也可以是法律、法规授权的组织。（2）行政行为既可以指向确定的人、行为和物，也可以指向不确定的对象，前者属于具体行政行为，后者属于抽象行政行为。（3）行政行为既可以是行政主体的单方意思表示，也可以是双方甚至多方意思表示。（4）行政行为具有程序要件，主要包括行为的方式、步骤、期限。（5）行政行为能够对行政相对人的权益产生法律影响。（6）行政行为具有一定的载体或者表现方式。

需要注意的是，不能将行政行为的构成要件与行政行为的合法要件混为一谈。行政行为有合法与违法之分，一项同时具备以上构成要件的行为虽然属于行政行为，但未必就是合法有效的行政行为。究竟合法还是违法，还需要对照法律规定加以评价。

二、行政行为概念的发展演变

行政行为是一个带有显著的历史性与地域性特点的行政法学概念，在不同历史时期与不同国家的行政法学中，含义并不完全一致。掌握行政行为概念产生及其演变的来龙去脉，不仅有助于全面理解行政行为的含义，而且有助于了解行政法的发展演变脉络。

---

① 参见最高人民法院行政审判庭编:《行政执法与行政审判参考》，法律出版社2000年版，第185~186页。

一提起行政行为这个概念的起源，许多行政法学者都会不约而同地想到德国公法学大师奥托·迈耶（1846—1924）。长期以来，在行政法学界流行着一种通说——依印度行政法学者M.P. 赛夫的说法，行政行为概念属于19世纪的行政法理论创造，它最早的定义乃是出自迈耶之手，他将其定义为“行政机关依法针对个别事件所作出的对人民具有权力之宣示”。① 不过，德国行政法学者却认为行政行为概念来自法国。② 法国大革命胜利之后实行“三权分立”体制，在这一政治体制中，行政机关在行政管理活动中针对具体事项作出相应的处理决定，该决定对相对人具有法律上的约束力，被称为 Acte Administratif，即行政行为，它在本质上表现为行政相对人必须服从主权者单方的决定和命令。德国行政法学者认为，行政行为是既传统又具有未来意义的基本法律制度，它是最常见的公共行政活动方式，是传统的行政法基本概念，是行政活动方式类型化的基石，也是行政主体完成其广泛行政任务的手段。③

自1826年以来，经过学理的发展，行政行为概念逐渐在德国的立法中取得了重要的地位。尽管作为集合概念的“行政行为”，直到1945年才在《行政法院法》中得到确认，但在此之前，德国1945年的《军事政府法令》第25条第1款就已经将行政行为规定为“行政机关在公法领域中处理具体事件而采取的处分、决定、命令或者其他措施”，该定义后来不仅被《行政法院法》所继承，而且还被《柏林行政程序法》所吸收。这一定义得到德国学界和实务界的广泛接受，例如毛雷尔认为，可以将行政行为定义为“行政机关针对具体的、单方面的、具有外部效果的、行政法上的处理行为”④。

相对于法国、德国而言，中国行政法学界接触行政行为概念的时间不算太长，不过一个世纪而已。但自其进入中国行政法学视野之日起，就被当做一个基本范畴。日本行政法学者织田万（1868—1945）在其所著《清国行政法》中，较早地使用行政行为这个概念描述中国19世纪末20世纪初的行政活动。他认为：“行为云者，乃表示意思于外形之义。行政机关为达其行政目的，表示其所为之意思，则可泛称为行政行为”。⑤ 在民国时期，行政行为已经确立起其在中国行政法学著述中的基石地位。例如，范扬（1899—1962）在其《行政法学总论》（该书由上海商务印书馆1935年初版，于1937、1939、1948年再版）一书中认为：“行政作用（Verwaltungsthaetigkehit，action administrative，administrative action），泛指国家依行政权所为之一切行政而言，与最广义之行政行为，或即所谓行政之意义相当”。⑥

中华人民共和国之后，行政法学研究沉默了许久。直到20世纪80年代，行政法学研究才开始苏醒，而王岷灿主编的《行政法概要》一书的出版则成为中国行政法（学）走出低谷的重要标志。该书认为：“行政行为，是国家行政机关实施行政管理活动的总称，它是国际公认的研究行政法学的专用词，实际上是行政管理活动的代称”。⑦ 中国的行政法学研究自此之后

---

① ［印度］M.P. 赛夫：《德国行政法——普通法的分析》，周伟译，台湾五南图书出版公司1991年版，第75页。

② 参见［德］汉斯·J. 沃尔夫、奥托·巴霍夫、罗尔夫·施托贝尔：《行政法》（第2卷），高家伟译，商务印书馆2002年版，第15页。

③ 参见［德］汉斯·J. 沃尔夫、奥托·巴霍夫、罗尔夫·施托贝尔：《行政法》（第2卷），高家伟译，商务印书馆2002年版，第9页。

④ ［德］哈特穆特·毛雷尔：《行政法学总论》，高家伟译，法律出版社2000年版，第182页。

⑤ ［日］织田万：《清国行政法》，李秀清、王沛点校，中国政法大学出版社2003年版，第21~24页。

⑥ 范扬：《行政法总论》（邹荣根据商务印书馆1937年版本勘校而成），中国方正出版社2005年版，第153~158页。

⑦ 王岷灿主编：《行政法概要》，法律出版社1983年版，第97~100页。

一发而不可收，而行政行为概念也逐渐发展成为中国行政法学理论体系和学科体系的基石。

需要注意的是，中国行政法学者并非单纯地从外国引进和使用行政行为概念，而是立足于中国行政管理实践，为了适应公共行政改革与行政法变革的现实需要和发展趋势，持续不断地对行政行为概念进行新的描述与演绎，从而使得这一概念变得极富包容性与解释力。例如，罗豪才主编的《行政法学》认为，行政行为是指行政主体在实施行政管理活动、行使行政职权过程中所作出的具有法律意义的行为。① 胡建淼所著的《行政法学》认为，在国内，行政法学上的行政行为，特指行政主体通过行政人，依法代表国家，基于行政职权单方作出的、能直接或间接引起法律效果的公务行为。② 姜明安主编的《行政法与行政诉讼法》认为，"行政行为是指行政主体为规制行政关系，行使职权，具有行政法意义的行为。"③

不难发现，经过20多年的发展演变，行政行为概念在中国行政法学上发生了以下一些显著变化：一是行政行为所指范围从包括行政主体实施的事实行为和法律行为"缩水"为法律行为。二是行政行为的实施主体已经不再限于"国家行政机关"，还包括依法享有公共管理职能的法律、法规授权组织。三是行政行为作用领域从"行政管理"领域扩展至其他"行使行政职权"活动的范围。四是行政行为方式从单方的、强制性"行政管理"发展成为强制性与非强制性、单方性与双方甚至多方并存的多样化方式。五是行政行为的外延从作为扩展为作为与不作为两个方面。六是行政行为的后果从未作明确要求发展成为需要直接或者间接地产生法律效果。

【案例 7-1】

因农村公交与城市公交发生矛盾，盐城市人民政府（以下简称盐城市政府）先后于2002年8月20日、24日两次召集盐城市及城区的两级建设、交通、公安等部门及盐城市公交总公司（以下简称公交公司）进行了专题会办，并于8月30日下发了盐城市政府第13号《专题会议纪要》（以下简称《会议纪要》）。该《会议纪要》第1条中规定，城市公交的范围界定在经批准的城市规划区内，以城市规划区为界，建设和交通部门各负其责、各司其职；第5条中规定，城市公交在规划区内开通的若干线路，要保证正常营运，继续免交有关交通规费；第6条中规定，在规划区范围内的城市公共客运上发生矛盾，须经政府协调，不允许贸然行事，否则将追究有关方面的责任。吉德仁等四人是经交通部门批准的道路交通运输经营户，该四人营运的线路与《会议纪要》中明确免交交通规费的公交公司的5路、15路车在盐城市城区立交桥（盐城市城市市区与郊区的分界点）以东至盐城市城区南洋镇之间地段的营运线路重叠。吉德仁等人认为盐城市政府的《会议纪要》决定城市公交免交交通规费，侵犯其公平竞争权，向盐城市中级人民法院提起行政诉讼。请求撤销《会议纪要》第1条、第5条及第6条内容；请求确认盐城市政府强行中止城区交通局对公交公司违法营运的查处的行为违法。盐城市中级人民法院经审理认为：《会议纪要》虽然形式上是发给下

---

① 参见罗豪才、湛中乐主编：《行政法学》，北京大学出版社2000年版，第91~92页。

② 参见胡建淼：《行政法学》，法律出版社2015年版，第123~124页。

③ 姜明安主编：《行政法与行政诉讼法》，北京大学出版社、高等教育出版社2015年版，第175页。

级政府及所属各部门的，但从该《会议纪要》的内容上看，它对城市公交的营运范围进行了界定，并明确在界定的范围内继续免交交通规费，而且该行为已实际导致城区交通局对公交公司的管理行为的中止，所以该《会议纪要》是一种行政决定行为，有具体的执行内容，是可诉的具体行政行为。吉德仁等四人是与盐城市政府的行政行为的受益方公交公司在同一路段进行道路运输的经营户，认为盐城市政府的行为侵犯了他们的公平竞争权向法院提起诉讼，具有行政诉讼的原告主体资格。

三、行政行为的分类

选择多重标准对行政行为进行分类的过程，就是一个多角度交叉照射行政行为的过程。在中外行政法学者对行政行为所作的各种分类当中，以下两种分类属于应当掌握的具有一定代表性的基本分类。

1. 以行政行为决定的种类为标准，可以将行政行为分为以下类型：一是命令。即行政主体依法使个人、组织为或不为一定行为的决定。二是批准。即行政主体对个人、组织的申请予以同意的决定，有时也称同意、核准等。三是拒绝。即行政主体对个人、组织的申请不予同意的决定，也称为不批准。四是许可。即对一般人禁止的行为，行政主体对特定人允许解除禁止的决定。五是免除。即一般人依法负有的作为义务，行政主体依法在特定条件下对特定人予以免除的决定。六是赋予。即行政主体对特定对象依法设定法律上的能力或赋予一定的权利。七是剥夺。与赋予相反，即行政主体对特定对象依法使之丧失法律上的能力或一定权利的决定。八是委托。在行政执法中，委托一般是指行政机关委托个人或组织代行某些行政职权。九是处罚。即对违反行政管理秩序的个人或者组织依法给予惩罚。十是强制。对不自觉履行法定义务的公民、法人或其他组织，行政主体可以作出强制执行决定，申请人民法院强制执行，或依法自行强制执行。①

2. 在学理上，行政法学者选择不同标准对行政行为作如下“类型化”：一是以行政行为是否直接产生法律效果为标准，将行政行为分行政法律行为、准行政法律行为和行政事实行为。二是以行政行为性质以及行政机关与相对人形成的法律关系的不同为标准，把行政行为分为创制规则的行政立法行为、实施规则的行政执法行为与适用规则的行政司法行为。三是以行政行为的作用对象是否特定以及适用力不同为标准，可以将行政行为分为抽象行政行为与具体行政行为，前者是指行政主体以不特定的人或事作为管理对象，制定具有普遍约束力的规范性文件的行为；后者是指在行政管理过程中，行政主体针对特定的人或事采取的对其权利义务产生直接影响的具体措施的行为。四是根据行政行为发生效力的领域不同，可以把行政行为分为内部行政行为与外部行政行为。五是根据行政主体实施行为时是否存在裁量空间为标准，将行政行为分为羁束性行政行为与裁量性行政行为。六是依行政行为对相对人是否具有强制性为标准，可以将行政行为分为强制性行政行为与非强制性行政行为。七是按照行政行为是否对相对人产生高权性权益处理内容为标准，将行政行为分为行政处理行为与非处理性其他行政行为，前者包括行政征收、行政许可、行政给付、行政确认、行政裁决、行政处罚、行政强制等，后者包括行政指导、行政契约等。

---

① 参见应松年主编：《行政法学新论》，中国方正出版社 1999 年版，第 242~243 页。

第二节 行政行为的效力

日本行政法学者盐野宏认为，行政行为的效力问题，构成了行政行为最重要的特色之一。① 所谓行政行为的效力，是指已经成立的行政行为所具有的能够对外产生特定法律效果的作用力，一般认为，行政行为的效力包括公定力、确定力、拘束力、执行力四种基本类型。效力是行政行为的生命，未生效的、无效的、失效的行政行为，都是没有法律生命的行政行为。

一、推定合法的公定力

关于公定力的含义，中外行政法学者所作的描述大致相似。例如，盐野宏认为："行政行为即使违法，至有撤销权限者撤销之为止，无论是私人、法院，还是行政厅，任何人都不能否定其效力。行政法学通常将这种法现象表述为：行政行为具有公定力。"② 再如，中国有行政法学者认为，公定力是指行政行为不论合法还是违法，都推定为合法有效，相关的当事人都应加以遵守或服从，这是行政效率原则的要求。③ 我们认为，所谓行政行为的公定力，是指行政行为一经成立，无论真正合法与否，都推定其合法有效，有关组织和个人应当服从和尊重行政行为决定。由此可见，在掌握行政行为公定力概念时，需要抓住两个要点：一是行政行为的合法是推定的；二是推定合法的行政行为决定应当得到遵从。

（一）公定力的法定性

行政行为的公定力并非出自行政主体的自我设定，而是行政法赋予的，它不是一种超越于法律之外的效力。行政法通常不会直接地、正面地对行政行为的公定力加以明确规定，而多半以间接的或者反向的方式加以体现。例如，在日本，公定力在实定法上的根据，包括直接依《行政案件诉讼法》和《行政不服审查法》而采用撤销争讼制度，诸如代执行法、有关诉讼期间不停止执行原则等其他规定，也都算作制度依据。④ 需要注意的是，不能将公定力的法定性与行政行为的合法性混为一谈。公定力的法定性，强调的是推定行政行为合法这种力量源于法律设定。

（二）公定力的推定性

虽然所有的行政行为都应当具有公定力，但并非所有的行政行为最终都被证明是真正合法有效的。亦即，行政行为的公定力是基于一种对行政行为合法有效的推定，并依靠这种合法性推定而产生要求相对方遵从的作用力。

公定力只是推定的而非真正的，这一点在中外行政法学界已经达成共识。例如，日本行政法学者认为："行政案件诉讼法规定了撤销诉讼制度作为对行政行为不服的诉讼方法，该制度的宗旨可以理解为，该法规定了行政行为的效力只有根据撤销诉讼才能予以否定这种所谓的'撤销诉讼的排他性管辖'。因此，行政行为不问其是否合法，作为暂时有效的行为而通用，相对人和其他关系人必须服从其效力，但在其违法的情形下，法院和行政厅事后可予以撤销。亦即，只要有正当权限的法院或行政厅不使其丧失效力，就不问其是否合法，它具有一种力

① ［日］盐野宏：《行政法总论》，杨建顺译，北京大学出版社 2008 年版，第 90 页。

② ［日］盐野宏：《行政法总论》，杨建顺译，北京大学出版社 2008 年版，第 94 页。

③ 参见罗豪才、湛中乐主编：《行政法学》，北京大学出版社 2000 年版，第 98 页。

④ 参见［日］室井力主编：《日本现代行政法》，吴微译，中国政法大学出版社 1995 年版，第 96 页。

量，强行要求承认对相对人及其他关系人具有拘束力。这种效力一般称为行政行为公定力。由此可见，行政行为公定力与实体法上的合法、违法毫无关系，对行政行为而言，不外乎具有程序法所赋予的拘束力的暂时通用性。因而，公定力有时也被称为'合法性的推定'"。① 在中国行政法学界，也存在着一种关于行政行为公定力的通说，即具体行政行为一经成立，不论是否合法，即具有被推定为合法而要求所有机关、组织或个人表示尊重的一种法律效力。②

（三）公定力的对世性

行政行为的公定力是一种对世效力，其推定的法律效力能够波及所有与之相关的公民、法人或者其他组织，并对其产生作用力。盐野宏在描述公定力时指出，"行政行为即使违法，至有撤销权限者撤销之为止，无论是私人、法院，还是行政厅，任何人都不能否定其效力。"③ 中国有行政法学者认为，公定力是一种对世的法律效力，它不仅是对行政主体与行政相对人双方而言的一种法律效力，对行政主体以外的任何其他机关、组织和个人而言也是如此。④

行政行为公定力的对世性主要体现在以下四个方面：所有与之相关的公民、法人或者其他组织都应当遵从行政行为的公定力；作出行政行为决定的行政主体应当遵从公定力；上级行政机关也要受制于行政行为的公定力；法院与其他公共机构也受制于行政行为的公定力。

（四）公定力的有限性

行政法赋予行政行为的公定力是有限的：一则，行政行为公定力的边界是有限的，并非所有的行政行为都无一例外地具有公定力，无效行政行为就不存在公定力。二则，行政行为公定力的刚性是有限的。公定力毕竟只是一种推定合法的作用力，而非真正的法律效力，它的合法性通常可以通过法定渠道挑战。三则，行政行为公定力的作用时间是有限的，不可能无限延伸下去，行政行为的效力并非在任何时候都要表现为公定力，还要表现为确定力、拘束力与执行力等其他形态。公定力是确定力、拘束力、执行力的基础，四种效力并非同时发挥作用，作用的时间、范围、方式都不尽一致，公定力的作用时间主要集中在行政复议与/或行政诉讼期间届满之前，一旦期间届满，公定力就不再扮演主角，要从前台退到"后台"，不可争力、不可变更力、拘束力、执行力等其他效力形态闪亮登场。

二、抵制改变的确定力

为了抵制行政主体自身以及行政相对人滥用救济权利、借助复议主体与法院等对行政行为进行随意改变，以维护行政法律关系的稳定性，行政法通常规定，行政行为决定一经作出，行政主体以及相关主体就不得再任意撤销或者改变行政行为决定；如果行政相对人在法定期间内没有依法提起行政复议或者行政诉讼的，逾期就无权再提起审查请求。行政行为具有的这种抵制对其进行随意改变的效力就是确定力。在行政法上，确定力分为两种：一种是形式确定力，又称不可争力；另一种是实质确定力，又称不可变更力。

（一）形式确定力：不可争力

所谓形式确定力，是指行政行为除非存在绝对无效的情形，否则在诉请撤销的法定期限届

① ［日］室井力主编：《日本现代行政法》，吴微译，中国政法大学出版社1995年版，第94页。

② 参见姜明安主编：《行政法与行政诉讼法》，北京大学出版社、高等教育出版社2005年版，第239页以下。

③ ［日］盐野宏：《行政法总论》，杨建顺译，北京大学出版社2008年版，第94页。

④ 参见姜明安主编：《行政法与行政诉讼法》，北京大学出版社、高等教育出版社2015年版，第99～100页。

满之后，行政行为即产生形式存续力，不能再通过法律救济途径予以撤销。① 形式确定力也就是不可争力，“一旦经过一定期间，私人方面便不能在裁判上争议行政行为的效力，这称为行政行为具有不可争力”。②

行政法之所以赋予行政行为以形式确定力，主要是出于维护法安定性，或者维护行政法律关系稳定性的考虑。行政行为产生形式确定力的具体情形，较为集中地体现在德国行政法关于不可撤销性的适用情形的规定当中：一是有权诉请撤销的人以合法方式放弃法律救济；二是在法律救济教示正确的情况下，法律救济期限届满，否则最长为一年；三是驳回起诉行政行为请求的判决产生形式存续力；四是法律规定了不可诉请撤销性；五是法律救济已经失效。③

产生形式确定力的一个基本前提就是，诉请改变行政行为决定的法定期间届满——此期间在中国主要就是行政复议与行政诉讼期间。这就意味着，在行政行为作出之后、成立之前，行政相对方虽然也不能提起合法性审查请求，但此时行政行为的确定力是一种实质确定力，而非形式确定力。行政行为一旦成立，通常立即进入提起行政复议或者行政诉讼请求的权利救济期间，此时的行政行为不存在形式确定力，但具有实质确定力。只有待行政复议与行政诉讼期间届满之后，行政行为才开始产生形式确定力，实质确定力仍然一如既往地存续。

（二）实质确定力：不可变更力

为了通过维护行政行为决定的确定性来维护行政法律关系的稳定性，进而保证行政法律关系主体行为选择的可预期性，行政法赋予行政行为以实质确定力，即行政主体与相关主体不得随意改变行政行为的不可变更力。行政行为的不可变更力始自处理决定的作出。实质确定力主要体现在两个方面：一是相关主体不得随意撤销、变更或者撤回行政行为决定，以免导致既有的行政决定的不复存在；二是上级行政机关、法院等相关主体不得无视既有的行政行为决定，作出一个与之相矛盾的其他决定，从而架空既有行政决定。

类似于形式确定力并非意味着行政行为的合法性绝对不可争辩一样，实质确定力也并非意味着行政行为的决定绝对不可变更。行政行为的确定力源于对司法既判力的一种模仿，既然司法判决也要遵循有错必纠的原则，行政行为也不例外。德国行政法学者认为，为了适应行政机关在其活动中改正错误以继续工作的实际需要，行政机关可以将发现有错误或有瑕疵的设负担处分予以撤回，而法官却恰恰被禁止这样做，因此对行政行为只讲“确定力”，而不讲法律效力。④ 中国也有行政法学者认为，行政行为具有不可变更力，并不意味着行政行为绝不可以变更，而是说行政行为作出后不得随意撤销或变更。基于法定事由，经过法定程序，行政行为可以依法改变（通过行政复议、行政诉讼等）⑤。

行政行为的不可变更力只能存在于特定条件之下。实质确定力的相对性主要体现在以下几个方面：（1）实质确定力的适用范围是有边界的，并非所有的行政行为都具有不可变更力，

① 参见［德］汉斯·J. 沃尔夫、奥托·巴霍夫、罗尔夫·施托贝尔：《行政法》（第2卷），高家伟译，商务印书馆2002年版，第105页。

② ［日］盐野宏：《行政法总论》，杨建顺译，北京大学出版社2008年版，第100页。

③ 参见［德］汉斯·J. 沃尔夫、奥托·巴霍夫、罗尔夫·施托贝尔：《行政法》（第2卷），高家伟译，商务印书馆2002年版，第104~105页。

④ 参见［德］平特纳：《德国普通行政法》，朱林译，中国政法大学出版社1999年版，第129页。

⑤ 参见罗豪才、湛中乐主编：《行政法学》，北京大学出版社2000年版，第98页。

存在严重且明显瑕疵的无效行政行为，不具有实质确定力。（2）并非所有的行政行为程序都能产生相同强度的不可变更力，任意程序要低于法定程序，简易程序要低于一般程序，纯行政程序要低于准司法程序等。（3）作出行政行为的行政主体有权依法改变行政行为决定。（4）上级行政机关、法院等负有监督、审查行政行为合法性或合理性职责的法定主体，有权依法变更违法或者不当的行政行为决定，纠正违法行政行为，以维护法律的尊严，保障行政法治目标的全面实现。

由此可见，行政法为了维护行政法律关系的稳定性，进而维护社会关系的安定性，为了在行政行为的确定性与行政行为的正当性之间谋求一种平衡，以实现行政行为效益的最大化，一方面既不能允许行政相对人随心所欲地提起行政复议或者行政诉讼请求，也不能允许行政主体以及相关主体随意改变行政行为决定；另一方面又不允许行政行为从不确定性的一个极端滑向僵化不变的另一个极端，不能为确定而确定。亦即，行政行为的确定力最终应当有助于公共行政目标的实现，而不应成为阻碍行政法治目标实现的桎梏。

三、强调遵从的拘束力

（一）拘束力的含义

所谓行政行为的拘束力，是指已生效的行政行为所具有的那种要求行政相对人以及相关主体自觉遵从行政决定的效力。在德国行政法学者看来，行政行为拘束力是指行政行为设定的命令或者禁止应当得到关系人的遵守，行政行为的其他效果，特别是直接的权利形成效果应当得到任何人、任何其他机关和未受理撤销请求的法院的承认，它们的活动和决定都应当以行政行为为根据。作出机关自己也应当将该行政行为作为实施其他行政活动的根据，除非该行政行为被撤销或者废止。①

要准确理解行政行为的拘束力，需要掌握以下四点：一则，拘束力始于行政行为的生效。已经作出但尚未成立、已经成立但尚未生效的行政行为，都没有拘束力。拘束力以确定力的存在为前提，倘若行政行为的状态不确定，相关主体无所适从，也就无所谓拘束力了。由于拘束力以确定力为基础，因此确定力的有限性与相对性就意味着拘束力也并非绝对的，无效行政行为同样没有拘束力。二则，拘束力的关键词是“自觉遵从”，强调行政行为内容得到自觉实现，要求相关主体自觉遵从生效行政行为规定的义务。三则，拘束力的作用对象不仅包括行政相对人，还包括行政主体以及其他与之相关的主体。四则，拘束力有可能产生两种意义上的后果：一是行政行为决定的内容得到自动实现，二是因行政相对人在法定期间内不自动履行而激活执行力，招致强制执行。

（二）拘束力的作用对象

1. 作为行政行为决定当事人的公民、法人或者其他组织，自然要首当其冲地感受到拘束力的压力，应当遵从行政行为，服从行政行为对其权益的处理性决定，自觉地全面实现行政行为决定的内容，其行为选择应当符合行政行为决定，不得违背行政行为决定。

2. 作为行政行为法律关系的一方主体，作出行政行为决定的行政主体无疑也要受制于拘束力，这经常被称为自我拘束力。拘束力对行政主体提出的要求至少有四点：一是行政主体应

---

① ［德］汉斯·J. 沃尔夫、奥托·巴霍夫、罗尔夫·施托贝尔：《行政法》（第 2 卷），高家伟译，商务印书馆 2002 年版，第 68 页。

当服从自我拘束力，遵循行政行为决定对相对方权益的处理范围、种类、方式、期限等；二是行政主体实施的其他与之相关的行政行为，应当符合该行政行为；三是行政主体在作出行政行为之后，并非万事大吉，还应当自觉、积极地履行行政行为确定的相关职责；四是行政主体不仅应当服从自我拘束力，还应当督促行政相对人履行行政行为确定的义务，积极推动相对方将行政行为所规定的内容变成现实。

3. 除行政相对人与行政主体之外，行政行为的拘束力还会程度不等地作用于其他主体之上。由于行政法律关系的复杂性以及行政法律关系与其他法律关系之间的牵连性，导致行政行为对行政相对人权益所作的决定，经常要超出行政相对人与行政主体之外，影响到其他主体的行为选择，这不仅包括行政行为的第三人，还包括与之相关的其他个人与组织。否则，当行政行为当事人之外的其他主体的行为选择与行政行为相违背时，行政行为所作的权益决定就会程度不等地失去意义。例如，当卫生行政部门确认某公民患有不宜从事餐饮业的传染病时，工商机关就应当拒绝其相关申请，如果仍然颁发经营许可证，那就在事实上否定了行政确认行为的拘束力。当然，由于这些主体并非行政行为的当事人，因此他们所承受的拘束力就不及当事人那么完整。拘束力不仅要求当事人服从行政行为，还要求其实施的其他行为应当与行政行为一致，此外还要求当事人应当自觉、积极地实现行政行为的内容；而对于其他公民、法人或者组织而言，拘束力的作用集中体现为要求其行为选择不能违背行政行为。

（三）拘束力的基本要求

行政行为拘束力的要求并非千篇一律，不同的行政行为之间存在着方式、重点与内容的差异。

1. 行政行为拘束力的要求程度不同。针对不同的主体，行政行为的拘束力会提出严格程度不等的具体要求。有的是要求不得作出违背处理决定的行为，有的是要求其行为应当符合处理决定，有的是要求其服从权益决定，有的则是要求其主动实现权益决定内容。

2. 不同的行政行为的拘束力所要求的重点不尽一致。对于授益性行政行为，拘束力的重点是要求行政主体自觉兑现对行政相对人的承诺；对于负担性行政行为，拘束力的重点是要求行政相对人主动地履行其特定义务；对于确认性行政行为，拘束力的重点则是要求相关主体的行为选择不得与其相违背。

3. 因行政行为种类的不同，拘束力要求的内容也存在着明显差异。例如，行政征用的拘束力既要求征用对象履行征用决定所确定的财产转移义务，又要求征用主体依法给予征用对象公正补偿。行政给付的拘束力主要要求行政主体全面、及时、主动地兑现给付承诺。行政强制尤其是即时强制的拘束力，主要要求强制对象服从行政强制决定。对于行政许可而言，其拘束力主要要求行政主体依法赋予申请人从事某种行为的权限与资格，同时也要求获得许可的申请者依法行使许可权利，既不能超出许可范围，也不能弃而不用——对于涉及具有较强的连续性要求的公共服务许可还存在退出限制。

四、诉诸强制的执行力

如果行政相对人不服从拘束力，导致行政行为决定的内容得不到实现，那么行政行为的另外一种效力就会依法启动，行政主体可以依法强制执行，或者依法申请法院强制执行。行政行为具有的这种强制实现决定内容的潜在效力，就是执行力。一般认为，行政行为的执行力是指行政行为生效后，行政主体有权依法采取一定手段，使行政行为内容得以实现的效力。①

（一）执行力的强制性

与要求相关主体主动自觉实现行政行为内容的拘束力不同的是，执行力是一种要求行政主体自力或者申请法院强制执行生效行政决定的效力，亦即，并非所有的推动行政行为内容实现的作用力都是执行力，只有诉诸强制执行方式加以实现的作用力才是执行力。因此，行政行为的执行力就是指强制执行力。执行力只有依靠这种强制性，才能维护行政行为的其他效力，并最终保障行政行为决定的内容得以实现。

（二）执行力是固有的

在行政法学界，有观念将行政行为的执行力与行政主体的自力强制执行权混为一谈。例如，有日本行政法学者认为，“关于执行力的根据，源于法律授权，无法律授权的，不具有执行力，尤其是不具有自我强制执行力。”② 我们认为，“凡是有效的行政行为都应具有执行力”与“并非所有的行政主体都具有强制执行权”，这两种判断都是正确的，但不能将二者混为一谈。是否需要保证行政行为决定的内容得以全面实现，与行政法究竟选择哪个主体去实现这些内容，这属于两个问题。对前一个问题作肯定性回答，行政法赋予行政行为以固有的执行力；而行政法在回答后一个问题时，则可以有多种选择方式：既可以授予行政机关以完全的强制执行权，也可以明确规定只有法院才拥有强制执行权；既可以在行政机关与法院之间分配强制执行权，也可以在行政主体之间推行决定权与执行权的分离。如此一来，势必导致某些行政主体有权作出行政行为决定却无权强制执行政行为内容。就此而言，尽管行政行为因为具有执行力而需要行政机关或者法院采取强制执行措施，但不能反过来说，因为特定行政主体无权采取强制措施实现行政行为决定内容，所以这种行政行为就没有执行力。

进言之，行政行为的执行力源于行政法的赋予，内生于行政行为之中。行政行为的执行力，是行政法以司法行为作为蓝本塑造行政行为的一个结果。既然法律赋予生效司法判决在当事人不主动履行判决内容的情形下，可以自身名义强制实现其内容的效力，那么类似地，如果相关主体没有主动实现生效行政行为所确定的义务的内容，行政行为也应当从行政法那里获得强制实现其决定内容的作用力，否则，行政行为决定就只能停留在纸面上，不会对相关主体的权益产生事实上的法律影响。正因为如此，只要行政法规定行政行为可以进行权益处理，就需要同时赋予行政行为一种保证这种权益处理得以实现的执行力，执行力因此内在于一切有效的行政行为决定之中。

（三）执行力需要激活

“行政行为具有执行效力，并不意味着行政行为在任何情况下都必须强制执行，只有拒不履行义务时才需予以强制执行。”③ 尽管所有的行政行为决定都内生着执行力，但并不意味着这种潜在的执行力都需要转化为现实。只有当行政相对人逾期仍不自动履行，或者在行使持续性的授权过程中违背行政行为决定，那么这种潜在的执行力才会转变成为一种现实的强制执行力。由此可见，内在的、潜在的执行力的启动并非任意的，而要以行政相对人拒不履行行政行

① 参见罗豪才、湛中乐主编：《行政法学》，北京大学出版社 2000 年版，第 98~99 页。

② 参见［日］室井力主编：《日本现代行政法》，吴微译，中国政法大学出版社 1995 年版，第 97 页。

③ 罗豪才、湛中乐主编：《行政法学》，北京大学出版社 2000 年版，第 99 页。

为所确定的义务作为前提。激活执行力的方式，或者是行政主体依职权主动启动，或者是依相对人的申请而依法启动。

【案例 7-2】

徐建国在湖北麻城火车站出站时，麻城铁路公安处车站派出所的三名警察强行要求检查居民身份证。徐要求警察严格依照《居民身份证法》的规定，说明理由且出示执法证件方可查验原告身份证，但遭警察拒绝，并被其强行带至民警值班室继续接受盘问。徐建国认为警察强行查验身份证的行为违法，遂到法院提起行政诉讼状告麻城铁路公安处。在法院受理此案后，被告麻城铁路公安处找到原告，表示道歉并愿意承担本案的所有诉讼费用和必要支出，赔偿原告的损失。鉴于被告能闻过即改，并已主动上门致歉，原告提出撤诉，法院也裁定准予撤诉。

第三节　行政行为的成立、生效与消灭

本节着重从程序的角度，辅以行政行为的实体效果，展示行政行为的生息过程。伴随着行政程序的依次推进，行政行为通常要经历成立、生效、消灭三个基本发展阶段。

一、行政行为的成立

行政主体对行政相对人作出的权益决定，只有在行政行为成立之后，才会产生各种效力（法律效果），进而产生相应的法律效力，影响行政相对人的权利或者义务。就此而言，行政行为的成立，在行政法上具有独立的法律意义。

（一）宣告成立的行政行为应当是一种公共行政的“成品”

当我们宣称一项行政行为已经成立时，其实已经承认作为行政程序产物的行政行为是一个要素齐全、结构完整的公共行政活“成品”，而非仍处于公共行政生产加工过程当中的半产品，更不是尚未进入正式的加工流程的权益处理蓝图。行政主体关于权益处理的意思表示，已经通过适当方式凝固于行政行为决定之中，并形成了行政行为法律关系，即法律关系的主体、客体与内容都已形成。

1. 对于行政行为的成立而言，行政决定的形成与确立缺一不可。行政行为的成立不仅意指行政行为决定的形成，即行政主体依职权针对行政相对人的特定权益作出了处理决定，还意指权益处理决定的确定性，即行政行为内容已经确定无疑。如果一种行政行为虽然形成了，但内容并未确定，例如在行政行为的受理、调查、决定等阶段，行政行为只是以“零部件”形态存在，不能算作成立。

2. 对于行政行为的成立而言，权益处理的内容与形式缺一不可。行政行为的成立，不仅意指行政行为已经具备确定的权益处理内容——或者授予权益，或者科处义务，或者确认法律事实、法律行为、法律地位等；而且还意指行政行为已经表现为一定的形式——或者已经制作了行政处理决定书，或者已经作出了特定动作。亦即，行政主体运用特定方式对其已经确定的意思表示进行了明确表达。无论是缺少内容还是形式，都只不过是尚未成立的“半成品”，甚至根本就算不上是行政行为。

3. 对于行政行为的成立而言，实体要件与程序要件缺一不可。行政行为的成立，不仅意指享有特定职权的行政主体，针对相对人的特定权益作出某种实体性的行政决定；还意指这些行政决定只有在特定程序之后才出现，并因为经历这些程序而得以形成并确立。亦即，行政行为是在经历特定程序阶段之后变成一个完整的权益处理决定。无论实体要件多么完备，倘若未经历法定程序，都不能算作成立；而一种行政行为虽然经历了所有的法定程序，但实体要件仍然残缺不全，这种“次品”当然也不能算作得以成立的行政行为。

（二）行政行为成立的要件

行政行为的成立要件主要包括实体要件与程序要件两种类型，其中实体要件主要有主体、主观、客观、功能，程序要件主要有手续、方式、告知，这些要件都是必不可少的，缺一不能成立。

1. 行政行为成立的实体要件。一是主体要件，即既有行使行政权力的行政主体，又有承受权益处理决定的公民、法人或其他组织。二是主观要件，即行政主体具有凭借行政权力产生、变更或者消灭某种行政行为法律关系的意图，并有追求这一效果的意思表示。三是客观行为，即行政主体作出了具有权益处理内容的行政行为，在客观上实施了处理相对人权益的行政行为。四是功能要件，即行为主体实施的行为能直接或间接导致行政法律关系的产生、变更和消灭。① 通常而言，行政行为只有同时具备以上四个要件，才有可能成为一个完整的行政行为，要宣告一项行政行为成立，应当同时具备这四个实体要件。

2. 行政行为成立的程序要件。由于行政行为的成立是特定行政程序的直接产物，因此是否经历特定行政程序就成为判断行政行为成立与否的重要标志。在行政法学界，有不少学者特别强调程序要件的不可或缺性。例如，德国行政法学者认为，只有在作出机关向外发出，特别是告知收件人或者以特定方式发布之后，行政行为才能算作在法律上得以完成；否则只是草稿。② 我们认为，对于不同主体而言，行政行为的程序要件不尽一致。对于行政主体而言，行政行为成立不仅必须履行一些法定手续，例如行政行为决定要报请行政首长签发、报请上级行政机关批准、行政行为决定书要加盖单位公章等，而且还要表现为一定的形式，例如制作行政行为决定书，或者作出某种动作等。对于行政相对人而言，行政行为的成立除必须表现为某种形式外，还需要经过告知程序，只有当相对人知悉之后才能宣告成立。至于与行政行为决定存在着利害关系的第三人，行政行为成立的时间应当以其应当获知行政行为内容的时间为准。

（三）行政行为成立的法律意义

1. 行政行为的成立具有实体意义。这主要体现在三个方面：（1）从未成型的意思表示变为成型的行政决定。在行政行为成立之前，行政主体关于行政相对人权益处理的意思表示只是模糊的，行政行为一旦成立，就转变成为明确的、成型的权益处理决定。（2）从未知到已知。作出行政行为决定的过程，是行政主体以证明相关事实的证据以及规范依据作为原材料，铸造权益处理决定的过程，在行政行为决定成立之前，行政主体将会依据什么规范与事实、对行政相对人的权益作出什么样的处理决定，会“加工”出什么样的程序产品，这些往往都不得而

---

① 参见罗豪才、湛中乐主编：《行政法学》，北京大学出版社 2000 年版，第 108~109 页。

② ［德］汉斯·J. 沃尔夫、奥托·巴霍夫、罗尔夫·施托贝尔：《行政法》（第 2 卷），高家伟译，商务印书馆 2002 年版，第 66 页。

知；不过，行政行为一旦成立，谜底就立刻全部揭开。(3) 从不确定到确定。在行政行为成立之前，行政主体针对相对人的权益是否作出以及作出什么样的处理决定，这存在着多种可能性；一旦行政行为成立，悬念不复存在，行政行为的内容与形式都得以确定。不仅如此，行政行为一经成立就产生实质确定力，行政主体不能任意变更其内容。

2. 行政行为的成立具有程序意义。这主要体现在两个方面：一方面，行政行为的成立是行政程序的一道分水岭。对于行政主体而言，行政行为的成立意味着加工制作处理决定程序的结束，行政程序由此转入对行政行为的内容与形式不再产生新的影响的“运送程序”或者“执行程序”，例如告知相对人、备案、存档、执行等；对于行政相对人而言，行政行为的成立通常意味着行政复议或者行政诉讼期间的开始，行政行为程序结束，由此转入权利救济程序。另一方面，行政行为的成立彰显出行政程序的独立意义。一项行政行为要成立，对于行政主体而言，必须经历行政首长签发、加盖公章等内部行政程序；对于行政相对人而言，则必须经历告知程序。行政行为的成立标志，主要不是行政行为实体要件齐备之时，而是行政行为经历了法定行政程序。

3. 行政行为的成立具有效力意义。尽管行政行为并非一经成立，立即就会产生所有的效力，但对于相关主体而言，尚未成立的行政行为不具有任何效力，行政行为的成立成为产生各种效力的前提条件，以成立作为起点，行政行为的效力随着时间的推移而发生各种变化。对于行政主体而言，行政行为一经作出即告成立，就对行政主体产生不可变更的实质确定力；对于行政相对人而言，一经告知即告成立，并产生对世的公定力。行政行为全面成立之后，即进入权利救济期间，行政行为在这一期间内有可能要受到行政复议主体与/或法院的合法性与/或合理性审查。

二、行政行为的生效

行政行为的生效，是指行政行为的公定力、确定力、拘束力、执行力等各种法律效果的产生。生效的行政行为未必就是合法的行政行为，它既可能合法，也可能最终被确认为违法而遭撤销。针对产生公定力、实质确定力甚至拘束力与执行力的行政行为，行政相对人如果不服，仍然可以依法提起行政复议或者行政诉讼请求。

(一) 生效时间

行政行为的生效时间比较复杂，需要具体情况具体分析。对行政主体与相对人而言，经常是不尽一致。对于行政主体而言，行政行为决定一经作出就成立并生效，产生公定力、不可变更的实质确定力。之后会产生两种情形：如果遵循不停止执行原则，就会依次产生拘束力、执行力、不可争辩的形式确定力；如果遵循停止执行原则，就会依次产生形式确定力、拘束力、执行力。而对于行政相对人而言，行政行为一经告知立即成立，之后，也有可能出现两种情形：如果是即时生效、受领生效等，当遵循不停止执行原则时，依次产生公定力、拘束力、执行力、形式确定力；当遵循停止执行原则时，依次产生公定力、形式确定力、拘束力、执行力。如果是附款生效，那么待条件满足之后才会生效，并因区分是否遵循不停止执行原则，而依次产生公定力、拘束力、执行力、形式确定力，或者公定力、形式确定力、拘束力、执行力。

(二) 告知生效

所谓告知生效，是指行政行为因行政主体运用法定方式告知行政相对人而生效，未经告知的行政行为不能生效。早在迈耶时期，人们就认识到，国家的意志表达需经合适的公告才能发生效力，对于具体行政行为而言，公告就是对行政行为对象的特别通知。[①] 行政行为只有经过告知才能生效，已经成为各国行政法上的一种普遍共识。例如，在法国行政法上，对当事人来说，行政行为只有在行政机关使当事人知悉时起才能实施，即行政行为只在公布以后才能主张对当事人有效。[②] 中国行政法学者也认为，行政行为生效始于相对人的获悉、知道之时；在没有告知时，具体行政行为以相对人真正知道之时起生效。[③]

作为行政行为生效的一种模式，告知生效具有以下几个基本特征：

1. 告知生效主要适用于行政相对人。行政主体是行政行为的作出者，无须通过告知即已获悉，告知生效主要适用于作为行政行为对象的行政相对人。

2. 告知是生效的一个前提条件。行政行为的生效需要满足各种实体与程序条件，首先，生效的行政行为都必须是已经成立的“成品”；对于各种效力形态而言，还必须有其特殊条件，例如，产生不可争辩力的前提条件是行政复议或者行政诉讼期间的届满。将行政行为决定告知相对人，虽然只是其中的一个条件而非唯一条件，却是一个基本前提，未经告知的行政行为，不会对相对人产生任何效力。

3. 告知期间与方式的多样性。行政法根据不同的情况，往往规定多种告知期间与方式。行政主体既可以在作出决定时一并告知相对人，即时生效；也可以在行政行为决定作出之后，过一段时间再去告知相对人。在告知相对人时，行政主体既可以当场作出处理决定一并送达，也可以在作出处理决定之后采取直接送达、邮寄送达、委托送达等多种方式告知；对于无法采取上述送达方式的，还可以依法采取公告送达的方式，将处理决定告知相对人。

4. 关于视为告知而生效。行政主体在作出处理决定之后，倘若因故意或者过失而没有告知相对人，但如果有足够证据证明行政相对人已经知道行政行为结果的，就视为告知生效。不过，为了保护行政相对人的合法权益，行政法通常对视为告知生效的行政行为规定较长的权利救济期间。

（三）附款生效

所谓附款生效，是指行政主体作出行政行为决定时，附带一些实体性或者程序性的生效条件，只有当这些条件得到满足后，行政行为才会生效。这就意味着，对于附款生效行政行为而言，只有待附款条件满足之后才会产生公定力、拘束力、执行力、形式确定力。

附款生效包括以下两种具体情形：

1. 确定性的期限附款。行政行为一经告知行政相对人即告成立，但成立之后并不立即生效，而是规定一个期间，待期间届满之后才生效。由于期间必然会届满，因此行政行为也就必然会在某个时间生效，生效是确定的。行政行为的附期限生效只是针对行政相对人而言的，此期限届满之前不会产生公定力、不可争辩力、拘束力与执行力，但对于行政主体而言，由于行政行为一经作出就会同时成立，并产生公定力、实质确定力等部分效力，因此，不能笼统地说附期限的行政行为，在期限届满之前不会针对任何主体产生效力。

---

① 参见［德］奥托·迈耶：《德国行政法》，刘飞译，商务印书馆 2002 年版，第 99 页。

② 参见王名扬：《法国行政法》，北京大学出版社 2007 年版，第 165 页。

③ 参见姜明安主编：《行政法与行政诉讼法》，北京大学出版社、高等教育出版社 2015 年版，第 203 页。

2. 不确定的条件附款。附条件的行政行为决定虽然一经告知相对人即告成立，但并不立即生效，能否生效和可能在什么时候生效，要取决于行政行为决定所确定的事件是否会发生。例如，行政主体承诺，如果特定企业连续五年顺利通过年检，将授予其免检企业称号，不再进行年检。通常而言，这个事件能否发生具有不确定性，并非必然发生，否则就混同于行政行为的延续生效；也并非绝对不可能发生，作出绝对不会生效的行政行为是法律所禁止的。

有些行政行为之所以不采用告知生效的方式，而采用附款生效，主要目的在于通过行政行为的延期生效或者附条件生效这种技术处理，更为灵活、有效地实现行政管理目标。大致说来，主要基于以下三种理由：

1. 有助于缓解确定的权益处理与不确定的条件之间的紧张关系。当一项行政行为所作的权益处理内容涉及未来事件，而未来事件又不够确定时，行政主体就不宜作出非此即彼的决定，可以采用附条件生效的方式，借以解决确定的处理与不确定的条件之间的张力。因此，行政行为采用附款生效的方式，有助于减少行政决定的盲目性，提高行政决定的科学性，降低行政管理的不确定性，提高行政管理绩效。

2. 有助于行政主体主动、灵活、切合实际地实现特定公共行政目标。在行政管理实践中，经常会出现这样的情形：一方面行政主体必须作出特定行政行为来实现特定公共行政目标，但另一方面，作出立即生效的行政行为决定的时机尚不成熟，条件还不够充分。在此种情形下，要摆脱行政管理的僵化、被动处境，行政主体就可以依法使用附款生效的方式，变被动为主动，审时度势，通过设置期限尤其是条件等方式，分散权益处理风险，进退自如，积极行政，作出切合将来实际的权益处理决定。

3. 能够引导和激励行政相对人作出符合公共行政目标的行为选择。采用附期限生效的方式，可以为相对人提供一个调整行为选择的参照物，并在这个过渡期内对照处理决定调整其行为选择。对于那些权益处理决定取决于将来未必发生的事件的行政行为而言，如果行政相对人的行为选择直接影响着这些事件的出现与否，那么就可以通过采用附条件生效的方式，引导和激励行政相对人创造条件、积极推动事件的出现，促成行政行为的生效，进而推动特定公共行政目标的实现。就此而言，行政行为的附款生效，有助于激活行政相对人的潜力，激励相对人参与公共治理，积极配合和协助行政主体共同实现特定公共行政目标。

【案例 7-3】

刘先生在2005年办理车辆年检时，被告知他在2003年有闯“电子警察”的违法行为，需缴纳罚款200元及50元的“电子警察”拍照成本费。为此，刘先生以行政处罚程序违法为由，将郑州市公安局交通巡警三大队告上法庭，要求法院判令被告撤销对刘先生作出的处罚决定书，并返还所交纳的罚款200元及电子警察拍照成本费50元。2月15日，河南省郑州市二七区人民法院正式受理了此案。刘先生认为，自己2003年交通违章，交警队怎么会在时隔两年后才告知他呢？况且自己2003年和2004年连续两年的汽车年检都已顺利通过，交通巡警部门并未向刘先生提出有交通违章的信息记录。根据《行政处罚法》的有关规定，违法行为在2年内未被发现的，不再给予行政处罚，法律另有规定的除外。交通巡警部门未履行告知义务，又在超过2年的时效期内追究当事人的相关责任，就构成了行政程序违法。

三、无瑕疵行政行为的消灭

所谓行政行为的消灭，是指因效力的终止而致其法律意义的不复存在，并非指载体形态的行政行为决定书的不存在。行政行为因其本身是否存在瑕疵而具有不同的消灭方式，以下首先讨论无瑕疵行政行为的消灭，下一节专门介绍有瑕疵行政行为的消灭。

（一）无瑕疵行政行为的依法消灭

任何无瑕疵行政行为的消灭，无论是其因内容实现而自动失效，还是因为行政主体的撤回或者废止而终止效力，通常而言，都要具有以下四个基本特征：

1. 失效或者废止的行政行为本身应当没有瑕疵。行政行为的失效或者废止，并非因为行政行为本身的瑕疵而导致效力终止，行政行为的主体、权限、程序、内容等都是合法有效的，行政行为本身并无瑕疵。同时，行政行为效力的终止，也并非因为行政相对人方面存在着过错。导致行政行为效力终止的因素主要来自外部，或者是外在自然条件与社会环境发生了变化，或者是因为行政行为附款失效的期限届满或者条件得到满足等。

2. 无瑕疵行政行为效力的消灭，是指所有效力的全部终止。对于行政行为而言，公定力是基础，确定力是前提，拘束力是关键，执行力是保障，它们共同构成一个有机的效力体系。如同有效的行政行为应当同时具备这四种效力一样，行政行为的消灭，也应当是这四种效力的全部消灭，缺一不可，只要其中的任何一种效力还存在，那么行政行为就仍然“活着”，仍然要存在下去。不过，由于在行政程序的不同阶段，通常依次由公定力、实质确定力、拘束力、执行力、形式确定力等不同效力形态依次扮演主角，发挥主要作用，因此行政行为的消灭，就并非如同一口气吹灭生日蛋糕上的所有蜡烛一样，所有的效力会同时消灭，而是存在着先后之别。

3. 无瑕疵行政行为效力的终止只能依法进行。如同行政行为的成立与生效应当于法有据一样，行政行为效力的终止，尤其是行政行为的废止，也只能依法而为，否则行政行为的权益处理目标就有可能被架空。具体而言，无瑕疵行政行为效力消灭的法定性，主要体现在以下三个方面：一是对于无附款行政行为而言，只有当行政行为的权益处理内容得以全部实现之后才能失效；二是对于附款行政行为而言，只能依附款而失效；三是行政行为只能由行政主体依法予以废止。

4. 无瑕疵行政行为的消灭是向后终止效力。无瑕疵行政行为的消灭通常都是向后终止效力，一般不会溯及既往。亦即，行政行为一旦失效或者废止，以此界线作为分水岭，在此之前对行政相对人曾经产生的影响从此成为过去，行政行为自此消灭，不再对相关主体的权益产生直接的影响。

（二）无瑕疵行政行为因失效而消灭

在行政法实践中，大多数的行政行为都是通过失效方式归于消灭的。所谓行政行为的失效，是指无瑕疵行政行为因为权益处理内容得以实现，或者当附款所规定的期限届满或条件得到满足，或者是因为相对人死亡、标的物消失等各种原因，自动向后终止效力。概而言之，行政行为的失效具有以下几个显著特征：

1. 失效属于行政行为的“自然死亡”。行政行为的失效，并非行政行为法律关系主体使用其他力量致其非正常消灭，它是行政行为法律关系的自然消灭，行政行为因其特定目标得以实现而消灭，或者是因相对人的死亡、标的物消失等原因，导致行政行为规定的特定权益处理内容无法得以实现。行政行为的失效，意味着与之相关的所有法律争议全部得以解决，或者因为行政行为本身的不复存在而致所有相关争议消失。

2. 无附款性行政行为的失效以权益处理内容得以实现作为前提。对于无附款性行政行为而言，其失效源于行政主体已经依法将行政行为确立的权益全部给予行政相对人，或者行政相对人已经全部履行了行政行为确定的作为或者不作为义务。例如，行政征用因财产权发生实际移转和补偿金的实际支付而结束，行政处罚因受罚人履行了处罚义务而失效，行政裁决则因其作出的裁决内容得以履行而结束。完成了任务的行政行为因为没有必要、也不可能继续存续下去，所以终止其效力。

3. 附款行政行为的失效是以行政行为的附款要求得以兑现为前提。对于附期限失效的行政行为而言，一旦期限届满，行政行为就自动失效，行政行为法律关系由此终结。对于附条件失效的行政行为而言，一旦其所规定的事件发生，废止条件得到满足，行政行为即告消灭。附款行政行为的失效，或者意味着行政行为授予特定行政相对人的权益终止，或者意味着行政行为科处特定相对人的义务终止，行政相对人从此无权再享受特定权益或者无须再履行特定义务。

4. 行政行为的失效无须告知即完成。由于行政行为的失效通常不会对行政相对人的权益产生新的影响，或者它的预期影响已经体现在附款规定之中，因此无须在权益处理内容得以实现或者附款规定得到满足时，专门作出行政行为失效的决定并告知行政相对人。一旦权益处理内容得以实现，效力因此全部终止；或者附款的期限届满、条件得到满足，或者因行政相对人死亡、标的物消失导致行政行为内容无法实现的，行政行为就会自动失效。

（三）无瑕疵行政行为因废止而消灭

在行政管理实践中，并非所有的行政行为都会自动失效，有不少依然有效的无瑕疵行政行为，因为出现了某种法定情形而不能、不宜或者不必再存续下去，因行政主体依法撤回行政决定，行政行为因废止而消灭。

什么是行政行为的废止？中外行政法学者从不同角度予以回答。德国有行政法学者认为，废止“是指行政机关在法律救济监督程序之外终止合法行政行为的效力。废止本身是行政行为。”① 中国有行政法学者认为，“行政行为的废止，系指行政行为作出后，由于客观情况的变化，使得该行政行为不再适应新的情况，便依职权决定终止该行政行为往后效力。”② 相对而言，后一种定义更加全面。

1. 关于行政行为废止的法律依据问题。我们认为，行政主体固然可以为了增进公共利益，适应社会环境变化的现实需要，废止不能、不必也不宜存在的行政行为，以便全面实现公共行政目标，推动行政绩效的最大化，但是，如同行政行为的成立与生效会直接影响行政相对人的权益一样，强行废止其效力无疑也会影响到行政相对人的权利与义务，因此，行政法要实现规范行政行为、维护和拓展公民权益与规范和监督行政权的目标，就应当禁止行政主体任意废止行政行为，要求行政行为的废止应当于法有据，依法进行。

---

① ［德］汉斯·J. 沃尔夫、奥托·巴霍夫、罗尔夫·施托贝尔：《行政法》（第2卷），高家伟译，商务印书馆2002年版，第109页。

② 胡建淼：《行政法学》，法律出版社2015年版，第158页以下。

行政主体在废止行政行为时，应当遵循以下要求：一是遵循行政法的一般原则，例如合法行政、合理行政、高效便民、诚实守信、程序正当、权责统一等依法行政的基本要求以及其他行政法原则。二是符合成立与废止法律依据上的对等要求。关于行政行为废止的主体、权限与程序等，应当参照行政行为生成时的法律规定。三是符合法律规制宽严上的逆对称要求。行政法为了维护公民的合法权益，防止行政行为的侵权，通常对行政主体实施负担性行政行为的规制程度要比实施授益性行政行为更为严格。在废止行政行为时，对于行政相对人而言，由于废止负担性行政行为比废止授益性行政行为更加有利，因此，为了维护相对方的合法权益，保护其信赖利益，行政主体在废止授益性行政行为时，应当比废止负担性行政行为更为严格地受到行政法治原则的制约。四是由行政主体证明废止理由。为了防止行政主体滥用职权，应当要求行政主体承担废止行政行为合法性的举证责任，对诸如废止保留规定、法律变革、社会环境变化、当事人同意、当事人过错等各种事由加以证明，否则就属于违法废止。

2. 关于行政行为废止的前提条件问题。行政主体无论废止什么行政行为，都应当满足以下三个基本前提：一是待撤回的行政行为应当是合法、无瑕疵的。这是一个各国行政法都普遍认可的基本废止前提。二是待废止的行政行为应当是已经生效且依然有效的。行政行为的“废止”是指终止行政行为的效力，只有当待废止的行政行为仍然具有效力时才有可能去废止，对于尚未生效或者已经失效的行政行为，无所谓废止问题。三是存在法定的撤回事由。行政主体据以撤回行政行为的事由应当是法定的，或者是法律明确规定的，或者是法律宗旨所包含的，或者是符合行政法原则与原理要求的。这些事由的出现，足以导致特定行政行为的存续基础与前提发生动摇或者不复存在，造成行政行为不能、不必或者不宜存续，从而行政主体只能选择废止来维护公共利益或者第三方的合法权益。这些事由或者属于自然环境或社会条件方面发生的变化，或者是法律制度发生的变化，或者是行政相对人方面出现了导致行政行为权益内容无法实现的事由。

3. 关于行政行为废止的主体、程序与法律后果问题。

第一，通常而言，废止行政行为的主体应当是作出行政行为决定的主体。上级行政机关一般不能废止下级行政机关作出的行政行为，除非作出行政行为决定的行政机关被撤销又没有其他机关承继其职权时，才能由上级行政机关行使撤回权。

第二，行政行为的废止程序应当是逆对称的。由于行政行为的废止会对行政相对人的合法权益产生直接影响，因此，废止的方式、期限、步骤等就不能是随意的，应当是法定的。关于废止程序的严格程度，不应当遵循平行程序规则，而应当遵循“宽进严出”“宽入严出”的逆对称准则。亦即，为了有效规范和监督行政权与维护和拓展公民权利，对于在其成立时受到严格程序规制的负担性行政行为，废止程序可以相对宽松些；而对于在其成立时不太严格的授益性行政行为，废止程序应当更加严格些，“对于授益性行政行为撤回，一般应当听证。”①

第三，行政行为废止的法律后果。与撤销有瑕疵的行政行为会导致行政行为自始无效不同的是，撤回无瑕疵的行政行为仅致其向后终止效力。由于废止授益性行政行为有可能损害无过错行政相对人的正当预期利益，行政法就不能对行政相对人所遭受的损失视而不见，而应寻求

① 参见［日］室井力主编：《日本现代行政法》，吴微译，中国政法大学出版社 1995 年版，第 114 页。

一种平衡：一方面，要维护行政行为法律关系的稳定性，严格规定废止事因，只允许废止那些必须废止的行政行为，不允许废止那些可废止、也可不废止的行政行为，更不允许存在以规避法律责任的“假废止”；另一方面，对于那些必须废止的行政行为，尤其是授益性行政行为，应当在严格废止程序的同时，建立健全公正补偿机制，最大限度地降低废止行政行为的负面效应。

第四节　行政行为的瑕疵及其处置

一个无瑕疵的行政行为，应当从实体到程序，从内容到形式，从主体、权限、程序到内容，都应当合法、合理。但是，由于人不可能不犯错误，由人实施的行政行为也不可能总是完美无缺的。为此，行政法就需要针对不同类型的行政行为瑕疵采取不同的矫治措施。按照瑕疵的严重程度，我们将其分为四类，并分别采取相应的矫治措施：需要修正的错误瑕疵、需要变更的不当瑕疵、需要撤销的一般违法瑕疵、只能宣布无效的严重且明显瑕疵。

一、行政行为的错误瑕疵及其修正

（一）错误瑕疵的特性

1. 非法律性。这类瑕疵虽然出现在具有法律特质的行政行为决定当中，但其既不属于对事实的发现与认定，也不属于对法律的适用，本身并不具有独立的法律意义，属于一种非常轻微的瑕疵。

2. 技术性。行政主体一旦违背作出意思表示的标准或者规范，就会发生各种技术性错误。例如，用语不规范、不正确，出现丢字、重字、错别字、病句问题；违背正常的公文写作规范与文本格式，出现排版、打印错误等；违背运算规范，出现计算、统计错误等。

3. 直观性。所为直观，首先是指错误的显而易见，例如行政行为决定书的排版错误、打印错行等；其次是指错误的不言自明，例如出现错别字、人名地名书写错误；再次是指凭常识就能识别的错误，例如，行政行为决定书的副本未标明制作日期等；最后是指借助一定的技术手段即可发现的错误，例如计算错误、统计错误等。

（二）错误瑕疵的修正

行政主体在修正错误、矫治瑕疵时应当注意以下几点：（1）错误修正的主体只能是作出行政行为决定的行政主体，其他主体、不具有行政主体资格的行政人员或者其他人员都无权修正行政行为决定。（2）行政主体自身一旦发现，或者因当事人或其他人的告知而知悉这些错误时，应当立即召回行政行为决定书，并及时加以修正。（3）行政主体在修正错误时，应对照相关的技术规范要求，对其进行纠正。（4）行政主体修正错误应当依法进行，包括依照法定方式收回有瑕疵的行政行为决定书，在收回时应当说明理由，应当依照法定方式修正错误、重新印制决定书、加盖公章，并依照法定方式送达已经修正过的决定书等。五则，行政主体所作修正不能超过必要限度，只能修正那些非法律性、技术性、直观性的错误，不能假借修正错误之名行变更权益处理之实。

（三）错误修正的法律影响

行政行为的错误修正，只是对行政行为作出一种从属性改善，而非作出一个新的行政行为，并没有对行政行为的内容及其实现方式、期限作出任何新的规定，其所产生的积极影响虽然溯及行政行为作出之时，而且会全部为行政行为所吸附，但不会在行政行为之外产生任何独立的法律影响。

二、行政行为的不当瑕疵及其变更

行政主体在行使行政自由裁量权过程中，有可能因滥用或者误用裁量而产生权益处理不当的瑕疵，违背比例原则与公平、公正原则，损害行政相对人的合法权益，不利于公共行政目标的实现，这就需要依法变更。

（一）不当瑕疵的基本情形

行政行为的不当情形千姿百态，按照行政主体作出行政行为的逻辑顺序，可以将其归结为以下三类：

1. 行政行为实施目的不正当。行政自由裁量权有多种获得方式与多重法定目的，目的不正当因此表现为多种形态：有的是对授权或者委托自由裁量特定事项的目的的直接违背；有的是违背行政法用以规范特定行政行为的授权目的；有的是违背行政法上授予行政自由裁量权的普遍目的；有的是违背法律授权的“正当”目的，例如违背宪政要求、背离法治原则、侵犯人权、违背公理、伤害公序良俗、违背伦理道德等。这四种裁量目的不正当情形，并非处于同一层面上，而是从微观到宏观排列的。当我们面对一项自由裁量行政行为，需要判断其目的正当与否时，应当遵循首先特定事项目的、其次特定法律目的、再次行政法目的、最后“正当”目的的考察排序，不能颠倒。

2. 行政决定过程违背考虑的相关性。所谓相关性，主要是指与行政行为权益处理之间存在法律上的关联性，具有法律上的因果关系的那些因素，这些因素通常是法定的，而非行政主体随意确定的。行政主体在自由裁量时，有可能发生以下几种违背相关考虑的情形：或者是考虑因素不全面，随意取舍法定考虑因素，导致应当考虑的因素出现遗漏；或者是过犹不及，考虑了不该考虑的因素，导致权益处理并非完全基于事实、依据法律；或者是以权代法、以言代法或者感情用事，在法律之外甚至之上随意确立考虑因素的范围；或者错误地考虑相关因素，例如将受处罚人的陈述与申辩当做态度不好，从重处罚。

3. 行政行为的内容违背比例原则。行政法上的比例原则，一直被当做检测自由裁量合理与否的基本标准。顾名思义，合乎比例主要就是强调主体行为与结果之间的匹配性，能力与资质、贡献与获益、过错与惩罚之间的相当性，不能畸轻畸重，从而导致处理不合常规、显失公正。行政自由裁量违背比例原则的情形主要包括：行政相对人的行为与权益处理结果之间不对称；行政主体针对实施相同或者相似的行为的不同的行政相对人作出不同决定，违背平等对待原则；行政行为违背有利公民权利保护原则，未能做到“两害相衡取其轻”“两利相衡取其重”；行政行为因小失大，没有经过成本—收益分析；行政行为顾此失彼，没有进行综合性利益衡量。要选择适当标准评判特定行政行为是否合乎比例，应当遵循的排序是：行为与结果的对称性——平等对待——趋利避害——成本——收益——综合利益平衡。

（二）不当瑕疵的变更

1. 行政主体的自我变更。这是行政行为不当瑕疵变更机制的基础。行政主体一旦发现其所作出的行政行为存在着不当瑕疵，就应当依法予以变更，修正瑕疵。行政行为的决定权与变更权应当保持对称，只有依法作出行政行为决定的行政主体，才有权依法进行变更。

2. 上级行政机关的变更。上级行政机关基于行政层级监督职权，对不合理的行政行为，既可以依职权直接变更，也可以通过复议机制予以变更。来自上级行政机关的变更，是行政行为不当瑕疵变更机制的主体部分。之所以如此，一是因为行政主体自身往往缺乏自我暴露、自我纠错的动力，不能对行政主体自我变更寄予过高期望；二是因为司法权与行政权之间的分工，要求司法在进行合理性审查时应当保持必要的克制，这就使得司法变更的范围与作用都比较有限。

3. 司法变更。由法院行使司法审查权，运用行政诉讼机制直接审查被诉行政行为，并对存在着不当瑕疵的行政行为直接进行变更，在不当瑕疵变更格局当中居于重心地位。独立、中立的司法审查与司法变更，往往被当做瑕疵变更的最后防线。

三、行政行为的“一般违法”瑕疵及其撤销

所谓行政行为的撤销，是指由于行政行为而形成、消灭法律关系时，该行政行为具有瑕疵，因而撤销该行政行为，以使法律关系恢复原来状态。① 亦即，撤销行政行为，所撤销的其实是行政行为的公定力与其他效力。需要注意的是，撤销的对象只能是作为性违法行为，至于行政不作为，因其不存在公定力，不能成为撤销对象。

（一）“一般违法”瑕疵构成撤销的理由

能够引起撤销的行政行为瑕疵，通常是一般违法，亦即行政行为已经违法（超过不当）了，但又尚未达到严重明显的无效程度。依照《行政诉讼法》的规定，构成撤销对象的一般违法行为主要包括以下几种情形：一是主要证据不足的；二是适用法律、法规错误的；三是违反法定程序的；四是超越职权的；五是滥用职权的。

（二）对撤销的限制

行政行为存在一般违法瑕疵，是构成撤销的必要前提，但并非所有存在一般违法瑕疵的行政行为，最终都会招致被撤销，撤销至少要受到以下这些法定限制：

1. 行政行为即使存在一般违法瑕疵也可能因多种法定理由而得以维持。按照德国行政法学者的归纳，存在一般违法瑕疵的行政行为，可以因以下这些法定理由而得以维持：一则，如果关系人以合法方式放弃了法律救济，行政行为即使违法仍然有效，尤其是行政行为违反的法律规范具有保护关系人的目的，而关系人却放弃了法律救济的情形。二则，不能仅仅以期限或者形式违法的理由要求撤销。三则，复议或者撤销之诉的驳回决定已经生效。四则，由于法律或者规章的溯及力授权缺陷得到补正。五则，在例外的情况下，以法律溯及既往的方式宣告一般违法的行政行为合法。②

2. 负担性行政行为以撤销为原则，而授益性行政行为则以撤销为例外。与传统行政法不同的是，现代行政法所确定的行政行为撤销立场是：负担性行政行为以撤销为原则，除非出现法定例外情形，否则行政机关可以随时撤销违法的负担性行政行为；③ 但对于授益性行政行为撤销，却正好相反，除非存在法定例外情形，以不得撤销为原则，这样的规定旨在保护行政相对人的信赖利益。

---

① ［日］盐野宏：《行政法总论》，杨建顺译，北京大学出版社2008年版，第112页。

② 参见［德］汉斯·J. 沃尔夫、奥托·巴霍夫、罗尔夫·施托贝尔：《行政法》（第2卷），高家伟译，商务印书馆2002年版，第94~95页。

③ 参见［德］汉斯·J. 沃尔夫、奥托·巴霍夫、罗尔夫·施托贝尔：《行政法》（第2卷），高家伟译，商务印书馆2002年版，第115页。

3. 有权主体在决定是否撤销存在一般违法瑕疵的行政行为时，要进行以下几种意义上的权衡：一是利益衡量，如果撤销一项行政行为将会给公共利益造成重大损失的，则不宜撤销；① 二是考虑行政行为一般违法的具体情形，通常要限制那些可以采取程序补正的行政行为的撤销，限制撤销那些明显轻微的一般违法行政行为；三是要考虑一般违法的事实，对于权益处理内容已经兑现且无法回转的行政行为，可以采用确认违法的方式，以免撤销失去实际意义。

（三）撤销机制

1. 行政主体的自我撤销。行政主体具有自我监督与自我纠错的法定职责。由于撤销行政行为会直接影响行政相对人的权益，因此自我撤销应当遵循依法行政原则，只能依法撤销。为此，行政法通常要对自我撤销权限、撤销程序、举证责任、撤销依据、撤销内容、撤销方式等方面作出规定，从而与行政主体作出行政行为决定时所受约束基本对称。

2. 上级撤销。上级行政机关可以借助多种渠道发现下级行政机关作出的行政行为是否存在一般违法瑕疵，例如执法检查、案卷评查，举报、信访、申诉，或者行政相对人提出的行政复议申请。对于下级行政机关作出的存在一般违法瑕疵的行政行为，上级行政机关既可以依职权主动撤销，也可以被动地依复议申请撤销之。

3. 司法撤销。与行政主体的自我撤销和上级撤销可以主动而为不同的是，法院奉行不告不理准则，司法审查程序只有经由原告提起行政诉讼之后才会启动，法院在对被诉行政行为的合法性进行审查时，在举证责任分配、事实认定、适用法律、作出裁判结论方面，都明显不同于行政撤销。

（四）撤销后果

1. 直接导致存在一般违法瑕疵的行政行为的消灭，其效力由此终止。对于负担性行政行为，通常可以溯及行为作出之时，宣告行政行为自始无效；但对于授益性行政行为，原则上不予撤销，如果因出现法定情形而不得不撤销，通常也是自撤销之时起失效，不能溯及既往。

2. 依法赔偿无过错的行政相对人的信赖利益因为撤销所受到的损失。出于对公众信赖利益的保护，同时也为了体现公平负担公共决策风险的精神，行政主体应当对无过错的行政相对人因撤销受损的信赖利益予以赔偿。一般认为，赔偿支付需要满足五个条件：一是行政相对人无过错；二是信赖利益确实存在；三是撤销与信赖利益受损之间具有因果关系；四是相对人应当在法定期间内提出赔偿请求；五是赔偿数额以损失为限。

3. 引起执行回转，恢复权益处理原状，或者依法追缴有过错的行政相对人的不当得利。

【案例 7-4】

1989 年春，王某与李某结婚。自 2001 年起，夫妻间便开始产生矛盾并逐步加剧。王某遂多次提出离婚要求，但遭到李某的反对而未果。为达到早日离婚的目的，2003 年 9 月，王某经与一女子协商假扮成夫妻，持结婚证、身份证、户口簿等证件，一起到县民政局婚姻

① 例如，根据《行政诉讼法》第 74 条第 1 项规定，行政行为依法应当撤销，但撤销会给国家利益、社会公共利益造成重大损害的，人民法院判决确认违法，但不撤销行政行为。

登记处办理离婚登记，并顺利拿到离婚证书。当李某得知真相后，便立即前往县民政局要求撤销该离婚登记。然而得到的答复却是《婚姻登记条例》仅仅赋予了婚姻登记机关对受到胁迫结婚登记案件的撤销权，并无权撤销此类离婚登记。为了维护自身的合法权益，李某遂将县民政局告上法庭。法院认为，县民政局在对离婚登记当事人出具的各种有效证件、证明材料进行审查过程中，未尽到合理的注意义务和谨慎义务。在李某本人并没有到场的情况下，民政局即草率地为王某发放了离婚证书，致使其所作的离婚登记认定事实不清、主要证据不足，违反了《婚姻登记条例》的相关规定，故依法应予撤销。

四、行政行为的“严重且明显”瑕疵及其无效

所谓行政行为的无效，是指行政行为因为存在严重且明显的瑕疵，从而不能产生与其内容相当的法律效果，不能产生公定力、确定力、拘束力和执行力。

（一）瑕疵必须严重而且明显

1. 无效行政行为的瑕疵必须达到足够严重的程度。从行政行为的构成要件角度来看，存在严重瑕疵的行政行为缺失的往往是基本要件；从行政行为的合法性角度看，存在严重瑕疵的行政行为的违法程度通常比较严重；从行政行为过程角度来看，其瑕疵的严重性通常体现为在一个或者多个主要环节上存在着无法矫治的“硬伤”。

2. 行政行为的瑕疵应当是显而易见的。德国行政法学者认为，明显瑕疵理论既是学界和司法界通说，也是立法的主要根据。[①] 我们认为，一则，从判断主体角度来看，行政行为的瑕疵是否显而易见，并非只有经过严格法律训练的法律专家才有资格成为判断主体，公众即可成为判断主体。只要公众依靠基本的法律知识，甚至依靠生活经验与常识，就能发现那些瑕疵，那么它们就属于显而易见。二则，从判断过程而言，普通公众既无须经过周密的调查取证，也不需要经过复杂的法律推理，只要凭着朴素的法律意识，通过对行政行为决定的作出主体、决定过程、权益处理内容以及决定书的观察，就能发现的那些瑕疵，就属于显而易见。三则，就判断的结果而言，行政相对人或者公众都能发现，行政行为决定或者明显违背法律、不符事实，属于不应为；或者该行政行为的实施显然会严重损害公共利益与/或行政相对人的合法权益，属于不可为；或者是行政行为决定明显不切实际，无法付诸实践，属于无法为；或者是实施行政行为决定有可能导致违法犯罪，违背法治原则，属于不能为。四则，就判断结论而言，行政相对人或者处于中立地位的其他人，都会认为行政行为的瑕疵是有目共睹的，通常不会得出模棱两可的有争议结论。

3. 瑕疵的严重性与明显性缺一不可，二者构成了无效行政行为这块硬币的两面。概而言之，对于行政行为的当事人或者普通公众而言，行政行为的瑕疵表现为三种基本情形：第一类是既不明显、也不严重。这显然不属于无效行政行为。第二类是既明显、又严重。这当然属于无效行政。第三类是只明显不严重或者只严重不明显。这有可能属于无效行政。我们不妨深究一下第三种情形，它又可以再细分为两种具体情况：一是瑕疵非常明显，有目共睹，不言自明，瑕疵具有明显性（A）。这种显而易见的瑕疵既可能微不足道、无伤大雅（Aa），例如明

---

① 参见［德］汉斯·J. 沃尔夫、奥托·巴霍夫、罗尔夫·施托贝尔：《行政法》（第2卷），高家伟译，商务印书馆2002年版，第83~84页。

显的计算错误或者笔误，也可能比较严重，直接损及行政行为的完整性与合法性（Ab），例如缺失基本要件或者合法性要件。亦即，显而易见的瑕疵既可能严重、也可能不严重。二是瑕疵比较严重，在行政行为主体、权限、程序、内容等方面严重违反法律规定，属于违法行政，瑕疵具有严重性（B）。此种情形也可以细分为两种情况：或者是比较明显（Ba），公众可以一眼识破，例如行政行为决定书没有加盖公章；或者是比较隐蔽，公众难以识破，只有受过法律专业训练的人通过法律推理才能发现（Bb）。亦即，非常严重的瑕疵既可能明显、也可能不明显。如此一来，如果我们将这两种基本情形加以排列组合，行政行为的瑕疵就会出现三种组合形态：一是既明显、又严重（Ab 或者 Ba），二是只明显、不严重（Aa），三是只严重、不明显（Bb）。不难看出，只有（Ab 与 Ba）组合才属于无效行政行为。

（二）瑕疵严重且明显的基本类型

导致行政行为无效的具体情形不胜枚举，我们可以选择以下三个角度加以概括：

1. 按照合法行政行为的逻辑构造的角度，严重且明显的瑕疵主要包括：行政行为主体明显不适格，明显无权限或者超越权限，动机明显不正当，意思表示明显不真实，明显违反法定程序，权益处理内容明显违法，等等。

2. 从权益处理内容的角度，可以将行政行为存在着明显严重瑕疵的情形归结为明显不应为、不能为、无法为三种。所谓明显“不应为”，主要是指行政主体明显违法行政，显然不应作出特定权益处理决定。所谓“不能为”，主要是指不能将特定行政行为决定付诸实施，否则就会因此导致违法犯罪。所谓“无法为”，主要是指特定行政行为决定不切实际，权益处理决定缺失客观可实现性。

3. 从行政行为无效本身的强弱角度加以概括。例如，在法国行政法上，无效从弱到强分为三个等次：一是相对无效。是指行政行为的无效不是对一切人发生，有时只能由行政机关主张无效。二是绝对无效。是指行政行为经法院宣告无效以后，当事人的法律地位恢复到采取行政行为以前的状态。三是不存在。行政法院在判决中称这种严重且明显的违法行为为“无效和不存在”（nul et non avenu）。不存在的行政行为在外形上也不存在。这种不存在可能是物质上的不存在，例如一份仿造的公文；也可能是法律上的不存在，例如行政机关的行为与其权限之间毫无关系。①

（三）行政行为因严重且明显的瑕疵而归于无效

存在明显且严重瑕疵的行政行为自始无效，这在各国行政法上已成共识。这种行政行为之所以自始无效，主要在于我们不可能机械地、不切实际地推定存在着明显且严重瑕疵的行政行为具有合法性，行政行为不具有产生公定力的前提条件，而公定力是确定力、拘束力和执行力赖以产生的基础，皮之不存，毛将焉附？不能产生公定力的行政行为，当然也就不会产生其他效力。亦即，存在明显且严重瑕疵的行政行为虽然经由行政主体作出并成立，但因其从来就没有产生过公定力与其他效力，从而自始无效。

针对无效行政行为的处置，行政法通常作出两方面的规定：一方面，授权那些可能会受到无效行政行为不利影响的公民、法人或者其他组织，有权抵制这种行为。“无效性具有多重意义。它意味着行政行为自始无效，等于在法律上不存在，行政相对人、第三人、作出机关和其

① 参见王名扬：《法国行政法》，北京大学出版社 2007 年版，第 134~135 页。

他机关都可以不遵守。”① 另一方面，还规定有权主体可以随时依法确认行政行为无效。由此可见，当事人既可以不提起诉讼而不遵守，也可以在任何时候向任何法院主张其无效，不受起诉时间的限制。②

通常而言，有权确认或者宣告存在明显且严重瑕疵的行政行为无效的主体，主要有以下三类：一是作出行政行为的行政主体，有职权也有职责主动地或者依利害关系人的请求，依法确认或者宣告特定行政行为无效。例如，在德国，一旦作出机关认定行政行为无效，就应当采取确认措施，关系人提出请求的，作出机关具有确认的义务。③ 二是上级行政机关有权主动确认或者宣告存在明显且严重瑕疵的行政行为无效，或者依照个人或者组织提出的确认无效申请，依法确认下级行政机关作出的存在明显且严重瑕疵的行政行为无效。三是法院作为司法审查主体，有权依原先提出的行政诉讼请求，依法确认被诉行政行为因存在严重且明显的瑕疵而无效。

需要注意的是，尽管无效行政行为自身也可能明确规定了提起行政复议与/或行政诉讼请求的期限，但有权主体在确认行政行为无效时，不受这种期限的限制。之所以如此，是因为该行为自始无效，不会产生公定力，更不会产生确定力，因而不存在确认无效的期限限制，行政相对人或者第三人可以随时提起确认无效的请求，有权机关也可以随时确认其无效。

【引导案例】④

2014 年 1 月 27 日晚上，余杭公安分局下属的治安大队接到闲林派出所报警，称该所民警在闲林街道桦树村依法处置杭州余杭鼎立拆迁有限公司工作人员被部分村民围困的警情中，遭到包括杜某在内的 8 位村民辱骂、阻扰。经审查，余杭公安分局于同年 2 月 11 日依法予以受案。

余杭公安分局查看当时出警视频录像后发现，杜某在闲林派出所民警执行职务过程中曾大喊“警察打人了”，并推扯维持秩序的出警人员企图阻止杭州余杭鼎立拆迁有限公司车辆离开，严重干扰了公安机关的执法活动。余杭公安分局认定杜某已涉嫌阻碍执行职务，遂于同年 2 月 11 日根据《治安管理处罚法》第 82 条、第 83 条等规定作出余公（治）行传字（2014）第 3 号《传唤证》（以下简称《传唤证》），并于同年 2 月 11 日晚 19 时许持该证前往杜某家中传唤杜某。当天 19 时 50 分，余杭公安分局将杜某传唤到闲林派出所进行询问。在询问查证过程中，余杭公安分局认为杜某涉嫌以公然辱骂等方式阻碍国家机关工作人员执行职务，依照《治安管理处罚法》第 50 条第 1 款第 2 项、第 2 款和《浙江省公安厅关于违反治安管理行为情节认定的意见》第 43 条的规定，属情节严重且可能适用行政拘留处罚，经批准，延长询问查证时间至同年 2 月 12 日 19 时 50 分。同年 2 月 12 日 19 时 10 分，余杭

① ［德］汉斯·J. 沃尔夫、奥托·巴霍夫、罗尔夫·施托贝尔：《行政法》（第 2 卷），高家伟译，商务印书馆 2002 年版，第 89~90 页。

② 参见王名扬：《法国行政法》，北京大学出版社 2007 年版，第 135 页。

③ ［德］汉斯·J. 沃尔夫、奥托·巴霍夫、罗尔夫·施托贝尔：《行政法》（第 2 卷），高家伟译，商务印书馆 2002 年版，第 90 页。

④ 作者对案例信息有所删减，案例来源于浙江省杭州市中级人民法院行政判决书（2015）浙杭行终字第 94 号。

公安分局结束对杜某的询问查证。

另查明：(1)《传唤证》记载，传唤杜某于2014年2月11日16时00分前到余杭公安分局闲林派出所接受询问。实际上，余杭公安分局于2014年2月11日晚上19时许首次持传唤证传唤杜某，此前未传唤过杜某，亦未就该传唤事宜通知过杜某。(2)杜某提出要求法院调取2月11日闲林派出所民警朱某报案的电话清单及报案录音，人民法院向公安机关调查后被告知，因朱某未通过“110”系统报案，故无电话清单及报案录音。(3)经询问查证后，余杭公安分局未对杜某阻碍执行职务的行为作出处罚决定。

解析：本案争议焦点的是余杭公安分局作出行政传唤的行政行为是否合法有效。首先，余杭公安分局作为治安管理部门，有权对本行政区域内违反治安管理行为人进行传唤、调查。《治安管理处罚法》第82条第1款规定：“需要传唤违反治安管理行为人接受调查的，经公安机关办案部门负责人批准，使用传唤证传唤……”本案中，杜某在余杭公安分局执行处置杭州余杭鼎立折迁有限公司工作人员被部分村民围困警情的公务中，存在阻碍国家机关工作人员依法执行职务的嫌疑。因此，余杭公安分局依照《治安管理处罚法》第82条的规定作出案涉《传唤证》书面传唤杜某，属其职责范围。

余杭公安分局作出该传唤证后，应当在《传唤证》载明的被传唤人到案接受询问时间前向杜某送达该证。该案中，余杭公安分局在《传唤证》记载的杜某到案接受询问时间3小时后才首次持证传唤杜某。该《传唤证》已明显丧失特定的时间效力。余杭公安分局持丧失时间效力的《传唤证》传唤杜某到案接受询问具有重大且明显的违法，因而该行为无效。综上，余杭公安分局作出被诉《传唤证》的行政行为应予确认无效。据此，判决确认余杭公安分局于2014年2月11日作出《传唤证》的行政行为无效。

【练习案例】

2015年12月30日下午，某县教育局局长刘某某、工作人员彭某某、驾驶员王某前往该县八部街道碧云小学检查校园卫生和安全保卫工作。到达碧云小学后，刘某某、彭某某进入碧云小学校园巡查，驾驶员王某在校门外等候，后王某进入碧云小学门卫室翻看该校出入登记簿时，与碧云小学值班保安杨某某发生口角并互殴。后该县公安局接警到现场处理，杨某某、王某分别被公安局处以行政拘留。2016年6月12日，杨某某向县人民法院提起行政诉讼，请求依法赔偿其损失。①

问题：王某对杨某某实施的侵害行为是否属于行政行为？人民法院是否应当受理孙某的行政诉讼请求？

【测试题】

一、名词解释

1. 行政行为

① 作者对案例信息有所删减，案例来源于贵州省黔西县人民法院行政裁定书（2016）黔0522行初71号。

2. 行政行为的效力

3. 行政行为的撤销

4. 行政行为的无效

二、思考题

1. 行政行为的成立有哪些实体要件与程序要件？

2. 行政行为的瑕疵有哪几种基本类型？应当分别采取什么样的矫治措施？

3. 在撤销存在一般违法瑕疵的行政行为时，有可能受到哪些限制？

【扩展阅读】

1. ［德］汉斯·J. 沃尔夫、奥托·巴霍夫、罗尔夫·施托贝尔：《行政法》，高家伟译，商务印书馆 2002 年版。

2. 宋功德：《聚焦行政处理——行政法上“熟悉的陌生人”》，北京大学出版社 2007 年版。

3. 姜明安主编：《行政法与行政诉讼法》，北京大学出版社、高等教育出版社 2015 年版。

本章自测自评

第八章　抽象行政行为[①]

【本章导学】

抽象行政行为是最基本、最重要的行政行为之一，是行政主体实施的一种既具行政性又具立法性的特殊行政行为。此种行政行为既是法律实现的保障，也是法律调节社会关系、社会生活的必要的中间环节，又是行政主体对一般行政行为，特别是具体行政行为，进行调整和规范的手段。本章研究抽象行政行为，着重研究行政立法和其他行政规范性文件，并对行政法规、规章以外的其他规范性文件的性质、类别、法律效力及其规制的完善作详细探讨。

第一节　行政立法

一、行政立法的概念

人们有时认为“行政立法”是指全国人民代表大会和全国人民代表大会常务委员会制定行政法律的活动，这是从宪法立法权意义上界定“行政立法”。有时认为“行政立法”是指所有有权制定法律、法规、规章的国家权力机关和国家行政机关制定调整行政关系的法律、法规、规章的活动，这是从法的内容的意义上界定“行政立法”，即所谓“实质意义的行政立法”。而行政法学研究的“行政立法”，通常只限于“形式意义的行政立法”，即从形式上、制定机关上界定的行政立法，亦即行政机关制定行政法规和规章的活动。简言之，行政立法是指国家行政机关依法定权限和法定程序制定行政法规、规章的活动。这里“行政立法”的“行政”，指此种立法的主体为行政机关；“行政立法”的“法”，指此种立法所立之“法”为行政法规和规章。行政立法是从属性立法——制定从属性法律规范的立法，而不是制定源法律规范的立法，不是宪法立法权意义上的立法。

“法”与“法律”的含义不同:“法”指国家制定、认可并以国家强制力保证实施的调整人们社会关系的所有规范，包括宪法、法律、法规、规章等；而“法律”仅指由全国人民代表大会和全国人民代表大会常务委员会制定的调整人们社会关系的基本性规范。“立法”如果仅指制定“法律”，则立法权仅由全国人大和全国人大常委会享有。但如果赋予“立法”以制定所有“法”的规范的含义，则立法权不仅全国人大和全国人大常委会享有，地方人大和地

---

① 需要特别说明的是，本章所使用抽象行政行为、行政立法、行政规范性文件有特定指代意义。抽象行政行为与行政立法、行政规范性文件是同一语境下使用的一组概念。在本组概念中，抽象行政行为是行政立法和行政规范性文件的综合；静态意义上使用的行政立法指行政法规、规章；静态意义上使用的行政规范性文件是指行政法规和规章之外的其他抽象行政行为。

方人大常委会也享有；不仅国家权力机关享有，国家行政机关也享有。不过行政立法为从属性立法，即制定从属性法规范的活动。

行政法不等于行政机关制定的法。因为行政机关虽然可以制定行政法，但并非所有行政法都由行政机关制定。行政机关只制定行政法规和规章，行政法律由最高国家权力机关制定，作为行政法法源之一的地方性法规由地方国家权力机关制定。此外，行政机关制定的行政法规和规章也并非都是行政法，行政法规和规章也有调整经济关系、劳动关系、商事贸易关系和其他社会关系的。

本章使用“行政立法”这个词，还有动态和静态两重意义：动态意义的“行政立法”指行政机关制定行政法规和规章的活动；静态意义的“行政立法”指行政机关通过行政立法程序所制定的行政法规和规章。本章主要在动态的意义上使用“行政立法”，但有时也在静态意义上使用。

二、行政立法的性质

行政立法既具有立法的性质，是一种从属性立法行为（准立法行为），又具有行政的性质，是一种抽象行政行为。

行政立法的“立法”性表现在：(1) 代表国家，以国家名义制定要求人们遵守的行为规则。行政机关制定行政法规和规章，不是代表某一团体、某一部分人或以行政机关自己的名义，而是代表国家，以国家的名义进行的，行政法规和规章是人们必须遵守的行为规则。(2) 行政立法所立之法属于法的范畴，具有法的基本特征，即普遍性、规范性和强制性。所谓普遍性，是指行政立法的内容不是针对某一特定个人、某一特定事件和一次性适用的，而是针对非特定人、非特定事且能够反复适用的；所谓规范性，是指行政立法对人们行为的规范作用；所谓强制性，是指一般行政立法（除指导性规范外）对于个人、组织具有强制执行力，个人、组织不遵守行政法规和规章的规定的，行政机关可以依法采取某种强制措施强制执行，或者申请人民法院强制执行。(3) 行政立法必须遵循准立法程序。行政机关制定行政法规和规章必须经过起草、征求意见、会议审议和通过、签署、公布等准立法程序。行政首长或行政机关工作人员个人不能进行行政立法。

行政立法的“行政”性主要表现在：(1) 行政立法的主体是行政机关；(2) 行政立法的客体是有关行政管理事务；(3) 行政立法的目的主要是执行法律，实现行政管理职能。

行政立法虽然具有立法的某些属性，但它不同于最高国家权力机关的立法。二者有着重要的区别：(1) 立法的主体不同。最高国家权力机关立法的主体是公民选举产生的人民代表机关；而行政立法的主体是行政机关。(2) 立法的客体不同。最高国家权力机关立法的客体，即法律所调整的对象，通常是有关国家政治、经济、文化生活的重要问题；而行政立法的客体，即行政法规和规章调整的对象，通常是有关国家社会、经济、文化事务的具体管理问题。(3) 所立之法的效力不同。最高国家权力机关所立之法是法律，具有仅次于宪法的效力；而行政立法所立之法是行政法规和规章，它们的效力低于法律，而且不能与法律相抵触，否则无效。(4) 立法的程序不同。最高国家权力机关立法的程序比行政立法程序更为正式、严格，更注重民主；行政立法的程序简便、灵活，更注重效率。(5) 立法的形式也有区别。权力机关立法通常以“法”（如刑法、民法、商标法、专利法）的形式颁布；而行政立法通常以条例、规定、办法等形式颁布。

行政立法虽然具有“行政”性质，但它也不同于具体的行政行为。二者的区别主要表现在：（1）享有行政立法权的行政机关是法律特别规定的，不是所有行政机关都享有行政立法权；而一般行政机关都有实施一定具体行政行为的权力。（2）行政立法的对象是普遍的，针对的是不特定的人和事；而具体行政行为的对象是个别的，所针对的是特定的人和事。（3）行政立法的时间效力一般长于具体行政行为。行政立法通常能反复适用；而具体行政行为的效力则通常是一次性的。（4）行政立法的程序较具体行政行为的程序正式、严格；具体行政行为的程序较行政立法程序简单、灵活。此外，行政立法必须以正式法律文件的形式公开发布；而具体行政行为则可以采取一般的书面决定形式，有时甚至可以采取口头形式。

三、行政立法的分类

按照不同的标准，对行政立法可以作不同的分类。依据行政立法权的来源不同，行政立法可以分为职权立法和授权立法；依据行政立法权行使的主体不同，行政立法可以分为中央行政立法和地方行政立法；依据行政立法的内容不同，行政立法可以分为执行性立法和创制性立法。行政立法的这些不同分类分别具有不同的意义和作用。

（一）职权立法和授权立法

行政立法根据其权力来源的不同，可分为职权立法与授权立法。职权立法是行政机关直接根据宪法和组织法的授权，为执行相应法律、法规，或为行使其相应行政管理职权，而进行的行政立法。授权立法则是行政机关根据国家权力机关的特别授权，就本应由国家权力机关制定法律或地方性法规的事项而进行的行政立法。

《立法法》第 8 条、第 65 条、第 72 条、第 80 条和第 82 条分别就应由法律、行政法规、地方性法规、规章规定的事项作出了具体规定。因此，行政机关根据《立法法》就应由行政法规、规章规定的事项进行的行政立法即职权立法，而行政机关根据国家权力机关的特别授权，就《立法法》规定应由法律或地方性法规规定的事项而进行的行政立法则是授权立法。《立法法》是全国人大于 2000 年制定颁布并于 2015 年修改的。在《立法法》颁布之前，我国实际上即已存在职权立法和授权立法的区分。例如，1983 年国务院根据全国人大常委会《关于授权国务院对职工退职退休办法进行部分修改和补充的决定》的授权所进行的行政立法、1984 年国务院根据全国人大常委会《关于授权国务院改革工商税制和发布试行有关税收条例（草案）的决定》的授权所进行的行政立法，以及 1985 年以后国务院根据全国人大《关于授权国务院在经济体制改革和对外开放方面可以制定暂行的规定或者条例的决定》的授权所进行的行政立法均是授权立法的例子。至于国务院每年依职权制定的大量行政法规则是职权立法的典型的例子。

（二）中央行政立法和地方行政立法

行政立法依据行使行政立法权的主体不同，可分为中央行政立法和地方行政立法。在我国，国务院制定行政法规和国务院各部委制定部门规章为中央行政立法，各省、自治区、直辖市和设区的市、自治州的人民政府制定地方政府规章为地方行政立法。

中央行政立法调整全国范围内的普遍性问题和必须由中央统一作出规定的重大问题，如全国性的治安管理问题、环境保护问题、交通问题、资源问题、国家安全问题，等等。而地方行政立法一方面根据地方的实际情况，将中央行政立法的规定具体化，确定实施细则和执行办法；另一方面则针对有关地方的特有问题作出特殊规定或根据地方性法规制定规章，如有的省或自治区就针对本地区的环保问题、畜牧业发展问题、草原问题、水管理问题、血吸虫病防治问题等制定相应的地方政府规章，以调整地区特有的社会关系。

中央行政立法包括中央政府的行政立法和中央政府工作部门的行政立法。根据我国宪法和组织法，我国中央人民政府国务院享有制定行政法规的权力，国务院各部委享有制定部门规章的权力。宪法和组织法并没有授予国务院各直属机构制定规章权，但是长期以来，由于行政管理的迫切需要，国务院的有些直属机构一直实际行使着规章制定权，如海关总署、国家税务总局等。因此，2000 年全国人大通过的《立法法》授予具有行政管理职能的直属机构以制定规章权。

地方行政立法包括省、市级人民政府的行政立法。根据《宪法》《地方各级人民代表大会和地方各级人民政府组织法》和《立法法》的规定，在我国地方政府中，只有省、自治区、直辖市和设区的市、自治州的人民政府享有规章制定权。

（三）执行性立法和创制性立法

行政立法依其内容不同可分为执行性立法和创制性立法。行政机关制定行政法规和规章，就全国人大或全国人大常委会制定的基本法律或一般法律制定实施办法、实施细则，明确具体法律规范的确切含义和适用范围，而不是创制新的权利义务规范的行为，称“执行性立法”；行政机关根据全国人大、全国人大常委会的授权，就法律尚未规定且不属于法律绝对保留的事项制定行政法规和规章，创制法律尚未确立的新的权利义务规范的行为，称“创制性立法”。

地方政府根据当地的实际情况，针对国务院的行政法规或地方性法规制定具体的实施办法、实施细则，明确其法律规范的确切含义和适用范围，下级行政机关根据实际情况，就上级行政机关的行政规章制定实施办法、实施细则，明确其法律规范的确切含义和适用范围的行为亦称“执行性立法”；同样，地方政府根据全国人大或地方国家权力机关的授权制定行政规章，就法律或地方性法规所未规定的事项予以规定，创制新的权利义务规范的行为，亦称“创制性立法”。

执行性立法的立法根据是特定法律、行政法规或上级规章，没有具体的特定法律文件作为根据，行政机关不能任意进行执行性立法。执行性立法的法律文件名称通常即明确指出该行政立法的具体法律根据，如 1994 年 3 月 26 日国务院第 152 号令发布的《矿产资源法实施细则》等。创制性立法的立法根据是特定法律、法规或决议的授权。没有具体法律文件的特别授权，行政机关不能任意进行创制性立法。而且，创制性立法所调整的事项应在相应的法律、法规或决议的授权范围之内。例如，国务院 1985 年 7 月 3 日发布的《国营企业工资调节税暂行规定》（已失效）所依据的正是全国人大常委会 1984 年 9 月 18 日《关于授权国务院改革工商税制和发布试行有关税收条例（草案）的决定》，该《暂行规定》的内容即在《决定》的授权范围之内。

四、行政立法体制

行政立法体制指国家行政立法机关的体系及其立法权限的划分。行政立法体制是整个立法体制的一部分。因此，要研究我国行政立法的体制，必须同时研究我国整个立法的体制。

（一）行政立法体制与我国现行立法体系

我国现行立法体系在纵的方面分为中央立法和地方立法两大层级。中央立法又包括全国人大和人大常委会立法（制定法律）、国务院立法（制定行政法规）、国务院部门立法（制定规章）三个层次；地方立法又包括省、自治区、直辖市的人大和人大常委会立法（制定地方性法规，自治区人大还可制定自治条例和单行条例），省、自治区、直辖市的人民政府立法（制定规章），设区的市的人大和人大常委会立法（制定地方性法规，还有自治州人大可制定自治条例和单行条例），设区的市、自治州的人民政府立法（制定规章），以及自治县人大立法（制定自治条例和单行条例）五个层次。

中国现行立法体系在横的方面分为权力机关立法（人民代表机关立法）和行政立法（行政机关立法）两大系统。权力机关立法系统包括全国人大和全国人大常委会的立法，省、自治区、直辖市人大和人大常委会的立法，设区的市和自治州的人大和人大常委会的立法，以及自治县人大的立法四个层次。行政立法系统包括国务院的立法，国务院部门的立法，省、自治区、直辖市人民政府的立法，设区的市、自治州的人民政府的立法四个层次。

在行政立法系统中，只有国务院享有制定行政法规的权限；在国务院的工作部门中，国务院各部委和具有行政管理职能的直属机构享有制定规章的权限。国务院各部委和具有行政管理职能的直属机构制定的规章统称“部门规章”，它们与国务院的行政法规同属于中央行政立法；省、自治区、直辖市人民政府，设区的市、自治州的人民政府制定的规章统称“地方政府规章”，它们同属于地方行政立法。中央行政立法机关与地方行政立法机关共同构成中国行政立法机关的体系。

（二）行政立法权限划分与我国整体立法权限配置

《立法法》对我国整体立法权限的配置作了统一的规定。因此，要明确行政立法的权限划分，必须对我国整体立法权限配置作一全面阐释。

1. 全国人大和全国人大常委会的立法权限。全国人大和全国人大常委会对下列事项享有专有立法权：第一，有关国家主权的事项；第二，各级国家机关的产生、组织和职权；第三，民族区域自治制度、特别行政区制度、基层群众自治制度；第四，犯罪和刑罚；第五，对公民政治权利的剥夺、限制人身自由的强制措施和处罚；第六，第七，税种的设立、税率的确定和税收征收管理等税收基本制度；对非国有财产的征收、征用；第八，民事基本制度；第九，基本经济制度以及财政、税收、海关、金融和外贸的基本制度；第十，诉讼和仲裁制度；第十一，必须由全国人民代表大会及其常务委员会制定法律的其他事项。

对于上述立法事项，除了其中第四项、第五项以及有关司法制度等事项外，全国人大及其常委会尚未制定法律的，可授权国务院根据实际需要，先制定行政法规。待制定法律条件成熟时，全国人大及其常委会再制定法律。

2. 国务院的行政立法权限。根据《立法法》的规定，国务院可以就下列事项制定行政法规：第一，为执行法律的规定需要制定行政法规的事项；第二，《宪法》第 89 条规定的国务院行政管理职权的事项。

此外，应当由全国人大及其常委会制定法律的事项，国务院根据全国人大及其常委会的授权可先制定行政法规。待经过实践检验，制定法律的条件成熟后，再提请全国人大及其常委会制定法律。

3. 地方国家权力机关的立法权限。省、自治区、直辖市、设区的市的人大和人大常委会根据本行政区域的具体情况和实际需要，在不同宪法、法律、行政法规相抵触的前提下，可以制定地方性法规。地方性法规可以就下列事项作出规定：第一，为执行法律、行政法规的规定，需要根据本行政区域的实际情况作出具体规定的事项；第二，属于地方性事务需要制定地方性法规的事项。

设区的市的人民代表大会及其常务委员会根据本市的具体情况和实际需要，在不同宪法、法律、行政法规和本省、自治区的地方性法规相抵触的前提下，可以对城乡建设与管理、环境保护、历史文化保护等方面的事项制定地方性法规，法律对设区的市制定地方性法规的事项另有规定的，从其规定。设区的市的地方性法规须报省、自治区的人民代表大会常务委员会批准后施行。

省、自治区的人民代表大会常务委员会对报请批准的地方性法规，应当对其合法性进行审查，同宪法、法律、行政法规和本省、自治区的地方性法规不抵触的，应当在4个月内予以批准。

此外，除全国人大和全国人大常委会的专有立法事项外，其他事项国家层面尚未制定法律或者行政法规的，地方性法规可以先行规定。之后，法律或行政法规若就这些事项作出了规定，地方性法规与之抵触的，应予以修改或废止。

在地方国家权力机关中，除了特定省、市级人大和人大常委会行使地方性法规制定权外，《立法法》还规定了两种特殊的地方立法权：第一，经济特区所在地的省、市人大及其常委会可根据全国人大的授权决定，制定法规，在经济特区范围内实施。第二，民族自治地方的人大可依照当地民族的政治、经济和文化的特点，制定自治条例和单行条例。自治区的自治条例和单行条例，报全国人大常委会批准后生效。自治州、自治县的自治条例和单行条例，报省、自治区、直辖市的人大常委会批准后生效。自治条例和单行条例可依照当地民族的特点，对法律和行政法规的规定作出变通规定，但不得违背法律和行政法规的基本原则，不得违背宪法和民族区域自治法的规定以及其他有关法律、行政法规专门就民族自治地方所作的规定。

4. 国务院部门的行政立法权限。国务院部门，包括各部、委员会、中国人民银行、审计署和具有行政管理职能的直属机构，可以根据法律和国务院的行政法规、决定、命令，在本部门的权限范围内制定规章。部门规章规定的事项限于有关执行法律和国务院的行政法规、决定、命令的事项。如相应事项涉及两个以上国务院部门的职权范围，应提请国务院制定行政法规或由国务院有关部门联合制定规章。

5. 地方人民政府的行政立法权限。我国《立法法》第82条第1款规定：“省、自治区、直辖市和设区的市、自治州的人民政府，可以根据法律、行政法规和本省、自治区、直辖市的地方性法规，制定规章。”就权限范围而言，《立法法》第82条第2款规定：“地方政府规章可以就下列事项作出规定：（一）为执行法律、行政法规、地方性法规的规定需要制定规章的事项；（二）属于本行政区域的具体行政管理事项。”设区的市、自治州的人民政府制定的地方政府规章，限于城乡建设与管理、环境保护、历史文化保护等方面的事项。已经制定的地方政府规章，涉及上述事项范围以外的，继续有效。

五、对行政立法的监督

行政立法由于对于个人或组织具有普遍的约束力和强制执行力，所以一旦它们违法或不当，将对个人或组织权益造成广泛的和严重的损害。因此，应特别强调对行政立法的监督。对行政立法的监督程序，既存在按照监督时间作出事前、事中和事后监督的区分；也存在基于监督主体不同作出立法机关的监督、行政机关的监督和司法机关的监督的区分。在本书中，限于篇幅，仅选择部分热点内容进行介绍。

（一）通过备案程序对行政立法的监督

《立法法》对法规、规章备案的要求包括：（1）法规、规章应在公布后30日内备案。（2）行政法规报全国人大常委会备案。（3）部门规章和地方政府规章报国务院备案；地方政府规章应当同时报本级人大常委会备案；省级以下地方政府规章应当同时报省级人大常委会和人民政府备案。（4）根据授权制定的法规应当报授权决定的机关备案。

（二）改变或撤销法律、法规、规章的权限以及条件

一般而言，根据《宪法》《地方各级人民代表大会和地方各级人民政府组织法》和《立法法》等的规定，有权机关改变或撤销法律、法规、规章的权限划分如下：（1）全国人大有权改变或撤销全国人大常委会制定的不适当的法律，有权撤销全国人大常委会批准的违背宪法，或违背法律、行政法规基本原则，变通宪法和民族区域自治法的规定以及其他有关法律、行政法规专门就民族自治地方所作规定的自治条例和单行条例；（2）国务院有权改变或者撤销不适当的部门规章和地方政府规章；（3）地方人大常委会有权撤销本级人民政府制定的不适当的规章；（4）省级人民政府有权改变或撤销下一级人民政府制定的不适当的规章；（5）授权机关有权撤销被授权机关制定的超越授权范围或违背授权目的的法规（必要时还可撤销授权）。

法律、法规、规章有下列情形之一的，有权机关可予以改变或撤销：（1）超越权限；（2）下位法违反上位法规定；（3）规章之间对同一事项的规定不一致，经裁决应当改变或撤销一方的规定；（4）规章的规定被认为不适当，应当予以改变或撤销；（5）违背法定程序。

【案例 8-1】

2003年4月25日，《南方都市报》率先发表了一篇题为“谁为一个公民的非正常死亡负责”的文章，首先向公众披露了一个大学毕业生——孙志刚被公安机关错误收容3天，并在这短短的收容期间内被殴打致死的案件。报纸发行后，立即引起了公众对此案的广泛关注，国内各大媒体相继报道此事。中央政治局常委、中央政法委书记罗干，中央政治局委员、书记处书记、公安部部长周永康，中央政治局委员、广东省委书记张德江都先后作出批示，要求依法彻查此案，严惩凶手。《人民日报》《工人日报》等中央媒体都先后作了报道。

2003年5月14日，华中科技大学法学院的俞江、中国政法大学法学院的腾彪和北京邮电大学文法学院的许志永三位法学博士以中国公民的名义，将一份题为“关于审查《城市流浪乞讨人员收容遣送办法》的建议书”传真至全国人大常委会法制工作委员会，建议全国人大常委会对收容遣送制度进行违宪审查。三位博士指出，根据《宪法》第37条的规定，中华人民共和国公民的人身自由不受侵犯。任何公民，非经人民检察院批准或者决定或者人民法院决定，并由公安机关执行，不受逮捕。禁止非法拘禁和以其他方法剥夺或者限制公民的人身自由，禁止非法搜查公民的身体。《中华人民共和国行政处罚法》第9条第2款规定，限制人身自由的行政处罚，只能由法律设定。《立法法》第8条和第9条规定，对公民政治权利的剥夺、限制人身自由的强制措施和处罚，只能制定法律。因此，1982年由国务院颁布的收容遣送办法及其实施细则中限制公民人身自由的规定，违反了宪法、行政处罚法和立法法。所以建议对《城市流浪乞讨人员收容遣送办法》进行违宪和违法审查。该建议书的主要内容如下：

全国人民代表大会常务委员会：

《立法法》第88条第2款规定，全国人大常委会有权撤销同宪法和法律相抵触的行政法规。第90条第2款规定，公民认为行政法规同宪法或法律相抵触的，可以向全国人大常委会书面提出进行审查的建议。①

我们作为中华人民共和国公民，认为国务院1982年5月12日颁布的，至今仍在适用的《城市流浪乞讨人员收容遣送办法》，与我国宪法和有关法律相抵触，特向全国人大常委会提出审查《城市流浪乞讨人员收容遣送办法》的建议。

2003年5月22日，北京大学法学院贺卫方、北京天则经济研究所盛洪、北京大学法学院沈岿、北京天则经济研究所萧瀚和国家行政学院何海波5人再次"上书"全国人大常委会，建议人大常委会根据《宪法》第71条赋予的权力，启动特别调查程序，组织特别调查委员会，对孙志刚案以及收容遣送制度实施状况进行调查。建议人之一北京大学法学院贺卫方说，他们提交的这份建议书，是在此前3位法学博士建议基础上，进一步明确提出启动特别调查程序的程序性要求，以推动全国人大常委会对收容遣送制度进行违宪审查，从而进入实质性法律操作层面。在建议书中，他们着重论证了提请全国人大常委会就孙志刚案及收容遣送制度实施状况，启动特别调查程序的法理依据和法律思考。

相继进行的申请激发了社会各界对于《立法法》第90条适用的热情，并最终导致了国务院废止《城市流浪乞讨人员收容遣送办法》，并制定颁布《城市生活无着的流浪乞讨人员救助管理办法》。尽管该行为并不是对申请内容的完全回应，但可以在一定程度上视为对体制外对行政法规监督程序的启动，具有极强的里程碑意义。由此也引发了社会各界持续地适用该条款的热潮。

（三）《立法法》第99条、第100条确定的对行政法规的事后监督程序

《立法法》第99条规定："国务院、中央军事委员会、最高人民法院、最高人民检察院和各省、自治区、直辖市的人民代表大会常务委员会认为行政法规、地方性法规、自治条例和单行条例同宪法或者法律相抵触的，可以向全国人民代表大会常务委员会书面提出进行审查的要求，由常务委员会工作机构分送有关的专门委员会进行审查、提出意见。前款规定以外的其他国家机关和社会团体、企业事业组织以及公民认为行政法规、地方性法规、自治条例和单行条例同宪法或者法律相抵触的，可以向全国人民代表大会常务委员会书面提出进行审查的建议，由常务委员会工作机构进行研究，必要时，送有关的专门委员会进行审查、提出意见。"

第100条规定："全国人民代表大会专门委员会、常务委员会工作机构在审查、研究中认为行政法规、地方性法规、自治条例和单行条例同宪法或者法律相抵触的，可以向制定机关提出书面审查意见、研究意见；也可以由法律委员会与有关的专门委员会、常务委员会工作机构召开联合审查会议，要求制定机关到会说明情况，再向制定机关提出书面审查意见。制定机关应当在两个月内研究提出是否修改的意见，并向全国人民代表大会法律委员会和有关的专门委员会或者常务委员会工作机构反馈。……全国人民代表大会法律委员会、有关的专门委员会、

① 《立法法》已于2015年被修改，鉴于该案的历史意义，此处摘录了建议书的内容，条文顺序循《立法法》修改前的版本。

常务委员会工作机构经审查、研究认为行政法规、地方性法规、自治条例和单行条例同宪法或者法律相抵触而制定机关不予修改的，应当向委员长会议提出予以撤销的议案、建议，由委员长会议决定提请常务委员会会议审议决定。”

（四）适用《规章制定程序条例》第35条对规章进行审查的机制

但需要注意的是，自“孙志刚事件”引发的适用《立法法》第90条对行政法规的合法性进行审查的热潮之后，也有若干人开始关注《规章制定程序条例》（自2002年1月1日起施行，2017年12月被修订）的类似相关条文，试图寻找出一条对规章进行审查和监督的新路子。《规章制定程序条例》第35条规定：“国家机关、社会团体、企业事业组织、公民认为规章同法律、行政法规相抵触的，可以向国务院书面提出审查的建议，由国务院法制机构研究并提出处理意见，按照规定程序处理。国家机关、社会团体、企业事业组织、公民认为设区的市、自治州的人民政府规章同法律、行政法规相抵触或者违反其他上位法的规定的，也可以向本省、自治区人民政府书面提出审查的建议，由省、自治区人民政府法制机构研究并提出处理意见，按照规定程序处理。”该条规定明确了以下事项：第一，申请的主体。在范围上，能够申请的主体不仅包括传统上的有关国家机关，也包括国家机关之外的社会团体、企业事业组织和公民。简言之，任何人都可以就规章的违法问题提出申请。在利害关系的确认上，该规定明显没有采用“当事人规则”，申请人不仅包括和该规章有利害关系的人，还包括没有利害关系的人。第二，提出申请的形式必须采用书面形式。第三，区分了部门规章、政府规章和设区的市、自治州人民政府规章之间不同的处理权限和程序。国家机关、社会团体、企业事业组织、公民认为规章同法律、行政法规相抵触的，可以向国务院书面提出审查的建议，由国务院法制机构研究处理。而国家机关、社会团体、企业事业组织、公民认为设区的市、自治州人民政府规章同法律、行政法规相抵触或者违反其他上位法的规定的，既可以向国务院书面提出审查的建议，由国务院法制机构研究处理；也可以向本省、自治区人民政府书面提出审查的建议，由省、自治区人民政府法制机构研究处理。第四，没有对研究处理之后如何回馈申请人作出规定。

第二节 行政规范性文件

如前所述，抽象行政行为包含了行政法规、规章以及行政法规和规章之外的其他规范性法律文件。由于对于高行政级别的“崇拜”和关注点的差异，相关控制活动主要集中在行政法规和规章，而对于行政法规、规章以外的其他抽象行政行为（为了便利，以下简称“行政规范性文件”）相对控制较少，但是从中国实际行政经验看，行政规范性文件在我国行政管理中具有非常重要的地位。因为我国行政机关中有权发布行政法规、规章的只占少数，而有权发布行政规范性文件的则为大多数，包括各级人民政府和政府的多数工作部门。行政机关的大量行政行为是直接根据行政规范性文件作出的。但是，行政规范性文件不属于行政立法的范畴，因此在“行政立法”问题中对之进行探讨不是很适当。但是，行政规范性文件又不属于行政执法或其他具体行政行为的范畴，放在其他章节中探讨更不适当。相对而言，行政规范性文件更接近行政立法，而且，行政规范性文件与行政立法本不存在实质性分界：随着行政法制的发展，享有规章制定权的行政机关的数量还将增加。今天的许多行政规范性文件明天就可能上升为规章而成为行政立法。因此，在“抽象行政行为”一章中附带研究行政规范性文件也有其合理性。当然，这只是体系结构安排的问题。行政规范性文件不论放在哪一章节或独立设章研究，其在行政法学中的地位都是重要的，对之进行研究的意义都是不可轻视的。

一、行政规范性文件的含义与性质

行政规范性文件是指国家行政机关为执行法律、法规和规章，对社会实施管理，依法定权限和程序发布的规范公民、法人和其他组织行为的具有普遍约束力的政令。

1. 行政规范性文件是一种特殊政令，而不是行政立法。行政立法权，即制定行政法规、规章的权限，是宪法、组织法和立法法专门授权给较高层次的行政机关（如国务院、省级人民政府等）的，而行政规范性文件的发布权，宪法和组织法几乎授予所有的行政机关行使。例如《宪法》第89条规定，国务院可以规定行政措施，发布决定和命令；第90条规定，各部委可以发布命令、指示；《地方各级人民代表大会和地方各级人民政府组织法》第59条规定，县级以上地方各级人民政府可以规定行政措施、发布决定和命令；第61条规定，乡镇人民政府可以发布决定和命令。宪法和组织法中规定的“行政措施”“决定”“命令”等都可以是行政规范性文件的形式（当然，它们在不同情况下也可以是具体行政行为的形式）。

2. 行政规范性文件不是一般政令，而是一种具有普遍约束力的政令。行政机关发布的决定、命令，有一些是针对特定人和特定事项的，有些则是针对不特定的人和事项的。只有后者才是行政规范性文件，它的特点是具有“普遍约束力”，即它对于相应规范性文件制定主体所管辖的整个行政区域的公民、法人、其他组织具有约束力。例如，一个市的规范性文件对该市的所有个人、组织具有约束力；一个县的规范性文件对该县的所有个人、组织具有约束力。

3. 行政规范性文件是行政机关为执行法律、法规、规章，对社会进行管理而实施的一种抽象行政行为。行政规范性文件是抽象行政行为的一种，在这个范畴内，它与行政法规、规章具有相同的性质。行政法规、规章也属于抽象行政行为。二者的区别在于：行政法规、规章同时属于行政立法；而行政规范性文件只是一般抽象行政行为，它的制定应以行政法规、规章为依据，至少不与行政法规、规章相抵触。

4. 行政规范性文件是行政机关发布的用以对社会进行管理、规范公民、法人和其他组织行为的政令。在社会管理功能方面，行政规范性文件与具体行政行为有相同的作用，具体行政行为也是行政机关对社会实施管理的手段。二者的区别在于，具体行政行为的管理功能通常是直接实现的；而规范性文件的管理功能通常是间接实现的，规范性文件确定的规则、要求，大多要通过具体行政行为实现。规范性文件不仅规范公民、法人、组织的行为，也规范行政机关本身的行为。行政机关依据规范性文件实施具体行政行为，实现对社会的管理，保障法律、法规、规章在相应行政区域内的执行。

二、行政规范性文件的种类

根据行政规范性文件发布的主体，行政规范性文件可以分为三类：（1）享有行政立法权的行政机关发布的行政规范性文件；（2）不享有行政立法权的国务院的工作机构发布的行政规范文件；（3）不享有行政立法权的地方人民政府及其工作部门发布的行政规范性文件。

第一类行政规范性文件虽然是享有行政立法权的行政机关发布的，但仍然不属于行政立法的范畴，因为它们不具有行政立法的法定标准。例如，国务院的行政法规必须经国务院常务会议或全体会议审议，经国务院总理签署，以国务院令发布，并且使用“条例”“规定”“办法”

等法定名称，国务院的文件如果不具备上述形式要件，就不是“行政法规”，而只是“行政规范性文件”。地方人民政府的规章必须经享有规章制定权的相应地方人民政府常务会议或全体会议讨论、决定，经相应政府首长签署，以相应政府令发布。不具备这些条件，就不是规章，而是行政规范性文件。享有行政立法权的行政机关发布的行政规范性文件的效力低于其本身制定的行政立法，但高于其下级行政机关制定的规章。

第二类行政规范性文件是由不享有行政立法权的国务院的工作机构发布的。国务院的某些机构，如办公机构、部分直属机构和部委归口管理的国家局等，宪法、组织法和立法法未赋予其规章制定权，但它们直接或间接行使着广泛的行政管理职权，特别是许多部委归口管理局，它们的主要职能就是行政管理，要对作为行政相对人的企事业组织、个人的行为进行规制，为适应其工作需要，它们往往要发布大量的行政规范性文件。

第三类行政规范性文件制定的主体最为广泛。根据《立法法》的规定，在各级地方人民政府中，目前只有省级人民政府、设区的市和自治州的人民政府享有规章制定权，县和乡、镇人民政府均只能发布行政规范性文件。这些行政规范性文件调整着广泛的社会关系，对于保障和维护社会经济秩序，促进国家政治、经济、文化等各项事业的发展具有重要的作用。

三、行政规范性文件的法律效力

行政规范性文件的法律效力主要体现在行政管理和行政诉讼两个领域。

在行政管理领域，行政规范性文件的法律效力主要表现在下述几个方面：（1）对作为行政相对人的个人、组织具有拘束力和强制执行力。行政规范性文件一经颁布，相应文件所调整的个人、组织必须服从、遵守，对相应文件所确定的义务必须履行。行政相对人违反行政规范性文件规定，不履行相应义务的，行政执行机关可以依法对其采取强制措施（或申请人民法院强制执行），或依法对其科处行政处罚，追究其行政法律责任。（2）对行政机关本身具有公定力、确定力。行政规范性文件不仅对行政相对人具有拘束力和执行力，对行政机关本身亦具有公定力和确定力。行政规范性文件一经发布，行政机关非经法定程序不得任意撤销、改变、废止。发布规范性文件的行政机关及所属的下级行政执行机关在实施具体行政行为时必须遵循相应文件的规定，在作出有关行政决定时必须适用相应文件的规定。行政机关在实施有关具体行政行为、作出有关行政决定时，如果违反相应行政规范性文件的规定，或者不适用相应规范性文件，或者适用错误，都可能导致相应行为、决定的违法和被撤销。（3）行政规范性文件既是行政复议机关审理复议案件的依据，又可以是行政复议的客体。根据《行政复议法》的规定，复议机关审理复议案件，不仅要以法律、法规、规章为依据，还要以行政机关依法制定和发布的具有普遍约束力的决定、命令，即行政规范性文件为依据。另根据《行政复议法》第 7 条、第 26 条和第 27 条的规定，行政相对人如认为行政机关的具体行政行为所依据的行政规范性文件不合法，在对具体行政行为申请复议时可一并对之申请复议。复议机关在复议时，如认为相应行政规范性文件与法律、法规、规章或高层级的行政规范性文件相抵触，可在其职权范围内依法予以撤销或改变。如相应复议机关无权撤销或改变，则提请上级行政机关或其他有权机关依法处理。

在行政诉讼领域，行政规范性文件的法律效力主要表现在下述几个方面：（1）行政诉讼当事人可以以行政规范性文件作为论证相应行政行为违法或合法的根据。原告提起行政诉讼，指控行政行为违法，可以以相应行政行为违反、未适用或错误适用有关行政规范性文件的规定为理由，也可以以行政行为所适用的规范性文件本身违法为理由。同样，被告应诉也可以以相应行政行为是根据有关规范性文件作出的，且相应规范性文件符合法律、法规、规章的规定为理由，反驳原告的指控。（2）根据《行政诉讼法》第53条规定，公民、法人或者其他组织认为行政行为所依据的国务院部门和地方人民政府及其部门制定的规范性文件（不含规章）不合法的，在对行政行为提起诉讼时，可以一并请求对该规范性文件进行审查。（3）根据《行政诉讼法》第64条规定，人民法院在审理行政案件中，经审查认为本法第53条规定的规范性文件不合法的，不作为认定行政行为合法的依据，并向制定机关提出处理建议。

总之，行政规范性文件是具有法律效力的国家政令。公民、法人和其他组织在进行各种活动时必须遵守相应规范性文件的规定，行政机关在实施行政行为时也必须依据相应规范性文件的规定，人民法院在审查行政行为的合法性时，亦应参照相应规范性文件的规定。

四、行政规范性文件的监督

由于我国行政诉讼法和行政复议法均将直接针对行政规范性文件提起诉讼或者复议的情形排除在诉讼和复议的受案范围之外，因此在实践中，在没有形成具体案件的情况之下，对行政规范性文件直接加以监督还主要依赖于权力机关监督和行政机关的自身监督，利害关系人或者非利害关系人还不能直接对行政规范性文件提起诉讼或者复议。

（一）制定的监督

根据《宪法》规定，国务院有权根据宪法和法律发布决定和命令（第89条）；国务院各部、各委员会根据法律和国务院的行政法规、决定、命令，在本部门的权限内，发布命令、指示和规章（第90条）；县级以上地方各级人民政府依照法律规定的权限，发布决定和命令（第107条）；《地方各级人民代表大会和地方各级人民政府组织法》规定，乡、民族乡、镇人民政府执行本级人民代表大会决议和上级国家机关的“决定和命令”，发布决定和命令（第61条）。上述各条中所指“决定和命令”中，有大量是不针对个案作出的抽象行政行为，是具有普遍约束力的行政规范性文件。因此，法律对行政规范性文件的制定主体作出了限定，即国务院及其主管部门和地方各级人民政府。另外，县级以上地方各级人民政府所属的工作部门有权发布决定，也是行政规范性文件的制定主体。

关于行政规范性文件制定的权限范围，即行政机关可以就哪些事项制定行政规范性文件，法律没有明确规定。《立法法》对法律、行政法规和规章权限范围分别作出了规定，因此，从理论上讲，可以通过排除法来确定行政规范性文件的权限范围。但实际操作起来却存在问题。例如，《立法法》第65条规定国务院可以为执行法律的规定需要制定行政法规。同时《宪法》第89条规定国务院有权根据宪法法律发布决定和命令。可见，国务院既可以制定行政法规，也可以制定其他规范性文件。那么，究竟何种性质的事项宜制定法规来规范，何种宜通过普遍性政令来管理呢？法律没有相关规定。实践中，需通过制定行政法规来规范的事项用行政规范性文件来管理，大大降低了立法的严肃性；相反，只需行政规范性文件管理的事项却通过制定行政法规来规范，则会导致立法资源的严重浪费，影响行政效率的提高。

（二）制定过程中的监督

行政规范性文件在制定、修改、废止过程中需要遵循一定的时限、步骤和方式，即活动程序。2002年1月1日施行的《行政法规制定程序条例》和《规章制定程序条例》，分别从立项、起草、审查、决定与公布、解释与备案等五个方面对行政法规和规章的制定程序进行了全面规范。相形之下，我国法律关于行政规范性文件的制定程序几乎空白，只在《规章制定程序条例》第七章附则中规定："依法不具有规章制定权的县级以上地方人民政府制定、发布具有普遍约束力的决定、命令，参照本条例规定的程序执行。"显然，这一规定并没有涵盖所有行政规范性文件的制定主体。国务院及其各部委，乡、民族乡、镇人民政府发布具有普遍约束力的决定、命令应依照何种程序便不得而知了。

（三）制定后的监督

1. 国家权力机关的监督。从宪法、组织法的规定来看，《宪法》第 67 条规定全国人大常委会有权"撤销国务院制定的同宪法、法律相抵触的行政法规、决定和命令"；《地方各级人民代表大会和地方各级人民政府组织法》第 44 条规定，县级以上的地方各级人民代表大会常务委员会有权"撤销本级人民政府的不适当的决定和命令"；第 59 条规定，县级以上地方各级人民政府有权"改变或者撤销所属各工作部门的不适当的命令、指示和下级人民政府的不适当的决定和命令"。《立法法》第 97 条规定："国务院有权改变或者撤销不适当的部门规章和地方政府规章""省、自治区的人民政府有权改变或者撤销下一级人民政府制定的不适当的规章""授权机关有权撤销被授权机关制定的超越授权范围或者违背授权目的的法规，必要时可以撤销授权"。简单来说，国家权力机关对行政规范性文件的监督主要表现为：第一，全国人大常委会撤销国务院制定的同宪法、法律相抵触的行政法规、决定、命令；第二，县级以上的地方各级人民代表大会常务委员会撤销本级人民政府的不适当的决定和命令。

2. 行政机关的监督。行政机关基于上下级关系，在行政系统内部形成一套监督体系，具体在于：第一，国务院有权改变或撤销地方各级国家行政机关不适当的决定、命令。第二，县级以上的地方各级人民政府领导所属各工作部门和下级人民政府的工作，有权改变和撤销所属各工作部门和下级人民政府不适当的决定。第三，备案审查。一些省、自治区或直辖市人民政府要求所属工作部门和下级人民政府将规范性文件上报备案。第四，行政复议。根据《行政复议法》第 7 条的规定，公民、法人或者其他组织认为行政机关的具体行政行为依据的下列规定不合法，在对具体行政行为申请行政复议时，可以一并向行政复议机关提出对该规定的审查申请：国务院部门的规定；县级以上地方人民政府及其工作部门的规定；乡镇人民政府的规定。但国务院各部委和地方人民政府的规章除外。

3. 公民、法人或者其他组织的监督。《行政诉讼法》第 53 条规定："公民、法人或者其他组织认为行政行为所依据的国务院部门和地方人民政府及其部门制定的规范性文件不合法，在对行政行为提起诉讼时，可以一并请求对该规范性文件进行审查。前款规定的规范性文件不含规章。"由此在我国《行政诉讼法》上确立了原告对行政规范性文件请求审查的制度。

4. 人民法院的监督。《行政诉讼法》第 64 条规定："人民法院在审理行政案件中，经审查认为本法第五十三条规定的规范性文件不合法的，不作为认定行政行为合法的依据，并向制定机关提出处理建议。"由此可见，人民法院在行政案件审理过程中，通过审查行政规范性文件的发布主体、发布程序等事项是否合法来监督行政规范性文件。

【案例 8-2】

刘家海参加广西2004年下半年公务员考试报名，先后在指定的网上报名系统填报司法厅机关处室、法学会岗位，均被网上报名系统以未通过招考单位的审核、超过年龄为由予以拒绝，遂诉至法院请求判决确认人事厅在该次国家机关公务员和机关工作者录用考试中为司法厅两考录职位设定35岁以下强制性限制报考资格条件，并据此不同意其报考的具体行政行为违法。一审、二审法院相继驳回了刘的诉讼请求。一审法院认为，根据国务院《国家公务员暂行条例》第85条第2款和人事部《国家公务员录用暂行规定》第6条的规定，被告享有制定本行政辖区内国家公务员考试录用的有关规定的法定职权，所以被告规定35岁以下的报考资格依法有据，作出不同意原告参加本次公务员录用考试的决定是合法的。因此，原告诉请的确认被告设定35岁强制性限制条件并据此不同意原告报考公务员的行为违法的请求不能成立。

刘家海在上诉中强调：《国家公务员暂行条例》并无限制公民报考的具体规定，也无权授权或认可其他行政机关限制公民报考的规定。人事部《关于印发〈国家公务员录用暂行规定〉的通知》（人录发〔1994〕1号）是党政机关系统内印发的一般公文，只对受文对象有约束力，对受文对象以外的社会公民没有约束力，不能作为判决被告设定及执行35岁强制性年龄限制资格条件的合法有效的依据。二审法院认为，根据《国家公务员暂行条例》第17条的规定，被上诉人作为省级人民政府人事主管部门，负有对本行政辖区内国家公务员录用考试的管理职责，具有作出被诉具体行政行为的法定职权；人事部《国家公务员录用暂行规定》，是依据《国家公务员暂行条例》第87条“本条例由国务院人事部门负责解释”的授权制定的，可以作为审理行政案件的参照依据，该暂行规定作出的报考年龄资格为35岁的规定，是合法的。

【引导案例】

2007年6月，广州市人民政府在《广州日报》发布公告，名称为《关于沙河涌左支流沿线货运场限期关闭清场的通告（穗府〔2007〕19号）》，内容全文如下：

根据我市改善城市环境和卫生状况的部署，为顺利实施沙河涌综合整治工程，缓解沙太路交通压力，改善区域交通环境和沙河涌污染的状况，现就沙河涌左支流沿线有关货运场限期关闭清场工作的有关事项通告如下：

一、自2007年6月30日起，沙河涌左支流沿线的中人同心、容发、富鑫、白云综合（金湖）、海虹、奥邦、新百佳、冠通、穗岗等货运场关闭清场，各场内经营业户应在2007年7月31日前撤离。

二、鼓励各货运经营者按照广州市有关道路货运业发展规划要求，在货运发展区和物流园区按规划选址新建货运场。

三、货运场各方要服从沙河涌综合整治的需要，积极配合政府做好场内经营业户的转场经营工作。

四、各货运场关闭清场后，原有场地应根据城市总体规划和土地利用总体规划，按照土地使用、建设等有关规定，做好其他用途土地使用和转产经营。

五、市交通、规划、国土、公安、工商、税务等管理部门以及白云区、天河区政府应按照条块结合、属地为主的原则，密切配合、切实加强管理，共同做好沙河涌左支流沿线货运场关闭清场和经营业户转场工作。

六、对违反本通告的行为，由规划、国土、交通、工商、公安、税务等部门依法进行处理。

七、本通告自公布之日起施行，有效期3年。

广州市人民政府

二〇〇七年六月十四日

通告发布之后，某货运公司拟申请行政复议，但对于能否直接针对该通告申请复议无法确定，请你结合具体行政行为和抽象行政行为的区分标准为该公司提供法律意见。

解析：抽象行政行为与具体行政行为的区别主要在于调整范围、能否反复适用、影响行政相对人权利义务的方式以及程序规制上，可以综合考虑这些因素，正确地界定行政主体的行政行为究竟是抽象行政行为还是应当将其归为具体行政行为。对于上述要素，在我们试图确立标准，用以判断抽象行政行为中是否蕴涵着具体行政行为的要素时也可以借鉴。判断一个抽象行政行为中是否蕴涵着具体行政行为的要素，可以综合以下几个标准。

第一，该抽象行政行为所针对的对象是否特定。众所周知，抽象行政行为的突出特点在于其是针对不特定的人或者事作出的，如果一抽象行政行为从表现形式上看针对不特定的人或者事，但从实施的过程以及实施的效果来看，其针对的却是特定的人或者事，那么，就可以由此认定该抽象行政行为中包含着具体行政行为的要素。在此种情况下，通常是行政主体为了规避行政诉讼，而刻意将原来应当作出具体行政行为的事项用抽象行政行为的方式表现出来，借以达成既可产生应有的行政法律后果又可以回避可能面对的行政诉讼的目的。

第二，该抽象行政行为的适用效力是一次用尽还是可以反复适用。抽象行政行为作出后，对于属于其调整的事项可以向后发生反复适用的效力，并不因一次适用于特定的公民、法人或者其他组织而失效；而具体行政行为则不然，其效力在调整某一特定事项后即告终止。某种抽象行政行为在调整完某一事项后，该事项即告终结，并且不再有相同或者相似的事项需要通过该抽象行政行为进行调整的，该抽象行政行为则蜕变为具体行政行为，不再具有抽象行政行为所具有的特性。也就意味着，某种抽象行政行为作出后，实际上受其调整的不特定的人或者事其实是特定的，本次法律调整结束后，该抽象行政行为即已丧失必须由其调整的对象。在这种情形下，我们可以认定该抽象行政行为蕴涵有具体行政行为的要素，甚至就是完全意义上的具体行政行为。

第三，该抽象行政行为是否需要借助于具体行政行为的作出方可实现其效力。抽象行政行为一般不会直接导致行政相对人的权利义务发生变化，而需要通过根据该抽象行政行为作出的具体行政行为调整后，才能使行政相对人的权利义务发生相应的变化，进而实现抽象行政行为的目标与内容。而具体行政行为具有直接的执行力，能够影响行政相对人的权利义务。某种抽象行政行为的作出，必然伴随着以其为依据作出的具体行政行为，通过这些具体行政行为的实施，使得抽象行政行为中授予行政相对人的权利得到实现，科以行政相对人的义务得到履行，进而达到一定的行政法律后果，实现行政管理的目标。一旦离开了具体行政行为对抽象行政行为中确定的行政法上的权利义务的具体执行，这些权利义务就无从实现，抽象行政行为所欲达到的目标自然也无法实现。如果某种抽象行政行为中确定的权利义务的实现，不需要借助于具体行政行为的作出，就可以断定该抽象行政行为中蕴涵着具体行政行为的要素，或者说该抽象行政行为就是一个以抽象行政行为的形式表现出来的具体行政行为。

据以上理论，《通告》是典型的假借抽象行政行为特征，行具体行政行为效力的例子。分析如下：

1.《通告》第1条是行政许可变更行为。

（1）《行政许可法》所规范和调整的范围不仅包含初次颁发行政许可活动，也包含对于行政许可颁发之后的变更、撤销、撤回、废止等系列活动。《行政许可法》第四章“行政许可实施程序”规范了行政许可的申请、受理、审查、决定以及变更和延续等具体活动，这正是强调了行政许可的变更、撤回、废止等活动同样也要受到《行政许可法》所确定的程序规范和实体规范的约束。

（2）本次被要求关闭清场的某货运公司，是道路运输许可证、货运市场证、营业执照、税务登记证等证照齐全、合法报建的货运市场，并且处于各项许可证的有效期之内。《行政许可法》第8条第1款规定：“公民、法人或者其他组织依法取得的行政许可受法律保护，行政机关不得擅自改变已经生效的行政许可。”因此，货运公司对依法获得的行政许可享有获得法律保护的权利。

（3）《通告》第1条实质上是针对某货运公司依法取得的行政许可的变更。

首先，被要求关闭清场的货运市场依法取得了行政许可，并处于许可证有效期内，对行政许可享有信赖保护利益，依法应受法律保护，货运市场享有在运输许可证、营业执照等行政许可有效期之内合法经营不受非法干涉的权利。

其次，广州市人民政府以及颁发各项许可证的行政机关应受已经作出的行政许可的约束，不能随意变更、废止；广州市人民政府在《通告》第1条中要求货运市场在合法运营时间内关闭清场的决定属于对已经作出的行政许可行为内容上的变更，对行政许可的有效期作出了限制调整。

最后，对于货运公司而言，经营场地的存在是必备的前提条件和基础性条件，也是货运公司实现依法获得的行政许可的必要条件。没有经营场地，货运公司将无法开展任何经营活动。尽管《通告》第1条未直接对货运市场的运输许可证、市场许可证等行政许可作出变更，而只是责令其在特定时间点关闭清场，但从实际效果看，关闭清场意味着没有场所对外开展营业活动。可见，《通告》第1条是对货运公司已经获得行政许可的有效期作出的实质变动，导致货运公司依法获得的行政许可无法实现，属于对行政许可的变更。

2.《通告》第3条、第4条属于对《通告》第1条的具体落实和延续，没有设定任何权利义务关系。《通告》第3条规定：“货运场各方要服从沙河涌综合整治的需要，积极配合政府做好场内经营业户的转场经营工作。”该条是对于《通告》第1条的具体落实，要求货运公司的各方应该配合实施转场经营工作，实际上是对第1条的强化、落实和延续，即指定的各货运公司必须于《通告》第1条规定的时间内完成关闭清场的工作，并且配合政府落实各项工作。《通告》第4条规定："各货运场关闭清场后，原有场地应根据城市总体规划和土地利用总体规划，按照土地使用、建设等有关规定，做好其他用途土地使用和转产经营。"该条也要求货运公司关闭清场后应该做好营业范围和内容的转变，属于对关闭清场行为的后续安排。

3.《通告》第2条属于对合法经营权和财产权受到限制的经营者的补偿安排。《通告》第2条规定："鼓励各货运经营者按照广州市有关道路货运业发展规划要求，在货运发展区和物流园区按规划选址新建货运场。"广州市人民政府为了沙河涌综合整治工程的需要，对企业的合法经营权和财产权进行了限制，为自己设定了行政义务，即应该在货运发展区和物流园区通过具体的行政措施为受到限制的货运公司经营者提供新的经营场所，否则即构成行政不作为。

4.《通告》第5条规定："市交通、规划、国土、公安、工商、税务等管理部门以及白云区、天河区政府应按照条块结合、属地为主的原则，密切配合、切实加强管理，共同做好沙河涌左支流沿线货运场关闭清场和经营业户转场工作。"该条是广州市人民政府对于有关部门和白云区和天河区人民政府的工作安排，没有作出实质性规定，属于原则性意见。

5.《通告》第6条明显违反《行政处罚法》，当然无效。《通告》第6条规定："对违反本通告的行为，由规划、国土、交通、工商、公安、税务等部门依法进行处理。"该条实际上行使了行政处罚的设定权，即将货运公司没有按期关闭清场的行为设定为违法行为，由相关部门给予相应的行政处理；上位法也没有任何将"处于有效运营期限内对企业的合法运营行为"设定为违法行为的规定。

按照《行政处罚法》的要求，只有规章以及规章以上的规范性法律文件才能进行行政处罚的设定，规章之下的规范性法律文件没有任何权限对给予行政处罚的行为、种类、幅度等问题进行设定。无论（规定）是具体行政行为还是作为规范性文件，都没有任何权限设定行政处罚，作为明显违背现行法律的规定，该条款当然无效。

6.《通告》第7条不具备任何实际含义。《通告》第7条规定："本通告自公布之日起施行，有效期3年。"本条仅仅是一个貌似"反复适用"但却没有任何含义的条款，因为《通告》不存在反复适用的条款，而且《通告》就是针对所指的特定行政相对人作出的具体行政行为，实际上导致了《通告》第7条不可能产生任何法律效力。

综上所述，尽管《通告》采用了"通告"形式和"有效期3年"的规定，表面上看，貌似抽象行政行为。但由于第5条属于原则性指导；第6条明显违法当然无效；第7条实际不能产生法律效力；第1、2、3、4条则是对行政许可的变更以及变更之后的补偿安排，属于一个复合具体行政行为，也就是说，《通告》是针对某货运场和场内经营户依法取得的行政许可的变更行为，以及对变更许可所引发补偿的土地利用和迁址安排，具备针对特定对象、一次适用、有实际法律效果、明确的意思表示、直接和明确地影响相对人的权利和义务等具体行政行为的核心特征，属于具体行政行为。根据《行政复议法》和《行政诉讼法》的规定，该《通告》属于行政复议的受理范围和行政诉讼的受案范围，具有可诉性。作为该《通告》直接利害关系人的某货运公司有权对《通告》提出行政复议申请或者提起行政诉讼。

【练习案例】

1.《渔业法》第 41 条规定："未依法取得捕捞许可证擅自进行捕捞的，没收渔获物和违法所得，并处十万元以下的罚款；情节严重的，并可以没收渔具和渔船。"根据《福建省实施〈中华人民共和国渔业法〉办法》第 41 条的规定，未依法取得捕捞许可证擅自进行捕捞的，没收渔获物和违法所得，情节严重的，并可以没收渔具和渔业船舶。

问题：《福建省实施〈中华人民共和国渔业法〉办法》第 41 条是否符合上位法规定？

2. 在一起不服道路运输管理行政处罚请示案件中，相对人无道路运输经营许可证而擅自从事道路运输经营活动，既违反了交通部《道路运输行政处罚规定》，也违反了江苏省人大常委会制定的《江苏省道路运输市场管理条例》。对此类违法行为的处罚，交通部《道路运输行政处罚规定》第 8 条规定的罚款幅度是 5 000 元至 10 000 元，而《江苏省道路运输市场管理条例》第 32 条规定的罚款幅度是 5 000 元至 20 000 元。

问题：根据《立法法》的规定，本案中的人民法院应该如何处理部门规章和地方性法规规定不相一致的问题？

【测试题】

一、名词解释

1. 职权立法

2. 授权立法

二、思考题

1. 行政立法的性质是什么？

2. 行政立法的法律效力包括哪些方面？

3. 行政立法如何监督？

4. 如何规制行政规范性文件？

【扩展阅读】

1. ［德］哈特穆特·毛雷尔：《行政法学总论》，高家伟译，法律出版社 2000 年版。

2. 王宝明等：《抽象行政行为的司法审查》，人民法院出版社 2004 年版。

3. 刘莘：《行政立法研究》，法律出版社 2003 年版。

4. 翁岳生编：《行政法》（上、下册），中国法制出版社 2002 年版。

5. ［日］盐野宏：《行政法总论》，杨建顺译，北京大学出版社 2008 年版。

本章自测自评

第九章　依职权的行政行为

【本章导学】

依职权的行政行为是行政主体主动作出的行为，在整个行政活动中具有重要的地位。通过本章的学习，应该着重把握以下内容：行政处罚的概念、原则、设定、实施及程序；行政强制的概念、分类，我国行政强制执行模式的变革；行政征收、征用的概念；行政调查的概念、原则、法律属性及实施程序。

第一节　行政处罚

作为一类最为传统也最为典型的行政活动方式，行政处罚在我国的行政管理实践中得到了极其广泛的运用。然而，行政处罚的过多、过滥，又直接危及行政相对人的合法权益，且对行政机关的形象和威信也会产生消极的影响。因此，自 20 世纪 90 年代以来，通过法律严格限制行政处罚权的行使就成为学术界及全社会的共同追求。在这一背景之下，承载着厚重行政法治理想的《行政处罚法》终于在 1996 年 3 月通过，同年 10 月正式施行，并于 2009 年、2017 年被修正。作为我国行政执法领域第一部综合性法律和第一部单行行政程序法，《行政处罚法》的颁行具有极为重要的现实意义，它预示着我国行政法制发展路径的转变——从倚赖“实体控权”逐渐转向同时倚赖“程序控权”和“实体控权”。

一、行政处罚的概念

行政处罚是行政主体对违反行政法律规范的行政相对人所给予的行政制裁。这一概念包括以下几层含义：

1. 行政处罚的主体是行政主体。作为一种具体行政行为，行政处罚必须是行政主体实施的。非行政主体的其他国家机关、社会组织和个人虽然也可能实施某些处罚，但均无权实施行政处罚。例如，人民法院有权对犯罪分子实施刑罚处罚，但这与行政处罚有着本质的不同。

2. 行政处罚的对象是违反行政法律规范的行政相对人。任何处罚都是针对特定的对象作出的，行政处罚的对象只能是违反行政法律规范的外部行政相对人。在这里，行政处罚的对象首先表现为外部行政相对人。如果是内部行政相对人，那么其所受到的制裁就应当是行政处分，如公务员违纪被开除即属于典型的行政处分。其次，行政处罚的对象还必须是违反行政法律规范的行政相对人。如果外部行政相对人没有违反相应的行政法律规范，或者违反的是其他性质的法律规范，就不能给予行政处罚。

3. 行政处罚的性质是一种行政制裁。从性质上看，行政处罚具有惩戒性，可以剥夺或者限制处罚对象的某些人身权利和财产权利，或者科以某种义务。因此，行政处罚不同于行政奖励等授益性的行政行为，而是一种法律制裁手段。

二、行政处罚的原则

行政处罚的原则是指由法律规定或认可的、贯穿于行政处罚活动的始终，对行政处罚的设定与实施具有普遍指导作用的基本准则。根据《行政处罚法》的规定，我国行政处罚的基本原则包括以下四项：

（一）处罚法定原则

“处罚法定”是行政处罚领域最重要的原则，它也是行政法定原则在行政处罚领域的具体表现。根据《行政处罚法》第 3 条的规定并结合第 2 条关于行政处罚适用范围及其他条款的规定，处罚法定原则主要包括两个方面的要求：一是处罚设定法定。实践证明：行政处罚的混乱首先就表现在处罚的设定上。因此，处罚设定法定就成了处罚法定原则的首要体现，它要求处罚设定主体及权限都必须符合法律的规定。二是依法实施处罚。具体来说，依法实施处罚是指行政处罚必须由具有法定行政处罚权的行政主体，在有明确法律依据的情况下，按照法定的程序实施，即处罚实施的主体、依据和程序必须同时合法。

（二）公开、公正原则

根据《行政处罚法》第 4 条的规定，行政处罚应当遵循公正、公开的原则。设定和实施行政处罚必须以事实为依据，与违法行为的事实、性质、情节以及社会危害程度相当。对违法行为给予行政处罚的依据必须公布；未经公布的，不得作为行政处罚的依据。结合该法的其他有关规定，处罚公开原则就是指行政处罚的依据、过程及结果必须公开；处罚公正原则就是指行政处罚的设定和实施必须与相对人的违法事实、性质、情节以及社会危害程度相当。处罚公开是公正的前提，如果处罚不公开，那么处罚就毫无公正性可言。

（三）惩教结合原则

在我国的法律制裁体系中，惩罚与教育相结合历来就是一种特有的原则，这可能与我国的国情有着密切的关系。我国自古以来就崇尚“不教而诛”，并且相信人是可以被教化的。因此，对于违法甚至犯罪的人始终都坚持打击和教育并举的方针。早在 20 世纪 50 年代，当时的《治安管理处罚条例》就明确规定了坚持教育与处罚相结合的原则。根据《行政处罚法》第 5 条的规定，实施行政处罚，纠正违法行为，应当坚持惩罚与教育相结合，教育公民、法人或者其他组织自觉守法。据此可以判断，我国的行政处罚并不是终极目的，处罚的最终目的在于恢复被破坏了的社会秩序，并促使相对人以后不再违法。要达此目的，就必须坚持惩罚和教育两种手段并举的原则。

（四）权利保障原则

自从 20 世纪 90 年代以来，人权保障的观念日渐在我国法学界兴起，其典型的表现就是在打击违法犯罪分子的同时注重对其基本权利进行有效保护。综观我国的《行政处罚法》，可以说权利保障的思想已经在其中得到了很好的体现。根据该法有关条款的规定，行政相对人在行政处罚过程中享有获得通知权、陈述权、申辩权、了解权、拒绝权、救济请求权等多种权利。就其法律属性而言，上述权利都是行政相对人所享有的程序性权利，即为制约国家机关的权力，保障公民实体权利的实现，在一定的法律程序中为公民设定的权利。权利与义务具有对应性的特点，一定的权利需要通过一定义务的履行获得实现。具体就行政程序法律关系而言，行政相对人所享有的程序权利也就是行政主体所应当承担的程序义务。例如，行政相对人享有陈述、申辩权就意味着行政主体负有听取意见的义务，行政相对人享有获得通知权就意味着行政主体负有及时告知的义务，等等。因此，对行政相对人程序权利的确认、尊重和保障，能够有效地促进行政处罚权运作的理性化，增强行政处罚决定的可接受性。尤其是该法第 49 条关于“不出具财政部门统一制发的罚款收据的，当事人有权拒绝缴纳罚款”的规定，更是对被处罚人“程序抵抗权”的初步认可，其在我国行政法治进程中的重要意义不言自明。在行政处罚的过程中贯彻权利保障原则，不仅能够有效约束处罚权的行使，而且还体现出对被处罚人人格的尊重。

三、行政处罚的种类及设定

（一）行政处罚的种类

行政处罚的种类就是行政处罚的具体表现形式。作为一个类概念，行政处罚包括多种形式。尤其是在我国这样一个以行政处罚为主要行政管理手段的国家，行政处罚的种类繁多。根据统计，我国行政处罚的形式有 90 余种之多。与此形成鲜明对照的是，国外的行政处罚往往只有少数几种形式，有的甚至只有罚款一种形式。

在行政法学理上，通常将行政处罚的种类分为四种：一是人身罚，又称为自由罚，如拘留等；二是行为罚，又称为能力罚、资格罚，如责令停产停业、吊销营业执照等；三是财产罚，如罚款、没收违法所得等；四是申诫罚，又称为荣誉罚、声誉罚，如警告、通报批评等。

为了规范行政处罚的种类，《行政处罚法》第 8 条明确规定了六类基本的处罚形式：警告；罚款；没收违法所得、没收非法财物；责令停产停业；暂扣或者吊销许可证、暂扣或者吊销执照；行政拘留。鉴于我国行政管理的复杂性，该条第 7 项还作了一个兜底概括式的规定，即“法律、行政法规规定的其他行政处罚”。也就是说，如果其他的法律、行政法规规定了另外的处罚形式，也应当视为行政处罚。可见，我国行政处罚的实际种类远远要超过以上六种。①

（二）行政处罚的设定

“设定”是《行政处罚法》贡献的一个重要概念。在此之前，行政处罚的设定问题一直没有引起我国学界特别是实务部门的关注。在行政处罚的实践中，往往将行政处罚的设定权与规定权及行政管理权相混同，有的认为，凡是享有行政管理权的机关就天然地拥有行政处罚的设定权，否则就没有办法管理；有的则认为，凡是有权规定某事项的机关就能够设定行政处罚，等等。这些错误的观念导致了实践中随意设定、自行创造行政处罚的现象层出不穷，成为我国行政处罚混乱的源头所在。为此，在学界的大力推动下，《行政处罚法》对行政处罚的设定问题作了专门的规定。与此有关的两个重要术语是“设定”和“（具体）规定”。前者是通过立法创造出行政处罚，即在没有法律明文规定的情况下，某类法律文件率先自主地“创造”出一种新的行政处罚；后者则是对已经存在的行政处罚的一种细化或补充，即在某项法律文件已经“创造”出行政处罚的情况下，另外的法律文件在其范围幅度内再作出具体的规定。

从本质上来说，行政处罚的设定权属于立法权范畴。《行政处罚法》的任务就是要合理地配置行政处罚的设定权，从而明确不同位阶的法律文件在行政处罚设定上的权力边界。从总体

① 有关“法律、行政法规规定的其他行政处罚”的进一步研究，参见胡建淼：《“其他行政处罚”若干问题研究》，《法学研究》2005 年第 1 期。

上来看，只有法律、行政法规、地方性法规及规章等四类法律文件可以设定行政处罚，规章以下的任何规范性文件都没有行政处罚的设定权。同时，该法还就不同位阶的法律文件享有的行政处罚设定权的具体范围作了明确限制。总的来说，位阶越高的法律文件所享有的处罚设定权就越大，位阶越低的法律文件所享有的处罚设定权就越小，受到的限制也越多；当高位阶的法律文件已有设定时，低位阶的法律文件只能在其范围之内作出更为具体的规定，而不能另行设定。具体表现为：（1）法律可以设定各种行政处罚。限制人身自由的行政处罚，只能由法律设定。（2）行政法规可以设定除限制人身自由以外的行政处罚。法律对违法行为已经作出行政处罚规定，行政法规需要作出具体规定的，必须在法律规定的给予行政处罚的行为、种类和幅度的范围内规定。（3）地方性法规可以设定除限制人身自由、吊销企业营业执照以外的行政处罚。法律、行政法规对违法行为已经作出行政处罚规定，地方性法规需要作出具体规定的，必须在法律、行政法规规定的给予行政处罚的行为、种类和幅度的范围内规定。（4）尚未制定法律、行政法规的，国务院各部委以及国务院授权的具有行政处罚权的直属机构制定的部门规章、省级人民政府和省会市及经国务院批准的较大的市人民政府制定的地方规章对违反行政管理秩序的行为，可以设定警告或者一定数量罚款的行政处罚，但罚款的限额应当分别由国务院及省级人民代表大会常务委员会规定。此外，规章可以在法律、行政法规规定的给予行政处罚的行为、种类和幅度的范围内作出具体规定。

四、行政处罚的实施主体

行政处罚实施主体的混乱是我国行政处罚领域存在的又一严重问题。曾有民谣说：除了戴黑手箍的不能罚款外，戴红袖章、黄袖章的都能罚款。尽管这一说法难免有夸大之嫌，但也从一个侧面反映了我国行政处罚实施主体的混乱已经到了十分严重的地步。为此，《行政处罚法》对症下药，以专章的形式对行政处罚的实施主体作了详细规定。根据这些规定，我国行政处罚的实施主体主要有三类：

（一）行政机关

目前，行政机关是我国最典型、最常见的具有行政处罚实施权的机关。根据《行政处罚法》第 15 条的规定，行政处罚由具有行政处罚权的行政机关在法定职权范围内实施。为使这一规定更具灵活性，也为了解决实践中存在的“多头处罚”现象（即人们常说的“十顶大盖帽管一顶小草帽”），《行政处罚法》还进一步作出规定，国务院或者经国务院授权的省、自治区、直辖市人民政府可以决定一个行政机关行使有关行政机关的行政处罚权，但限制人身自由的行政处罚权只能由公安机关行使。由此可见，作为行政处罚实施主体的行政机关必须具备两个基本条件，即必须拥有行政处罚权且在其法定职权范围内行使。在现实生活中，此类行政机关主要有四种具体情形：（1）各级人民政府；（2）县级以上各级人民政府的职能部门；（3）县级以上地方人民政府的派出机关；（4）经国务院或者国务院授权的省级人民政府批准成立的综合执法机关。

（二）授权组织

除了行政机关以外，法律、法规授权的组织也是一类重要的行政处罚实施主体。根据《行政处罚法》第 17 条的规定，法律、法规授权的具有管理公共事务职能的组织可以在法定授权范围内实施行政处罚。据此可以判断，一个组织行使行政处罚权必须具备三个基本条件：（1）该组织必须具有管理公共事务的职能；（2）该组织必须经由法律、法规的授权；（3）该组织必须在授权的范围之内实施行政处罚。

在实践中，这类组织可能具体表现为以下八种情形：（1）行政机关的内部机构。原则上，行政机关的内部机构只能以所属行政机关的名义对外行使职权，但在得到法律、法规的明确授权时，也可以成为行政处罚的实施主体。例如，根据我国《道路交通安全法》的规定，作为公安机关内设机构的交警队就可以独立实施警告、50元以下罚款及吊销驾驶证2个月以下的处罚。（2）行政机关的派出机构。派出机构是指县级人民政府的职能部门根据工作需要在一定区域内设置的，代表该职能部门管理某项行政事务的派出工作机构。例如，根据我国《治安管理处罚法》的规定，警告和500元以下的罚款即可由公安派出所独立裁决。（3）行政机关的临时性机构。临时性机构是指行政机关设立的、协助其处理某些临时性行政管理事务的组织，这类机构在管理某种特殊的行政事务时往往能够成为独立的行政主体。在我国，临时性机构十分繁多，有的比较固定，如各级防汛抗旱指挥部等，这种机构在每年的防汛抗旱工作中起着关键性作用；有的则仅仅存在于某一特定的时期，如防治非典工作领导小组、禽流感防治工作指挥部等，这些机构仅仅在"非典"及"禽流感"肆虐时才真正发挥作用。（4）企业单位。在我国，能够成为授权组织的企业单位主要是指公用企业（如邮电、电信、公交公司、铁路运输企业等）、金融企业（如各类商业银行）及某些行政性公司（如中国船舶总公司、中国石化总公司等）。（5）事业单位。在我国，高等院校、科研机构等事业单位是典型的授权组织，如根据我国《教育法》《高等教育法》的有关规定，学校及其他教育机构有权招收学生、对受教育者进行处分。（6）社会团体。社会团体是指社会成员本着自愿的原则，依照团体章程而组成的集合体。在我国，大量的社会团体都可能依法律、法规的授权而成为行政主体，如红十字会、消费者协会、妇联等。（7）行业协会。在我国，随着经济体制和政治体制改革的不断深入，部门管理模式逐渐为行业管理模式所取代，大量的行业协会及专业协会应运而生，如律师协会、注册会计师协会、足球协会等，这些行业协会可以依据章程进行自主管理，甚至可以直接对其成员进行惩戒。例如，根据我国《律师法》的规定，律师协会按照章程对律师给予奖励或给予处分。（8）基层群众性自治组织。在我国，这类组织主要是指城市的居民委员会和农村的村民委员会。

（三）受委托组织

如果说行政机关和法律、法规授权的组织既是行政处罚权的"所有权者"也是"使用权者"的话，那么这些行政处罚主体在很多情况下都不需要"事必躬亲"，法律允许其委托其他组织来实际行使处罚权。因此，在行政机关和授权组织之外，还存在另一类行政处罚的实施主体——受委托组织。正是由于受委托组织的行政处罚权来源于行政机关或授权组织的委托，因而它们所享有的仅仅是行政处罚的"使用权"，而不是"所有权"。根据《行政处罚法》第19条的规定，受委托组织自身必须符合以下三个条件：（1）依法成立的管理公共事务的事业组织；（2）具有熟悉有关法律、法规、规章和业务的工作人员；（3）对违法行为需要进行技术检查或者技术鉴定的，应当有条件组织进行相应的技术检查或者技术鉴定。鉴于委托涉及行政处罚实施主体资格的转移，为了防止处罚实施的混乱，《行政处罚法》第18条还对行政处罚的委托作了必要的限制性规定，主要包括以下四项规则：（1）依法委托规则。由于我国行政处罚实践中已经存在着实施主体过多、过滥的弊病，因而行政处罚的委托必须有明确的法律依据。也就是说，除非法律、法规或者规章有明确的规定，否则，行政机关不得随意地进行行政处罚的委托。(2) 范围限制规则。行政机关只能在自己的行政处罚权限范围之内进行委托，而不能把自己不拥有的行政处罚权一并“委托”出去。(3) 转委托禁止规则。某一组织接受委托之后，就必须亲自实施行政处罚，而不能再委托其他任何组织或者个人实施行政处罚。(4) 委托监管规则。由于受委托组织只能以委托机关的名义实施处罚，处罚的一切后果都由委托机关承担，因而为了避免行政处罚的滥用，委托行政机关应当对受委托组织实施行政处罚的行为进行经常性的监督。

【案例 9-1】

1996 年 12 月 14 日，出于好奇，原告北京大学学生何某穿过圆明园结冰的湖面，进入被告万春园公司高级别墅区，被被告保安处以罚款 10 元。原告不服，向法院提起诉讼。法院认为，万春园公司作为企业，无法律授权范围内的行政处罚权，故该公司仅根据其内部规定对原告处以罚款的行为，没有法律依据，万春园公司对原告的罚款应予返还；原告未经万春园公司许可，擅自进入该公司，影响了该公司正常的工作秩序，亦应批评。法院遂于 1997 年 4 月 16 日作出判决：被告北京万春园公司返还何某人民币 10 元。①

在本案中，被告万春园公司及其保安部门既不是行政机关，也没有得到法律、法规的授权，属于不具备行政权能的组织。该组织所作出的“罚款”行为，因为不具备主体资格，并不能认定为行政行为，充其量只能算作“假行政行为”。为此，法院在审理该案时，并没有适用《行政诉讼法》作出行政判决，而是根据《民事诉讼法》作出了相应的民事判决。

五、行政处罚的适用规则

行政处罚是一项专业性极强的行政管理手段，因而在适用过程中必须遵循相应的规则。《行政处罚法》也为此设置了专章，对行政处罚的适用规则作了详细规定。归纳起来，这些规则主要包括以下七个方面：

(一) 处罚管辖规则

行政处罚的管辖是指行政处罚主体之间对行政相对人的违法行为进行查处的权限划分。也就是说，管辖所解决的是由什么地方、具备什么职能的哪一级机关来处理行政相对人违法的问题。根据《行政处罚法》的有关规定，除非法律、行政法规另有规定，行政处罚一般都由违法行为发生地的县级以上地方人民政府具有行政处罚权的行政机关管辖；对管辖发生争议的，则报请共同的上一级行政机关指定管辖。由此可见，现行行政处罚的管辖规则实际上包括了五个方面的内容：(1) 地域管辖规则，即由“违法行为发生地”的机关管辖。(2) 级别管辖规则，即由“县级以上”地方行政机关管辖。当然，最终由哪一级机关来管辖还必须依据单行法律、法规的规定。(3) 职能管辖规则。由于行政管理事务极其复杂，因而行政系统内部一般都存在明确的分工，不同性质的行政机关分别处理属于自己职责权限范围内的违法案件。也就是说，只有“具有行政处罚权”的机关才能对案件进行管辖。(4) 指定管辖规则，即两个以上行政机关对行政处罚管辖权发生争议时，应当由其共同的上一级行政机关指定管辖。(5) 特别管辖规则，即当法律、行政法规对管辖权问题有例外规定时，应当以该例外规定为准。除此

① 参见《报刊文摘》1997 年 5 月 19 日的报道。

以外，我国一些单行法律、法规还规定了移送管辖等规则。

（二）案件移送规则

由于行政违法与犯罪之间往往并不存在十分清晰的界限，因而在实践中经常会出现行政机关在处理行政违法案件时发现相对人的行为可能已构成犯罪的情形。行为是否构成犯罪应当由司法机关根据刑事诉讼程序进行最终认定，因而行政机关必须及时将案件移送司法机关处理。

（三）责令改正规则

根据《行政处罚法》第23条的规定，行政机关实施行政处罚时，应当责令当事人改正或者限期改正违法行为。该条规定充分体现了行政处罚中的“惩教结合”原则，即行政机关不仅要对相对人的违法行为进行必要的制裁，还应当督促相对人将这一违法行为纠正过来，恢复到正常的状态。尽管人们对责令改正的意义都予以充分认可，但责令改正行为的法律性质迄今仍然是一个分歧较大的理论问题。在行政法学界，对这一问题形成了几种不同的观点：有的认为是行政处罚的一种必然结果；有的认为是一种新型的处罚，即救济罚；有的认为应当属于行政处罚中的申诫罚；还有的认为是一种典型的行政命令。我们认为，在我国的实证法体系中，“责令类”行为的性质比较复杂，不能一概而论，如规划管理部门对无证施工单位实施的“责令停止施工”决定就是一种临时性的行政强制措施，目的在于为后续的处罚行为做准备；而对无证施工单位实施的“责令限期拆除”决定就是一种行政处罚行为。现行《行政处罚法》规定的责令改正行为，并不是行政处罚行为，因为它本身不是对违法行为的制裁，而是要求违法行为人履行相应的义务；同时，它也不是行政强制措施，因为责令改正行为是与行政处罚同时作出的，责令并不是处罚前的一种临时性处置措施。基于以上分析，我们认为，此处的责令改正行为应当是一种行政命令行为，具体来说，是行政处罚过程中的一种命令行为。

（四）处罚裁量规则

诚如学者所言：行政法的精髓在于裁量，裁量的本质就是根据自己的理解作出判断和处置。[①] 在行政处罚领域，裁量同样广泛存在。行政处罚机关可以根据自己对行政相对人违法情节轻重、社会危害程度大小等因素的考虑，最终作出与此相适应的处罚决定。根据《行政处罚法》的有关规定，处罚的裁量规则主要包括两个方面：第一，不予处罚规则。具体来说，在下列四种情形下，不得给予处罚：（1）不满14周岁的人有违法行为的；（2）精神病人在不能辨认或者不能控制自己行为时有违法行为的；（3）违法行为轻微并及时纠正，没有造成危害后果的；（4）违法行为超过追诉时效的。第二，从轻或者减轻处罚规则。具体来说，在下列几种情形下，依法从轻或者减轻处罚：（1）已满14周岁不满18周岁的人有违法行为的；（2）当事人主动消除或者减轻违法行为危害后果的；（3）受他人胁迫有违法行为的；（4）配合行政机关查处违法行为有立功表现的；（5）其他应当依法从轻或者减轻行政处罚的。

（五）一事不再罚规则

在我国的行政处罚实践中，由于行政管理权限和行政管理法律规范存在重叠交叉的情况，行政相对人单一的违法行为往往会同时触犯多个行政法律规范，而不同的行政管理机关则可能分别依据不同的行政法律规范对该行为进行处罚，从而导致重复处罚现象的滋生。重复处罚不仅违背了行政处罚的“过罚相当”原则，直接侵害了行政相对人的权益，而且还增大了行政

---

① 参见杨建顺：《行政裁量的运作及其监督》，《法学研究》2004年第1期。

成本，降低了行政处罚的效率。为此，“一事不再罚”的立法动议便出现了。根据《行政处罚法》第24条的规定，对当事人的同一个违法行为，不得给予两次以上罚款的行政处罚。这一规定通常被认为是“一事不再罚”原则的具体表现。当然，准确地说，上述规定只是对“一事不再罚款”的认可，仅仅属于初步的一事不再罚。①

由于现行立法并没有就一事不再罚的内涵作进一步的规定，因而学理上形成了若干不同的理解。② 对此，我们提出以下两点看法：

1. 关于“一事”的认定。比照刑法上的犯罪构成理论，所谓“一事”，即只要违法行为人实际上仅实施了一个违法行为，那么就应当“不再罚”，既包括已经作出处罚的行政机关“不再罚”，也包括其他有管辖权的行政机关“不再罚”。这就是学理上通常所说的“先罚有效，后罚无效”。一般来说，任何一个行为都是某个特定的行为主体在其意识的支配下，在特定的时空所作出的举动。在行政法上，相对人的违法行为就是指相对人在一个特定的时空环境下，在一定的意识支配下所实施的违反行政法律规范的行为。在实践中，以下三种情形究竟是“一事”还是“多事”尚需仔细分析：（1）连续状态的违法行为。例如，无证驾驶摩托车行为，这一行为自车主购买之日到被交通管理部门查处之日一直处于连续的状态。从表面上看，在一段较长的时期内，车主反复实施了无证驾驶这一违法行为，似乎可以据此推定为车主实施了数个独立的违法行为。其实，这些行为所侵害的客体及其主观故意都是同样的，属于同一种类的违法行为，因而在法律上仍然应当被认定为“一个”违法行为。（2）持续状态的违法行为。例如，非法限制他人人身自由的违法行为，这一行为自限制他人人身自由时开始，一直持续到他人的人身自由恢复为止。从表面上看，这些行为在时间上有间隔，似乎可以据此构成数个不同的违法行为。其实，这些行为所侵害的客体及其主观故意都是同样的，只是在时间上呈现出不间断的特点，因而本质上仍然属于“一个”违法行为。需要指出的是，无论是连续还是持续状态的行为，如果已经为行政机关所处罚，但处罚之后仍然不纠正并继续违法的，行政机关就可以继续对其实施处罚。在这里，前后的处罚就应当是针对不同的违法行为作出的，并不违反“一事不再罚”原则。（3）牵连的违法行为。例如，为窃取现金，违法行为人将办公室的大门及保险柜的锁全部撬坏。在这里，窃取现金和毁坏门锁分别属于两类行为，但二者存在密切的关系：毁坏门锁是窃取现金的必要步骤，窃取现金是最终目的，而毁坏门锁则是达成这一目的的手段。在刑法上，这类行为属“牵连犯”，对牵连犯的处理遵循“从一重罪处罚”原则。我们认为，在行政法上也可以予以借鉴，对上述数个行为以一个行为对待，并在法定幅度范围内作出较重的处罚。

2. 关于“法规竞合”的问题。法规竞合是指行为人的同一个违法行为同时触犯多个法律规范的规定。例如，一个无照小贩在禁止摆摊设点的学校门口卖食品，这一行为就可能同时触

---

① 值得关注的是，在《行政处罚法》的立法过程中，有关一事不再罚的规定可谓“一波三折”：首先，试拟稿第14条规定：“对违法行为人的同一个违法行为，不得以同一事实和理由，给予两次以上的处罚。”其次，征求意见稿第10条规定：“对违法当事人的同一个违法行为，不得以同一事实和同一依据，给予两次以上罚款的行政处罚。”这两项规定都蕴涵着对“一事不再罚”原则的局部理解，即对于同一个违法行为，不同的行政机关可以根据不同的理由分别进行处罚。最后，草案第22条规定：“对违法当事人的同一个违法行为，不得给予两次以上的处罚。”应该说，这一规定是对“一事不再罚”原则本意的回归，即如果相对人仅实施了一个违法行为，就只能受到一次处罚，不仅同一行政机关不能以相同理由对其作出两次以上的处罚，不同的行政机关也不能以不同的理由对其作出两次以上的处罚。

② 参见杨海坤、章志远：《中国行政法基本理论研究》，北京大学出版社2004年版，第287页以下。

犯市场监管、税务、市容、卫生、城管、交通等多个行政法律规范。那么，对于这种行为究竟是只能给予一次处罚还是可以给予多次处罚呢？这是关于“一事不再罚”原则适用中争议最大的一个问题。有的学者认为，由于事实上只有一个行为，只是由于立法的缘故才出现了所谓的多个违法行为。任何一个行为的社会危害程度都是由该行为本身造成的，不能因为立法的增多而增加。① 因此，主张只能一次处罚，否则就违背了“过罚相当”原则。但反对者则认为，对于此类情况，如果只给予一次处罚则显得“太轻”，不足以制裁违法，不能保护受到侵害的不同的行政法律秩序。② 我们认为，上述理解都具有一定的合理性。应该承认，造成这种问题的主要原因还在于以前我国行政法律规范创制工作质量不高。为了避免一事再罚现象的产生，今后应当强化行政立法的质量，明确不同行政机关之间的权限分工，从源头上减少行政处罚的重合。就目前而言，可以将“法规竞合”视为“一事不再罚”原则的例外：（1）当一个行为同时违反了行政法律规范和其他性质的法律规范时，由有权机关依据各自的法律规范实行多重处罚。例如，在举行游行、示威的过程中，侵害到他人的身体并造成伤亡的，就可以分别依照《刑法》以及《治安管理处罚法》的规定实施相应的刑事处罚和行政处罚；又如，对于企业的走私活动，除了依据《刑法》规定给予企业单位负责人、直接责任人员有期徒刑的刑事制裁以及判处单位罚金的处罚以外，还应当给予吊销企业营业执照的行政处罚。当然，为了保证处罚的公正性，应当避免给予性质相近的处罚，如法院已经判处罚金的，行政机关就不宜再实施罚款处罚。（2）当一个行为同时违反了数个行政法律规范时，为了保障行政处罚制裁功能的实现，不同的主管行政机关可以分别依据不同的行政法律规范给予行政处罚。同时，为了有效防止过与罚之间过于失当，应当对“后罚”行政机关进行必要的限制：一是“后罚”行政机关在实施处罚时，应当充分考虑被处罚人已受处罚的事实，对其从轻甚至免予处罚；二是“后罚”行政机关不得对被处罚人施以与“前罚”行政机关相同种类的处罚，特别是不能重复进行罚款。

【案例 9-2】

2005 年 6 月，赵某驾驶小型客车途经 104 国道时，因超速行驶分别被绍兴县公安局交通巡逻警察大队、绍兴市公安局交通巡逻警察支队城区执勤大队、绍兴市公安局交通巡逻警察支队东区执勤大队的监控设备拍照记录，时间分别为 15 时 19 分、15 时 23 分、15 时 25 分。后绍兴县公安局交通巡逻警察大队以机动车超过规定时速 50% 以下为由，对其处罚款 200 元，绍兴市公安局交通巡逻警察支队以同样理由对其两次处罚款 200 元。赵某不服，认为该处罚违反《行政处罚法》规定的“一事不再罚”原则，向绍兴市公安局申请行政复议。在本案中，三张监控照片无法证明行为人的超车行为是三次间隔短暂的连续超车还是 6 分钟内的持续超车行为，前者是连续行为后者是继续行为，但二者在本质上都只是“一个”行为，因此后续罚款行为违反了《行政处罚法》关于“一事不再罚”的规定。③

---

① 参见杨小君：《行政处罚研究》，法律出版社 2002 年版，第 53~54 页。

② 参见刘宏渭、柳砚涛：《析行政处罚一事不再罚原则》，《法制日报》2002 年 12 月 26 日，第 10 版。

③ 参见陈无风：《穿行于一罚和多罚之间——论“一事不再罚”原则之内涵》，《行政法学研究》2006 年第 2 期。

（六）行刑折抵规则

鉴于行政违法与犯罪在实践中常常交织在一起，为了妥善解决好二者之间的衔接，避免当事人受到不当的制裁，根据《行政处罚法》第 28 条的规定，违法行为构成犯罪，人民法院判处拘役或者有期徒刑时，行政机关已经给予当事人行政拘留的，应当依法折抵相应刑期。违法行为构成犯罪，人民法院判处罚金时，行政机关已经给予当事人罚款的，应当折抵相应罚金。

（七）处罚时效规则

时效制度是一项重要的法律制度，其主要目的在于维护社会秩序的稳定性。我国的《行政处罚法》主要规定的是处罚的追诉时效制度。根据该法第 29 条的规定，除非法律另有特殊规定，违法行为在两年内未被发现的，不再给予行政处罚。其中，两年是从违法行为发生之日起计算的，如果违法行为有连续或者继续状态的，则从行为终了之日起计算。也就是说，行政相对人的违法行为只要没有被行政机关“发现”，那么自该行为发生之日起两年后，行政机关纵使发现了也不得对相对人给予处罚。当然，如果法律对处罚追诉时效有特别规定，则从其规定。例如，《治安管理处罚法》第 22 条所规定的追诉时效即为 6 个月。①

六、行政处罚的程序

《行政处罚法》的颁行可以说是我国开启行政程序法制建设的标志性事件，一部《行政处罚法》实质上就是一部规范行政处罚的单行行政程序法。这部法律在程序方面的贡献殊多，除了前文已经阐述的确认行政相对人的“程序性权利”以外，还建立了“最低限度的公正处罚程序”规则，实现了处罚程序的“繁简分流”，首度确立了听证程序规则。以下将分别对其进行论述。

（一）行政处罚程序的一般规定

所谓行政处罚程序的一般规定，是指无论是什么类型的行政处罚案件，也无论是何种行政机关所作出的行政处罚决定，都必须遵循某些公认的基本程序规定。根据该法的规定，这些最低限度的公正处罚程序主要包括以下三个方面：

1. 查明事实再处罚。根据《行政处罚法》第 30 条的规定，公民、法人或者其他组织违反行政管理秩序的行为，依法应当给予行政处罚的，行政机关必须查明事实；违法事实不清的，不得给予行政处罚。该条规定是针对所有的行政处罚行为而言的，不论是轻微的类似于警告的处罚，还是严重的类似于拘留的处罚，都必须遵循“先查明事实，后实施处罚”的基本规则。可以说，查明事实是确保行政处罚决定合法性、公正性及其可接受性的前提，如果没有事实或者事实不清，行政机关就不能作出处罚决定。具体来说，该项规则有三方面的要求：（1）行政机关对于需要给予行政处罚的违法行为，应当全面查清事实真相；（2）经调查取证后，所认定的主要违法事实应当是清楚的；（3）已经查清的违法事实应当作为实施处罚的唯一事实根据。

2. 处罚前进行告知。根据《行政处罚法》第 31 条的规定，行政机关在作出行政处罚决定之前，应当告知当事人作出行政处罚决定的事实、理由及依据，并告知当事人依法享有的权利。这便是该法关于行政机关告知义务的规定。在现代行政程序法上，告知是行政主体所负的

① 《治安管理处罚法》第 22 条规定：“违反治安管理行为在六个月内没有被公安机关发现的，不再处罚。前款规定的期限，从违反治安管理行为发生之日起计算；违反治安管理行为有连续或者继续状态的，从行为终了之日起计算。”

一项基本义务。告知对于保障行政相对人及时参与行政程序进而有效维护其合法权益具有重要的价值。这是因为，现代民主政治的精髓是民主参与，离开了公民对国家政治生活的实际参与，民主本身就只能是一种骗局。同样地，在行政法上，如果没有行政相对人对各种行政事务的积极参与，民主行政便会沦为空谈。然而，参政的前提是知政。如果相对人不了解行政的运作过程，甚至连关系到自己切身利益的行政决定的作出都不曾知晓，那么相对人的诸多权利就根本得不到维护。因此，行政主体在作出行政决定尤其是不利行政决定之前必须将有关事项及时、全面地告知行政相对人，以便为其参与行政程序、维护自身权益提供条件。根据《行政处罚法》的上述规定，告知主要涉及三个基本问题：（1）告知的内容，具体包括行政处罚的事实根据、法律根据、基本理由、处罚结论以及被处罚人所享有的各种权利。（2）告知的对象，主要是指被处罚人。（3）告知的时间，即应当在行政处罚决定正式作出之前进行告知。

3. 认真地听取意见。根据《行政处罚法》第 32 条的规定，当事人有权进行陈述和申辩。行政机关必须充分听取当事人的意见，对当事人提出的事实、理由和证据，应当进行复核；当事人提出的事实、理由或者证据成立的，行政机关应当采纳。行政机关不得因当事人申辩而加重处罚。这便是该法关于行政机关听取相对人意见义务的规定。听取意见最早源于英国普通法上的自然公正原则。自然公正原则有两项基本的程序法则，其中首要的规则就是“听取对方的意见”，即“任何人或者团体在行使可能使别人受到不利影响的权力时必须听取对方意见，每一个人都有为自己辩护和防卫的权利”①。可见，听取意见就是指行政主体在行使行政职权作出对行政相对人不利的行政决定之前，负有的充分听取相对人陈述和辩解的程序性义务。是否认真地听取行政相对人的陈述和申辩是区分开明行政和专制行政的重要标准。所谓“只许州官放火，不许百姓点灯”，就是对专制行政的极好形容。在现代民主理念之下，吸收民众广泛参与行政活动、充分听取民众的意见已经成为政府施政的重要环节。听取意见不仅体现了对行政相对人的人格尊重和对其参与权的关怀，而且还能有效地避免行政偏私，进而提高行政决定的科学性、合理性和可接受性。根据《行政处罚法》的上述规定，听取意见主要涉及两个基本问题：（1）听取意见的内容，具体包括当事人的陈述和申辩。前者是指当事人就案件所涉及的基本事实向行政机关所作的肯定性及否定性的表述；后者是指当事人针对行政机关的不利指控所进行的反驳。（2）听取意见中的义务，具体包括复核、采纳及禁止加重处罚义务。前者表明行政机关不但要“认真倾听”，而且还要“充分汲取”；后者是指行政机关不得搞“态度罚”。

（二）实现了行政处罚程序的繁简分流

在现代社会，行政程序的价值是多元的，因而行政程序的设计也应当是多元化的。正如美国行政法学者盖尔霍恩所言：“行政程序的根本政策问题就是如何设计一种制约制度，既可最大限度地减少官僚武断和超越权限的危险，又可保持行政部门需要的有效采取行动的灵活性。”② 大体上来说，保障被处罚人的程序性权利、确保行政处罚结果的公正性、提高行政处罚的效率等都应当成为行政处罚程序所追求的目标。因此，对行政处罚程序的设计就必须综合

① 王名扬：《王名扬全集①：英国行政法 比较行政法》，北京大学出版社 2016 年版，第 152 页。

② ［美］欧内斯特·盖尔霍恩、罗纳德·M. 利文：《行政法和行政程序概要》，黄列译，中国社会科学出版社 1996 年版，第 2 页。

考虑上述因素。令人欣喜的是，《行政处罚法》在这方面已经迈出了重大步伐，行政处罚简易程序、一般程序及听证程序的分别设立就是例证。行政处罚程序的繁简分流不仅体现了较高的立法技术，而且还折射出行政程序观念的巨大变迁，对我国未来制定统一行政程序法典具有重要的启示意义。

1. 行政处罚的简易程序。《行政处罚法》第 33、34 条对行政处罚的简易程序作了详细规定。简易程序的适用体现了行政经济、效率的要求，对于维护行政相对人的合法权益也具有积极的作用。道理很简单，对于事实十分清楚的交通违章警告、小额罚款等处罚，如果适用极为复杂的程序，不仅会白白浪费行政资源，大大降低行政管理的效率，还会给行政相对人造成不必要的麻烦。当然，行政主体适用简易程序当场作出处罚决定并不意味着就可以不遵守行政程序，只不过是省略了普通行政处罚程序中的某些步骤而已。

行政处罚的简易程序主要涉及两个基本问题：（1）简易程序的适用范围。一般来说，简易程序主要适用于那些事实清楚、情节简单、争议不大，且对行政相对人权益影响程度较低的行政处罚。根据《行政处罚法》第 33 条的规定，简易程序的适用应当符合下列三个条件：违法事实确凿；有法定依据；对公民处以 50 元以下、对法人或者其他组织处以 1 000 元以下罚款或者警告的行政处罚。（2）简易程序的基本步骤。一般情况下，适用简易程序处罚需要遵循以下几个步骤：表明身份；告知有关事项；听取当事人陈述和申辩；当场填写既定格式行政处罚决定书并交付当事人；报所属行政机关备案。

2. 行政处罚的一般程序。行政处罚的一般程序也可称为普通程序，大多数处罚案件都需要适用普通程序。一般程序主要包括以下几个步骤：

（1）立案。尽管《行政处罚法》没有对立案作任何规定，但从行政处罚程序的发展进程来看，立案是行政处罚程序开启的标志。只有经行政机关正式立案之后，才有可能作出最终的处罚决定。从案件的来源上看，既可能是基于公民的举报、受害人的控告或违法行为人的自首，也可能是基于行政机关的主动发现或其他机关的移送。

（2）调查取证。自立案以后，要想推动行政处罚程序的进展，行政机关就必须及时进行调查取证工作，以便在全面掌握案件事实真相的基础之上作出最终的决定。可见，调查取证在整个行政处罚程序中居于“承上启下”的特殊位置。正如德国行政法学者毛雷尔教授所言：“调查原则具有决定性的意义，因为拟作出行政行为的合法性取决于对案件事实的合法的和深入的调查。”① 可见，行政处罚一般程序与简易程序的区别也正体现在是否需要进行调查取证上。为了有效地规范行政调查权的行使，《行政处罚法》对调查取证作了一定的限制性规定：一是调查的基本原则。行政机关的调查应当遵循全面、客观、公正等原则，不能仅以一己主观喜好或者是否有利于作出最终的处罚决定为标准而“片面”地进行调查。二是调查的基本方式。根据该法第 37 条的规定，调查取证的主要方式有检查、询问、抽样及证据的登记保存等。三是调查的程序规则。主要包括：调查之前向当事人或者有关人员出示证件；调查人员不得少于两人；调查人员与当事人有直接利害关系的，必须回避；询问或者检查应当制作笔录。

（3）作出决定。在调查终结之后，行政机关负责人应当对调查的结果进行审查，并根据

① ［德］哈特穆特·毛雷尔：《行政法学总论》，高家伟译，法律出版社 2000 年版，第 466 页。

不同情况分别作出如下决定：① 确有应受行政处罚的违法行为的，根据情节轻重及具体情况，作出行政处罚决定；② 违法行为轻微，依法可以不予行政处罚的，不予行政处罚；③ 违法事实不能成立的，不得给予行政处罚；④ 违法行为已构成犯罪的，移送司法机关。

（4）送达决定书。根据《行政处罚法》第40条的规定，行政处罚决定书应当在宣告后当场交付当事人；当事人不在场的，行政机关应当在7日内依照《民事诉讼法》的有关规定，将行政处罚决定书送达当事人。

3. 行政处罚的听证程序。严格来说，听证程序并不是一类与简易程序及一般程序相并列的独立的行政处罚程序，将其视为一般程序中的特殊情形更为恰当。从本质上来说，听证是行政机关调查取证的一种特别方式。通过听证，行政机关可以广泛了解到案件的事实真相，从而使最终的行政处罚决定能够建立在客观、公正的基础上；同时，听证本身也体现了行政机关对行政相对人尤其是被处罚人的人格尊重，有助于切实维护相对人的合法权益。在行政处罚领域率先引入听证程序，具有划时代的意义。虽然《行政处罚法》仅用了两个条款规定听证程序，但与听证有关的一些重要规则均已初步建立起来，其中一些规则还直接影响到我国行政许可听证制度的规定。根据该法第42、43条的规定，行政处罚听证程序的实施应当遵循下列10项规则：

（1）范围规则。行政机关在作出责令停产停业、吊销许可证或者执照、较大数额罚款等行政处罚决定之前，可以根据当事人的申请组织实施听证。其中，较大数额罚款的具体标准由相应的法规、规章予以规定。

（2）告知与申请规则。行政机关在作出上述重大处罚决定之前，应当告知当事人有要求举行听证的权利；当事人要求听证的，应当在行政机关告知后3日内提出申请。

（3）通知规则。行政机关应当在听证的7日前，通知当事人举行听证的具体时间、地点。

（4）公开听证规则。除涉及国家秘密、商业秘密或者个人隐私外，听证应当公开举行。

（5）听证主持人规则。听证的主持人由行政机关指定的非本案调查人员担任，当事人如果认为听证主持人与本案有直接利害关系的，有权申请回避。

（6）委托代理规则。当事人除了可以亲自参加听证以外，还可以委托1—2名代理人参加听证。

（7）举证和质证规则。举行听证时，案件的调查人员应当首先提出当事人违法的事实、证据和行政处罚的建议；当事人可以对此进行申辩和质证。

（8）听证笔录规则。听证应当制作笔录，笔录在听证结束时应当交当事人审核无误后签字或者盖章。

（9）听证费用规则。对于行政机关组织听证的一切费用，当事人不需要承担。

（10）决定规则。听证结束后，听证的主持人应当根据听证所形成的证据事实，依据法律规定，提出行政处罚的意见报送行政机关负责人或经过集体讨论后，依照一般程序的规定作出最终决定。

当然，行政处罚听证程序的设计本身也存在一些缺陷，如适用范围比较狭窄、听证主持人的独立性较差、听证笔录的法律效力不明确等，这些立法缺陷使行政处罚听证程序的实施效果大打折扣，无疑这都需要在总结实践经验教训的基础上进行进一步的修正和补充。

【案例 9-3】

平山县劳动就业局在 1994 年 1 月至 1996 年 10 月期间，收取劳务管理费、服务费、临时工培训费等收入共计 578 698 元。1996 年 11 月 29 日，平山县地方税务局向就业局发出限期申报纳税通知书，12 月 2 日和 7 日又两次发出限期缴纳税款 31 394 元的通知，就业局均未按期履行。12 月 13 日，地税局依据《税收征收管理法》第 46 条的规定，以平地税字第 1 号税务处理决定，对就业局处以应缴未缴的税款的营业税、城建税、教育费附加 31 394 元的 3 倍罚款计 94 182 元，限于 12 月 18 日前入库。就业局不服向法院提起行政诉讼。法院认为，被告地税局有权对在自己管辖范围内发现的税务违法行为进行处罚，但是这种处罚必须依据《行政处罚法》的规定进行。行政机关在作出行政处罚决定前，应当依照《行政处罚法》第 31 条的规定，将作出行政处罚决定的事实、理由及法律依据告知当事人，并告知当事人依法享有陈述和申辩、申请行政复议和提起行政诉讼的权利；依照《行政处罚法》第 36 条的规定，收集有关证据；依照第 37 条的规定，制作调查笔录。这些工作，地税局都没有做。《行政处罚法》第 42 条规定，作出数额较大的罚款处罚决定之前，应当告知当事人有要求听证的权利。关于多少为较大数额，国家税务总局在《税务行政处罚听证程序实施办法（试行）》中作出了对法人或者组织罚款 1 万元以上为数额较大的界定。很显然，被告地税局的处罚决定违背了《行政处罚法》的一系列程序规定，依法不能成立，法院最终判决撤销该行政处罚行为。①

七、行政处罚的执行

行政处罚决定作出之后必须要得到执行，否则，行政处罚决定将行同具文，不仅处罚的目的无法实现，行政机关的权威也将受到影响。为此，《行政处罚法》辟专章规定了执行问题，其主要内容包括以下三个方面：

（一）执行的一般原则

《行政处罚法》首先就执行处罚决定的一般原则作了规定。这些原则主要包括三项内容：

1. 当事人自觉履行。根据《行政处罚法》第 44 条的规定，行政处罚决定依法作出后，当事人应当在行政处罚决定的期限内予以履行。从行政行为的效力原理来看，一个行政行为一旦生效，其所设定、变更或消灭的权利义务关系开始作用于相对人，即相对人自行政行为生效时起即开始享有相应的权利或者承担相应的义务。具体就行政处罚而言，当行政处罚决定书已经送达到当事人之后，即开始生效，当事人就必须自觉履行行政处罚的全部内容。

2. 诉讼不停止执行。根据《行政处罚法》第 45 条的规定，当事人对行政处罚决定不服申请行政复议或者提起行政诉讼的，除非法律另有规定，否则行政处罚不停止执行。就其原因而言，行政处罚行为的公定力及执行力并不因当事人提起争讼而受到影响。

3. 罚与缴的分离。这一规则包含两方面的内容：一是处罚机构与收缴机构相分离。根据《行政处罚法》第 46 条第 1 款的规定，作出罚款决定的行政机关应当与收缴罚款的机构分离。二是收支两条线，根据《行政处罚法》第 53 条第 2 款的规定，罚款、没收违法所得或者没收

① 参见《中华人民共和国最高人民法院公报》1997 年第 2 期。

非法财物拍卖的款项，必须全部上缴国库，任何行政机关或者个人不得以任何形式截留、私分或者变相私分；财政部门不得以任何形式向作出行政处罚决定的行政机关返还罚款、没收的违法所得或者返还没收非法财物的拍卖款项。

（二）强制执行的措施

如果当事人逾期仍然不履行行政处罚决定的，作出行政处罚决定的行政机关就可以采取相应的措施迫使当事人履行或者达到与当事人履行相同的状态。根据《行政处罚法》第51条的规定，行政处罚机关可以采取以下三类强制措施：（1）到期不缴纳罚款的，每日按罚款数额的3%加处罚款；（2）根据法律规定，将查封、扣押的财物拍卖或者将冻结的存款划拨抵缴罚款；（3）申请人民法院强制执行。

（三）罚款的收缴规则

鉴于罚款是最常见的一种处罚手段，因而《行政处罚法》还专门就罚款的收缴规则作了规定，其具体内容包括：

1. 严格限制行政机关自行收缴罚款的范围。根据该法第46条的规定，除了少数情况下可以当场收缴罚款以外，作出行政处罚决定的行政机关及其执法人员不得自行收缴罚款。一般来说，当场收缴罚款只适用于下列三种情形：依法给予20元以下的罚款的；当场作出处罚决定，如不当场收缴事后难以执行的；在边远、水上、交通不便地区，罚款决定作出后，当事人向指定的银行缴纳罚款确有困难，经当事人提出的。

2. 当事人有权当场拒绝缴纳罚款。为了限制行政处罚权的恣意行使，根据该法第49条的规定，行政机关及其执法人员在当场收缴罚款时，如不向当事人出具省、自治区、直辖市财政部门统一制发的罚款收据的，当事人有权拒绝缴纳罚款。

3. 罚款上缴国库。根据该法第46、50条的规定，无论是当事人到指定的银行缴纳罚款，还是行政执法人员当场收缴罚款，最终都必须由银行将罚款直接上缴国库。

4. 暂缓、分期缴纳罚款。根据该法第52条的规定，当事人确有经济困难，需要延期或者分期缴纳罚款的，经当事人申请和行政机关批准，可以暂缓或者分期缴纳。

第二节 行政强制

一、行政强制的含义及类型

行政强制是指行政主体为实现行政目的，对相对人的财产、身体及自由等予以强制而采取的措施，包括行政强制措施和行政强制执行。《行政强制法》规定的行政强制不适用于以下两种情形：（1）发生或者即将发生自然灾害、事故灾难、公共卫生事件或者社会治安事件等突发事件，行政机关采取应急措施或者临时措施的，依照有关法律、行政法规的规定执行。（2）行政机关采取金融业审慎监管措施、进出境货物强制性技术监控措施的，依照有关法律、行政法规的规定执行。

行政强制措施是指行政机关在行政管理过程中，为制止违法行为、防止证据损毁、避免危害发生、控制危险扩大等，依法对公民的人身自由实施暂时性限制，或者对公民、法人或者其他组织的财物实施暂时性控制的行为。行政强制措施可以分为两种：（1）即时强制（行政调查中的强制）措施，即在紧急情况下采取的不以相对人不履行义务为前提的措施，如当场盘问、检查、保护性约束措施等。（2）一般强制措施，如强制性教育措施、对传染病患者的隔离措施、查封及扣押等。

行政强制执行是指行政机关或者行政机关申请人民法院，对不履行行政决定的公民、法人或者其他组织，依法强制其履行义务的行为。行政强制执行可以分为两种：（1）直接强制执行，如强制传唤、强制拘留、强制从事劳动、强制退还土地、强制隔离治疗等。（2）间接强制执行，又分为代履行和执行罚，还可以分为由行政机关实施的行政强制执行和由行政主体申请人民法院实施的行政强制执行。

行政强制措施与行政强制执行的主要区别有：（1）前提不同。行政强制措施不以相对人存在法定义务为前提；而行政强制执行的前提是相对人不履行行政行为确定的义务，构成了义务的不履行。（2）目的不同。行政强制措施的目的在于预防、制止危害行为或者危险事态的发生或者发展，防止证据毁损等情形；而行政强制执行的目的是强迫义务人履行其应当履行的义务，或者达到与义务人履行相同的状态。（3）实施的主体不同。行政强制措施的主体仅限于行政主体；而行政强制执行包括行政主体自行强制执行及由行政主体申请人民法院强制执行两种情形。（4）实施的程序不同。行政强制措施在紧急情况下可以即时进行，一般情况下的行政强制措施也遵循不同于行政强制执行的程序；而行政强制执行通常要经过催告（包括督促、告诫）、当事人陈述、行政机关复核、作出行政强制执行决定、送达行政强制执行决定及实施行政强制执行等程序化的步骤。

二、行政强制的基本原则

（一）法定原则

行政强制的设定和实施，应当依照法定的权限、范围、条件和程序。包括：（1）依法设定行政强制。行政强制的设定必须有法律、法规依据，在法定职权范围内依照行政强制法规定的条件和程序。（2）依法实施行政强制。实施行政强制的机关必须合法，行政强制必须有法律依据，行政强制必须依照法定条件和程序及在法定职权范围内实施，行政强制权的授予和委托均需要依照法律的规定进行。

（二）适当原则

2011 年通过的《行政强制法》第一次明确规定了狭义比例原则。行政强制适当原则，要求行政强制的设定和实施都必须对手段与目的、手段的强度与目的进行衡量。具体来说，设定行政强制应当适当，兼顾公共利益和当事人的合法利益；实施行政强制应当依据法定条件，选择适当的方式，既要达到行政管理的目的，又要最小限度地损害当事人的合法权益。换言之，不得滥用行政强制，采用非强制性手段能够实现行政管理目的的，不能实施行政强制；只有当采用非强制性手段不能达到行政管理目的的时候，才能依法实施行政强制。

（三）说服教育和强制相结合原则

实施行政强制，应当坚持教育与强制相结合。行政强制是行政机关对国家和社会事务进行管理的一种手段，而不是目的。对相对人进行说服教育，使相对人自觉守法、自觉履行法定义务，可以降低行政目的实现的成本。所以，行政机关在实施行政强制前一般应适当对当事人进行督促教育，使其认识到自己的错误，进而自觉履行义务。当事人经督促教育后，愿意履行行政决定的，行政机关就不需要实施行政强制了。当然，说服教育并不是行政强制的前置程序，特别是在采取行政强制措施时，其性质决定了在实施前较难以进行说服教育。

（四）行政强制不得滥用原则

《行政强制法》第7条规定，行政机关及其工作人员不得利用行政强制权为单位或者个人谋取利益。国家设定行政强制及行政机关实施行政强制是为了保障和监督行政机关依法履行职责，维护公共利益和社会秩序，保护公民、法人和其他组织的合法权益，如果行政机关利用行政强制权为本单位或者执法人员个人谋取私利，则构成滥用行政强制权。《行政强制法》的这一条款规定，是从行政强制的目的要求行政机关及其工作人员的。这里的“谋取利益”，是指为实施行政强制的行政机关及其工作人员谋取私利。如果行政机关在实施行政强制过程中，为了保证行政强制措施或者行政强制执行的有效实施，采取了相应有利的手段，则并不违反这一条款的规定。

（五）保障相对人程序性权利原则

公民、法人或者其他组织对行政机关实施行政强制，享有陈述权、申辩权，有权依法申请行政复议或者提起行政诉讼；因行政机关违法实施行政强制受到损害的，有权依法要求赔偿。公民、法人或者其他组织因人民法院在强制执行中有违法行为或者扩大强制执行范围受到损害的，有权依法要求赔偿。

三、行政强制措施

（一）行政强制措施的含义和特征

行政强制措施是指行政机关为了查明事实，或者为了预防、制止、控制违法行为、危害状态，或者为了保障行政管理工作的顺利进行，以及在紧急情况下排除妨碍、消除危险，根据现实情况的需要，按照法定的方式，依职权对有关公民、法人或其他组织的人身、财产及行为暂时进行限制，以实现一定的行政目的的行为。行政强制措施的主要特征表现为：

1. 直接强制性。行政强制措施不仅体现国家权力的权威性和强制性，而且不需要当事人的主动申请或当事人自觉接受，行政机关依职权对当事人主动采取强制措施，相对于其他具体行政行为而言，具有更强、更直接的强制性。一旦采取行政强制措施的法定条件具备，不管行政相对人是否同意和接受，行政机关都会采取强制措施，行政相对人也不得自行抵抗。

2. 手段性。行政强制措施本身并不是结果（行政主体对某一事项管理的结束），而是为了保障其他具体行政行为的顺利作出或实施而采取的措施，所以说其他具体行政行为是目的或结果，而行政强制措施是达到目的的手段。

3. 非制裁性。行政强制措施具有手段性，因此，它便不是对相对人的一种制裁，不具有制裁性。行政机关采取行政强制措施不是为了制裁当事人，而是为了实现一定的行政目的。采取行政强制措施并不以当事人存在违法行为为前提，它针对的可能是违法行为（制止、控制违法），也可能不是违法行为（预防违法或控制危险）；即使是前者，也不是为了制裁违法者，而是为制止当事人继续违法而采取的手段。

4. 暂时性。行政强制措施是对行政相对人的权利进行暂时限制或约束，而不是对行政相对人的权利作最终处理；它只是一种手段而不是结果，是行政主体对行政相对人实施的一种中间行为，而不是最终行为①，因此，行政强制措施只是行政主体在作出其他具体行政行为之前暂时采取的措施，是对当事人的人身、财产或行为进行的暂时限制或约束；一旦包含案件结果

① 参见胡建淼：《行政法学》，法律出版社2015年版，第317~320页。

的其他具体行政行为作出，行政强制措施必然解除。

（二）行政强制措施的种类

《行政强制法》第9条规定："行政强制措施的种类：（一）限制公民人身自由；（二）查封场所、设施或者财物；（三）扣押财物；（四）冻结存款、汇款；（五）其他行政强制措施。"

1. 限制公民人身自由。这种措施涉及我国《宪法》规定的公民的人身自由权，因此，必须有法律的明确规定方可采取。

限制公民人身自由，是对公民行动自由的限制，除了逮捕、拘留等《刑事诉讼法》及其他法律规定的司法强制措施一般行政机关不能采取外，尚有其他轻微的限制公民人身自由的方法属于国家权力机关根据公共利益的需要授权行政机关采取的行政强制措施。例如，《人民警察法》第14条规定，公安机关的人民警察对严重危害公共安全或者他人人身安全的精神病人，可以采取保护性约束措施。需要送往指定的单位、场所加以监护的，应当报请县级以上人民政府公安机关批准，并及时通知其监护人。《治安管理处罚法》第82条第2款规定，公安机关应当将传唤的原因和依据告知被传唤人。对无正当理由不接受传唤或者逃避传唤的人，可以强制传唤。《突发公共卫生事件应急条例》第33条规定，根据突发事件应急处理的需要，突发事件应急处理指挥部有权紧急调集人员、储备的物资、交通工具以及相关设施、设备；必要时，对人员进行疏散或者隔离，并可以依法对传染病疫区实行封锁。《海关法》第6条第1款第4项规定，在海关监管区和海关附近沿海沿边规定地区……检查走私嫌疑人的身体……当然，对于这些措施，法律应当明确具体的实施机关和期限，如果任何行政机关都可以采取限制公民人身自由的强制措施，又无期限限制，必将导致滥用，威胁到公民的宪法权利。

2. 查封场所、设施或者财物。查封，是指行政主体为了顺利地作出具体行政行为而对行政相对人的有关财物予以查实和封存的行为。例如，《审计法》第34条第1、2款规定，审计机关进行审计时，被审计单位不得转移、隐匿、篡改、毁弃会计凭证、会计账簿、财务会计报告以及其他与财政收支或者财务收支有关的资料，不得转移、隐匿所持有的违反国家规定取得的资产。审计机关对被审计单位违反前款规定的行为，有权予以制止；必要时，经县级以上人民政府审计机关负责人批准，有权封存有关资料和违反国家规定取得的资产；对其中在金融机构的有关存款需要予以冻结的，应当向人民法院提出申请。

3. 扣押财物。扣押是指行政主体对违禁物品等实施的强行留置的行为。例如，《海关法》第6条规定："海关可以行使下列权力：（一）检查进出境运输工具，查验进出境货物、物品；对违反本法或者其他有关法律、行政法规的，可以扣留……（三）查阅、复制与进出境运输工具、货物、物品有关的合同、发票、账册、单据、记录、文件、业务函电、录音录像制品和其他资料；对其中与违反本法或者其他有关法律、行政法规的进出境运输工具、货物、物品有牵连的，可以扣留……"

4. 冻结存款、汇款。冻结是指行政主体依法要求金融机构对行政相对人的存款和账号、汇款暂时停止业务的行为。例如，海关总署等《关于由银行协助海关追缴或冻结有关参与走私的单位存款的通知》第1条规定："凡海关发现有关单位在银行的存款是走私资金或非法所得的暴利，以及有重大走私嫌疑的单位在银行的存款，为了防止上述单位抢先提取或转移，可由县级以上（包括县级）海关出具正式公函，通知银行暂予冻结，待海关调查核实后，根据有关规定，予以处理……”

5. 其他行政强制措施，即法律、行政法规及地方性法规设定的除上述4类行政强制措施以外的措施，主要有：

第一，进入生产经营场所的强制检查。由于生产经营场所包括的范围很广，所以，行政主体在进行行政管理时，必须根据法律、行政法规的明确规定，在其职权范围内进行检查。例如，《矿山安全法》第35条规定，劳动行政主管部门的矿山安全监督人员有权进入矿山企业，在现场检查安全状况；发现有危及职工安全的紧急险情时，应当要求矿山企业立即处理。

第二，对产品或商品的强制检验。这是针对关系公共安全、生命财产安全、人身健康等的产品或商品，为保证其质量、消除危险而由法定行政主体所进行的强制行为。根据《农药管理条例》第53条，出厂销售未经质量检验合格并附具产品质量检验合格证的农药的，由县级以上地方人民政府农业主管部门责令改正，没收违法所得、违法生产的产品和用于违法生产的原材料等，违法生产的产品货值金额不足1万元的，并处1万元以上2万元以下罚款；货值金额1万元以上的，并处货值金额2倍以上5倍以下罚款；拒不改正或者情节严重的，由发证机关吊销农药生产许可证和相应的农药登记证。

第三，进入或处置土地、建筑物、住宅。这是在紧急状态下，为了公共利益而对行政相对人的财产权利的暂时侵犯。例如，《消防法》第45条第2款规定，火灾现场总指挥根据扑救火灾的需要，有权决定下列事项：利用临近建筑物和有关设施；为了抢救人员和重要物资，防止火势蔓延，拆除或者破损毗邻火灾现场的建筑物、构筑物或者设施等。

第四，临时紧急征用交通工具或其他财产。这也是在紧急情况下为了保护公共利益或公共安全而对行政相对人的财产强制临时使用的行为。例如，《破坏性地震应急条例》第25条规定，交通、铁路、民航等部门应当尽快恢复被损毁的道路、铁路、水港、空港和有关设施，并优先保证抢险救援人员、物资的运输和灾民的疏散；其他部门有交通运输工具的，应当无条件服从抗震救灾指挥部的征用或者调用。

第五，法律规定的其他强制措施。除了上述措施以外，法律（全国人大及其常委会制定的规范性文件）可以根据需要设立其他强制措施。例如，《集会游行示威法》第27条规定：“……不听制止的，人民警察现场负责人有权命令解散；拒不解散的，人民警察现场负责人有权依照国家有关规定决定采取必要手段强行驱散……人民警察可以将其强行带离现场……”

（三）行政强制措施设定权的分配

1. 法律的设定权。法律可以设定所有的行政强制措施。

2. 行政法规的设定权。尚未制定法律，且属于国务院行政管理职权事项的，行政法规可以设定除限制公民人身自由，冻结存款、汇款和应当由法律规定的行政强制措施以外的其他行政强制措施。

3. 地方性法规的设定权。尚未制定法律、行政法规，且属于地方性事务的，地方性法规可以设定查封场所、设施或者财物以及扣押财物的行政强制措施。

法律对行政强制措施的对象、条件、种类作了规定的，行政法规、地方性法规不得作出扩大规定。

法律中未设定行政强制措施的，行政法规、地方性法规不得设定行政强制措施。但是，法律规定特定事项由行政法规规定具体管理措施的，行政法规可以设定限制公民人身自由，冻结存款、汇款和应当由法律规定的行政强制措施以外的其他行政强制措施。

法律、法规以外的其他规范性文件不得设定行政强制措施。

（四）行政强制措施的实施程序

1. 行政强制措施的适用条件。行政机关在行政管理过程中，只有为制止违法行为、防止证据损毁、避免危害发生、控制危险扩大等时，才可以采取行政强制措施。违法行为情节显著轻微或者没有明显社会危害的，可以不采取行政强制措施。

2. 行政强制措施的实施主体。第一，行政强制措施由法律、法规规定的行政机关在法定职权范围内实施。实施行政强制措施权不得委托。第二，依据《行政处罚法》的规定行使相对集中行政处罚权的行政机关，可以实施法律、法规规定的与行政处罚权有关的行政强制措施。第三，行政强制措施应当由行政机关中具备资格的行政执法人员实施，其他人员不得实施。

3. 行政强制措施的一般程序。行政机关实施行政强制措施时，应当告知当事人作出行政强制措施决定的理由和依据，并告知当事人依法享有的权利。当事人有权陈述和申辩。

行政机关实施行政强制措施应当依照下列规定：除当场采取行政强制措施外，实施前须向行政机关负责人报告并经批准；由两名以上行政执法人员实施；出示执法身份证件；通知当事人到场；当场告知当事人采取行政强制措施的理由、依据以及当事人依法享有的权利、救济途径；听取当事人的陈述和申辩；制作现场笔录，现场笔录由当事人和行政执法人员签名或者盖章，当事人拒绝的，在笔录中予以注明；当事人不到场的，邀请见证人到场，由见证人和行政执法人员在现场笔录上签名或者盖章；法律、法规规定的其他程序。

4. 当场实施行政强制措施的程序。因情况紧急，需要当场实施行政强制措施的，行政执法人员应当在24小时内向行政机关负责人报告，并补办批准手续。行政机关负责人认为不应当采取行政强制措施的，应当立即解除。

5. 限制人身自由的实施程序。依照法律规定实施限制公民人身自由的行政强制措施，除应当遵守一般程序外，还应当遵守下列规定：当场告知或者实施行政强制措施后立即通知当事人家属实施行政强制措施的行政机关、地点和期限；在紧急情况下当场实施行政强制措施的，在返回行政机关后，立即向行政机关负责人报告并补办批准手续；法律规定的其他程序。

实施限制人身自由的行政强制措施不得超过法定期限。实施行政强制措施的目的已经达到或者条件已经消失的，应当立即解除。

违法行为涉嫌犯罪，应当移送司法机关的，行政机关应当将查封、扣押、冻结的财物一并移送，并书面告知当事人。

6. 查封、扣押的实施程序。查封、扣押应当由法律、法规规定的行政机关实施，其他任何行政机关或者组织不得实施。

查封、扣押限于涉案的场所、设施或者财物，不得查封、扣押与违法行为无关的场所、设施或者财物，不得查封、扣押公民个人及其所扶养家属的生活必需品。

当事人的场所、设施或者财物已被其他国家机关依法查封的，不得重复查封。

行政机关决定实施查封、扣押的，应当履行行政强制措施的一般程序，制作并当场交付查封、扣押决定书和清单。查封、扣押决定书应当载明下列事项：当事人的姓名或者名称、地址；查封、扣押的理由、依据和期限；查封、扣押场所、设施或者财物的名称、数量等；申请行政复议或者提起行政诉讼的途径和期限；行政机关的名称、印章和日期。查封、扣押清单一式2份，由当事人和行政机关分别保存。

查封、扣押的期限不得超过30日；情况复杂的，经行政机关负责人批准，可以延长，但是延长期限不得超过30日。法律、行政法规另有规定的除外。

延长查封、扣押的决定应当及时书面告知当事人，并说明理由。

对物品需要进行检测、检验、检疫或者技术鉴定的，查封、扣押的期间不包括检测、检验、检疫或者技术鉴定的期间。检测、检验、检疫或者技术鉴定的期间应当明确，并书面告知当事人。检测、检验、检疫或者技术鉴定的费用由行政机关承担。

对查封、扣押的场所、设施或者财物，行政机关应当妥善保管，不得使用或者损毁；造成损失的，应当承担赔偿责任。

对查封的场所、设施或者财物，行政机关可以委托第三人保管，第三人不得损毁或者擅自转移、处置。因第三人的原因造成的损失，行政机关先行赔付后，有权向第三人追偿。因查封、扣押发生的保管费用由行政机关承担。

行政机关采取查封、扣押措施后，应当及时查清事实，在《行政强制法》第25条规定的期限内作出处理决定。对违法事实清楚，依法应当没收的非法财物予以没收；法律、行政法规规定应当销毁的，依法销毁；应当解除查封、扣押的，作出解除查封、扣押的决定。

有下列情形之一的，行政机关应当及时作出解除查封、扣押决定：当事人没有违法行为；查封、扣押的场所、设施或者财物与违法行为无关；行政机关对违法行为已经作出处理决定，不再需要查封、扣押；查封、扣押期限已经届满；其他不再需要采取查封、扣押措施的情形。

解除查封、扣押应当立即退还财物；已将鲜活物品或者其他不易保管的财物拍卖或者变卖的，退还拍卖或者变卖所得款项。变卖价格明显低于市场价格，给当事人造成损失的，应当给予补偿。

7. 冻结的实施程序。冻结存款、汇款应当由法律规定的行政机关实施，不得委托给其他行政机关或者组织；其他任何行政机关或者组织不得冻结存款、汇款。

冻结存款、汇款的数额应当与违法行为涉及的金额相当；已被其他国家机关依法冻结的，不得重复冻结。

行政机关依照法律规定决定实施冻结存款、汇款的，在实施前须向行政机关负责人报告并经批准，由两名以上行政执法人员实施，出示执法身份证件、制作现场笔录，并向金融机构交付冻结通知书。金融机构接到行政机关依法作出的冻结通知书后，应当立即予以冻结，不得拖延，不得在冻结前向当事人泄露信息。法律规定以外的行政机关或者组织要求冻结当事人存款、汇款的，金融机构应当拒绝。

依照法律规定冻结存款、汇款的，作出决定的行政机关应当在3日内向当事人交付冻结决定书。冻结决定书应当载明下列事项：当事人的姓名或者名称、地址；冻结的理由、依据和期限；冻结的账号和数额；申请行政复议或者提起行政诉讼的途径和期限；行政机关的名称、印章和日期。

自冻结存款、汇款之日起30日内，行政机关应当作出处理决定或者作出解除冻结决定；情况复杂的，经行政机关负责人批准，可以延长，但是延长期限不得超过30日。法律另有规定的除外。延长冻结的决定应当及时书面告知当事人，并说明理由。

有下列情形之一的，行政机关应当及时作出解除冻结决定：当事人没有违法行为；冻结的存款、汇款与违法行为无关；行政机关对违法行为已经作出处理决定，不再需要冻结；冻结期限已经届满；其他不再需要采取冻结措施的情形。

行政机关作出解除冻结决定的，应当及时通知金融机构和当事人。金融机构接到通知后，应当立即解除冻结。

行政机关逾期未作出处理决定或者解除冻结决定的，金融机构应当自冻结期限届满之日起解除冻结。

四、行政强制执行

（一）行政强制执行的含义与特征

行政强制执行是指行政机关或者行政机关申请人民法院，对不履行行政决定的公民、法人或者其他组织，依法强制履行义务的行为。行政强制执行的主要特征是：

1. 不履行应履行的义务，是适用行政强制执行的前提条件。行政强制执行措施，只有在构成了义务不履行的条件下，法律明确规定可以采取行政强制措施时才能采取。不构成义务不履行的，如对于未到限定期限的义务，就不能采取行政强制执行措施。

2. 行政强制执行的主体是行政机关或人民法院。由谁适用行政强制执行的问题，必须依据法律规定。一般情况下，对于紧急的、应及时采取行政强制执行的行政行为，都由行政机关负责；而对于经过一段时间不会影响行政行为效果的行政强制执行，出于对行政相对人权益的保护，由行政机关申请人民法院予以适用。

3. 行政强制执行的目的是实现义务的履行。无论由人民法院负责，还是由行政机关负责，行政强制执行的目的都是实现法定义务的履行。人民法院在接受行政机关的行政强制执行申请时，应对行政行为的合法性进行审查。如合法，应按照行政行为的内容予以强制执行；如不合法，则可以拒绝执行。

4. 行政强制执行的对象具有广泛性和法定性。行政强制执行可以针对一切阻碍行政行为执行的对象以及应执行的一切对象进行。行政强制执行的对象可以是物，如强制划拨；可以是行为，如专利强制许可；也可以是人，如强制拘留。

行政强制执行的具体实施方式，必须由法律、法规明确规定，执行机关必须严格按照法定形式实施，不得任意创新或更改。①

5. 在行政强制执行中不得进行执行和解。对于义务主体——行政相对人来说，只有一个选择，即履行其应履行的义务。对于行政权力享有者——行政主体来说，行使行政权力既是权力又是义务，必须依法行使，不得放弃或自由处置。与民事执行不同，在行政强制执行过程中不允许进行执行和解。

（二）行政强制执行的种类

1. 根据法定方式，可分为加处罚款或者滞纳金；划拨存款、汇款；拍卖或者依法处理查封、扣押的场所、设施或者财物；排除妨碍、恢复原状；代履行；其他强制执行方式。

---

① 如《海关法》第 93 条规定的强制抵缴，《个人所得税代扣代缴暂行办法》规定的强制扣缴，2001 年《税收征收管理法》第 32 条等规定的滞纳金，《土地管理法》第 76 条、第 77 条规定的责令退还，《专利法》第六章规定的专利实施的强制许可，《计量法》第 9 条规定的强制检定，《治安管理处罚法》规定的强制传唤、强制拘留，《兵役法》规定的强制履行，以及《出境入境管理法》规定的遣送出境等。

2. 根据执行机关，可分为行政机关强制执行和申请人民法院强制执行。

3. 根据执行对象，可分为对物（财产）的执行、对行为的执行和对人身自由的执行。

4. 根据执行手段，可分为间接强制（又分为代履行和执行罚）执行和直接强制执行。

（三）行政强制执行的设定权

《行政强制法》第13条第1款规定，行政强制执行由法律设定。

（四）行政强制执行的原则①

1. 依法执行的原则。即行政强制执行必须严格依照法律的规定进行。首先，执行机关必须合法，无执行权的机关和组织均不得强制执行。其次，执行活动必须有法律依据，没有法律依据便不能强制执行。最后，行政强制执行必须依照法定程序进行。②

2. 说服教育和强制相结合的原则。在采取行政强制执行措施前，必须告诫当事人，通过说服教育工作，给予当事人依法自觉履行法定义务的机会。行政强制执行，既要有严肃性、权威性，又要对当事人做必要的说服教育工作，在说服教育后当事人仍不自觉履行法定义务的，方才实行强制执行。

不过，值得注意的是，坚持寓教育于强制执行中的原则，并不意味着说服教育是强制执行的法定程序。

3. 及时、准确、手段正当的原则。法律、法规规定了时限的，行政强制执行必须在法定期限内进行，不得逾期；法律、法规没有就时限作出规定的，执行机关应该在不使相对人隐藏、转移、变卖、毁损强制执行标的物或不使其拒不履行的行为发展成为违法犯罪行为的适当期限内，采取强制执行措施。行政强制执行必须准确，证据确凿，执行手段合理、公平、适当，以取得最佳社会效果。

4. 执行标的有限的原则。对财产和金钱给付义务的强制执行，应该有一定的范围和限度。首先，不得超出被执行人应当履行义务的范围。其次，对于负有法定义务而拒不履行的，应当保留被执行人及其所扶养家属的生活必需费用和生活必需品，以不影响被执行人及其所扶养家属的最低生活标准为限。在某些复杂情况下，采取强制执行措施时难以准确判断所涉及财产的价值，强制执行后才发现已超出被执行人应当履行义务的范围的，应当将多余部分退还被执行人。

5. 强制与预防相结合的原则。通过强制措施，可以避免拒不履行法定义务的行为继续下去，避免其发展成为违法犯罪行为，给国家和社会公共利益造成更大的危害。但是，一旦实施行政强制执行，难免造成行政主体和行政相对人之间某种程度上的对立、抵触，不利于社会稳定发展，因此，在日常的行政活动中，应加强调查研究、分析预测，堵塞或减少拒不履行法定义务的行为。

6. 保护当事人合法权益的原则。在查封、扣押财产时，或者在强制迁出房屋、强制拆除违法建筑、强制退出土地时，应当通知被执行人或者其成年家属（法人或其他组织的法定代表人或者主要负责人）到场。应该赋予被执行人陈述、辩论的权利，必要时，也应该组织一

---

① 参见杨海坤编著：《行政诉讼法学》，中央广播电视大学出版社1994年版，第328～330页；王连昌主编：《行政法学》，中国政法大学出版社1994年版，第234～235页。

② 例如，强制迁出房屋、强制拆除违章建筑或者强制退出土地，必须依法签发公告；对于查封、扣押的财产，必须造具清单；等等。

定范围的听证。

7. 协助执行的原则。在行政强制执行中，若执行标的物不由被执行人占有或持有，而由案外的有关单位或者个人占有、持有或者保存，则执行机关应当通知有关单位或者个人协助执行，有关单位或者个人有义务按照通知积极协助执行。如果有义务协助执行的有关单位或者个人，无故推脱、拒绝或者妨碍执行的，则要依法追究责任。

（五）行政强制执行的程序

1. 一般规定。行政机关依法作出行政决定后，当事人在行政机关决定的期限内不履行义务的，具有行政强制执行权的行政机关应依照《行政强制法》的规定强制执行。

行政机关作出强制执行决定前，应当事先催告当事人履行义务。催告应当以书面形式作出，并载明下列事项：履行义务的期限；履行义务的方式；涉及金钱给付的，应当有明确的金额和给付方式；当事人依法享有的陈述权和申辩权。

当事人收到催告书后有权进行陈述和申辩。行政机关应当充分听取当事人的意见，对当事人提出的事实、理由和证据，应当进行记录、复核。当事人提出的事实、理由或者证据成立的，行政机关应当采纳。

经催告，当事人逾期仍不履行行政决定，且无正当理由的，行政机关可以作出强制执行决定。强制执行决定应当以书面形式作出，并载明下列事项：当事人的姓名或者名称、地址；强制执行的理由和依据；强制执行的方式和时间；申请行政复议或者提起行政诉讼的途径和期限；行政机关的名称、印章和日期。

在催告期间，对于有证据证明有转移或者隐匿财物迹象的，行政机关可以作出立即强制执行决定。

催告书、行政强制执行决定书应当直接送达当事人。当事人拒绝接收或者无法直接送达当事人的，应当依照《民事诉讼法》的有关规定送达。

有下列情形之一的，中止执行：当事人履行行政决定确有困难或者暂无履行能力的；第三人对执行标的主张权利，确有理由的；执行可能造成难以弥补的损失，且中止执行不损害公共利益的；行政机关认为需要中止执行的其他情形。中止执行的情形消失后，行政机关应当恢复执行。对于没有明显社会危害，当事人确无能力履行，中止执行满 3 年未恢复执行的，行政机关不再执行。

有下列情形之一的，终结执行：公民死亡，无遗产可供执行，又无义务承受人的；法人或者其他组织终止，无财产可供执行，又无义务承受人的；执行标的灭失的；据以执行的行政决定被撤销的；行政机关认为需要终结执行的其他情形。

在执行中或者执行完毕后，据以执行的行政决定被撤销、变更，或者执行错误的，应当恢复原状或者退还财物；不能恢复原状或者退还财物的，依法给予赔偿。

实施行政强制执行，行政机关可以在不损害公共利益和他人合法权益的情况下，与当事人达成执行协议。执行协议可以约定分阶段履行；当事人采取补救措施的，可以减免加处的罚款或者滞纳金。执行协议应当履行，当事人不履行执行协议的，行政机关应当恢复强制执行。

行政机关不得在夜间或者法定节假日实施行政强制执行，但是，情况紧急的除外。行政机关不得通过采取停止供水、供电、供热、供燃气等方式迫使当事人履行相关行政决定。

对违法的建筑物、构筑物、设施等需要强制拆除的，应当由行政机关予以公告，限期当事人自行拆除。当事人在法定期限内不申请行政复议或者提起行政诉讼，又不拆除的，行政机关可以依法强制拆除。

2. 金钱给付义务的执行程序。行政机关依法作出金钱给付义务的行政决定，当事人逾期不履行的，行政机关可以依法加处罚款或者滞纳金。加处罚款或者滞纳金的标准应当告知当事人。加处罚款或者滞纳金的数额不得超出金钱给付义务的数额。

行政机关实施加处罚款或者滞纳金超过30日，经催告当事人仍不履行的，具有行政强制执行权的行政机关可以强制执行。行政机关实施强制执行前，需要采取查封、扣押、冻结措施的，依照行政强制法关于行政强制措施的规定办理。

没有行政强制执行权的行政机关应当申请人民法院强制执行。但是，当事人在法定期限内不申请行政复议或者不提起行政诉讼，经催告仍不履行的，在实施行政管理过程中已经采取查封、扣押措施的行政机关，可以将查封、扣押的财物依法拍卖，抵缴罚款。

划拨存款、汇款应当由法律规定的行政机关决定，并书面通知金融机构。金融机构接到行政机关依法作出划拨存款、汇款的决定后，应当立即划拨。法律规定以外的行政机关或者组织要求划拨当事人存款、汇款的，金融机构应当拒绝。

依法拍卖财物的，由行政机关委托拍卖机构依照《拍卖法》的规定办理。

划拨的存款、汇款以及拍卖和依法处理所得的款项应当上缴国库或者划入财政专户。任何行政机关或者个人不得以任何形式截留、私分或者变相私分。

3. 代履行的执行程序。行政机关依法作出要求当事人履行排除妨碍、恢复原状等义务的行政决定，当事人逾期不履行，经催告仍不履行，其后果已经或者将危害交通安全、造成环境污染或者破坏自然资源的，行政机关可以代履行，或者委托没有利害关系的第三人代履行。

代履行应当遵守下列规定：代履行前送达决定书，代履行决定书应当载明当事人的姓名或者名称、地址，代履行的理由和依据、方式和时间、标的、费用预算以及代履行人；代履行3日前催告当事人履行，当事人履行的，停止代履行；代履行时，作出决定的行政机关应当派员到场监督；代履行完毕，行政机关到场监督的工作人员、代履行人和当事人或者见证人应当在执行文书上签名或者盖章。代履行的费用按照成本合理确定，由当事人承担，但是，法律另有规定的除外。代履行不得采用暴力、胁迫以及其他非法方式。

需要立即清除道路、河道、航道或者公共场所的遗洒物、障碍物或者污染物，当事人不能清除的，行政机关可以决定立即实施代履行；当事人不在场的，行政机关应当在事后立即通知当事人，并依法作出处理。

【案例9-4】

2014年12月底，A某未经有关部门批准，擅自在省道207线某段东侧的公路建筑控制区内修建自用房屋。河南省鹿邑县公路局巡查发现该行为后作出决定，要求A某在2015年1月9日前自行拆除该违法建筑物。至截止日，A某仍未履行该决定，并乘巡查人员离开之机继续建房。同日，鹿邑县公路局向A某送达了交通运输行政强制执行催告书，催告A某于1月18日前自行拆除尚未建成的房屋。至1月18日，A某仍未履行该决定。3月2日，鹿邑县公路局作出要求A某自行拆除违法建筑物的公告和交通运输行政强制措施决定，要求A某在7月6日前自行拆除尚未建成的房屋。在公告期内，A某乘巡查人员离开之机又继续实施建房行为。4月22日，鹿邑县公路局以A某违反公告要求为由，采取代履行强制执行措施，强制拆除A某在公路建筑控制区内的尚未建成的房屋。对此，A某不服，提起行政诉讼，请求确认该代履行行为违法并对其予以国家赔偿。

河南省鹿邑县人民法院审理后认为，A某所建房屋系违法建筑物，应予拆除，且在公告拆除期内仍然继续违法施工，因此，鹿邑县公路局可以提前终结公告，实施代履行以强制拆除违法建筑物，判决驳回A某的诉讼请求。A某不服一审判决，提起上诉。

周口市中级人民法院审理后认为，A某建房违法且在公告拆除期内继续违法施工，公路管理机构有权提前终结公告，实施代履行，遂判决驳回上诉，维持原判。①

该案中，由于A某无权在公路建筑控制区内修建自用建筑物，鹿邑县公路局依法责令A某拆除或者以代履行方式拆除该建筑物。为了保护相对人的利益，鹿邑县公路局在强制拆除违法建筑物前依照《行政强制法》提前告知A某，要求其自行拆除，然而A某置若罔闻，继续违法施工。由于A某继续施工的行为已经危及公共交通安全，鹿邑县公路局可以提前终结公告，实施代履行。

4. 申请人民法院强制执行的程序。当事人在法定期限内不申请行政复议或者提起行政诉讼，又不履行行政决定的，没有行政强制执行权的行政机关可以自期限届满之日起3个月内，依照相关法律规定申请人民法院强制执行。

行政机关申请人民法院强制执行前，应当催告当事人履行义务。催告书送达10日后当事人仍未履行义务的，行政机关可以向所在地有管辖权的人民法院申请强制执行；执行对象是不动产的，向不动产所在地有管辖权的人民法院申请强制执行。

行政机关向人民法院申请强制执行的，应当提供下列材料：强制执行申请书；行政决定书及作出决定的事实、理由和依据；当事人的意见及行政机关催告情况；申请强制执行标的的情况；法律、行政法规规定的其他材料。强制执行申请书应当由行政机关负责人签名，加盖行政机关的印章，并注明日期。

人民法院接到行政机关强制执行的申请后，应当在5日内受理。行政机关对人民法院不予受理的裁定有异议的，可以在15日内向上一级人民法院申请复议，上一级人民法院应当自收到复议申请之日起15日内作出是否受理的裁定。

人民法院对行政机关强制执行的申请进行书面审查，对符合代履行条件，且行政决定具备法定执行效力的，除法律另有规定外，人民法院应当自受理之日起7日内作出执行裁定。人民法院发现有下列情形之一的，在作出裁定前可以听取被执行人和行政机关的意见：明显缺乏事实根据的；明显缺乏法律、法规依据的；其他明显违法并损害被执行人的合法权益的。人民法院应当自受理之日起30日内作出是否执行的裁定。裁定不予执行的，应当说明理由，并在5日内将不予执行的裁定送达行政机关。行政机关对人民法院不予执行的裁定有异议的，可以自收到裁定之日起15日内向上一级人民法院申请复议，上一级人民法院应当自收到复议申请之日起30日内作出是否执行的裁定。

因情况紧急，为保障公共安全，行政机关可以申请人民法院立即执行。经人民法院院长批

① 详参河南省周口市中级人民法院（2015）周行终字第105号。

准，人民法院应当自作出执行裁定之日起5日内执行。

行政机关申请人民法院强制执行，不缴纳申请费。强制执行的费用由被执行人承担。人民法院以划拨、拍卖方式强制执行的，可以在划拨、拍卖后将强制执行的费用扣除。依法拍卖财物的，由人民法院委托拍卖机构依照《拍卖法》的规定办理。划拨的存款、汇款以及拍卖和依法处理所得的款项应当上缴国库或者划入财政专户，不得以任何形式截留、私分或者变相私分。

第三节 行政征收与征用

一、行政征收

在市场经济条件下，政府的经济职能就是“收”与“支”，政府通过各种手段取得公共财政收入，然后利用这些资金向社会提供各种公共产品和公共服务。在诸多取得公共财政收入的手段中，行政征收是最主要的，因而法律上也需要对这类行为进行规范。

（一）行政征收的概念

一般认为，行政征收是指行政主体根据法律法规的规定，以强制方式无偿取得相对人财产所有权的行为。行政征收行为具有以下三个基本特征：

1. 强制性。行政征收机关实施行政征收行为，本质上是履行国家赋予的征收权，这种权力具有强制他人服从的效力。也就是说，在征收对象不自愿缴纳时，行政征收机关可以通过强制手段迫使其缴纳。

2. 无偿性。国家为了履行其管理社会的职能，必须耗费一定的物质资财，而国家行政机关本身不直接从事生产经营活动，因而国家行政机关只能通过征收来取得所需要的物质资财。相对人的财产一旦被国家征收之后，其财产的所有权就转移到国家，归国家所有。因此，行政征收是无偿的，国家无需向被征收对象支付任何报酬。

3. 法定性。由于征收涉及相对人的财产权，因而还应具有法定性，即应按法律规定预先确定的标准收取。行政征收必然会对相对人的经济利益造成侵害，因而为了防止这一权力的滥用，必须以法律对其加以严格限制，不能由行政征收机关随意决定行政征收的标准。

（二）行政征收与相关概念的区别

为了进一步理解行政征收的内涵，还有必要将其与几个相近的概念区分开：

1. 行政征收与公用征收。公用征收是行政主体根据公共利益的需要，按照法律规定的程序并在给予相应补偿的情况下以强制方式取得行政相对人财产权益的一种行政行为。行政征收与公用征收同是行政主体取得相对人财产所有权的强制手段，但它们之间的区别却也是明显的，具体表现在以下几个方面：（1）行政征收是无偿的，而公用征收则是有偿的，甚至可以说行政补偿是公用征收实施的前提；（2）行政征收是相对固定的，行政主体必须严格按照法律规定的标准进行征收，而公用征收则不具有固定性，只要基于社会公共利益的实际需要，就可以实施；（3）行政征收的对象一般指向金钱、实物等动产，而公用征收的对象往往多为土地、房屋等不动产。

2. 行政征收与行政没收。行政征收与行政没收在表现形式及法律后果上都有相同之处，都是行政主体以强制方式无偿取得行政相对人财产的所有权，但二者之间的区别也比较明显：

（1）行政征收是一类独立的具体行政行为，而行政没收则属于行政处罚行为的一种表现形式；（2）行政征收的前提是行政相对人负有行政法上的缴纳义务，而行政没收的前提则是行政相对人违反了行政法律规范的规定；（3）行政征收一般具有连续性特点，只要据以征收的事实不变，征收行为可以一直延续下去，而行政没收则是一次性的。

3. 行政征收与行政征购。行政征购是行政主体以合同的方式取得行政相对人财产所有权的一种行政行为。在我国，粮食定购合同就是一种十分典型的行政征购。行政征购关系是一种特殊的买卖关系，在征购中，相对人的意思表示受到一定程度的限制，在一般情况下，行政征购关系的发生、变更和消灭带有一定的强制性。行政征收与行政征购的区别具体体现在：（1）行政征收是一种单方行政行为，而行政征购则属于双方行政行为；（2）在行政征收关系中，行政主体与相对人之间的权利义务是不对等的，而在行政征购关系中，双方的权利义务则是对等的。

（三）行政征收的种类

我国行政征收的对象包括税和费两个方面，因此我国的行政征收大体上由行政征税和行政征费构成。

1. 行政征税。行政征税又称为税收征收，是指国家税务行政主体行使征收权，依照税法规定的标准，强制、无偿地向纳税义务人收取税款的行政行为。税收征收是国家无偿参与国民收入的分配、取得公共财政收入的一种方式。税收征收是行政征收最主要的方面，由税法规范和调整。税收征收具有强制性、无偿性和固定性等特点。按照征税对象的不同，可分为流转税、资源税、所得税、财产税及行为税等；按照税收支配权的不同，可分为中央税、地方税和中央地方共享税。税收属于一般征收，用于国家的一般支出，体现了“取之于民，用之于民”的宗旨。

2. 行政征费。行政征费又称为行政收费，是指行政主体直接行使征收权，向特定的公民、法人或者其他组织强制收取一定额度的费用的行政行为。相比较已经为法律所严格规范的税收征收来说，行政收费更加复杂，在实践中也更显混乱。行政收费具有收费主体分散性、收费目的多重性、收费依据多层次性等特点。一般来说，常见的行政收费包括以下几类：一是以筹集建设资金为目的的收费，如公路养路费、机场建设费等；二是以保护自然资源和环境为目的的收费，如林业保护费、污水排污费等；三是以发展教育、社会保障等公共事业为目的的收费，如教育事业费附加、养老保险基金等。鉴于我国的行政收费广泛存在于各个领域，名目繁多，且很多属于乱收费，因而需要尽快通过立法进行规制。解决乱收费的关键在于把收费纳入法制轨道：第一，收费涉及公民的财产权，因此，应该和税收一样，其设定权属于法律，经法律授权，法规、规章才能取得设定权。和行政处罚遵循的原则一样，规章以下的规范性文件一律不得设定收费。第二，必须按特别支出由特别收入予以满足的原则，划清收费与税收的界线，清查我国的收费项目，应该费改税的，加快改变进程。第三，收费必须由法定的有收费权的行政机关收取。第四，收费必须遵循严格的法定程序。公民、法人或其他组织对收费决定不服的，有权寻求司法救济。①

二、行政征用

一般认为，行政征用是行政主体为了公共利益的需要，依照法定程序强制使用行政相对人

① 关于乱收费法律规制的进一步研究，可参见王克稳：《关于乱收费的法律思考》，《行政法学研究》2004年第1期。

财产或劳务的一种行政行为。在我国，是否有必要将征收与征用这两个概念区分开来，理论上有不同的看法，存在征收独立说和征收征用混合说的分歧。① 有的教科书还认为行政征用属于须补偿的行政征收的一种。② 我们认为，行政征用与行政征收及公用征收虽然都是对行政相对人财产权的限制，但为了更好地体现对相对人财产权的保护，必须对这些公权力运作的具体情形进行细致的区分。特别是在“征收”与“征用”分别载入 2004 年宪法修正案之后，更有必要在理论上将行政征用视为一类独立的具体行政行为。③

行政征收与行政征用的主要区别体现在：（1）行政征收的结果是取得被征收财产的所有权，而行政征用的结果则是取得被征收财产或劳力的使用权；（2）行政征收的对象一般为财产，且大多为金钱，而行政征用的对象除了财产外，还包括劳务；（3）行政征收是无偿的，行政主体不负有补偿的义务，而行政征用则是有偿的，行政主体必须在给予相应补偿的基础上才能实施行政征用。

虽然都是基于公共利益的需要且都需要给予相对人补偿，但行政征用与公用征收还是存在区别的，这些区别主要体现在：（1）公用征收的结果是财产所有权的转移，而行政征用则是临时的，其结果仅仅是财产使用权的暂时转移；（2）公用征收作为国家对财产权限制最为严厉的措施，往往给予的补偿较高，而行政征用的补偿额往往较低。

【案例 9-5】

2002 年 5 月，江苏省南京市美亭化工厂（位于江宁区东山镇）厂长杨春庭接到江宁区建设局下属部门——科学园发展公司的拆迁通知，双方因分歧太大未能达成拆迁补偿协议，杨春庭只好依法向区建设局提起行政裁决申请。同年 7 月 31 日，江宁区建设局依据 1996 年制定的《江宁县城镇房屋拆迁管理暂行办法》（下称《暂行办法》），裁决科学园发展公司给予化工厂拆迁补偿安置费用 135 万余元。区建设局依据的《暂行办法》，是在 1996 年依据南京市的拆迁办法制定的。2000 年 3 月，南京市已制定了新的拆迁办法，同时废止 1996 年的拆迁办法。2001 年 11 月南京市又制定了新的拆迁办法并颁布实施，而江宁区政府却一直坚持延用 7 年前的《暂行办法》。按南京市 2001 年的拆迁办法核算，应补偿化工厂 447 万元；按南京市 2000 年的拆迁办法，应补偿 303 万元；而按江宁区 1996 年的《暂行办法》，却只需补偿 135 万元。对于区建设局的裁决，杨春庭认为极不合理。2003 年 3 月 24 日，他代表化工厂以江宁区政府为被告向南京市中级人民法院起诉，理由是后者不按上位法规及时修改房屋拆迁管理办法致使自己损失惨重。此案被称为中国首例公民状告政府行政“立法”不作为案。该案涉及土地征收征用的补偿标准问题，也是目前我国行政审判实践中涌现出的一类典型行政案件。一般来说，在这类案件的审理过程中，法院应当着重审查两个关键点：一是征收、征用是否确实基于“公共利益”的需要；二是补偿是否“合理”。

---

① 参见费安玲：《对不动产征收的私法思考》，《政法论坛》2003 年第 1 期。

② 参见杨解君：《行政法学》，中国方正出版社 2002 年版，第 329 页。

③ 2004 年《宪法修正案》将《宪法》第 10 条第 3 款“国家为了公共利益的需要，可以依照法律规定对土地实行征用”修改为“国家为了公共利益的需要，可以依照法律规定对土地实行征收或者征用并给予补偿”。

第四节　行政调查

作为一种重要的信息采集和事实认定的过程，行政调查几乎贯穿于所有的行政活动之中，在整个行政程序的发展进程中居于“承上启下”的重要地位。同时，作为一种行使行政权的行为，行政调查也存在着侵犯行政相对人合法权益的可能性。因此，深入研究行政调查行为具有重要的现实意义。

一、行政调查概述

（一）行政调查的概念

在外国行政法上，“行政调查”是一个具有多种意义的概念。在英国，与“行政调查”相对应的概念应当是最普通的调查（inquiry）。这种意义上的调查包括行政当局所实施的所有为适用法律而收集证据的活动，包括立法性调查、执法性调查和司法性调查，其程序也是五花八门，从最正式的听证会调查到最随便的电话随访。事实上，英国行政法上的“行政调查”特指行政公开调查（public inquiry），尤其是指根据裁判法与调查法所进行的法定的公开调查。① 在美国，行政调查被当做行政机关在行使其他行政权力之前而进行的一种取得信息的手段，而将纯粹的资料收集活动排除在外。② 在日本，行政调查一般是指为了实现行政目的，由行政主体依据其职权，对一定范围内的行政相对人进行的，能够影响该相对人权益的检查、了解等信息收集活动。③ 虽然行政调查的意义在日本行政法上获得了广泛的认同，但学者们在行政调查概念的定位上却存在诸多分歧，有的认为行政调查是与行政处分、行政命令等相并列的一类行政行为；有的认为行政调查是行政过程的一个环节，是各种行政行为都需要使用的共同制度；有的则认为行政调查是作成行政处分的先行程序；还有的认为行政调查是各式各样的资讯收集活动。④ 由此可见，国外行政法上的行政调查的范围较为宽泛，不仅适用于具体事件的处理过程之中，而且还适用于普遍规则的制定过程之中。

在我国，行政调查一直都没有享受到应有的“理论待遇”，在绝大多数行政法学教材中甚至都没有明确的“行政调查”一词。目前，通行的行政法学教科书往往将行政调查视为行政检查、行政监督或行政监督检查行为的一种具体方式，而不将其作为一类独立的行政活动看待。⑤ 应该说，这种认识是不甚确切的。行政调查与行政检查是两个既有联系又存在严格区分的概念，后者通常是指一般意义上的例行检查，其目的在于掌握行政相对人遵守法律、法规的情况。但在行政程序的运行过程中，行政调查却是一个必经的阶段，而对特定事项的检查则被视为行政调查的一种具体措施。因此，即使不能极端地说行政检查是行政调查的下位概念，但至少也不能武断地否认行政调查行为的独立性，甚至片面地以行政检查的研究而取代对行政调查的研究。

---

① 参见张越编著：《英国行政法》，中国政法大学出版社 2004 年版，第 536 页。

② 参见王名扬：《王名扬全集②：美国行政法》（上），北京大学出版社 2016 年版，第 242 页。

③ 参见杨建顺：《日本行政法通论》，中国法制出版社 1998 年版，第 500~501 页。

④ 参见洪文玲：《行政调查与法之制约》，学知出版社 1998 年版，第 27 页。

⑤ 参见罗豪才主编：《行政法学》（新编本），北京大学出版社 1996 年版，第 198 页；应松年主编：《行政法学新论》，中国方正出版社 1999 年版，第 302 页；应松年主编：《当代中国行政法》（上卷），中国方正出版社 2005 年版，第 822 页。

我国行政法上的行政调查概念不宜界定得过于宽泛，否则其法律意味将逐渐丧失。传统行政法学之所以对行政行为格外关注，原因就在于行政行为是国家与公民之间的联系纽带，正是通过行政行为的作出，才使得公民的权利义务发生相应的变化。也就是说，行政行为的作出有可能侵犯到公民的合法权益，因而需要行政法加以规范和引导。因此，像国外那种纯粹的收集信息活动或者为了制定某项公共行政政策（如制定行政法规、拟订行政计划等）而实施的调查活动就不宜定位为专门的行政调查行为。正是基于这种认识，我们将行政调查行为作如下定义：行政主体在行政程序开启之后、行政决定作出之前，为了查明案件事实依据职权所进行的资料收集、证据调取的活动。无论行政程序是由行政相对人的申请而启动还是因行政主体依据职权而启动，也无论行政主体将要作出消极的行政制裁还是作出积极的行政许可，都必须进行相应的调查活动。正所谓“没有调查就没有发言权”，行政主体在没有查清案件所涉及的基本事实之前，就不能作出行政决定。例如，按照我国《食品安全法》第 16 条规定食品安全风险监测结果表明可能存在食品安全隐患的，县级以上人民政府卫生行政部门应当及时将相关信息通报同级食品药品监督管理等部门，并报告本级人民政府和上级人民政府卫生行政部门。食品药品监督管理等部门应当组织开展进一步调查。对行政调查概念的理解应着重把握以下几个方面：

1. 行政调查是行政主体所实施的行为。在实践中，从事一般调查活动的主体很多，举凡国家机关、社会组织及公民个人都可以基于特定的目的展开相应的调查活动。然而，作为一类行政活动的行政调查却只能由专门的主体进行。除了行政主体以外，其他任何组织或者个人都不具有行政调查的主体资格。在我国，这类主体主要包括国家行政机关及法律、法规、规章授权的组织，前者如公安机关对治安案件的调查，后者如高等学校对学生违纪情况的调查。一般来说，行政调查活动都应当由特定的行政主体亲自实施。如果确有必要（如被调查的对象在外地等），行政主体也可以委托其他行政主体代为调查。

2. 行政调查是行政主体依据职权主动作出的行为。作为行政程序的指挥者，为了彻底弄清行政案件所涉及的事实，行政主体既不需要以行政相对人的调查申请为前提，也不需要事前征得行政相对人的同意，而是直接根据自己所享有的行政职权来实施调查活动。一般来说，任何一个行政主体在其职权管辖范围之内都享有相应的行政调查权。当然，行政主体行使行政调查权或者履行行政调查职责都应当在程序、对象、方式等方面受到法律的约束，否则，也需要承担相应的法律责任。

3. 行政调查的目的是为了查清与案件有关的事实。事实清楚是行政主体作出一切行政决定的前提，而行政调查则是掌握案件事实的必由之路。正如日本行政法学者盐野宏所言：“和没有理由的行政决定是不存在的一样，可以说没有调查先行的行政决定也是不存在的。”[①] 在行政程序的运行过程中，行政调查的根本目的就是收集行政证据，为最终行政决定的作出提供事实基础。当然，行政调查的结果可能会引起行政处罚、行政许可、行政奖励等相应的行政决定，也可能不引起任何的行政决定。例如，根据我国《行政处罚法》第 38 条的规定，在调查终结之后，行政机关的负责人应当根据不同的调查结果分别作出给予行政处罚、不予行政处罚、不得行政处罚及移送司法机关等四种不同的处理。

---

① ［日］盐野宏：《行政法总论》，杨建顺译，北京大学出版社 2008 年版，第 170 页。

4. 行政调查的对象是作为行政相对人的公民、法人或者其他组织。一般来说，行政调查都是针对与行政相对人有关的场所、物品甚至人身所实施的。至于行政主体为了实现特定的行政目的而在其内部所展开的相关调查活动则不属于行政调查范围之内。

（二）行政调查的基本特征

作为行政程序中的一个重要环节，行政调查行为具有如下四个鲜明的特征：

1. 附属性。行政调查的附属性是指行政调查行为本身只是一种手段，并不是最终的目的。也就是说，行政调查往往附着于一个独立的行政决定之上，行政主体实施调查行为旨在查清案件的事实真相，从而为最终行政决定的作出奠定事实基础。从这个意义上来说，行政调查就明显区别于作为一种独立行为存在的行政检查（如公安消防部门在节假日前定期组织的消防设施检查）以及行政主体所实施的纯粹的资料收集活动（如卫生行政部门对某种疾病发病情况的调查）。

2. 程序性。行政调查的程序性是指行政调查行为存在于行政程序的发展过程之中，是行政程序的一个特定阶段。行政调查行为本身也是由一系列的程序要素所构成的。因此，行政主体只有在行政程序的进行过程中才能实施调查行为，而行政程序终结之后的任何形式的“补充”调查行为都是不能被允许的。这是因为，“先取证后裁决”是行政程序法对行政主体的最起码的要求之一，行政程序已经终结之后的任何调查之举均违反了这一基本精神。

3. 裁量性。行政调查的裁量性是指行政主体可以根据案件的具体情况选择最适宜的方式实施调查活动。众所周知，行政调查的目的是为了查清案件的事实真相。为此，法律上为行政主体设置了多种不同的调查取证方式。就行政主体而言，必须根据具体案情的不同，选择既有助于查清事实又不至于严重影响行政相对人合法权益的方式。例如，根据我国《行政处罚法》第 37 条第 2 款的规定，行政机关在收集证据时，可以采取抽样取证的方法；在证据可能灭失或者以后难以取得的情况下，经行政机关负责人批准，可以先行登记保存。很显然，对于什么情况下需要抽样取证、什么情况下需要对证据进行登记保存，都应当由行政机关自由裁量。

4. 间接影响权益性。行政调查的间接影响权益性是指行政调查行为本身并不会对行政相对人的实体权利义务产生直接的影响，因为调查仅仅是为最终的行政决定服务的，而只有最终的行政决定才有可能对相对人的实体权利义务作出处分。正是由于行政调查行为的这一属性，因而针对行政调查的法律救济手段也有所不同。在通常情况下，行政相对人只能在针对行政决定所提出的争讼中“附带”地要求对行政调查行为进行审查，即不能单独就行政调查行为本身直接提出法律救济请求，除非行政主体在调查过程中“额外”地侵犯到了行政相对人的实体权利。

（三）行政调查的法律性质

在行政法学理上，关于行政调查行为的法律性质主要有三种基本观点：第一种观点认为行政调查行为属于事实行为，因为它仅仅涉及行政相对人的程序权利义务而不涉及实体权利义务的得失和变更。持这种观点的学者在我国占大多数。第二种观点认为行政调查行为是一种程序行政行为，即由法律设定、于行政权力运作过程中由行政主体作出的一系列辅助性及补充性措施。第三种观点认为行政调查行为是一种中间行政行为，即指某一事件未经行政主体处理完毕，其效力尚未形成最终行政决定的行政行为。[①]

对行政调查行为的定性取决于我们对其上位概念行政行为内涵的把握以及整个行政行为分类学说的构建。相比较而言，我们倾向于第二种观点，即认为行政调查行为是一种程序行政行为，它属于行政行为作出之前的准备活动之一，其目的是服务于实体行政行为的最终作出。至于大多数学者将行政调查行为定位为事实行为，我们持否定看法。事实行为本身是一个极不确定的概念，它的实施并不需要法律赋予行政主体以行政权力，也不以国家强制力为后盾。对于行政调查行为来说，不仅有着明确的法律根据，而且需要相对人的积极配合，否则可能会引发行政强制的实施。可见，将行政调查行为归为事实行为的观点是不准确的。

二、行政调查的基本原则

行政调查的基本原则是指贯穿于行政调查活动的始终，用以指导行政调查活动有序进行的基本准则。结合各国、各地区行政程序法的有关规定，行政调查应当遵循的基本原则主要包括以下三项：

（一）调查法定主义原则

调查法定主义原则是指行政调查必须由相应的行政主体在法定权限范围内按照法定的程序和方式进行。众所周知，“依法行政”是现代行政法上的基本原则之一。作为行政主体活动方式之一的行政调查，同样必须贯彻法定主义原则。具体而言，调查法定主义原则包括以下几个方面的要求：一是行政调查主体适格，即行政调查只能由具有特定资格的行政主体来实施。当然，除必须亲自实施调查以外，适格的行政调查机关也可以将其权力委托其他行政机关行使。二是行政调查职权合法，即行政调查活动必须在法定的职权范围内实施。换言之，职权合法就是要求行政主体的调查活动必须有明确的法律依据，不能在没有得到法律授权情况下或者超出法律授权范围实施调查活动。三是行政调查手段合法，即行政主体必须严格按照法定的调查手段进行查证活动。一般来说，法律都明确列举了行政调查的基本手段，因而行政主体就不得采取“法外”手段从事调查活动。四是行政调查程序合法，即行政主体必须按照法律规定的步骤、形式、顺序及时限实施行政调查。作为一种程序性行政行为，行政调查本身包含了一系列的程序要求，如调查前要告知被调查人、表明身份，调查后要制作调查笔录等。基于“非法证据排除规则”的要求，只要行政主体违反了调查程序的规定，其调查所取得的事实证据就必须被排除。

（二）职权主义调查原则

职权主义调查原则是指行政主体在实施行政调查活动时，应当依据职权自主地决定调查的方式、范围，全面收集与案件事实有关的证据材料，不受行政相对人请求的限制。综观各国、各地区的行政程序法，大多以专门的条款确立了职权主义调查原则。例如，根据葡萄牙《行政程序法》第56条的规定，即使程序由利害关系人主动提出，行政机关亦可采取其认为能方便调查的适当措施，该等措施得涉及在利害关系人的申请或答复内未提及的事宜；基于公共利益，行政机关得对并非所请求的事宜，或对较所请求的事宜更为广泛的事宜作出决定。可见，职权主义调查原则实际上是通过两个方面的具体要求表现出来的：一是行政调查的主动性，即是否实施以及怎样实施行政调查活动都由行政主体单方面地依据自己的职权决定。虽然行政相

① 参见杨海坤主编：《跨入21世纪的中国行政法学》，中国人事出版社2000年版，第437页。

对人也享有行政调查的请求权和参与权，但在行政调查中真正起主导作用的只能是行政主体。二是行政调查的全面性，即行政主体应当全面、客观、公正地实施行政调查活动，而不能仅以一己主观喜好或者是否有利于其作出最终行政决定为标准而"片面"地进行调查。原因在于，行政决定的作出必须建立在与案件有关的主要事实均已查清的基础之上，否则，行政决定必然会有失片面从而最终被彻底推翻。

（三）当事人参与调查原则

当事人参与调查原则是指行政主体在实施行政调查活动的过程中，应当注意积极地吸收当事人参与其中，并切实维护当事人所享有的合法权益。现代行政是一种参与式行政，离开了行政相对人的事先参与，行政决定的合法性、正当性及其可接受性都无法维系。对于行政调查活动而言，同样需要当事人的实际参与。同时，由于行政调查是行政主体的一种权力性行为，因而也可能会对当事人的权益产生一定的影响。有鉴于此，行政主体在行政调查的过程中不仅要努力查明案件事实，还必须维护当事人的合法权益。有的国家甚至还将权利保障视为行政调查的目的之一，如奥地利《行政程序法》第 37 条即规定了行政调查的双重目的，即"认定处理行政事件所依据之事实"和"给予当事人主张权利与法律上之利益之机会"。综观各国行政程序法的规定，大多对当事人参与调查活动及其在调查活动过程中所享有的诸多权利都予以认可。总的来说，当事人在行政调查过程中主要享有以下几项权利：一是得到通知的权利；二是提供案件有关事实情况的权利；三是申请回避的权利；四是阻止相关调查信息公开的权利；五是法律救济权。

三、行政调查的方法

关于行政调查的具体方法，各国、各地区的规定不尽一致，概括起来主要有以下八种较为常见的方式：

（一）询问

询问是行政主体以面对面的方式通过当事人和证人的陈述、说明，了解案件事实的方法。由于当事人和证人都是行政案件所涉事实的亲历者，因而他们的陈述和说明往往对行政主体了解案情具有重要的作用。在行政程序的运作实践中，对当事人和证人进行询问是一种十分常见的调查方法。有的国家如奥地利的《行政程序法》就以大量的篇幅对询问当事人和证人作了十分详细的规定。就具体的询问方式而言，行政主体既可以主动"上门"到当事人和证人的单位或家中进行询问，也可以通知当事人和证人到其办公地点接受询问。例如，公安机关在接到受虐待的家庭成员要求处理虐待人的请求之后，应当通过直接询问的方式了解案件的情况，并通过走访其邻居、亲戚、基层组织负责人等相关人员，多方面了解情况。在询问正式进行之前，行政主体应当告知当事人及证人负有如实提供证据、说明情况的义务，以及作虚假陈述、不全面陈述或者隐匿证据的法律责任。为避免出现串通等情况，对当事人及证人的询问应分开进行。在询问结束之后，调查人员应当将询问笔录交当事人和证人阅读，认定无误后签字盖章。

（二）讯问

讯问是行政主体以面对面的方式直接传讯违法嫌疑人以了解案件情况的调查方法。由于违法嫌疑人有可能是违法行为的直接实施者，因而获取其"口供"也是一种重要的调查方式。例如，根据我国《治安管理处罚法》的规定，公安机关对违反治安管理的人可以通过书面传唤的方式对其进行讯问；如果是当场发现的违反治安管理的人，则可以直接通过口头传唤方式进行讯问。不论是以口头传唤还是书面传唤的形式进行讯问的，如果违法嫌疑人拒绝或逃避的，公安机关可以对其实施强制性讯问。在讯问过程中，违法嫌疑人应当如实回答讯问人员的讯问；出于维护被讯问人人身自由的考虑，讯问机关不得故意进行变相拘禁，也不得通过“车轮战”等方式获取口供。在讯问结束时，讯问人员应当将讯问笔录交被讯问人核对，并在讯问笔录上签名盖章。

（三）调取资料

调取资料是指行政主体为了查清案件所涉及的事实，依法向有关单位或个人调取行政相对人相关材料的调查方法。例如，税务机关在接到有关企业偷税漏税的举报之后，应当及时到该企业调阅其账簿、记账凭证、财务报表和有关材料，以查证是否存在违法行为。又如，海关有权调取与出入境运输工具、货物、物品有关的合同、发票、账册、单据、记录、文件、业务函电及视听资料等，从而确认是否存在走私行为。行政主体从有关单位或个人处调取资料的，必须出具书面收据，注明有关证据材料的项目和编号，遵循有关单位的内部规章制度，注意保护当事人的隐私。

（四）责令当事人提供证据材料

责令当事人提供证据材料是行政主体又一常见的调查方式。在行政相对人申请行政主体办理有关事项的情况下，如果其提供的证据材料不充分，那么行政主体在作出决定之前，就有权责令其进一步补充相关的材料和证据。例如，根据葡萄牙《行政程序法》第 89 条的规定，行政调查机关可命令利害关系人提供资料，以及就其他证据给予协助。

（五）检查

检查是指行政主体对特定的人员、物品、场所等进行直接查检，确定相关事实是否存在及其性质和程度的检查方法。作为一种直接观察获取证据的方法，检查在行政调查中被广泛地采用。在现实生活中，特定的人身、信件、包裹、车辆、家庭住宅、企业营业场所、办公场所等都可能成为被检查的对象。例如，公安机关在接到有关卖淫嫖娼的举报之后，应当对特定的娱乐场所或出租屋等处所及时进行检查，以便获取当事人从事违法活动的直接证据。又如，海关在接到走私举报之后，可以对嫌疑人的人身、随身包裹、车辆等实施检查，以确认是否藏有走私物品。鉴于检查尤其是对人身、住宅的检查涉及对公民所享有的宪法权利的侵犯，因而行政调查机关及其办案人员必须严格遵照法律的规定实施检查，不能强制进行检查。没有强制检查权的行政机关需要实施强制检查的，应当请求有权机关予以协助。在检查的过程中，行政主体可以采取抽样取证的方法；在证据可能灭失或以后难以取得的情况下，经过有关负责人的批准，还可以采取先行登记保全措施。

（六）现场勘验

现场勘验是指行政主体对行政相对人实施某种行为的现场进行实地查看，了解相应行为的现场情况，以确定有关个人、组织是否参与了相应行为以及参与者的责任情况。例如，在道路交通事故的处理过程中，当公安机关接到交通事故报案以后，应当立即派员赶到现场进行勘验，收集证据。此外，在对环境污染事故进行处理时，环保部门也应当对有关现场如被污染的水域等进行勘验。在实施勘验之前，行政主体应当通知当事人或其代理人到场。当事人或其代理人拒不到场的，不影响勘验的进行，行政主体可以邀请其他无关人员作为见证人。在通常情况下，行政主体可以采取测量、拍照、录音、录像、抽取样品等多种方法进行勘验，还可以询问在场的有关人员。当勘验活动结束之后，行政主体应当及时制作勘验笔录，载明勘验的时间、地点、内容、在场人员，并交有关人员签字或盖章。

（七）鉴定

鉴定是指行政主体自己或其委托、指定其他有关鉴定机构对行政相对方的某种物品、材料或证件等进行鉴别、评定，以确定其真伪、优劣，或确定其性质、成分等。例如，环境保护部门在对污染事件进行处理之前，应当对抽取的样本进行化验，从而确定污染源及其程度。又如，卫生部门在对食物中毒事件进行认定处理之前，也必须对食物样本进行鉴定，确认食物中所含有的毒物成分及其具体含量。在鉴定活动结束之后，鉴定部门和鉴定人应当及时出具鉴定结论，并在鉴定书上签名盖章。

（八）听证

听证是指行政主体通过召开正式或非正式听证会的形式了解信息、收集证据的活动。一般来说，如果行政案件的情况比较复杂，或者涉及多方利害关系人甚至众多社会成员时，行政主体就应当考虑以听证的方式进行调查取证。例如，规划部门在颁发相应的许可证之前，应当及时召开听证会，为许可申请人及其他的利害关系人提供陈述意见、提供证据的机会。在有的国家如葡萄牙，行政主体经过听证实施调查已经成为一般的原则，只有在法律规定的特殊情形下才免除听证。①

四、行政调查的程序

行政调查的程序是指行政调查机关在行政调查时所采取的方式和步骤。如同整个行政活动的程序需要经过程序启动、程序进行、程序终结一样，行政调查行为也需要按照一定的步骤有序进行。然而，行政调查究竟应当由哪些步骤组成，不仅各国法律无统一的规定，还会因行政调查性质、种类的不同而互有差异。例如，在英国，行政机关的调查按照法律性质的不同可以划分为法定调查、任意调查和非法定调查等三类。其中，法定调查的程序就要比后两种严格得多。② 在我国，由于统一的行政程序法典尚未出台，因而有关行政活动程序过程中的调查行为究竟应包括哪些具体要求并无明文规定。目前，我国仅有《行政处罚法》对行政处罚之前的调查程序作了十分简略的程序性规定。不过，无论是何种形式、何种内容的行政调查都应当遵循某些共同的步骤，这些最基本的步骤主要包括以下六个方面：

（一）事前告知

除极个别特殊的行政调查以外，事前告知行政相对人有关调查的事宜是行政调查机关所应当遵循的首要步骤。例如，行政调查机关在命令当事人到场陈述或提供文书、物品等相关资料之前，应以适当的形式通知当事人，以便其能够进行必要的准备；又如，行政调查机关在对特定场所进行实地检查之前，也应当事先通知当事人到场，从而提高行政调查活动的效率。例如，根据葡萄牙《行政程序法》第 90、95 条有关调查程序的规定，行政机关要求利害关系人提供证据或认为有必要进行检查、查验及采取其他措施时，应当通知利害关系人拟采取的措施、相关标的以及行政当局任命的鉴定人等事项。

---

① 参见葡萄牙《行政程序法》第 103 条的规定。

② 参见王名扬：《王名扬全集①：英国行政法 比较行政法》，北京大学出版社 2016 年版，第 108~109 页。

（二）表明身份

在实施行政调查时，行政机关负责调查工作的人员应当佩戴公务标志，随身携带并出示有效的执法资格证件及其他特定的证件（如检查证、传唤证等），以表明自己享有调查者的合法身份。一般来说，行政调查人员不得少于两人。如果调查人员没有出具相关证件或者仅有一名调查人员的，当事人均有权拒绝接受调查。

（三）说明理由

在表明自己的合法调查身份之后，行政调查人员还应当向行政相对人说明即将进行的行政调查活动的理由、法律依据，以求得被调查者的配合。在现代社会，是否充分地进行说理是区分行政机关"以力服人"还是"以理服人"的根本标尺。拒绝说理的行政行为也有可能为相对人所默默承受，但这只是相对人对行政权力背后所隐藏的国家强制力的屈服，绝非相对人的心悦诚服。行政权力的行使要想获得相对人的自愿接受和通力配合，行政机关就必须努力进行行为理由的证成，通过说理赢得相对人的信赖。一般来说，行政调查都必须有合法的审批手续。在具体实施调查之前，行政调查人员必须向被调查人出示相关的审批证件。

（四）告知权利

在行政法上，权利义务的对应性是行政法律关系的重要特征之一。行政主体享有权力的同时必须承担相应的职责，而这种职责的存在即根源于行政相对人所享有的权利。在行政活动过程中，这种权利更多地体现为行政相对人所享有的程序性权利，即"由行政程序法所规定或确认的，在行政程序法律关系中由行政相对人享有并与行政主体的程序义务相对应的各种权利"。① 因此，在进行正式的调查之前，行政调查人员必须及时告知行政相对人在行政调查过程中所享有的各项程序性权利，包括陈述权、申辩权、申请回避权、表示异议权等。

（五）组织调查

在完成上述步骤之后，行政调查人员即可以开始实施相应的调查活动，如询问当事人、勘验现场、调取资料、现场检查、证据保全等。需要指出的是，不论行政机关采取何种形式的调查，都必须在法定的时间内完成。尤其是当行政调查人员传讯、询问当事人或其他证人时，更不能拖延时间，进行变相拘禁。

（六）制作笔录

在行政调查活动结束之后，行政调查人员应当制作相应的调查笔录，并交当事人签字盖章。为了增强行政调查笔录的拘束力量，一些国家纷纷规定了"案卷排他原则"，即行政机关的最终决定必须以行政调查笔录所载明的事实作为依据，不得以调查案卷之外当事人所未知悉的和未经质证的事实作为根据。例如，在英国，"案卷排他原则"就是在行政公开调查领域的一个重要规则，部长在考虑过调查官的报告之后，可能不同意调查官所认定的事实，也可能在公开调查结束后考虑了任何除政府的政策因素以外的新的证据或者新的事实，在后一种情况下，如果部长因这一新的事实材料而提议不遵循调查官的建议的话，则公共当局及原拟采取的决定的反对者必须被告知，他们有权要求重新举行公开调查。② 调查案卷排他制度有助于从根本上限制行政主体决定权的肆意行使，保障行政调查活动的严肃性，进而有力地维护被调查人

---

① 杨海坤、章志远：《行政法学基本论》，中国政法大学出版社 2004 年版，第 118~119 页。

② 参见张越编著：《英国行政法》，中国政法大学出版社 2004 年版，第 542 页。

的合法权益。

【案例9-6】

2002年8月18日晚，陕西省延安市宝塔区万花山派出所民警接到举报说，一居民家正播放“黄碟”，几名民警前去调查。不料双方发生冲突，一名民警手部受伤，当事者张某也因妨碍公务被带回派出所接受处理。8月19日，在缴纳了1 000元暂扣款之后，张某被放回了家。事情过去两个月以后，10月21日中午，两名宝塔公安分局治安大队的民警以“调查案子”为名将张某带走，随后以“涉嫌妨碍公务”将其刑事拘留。11月5日，在当地检察院以“事实不清，证据不足”为由作出不予批捕的决定后，宝塔公安分局以取保候审的形式放其回家。12月5日，宝塔公安分局以“案件撤销”为由，解除了对张某的取保候审，1 000元暂扣款同时返还。12月31日，宝塔公安分局的有关领导正式向张某道歉，并赔偿29 137元，包括医疗费、误工费等。事后万花山派出所有关民警分别受到行政处分。[①] 在本案中，公安机关的行政调查行为即存在诸多违法失范之处，如行政调查的法律依据不足、未遵守表明身份等程序规定、肆意侵犯公民的隐私权及财产权等。正是基于案件本身的典型性，社会各界对此给予了高度关注。

【引导案例】

2013年4月15日，王某与路某因拆墙一事产生争执，进而发生厮打。公安局秦家屯镇派出所接到报案后于当日立案受理。2013年5月13日，公安局秦家屯镇派出所呈请公安局延长办案期限30日获批准。2014年6月30日，路某的丈夫高某申请秦家屯派出所对该案件回避，后案件移送至公主岭市公安局治安管理大队处理。公主岭市公安局治安管理大队于2014年9月1日委托公主岭市公安司法鉴定中心对路某的伤情进行鉴定。2014年9月3日，公主岭市公安司法鉴定中心作出鉴定结论，评定路某损伤程度为轻微伤。2014年10月16日，公安局向王某告知拟作出行政处罚决定的事实、理由及依据。公安行政处罚告知笔录中记载：王某提出申辩称：“我提出申诉，我没打她（路某）；”公安局对此的答复为：“对你提出的陈述和申辩，公安机关将进行复核。”2014年10月16日公安局作出公公（治）决字(2014）第15号行政处罚决定，对王某处以行政拘留10日并处罚款500元的行政处罚。王某不服该行政处罚决定，遂向人民法院提起行政诉讼。

另查明，公安局在诉讼过程中并未提出对王某的陈述、申辩复核的证据材料。[②]

该案中公主岭市公安局作出的行政处罚决定是否合法？

解析：《治安管理处罚法》第99条规定：“公安机关办理治安案件的期限，自受理之日起不得超过三十日；案情重大、复杂的，经上一级公安机关批准，可以延长三十日。为了查明案情进行鉴定的期间，不计入办理治安案件的期限。”《公安机关办理行政案件程序规定》

---

① 参见《南方周末》2002年12月26日的报道。

② 作者对案例有所删节、改编，案例来源于吉林省公主岭市人民法院行政判决书（2015）公行初字第4号。

第141条第1、2款规定："公安机关办理治安案件的期限，自受理之日起不得超过三十日；案情重大、复杂的，经上一级公安机关批准，可以延长三十日。办理其他行政案件，有法定办案期限的，按照相关法律规定办理。为了查明案情进行鉴定的期间，不计入办案期限。"本案中，公安局于2013年4月15日对该案立案受理，于2014年10月16日对王某作出公公（治）决字（2014）第15号行政处罚决定。扣除本案的鉴定期间（2014年9月1日至2014年9月3日），虽公安局秦家屯镇派出所曾呈请公安局延长办案期限30日，本案的办理期限仍远远超出法定办理治安案件的期限，所以公公（治）决字（2014）第15号行政处罚决定程序违法。

《行政处罚法》第32条规定："当事人有权进行陈述和申辩。行政机关必须充分听取当事人的意见，对当事人提出的事实、理由和证据，应当进行复核；当事人提出的事实、理由或者证据成立的，行政机关应当采纳。行政机关不得因当事人申辩而加重处罚。"第41条规定："行政机关及其执法人员在作出行政处罚决定之前，不依照本法第31条、第32条的规定向当事人告知给予行政处罚的事实、理由和依据，或者拒绝听取当事人的陈述、申辩，行政处罚决定不能成立；当事人放弃陈述或者申辩权利的除外。"原告王某在被告知拟作出行政处罚决定的事实、理由及依据时曾提出陈述、申辩，公安局也曾明确表示将对其提出的陈述、申辩进行复核，然而，公安局提供的证据及依据中并没有对王某的陈述、申辩进行复核的证据材料，应认定公安局未听取王某提出的陈述、申辩即对王某作出了行政处罚决定，该行政处罚不成立。

由于公公（治）决字（2014）第15号行政处罚决定严重违反法定程序，公主岭人民法院确认该市公安局于2014年10月16日对王某作出的公公（治）决字（2014）第15号行政处罚决定无效。

【练习案例】

某县工商局接群众举报，称个体工商户马某涉嫌违法经营，该局即指派执法人员张某前往检查。经查，马某违法事实确凿，工商局拟依法对其作出吊销营业执照并罚款5 000元的行政处罚。根据《行政处罚法》的规定，工商局在作出处罚决定前，书面告知马某有要求举行听证的权利。马某当即要求组织听证，工商局通知其次日下午到局机关参加听证。听证由本案调查人员张某主持。马某进行了申辩和质证，并在听证笔录上签字，同时马某按照工商局的要求缴纳了听证费用200元。听证结束后，工商局对马某作出了吊销营业执照并罚款3 000元的行政处罚，制作了行政处罚决定书，并于10日后送达马某。①

问题：1. 案例中的主要法律问题是什么？

2. 工商局在该案的处理中有哪些违法之处？

① 案例来源于顾建亚主编：《行政法：案例与分析》，浙江大学出版社2016年版，第104页。

【测试题】

一、名词解释

1. 行政处罚
2. 行政强制执行
3. 行政即时强制
4. 行政强制措施
5. 执行罚
6. 行政征收
7. 行政征用
8. 公用征收
9. 行政调查
10. 行政检查

二、思考题

1. 行政处罚应遵循哪些基本原则？
2. 如何理解行政处罚中的“一事不再罚”规则？
3. 如何评价实践中的“相对集中行政处罚权”改革？
4. 如何进一步完善我国行政处罚的听证程序？
5. 什么是行政强制措施？
6. 什么是行政强制执行？
7. 如何有效解决我国的行政乱收费问题？
8. 如何从行政法角度解决当前土地征收、征用中存在的突出问题？
9. 如何从法律上进一步规范行政调查权的行使？

【扩展阅读】

1. 冯军：《行政处罚法新论》，中国检察出版社 2003 年版。

2. 杨小君：《行政处罚研究》，法律出版社 2002 年版。

3. 杨解君：《秩序·权力与法律控制——行政处罚法研究》（增补本），四川大学出版社 1995 年版。

4. 胡锦光：《行政处罚研究》，法律出版社 1998 年版。

5. 胡锦光、刘飞宇：《行政处罚听证程序研究》，法律出版社 2004 年版。

6. 杨建顺：《行政强制法 18 讲》，中国法制出版社 2011 年版。

7. 沈开举：《行政征收研究》，人民出版社 2001 年版。

8. 洪文玲：《行政调查与法之制约》，学知出版社 1998 年版。

9. 余凌云主编：《行政调查的理论与实践》，中国人民公安大学出版社 2014 年版。

10. 叶平、陈昌雄：《行政处罚中的违法所得研究》，《中国法学》2006 年第 1 期。

11. 徐向华、郭清梅：《行政处罚中罚款数额的设定方式——以上海市地方性法规为例》，《法学研究》2006 年第 6 期。

12. 陈无风:《穿行于一罚和多罚之间——论“一事不再罚原则”之内涵》,《行政法学研究》2006 年第 2 期。

13. 胡建淼:《“其他行政处罚”若干问题研究》,《法学研究》2005 年第 1 期。

14. 徐继敏:《试论行政处罚证据制度》,《中国法学》2003 年第 2 期。

15. 许传玺:《行政罚款的确定标准:寻求一种新的思路》,《中国法学》2003 年第 4 期。

16. 朱新力:《论一事不再罚原则》,《法学》2001 年第 11 期。

17. 应松年等:《本期视点:法治视野中的行政强制法》,《法学家》2006 年第 3 期。

18. 程洁:《土地征收征用中的程序失范与重构》,《法学研究》2006 年第 1 期。

19. 张千帆:《“公正补偿”与征收权的宪法限制》,《法学研究》2005 年第 2 期。

20. 王克稳:《关于乱收费的法律思考》,《行政法学研究》2004 年第 1 期。

21. 周佑勇:《作为过程的行政调查——在一种新研究范式下的考察》,《法商研究》2006 年第 1 期。

本章自测自评

第十章　依申请的行政行为

【本章导学】

依申请的行政行为是指行政主体只有在行政相对人提出申请后才能实施的行政行为。它在行政行为理论乃至整个行政法学中都处于十分重要的地位。典型的依申请的行政行为包括行政许可、行政给付、行政裁决、行政确认等。通过本章的学习，应该重点掌握以下内容：行政许可的概念和特征、行政许可的原则、行政许可的设定、行政许可的程序；行政给付的概念和特征、行政给付的原则；行政裁决的概念和特征、行政裁决的种类；行政确认的概念和特征。

第一节　行政许可

一、行政许可的概念和特征

行政许可，是指在法律一般禁止的情况下，行政主体根据行政相对人的申请，经依法审查，通过颁发许可证或执照等形式，准予行政相对人从事特定活动的行为。这一概念包括三层含义：一是存在法律一般禁止；二是行政主体解除了对相对人的一般禁止；三是相对人因此获得了从事某种特定活动的权利或资格。

行政许可具有如下几个特征：

（一）行政许可是一种依申请的行政行为

行政许可是行政主体许可相对人从事法律、法规和规章禁止公民、法人和其他组织所为的行为。作为行政许可相对人的公民、法人和其他组织，要获得对此种禁止的解除，就必须具备相应法律、法规和规章规定的特定条件，并向行政主体作出相应的意思表示，这种意思表示的形式就是许可申请，如《企业名称预先核准申请书》《公司注册登记申请书》。申请人通过申请向行政主体提出自己的许可请求，并说明自己所具备的相应法定条件。行政机关通过审查申请人的请求，确定其确实具备了相应的条件后，才能授予许可。

（二）行政许可的内容是法律一般禁止的活动

行政许可是在特定对象符合相关法律条件的情况下，对法律、法规和规章所设定的禁止内容的解除，允许其从事某项特殊的活动，使其享有特定的权利和资格。例如：为了保证公共安全、维护交通秩序，国家通过考试等方式给符合一定技术要求的人颁发驾驶证，赋予其驾驶汽车的资格。也就是说，行政相对人申请许可针对的是法律一般禁止的活动，行政许可是一定条件下对一般禁止的解除，如果没有一般禁止，也就无所谓行政许可。

（三）行政许可是一种授益性行政行为

行政许可能够使行政相对人直接获得实施某种行为或者从事某种活动的法律资格或者权

利，是针对特定的人、特定的事项作出的一种行政行为。这种行政行为具有授益性，不同于行政处罚和行政征收等基于法律对相对人的权益剥夺和限制的侵益性行政行为。

（四）行政许可是一种外部行政行为

《行政许可法》第3条第2款规定：“有关行政机关对其他机关或者对其直接管理的事业单位的人事、财务、外事等事项的审批，不适用本法。”据此，行政许可是行政主体针对行政相对人的一种管理行为，是管理经济和社会事务的外部行为。至于行政机关对其他行政机关，或者对机关直接管理的事业单位的人事、财务、外事等事项的审批，则属于内部管理行为，不属于行政许可。

（五）行政许可是一种要式行政行为

一方面，行政相对人申请行政许可，必须以书面形式提出。另一方面，行政主体赋予行政相对人的这种法律资格或法律权利通常只在一定的期限内有效。此种行政行为必须具备某种特定的形式要件，即许可证、执照，具体名称包括准运证、通行证、批准书、资质证书等。

二、行政许可的原则

行政许可的原则是指行政许可法所确定的指导行政许可的设定和实施的基本行为准则。行政许可的原则对行政许可活动的各个环节具有普遍的指导意义，其源自明确的法律规定，并在法律上具有约束力，在特定情况下可作为判断某一具体行政许可行为的合法性或者适当性的依据。如公开、公平、公正原则就要求行政许可主体把有关行政许可的法律依据在社会上公布，不公开则不能实施许可。我国《行政许可法》中规定的行政许可的原则包括：

（一）合法原则

一是设定行政许可，应当依照法定的权限、范围、条件和程序进行；二是实施行政许可的主体及权限应当合法；三是实施行政许可应当依照《行政许可法》和其他有关法律、法规和规章规定的条件和程序进行。

（二）公开、公平、公正原则

公开原则要求有关行政许可的规定必须公布，未经公布的，不得作为实施行政许可的依据；行政许可的实施和结果，除涉及国家秘密、商业秘密或者个人隐私外，都应当公开。公平原则要求行政主体对符合法定条件、标准的申请人，要一视同仁，不得歧视。公正原则要求行政主体在行政许可行为中，不得考虑不相关因素和忽略应考虑的相关因素。

（三）便民、效率原则

所谓便民，是指公民、法人和其他组织在行政许可的过程中能够廉价、方便、迅速地进行申请并获得行政许可。按照便民原则，行政主体实施行政许可，应当做到在法律规定行政主体应当承担义务的范围内，尽可能地在各个环节为申请人提供各种方便。效率原则，是指行政主体应当按照法定程序，在规定的时限内及时办理行政许可事项，不得无故拖延，而且必须以较小的许可成本，即用最短的时间，最少的人力、财力和物力，来实现既定的行政管理目标，使社会效益最大化。

（四）救济原则

救济是指公民、法人或者其他组织认为行政主体实施行政许可存在违法、不当，致使其合法权益受到损害时，有权要求国家予以补救的制度。公民、法人或者其他组织对行政主体实施行政许可，享有陈述权、申辩权；其有权依法申请行政复议或者提起行政诉讼；其合法权益因行政机关违法实施行政许可受到损害的，有权依法要求赔偿。

（五）信赖保护原则

信赖保护原则是指公民、法人或者其他组织依法取得的行政许可受法律保护，行政主体不得擅自改变已经生效的行政许可，除非行政许可所依据的法律、法规、规章被修改或者废止；或者准予行政许可所依据的客观情况发生了重大变化，为了公共利益的需要，确需依法变更或者撤回已经生效的行政许可。但是，由此给公民、法人或者其他组织造成财产损失的，行政主体应当依法给予补偿。

【案例 10-1】

在抗击禽流感疫情时，国家对疫点病禽和强制捕杀的家禽平均每只补助 10 元。甘肃靖远县东升乡柴辛村养鸡户宣某说："我家总共有 1 780 只鸡被捕杀，当时心里确实很难受。但政府很重视，也没有不管咱，很快就发放了部分补偿金。"对禽类强制免疫和捕杀属于政府行为，政府作出这个行为是有法律根据的，不违法，但毕竟给已获得养鸡行政许可的养殖户和养殖企业造成了损失，政府就要给予补偿。这体现了国际通行的信赖保护原则，亦为我国《行政许可法》所确认。

（六）监督原则

监督原则要求县级以上人民政府必须建立健全对行政主体实施行政许可的监督制度，上级行政机关应当加强对下级行政机关实施行政许可的监督检查，及时纠正行政许可实施中的违法行为。同时，行政主体也要对公民、法人或者其他组织从事行政许可事项的活动实施有效监督，发现违法行为应当依法查处。

三、行政许可的种类

根据不同的标准，可以将行政许可作不同的分类。常见的分类方式有如下几种。

（一）以许可的性质为标准，分为行为许可和资格许可

行为许可是指允许符合条件的申请人从事某项活动的许可，如生产、经营许可。这类许可在内容上仅限于许可被许可人进行某种活动，不包含资格权能的特别证明内容，也无需对被许可人进行资格能力方面的考核。资格许可是指行政主体应申请人的申请，经过一定的考核程序核发一定的证明文书，允许其享有某种资格或具备某种能力的许可，如律师证、会计资格证、教师资格证、驾驶执照等。一般来说，资格许可中同时也包括了对被许可人的行为许可。

（二）以行政许可的范围为标准，可分为一般行政许可和特殊行政许可

一般行政许可是指行政主体对符合法定条件的申请人直接给予的许可，它对申请人及申请事项并无特殊的限制，如驾驶许可、营业许可等。特殊行政许可，又称"特许"，是指除必须符合一般许可的条件外，还对申请人或申请事项有特别限制的许可，如持枪许可、烟草专卖许可等。

（三）以行政许可相对人享有的被许可的权限范围为标准，可分为排他性行政许可和非排他性行政许可

排他性行政许可也称独占性行政许可，是指某一相对人获得该项许可后，其他任何组织或个人均不能再获得该项许可，如专利许可、商标许可、烟草专卖许可等。非排他性行政许可，

也称共存行政许可，是指能够为具备法定条件的任何相对人所申请并获得的许可。大部分行政许可都是非排他性行政许可，如经营许可、驾驶许可等。

（四）以行政许可证能否单独使用为标准，可分为独立的行政许可和附文件的行政许可

独立的行政许可，是指许可证已规定所有许可内容，无须其他文件补充说明的许可，如卫生许可证、采伐许可证等。附文件的行政许可，是指由于特殊条件的限制，需要附加文件予以说明被许可活动的内容、范围、方式、时间等的许可，如专利许可、商标许可、建筑许可、动植物出入境许可等。

（五）以行政许可是否附加必须履行的义务为标准，可分为权利性行政许可和附义务行政许可

权利性行政许可也称无条件放弃的行政许可，是指申请人取得行政许可后，并不承担一定作为的义务，相对人可以自由放弃被许可的权利，也并不因此而承担法律责任的许可，如捕鱼许可、资源开采许可等。附义务行政许可又称有条件放弃的行政许可，是指被许可人获得许可的同时必须承担作为的义务，否则要承担相应法律责任或丧失被许可权利的许可，如根据我国《企业法人登记管理条例》规定，企业在获准登记取得营业执照后 6 个月内应开展经营活动，否则将视同歇业，登记主管机关有权收缴其营业执照。

（六）以行政许可存续时间为标准，可分为永久的行政许可和附期限的行政许可

永久的行政许可是指被许可人取得许可证后，只要其本人不放弃或者不因法定事由被主管机关吊销，将持续并永久有效的许可，如生产某种产品的许可、永久性居住证等。附期限的行政许可是指在一定时间内具有效力，逾期将失去效力的许可，包括长期许可、短期许可和临时许可三种，具体期限依有关规定而确定，如食品卫生许可、出入境许可等。

此外，根据行政管理的内容，还可以将行政许可分为公安行政许可、卫生行政许可、环保行政许可、农业行政许可、资源行政许可、交通行政许可、文化许可、城建许可等。

四、行政许可的设定

（一）行政许可设定的概念和原则

行政许可的设定是指在其他规范性文件尚未规定某种行政许可的情形下，该规范性文件首次对该种行政许可的实施机关、条件、程序、期限等作出规定。“设定”使某种行政许可从无到有，属于首次性规范。

行政许可的设定不同于行政许可的规定。行政许可的规定是指在上位法已经对某种行政许可作出规范的前提下，在上位法设定的行政许可事项范围内，对实施该行政许可作出具体规定。“规定”使某种行政许可更加详细，是对“设定”的具体化，而不是首次性规范。

在设定行政许可时，应当遵循经济和社会发展规律，有利于发挥公民、法人或者其他组织的积极性、主动性，维护公共利益和社会秩序，促进经济、社会和生态环境协调发展。

（二）行政许可的设定事项

《行政许可法》第 12 条规定，可以设定行政许可的事项包括：（1）直接涉及国家安全、公共安全、经济宏观调控、生态环境保护以及直接关系人身健康、生命财产安全等特定活动，需要按照法定条件予以批准的事项；（2）有限自然资源开发利用、公共资源配置以及直接关系公共利益的特定行业的市场准入等，需要赋予特定权利的事项；（3）提供公众服务并且直接关系公共利益的职业、行业，需要确定具备特殊信誉、特殊条件或者特殊技能等资格、资质

的事项；（4）直接关系公共安全、人身健康、生命财产安全的重要设备、设施、产品、物品，需要按照技术标准、技术规范，通过检验、检测、检疫等方式进行审定的事项；（5）企业或者其他组织的设立等，需要确定主体资格的事项；（6）法律、行政法规规定可以设定行政许可的其他事项。

同时，《行政许可法》第 13 条规定，对于第 12 条规定的事项，通过下列方式能够予以规范的，可以不设行政许可：（1）公民、法人或者其他组织能够自主决定的；（2）市场竞争机制能够有效调节的；（3）行业组织或者中介机构能够自律管理的；（4）行政机关采用事后监督等其他行政管理方式能够解决的。

（三）行政许可设定权的分配

行政许可设定权首先属于国家权力，同时，由于其要影响到公民、法人或者其他组织的权利和义务，因此，属于国家权力中的立法权范畴。原则上，行政许可的设定权只能由法律制定机关行使，但在我国目前条件下，仅仅由法律进行设定显然是无法满足行政管理需要的。《行政许可法》基于这种考虑，明确规定了行政许可设定权的分配。

1. 法律的设定权。对可以设定行政许可的各类事项，法律可以设定各类行政许可。我国法律的制定主体是全国人大和全国人大常委会。

2. 行政法规的设定权。行政法规可以在法律设定的行政许可事项范围内，对实施该行政许可作出具体规定；对可以设定行政许可的事项，尚未制定法律的，行政法规可以设定行政许可。必要时，国务院可以采用发布决定的方式设定行政许可。实施后，除临时性行政许可事项外，国务院应当及时提请全国人大及其常委会制定法律，或者自行制定行政法规。

3. 地方性法规的设定权。地方性法规可以在法律、行政法规设定的行政许可事项范围内，对实施该行政许可作出具体规定。对可以设定行政许可的事项，尚未制定法律、行政法规的，地方性法规可以设定行政许可。有权制定地方性法规的是省、自治区、直辖市和设区的市、自治州的人大及其常委会。

4. 规章的设定权。规章可以在上位法设定的行政许可事项范围内，对实施该行政许可作出具体规定。对可以设定行政许可的事项，尚未制定法律、行政法规和地方性法规，因行政管理的需要，确需立即实施行政许可的，省、自治区、直辖市人民政府规章可以设定临时性的行政许可。临时性的行政许可实施满 1 年需要继续实施的，应当提请本级人民代表大会及其常务委员会制定地方性法规。

（四）行政许可设定权的限制

1. 对地方性法律文件的限制。地方性法规和省、自治区、直辖市人民政府规章，不得设定应当由国家统一确定的公民、法人或者其他组织的资格、资质的行政许可；不得设定企业或者其他组织的设立登记及其前置性行政许可。其设定的行政许可，不得限制其他地区的个人或者企业到本地区从事生产经营和提供服务，不得限制其他地区的商品进入本地区市场。

2. 内容上的限制。法规、规章对实施上位法设定的行政许可作出的具体规定，不得增设行政许可；对行政许可条件作出的具体规定，不得增设违反上位法的其他条件。

3. 法律文件的限制。除《行政许可法》规定的法律文件可以设立行政许可外，其他规范性文件一律不得设定行政许可。其他规范性文件目前主要指下列三类规范性文件：第一类是国务院部门规章，第二类是省级人民政府规章以外的其他地方政府规章，第三类是除了行政法规和规章之外的“其他行政规范性文件”。根据全国人大法工委的解释，自治州、自治县的自治条例和单行条例不具有行政许可设定权。

【案例 10-2】

2007 年 3 月 7 日，樵彬前往深圳市车管所申请办理新的驾驶证。当时，申请已经被民警受理。后民警根据广东省公安厅、交通厅下发的红头文件《关于进一步加强机动车驾驶人培训、考试工作的通知》(粤公通字〔2006〕376 号）规定的“自 2006 年 11 月 15 日起，除部队驾驶证或者境外驾驶证换领机动车驾驶证外，其他初次申请驾驶证或者增加准驾车型的，必须持驾校出具的《驾驶培训记录》方可预约考试，尚未启用《驾驶培训记录》的地区一律停止所有考试业务”，将本已受理的申请材料退给了樵彬。车管所给樵彬出具了《办理车管业务退办通知书》(深公驾 008302 号)：

樵彬驾驶员：

经审核，您在我所申办的申领机动车驾驶证业务，不符合广东省公安厅、交通厅《关于进一步加强机动车驾驶人培训、考试工作的通知》的相关规定。请修正或补充后重新办理。

深圳市公安局交通警察支队车辆管理所

2007 年 3 月 7 日

3 月 8 日，樵彬将复议申请交给深圳交警支队法制科。4 月 30 日，深圳交警支队法制科出具了一份《行政复议中止决定书》：

樵彬：

关于你不服深圳市交警局车管所所作出的深公驾 008302 号退办通知书的复议申请，经审查，认为你的申请内容涉及法律适用问题，根据《中华人民共和国行政复议法》第 26 条、《公安机关办理行政复议案件程序规定》第 62 条第 1 款第 7 项的规定，需要另行调查、审查，在另行调查、审查结论作出前，需要中止你的行政复议申请，特予以通知，有关恢复审查时间，另行通知。

深圳市公安局交通警察局

2007 年 4 月 30 日

樵彬认为通过行政复议途径无法达到自己的目的，于是提出撤销复议申请，复议主管部门作出复议终止通知书。5 月 14 日，樵彬向深圳市南山区法院提起行政诉讼。他还向广东省政府法制办提出了对广东省公安厅、交通厅粤公通字〔2006〕376 号文的内容及程序进行合法性审查的建议。5 月 24 日，樵彬收到了广东省政府法制办公室的答复函，称“申请收悉”，将“按程序予以办理”。两个半月以后，在广东省政府法制办公室的敦促下，广东省公安厅、交通厅粤公通字〔2007〕212 号文即告出台。该文明确规定：“根据《广东省行政机关规范性文件管理规定》，从即日起停止执行《关于进一步加强机动车驾驶人培训、考试工作的通知》(粤公通字〔2006〕376 号)。”深圳车管所允许樵彬以散学身份参加考试。

2007 年 11 月 6 日，深圳市南山区法院作出判决：“《道路交通安全法》第 19 条第 2 款规定：‘申请机动车驾驶证，应当符合国务院公安部门规定的驾驶许可条件。’除国务院公安部门的规定外，其他规范性文件无权增设驾驶许可条件。被告在办理申领机动车驾驶证业务时，应当依据《道路交通安全法》及公安部的相关规定。本案中，被告依据广东省公安厅、广东省交通厅《关于进一步加强机动车驾驶人培训、考试工作的通知》第3条第1项‘自2006年11月15日起，除部队驾驶证或者境外驾驶证换领机动车驾驶证外，其他初次申请驾驶证或者增加准驾车型的，必须持驾校出具的《驾驶培训记录》方可预约考试’的规定，对原告申领机动车驾驶证的申请不予受理，属于适用法律错误。”据此，南山区法院确认：“被告广东省深圳市公安局交通警察支队车辆管理所于2007年3月7日作出的不受理原告申领机动车驾驶证申请的具体行政行为违法。”

（五）行政许可设定权的要求

1. 设定行政许可，应当明确规定行政许可的实施机关、条件、程序和期限。

2. 设定行政许可，应当听取意见和说明理由。起草的法律草案、法规草案和省、自治区、直辖市人民政府规章草案中拟设定行政许可的，起草单位应当采取听证会、论证会等形式听取意见，并向制定机关说明设定该行政许可的必要性、对经济和社会可能产生的影响以及听取和采纳意见的情况。

3. 行政许可的评价制度。行政许可的设定机关应当定期对其设定的行政许可进行评价；对已设定的行政许可，认为通过《行政许可法》第13条所列方式能够解决的，应当对设定该行政许可的规定及时予以修改或者废止。行政许可的实施机关可以对已设定的行政许可的实施情况及存在的必要性适时进行评价，并将意见报告该行政许可的设定机关。公民、法人或者其他组织可以向行政许可的设定机关和实施机关就行政许可的设定和实施提出意见和建议。

4. 授权停止实施行政许可制度。省、自治区、直辖市人民政府对行政法规设定的有关经济事务的行政许可，根据本行政区域经济和社会发展情况，认为通过《行政许可法》第13条所列方式能够解决的，报国务院批准后，可以在本行政区域内停止实施该行政许可。

五、行政许可的实施主体

行政许可的实施主体是指有权实施行政许可的主体。我国行政许可的实施主体包括三类：

（一）行政机关

行政机关可以成为行政许可实施主体，而且也是主要的行政许可实施主体。但是，并非所有的行政机关都可以成为行政许可实施主体。行政机关要成为行政许可的实施主体必须具备两个条件：（1）必须是有行政许可权的行政机关。行政许可权并非任何行政机关都享有，只有法律、法规、规章规定享有行政许可权的行政机关，方能实施行政许可。（2）必须在法定职权范围内实施行政许可。按照法律规定，不仅享有行政许可权的行政机关的范围是有限的，即使享有行政许可权的行政机关也只能在其法定职权范围内实施行政许可，而不能任意实施行政许可，任何不符合法定条件、期限和程序而实施的行政许可都不具有法律效力。

实施行政许可的行政机关通常应是法定的行政机关，但是，在特定情况下，经国务院批准，省、自治区、直辖市人民政府根据精简、统一、效能的原则，可以决定一个行政机关行使有关行政机关的行政许可权。

行政许可需要行政机关内设的多个机构办理的，该行政机关应当确定一个机构统一受理行政许可申请，统一送达行政许可决定。

行政许可依法由地方人民政府两个以上部门分别实施的，本级人民政府可以确定一个部门受理行政许可申请并转告有关部门分别提出意见后统一办理，或者组织有关部门联合办理、集中办理。

（二）法律、法规授权组织

法律、法规可以授权具有管理公共事务职能的组织，在法定授权范围内，以自己的名义实施行政许可。法律、法规授权组织作为行政许可的实施主体必须具备的条件是：

1. 该组织必须具有管理公共事务职能。没有公共事务管理职能的组织，不能成为法律、法规授权的行政许可的实施者。

2. 该组织必须经法律、法规授权。该组织并非自成立之始就当然享有实施行政许可的权力，其作为行政许可实施主体的资格是事后经法律、法规授予的。

3. 该组织只能在法定授权范围内实施行政许可。超越授权范围而实施的行政许可不具有法律效力，该组织将承担因越权而带来的法律后果。

4. 该组织必须以自己的名义实施行政许可。因为该组织经授权后具备了行政主体资格，因此必须以自己的名义从事行为并对自己的行为承担法律责任。

目前，在我国行政许可制度中，某些专业技术组织可以根据法律、法规的授权，对直接关系公共安全、人身健康、生命财产安全的设备、设施、产品、物品进行检验、检测、检疫。专业技术组织对其人员对所实施的检验、检测、检疫结论承担法律责任。

（三）行政机关委托的组织

行政机关除了在其法定职权范围内自行实施行政许可外，在一定条件下，也可以委托其他行政机关实施行政许可。这种合法有效的委托应具备的条件有：（1）委托机关必须在其法定职权范围内，依照法律、法规、规章的规定，委托其他行政机关实施行政许可。（2）委托机关应将受托机关和委托实施行政许可的内容予以公告。（3）委托机关对受托机关实施行政许可的行为应当负责监督，并对该行为的后果承担法律责任。（4）受托机关在委托范围内以委托机关名义实施行政许可，不得再委托其他组织或个人实施行政许可。

行政许可的实施主体实施行政许可，不得向申请人提出购买指定商品、接受有偿服务等不正当要求。行政主体工作人员办理行政许可，不得索取或者收受申请人的财物，不得谋取其他利益。

六、行政许可的程序

行政许可的程序，是指行政许可的实施主体（以下通称“行政主体”）从受理行政许可申请到作出准予、拒绝、中止、变更、撤回、撤销、注销等行政许可决定所必须遵循的步骤、方式和时限的总称。根据《行政许可法》的规定，行政许可的程序分为一般程序和特别程序。

（一）一般程序

1. 提出申请。行政许可是依申请的行政行为。因此，公民、法人或其他组织的活动，依法需要获得行政许可的，应当向法定的行政主体提出申请；申请书需要采用格式文本的，行政主体应当向申请人提供行政许可申请书格式文本。行政主体提供行政许可申请书格式文本，不得收费。申请书格式文本中不得包含与申请行政许可事项没有直接关系的内容。行政主体应当将法律、法规、规章规定的有关行政许可的事项、依据、条件、数量、程序、期限以及需要提交的全部材料的目录和申请书示范文本等在办公场所公示。申请人要求行政主体对公示内容予以说明、解释的，行政主体应当说明、解释，提供准确、可靠的信息。

申请人申请行政许可，应当如实向行政主体提交有关材料和反映情况，并对其申请材料实质内容的真实性负责。行政主体不得要求申请人提交与其申请的行政许可事项无关的技术资料和其他材料。

申请人可以委托代理人提出行政许可申请。但是，依法应当由申请人到行政主体办公场所提出行政许可申请的除外。

行政许可申请可以通过信函、电报、电传、传真、电子数据交换和电子邮件等方式提出。行政主体应当建立和完善有关制度，推行电子政务，在其网站上公布行政许可事项，以便申请人采取数据电文等方式提出行政许可申请；应当与其他行政主体共享有关行政许可信息，提高办事效率。

2. 受理。行政主体收到申请人提交的行政许可申请后，对申请人提出的行政许可申请及有关材料进行初步审查（形式审查），并根据下列情况分别作出处理：（1）申请事项依法不需要取得行政许可的，应当即时告知申请人不予受理；（2）申请事项依法不属于本行政主体职权范围的，应当即时作出不予受理的决定，并告知申请人向有关行政主体申请；（3）申请材料存在可以当场更正的错误的，应当允许申请人当场更正；（4）申请材料不齐全或者不符合法定形式的，应当当场或者在5日内一次性告知申请人需要补正的全部内容，逾期不告知的，自收到申请材料之日起即为受理；（5）申请事项属于本行政主体职权范围，申请材料齐全、符合法定形式，或者申请人按照本行政主体的要求提交全部补正申请材料的，应当受理行政许可申请。

行政主体受理或者不予受理行政许可申请，应当出具加盖本行政主体专用印章和注明日期的书面凭证。

3. 审查。行政主体受理行政许可申请后，应当对有关申请材料进行书面审查。根据法定条件和程序，需要对申请材料的实质内容进行核实的，行政主体应当指派两名以上工作人员进行核查。

依法应当先经下级行政机关审查后报上级行政机关决定的行政许可，下级行政机关应当在法定期限内将初步审查意见和全部申请材料直接报送上级行政机关。上级行政机关不得要求申请人重复提供申请材料。

行政主体对行政许可申请进行审查时，发现行政许可事项直接关系他人重大利益的，应当告知该利害关系人。申请人、利害关系人有权进行陈述和申辩。行政主体应当听取申请人、利害关系人的意见。

4. 决定。行政主体对行政许可申请进行审查后，认为申请人提交的申请材料齐全、符合法定形式，行政主体能够当场作出决定的，应当当场作出书面的行政许可决定。除可以当场作出行政许可决定的外，行政主体应当在法定期限内按照规定程序作出行政许可决定。

申请人的申请符合法定条件、标准的，行政主体应当依法作出准予行政许可的书面决定。行政主体依法作出不予行政许可的书面决定的，应当说明理由，并告知申请人享有依法申请行政复议或者提起行政诉讼的权利。

行政主体作出准予行政许可的决定，需要颁发行政许可证件的，应当向申请人颁发加盖本行政主体印章的下列行政许可证件：（1）许可证、执照或者其他许可证书；（2）资格证、资质证或者其他合格证书；（3）行政主体的批准文件或者证明文件；（4）法律、法规规定的其他行政许可证件。行政主体实施检验、检测、检疫的，可以在检验、检测、检疫合格的设备、设施、产品、物品上加贴标签或者加盖检验、检测、检疫印章。

行政主体作出的准予行政许可决定，应当予以公开，公众有权查阅。

法律、行政法规设定的行政许可，其适用范围没有地域限制的，申请人取得的行政许可在全国范围内有效。

5. 期限。除可以当场作出行政许可决定的外，行政主体应当自受理行政许可申请之日起20日内作出行政许可决定。20日内不能作出决定的，经行政主体负责人批准，可以延长10日，并应当将延长期限的理由告知申请人。但是，法律、法规另有规定的，依照其规定。依照《行政许可法》第42条的规定，行政许可采取统一办理或者联合办理、集中办理的，办理的时间不得超过45日；45日内不能办结的，经本级人民政府负责人批准，可以延长15日，并应当将延长期限的理由告知申请人。

依法应当先经下级行政机关审查后报上级行政机关决定的行政许可，下级行政机关应当自其受理行政许可申请之日起20日内审查完毕。但是，法律、法规另有规定的，依照其规定。

行政主体作出准予行政许可的决定，应当自作出决定之日起10日内向申请人颁发、送达行政许可证件，或者加贴标签，加盖检验、检测、检疫印章。

行政主体作出行政许可决定，依法需要听证、招标、拍卖、检验、检测、检疫、鉴定和专家评审的，所需时间不计算在上述规定的期限内。行政主体应当将所需时间书面告知申请人。

行政主体实施行政许可的期限均以工作日计算，不含法定节假日。

【案例 10-3】

按照《律师法》的规定，申请领取律师执业证书，司法行政机关应当自收到申请之日起30日内作出是否颁发的决定。按照《行政许可法》的规定，行政主体应当自受理行政许可申请之日起20日内作出行政许可决定。2017年7月初，张某向省司法厅申请领取律师执业证书。司法厅应在20日内还是30日内作出是否颁发的决定？

根据《行政许可法》的规定，除可以当场作出行政许可决定的外，行政主体应当自受理行政许可申请之日起20日内作出行政许可决定。但是，法律、法规另有规定的，依照其规定。因此，在《律师法》另有规定的情况下，应依照《律师法》规定，即省司法厅应当自受理之日起30日内作出是否颁发的决定。

6. 听证。法律、法规、规章规定实施行政许可应当听证的事项，或者行政主体认为需要听证的其他涉及公共利益的重大行政许可事项，行政主体应当向社会公告，并举行听证。

行政许可直接涉及申请人与他人之间重大利益关系的，行政主体在作出行政许可决定前，应当告知申请人、利害关系人享有要求听证的权利；申请人、利害关系人在被告知听证权利之日起5日内提出听证申请的，行政主体应当在20日内组织听证。申请人、利害关系人不承担行政主体组织听证的费用。

【案例 10-4】

2005 年 3 月，九江矿冶总公司向江西省国土资源厅提交了一份报告，要求办理丁家山矿段下部铜硫矿的开采手续。省国土资源厅于当年 9 月 1 日答复九江矿冶总公司，其所申请的矿段已许可九江县金丰矿业有限公司开采。九江矿冶总公司认为，金丰矿业有限公司 2005 年 7 月 12 日才向九江市国土资源局提交开采申请报告，比自己晚了较长时间，却于 7 月 21 日获得了省国土资源厅颁发的《采矿许可证》国土资源厅的行政行为是违法的。在提起行政复议但没得到满意的结果后，该公司向法院提起了诉讼。这是江西首例行政许可案。

2006 年 4 月 18 日，南昌市中级人民法院对该案进行了公开审理，并于 7 月 27 日对该案作出了一审判决。法院认为，九江矿冶总公司在九江县金丰矿业有限公司提出申请办理丁家山矿段铜硫矿的开采许可证之前，已经向省国土资源厅提出了申请，故九江矿冶总公司也是该行政许可的申请人。同时，省国土资源厅对有争议的丁家山矿段铜硫矿的开采进行审查时，应当按照《行政许可法》第 47 条“行政许可直接涉及申请人与他人之间重大利益关系的，行政机关在作出行政许可决定前，应当告知申请人、利害关系人享有要求听证的权利”的规定，通知九江矿冶总公司。而省国土资源厅并未履行法定程序，其行政许可程序不合法，该行政行为应予以撤销。为此，南昌市中院撤销了省国土资源厅颁发给九江县金丰矿业有限公司丁家山矿段的《采矿许可证》。

听证按照下列程序进行：（1）行政主体应当于举行听证的 7 日前将举行听证的时间、地点通知申请人、利害关系人，必要时予以公告；（2）听证应当公开举行；（3）行政主体应当指定审查该行政许可申请的工作人员以外的人员为听证主持人，申请人、利害关系人认为主持人与该行政许可事项有直接利害关系的，有权申请回避；（4）举行听证时，审查该行政许可申请的工作人员应当提供审查意见的证据、理由，申请人、利害关系人可以提出证据，并进行申辩和质证；（5）听证应当制作笔录，听证笔录应当交听证参加人确认无误后签字或者盖章。行政主体应当根据听证笔录，作出行政许可决定。

7. 变更和延续。变更和延续是行政许可决定的后续程序。在被许可人从事行政许可活动的过程中，随着时间的推移和事态的发展，对行政许可可能会产生新的要求，从而需要变更原来的行政许可。这时，被许可人要求变更行政许可事项的，应当向作出行政许可决定的行政主体提出申请；符合法定条件、标准的，行政主体应当依法办理变更手续。

行政许可通常是有期限的，法定期限届满，原来被许可的事项便成为法律所禁止的事项，被许可人不得继续从事该事项。因而，行政许可期限将至，而被许可人仍然需要继续开展被许可的活动的，就必须申请对行政许可期限的延展。被许可人需要延续依法取得的行政许可的有效期的，应当在该行政许可有效期届满 30 日前向作出行政许可决定的行政主体提出申请。但是，法律、法规、规章另有规定的，依照其规定。行政主体应当根据被许可人的申请，在该行政许可有效期届满前作出是否准予延续的决定；逾期未作出决定的，视为准予延续。

（二）特别程序

1. 招标、拍卖。招标，是指行政主体发布招标公告，邀请特定或不特定的公民、法人和其他组织参加有关特许事项的行政许可的投标，行政主体根据投标结果作出行政决定的行为。

拍卖，是指行政主体对某些特许事项以公开竞价的方式，将特定物品或者财产权利转让给最高出价人，并颁发特许证的行为。

根据《行政许可法》的规定，对有限自然资源开发利用、公共资源配置以及直接关系公共利益的特定行业的市场准入等需要赋予特定权利的事项，行政主体应当通过招标、拍卖等公平竞争的方式作出决定。但是，法律、行政法规另有规定的，依照其规定。行政主体按照招标、拍卖程序确定中标人、买受人后，应当作出准予行政许可的决定，并依法向中标人、买受人颁发行政许可证件。

行政主体违反规定，不采用招标、拍卖方式，或者违反招标、拍卖程序，损害申请人合法权益的，申请人可以依法申请行政复议或者提起行政诉讼。

2. 考试、考核。考试主要适用于对公民赋予特定资格；考核主要适用于对法人或者其他组织赋予资格、资质。根据《行政许可法》的规定，赋予公民特定资格，依法应当举行国家考试的，行政主体根据考试成绩和其他法定条件作出行政许可决定；赋予法人或者其他组织特定的资格、资质的，行政主体根据申请人的专业人员构成、技术条件、经营业绩和管理水平等的考核结果作出行政许可决定。但是，法律、行政法规另有规定的，依照其规定。

公民特定资格的考试依法由行政机关或者行业组织实施。行政机关或者行业组织应当事先公布资格考试的报名条件、报考办法、考试科目以及考试大纲。但是，不得组织强制性的考前培训，不得指定教材或者其他助考材料。

3. 核准。核准是指行政主体按照技术标准、技术规范对某些事项依法进行检验、检测、检疫，并根据检验、检测、检疫的结果作出行政许可决定。核准主要适用于直接关系公共安全、人身健康、生命财产安全的重要设备、设施的设计、制造、安装和使用，直接关系人身健康、生命财产安全的特定产品、物品的检验、检疫。

行政主体实施检验、检测、检疫，应当自受理申请之日起 5 日内指派两名以上工作人员按照技术标准、技术规范进行检验、检测、检疫。不需要对检验、检测、检疫结果作进一步技术分析即可认定设备、设施、产品、物品是否符合技术标准、技术规范的，行政主体应当当场作出行政许可决定。

行政主体根据检验、检测、检疫结果，作出不予行政许可决定的，应当书面说明不予行政许可所依据的技术标准、技术规范。

4. 登记。登记是确定企业或其他组织主体资格的一种许可程序。对于通过登记来实施行政许可的事项，申请人提交的申请材料齐全、符合法定形式的，行政主体应当当场予以登记。需要对申请材料的实质内容进行核实的，行政机关应该依照《行政许可法》第 34 条第 3 款的规定办理。

5. 对有数量限制的行政许可的特别规定。有数量限制的行政许可，两个或者两个以上申请人的申请均符合法定条件、标准的，行政主体应当根据受理行政许可申请的先后顺序作出准予行政许可的决定。但是，法律、行政法规另有规定的，依照其规定。

七、行政许可的监督检查

行政许可的监督检查是指行政主体对依法实施的行政许可事项进行了解、检查、监督以及纠正的活动。行政许可的监督检查一般包括两种情形：一是行政机关内部的层级监督检查，即上级行政机关通过对下级行政机关实施行政许可的监督检查，及时纠正行政许可实施中的违法行为；二是行政主体对被许可人的监督检查，即行政主体按照法定职权，对被许可人从事行政许可事项的活动时，其遵守法律、法规、规章的情况以及执行行政命令、决定的情况进行了解、检查、监督以及纠正的行政行为。行政主体对被许可人监督检查的方式主要有：

（一）书面检查

行政主体应当建立健全监督制度，通过核查反映被许可人从事行政许可事项活动情况的有关材料，履行监督责任。行政主体依法对被许可人从事行政许可事项的活动进行监督检查时，应当将监督检查的情况和处理结果予以记录，由监督检查人员签字后归档。公众有权查阅行政机关监督检查记录。行政主体应当创造条件，实现与被许可人、其他有关行政机关的计算机档案系统互联，以便核查被许可人从事行政许可事项活动的情况。

（二）抽样检查、检验、检测与实地检查

行政主体可以对被许可人生产经营的产品依法进行抽样检查、检验、检测，对其生产经营场所依法进行实地检查。检查时，行政主体可以依法查阅或者要求被许可人报送有关材料；被许可人应当如实提供有关情况和材料。行政主体根据法律、行政法规的规定，对直接关系公共安全、人身健康、生命财产安全的重要设备、设施进行定期检验。经检验合格的，行政主体应当发给相应的证明文件。

行政主体实施监督检查，不得妨碍被许可人正常的生产经营活动，不得索取或者收受被许可人的财物，不得谋取其他利益。

被许可人在作出行政许可决定的行政主体管辖区域外违法从事行政许可事项活动的，违法行为发生地的行政主体应当依法将被许可人的违法事实、处理结果抄告作出行政许可决定的行政主体。

个人和组织发现违法从事行政许可事项的活动的，有权向行政主体举报，行政主体应当及时核实、处理。

被许可人未依法履行开发利用自然资源义务或者未依法履行利用公共资源义务的，行政主体应当责令限期改正；被许可人在规定期限内不改正的，行政主体应当依照有关法律、行政法规的规定予以处理。

（三）对取得特许权的被许可人的监督检查

取得直接关系公共利益的特定行业的市场准入行政许可的被许可人，应当按照国家规定的服务标准、资费标准和行政主体依法规定的条件，向用户提供安全、方便、稳定和价格合理的服务，并履行普遍服务的义务；未经作出行政许可决定的行政主体批准，不得擅自停业、歇业。被许可人不履行上述规定的义务的，行政主体应当责令限期改正，或者依法采取有效措施督促其履行义务。

对直接关系公共安全、人身健康、生命财产安全的重要设备、设施，行政主体应当督促设计、建造、安装和使用单位建立相应的自检制度。行政主体在监督检查时，发现直接关系公共安全、人身健康、生命财产安全的重要设备、设施存在安全隐患的，应当责令停止建造、安装和使用，并责令设计、建造、安装和使用单位立即改正。

八、行政许可的撤销、注销与中止

行政主体批准的行政许可具有证明力、公定力和拘束力，非因法定事由并经法定程序，被许可人的权利不得被剥夺。但是，行政许可的效力也会由于某些情况的出现而发生变化。

（一）行政许可的撤销

行政许可的撤销是指行政主体颁发许可证之后，因被许可人未遵守许可的内容或未履行法定义务，从事违法活动，从而永久地撤回许可证，不再允许其从事先前所许可事项的一种具体行政行为。行政许可的撤销使许可证向后失去效力，但不溯及既往。

有下列情形之一的，作出行政许可决定的行政主体或者其上级行政机关，根据利害关系人的请求或者依据职权，可以撤销行政许可：（1）行政主体工作人员滥用职权、玩忽职守作出的行政许可决定；（2）超越法定职权作出的行政许可决定；（3）违反法定程序作出的行政许可决定；（4）对不具备申请资格或者不符合法定条件的申请人准予行政许可的；（5）依法可以撤销行政许可的其他情形。

【案例 10-5】

2004 年 7 月 10 日，中国行政许可法第一案在北京市海淀区人民法院宣判。北京市规划委员会批准北京富润房地产开发有限公司将富润家园小区原规划中配套工程的幼儿园出卖，设立一座洗浴中心。因不服北京市规划委员会作出的规划行政许可，北京富润家园的 149 名业主集体起诉北京市规划委员会。北京市规划委员会则认为，该委是依照第三人富润房地产开发有限公司的变更规划申请，对第三人提交的消防、环保、人防等有关部门的审核意见进行审查后，认为符合有关城市规划法律法规的规定，作出的准许变更的规划许可，并未违反法定程序。海淀区法院审理认为，本案中，被告北京市规划委员会未能在法定期限内提供符合审批程序的相关立案、审核的证据，应当视为被诉的具体行政行为没有证据。故北京市规划委员会作出变更规划许可的行为主要证据不足，理应予以撤销。北京市海淀区人民法院一审判决，撤销被告北京市规划委员会向第三人北京富润房地产开发有限公司核发的《建设工程规划许可证》。

被许可人以欺骗、贿赂等不正当手段取得行政许可的，应当予以撤销。依照规定撤销行政许可，可能对公共利益造成重大损害的，不予撤销。

行政主体依法撤销行政许可，被许可人的合法权益受到损害的，尽管行政许可的撤销是合法的，是符合公共利益的，行政主体仍应当依法给予补偿。但是，撤销被许可人以欺骗、贿赂等不正当手段取得的行政许可的，被许可人基于行政许可取得的利益不受保护。

（二）行政许可的注销

行政许可的注销是指由于被许可人违反要求不再适宜持有行政许可，或者行政许可被撤销，或行政许可有效期已届满或其他特定情形出现，行政许可自然失去效力，而由决定给予行政许可的行政主体予以注销。行政许可自注销之日起，不再有效。但其效力亦不溯及既往，在注销日以前，仍为有效。

有下列情形之一的，行政主体应当依法办理有关行政许可的注销手续：（1）行政许可有效期届满未申请延续或申请未获批准的；（2）赋予公民特定资格的行政许可，该公民死亡或者丧失行为能力的；（3）法人或者其他组织依法终止的；（4）行政许可依法被撤销、撤回，或者行政许可证件依法被吊销的；（5）因不可抗力导致行政许可事项无法实施的；（6）法律、法规规定的应当注销行政许可的其他情形。

（三）行政许可的中止

行政许可的中止是指行政许可暂时失去法律效力。能够引起行政许可中止的重要的原因之一，是被许可人有违法行为，行政主体为制止或惩罚被许可人的违法行为而采取的一系列行政措施。只有在违法行为停止、消除或行政主体实现了对被许可人的惩罚后，行政许可才恢复其效力。

九、法律责任

（一）行政主体及其工作人员的法律责任

无行政许可设定权的行政主体设定行政许可的，有关机关应当责令设定该行政许可的主体改正，或者依法予以撤销。

行政主体及其工作人员违反《行政许可法》的规定，有下列情形之一的，由其上级行政机关或者监察机关责令改正；情节严重的，对直接负责的主管人员和其他直接责任人员依法给予行政处分：(1) 对符合法定条件的行政许可申请不予受理的；(2) 不在办公场所公示依法应当公示的材料的；(3) 在受理、审查、决定行政许可过程中，未向申请人、利害关系人履行法定告知义务的；(4) 申请人提交的申请材料不齐全、不符合法定形式，不一次性告知申请人必须补正的全部内容的；(5) 未依法说明不受理行政许可申请或者不予行政许可的理由的；(6) 依法应当举行听证而不举行听证的。

行政主体工作人员办理行政许可、实施监督检查，索取或者收受他人财物或者谋取其他利益，构成犯罪的，依法追究刑事责任；尚不构成犯罪的，依法给予行政处分。

行政主体实施行政许可，有下列情形之一的，由其上级行政机关或者监察机关责令改正，对直接负责的主管人员和其他直接责任人员依法给予行政处分；构成犯罪的，依法追究刑事责任：(1) 对不符合法定条件的申请人准予行政许可或者超越法定职权作出准予行政许可决定的；(2) 对符合法定条件的申请人不予行政许可或者不在法定期限内作出准予行政许可决定的；(3) 依法应当根据招标、拍卖结果或者考试成绩择优作出准予行政许可决定，未经招标、拍卖或者考试，或者不根据招标、拍卖结果或者考试成绩择优作出准予行政许可决定的。

行政主体实施行政许可，擅自收费或者不按照法定项目和标准收费的，由其上级行政机关或者监察机关责令退还非法收取的费用；对直接负责的主管人员和其他直接责任人员依法给予行政处分。对于截留、挪用、私分或者变相私分实施行政许可依法收取的费用，予以追缴；对直接负责的主管人员和其他直接责任人员依法给予行政处分；构成犯罪的，依法追究刑事责任。

行政主体违法实施行政许可，给当事人的合法权益造成损害的，应当依照国家赔偿法的规定给予赔偿。

行政主体不依法履行监督职责或者监督不力，造成严重后果的，由其上级行政机关或者监察机关责令改正，对直接负责的主管人员和其他直接责任人员依法给予行政处分；构成犯罪的，依法追究刑事责任。

（二）行政许可申请人及被许可人的法律责任

行政许可申请人隐瞒有关情况或者提供虚假申请材料的，行政主体不予受理或者不予行政许可，并给予警告；行政许可申请属于直接关系公共安全、人身健康、生命财产安全事项的，申请人在1年内不得再次申请该行政许可。

被许可人以欺骗、贿赂等不正当手段取得行政许可的，行政主体应当依法给予行政处罚；取得的行政许可属于直接关系公共安全、人身健康、生命财产安全事项的，申请人在3年内不得再次申请该行政许可；构成犯罪的，依法追究刑事责任。

被许可人有下列行为之一的，行政主体应当依法给予行政处罚；构成犯罪的，依法追究刑事责任：(1) 涂改、倒卖、出租、出借行政许可证件，或者以其他形式非法转让行政许可的；(2) 超越行政许可范围进行活动的；(3) 向负责监督检查的行政机关隐瞒有关情况、提供虚假材料或者拒绝提供反映其活动情况的真实材料的；(4) 法律、法规、规章规定的其他违法行为。

(三) 公民、法人或者其他组织的法律责任

公民、法人或者其他组织未经行政许可，擅自从事依法应当取得行政许可的活动的，行政主体应当依法采取措施予以制止，并给予相应的行政处罚；构成犯罪的，依法追究刑事责任。

第二节 行政给付

一、行政给付的概念和特征

我国行政法中行政给付的概念，是从日文中直接移植而来的。在日本，行政给付包括供给行政、社会保障行政和资助行政。[①] 供给行政是指行政主体通过设置和经营公共设施、公共企业等方式，为国民提供日常生活中必不可少的公共服务的行政活动。社会保障行政是指为保障公民能够维持基本生活，而对生活贫困者提供公共扶助，通过实行社会保险救济以及公共卫生、医疗、社会福利等行政活动，保障国民最低限度的健康文明的生活。资助行政是指行政主体为帮助个人和组织的生活安定及经营发展，而实行的诸如青少年的保护和培养、知识和技术的提供等非经济性的资助以及提供资金或其他财产利益等经济性资助（资金帮助）的活动。

在我国行政法学界，行政给付，又称行政救助或行政物质帮助，通常仅指社会保障行政。本书亦在这一意义上使用行政给付的概念。它是指行政主体在公民年老、疾病或丧失劳动能力等特殊情况下，依照有关法律、法规规定，赋予其一定的物质权益或与物质有关的权益的行政行为。

行政给付具有如下几个特征：

1. 行政给付是行政主体向行政相对人给付金钱或实物的行政行为。行政给付是行政主体履行国家行政管理职责的活动，区别于由社会或社会组织实施的物质帮助。我国《宪法》第45条规定："中华人民共和国公民在年老、疾病或者丧失劳动能力的情况下，有从国家和社会获得物质帮助的权利。国家发展为公民享受这些权利所需要的社会保险、社会救济和医疗卫生事业。国家和社会保障残废军人的生活，抚恤烈士家属，优待军人家属。国家和社会帮助安排盲、聋、哑和其他有残疾的公民的劳动、生活和教育。"这一规定明确了我国的行政物质帮助制度，并赋予了公民获得物质帮助的基本权利。

2. 行政给付的对象是特定的行政相对人。行政给付的对象所指的相对人是年老、疾病或

---

① 参见［日］南博方：《日本行政法》，杨建顺译，中国人民大学出版社2009年版，第32~33页。

丧失劳动能力的公民，残疾军人，烈士家属，盲、聋、哑和其他有残疾的公民，生产、生活遭受巨大困难或面临人身危险的组织或个人，有特殊贡献的专家以及其他法定扶助对象。

3. 行政给付是一种依申请的行政行为。除了自然灾害等紧急状态下由行政主体主动实施救济外，绝大多数行政给付都必须基于给付对象的申请产生。

4. 行政给付是依法作出的行政行为。行政给付必须依照法律、法规、规章以及其他有关规范性文件作出，而非任意给付，这就决定了行政给付的法律从属性。

5. 行政给付是一种授益性的具体行政行为。行政主体实施行政给付，即意味着相对人获得一定的物质权益或与物质有关的权益。因而，行政给付属于授益性行政行为。行政给付行为的授益性，要求行政主体在实施行政给付行为时，除了符合法定条件和程序外，不应对相对人的权利和自由施加任何其他实质性的影响。

二、行政给付的历史发展

行政给付是较为书面的语言，西方国家在很早以前习惯把救助贫民的行为称为“贫民救济”。救助贫民的思想起源于原始社会末期出现的人类的恻隐之心或宗教信仰，进入奴隶社会特别是封建社会以后，统治阶级对贫民进行了一定程度的赈灾济贫。但是，早期的这些救济只是出于巩固自身统治的需要，是对穷人的一种施舍和恩赐，大多属于政府的慈善行为，并且大多是一些临时性的赈济措施，没有形成固定的制度，不属于国家的义务，因此不能从根本上解决穷苦问题。直到1601年英国女王伊丽莎白一世颁布了世界上第一部救济贫民的法案——《济贫法》，行政给付制度才作为一项社会制度以立法的形式确定下来。《济贫法》奠定了英国乃至欧美各国现代行政给付立法的基础。以后随着福利国家的兴起，行政给付的种类大量增加，覆盖了人们生活的许多方面，由此也引发了观念上的变化，使行政给付成为相对人应当获得的一种权利、政府承担的一项义务。

扶贫济困是中华民族的优良传统。新中国成立以来，党和政府一贯高度重视扶贫济困工作，1950年4月，成立了中国人民救济总会，对不同的困难群众给予不同的救济。1954年《宪法》第93条明确规定：“中华人民共和国劳动者在年老、疾病或者丧失劳动能力的时候，有获得物质帮助的权利。国家举办社会保险、社会救济和群众卫生事业，并且逐步扩大这些设施，以保证劳动者享受这种权利。”改革开放以后，1982年《宪法》将行政给付对象从1954年《宪法》中的“劳动者”扩大为“公民”，大量有关行政给付的法律、法规、规章亦陆续出台，行政给付工作进入了一个新的发展时期。

三、行政给付的作用

行政给付的作用主要表现在赋予行政相对人一定的物质权益或与物质权益有关的权益，是一种典型的授益性行政行为。行政给付的实施，对于保障行政相对人的合法权益，尤其是对于确保贫困公民过上有尊严和有人格的生活，维护社会稳定，增进社会和谐，保证各项改革的顺利进行，都具有十分重要的意义。行政给付能否很好地实行，直接关系到行政法所保护和追求的国家和社会公共利益能否实现，关系到广大民众能否很好地享受人权，关系到国家政治和经济能否稳定发展的大局。因此，世界各国都在努力通过制定有关法律、法规及政策等手段来确保行政给付的实施，确保行政给付真正发挥其应有的作用。

四、行政给付的内容

行政给付的内容是指行政物质帮助的主体给予被帮助人的权益。一般包括物质上的权益和与物质有关的权益两部分内容。

（一）物质上的权益

物质上的权益表现为被帮助人获得一定数量的金钱或实物，如拨款、食品、药品、衣服、床位等。

（二）与物质有关的权益

与物质有关的权益表现为行政主体赋予被帮助人一定的权益，从而实现其某些权利或使其获得从事某项活动的能力，如免费入学受教育、享受公费医疗、帮助就业等。

五、行政给付的形式

行政给付的形式比较复杂，这主要是因为我国有关行政给付的规定较为零散，各种具体的行政给付散见于法律、法规甚至规章之中，名称各异，含义不一，致使行政给付的形式很难被准确界定。目前，我国有关行政给付的法律、法规、规章主要有《残疾人保障法》《森林法》《消防法》《军人抚恤优待条例》《中国人民解放军志愿兵退出现役安置暂行办法》《退伍义务兵安置办法》《革命烈士褒扬条例》《国营企业行业职工保险暂行规定》《城市居民最低生活保障条例》《城市生活无着的流浪乞讨人员救助管理办法》《城市生活无着的流浪乞讨人员救助管理办法实施细则》等。综合这些法律、法规、规章的规定，可将行政给付的形式概括为如下几种：

（一）抚恤金

抚恤金即对特定死者的家属、伤残人员给予的物质帮助形式。这是最为常见的行政给付形式，一般包括牺牲、病故人员抚恤金，残疾人抚恤金，烈军属、复员退伍军人生活补助费，退伍军人安置费等。如根据《军人抚恤优待条例》的规定，因战争致残的革命伤残军人在评残发证后，1 年内伤口复发死亡的，按照革命烈士的抚恤规定，发给家属一次性抚恤金或定期抚恤金。1 年后伤口复发死亡的，按照因公牺牲军人的抚恤规定，发给家属一次性抚恤金或定期抚恤金。

（二）特定人员离退休金

主要包括由民政部门管理的军队离退休干部、无军籍退休职工及由民政部门发放退休金的地方退休人员、退职人员的离退休金，生活补助费，副食品价格以及取暖补贴，护理费，丧葬费，遗属生活困难补助等。

（三）社会救济补助、社会福利金

社会救济补助，即民政部门依法对社会上生活困难的人给予的物质帮助，如对农村无劳动能力人员发放的救济金、对城市居民发放的最低生活保障费。社会福利金，即用于社会福利院、敬老院、儿童福利院等社会福利机构、残疾人团体及其福利生产单位、科研机构的经费资助。

（四）优待

即给予被帮助人与物质有关的权益的帮助，如给予优抚对象在医疗、住房、交通、就业、入学贷款、邮政等方面的优厚待遇。

（五）救灾扶贫

这是指在较大范围内对特殊情况下的公民进行的物质帮助形式。救灾扶贫包括两项内容：一是救灾，指对因发生不可抗拒的意外灾害造成生活、生产困难的人员给予的救助，如对火灾的救助、对自然灾害的救助。二是扶贫，指对农村贫困户在资金、物质、技术、劳务、就业等各方面给予的帮助。

六、行政给付的原则

（一）给付法定原则

行政给付是依法作出的行政行为，但是从保障相对人生存权出发，行政给付法定原则与其他行政行为的法定原则相比，更需强调其“法”的宽泛性。这是由目前我国行政给付立法很不完善的现状决定的。在有法可依的领域，当然要严格依法实施行政给付，在其他尚未制定法律、法规乃至规章的领域，则需要依据行政法的基本原理和国家的有关政策来调整行政给付关系。

（二）公平、公正原则

行政给付旨在赋予特定相对人一定的物质权益或与物质权益有关的权益，应当坚持公平、公正的原则，对符合条件的公民一律平等地对待，不允许无根据地实施差别对待。对于符合法定条件的行政给付申请，行政主体通常只要没有正当的理由便不得拒绝给付。

（三）及时原则

行政给付的实施，更多地涉及以相对人生存权为核心的经济、文化方面的权益，因此，需要行政主体以积极的态度保障其实现。当需要实施行政给付的情况特别是紧急情况发生时，应当在尽可能短的时间内实施行政给付，任何无故的拖延都是不允许的。

七、行政给付的程序

行政给付的程序是行政主体实施行政给付行为所应遵循的程序。在我国，不同的法律、法规、规章对各种行政给付程序都作了一些简要的规定。不同形式的给付，其程序存在一定的差异。对于定期发放的行政给付，如伤残抚恤金、离退休金、烈军属生活困难补助等，通常应由给付对象本人或所在组织、单位提出申请，行政主体依法对其进行审查、评定等级。在某些情况下，还需要通过技术专家或专门部门鉴定，以确定是否符合有关标准，然后再定期发给。对于一次性发放的行政给付，如因公牺牲或病故人员的丧葬费、退伍军人安置费、烈士家属抚恤金等，通常由给付对象提出申请，行政主体予以审查核实，然后依据法律、法规或规章所确定的标准一次性发给。对于临时性的行政给付，如自然灾害救济、公民突发性困难紧急救济等，有的先由给付对象提出申请，有的则由有关基层组织确定给付对象，或者经有关基层组织发给给付对象。

各种行政给付也存在一些共同的程序规则，主要有：（1）申请，即多数情况下需要由行政相对人提出救助申请，从而启动行政给付程序，但也存在行政主体发现需要救助的对象，并依职权主动实施行政给付的情况；（2）审查，即由实施行政给付的主体对相对人的申请及相对人的实际情况和条件进行审查核对，以判明是否符合行政给付的条件；（3）批准，即实施行政给付的主体或其上级主管部门同意对符合条件的申请人实施给付；（4）实施，即由实施行政给付的主体具体交付相对人款、物，或办理相应的手续。在上述程序中，一般都要求书面形式。行政给付标的是财物的，在程序上还要办理财物手续和物品登记、交接手续。对于定期性的给付，必须进行经常性的监督检查，如果发现给付对象不再符合给付条件的，应及时停止给付。

下面以城市居民最低生活保障待遇为例，对行政给付的程序作一具体说明。根据《城市居民最低生活保障条例》，城市居民最低生活保障待遇的给付程序是：

1. 申请。申请享受城市居民最低生活保障待遇的，由户主向户籍所在地的街道办事处或者镇人民政府提出书面申请，并出具有关证明材料，填写《城市居民最低生活保障待遇审批表》。

2. 初审。城市居民最低生活保障待遇，由其所在地的街道办事处或者镇人民政府初审，并将有关材料和初审意见报送县级人民政府民政部门审批。

3. 调查核实。管理审批机关基于审批城市居民最低生活保障待遇的需要，可以通过入户调查、邻里访问以及信函索证等方式对申请人的家庭经济状况和实际生活水平进行调查核实。申请人及有关单位、组织或者个人应当接受调查，如实提供有关情况。

4. 批准。县级人民政府民政部门经审查，对符合享受城市居民最低生活保障待遇条件的家庭，应当区分下列不同情况批准其享受城市居民最低生活保障待遇：对无生活来源、无劳动能力又无法定赡养人、扶养人或者抚养人的城市居民，批准其按照当地城市居民最低生活保障标准全额享受；对尚有一定收入的城市居民，批准其按照家庭人均收入低于当地城市居民最低生活保障标准的差额享受。县级人民政府民政部门经审查，对不符合享受城市居民最低生活保障待遇条件的，应当书面通知申请人，并说明理由。管理审批机关应当自接到申请人提出申请之日起 30 日内办结审批手续。

5. 发放。城市居民最低生活保障待遇由管理审批机关以货币形式按月发放；必要时，也可以给付实物。

6. 监督。对经批准享受城市居民最低生活保障待遇的城市居民，由管理审批机关采取适当形式以户为单位予以公布，接受群众监督。任何人对不符合法定条件而享受城市居民最低生活保障待遇的，都有权向管理审批机关提出意见；管理审批机关经核查，认为情况属实的，应当予以纠正。

7. 变更。享受城市居民最低生活保障待遇的城市居民家庭人均收入情况发生变化的，应当及时通过居民委员会告知管理审批机关，办理停发、减发或者增发城市居民最低生活保障待遇的手续。管理审批机关应当对享受城市居民最低生活保障待遇的城市居民的家庭收入情况定期进行核查。

八、行政给付与行政奖励的关系

行政奖励是指行政主体依照法定的条件和程序，对为国家、人民和社会作出突出贡献或模范遵纪守法的行政相对人，给予相应的物质的或精神的奖励的具体行政行为。行政给付与行政奖励虽然都是授益性行政行为，但两者之间也存在较大的区别。表现在：

首先，目的不同。行政给付的目的在于使行政相对人获得基本的物质生活保障，过上有尊严的生活；而行政奖励的目的在于表彰先进。

其次，对象不同。行政给付的对象为年老、疾病或丧失劳动能力的公民，残疾军人，烈士家属，盲、聋、哑人和其他有残疾的公民，生产、生活遭受巨大困难或面临人身危险的组织或个人，有特殊贡献的专家以及其他法定扶助对象；而行政奖励的对象是为国家、人民和社会作出突出贡献或模范遵纪守法的行政相对人。

最后，内容不同。行政给付的内容包括物质上的权益和与物质有关的权益两部分内容，不具有精神和职权上的权益；而行政奖励除包括物质方面的权益外，还包括精神方面和职权方面的权益，精神方面的权益如授予荣誉称号、颁发荣誉证书、奖章以及记功等，职权方面的权益即予以晋级或晋职。

第三节　行政裁决

一、行政裁决的概念和特征

行政裁决是指行政主体根据法律的授权，以中立者的身份对平等主体之间发生的、与行政管理活动密切相关的特定民事纠纷进行审查并作出裁决的具体行政行为。行政裁决具有如下几个特征：

（一）行政裁决的主体是法律授权的行政主体

行政裁决既不同于司法机关的司法审判，也不同于社会团体或民间组织的民间仲裁，其在本质上仍属于行政行为的范畴，行使裁决权的主体是依照法律的授权对特定民事纠纷具有行政管理职权的行政主体。从现行立法来看，除全国人大及其常委会制定的法律中规定有行政裁决内容外，某些行政法规甚至行政规章也为一部分行政机关设定了行政裁决权。根据有关法律、法规和规章的规定，目前，我国具有行政裁决权的行政主体主要包括裁决民事纠纷的一般行政机关和裁决民事纠纷的专门行政机构。裁决民事纠纷的一般行政机关是依法授权的各级人民政府及其主管部门，如国土资源管理机关、林业管理机关、农牧业行政管理机关、水行政管理机关等。裁决民事纠纷的专门行政机构是在行政机关内设置的专门负责受理和处理特定争议和纠纷的机构。这样的机构主要有两个：一是国家知识产权局专利局复审和无效审理部，主要受理相对人对专利权人的专利权提出争议的案件；另一个是国家知识产权局商标局，主要受理商标注册人对他人已注册的商标提出争议的案件和其他人对商标注册人已注册的商标提出争议的案件。

【案例 10-6】

2016 年 4 月 25 日，原国家工商行政管理总局商标评审委员会（简称商标评审委员会）针对重庆三五世全公司就第 3975912 号“哈三五 HSW 及图”商标（简称诉争商标）提出的无效宣告请求，作出商评字〔2016〕第 40245 号《关于第 3975912 号“哈三五 HSW 及图”商标无效宣告请求裁定书》。

商标评审委员会认为：重庆三五世全公司援引 2001 年修正的《商标法》第 28 条规定主张诉争商标无效，超出了法定期限，予以驳回。重庆三五世全公司提交的证据不足以证明第 576611 号“三五 SANWU 及图”商标在诉争商标申请日之前构成驰名商标，诉争商标不存在具有“其他不良影响”的情形。因此，商标评审委员会裁定：诉争商标予以维持。

重庆三五世全公司不服被诉裁定，向北京知识产权法院提起诉讼。①

《商标法》第 2 条第 2 款规定：“国务院工商行政管理部门设立商标评审委员会，负责处理商标争议事宜。”第 14 条第 3 款规定：“在商标争议处理过程中，当事人依照本法第 13 条规定主张权利的，商标评审委员会根据处理案件的需要，可以对商标驰名情况作出认定。”

① 作者适当裁剪了相关信息，案例来源于北京市高级人民法院行政判决书（2017）京行终 4568 号。

由此来看，经由《商标法》的授权，商标评审委员会获得了裁断商标纠纷的权力。因此，该案中，商标评审委员会就重庆三五世全公司提出的“3975912号‘哈三五 HSW 及图’商标”作出的裁定在法律上属于行政裁决行为。

（二）行政裁决的对象是特定的民事纠纷

并非所有的民事纠纷都能成为行政裁决的对象，这是因为，对民事纠纷的裁决一般来讲属于审判权的范畴。只有在特定情况下，即在民事纠纷与行政管理密切相关并且有法律明确规定的情况下，行政主体才对该民事纠纷予以裁决，以实现行政管理的目的。与一般的民事纠纷相比，这些特定的民事纠纷有三个特点：一是引起这些民事纠纷的行为可能既损害了民事关系，又危害了行政管理秩序，因而与行政管理密切相关；二是这些民事纠纷一般涉及较强的专业技术知识；三是这些民事纠纷不属于合同纠纷。

（三）行政裁决具有准司法性

认为行政裁决具有准司法性，主要是基于以下原因：首先，除法律法规特别规定外，行政裁决是一种依申请的行为，因而，通常情况下行政机关未经当事人依法申请不得主动实施，即采取“不告不理”的原则。其次，行政机关在行政裁决中并非以管理者而是以居间裁决的第三者身份出现。最后，行政裁决依照的程序也不同于一般的具体行政行为的程序，而是一种准司法程序，它要求行政机关客观公正地审查证据、调查事实，然后依法作出公正的裁决。

（四）行政裁决在效果上具有强制性

行政裁决一经作出，就会在当事人之间设定一种民事上的法定权利和义务，无论当事人是否同意或是否承认，都不会影响行政裁决的成立和所具有的法律效力。对行政裁决不服的，虽可依法申请复议或提起诉讼，但绝不能自行改变或推翻该裁决。

【案例 10-7】

王某和张某是同一村住宅相邻的两户农民。两户关于宅基地的划线已有多年纷争。他们曾在当地乡政府的主持下达成协议。2012年5月，王某翻建住宅，两家矛盾再次爆发。乡政府多次协调不成，张某天天上县政府上访。该县政府直接出面协调，最后作出《关于王某与张某宅基地使用权中界线的处理决定》（以下简称《决定》）。《决定》内容：“双方宅基地的中界线以王某家东房山后墙外线向东量4.5寸为一点，以东房山前角外线为另一点，两点连成一条直线向南延长到两户南院墙，线以东归张某家使用，线以西归王某家使用。”王某与张某收到县政府《决定》后，均表示不服，便向当地人民法院提起行政诉讼。

《土地管理法》第16条规定：“土地所有权和使用权争议，由当事人协商解决；协商不成的，由人民政府处理。单位之间的争议，由县级以上人民政府处理；个人之间、个人与单位之间的争议，由乡级人民政府或者县级以上人民政府处理。当事人对有关人民政府的处理决定不服的，可以自接到处理决定通知之日起三十日内，向人民法院起诉。在土地所有权和使用权争议解决前，任何一方不得改变土地利用现状。”据此，县政府作出的《决定》属于行政裁决行为，虽然行政裁决处理的是民事关系，但它是行政主体基于行政职权强制性作出的，是一种行政行为，当事人对其不服提起诉讼的，应当属于行政诉讼而不是民事诉讼。

值得注意的是，我国各种法律、法规对行政裁决的提法不同，有的提“决定”，如《国有土地上房屋征收与补偿条例》第14条规定：“被征收人对市、县级人民政府作出的房屋征收决定不服的，可以依法申请行政复议，也可以依法提起行政诉讼。”有的提“处理”，如《森林法》第17条第1、2款规定：“单位之间发生的林木、林地所有权和使用权争议，由县级以上人民政府依法处理。个人之间、个人与单位之间发生的林木所有权和林地使用权争议，由当地县级或者乡级人民政府依法处理。”等等。尽管提法不同，但实质上都是经法律授权的行政主体对特定民事纠纷所作的裁断。反之，有的法律、法规中，尽管出现了“裁决”，但实质上并非行政裁决，如《立法法》第95条规定：“地方性法规、规章之间不一致时，由有关机关依照下列规定的权限作出裁决：（一）同一机关制定的新的一般规定与旧的特别规定不一致时，由制定机关裁决；（二）地方性法规与部门规章之间对同一事项的规定不一致，不能确定如何适用时，由国务院提出意见，国务院认为应当适用地方性法规的，应当决定在该地方适用地方性法规的规定；认为应当适用部门规章的，应当提请全国人民代表大会常务委员会裁决；（三）部门规章之间、部门规章与地方政府规章之间对同一事项的规定不一致时，由国务院裁决。根据授权制定的法规与法律规定不一致，不能确定如何适用时，由全国人民代表大会常务委员会裁决。”行政机关之间的这种意见不一或争议，一般属于行政机关的内部行政争议，人民政府对此依法裁决，也就成为解决内部行政争议的一种行为方式，并非行政裁决。因此，判断一个行政行为是否属于行政裁决，应以行政裁决的概念和特征为标准。

二、行政裁决制度的历史发展

现代行政裁决制度起源于美国。它是美国19世纪末20世纪初行政权力扩张的产物。裁决权本来带有司法权的性质。美国联邦最高法院曾在一个世纪前宣称，司法权独存于法院，把任何司法权授予行政机关都构成违宪。但是，基于应对复杂的现代社会的需要，国会还是冲破了三权分立的限制，赋予行政机关裁决公法争议和私法争议的权限。1887年设立的州际商业委员会就是里程碑。该委员会被赋予制定规章权、裁决权和传统的执行权，使其集行政、立法、司法权于一身，成为现代行政的模型。① 在美国，行政裁决权“现在已扩大到一般行政部门，如卫生部控制着食品和医药管理，司法部控制着移民管理，邮政部控制着违章邮件的处理，因而相应地有权审理有关这方面的纠纷”②。

在我国，行政裁决作为行政机关裁断平等主体之间纠纷的一种现象，早在新中国成立初期即已存在。这同我国长期沿用的以行政手段处理一切问题，包括以行政手段处理纠纷的传统是一致的。但是，行政裁决作为法律文件确定的具体行政行为，始于20世纪70年代末期。1978年10月26日，《交通部关于港口作业事故处理的几项规定》第5条规定：“对索赔案件，双方应本着实事求是、公平合理、友好协商的精神，妥善解决。如双方意见有争议时，可提请当地港务监督机关进行裁决……”

20世纪80年代，我国行政裁决制度在法律规范中大量出现。这一时期，由于经济的发展，知识产权的保护意识、自然资源的利用意识和利用程度都迅速增强，许多新的社会关系开

① 参见张树义主编：《纠纷的行政解决机制研究——以行政裁决为中心》，中国政法大学出版社2006年版，第33~34页。

② 龚祥瑞：《比较宪法与行政法》，法律出版社1985年版，第490~491页。

始形成，比如知识产权的所有者与使用者的关系、自然资源所有者与使用者的关系等。在这些社会关系出现纠纷后，由于其专业化较强，仅仅依靠司法解决以上纠纷往往在效果和效率上都不尽如人意，这时行政裁决制度的出现就具备了历史的必然性。这一时期规定行政裁决制度的法律规范包括《商标法》第22条、《专利法》第49条、《土地管理法》第13条、《森林法》第14条、《草原法》第14条等。到目前为止，规定行政裁决的法律、法规已遍及资源、环保、医药卫生、知识产权等许多领域，行政裁决已成为行政主体经常实施的一种行政行为。

三、行政裁决的原则

（一）合法原则

行政主体对特定民事纠纷的裁决，必须严格依照法律的授权进行。没有法律的授权，行政主体便不能成为行政裁决的主体。行政主体行使行政裁决权，不得超越法律规定的范围，必须按照法律确定的原则、标准和程序进行。任何滥用裁决权，违反裁决程序，擅自变更裁决标准的裁决，都是违法的裁决，应该撤销。

（二）中立原则

行政主体运用行政裁决权，必须处于独立地位，保持不偏不倚的立场，平等地对待纠纷的各方当事人。主持裁决的人员不得与案件或案件当事人有利害关系，否则应当回避。行政裁决还必须全面客观地认定事实，正确运用法律，并公开裁决程序。

（三）效率原则

行政裁决在程序成本上较诉讼更为便宜是行政裁决产生的背景。行政主体行使行政裁决权，必须考虑行政效率，在保障公正、准确的前提下，尽量减少不必要的环节、手续，提高各个环节的效率。

（四）非终局性原则

行政主体裁决民事纠纷的活动不能剥夺人民法院对民事纠纷作出最终判决的权力，即行政主体对民事纠纷的裁决不应当具有排他性和终局性。历史上曾经有些法律规定行政裁决为终局裁决，即当事人不服行政裁决的，不得向人民法院起诉，如2000年或2001年修改前的《专利法》《商标法》和《著作权法》中的一些规定，但后来基于我国加入WTO履行相关承诺的需要，《专利法》《商标法》和《著作权法》中有关行政终局裁决的内容已经被修改，有关裁决都可以接受人民法院的司法审查。

四、行政裁决的种类

（一）权属纠纷的裁决

权属纠纷，是指平等主体之间因某一财产的所有权或使用权的归属产生争议的，包括土地、森林、草原、水流、滩涂及矿产等自然资源的权属争议，一方当事人可依法向法定行政主体请求作出裁决。例如，对于土地的所有权、使用权的权属产生争议的，依法请求国土资源管理机关予以裁决。此外，权属争议或纠纷也可能产生于房产等非自然资源方面。依据法律规定，对于这方面的纠纷，法定行政主体都可以依法作出裁决。

（二）侵权纠纷的裁决

侵权纠纷是由于一方当事人的合法权益受到他方侵犯而产生的纠纷。侵权纠纷发生后，当事人可以请求行政机关予以裁决。例如，我国《商标法》规定，对侵犯注册商标专用权的行为，商标注册人或者利害关系人可以请求工商行政管理部门处理。侵权纠纷和权属纠纷不同：

权属纠纷的争议焦点是当事人财产所有权和使用权的归属，在权属纠纷解决前，财产所有权和使用权处于不确定的状态；而侵权纠纷的争议焦点是当事人的权益是否受到侵害，权益的归属是明确的。因此，权属纠纷的裁决所要解决的是财产所有权、使用权归谁的问题，而侵权纠纷的裁决要解决的问题是：权益是否合法？合法权益是否受到侵害？侵害了多少？侵害一方当事人应该承担怎样的法律责任？因此，侵权纠纷裁决和权属纠纷裁决之间争议标的不同，裁决的目的也不同。

（三）损害赔偿纠纷的裁决

损害赔偿纠纷是一方当事人的权益受到侵害后，要求侵害者给予赔偿所引起的纠纷。这类纠纷广泛存在于食品卫生、环境保护、医疗卫生、产品质量、社会福利等领域。损害赔偿纠纷裁决解决的是被侵害人应否获得赔偿、赔偿数额多少的问题。损害赔偿纠纷与侵权纠纷是相互连接的，损害赔偿纠纷的解决往往以侵权事实的确认为前提，只有侵权事实明确以后，才能确定侵害人应否赔偿以及具体赔偿数额。对侵权纠纷和损害赔偿纠纷的裁决有时同时进行，反映在同一裁决文书中，当然也可以单独裁决。损害赔偿纠纷裁决的目的在于给受害一方以必要的赔偿。

（四）民间纠纷的裁决

根据司法部 1990 年发布的《民间纠纷处理办法》的规定，基层人民政府处理的民间纠纷，包括公民之间有关人身、财产权益的纠纷和其他日常生活中发生的纠纷。基层人民政府即乡、镇人民政府，是民间纠纷裁决的主体。民间纠纷的存在妨碍行政管理秩序和社会稳定，故而被《民间纠纷处理办法》纳入行政裁决的范围。

五、行政裁决的程序

行政裁决的程序是指行政主体裁决民事纠纷所必须遵循的步骤和方式。目前，尽管我国有不少法律、法规规定了行政裁决的内容，但这些法律规范只是确立了行政主体的裁决权，很少对行政裁决的程序作出相应的规定。这种现象不仅影响了行政裁决的公正性，同时也影响了行政裁决的效率。结合我国零散的法律、法规的规定和行政管理实践，我们认为，对行政裁决程序可大致作如下归纳：

（一）申请

当争议发生后，当事人应首先向法定行政机关提出裁决申请。申请应当符合下列条件：（1）申请人必须是因民事权益发生争议的当事人或其法定代理人；（2）申请裁决的事项必须是依法可以由行政主体处理的事项；（3）申请必须向有管辖权的行政主体提出；（4）申请必须在法定时间内提出；（5）申请以提交书面申请书为原则，以口头申请为例外。申请书应当载明当事人的姓名或名称、住址、争议的事项、有关请求及其根据、理由等。

（二）受理

行政主体在收到裁决申请后，应当在合理的期限内对申请书进行书面审查，如果符合法律、法规等规定的相应条件，行政主体应当受理。与法律、法规等规定的相应条件不相符的，行政主体应及时通知当事人不予受理，并说明理由。

（三）答辩

受理的行政主体将申请书副本送交对方当事人，要求其在规定期限内提交答辩书以及必要的有关材料。他方当事人未在规定期限内提交答辩书的，不影响行政主体作出裁决。

（四）审理

行政主体对当事人之间存在纠纷的事实和证据等进行实质性审查。在审查过程中除根据当事人各方提交的申请书、答辩书及所附材料，对各方权利义务进行分析外，还可根据案件需要进行有关调查、勘验或鉴定。调查、勘验或鉴定既可由具备条件的行政机关自行进行，也可由行政机关委托符合法定条件的其他机构和组织进行。

（五）裁决

行政主体通过审查，认为事实清楚、证据确凿的，应及时裁决。关于裁决是否必须以裁决书的形式作出，相关的法律、法规大都没有明确规定。从理论上讲，行政裁决作为涉及相对人权利和义务的具体行政行为，理应制作正式的裁决书，载明行政机关对纠纷的裁断意见、作出裁决的依据和理由、不服裁决的救济途径等内容。

六、行政裁决的救济

根据目前有关法律的规定，我国对行政裁决的救济存在三种情形①：

（一）大部分行政裁决都不适用行政复议救济

《行政复议法》第 6 条第 4 项只规定，对确认土地、矿藏、水流、森林、山岭、草原、荒地、滩涂、海域等自然资源的所有权或者使用权的决定不服的，可以申请行政复议。结合《行政复议法》第 8 条第 2 款关于“不服行政机关对民事纠纷作出的调解或者其他处理，依法申请仲裁或者向人民法院提起诉讼”的规定，在现行制度下，对自然资源的权属纠纷的裁决可以申请行政复议，对其他行政裁决不能适用行政复议救济。

（二）大多数行政裁决可以适用行政诉讼救济

最高人民法院对《行政诉讼法》所作的解释，或者直接规定对权属纠纷、赔偿纠纷和补偿纠纷的行政裁决，可以通过提起行政诉讼救济；或者未排除对行政裁决提起行政诉讼的可能性。因此，在审判实践中，对上述行政裁决不服提起诉讼的，法院也是作为行政案件受理的。

（三）一部分行政裁决适用民事案件处理模式，一部分适用行政诉讼救济

2001 年 2 月 19 日最高人民法院公布的《最高人民法院研究室关于当事人对乡（镇）人民政府就民间纠纷作出的调处决定不服而起诉人民法院应以何种案件受理的复函》指出：“乡（镇）人民政府对民间纠纷作出调处决定，当事人不服并就原争议标的向人民法院起诉的，应当按照《最高人民法院关于如何处理经乡（镇）人民政府调处的民间纠纷的通知》的规定，由人民法院作为民事案件受理。但乡（镇）人民政府在调解民间纠纷时违背当事人的意愿，强行作出决定，当事人以乡（镇）人民政府为被告诉讼的，由人民法院作为行政案件受理。”该复函改变了过去一概以民事案件处理的办法，若调解民间纠纷违背当事人的自由意愿原则，则可以提起行政诉讼。

七、行政裁决与行政调解、行政复议、行政审判的关系

（一）行政裁决与行政调解的关系

行政裁决与行政调解都是行政主体解决民事纠纷的方法或手段。两者的区别在于：首先，根据不同。行政裁决由行政主体根据法律授予的职权启动和实施，而行政调解是根据争议双方

① 参见应松年、袁曙宏主编：《走向法治政府：依法行政理论研究与实证调查》，法律出版社 2001 年版，第 277～278 页。

当事人的申请启动的。前者基于法律强制性的规定，而后者基于当事人的自愿。其次，程序不同。行政裁决的程序是法定的，违反法定程序的裁决可以被撤销；而行政调解的程序等所有的问题，都出于当事人的自愿，没有当事人的自愿，就不可能开始调解程序。最后，后果不同。经过行政裁决程序所形成的决定，具有强制执行的效力，当事人一方不履行，将导致强制执行的效力。因此，对行政裁决不服，当事人得以裁决的行政主体为被告提起行政诉讼。而行政调解所形成的协议没有强制执行的效力，能否得到履行，完全取决于当事人的自愿。因此，对行政调解不服不得以调解的行政主体为被告提起行政诉讼，只能以争议的对方当事人为被告提起民事诉讼。

（二）行政裁决与行政复议的关系

行政裁决和行政复议都是行政主体根据法律授权充当公断人，按照准司法程序裁判纠纷和争议的活动。两者之间存在的区别在于：首先，裁决的对象不同。行政裁决的对象是法律规定的特定的民事争议；行政复议的对象是不服行政主体的具体行政行为所引起的行政争议。其次，法律关系主体地位不同。在行政裁决法律关系中，由于被裁决的对象是特定的民事争议，因而被裁决者的法律地位是平等的，他们与行政裁决主体之间的关系是对等的，都不存在直接的命令—服从关系或行政隶属关系；而在行政复议法律关系中，作为申请人的相对人与作为被申请人的行政主体在行政管理活动中的法律地位是不对等的，他们与复议机关的关系也是不相同的。复议机关通常是被申请人的上级行政机关，它们之间是一种监督与被监督、命令与服从的关系。

（三）行政裁决与行政审判的关系

行政审判是指法院行使司法权审查行政行为的合法性，解决行政争议的活动。行政裁决与行政审判的区别表现在：首先，主体和性质不同。行政裁决的主体是行政主体，行政裁决是行政主体的一种行使国家行政权的活动；而行政审判的主体是人民法院，行政审判是法院行使国家审判权调整社会关系的活动。其次，对象不同。行政裁决的对象是法律特别规定的与行政管理活动密切相关的民事纠纷；而行政审判的对象通常是法律规定范围内的行政纠纷和与该行政纠纷紧密联系的附带性民事纠纷。最后，是否带有终局性不同。行政裁决通常并非终局性裁决，当事人如果对裁决不服，可以向人民法院提起诉讼，由法院对行政裁决进行司法审查；而行政审判则是终局性裁判。在有的情况下，行政裁决是行政诉讼的前置程序。

第四节 行 政 确 认

一、行政确认的概念和特征

行政确认，是指行政主体依法对行政相对人的法律地位、法律关系或有关法律事实进行甄别，给予确定、认定、证明并予以宣告的具体行政行为。行政确认具有以下法律特征：

1. 行政确认的主体是行政主体。只有行政机关以及法律、法规授权组织，针对行政法律规范规定的需确认的事项，根据法定的条件，依照法定的程序作出的确认行为才能称为行政确认。这一特征将行政确认与人民法院在诉讼过程中所作的司法确认、平等主体之间的认可以及平等主体委托民间机构所作的鉴定、认证等民间确认区别开来。

2. 行政确认的内容是确定或否定行政相对人的法律地位和权利义务。行政确认的直接对象是那些与行政相对人的法律地位和权利义务紧密相关的特定法律事实或法律关系。通过对这些对象进行审核、鉴别，以确定行政相对人是否具备某种法律地位，是否享有某种权利、承担某种义务。

3. 行政确认的性质是行政行为。行政主体的行政确认权属于国家行政权的组成部分。虽然行政确认行为中的行政主体往往处在平等主体的双方当事人之间，但其行政确认行为一般都是具有强制力的行政行为，有关当事人必须服从，否则会受到相应的处罚。

4. 行政确认是羁束行政行为。行政确认的目的是确定行政相对人的法律地位和权利义务，具有严格的规范性，而且行政确认所宣告的是否存在的法律事实或法律关系也是由客观事实和法律规定决定的，并受到各种技术规范的制约。因此，行政主体在确认时，必须严格按照法律规定和技术规范进行，并尊重客观存在的事实，做到以事实为根据，以法律为准绳，不能自由裁量。

5. 行政确认是一种要式行政行为。行政确认行为必须以书面形式作出，并要符合一定的技术要求，否则该行为不具有法律效力。

二、行政确认的意义

1. 有利于国家进行科学的行政管理。行政确认几乎遍布现代行政管理各个领域。行政确认的本质在于使个人、组织的法律地位和权利义务取得法律上的承认。有了这种法律承认，个人或者组织才能申请各种需要取得但尚未取得的权利，才能保护各种已经存在或已经取得的权利，并且通过证明等手段使其权利为他人所公认。因此，行政确认是国家进行行政管理，维护经济与社会秩序的一种重要手段。

2. 有利于对个人、组织合法权益的保护。行政确认可以是事先对既存法律关系的确认，也可以是对权利之争的确定，都与个人、组织的合法权益有关。事先确认，将使个人、组织的权益受到法律的承认，任何人不得侵犯；而在权利之争中，行政主体依法确认权利的归属，则是一种对个人、组织合法权益的事后保护。

3. 有利于预防各种纠纷。通过行政确认，可使当事人的法律地位和权利义务都十分明确，不致因含糊不清而发生争议，这将有利于预防纠纷的发生。事实证明，当事人及时向行政主体申请，取得行政确认，对预防和减少纠纷会起到很大作用。

三、行政确认的内容

行政确认的内容可以分为两个方面，即法律事实和法律关系。

行政确认内容中的法律事实，除具有一般法律事实的性质外，更强调其特定的确定相对人的法律地位和权利义务的属性。即这些法律事实与相对人的法律地位或权利义务密切相关，是一种特定的法律事实。对特定法律事实的确认，是行政确认中数量较多的部分，涉及的范围亦较广，内容较复杂。

行政确认内容中的法律关系是特定的，是确定相对人的法律地位或权利义务的法律关系。行政确认行为所引起的法律关系和行政确认行为所要予以确认的法律关系，是两个不同的概念。前者是行政主体在行政确认行为中引起的、由行政法律规范规定的实施确认行为的行政主体与相对人之间的权利义务关系；后者则是行政确认行为所要确认的对象。这些作为确认对象的法律关系，可能是民事法律关系或其他法律关系。

四、行政确认的形式

根据我国有关法律、法规的规定及行政活动的实际情况，行政确认主要有以下几种：

（一）确定

即对个人、组织的法律地位与权利义务的确定。如在颁发的土地使用证、宅基地使用证、房屋产权证书中确定财产所有权，在颁发的专利证书、商标专用权证书中确认专利权、商标权等。

（二）认可（认证）

即行政主体对个人、组织已有法律地位和权利义务以及确认事项是否符合法律要求的承认和肯定。例如，对企业性质的判定，对产品质量是否合格的认证，等等。

（三）证明

即行政主体向其他人明确肯定被证明对象的法律地位、权利义务或某种情况。如各种学历、学位证明，宅基地使用证明，居民身份、货物原产地证明，等等。

（四）登记

即行政主体应申请人申请，在政府有关簿册中记载相对人的某种情况和事实，并依法予以正式确认的行为。例如，工商企业登记、房地产交易登记、户口登记、社团登记、婚姻登记，等等。应当指出的是，目前我国法律规范中对“登记”一词的使用是不统一的，有的登记是一种管理行为，而有的登记实际不是一种管理行为，而是行政主体掌握某一领域总体情况的一种资料或信息的行为，不具有行政行为的性质，类似于备案。

（五）鉴定

即行政主体对特定的法律事实或客体的性质、状态、质量等进行的客观评价。如纳税鉴定、审计鉴定、会计鉴定、工伤鉴定、司法鉴定等。

五、行政确认的效力

一般认为，一个合法成立的具体行政行为应当具有公定力、确定力、拘束力和执行力。行政确认虽然具有公定力、确定力和拘束力，但不具有执行力。也就是说，行政确认行为一经成立，即具有法律效力，无论对行政主体自身，还是对相对人都具有拘束力。但是，由于行政确认所确定的只是法律事实是否存在以及当事人之间权利义务关系的指向，通常不具有执行内容，因而，行政确认行为不具有执行力，行政主体和利害关系人不能直接以行政确认书作为强制执行或申请强制执行的依据。也正因如此，实践中有些行政确认行为通常被认为不属于具体行政行为，法院也常常不受理针对某些行政确认行为提起的诉讼。

与其他行政行为的效力不同，行政确认的效力主要体现在其证明力方面。行政确认作为一种证据，具有特殊的证明力，只要不是在该确认行为引起的争讼程序中，行政确认就可直接作为行政证据或诉讼证据使用。《民事诉讼法》第 67 条第 2 款规定：“人民法院对有关单位和个人提出的证明文书，应当辨别真伪，审查确定其效力。”行政主体依法所作的行政确认在性质上属于行政法律行为，具有法律效力，在民事诉讼中，对于行政主体的行政确认书，法院只需审查其是否由行政主体作出的，无须查明其确认的内容是否客观即可直接作为证据使用。不仅如此，行政确认书通常具有排他的证明力，对行政裁决或者民事诉讼、刑事诉讼中的事实认定起着至关重要的作用。

六、行政确认的种类及范围

(一) 公安行政确认

主要是对交通事故的车辆、物品、尸体、路况以及当事人的生理、精神状态的检验和鉴定；对交通事故等级的确认；对当事人交通事故责任的认定；对作为行政案件原告的自然人、被拘留人员和收审人员的精神病司法鉴定等。

【案例 10-8】

2011 年 10 月 24 日，济南市旧城改造公司向济南市公安消防支队提出验收备案申请，要求对馆驿街以南棚户区改造工程 1~8 号楼的消防设施进行抽查验收。济南市公安局消防支队抽查后，于 2011 年 11 月 21 日作出《建设工程消防验收备案结果通知》。戴某认为《建设工程消防验收备案结果通知》认定事实错误，向济南市高新区人民法院提起行政诉讼。

济南市高新区人民法院一审认为，《建设工程消防验收备案结果通知》属于技术性验收通知，备案结果合格，表明建设工程是符合相关消防技术规范的；如果不合格，公安机关消防机构将依法采取措施，要求建设单位整改有关问题，其性质属于技术性验收，并不是一项独立、完整的具体行政行为，不具有可诉性，不属于人民法院行政诉讼的受案范围，遂依照《行政诉讼法》等规定，裁定驳回原告戴某的起诉。

戴某不服，提起上诉。济南市中级人民法院二审认为，该案的核心争议点在于建设工程消防验收备案的行为性质。建设工程消防验收备案就是特定的建设工程施工人向公安机关消防机构报告工程完成验收情况，消防机构予以登记备案，以供消防机构检查和监督。备案行为是公安机关消防机构对建设工程实施消防监督和管理的行为。消防机构实施的建设工程消防备案、抽查的行为具有行使行政职权的性质，体现出国家意志性、法律性、公益性、专属性和强制性，备案结果通知是备案行为的组成部分，是备案行为结果的具体表现形式，也具有上述行政职权的特性，应该纳入司法审查的范围。对公安机关消防机构而言，备案结果中有抽查是否合格的评定，实质上是一种行政确认行为，即公安机关消防机构对行政相对人的法律事实、法律关系予以认定、确认的行政行为，一旦消防设施被消防机构评定为合格，就视为消防机构在事实上确认了消防工程质量合格，行政相关人也将受到该行为的拘束。

最终，济南市中级人民法院二审认定建设工程消防验收备案属于行政确认行为属于受案范围，并撤销了济南市高新区人民法院作出的（2012）高行初字第 2 号行政裁定。①

(二) 民政行政确认

主要有对现役军人死亡性质、伤残性质的确认；对烈士纪念建筑物等级的确认；对结婚、离婚条件的确认等。

(三) 劳动行政确认

主要是对工人职员伤亡事故原因、责任的确认；对锅炉压力容器事故原因和责任的确认；对特别重大事故的技术鉴定等。

---

① 详参最高人民法院指导性案例第 59 号“戴世华诉济南市公安消防支队消防验收纠纷案”。

【案例 10-9】

张某琴系韩不二餐厅员工，从事调菜员工作。2015 年 9 月 27 日晚 10 时许，张某琴在其工作的韩不二餐厅参加餐厅组织的员工聚餐。聚餐期间，其他员工在为火锅加酒精时不慎起火，致张某琴烧伤。张某琴受伤后被韩不二餐厅的经营者闫某某等人送至西安秦通医院治疗，被诊断为：(1) 火焰烧伤全身多处；(2) 吸入性损伤。

此后，张某琴向西安市长安区人力资源和社会保障局（以下简称“长安区人社局”）提出工伤认定申请，长安区人社局向张某琴作出工伤补正材料通知书，限期张某琴补正与韩不二餐厅劳动关系证明材料等。张某琴于 2015 年 11 月 24 日向长安区人社局提出工伤认定中止申请，长安区人社局于 2015 年 11 月 27 日同意中止张琴工伤认定申请。之后，张某琴又于 2016 年 6 月 20 日申请恢复工伤认定程序，长安区人社局同意恢复工伤认定程序，于 2016 年 6 月 24 日向张某琴作出工伤认定申请受理通知书，并于 2016 年 8 月 18 日作出《认定工伤决定书》，将张某琴所受伤害认定为工伤。

韩不二餐厅不服上述《认定工伤决定书》，于 2016 年 10 月 20 日向长安区政府提出行政复议申请。长安区政府书面审查后，于 2016 年 11 月 28 日作出《行政复议决定书》，维持长安区人社局作出的《认定工伤决定书》，并送达各方当事人。韩不二餐厅不服，提请诉讼。

该案一审、二审均判决驳回韩不二餐厅的诉讼请求。后韩不二餐厅向陕西省高级人民法院申请再审，诉称原审认定事实认定错误：2015 年 9 月 27 日晚，第三人张某琴在非工作时间参加员工自行组织的聚餐活动，不属于“单位组织的聚餐”；第三人张某琴并非在工作时间因工作原因受伤，不应认定为工伤；长安区人社局、长安区政府未提交据以作出《认定工伤决定书》及《行政复议决定书》的充分证据和规范性文件，其行政行为不具有合法性。

经审查，陕西省高级人民法院认定张某琴受雇于韩不二餐厅期间，由餐厅提供员工宿舍及工作餐。2015 年 9 月 27 日晚，张某琴在餐厅参加员工中秋节聚餐活动受到伤害。结合当日申请人提供聚餐食材餐具、用餐时间地点及餐厅经营人在场“倡议”聚餐的事实，申请人所称该聚餐活动非单位组织的理由不能成立。张某琴虽然在下班之后员工用餐时意外受伤，但属于在合理时间、基于合理原因参加合理的日常活动，与单位的生产、经营活动相关。被申请人长安区人社局据以作出工伤认定的证据确实充分，程序合法。被申请人长安区政府作出的行政复议决定程序合法，适用法律正确。韩不二餐厅申请再审理由不能成立。①

（四）卫生行政确认

主要有对食品卫生的确认；对新药及进口药品的鉴定；对医疗事故等级的确定等。

（五）经济行政确认

包括对产品标准化的行政认证和计量器具检定、产品质量认证；对商标和专利权的审定；对著作权属的确认；对动植物检疫的确认；对自然资源的所有权和使用权的确认等。

七、行政确认的程序

行政确认没有统一固定的程序，它大体包括申请、审查、作出确认决定并制作、送达确认

① 案例详参陕西省高级人民法院（2017）陕 71 行终 350 号。

文书等过程。

（一）申请

即由相对人提出要求行政主体作出行政确认的申请，申请应为书面形式。尽管也存在行政主体依职权实施行政确认的情形，如食品卫生管理机关经监督检查对合格者给予卫生合格证明等，但行政确认的绝大多数是基于相对人的申请而启动的。

（二）审查

即由行政主体对确认事项进行审查核定。包括对相对人申请的事项是否属于应确认范围、是否属于本行政主体管辖的审查；对当事人的要求是否合法、合理的审查；对材料、证据的审查；等等。

（三）作出确认决定和制作法律文书

经审查，在充分调查研究、掌握证据的基础上，行政主体应实事求是地作出确认决定，并制作相应形式的确认法律文书，及时送达相对人。

八、行政确认与行政许可、行政裁决的关系

（一）行政确认与行政许可的关系

行政确认与行政许可既有联系又有区别。两者的联系主要表现在：首先，确认与许可常常是同一行政行为的两个步骤，一般是确认在先，许可在后。确认是许可的前提，许可是确认的后果。例如，对食品商贩的许可，首先该个体商贩应当经过卫生培训和健康检查合格，即卫生防疫部门确认其符合卫生条件，才可向食品卫生监督机构申请卫生许可证，凭证再向市场监督管理机关申领营业执照。其次，确认与许可有时是一个行为的两个方面。例如，发放建筑企业营业执照，既是对该企业具有相应等级建筑技术、能力和资格的确认，又是对申请人可以从事建筑经营活动的许可。

但行政确认与行政许可也存在区别。主要表现在：第一，性质不同。行政确认是对行政相对人的法律地位、法律关系或有关法律事实的确认，属于一种证明行为；而行政许可是对法律限制的解除，相对人获得了行政许可即意味着获得了从事某一领域活动的权利或资格，因而，行政许可实际上是一种授权行为。同时，行政确认仅表明现有的状态而不以导致法律关系的产生、变更或消灭为目的，只能是一种羁束行为；而行政许可，从其正常状态（即批准）而言，是建立、改变或者消灭具体的法律关系，是一种形成性行政行为。行政许可尽管一般也属于羁束行为，但在特许或附义务许可中，也可以存在自由裁量的情形。第二，内容不同。行政确认审查的是相对人申请的事项是否存在，是否合法，它并不直接为相对人设定权利或义务，对相对人是有利还是不利取决于确认时原已存在的法律状态或事实状态；而行政许可审查的内容是相对人的申请是否为法律所限制以及相对人是否具备从事该法律所限制的活动的能力和条件，凡法律设定行政许可的领域，大多是国家需要予以控制和限制，并要求相对人必须具备相应的能力和条件的领域，因此，行政许可审查的是相对人是否具备从事被许可活动的能力及条件。第三，法律后果和法律制裁不同。行政确认的法律后果是相对人获得了某一事项的真实性及合法性的有效证明，并据此能够在实践中对抗第三人；而行政许可的法律后果是相对人取得某项活动的权利或资格。行政确认中未被认可的行为或地位仅仅发生无效的结果，并不导致法律制裁；而在行政许可中，未经许可而从事有关行为将发生违法后果，相对人并将因此受到法律制裁。

（二）行政确认与行政裁决的关系

行政确认与行政裁决两者之间也是既有联系，又有区别的。其联系表现在：首先，行政确认是行政裁决的前提。没有行政确认就不能进行行政法律适用活动，也就无法进行行政裁决。但是，行政裁决并非行政确认的必然结果。其次，在财产权发生争议时，行政确认有时通过行政裁决来实现。例如，土地所有权、使用权发生争议后，主管行政机关依法将争议的土地确认给一方所有和使用，是通过裁决形式来表现的。处理这种争议，本质上是“确认”权利，但形式上是“裁决”纠纷。

行政确认与行政裁决的区别则表现为：第一，对象不同。行政确认的对象可以是合法行为或事实，也可以是违法行为或事实；可以是争议的事项，也可以是没有争议的事项；而行政裁决的对象必须是相对人提起的有争议的事项。第二，内容不同。行政确认的内容是确认法律地位、法律关系和法律事实；而行政裁决的内容是解决当事人的争议。第三，法律后果不同。行政确认不创设权利，不增加义务，在法律法规无特别规定的情况下，对相对人不直接产生约束力和强制执行力；而行政裁决则可以直接涉及甚至设定、增减、免除当事人的权利义务，当事人必须接受和履行行政裁决确定的内容，否则，行政主体可依法强制执行或申请人民法院强制执行。

【引导案例】

某省甲、乙、丙3名律师决定出资合伙成立“新华夏律师事务所”，于是向该省司法厅提出成立律师事务所口头申请并提供了律师事务所章程、发起人名单、简历、身份证明、律师资格证书、能够专职从事律师业务的保证书、资金证明、办公场所的使用证明、合伙协议。但被告知根据该省地方政府规章相关规定，设立合伙制律师事务所必须有1名以上律师具有硕士以上学位并且需要填写省司法厅专门设计的申请书格式文本。刚好乙为法学博士，于是3人交了50元工本费后领取了专用申请书，带回补正。次日，3人带了补正后的材料前来申请，工作人员A受理了申请，并出具了法律规定的书面凭证。后司法厅指派工作人员B对申请材料进行审查，发现申请人提供的资金证明系伪造，但其碍于与甲、乙、丙3人是好朋友，隐瞒了真实情况，在法定期限内作出了准予设立律师事务所的决定并颁发了《律师事务所执业证书》。1个月后，资金证明被司法厅发现系伪造，遂撤销了“新华夏律师事务所”的《律师事务所执业证书》。此间，甲、乙、丙3人已付办公场所租金2万元，装修费3万元。

问题：（1）该省地方政府规章规定“设立合伙制律师事务所必须有1名以上律师具有硕士以上学位”的条件是否合法？为什么？（2）该省地方规章规定“设立律师事务所，需要填写省司法厅专门设计的申请书格式文本”是否合法？能否收取50元工本费？为什么？（3）司法厅对撤销“新华夏律师事务所”的《律师事务所执业证书》需要赔偿吗？为什么？

解析：（1）《行政许可法》第16条第4款规定：“法规、规章对实施上位法设定的行政许可作出的具体规定，不得增设行政许可；对行政许可条件作出的具体规定，不得增设违反上位法的其他条件。”某省地方政府规章中规定“设立合伙制律师事务所必须有1名以上律师具有硕士以上学位”属于增设违反上位法即《律师法》的其他条件。

(2)《行政许可法》第29条第1款规定:"公民、法人或者其他组织从事特定活动,依法需要取得行政许可的,应当向行政机关提出申请。申请书需要采用格式文本的,行政机关应当向申请人提供行政许可申请书格式文本……"因而,该省地方政府规章规定"设立律师事务所,需要填写省司法厅专门设计的申请书格式文本"并不违法。但是,该法第58条第2款又明确规定:"行政机关提供行政许可申请书格式文本,不得收费。"可见,向申请人收取50元工本费是违法的。

(3)根据《行政许可法》第69条第2款的规定,被许可人以欺骗、贿赂等不正当手段取得行政许可的,应当予以撤销。因而,司法厅发现被许可人伪造资金证明而撤销"新华夏律师事务所"的《律师事务所执业证书》是符合法律规定的。该法同条第5款还规定,这种情况下撤销行政许可,被许可人基于行政许可取得的利益不受保护,即司法厅无须对撤销行为作出赔偿。

【练习案例】

1. 某国有企业新上一项目,计划用地100亩。项目获上级主管部门审核通过后,该企业向国土资源管理部门提出用地申请。半年后,企业的用地申请仍没有通过。原因是国土资源管理部门每次都会要求该企业提交新的用地申请材料。后来,该企业诉至法院。法院认为国土资源管理部门违反了《行政许可法》的有关规定,判决国土资源管理部门败诉。

问题:请结合《行政许可法》有关知识,分析本案中国土资源管理部门有哪些违法之处?应如何承担相应的法律责任?

2. 荆某某(男,汉族,2005年5月生)的母亲张某为东营市河口区交合街道办事处协胜村村民,1997年6月与东营市河口区六合街道办事处荆家村村民荆学丙登记结婚,婚后户口一直没有迁出。2005年5月17日,原告荆某某出生,但户口一直未落。2010年1月14日,张某与荆学丙在河口区民政局协议离婚,离婚后荆某某由母亲张某抚养,一直随母亲居住在协胜村。张某多次向协胜村村委会要求将荆某某的户口落在该村,但协胜村村委会未给予协助办理。现荆某某已经满6周岁,因没有户籍信息导致无法正常入学。①

问题:协胜村村委会将荆某某落户在该村构成何种行政行为?协胜村村委会不予协助办理的行为是否属于行政诉讼的受案范围?

【测试题】

一、名词解释

1. 行政许可
2. 行政许可的信赖保护原则
3. 行政许可的设定
4. 行政给付

---

① 案例来源于2014年11月24日最高人民法院通报14起未成年人审判典型案例之"荆某某诉东营市河口区六合街道协胜村民委员会不履行协助落户职责案"。

5. 行政裁决

6. 行政确认

二、思考题

1. 行政许可有哪些原则?

2. 行政许可的设定权是如何分配的?

3. 行政许可在什么情形下应予撤销?

4. 行政给付的内容和形式是什么?

5. 行政裁决有哪些特征?它与行政调解、行政复议、行政审判的区别何在?

6. 行政确认有哪些特征?它与行政许可、行政裁决的区别何在?

【扩展阅读】

1. 应松年主编:《行政行为法:中国行政法治建设的理论与实践》,人民出版社 1992 年版。

2. 张兴祥:《中国行政许可法的理论和实务》,北京大学出版社 2003 年版。

3. 罗文燕:《行政许可制度研究》,中国人民公安大学出版社 2003 年版。

4. 柳砚涛:《行政给付研究》,山东人民出版社 2006 年版。

5. 吴平:《行政裁决制度研究》,中国民主法制出版社 1997 年版。

本章自测自评

第十一章　其他行政行为

【本章导学】

本章主要介绍行政法中的四种其他的行政行为，包括行政合同、行政指导、事实行政行为与行政规划等。通过本章的学习，应该掌握以下内容：理解这四种其他行政行为的概念；明确这四种其他行政行为与一般行政行为的区别与联系，如行政合同与民事合同的区别与联系等；了解这四种其他行政行为的种类、特征以及如何进行救济等内容。

第一节　行 政 合 同

一、行政合同的概念

行政合同即行政契约或者行政协议，是指行政主体和相对人以协商一致的方式，设立、变更或消灭行政法上权利义务关系的协议，在大陆法系国家及我国台湾地区也有人称之为公法上契约。行政合同是现代行政管理中的一种重要的方式，是行政权力与契约关系的结合。

关于行政合同的界定，一直是一个有争议的话题。有的学者认为，由于行政主体与公民、法人或者其他组织之间在地位上不平等，也就不可能有契约关系存在，而只存在行政主体的行政决定。① 也有学者认为，只有行政主体与相对人之间才存在行政契约关系②，而行政主体相互之间在行政执法中所缔结的协议不是行政合同，而只是一种行政协议或行政协定。行政主体与相对人之间基于其不平等地位而缔结的协议，根本就不应该称为行政合同，但可以称为行政契约。③ 还有的学者认为，行政合同或者行政契约包括行政主体相互之间、行政主体与相对人之间所缔结的协议。④ 这里所讨论的行政契约或行政合同，不包括行政协定。这是因为，行政法学主要研究行政主体与行政相对人之间的权利义务关系，而行政主体之间的协议基本上不涉及或不直接涉及相对人的权利义务。

行政合同是为了实现行政目的而设定、变更或消灭行政法上的权利义务，而不是私法上的权利义务。以公共利益为本位的价值取向，决定了行政主体执行公务、实现行政目的的主要方式应该是行政决定。但是，在不影响行政目的实现的情况下，也可以选择行政合同等非行政决

---

① 参见陈新民：《行政法学总论》，三民书局 1997 年版，第 264 页；张金鉴主编：《云五社会科学大辞典（第七册）·行政学》，商务印书馆 1977 年版，第 257 页。

② 参见许建兵：《行政合同浅探》，《行政法学研究》1993 年第 3 期；高鸿：《行政合同刍议》，《行政法学研究》1993 年第 4 期。

③ 参见高正文：《〈行政契约法〉立法刍议》，《行政与法》2002 年第 2 期。

④ 参见宋梁凤：《关于行政合同若干问题的探讨》，《行政法学研究》1994 年第 1 期；余凌云：《行政契约论》，中国人民大学出版社 2000 年版，第 32 页。

定方式来执行公务。

行政合同是一种双方行为。它是行政主体就合同的订立、内容与相对人协商后，经双方意思表示一致才成立的协议，是一种双方行为，而不是由行政主体单方面决定的。行政主体与相对人之间的法律地位是不平等的，这种不平等会更多地影响公共利益与个人利益的一致性。但是，这种不平等并不意味着公共行政主体与相对人之间没有达成任何共同意志的可能。事实上，公共利益与个人利益之间的一致性在总体上多于两者之间的冲突性。在法律的范围内，在事实的基础上，行政主体与相对人之间还是可以通过协商达成一致意见的。当然，这种一致意见的达成，往往是以行政主体依法暂不行使强制权和单方面设定权为基础的。

二、行政合同的主要特征

（一）行政合同的行政特征

1. 行政合同必有一方当事人是享有行政权力的行政主体。行政合同是行政主体为了实现行政管理的目标而签订的，因此，当事人中必有一方是行政主体。没有行政主体的参与，不能称为行政合同。行政合同必须有行政机关参加并不意味着凡是有行政机关参加的合同都是行政合同。因为行政机关同时具有民事主体与行政主体的双重身份，当行政机关以民事主体的身份出现时，它所签订的合同就是民事合同。如行政机关与电梯公司签订的购买电梯的合同，就是一种民事合同；只有在行政机关以行政主体的身份与行政相对人所签订的合同，才是行政合同。

2. 行政合同的目的是实施行政管理。行政主体签订行政合同的目的是实现行政管理职能，维护社会公共利益，而不是基于自身的经济利益，如为了修建道路、桥梁、机场等公共设施，行政主体与企业签订的共同投资建设合同等。

3. 行政主体对于行政合同的履行享有行政优益权。行政主体与民事主体签订民事合同，是为了实现自己的民事权益；行政主体签订行政合同则是为了实现行政管理的目标，维护公共利益。因此，行政主体对行政合同的履行享有民事合同主体不能享有的行政优益权。具体体现为对行政合同履行的监督权、指挥权、单方变更或解除合同权。当然，行政机关在行使单方变更或解除合同权时，必须基于公共利益的需要或者出现了法律、政策有重大调整的情形，因变更或解除导致行政相对人合法权益受到损害的，行政主体还应当予以补偿。

4. 行政合同双方当事人因为履行合同发生的争议受行政法调整，依据我国行政法的相关原则与精神，通过行政救济的方式解决。

（二）行政合同的契约特征

1. 行政合同是一种双方的行为，以行政主体和相对人的意思表示一致为前提。行政合同是一种行政行为，但又不同于传统的行政主体单方决定的行政行为模式，而是一种双方行为。行政合同的签订，需要行政主体与行政相对人协商一致，取得行政相对人的同意，行政主体不能将自己的意志强加给对方，更不能采用行政命令的方式。当然，在行政合同签订之后，在合同履行的过程中，出于行政管理的需要，行政主体享有一定的行政优益权。而且，为了公共利益的需要，相关法律、法规还赋予了行政机关对合同的监督权、指挥权、单方变更解除权与制裁权等。

2. 行政合同签订以后，只要合同的条款符合国家法律、法规的规定，该合同即成为约束行政主体和行政相对人权利义务关系的依据，合同的内容不得擅自变更与解除。

三、行政合同适用的主要领域

行政合同结合了合同与传统行政行为的特点，是一种非常灵活的行政管理方式。一方面，行政合同改变了传统的由行政机关单方决定的行政管理方式，体现了民事合同中的契约自由精神，反映了行政相对人的意志，对促进行政主体与相对人之间的服务与合作、信任与沟通关系，变革传统法治模式具有重要的意义。另一方面，行政合同又赋予行政机关一定程度上的行政优益权，让行政机关对合同的履行具有监督、指挥权，对实现行政管理的目标具有重要意义。正是因为这样，二战之后，行政合同与行政指导制度，成为日本等资本主义国家经济快速发展的金钥匙。比较而言，我国的行政合同制度在社会生活中的应用却不够广泛。从发展的眼光来看，我国应该在以下几个领域逐步推行行政合同制度。

（一）需要更多地调动相对人主动性和积极性的领域

在完全可以通过市场竞争予以调节的领域，不需要行政合同。但是经济人的趋利性，使得他们对某些领域并不感兴趣。这就需要行政主体来调动行政相对人的主动性和积极性，促进社会经济的全面、健康发展。比如，环境保护领域是一个利润很小或者利润实现期很长的领域，在这一领域，仅仅有立法和行政决定不足以调动相对人的积极性与主动性，行政给付性质的行政规范和行政指导不足以保护相对人的合法权益，这就需要以行政合同约定双方的权利义务关系。另一些几乎完全没有竞争的公务领域，也需要通过行政合同（公务员聘任合同）来提高公务员素质和水平，发挥我国公务员队伍的主动性和创造性。

（二）需要相对人履行某种义务并保障相对人合法权益的领域

在某些领域，相对人具有行政法上的义务。并且，这种义务履行具有长期性，需要得到相应的保障。这种保障无法通过行政决定来实现，或者说通过行政决定实现往往会对相对人的合法权益造成不必要的影响。在这样的领域，就需要通过行政合同来保证公共利益的实现，同时也不会对行政相对人的合法权益造成不利影响。这些领域包括计划生育、治安管理、海关监管、安全生产、保密工作、科学研究资助和国家公职人员履行职责等，这类行政合同主要是行政保证合同或行政担保合同。目前，这类行政合同在我国的社会生活中出现的比较多。

（三）需要对行政主体作更多约束的领域

在行政特许、行政征用、行政主体履行赔偿义务等行政行为中，一些行政主体作出的行政决定随意性比较大。为了维护公共利益，尊重相对人的意愿，保障行政相对人的权益，就需要签订行政合同。在行政给付和行政指导领域，为防止政策的多变性和指导的随意性，确保相对人履行义务后行政主体给付义务的实现，确保行政主体在相对人响应号召后相应优惠承诺的兑现，也需要通过行政合同来保证行政相对人权利的实现，并保证行政主体的信誉。

（四）需要专业性和技术性的领域以及行政事务具有临时性的场合

行政认可、行政核准、行政鉴定等领域，往往具有较强的专业性和技术性。当前，这些领域中具有长期性和经常性的行政事务，往往是通过行政法规范赋予某些社会组织行政权使其具备行政主体资格来处理的。但实际上，我们完全可以通过行政委托合同的方式，让相应的社会组织来处理此类行政事务。对那些具有临时性的行政事务，则更没有必要建立专门机构或者临时机构，也没有必要进行行政法规范的授权，而可以运用行政委托合同来执行，如查封、扣押财物时的保管合同、代履行中的行政委托合同等就是很好的例证。

四、行政合同与民事合同的区别

行政合同与民事合同是两种不同性质的合同。民事合同是平等主体之间基于意思表示一致而形成的有关人身关系与财产关系的协议。行政合同则是行政主体以实施行政管理为目的，与相对人就有关事项经协商一致而达成的协议。在行政合同中，行政主体与行政相对人的地位是不平等的，行政主体处于一种主导地位。从形式上看，行政合同必有一方主体是行政主体。但是，由行政机关等作为一方当事人的合同并不一定就是行政合同。也就是说，作为行政主体的行政机关是否合同的一方当事人，并不是区别行政合同与民事合同的根本标准。判断行政合同与民事合同的主要标准，应当是所设定的权利义务关系的性质。一般说来，具有下列情形之一的合同属于行政合同：第一，合同的目的在于执行行政法规范。第二，包含有本来应作出或者需要作出行政决定的内容。也就是说，本来应作出或需要作出行政决定来设定、变更或消灭权利义务，但行政主体依法没有实施，而是以行政合同的形式来实现这一目的。例如，被裁决拘留的人在复议和诉讼期间为暂不执行拘留裁决，根据《治安管理处罚法》的规定而与公安机关订立的保证合同，就属于这类行政合同。土地行政主管部门将土地使用权出让给相对人，并不是一般的买卖合同，还包含着需要作出的土地使用权许可决定，因而也属于行政合同。第三，针对行政法上的权利义务而订立的合同。例如，消防安全合同、事故预防合同和垃圾清运合同等，设定的都是《消防法》《安全生产法》和市容卫生法规上设定的行政法权利义务。相对人与行政赔偿义务机关所订立的行政赔偿协议，以及基于补偿或抚恤而订立的协议，也是针对行政法的权利义务而订立的合同，属于行政合同。

但是，如果给付义务的性质是中性的，那么区别行政合同与民事合同就会发生困难。“在这种情况下，起决定性作用的是给付义务的目的和合同的总体特征：如果公民履行金钱支付义务的目的在于使行政机关作出期望的职务行为，就是行政合同。”“如果合同规定，公民应当交付特定的不动产，而不支付金钱，道理亦同。”① 例如，文物部门对文物的征购合同，并非民事合同，而是为了公共利益而缔结的行政合同。当然，我们也没有必要为了扩大行政合同的范围而把某些处于模糊状态的合同都认定为行政合同。当前，我国法律对民事合同的保护比对行政合同的保护更为全面有效。只要不损害公共利益，对某些处于模糊状态的合同宜作为民事合同来保护。

五、行政合同双方当事人的权利

（一）行政主体的权利

1. 选择缔约方的权利。行政合同涉及行政目的和公共利益的实现，因而作为公共利益代表的行政主体，无疑需要有选择缔约方的权利。这种选择，并不一定是出价最高者，而应当是综合评价最优者。行政主体不应选择那些信誉不良的竞争者。例如，在当前的土地使用权拍卖中，有的竞投者出价惊人，目的就是排挤其他竞争者。这些竞投者在得到土地使用权以后，或不如期按价支付，或不按约定的时间开发利用，造成土地资源严重浪费；或草草开发，留下一些烂尾工程，最后还需要政府注入资金来解决烂尾或平息方方面面的矛盾。对于无选择可能性的，行政主体事先应依法限定缔约方的条件，并按该条件认真审查。如我国《治安管理处罚法》就规定了担保人的条件以及不能担任担保人的情形。

① ［德］哈特穆特·毛雷尔：《行政法学总论》，高家伟译，法律出版社2000年版，第351页。

2. 收益权和取得标的物权。行政主体在出让土地、矿藏、水流、海域、森林、山林、草原、荒地、滩涂等自然资源的开发利用权，配置无线电频率、公共运输线路等有限公共资源，代履行相对人的义务，拍卖没收物品等时，可依法获取收益或报酬。这种收益应全额及时上缴国库，行政主体不得随意截留。在行政征用和行政征购合同关系中，行政主体则具有依合同取得标的物的权利。

3. 要求相对人亲自履行合同权。行政合同的相对人是行政主体根据行政目的的需要选定的，具有非任意性。因此在缔约后，行政相对人应当亲自履行义务。如果由他人代为履行义务，就可能失去本合同的目的，也可能会成为一个新的行政合同。强调行政主体的这一权利，在目前有其现实意义。有的相对人在利用各种条件以较优惠价格取得土地等自然资源开发利用权后，却层层转让转包，或以联营等形式变相转让，导致该自然资源的价格不断爬升，最后将极高的成本转嫁到消费者身上获取非法利益。这实际上是行政主体没有充分运用要求相对人亲自履行合同权的表现。

4. 对合同的变更、解除权。行政主体在合同的履行中有权随时变更合同的条款，扩大或减少相对人的权利义务。行政主体在行政合同的履行中，还可以通过合同消灭与相对人的权利义务关系。但是行政主体行使变更、解除权必须真正基于情势变更和公共利益的需要，因此而造成相对人损失的，还应该给予补偿。行政主体不能利用其所享有的对合同的变更、解除权侵犯相对人的经营自主权或其他合法权益。

5. 对合同的监督、指挥权。行政主体有权监督和指挥相对人对合同义务的履行，要求相对人选择甚至直接为相对人选定符合公共利益的履行方式，制止相对人不符合公共利益的履行方式。例如，行政主体委托社会组织代为履行的，就应到场监督，对拆除违法建筑物不应只把房顶一揭了事，如采取爆破方式拆除，还应保证周围人群生命和财产的安全，等等。

6. 强制履行权和制裁权。相对人不履行或迟延履行义务的，行政主体有权采取强制方式敦促相对人履行义务。相对人违反合同约定义务的，行政主体有权予以制裁。例如，《治安管理处罚法》第 109 条规定，担保人应当保证被担保人不逃避行政拘留处罚的执行。担保人不履行担保义务，致使被担保人逃避行政拘留处罚的执行的，由公安机关对其处 3 000 元以下罚款。第 110 条规定，被决定给予行政拘留处罚的人交纳保证金，暂缓行政拘留后，逃避行政拘留处罚的执行的，保证金予以没收并上缴国库，已经作出的行政拘留决定仍应执行。

（二）行政相对人的权利

1. 公平对待权。在缔约过程中，尤其是在具有竞争性的缔约过程中，相对人具有公平对待权。相对人有权要求行政主体对自然资源或有限公共资源的出让或配置依法进行拍卖或招标，在招标或拍卖中做到公平、公正，反对暗箱操作；有权要求行政主体制止违规竞投人；有权要求行政主体公平、公开地披露标的物的客观情况以及存在的瑕疵等。

2. 获得报酬、收益以及相应优惠的权利。相对人在提供某一标的物或劳务，完成一定的工作后，有依合同规定获得报酬或收益的权利。在履行某些合同后，相对人则具有获得某种优惠的权利或机会。例如，被裁决拘留的人在履行担保合同后，就具有在行政复议和行政诉讼期间不被执行拘留的权利；报关人在履行进出口货物担保合同后，就享有对进出口货物先行放行的优惠等。

3. 获得赔偿或补偿的权利。如果行政主体违法变更或解除行政合同，相对人有权依法要求行政主体履行原合同。如果因违法变更或解除行政合同造成相对人损失，或者履行原合同已经没有意义的，相对人有权要求行政机关赔偿损失。行政主体依法单方面变更或解除行政合同造成相对人损失的，相对人有权要求补偿。出现不可预见的客观情况，从而使合同的履行虽然事实上并非不可能，但会使得相对人履行极端困难和遭受灾难性损失的，相对人也有权要求补偿。这种不可预见的客观情况应当具备下列条件：第一，特殊的和事先不可预见的情况，如因自然灾害或者战争，货币严重贬值而引起的物价剧烈上涨等。第二，这种情况的产生与双方当事人的行为无关。第三，这种情况必须导致合同的履行变得极端困难。

第二节 行政指导

一、行政指导的概念

行政指导相对于传统的行政命令而言，是一种非以行政强制为特征的新型行政手段或方式。它伴随着现代行政的发展而产生，并随着社会经济的日益发展而不断地拓宽其适用领域。然而，对于何谓行政指导，学说上存在着不同的认识，但也有许多共同点。① 我们认为，行政指导是行政主体为了实现行政管理的目的，基于国家的法律、政策的规定采用倡导、引导、劝告等方式作出的，旨在引导行政相对人自愿采取一定的作为或者不作为的一种不具有强制性和拘束力的行政行为。行政指导是现代行政法中合作、协商的民主精神发展的结果，也是现代市场经济发展过程中对市场调解失灵和政府干预双重缺陷的一种补救方法。因此，在现代行政法中，行政指导具有行政职权行为无法替代的法律地位。

二、行政指导的法律特征

行政指导与其他行政行为一样，是行政主体运用行政权实施的一种行为，它具有以下法律特征：

（一）不具有法律效果

行政指导并不具有相应的法律效果。它并不为特定相对人创设权利义务，也不是为特定相对人设定、变更或消灭某种权利义务关系及期望取得法律保护的行政意志。它在内容上主要表现为一种倡导、号召、建议和设想等。因此，行政指导并不是一种法律行为和行政决定，而是一种行政事实行为。行政指导所体现的只是行政主体在当前或今后一个阶段对某些事务所持的一种态度，所具有的一种倾向，所执行的一种政策，以及所倡导的一种模式选择。

（二）不具有强制性

行政指导最显著的特征之一是不具有强制性。行政主体或人民法院都不能强制执行或强制实施该行政指导，而只能依赖于公民、法人或者其他组织的自觉接受或遵守。关于行政指导的

---

① 参见［日］盐野宏：《行政法总论》，杨建顺译，北京大学出版社 2008 年版，第 133 页；［日］和田英夫：《现代行政法》，倪健民等译，中国广播电视出版社 1993 年版，第 218 页；林纪东：《行政法》，台湾三民书局 1988 年版，第 434 页；罗豪才主编：《行政法论》，光明日报出版社 1988 年版，第 161 页；应松年主编：《行政行为法：中国行政法治建设的理论与实践》，人民出版社 1992 年版，第 187 页；姜明安主编：《行政法与行政诉讼法》，北京大学出版社、高等教育出版社 2015 年版，第 300 页。

非强制性特征，有些国家的行政程序法典中有专门规定。① 行政指导的这一特征是由它的内容决定的，它既然没有设定、变更或消灭相应的权利义务，也就无法予以强制执行或实施。如果要强制推行相应的政策或计划，就应制定相应的法律规范。当然，虽然行政指导不具有法律上的强制力，但却具有某种事实上的强制力。行政主体通常以利益诱导的方式，来引导公民、法人或者其他组织接受行政指导。这就说明，相对于传统单一且多以强权作后盾的"命令—服从"模式的行政手段而言，行政指导体现了现代行政的"服务合作"这一民主精神和对公民、法人或者其他组织的尊重。这不仅不会降低行政管理的功效，反而可以使公民、法人或者其他组织主动参与相关活动，或自觉服从行政机关的意志，从而更加有效地实现行政目的。无疑，行政指导"是对传统依法行政如机械法治主义和干预行政的重要修正，使现代依法行政走向机动法治主义和福利行政，体现了现代行政管理权力手段淡化的新特点"②。

三、行政指导的分类

依据受指导者是否特定，我们可以将行政指导分为个别指导和宏观指导。个别指导是指行政主体针对特定公民、法人或者其他组织的行政指导。例如，由于志愿填报不当，2002 年湖北省有近 300 名 600 分以上考生面临第一批本科院校录取落选。为保护这些高分考生，湖北省招生办公室在第一批录取结束前，通过主动与有关高校联系，逐个给考生打电话，建议专业调剂。又如，某公安派出所根据《武汉市公安局关于执行〈武汉市城镇暂住人口管理规定〉的具体办法》等的规定，建议前来办理武汉市暂住证的建筑业民工李某集体申报。这些建议，都是一种针对特定相对人的行政指导，接受指导的考生与申请暂住证的李某都是特定的，因而属于个别指导。宏观指导是指行政主体针对不特定公民、法人或者其他组织所作的行政指导。例如，《国务院关于下达〈国家中长期科学技术发展纲领〉的通知》则是针对不特定公民、法人或者其他组织的行政指导行为。这类行政指导往往表现为行政规范或新闻发布会等。③

在行政法学上，一些学者对行政指导还有其他各种各样的分类，比如分为有法律根据的行政指导和无法律根据的行政指导，促进性行政指导和限制性行政指导，管制性行政指导、调整性行政指导和促进性行政指导，助成性行政指导、规制性行政指导和调整性行政指导等。这些分类都有一定的道理，对我们进一步认识行政指导有一定帮助。我们认为对其中的限制性行政指导必须加以限定，否则行政指导与行政创制和行政解释就没有什么区别了。例如，国家计委 1994 年颁布的《汽车工业产业政策》分别规定了应予支持、扶持、限制或禁止的汽车生产、经营的种类和范围。有的学者认为这是一种行政主体以限制相对人行为为目的的限制性行政指导。④ 也有学者认为，这种禁止性规定已经影响到了相对人的权利义务，只能作为行政创制或行政解释，而不能作为行政指导。因此，《汽车工业产业政策》并非都是指导性行政规范。⑤

---

① 《日本行政程序法》(1993) 第 32 条第 1 款，《韩国行政程序法》(1996) 第 48 条，转引自叶必丰：《行政法学》，武汉大学出版社 2003 年版，第 288 页。

② 袁曙宏、张永伟：《西方国家依法行政比较研究——兼论对我国依法行政的启示》，《中国法学》2000 年第 5 期。

③ 参见叶必丰：《行政法学》，武汉大学出版社 2003 年版，第 285~286 页。

④ 参见罗豪才主编：《行政法学》，北京大学出版社 1996 年版，第 278 页。

⑤ 参见叶必丰：《行政法学》，武汉大学出版社 2003 年版，第 286 页。

有的学者还把规定指导性内容的法律规范和代表政府观点的报刊、社论等作为一种行政指导。① 我们认为，规定指导性内容的法律规范和代表政府观点的报刊、社论等，无论从主体上还是从权利性质上说，都不属于行政指导。

四、行政指导的作用

行政指导作为一种灵活有效的行政作用方式，在当今世界许多国家的行政管理中得到越来越广泛的应用，发挥着越来越重要的作用。第二次世界大战以来，运用行政指导方式管理国家经济活动，最成功的当数日本。行政指导富有成效的推行，正是日本创造经济奇迹的重要因素之一。根据日本学者的研究，行政指导具有四种作用，即抑制作用、协助作用、调整作用和引导作用。②

（一）抑制作用

抑制作用是指在某种意义上，行政指导对公民、法人或者其他组织的行为事实上具有抑制效果。例如，《国务院关于下达〈国家中长期科学技术发展纲领〉的通知》确定了国家中长期科学技术发展重点。这一内容本身并没有法律上的抑制作用，但却有事实上的抑制作用，即公民、法人或者其他组织在申请科研经费的时候，如所申报的课题不属于通知所确定的研究重点，将难以得到批准。也就是说，行政指导不仅引导公民、法人或者其他组织的行为，而且指导着行政主体在适用法律规范和行政规范时的价值选择，从而对不响应行政指导号召的公民、法人或者其他组织行为起到事实上的抑制作用。

（二）协助作用

协助作用是指保护公民、法人或者其他组织并予以协助的作用。例如，如果科研单位和研究人员所确定的研究计划属于《国务院关于下达〈国家中长期科学技术发展纲领〉的通知》确定的国家中长期科学技术发展重点，那么在申请科研经费时将优先得到政府的支持。又如，《四川省人民政府关于加速发展水产生产的决定》指出，“发展水产养殖，要贯彻自力更生的精神，依靠集体力量为主，国家以必要的扶持”“养鱼所需钢材、木材、水泥、桐油、网具等物资，要列入计划，保证供应”“国营渔场、站、水产科研所和渔业社养鱼所需精料，由粮食部门按规定供应。国家管理的水利工程，养鱼所需精料，原则上自行解决，确有困难的，可酌情供应一些”。这就表明，政府对所提倡的养鱼事业将给予保护和协助。

（三）调整作用

这里的调整作用，是指行政指导对公民、法人或者其他组织相互之间的利害冲突所起的平息作用。例如，居民生活必需品价格的稳定与否，关系到消费者与生产经营者的切身利益，也关系到社会的稳定和公共利益的实现。当居民生活必需品价格波动过大，引起消费者普遍不满时，物价行政主管部门就应当根据《价格法》第18、25条等的规定，制定政府指导价，促进消费者和生产经营者之间的互让和合作，从而稳定社会关系。

（四）引导作用

引导作用是行政指导的主要作用，是指为实施和实现一定的政策或计划而引导相对人行动

---

① 参见包万超:《转型发展中的中国行政指导研究》，载罗豪才主编:《行政法论丛》（第1卷），法律出版社1998年版，第290页。

② 参见［日］室井力主编:《日本现代行政法》，吴微译，中国政法大学出版社1995年版，第151页。转引自叶必丰:《行政法学》，武汉大学出版社2003年版，第289~291页。

的作用。从法治主义观点看，可以认为它是作为抑制指导之一的统制指导或协助作用。例如，前述《四川省人民政府关于加速发展水产生产的决定》对公民、法人或者其他组织的行动就具有引导作用。

第三节 行政事实行为

一、行政事实行为的概念与特征

（一）行政事实行为的概念

行政事实行为，是指行政主体不以产生法律约束力，而以影响或改变事实状态为目的实施的行为。在现代行政法中，行政事实行为作为行政主体的一种行为形式已是公认的事实，但我国行政法对此研究甚少。行政事实行为虽然不具有法律上的约束力，但它对行政相对人的影响却是客观存在的。因此，在法律上为受到行政事实行为侵害的行政相对人提供救济途径，是现代行政法发展的重要趋势之一。

（二）行政事实行为的特征

1. 行政性。行政事实行为的行政性，是指行政事实行为尽管不属于行政行为的范畴，不具备行政行为的构成要件，但它仍然是行政主体借助行政职权实施的一种行为形式。因此，行政事实行为仍然要受到行政法原理约束。这种约束主要体现在：第一，行政主体实施行政事实行为必须在自己的管辖权范围之内，如公安机关不得发布因某种商品存在不利于人的健康的成分而建议市民不要购买的通告。第二，行政主体实施行政事实行为必须具有法定依据，即使没有明确的法定依据，也要符合行政法的一般原理。任何法外的行政事实行为均在禁止之列。第三，行政事实行为对行政相对人合法权益产生不利影响时，应当提供必要的行政救济途径，并通过对行政事实行为后果的法律补救，对行政主体行使行政职权的行为予以适当制约。

2. 可致权益受损性。行政事实行为的可致权益受损性，是指行政事实行为虽然不具有法律上的约束力，但是它对行政相对人的人身权、财产权等合法权益仍然可能产生事实上的损害。行政事实行为的可致权益受损性可从以下几个方面作进一步分析：第一，行政事实行为的可致权益受损性源于其本质上仍是行政主体基于行政职权实施的一种行为。行政事实行为最早源于德国行政法上的“单纯高权行政”之学说，也可以佐证这一点。但是，行政事实行为对行政相对人权益的损害既可能是明示的，也可能是潜在的。前者如执行性行为，后者如建议性行为。第二，行政主体实施行政事实行为的目的，仍然在于维持社会正常发展的必要秩序，而完全不会对行政相对人的权益造成影响的行为不足以达到此目的。因此，行政事实行为显然有别于行政主体以民事法人的身份实施的私法行为。第三，行政事实行为对行政相对人权益的影响，决定着行政相对人对之有服从的潜在压力，任何与行政事实行为相对峙的个人行为，都可能导致制裁性的或某种不利的法律后果。当然，行政相对人事后不服行政事实行为的，可以申请行政救济。

3. 多样性。行政事实行为的多样性，是指行政事实行为在客观上表现为多种行为样式。对于行政事实行为多样性这一特征，我们可以作如下释义：（1）行政事实行为绝大多数是行政主体依据行政法的一般原则，针对各种不同的具体情况基于行政职权实施的行为，故行政事实行为的基本模式难以确定，不同于一般行政行为具有如行政处罚、行政许可等基本行为模式。(2)行政事实行为在功能上可以视为达成行政行为目的的一种补充性行为，因此，只要有助于实现行政行为的目的，行政法可以容许行政主体采取各种式样的行政事实行为，但应当以不侵犯公民基本人权和无损公序良俗为原则。(3)行政事实行为的多样性导致了为其设置统一的程序十分困难，以至于各国行政程序法或无法将其纳入调控的范围，或仅对之作一些最原则性的规定。

二、行政事实行为的构成

(一) 必须是行政主体实施的行为

行政事实行为不是严格意义上的行政行为，但它仍然是行政主体实施的行为。行政主体是指具有独立行政职权的机关和组织。不具有独立行政职权的机关和组织不是行政主体，不能实施行政事实行为。这与行政行为的主体要件原理相同。这一主体要件将非行政主体实施的行为排除在行政事实行为之外。

(二) 必须是行政主体基于行政职权实施的行为

行政事实行为是行政主体实施的行为，但行政主体实施的行为只有一部分是行政事实行为。根据行为是否依行政职权实施为标准，可将行政主体实施的行为划分为一般行政行为、行政事实行为和民事法律行为。前两者都是行政主体基于行政职权实施的行为，后者则是行政主体非基于行政职权实施的行为。这一行为标准将行政主体非通过行政职权实施的行为排除在一般行政行为、行政事实行为之外。

(三) 必须是不具备法律约束力的行为

既然行政主体基于行政职权可以实施一般行政行为和行政事实行为，那么这两种行为的界限又如何确定呢？这个界限应当是行为的结果，即以行政主体基于行政职权实施的行为是否会产生法律上的约束力为标准，可以将行政职权的行为划分为一般行政行为和行政事实行为。前者的行为结果可以产生、变更和消灭行政法律关系，如行政主体实施一个限制人身自由的行政处罚决定；后者则不具备这种后果，如行政主体根据《测绘法》设立一个测绘标志。

三、行政事实行为的种类

由于行政主体实施行政事实行为的目的、依据和方式等不同，行政事实行为的式样也各有差异。尽管行政事实行为多种多样，但我们还是可以归纳出如下几种较为典型的行政事实行为：

(一) 补充性行政事实行为

补充性行政事实行为，又可称为执行性行为，它是行政主体为了实现一个已经作出的行政行为的内容而实施的行为。补充性行政事实行为不具有独立的法律地位，它是辅助执行一个已成立的行政行为的行为。例如，市场监督管理机关销毁收藏的假冒伪劣产品。这种行为本身不具有法律上的约束力，从本质上说，它是一种体现行政行为法律上的约束力的行为。

(二) 即时性行政事实行为

即时性行政事实行为，是指行政主体在执行公务过程中，为确保正常的社会秩序或者公务活动的顺利实现而采取的一种行为。例如，拖走抛锚的车辆，清理横倒在公路上的树木，以保证公路交通顺畅。即时性行政事实行为具有临时性、紧急性之特征，因此，它的行为式样由行政主体根据实际情况裁量决定。

（三）建议性行政事实行为

建议性行政事实行为，是行政主体为避免行政相对人的合法权益受到不必要的损失，根据自己所掌握的信息资料作出的判断，而向行政相对人提出的可以实施或不应该实施某种行为的忠告、建议等。如前述的行政指导、优质产品的推荐、某种商品的价格预测等。建议性行政事实行为对行政相对人的支配性最弱，即使有支配性也往往是潜在的。

（四）服务性行政事实行为

服务性行政事实行为，是行政主体基于服务行政的法律精神，基于行政职权为社会或者特定的行政相对人提供服务的行为。例如，为了交通安全，交通警察在道路岔口安装交通标志；市场监管机关为律师提供企业登记档案资料等。服务性行政事实行为的结果是为行政相对人提供各种便利。

四、行政事实行为的救济

行政事实行为尽管没有法律上的约束力，但它毕竟是一种基于行政职权的行为。因此，它可能产生侵犯行政相对人合法权益事实的情形（如补充性行政事实行为伤及无辜）乃不容置疑。根据行政法治原理，行政主体对行政事实行为损害结果应当承担法律责任。对行政事实行为的救济途径应当包括行政复议、行政诉讼和行政赔偿。

第四节 行政规划

在我国，行政规划是一种依职权的行政执法行为。它既具有权力行政的属性，又具有非权力行政的属性；既具有抽象性，又具有具体性，其形态非常复杂。因而，对其定性判断，只能具体就个案而言。现代法治社会要求政府依法规划或科学规划，以合理利用和开发自然资源，合理安排生存发展空间。

一、行政规划的概念与特征

（一）行政规划的概念

规划与计划是两个既有联系，又有区别的概念。我国《辞海》将“规划”解释为“谋划；策划。……亦指全面或长远的计划”。① 在《现代汉语词典》中，规划被解释为“比较全面的长远的发展计划……如，十年规划”。而计划被解释为“工作或行动以前预选拟定的具体内容和步骤……如，五年计划”。② 然而，在现实生活中，“规划”与“计划”并没有作严格的区分。在我国的立法中，至今尚未给“行政规划”下一个统一的定义。德国学者甚至认为行政规划更像是法律事实的单纯描述，而无法作法律上的概念界定。规划是新生事物，又与传统的国家活动方式差别较大，因此，很难进行定性分析。也有德国学者指出，规划在行政活动中占有特殊地位，可将规划作为公共行政的一种特别活动形式理解。有学者认为，规划行为是指“预先确定目标，以及设计为实现目标所需要的措施的行为”。日本学者认为，“行政计划，是指行政主体为了一定的公共目的而设定目标，综合地提出实现该目标的手段的活动”。我国学者对日本的行政规划解释为“是指行政厅在实施公共事业及其他活动之前，首先要综合地提

① 《辞海》（缩印本），上海辞书出版社1979年版，第1440页。

② 《现代汉语词典》，商务印书馆1994年版，第416、532页。

示有关行政目标，事前制定出规划蓝图作为具体的行政目标，并进一步制定为实现该综合性目标所必需的各项政策性大纲的活动”。还有学者认为，纳入行政法视野中的行政规划与行政学上的规划不同，行政法上的行政规划是具有法律意义的外部行政行为。行政规划和基于行政而实施的规划行政，是现代行政的最新发展和重要特色之一。①

（二）行政规划的主要特征

行政规划是指行政主体为实现行政行为计划化，在该行为实施之前预先设定有关行政目标，并安排其实施内容、步骤、措施等的行为。行政规划的主要特点包括以下几个方面。

1. 行政规划具有明显的政策性和法律性。现代社会的发展，越来越要求政府在采取重要行政措施之前必须统筹兼顾、规划得当，行政行为规划化已成为行政改革的一种不可逆转的趋势。因此，行政规划也就越来越成为现代行政法关注的重点，越来越成为执行法律和政策的重要手段和工具。

2. 行政规划具有客观的动态性。从时间与空间的角度看，行政规划具有从制定到实施的演进过程，也是从规划到逐步实现规划目标的发展过程；从效果角度看，行政规划具有从一般政策的告示到逐渐赋予一定约束力的发展过程，具有一定的前瞻性与预测性。行政规划虽然是对未来的期待，然而，由于在实施过程中常常会因故调整，因此，还必须考虑到规划担保和信赖利益的保护问题。

3. 行政规划具有内含的强制性。由于行政规划具有明显的政策性与法律性，因此，行政规划的内容不可避免地具有一定的抽象性。这种抽象性在行政规划的执行中体现出其表象的“非完结性和空白性”的特点。另外，行政规划常常包含目标的设定性和手段的综合性，如城乡规划一般包括资源的开发、管理与经营、区域的协调配合、城乡环境的保护、文化遗产的挖掘、公共利益的实现和公共安全的维护等方方面面的具体配套执行措施。在这种配套关系中，行政规划实际上成了依据，而不是指导性意见。行政指导不具有强制性，行政规划在这点上与行政指导存在明显的区别。②

二、行政规划的分类

行政规划在我国社会生活中的应用非常广泛，大大小小的行政规划在各个公共领域都在实际运用。比如，在公安行政中，公安交警部门和城市规划部门依据《停车场规划设计规则》对城市停车场进行的规划。

学术界从不同的视角、依据不同标准对行政规划进行分类。以规划结果的表现形式为标准，分为法案式规划、非法案式规划；以时间为标准，分为长期规划、中期规划、短期规划；以内容为标准，分为综合性规划、个别性规划等等；以效力为标准，分为命令性规划、影响性规划和建议性规划。③

（一）建议性规划

建议性规划又称资讯性规划，是指行政主体向外发布信息与预测，供公民、法人或者其他组织参考，或者向公民、法人或者其他组织表达建议或意向。例如，外贸主管部门公告外销情

① 参见沈荣华编著:《现代行政法学》，天津大学出版社 2003 年版，第 221~222 页。

② 参见沈荣华编著:《现代行政法学》，天津大学出版社 2003 年版，第 222~223 页。

③ 参见沈荣华编著:《现代行政法学》，天津大学出版社 2003 年版，第 223~224 页。

况、应对方案、国际金融现状及发展预测等。该规划在性质上属于行政事实行为，也可以属于行政指导行为，对公民、法人或者其他组织没有拘束力，因此，其行为的作出，可以不考虑具体的法律依据，只要是在符合行政法原则的前提下，在行政主体的职权范围之内实施即可。但是，如果行政主体发布错误的信息与预测，使公民、法人或者其他组织因此而蒙受损失，行政主体应对此承担相应的责任。

（二）影响性规划

影响性规划又称为承诺性规划，是指行政主体以一定程度的承诺方式，明确规划内容，从而对行政相对人产生影响或诱导性效果。例如，政府在公布开发区发展规划的同时，以一定的优惠鼓励政策，鼓励高新技术企业进驻或加大发展力度。该规划在性质上仍然属于行政事实行为，也可以属于公法上的承诺行为，对行政主体具有当然的约束力，而对公民、法人或者其他组织不具有拘束力，它只是建议性规划的细化。因此，有学者认为，影响性规划与建议性规划只是程度深浅不同，即内容的明晰程度、政策的成熟程度不同。要想在两者之间划出清晰的界线，是比较困难的。但是，需要说明的是，在影响性规划中，行政主体的承诺和激励政策客观上已经构成了信赖的事实要件，也会产生外部的法律意义。因此，从原则上讲，该行为的作出应当具有法律依据。如前所说，政府用低税政策和能源、交通优先供给等措施，吸引并鼓励行政相对人投资建设高新技术产业，保障行政相对人因信赖政府而获得的权益不受损失。因此，影响性规划对有关相对人的救济，是基于行政主体信赖成本的支出，而建议性规划对有关相对人的损失承担一定的责任，是基于行政主体对自身错误与违法行为付出的代价。

（三）命令性规划

命令性规划又称拘束性规划，是指行政主体以一定的规范性文件的形式，规定其内容，从而对行政相对人产生强制性效果。命令性规划已经转化成抽象行政行为，以规范性文件的形式表现出来，具有拘束力与强制性。例如，公安机关制定的关于整顿小区安全防范的工作要求，往往以规范性文件的形式下发各派出所，对于派出所执行该文件的行为，行政相对人必须服从。命令性规划也可能编制成预算。由于命令性规划对行政相对人和行政主体都将产生规范化与拘束性的效果，因此，必须有具体的法律依据。无论命令性规划转化成抽象行政行为还是编制成预算，对于行政主体而言，都具有执行的义务，如果不执行就是行政违法。对于行政相对人而言，命令性规划既是自己行为的依据，也包含了对该规划的期望和信赖。如果该命令性规划与有关的法律、法规、规章相矛盾、相抵触，那么，命令性规划的制定者就必须承担相应的法律责任，并对抱有期望和信赖的行政相对人公开道歉，给予相应的救济。当然，应该如何救济，救济到什么程度和多大范围，则应该成为行政救济法关注的重点。

三、行政规划的作用

在“政府管得越少就越好”的理念支配下，行政规划几乎无所作为。但是，在第二次世界大战期间，尤其是以后，政府作用的空间越来越大，社会主义国家普遍实行计划经济自不必说，就是资本主义国家也开始重视行政规划。行政规划的作用主要表现在以下三个方面：①

（一）有效利用资源，实现总体目标

行政规划的最大价值在于在社会资源稀缺的情况之下，能够最大限度地利用社会资源，实

① 参见沈荣华编著：《现代行政法学》，天津大学出版社 2003 年版，第 225 页。

现社会效益最大化。因此，通过计划安排、规划设计，合理地调动人力、物力与财力等资源，有步骤地实现目标，从总体上达到预期的行政效应，可以说是行政规划最主要的作用。

（二）协调各相关行政主体的活动

行政规划目标的实现，特别是综合性规划的实施，往往会涉及几个行政主体的事务，需要各个相关行政主体的配合与共同协作。所以，在制定与执行规划的时候，必须听取相关行政主体的意见，协调相关行政主体的行动，保证各行政主体的行为与政策和整个规划和谐一致，从而有助于规划的完成。从这个意义上讲，行政规划具有协调功能与整合功能。

（三）指导行政相对人的行为走向

行政规划是行政主体对未来活动的政策设计与构想。不管是已经转化为规划性文件，还是已经获得预算批准，有充足奖金、资源保障的计划都具有很强的执行性。行政相对人可以从中寻找自己的位置，决定自己的未来。在行政主体意志表达明确的情况下，行政规划具有提高行政相对人的预期可能性，指导行政相对人活动方向的作用，进而能够“对私经济领域中的经济力及社会力产生一种脉动或冲击”。另一方面，没有行政相对人的参与、协助与配合，实现行政主体所预期的目标是不可能的。

四、行政规划的程序

在现实生活中，行政规划名目繁多。不同的行政规划，制定程序的侧重点也可能不同。但是，大致来讲，行政规划的制定程序主要包括规划的草拟、协商、公开、审批、公布与实施等几个步骤。规划公布与实施以后又可能发现新问题，或者出现情势变更，需要修改。应该说这也是正常的，这正是与规范性文件不同的地方。行政规划经再协商、公开、审批后，又投入实施。行政规划就在这种程序的反复中不断趋于成熟。

规划的草拟一般是在政府法制部门的牵头与协调下，由有关行政机关组成起草小组负责起草。在这期间，要不断进行协商，沟通并听取专家的意见。计划的公开是为了征询有关利害关系人的意见，利害关系人可以用书面的方式提出意见，必要时也可能会举行听证会。经过反复磋商，如果争议不大，通过审议，并经有关机关批准，规划就正式确定，紧接着就是公布与实施。

就我国现状而言，我国行政规划的制定程序还存在不少问题，主要表现在：第一，在行政规划的动议、起草、协商、审批和公布过程中，行政意志占主导地位，缺少程序的规范和制约；第二，在规划的编制过程中，大多不举行听证；第三，对规划实施的监督缺乏有力措施，规划编制者对规划编制中的失误应负法律责任的问题，还没有提上议事日程。①

日本在探讨行政规划的程序规范时得出以下结论：（1）应听取其他行政机关的意见；（2）应将规划案提供公众阅览；（3）应给利害关系人书面陈述意见的机会；（4）如利害关系人提出意见应进行听证；（5）应将决定的规划附理由说明予以公告。日本的经验值得借鉴。

五、行政规划的法律救济

（一）完善相关的法律制度

在责任政府的理念之下，编制规划的行政主体当然也应承担相应的法律责任和法律救济责任。但要解决这个问题，行政规划存不存在法律救济就成为关键；对行政规划能否予以有效的

① 参见皮纯协主编：《行政程序法比较研究》，中国人民公安大学出版社 2000 年版，第 542 页。

救济，很大程度上取决于行政规划的规范程度。因为法制本身就是为审查行政规划提供合法性的依据和标准。在这一点上，英美法系与大陆法系区别较大。英美法系的法官造法功能较强，因而审查行政规划时，对立法的依赖性相对较弱；而大陆法系的法官对法律的解释权受法律的约束较大。特别是在我国，法官的解释和选择适用法律的能力更是受到严格的限制。因此，在我国，司法审查行政规划到底能否顺利进行，很大程度上依赖于立法的完善。

（二）健全行政复议与行政诉讼制度

对于建议性规划，由于没有拘束力，又缺乏相应的法律依据，所以，在行政主体的职权范围内实施的行政规划行为，难免会出现差错。如果行政主体发布错误的信息与预测，使公民、法人或者其他组织因此蒙受损失的，如何实施行政救济？

对于影响性规划，如果行政主体无正当理由不执行规划，行政相对人可否申请行政复议与行政诉讼？从理论上讲，公法上的承诺属于内部规则，对行政主体自身具有约束力。但是，如果其内容对行政相对人的合法权益产生了实质性影响，也就产生了外部的法律效果。在这种情况下，可以通过提起行政复议与行政诉讼寻求救济。

命令性计划既可能是抽象行政行为，也可能是具体行政行为。如果是具体行政行为，可以通过行政复议与行政诉讼获得救济。如果是抽象行政行为，而且表现为规划性文件的形式，可以依据行政复议的有关规定获得救济。

问题的难点是对行政规划的审查。因为一方面，行政规划法制化的刚性与行政规划本身的弹性会产生客观的内在冲突，这种冲突必然会限制法院的审查进程；另一方面，在行政规划中，行政主体的自由裁量权相当大，其内涵的弹性与司法审查的规范性往往使原告胜诉的可能性微乎其微。但是，行政规划毕竟是政府的行为，不管是行政规划中是否有鼓励、承诺行政相对人配合实施的内容，都必须考虑对因信赖政府而产生利益的相对人的保护。日本有学者认为，如果国家已表明对于协助达成规划目标的人给予一定的优惠待遇，而且，该行政相对人也因期待获得该等待遇而参与和投入，这时如果因为规划的变更或终止而给行政相对人造成损失的，应予以补偿。该行政相对人也因此享有“规划担保请求权”。①

【引导案例】

1998年，中国暴发了历年来罕见的洪水，洪水过后，各地抢修堤坝。某省为了预防春汛，决定实施冬季加固堤坝工程。但是，冬季加固堤坝，属于没有先例可循的工程，难度很大。于是，该省行政主管机关在全省进行招标，由各个工程队提出方案和预算，最后该省第一建筑工程队中标。随后，该省行政主管机关与该省第一建筑工程队签订了公共工程承包合同，约定：该省行政主管机关对合同有指挥权和监督权，第一建筑工程队必须严格按照设计要求和投标方案亲自进行施工，该工程不得进行转包。然而，在工程实施过程中，有人向该省行政主管机关举报，第一建筑工程队擅自将该工程转包给了另一个不具备合格资质的施工队。该行政主管机关立即进行检查，经查实后作出决定：立即停止该工程的施工，并解除与第一建筑工程队签订的承包合同。

① 参见沈荣华编著：《现代行政法学》，天津大学出版社2003年版，第226~227页。

1. 分析本案中省行政主管机关与第一建筑工程队签订的公共工程承包合同在程序上是否合法。

2. 试分析本案中第一建筑工程队对合同的履行是否符合法律规定。

解析： 由于行政合同的目的与民事合同的目的有所不同，所以两者的缔结方式有所不同，主要表现在两个方面：一是行政主体具有优先要约的地位，二是赋予行政主体选择相对人的机会。这些都是为了便于行政主体选择最具有履行能力的相对人，保证行政管理目标更好地实现。我国目前对行政合同的缔结方式还没有统一的规定，只是有些单行法律法规对特定的行政合同的缔结方式作出了一些规定。根据这些现行法律法规的规定，我国行政合同的缔结方式主要有以下几种：招标、拍卖、直接磋商等。其中，招标是缔结行政合同最常见的方式。我国《招标投标法》第 3 条规定，在我国境内进行的大型基础设施、公用事业等关系社会公共利益、公众安全的工程建设项目，包括项目的勘察、设计、施工、监理以及与工程建设有关的重要设备、材料的采购，必须进行招标。

本案中某省为了防范春汛来临，决定实施冬季加固堤坝工程，该工程就是关系到社会公共利益、公众安全的大型基础设施工程建设项目，而且由于没有工程先例可循，该工程难度很大，因此，根据《招标投标法》第 3 条的规定，该工程必须进行招标。该省行政主管机关在全省范围内进行招标，最终确定符合施工条件的工程队中标，并与之签订公共工程承包合同，符合法律的规定。

同样，也正是由于行政合同目的的特殊性，出于维护公共利益的需要，在行政合同缔结后，当事人对行政合同的履行也必须遵循一些特有的原则，如：实际履行原则，亲自履行原则和全面、适当履行原则等。其中相对人亲自履行原则要求，行政合同必须由相对人本人亲自履行，不能由他人代替履行，非经行政机关同意，不能随便更换他人或委托他人代为履行。本案中，该省第一建筑工程队在与行政主管机关签订公共工程承包合同后，又将该公共工程转包给他人，违反了行政合同中所要求的亲自履行原则，是不符合法律规定的。

【练习案例】①

2013 年 7 月 10 日，中共遂宁市大英县委召开了专门研究永佳公司处置方案的会议，参会人员包括该县主要领导和回马镇政府负责人等人员。大英县委〔2013〕23 期会议纪要显示，会议一致认为关闭和妥善处置永佳公司有助于县域经济转型升级，要求县级各部门和回马镇政府确保关闭处置工作顺利推进。会议决定：（1）由回马镇政府全权负责永佳公司关闭相关处置工作。（2）永佳公司要尽快将厂区土地手续过户到回马镇政府。在完成土地过户前，补偿资金的支付须扣减土地价款。

经永佳公司与回马镇政府多次协商并报请大英县政府同意，于同年 9 月签订了《大英县永佳纸业有限公司资产转让协议书》（以下简称《资产转让协议书》）。其首部内容强调：为实现节能减排的目标，依照市、县的有关要求，甲方自愿关闭公司、退出造纸产业，甲方

---

① 作者对案例有所删节、改编，案例来源于最高人民法院行政裁定书（2017）最高法行申 195 号。

在清算资产后转让给乙方。该《资产转让协议书》主文的内容为：(1) 甲方于2013年8月10日前主动关闭，并退出造纸产业；清算相关资产，将公司土地等资产转让给乙方。(2) 转让费为1 217万元，由乙方支付给甲方100万元，其余差额由乙方在回马镇土地出让收益中进行支付。甲方于2013年10月10日前将《国有土地使用权证》和《房屋所有权证》过户于回马镇政府名下；于2013年8月10日前将企业包括国有土地使用证在内的资料移交给乙方。若不能办理土地房屋过户，乙方扣转让费100万元作为土地款，用于办理过户手续……违反上述协议，违约方应支付300万元违约金。

在履行过程中，永佳公司未按约定时间将土地使用权证和房屋所有权证过户登记到回马镇政府名下，公司资产也没有按时移交。同时，大英县政府通过回马镇政府、大英县财政局等途径尚有894.6万元未支付。永佳公司向四川省遂宁市中级人民法院提起行政诉讼，请求判令大英县政府、回马镇政府支付永佳公司转让费人民币894.6万元及利息。

问题：1. 大英县政府是不是本案适格被告？

2. 《资产转让协议书》在性质上属于行政合同还是民事合同？

3. 大英县政府、回马镇政府是否应当按协议的约定支付违约金？

【引导案例】

1. 2005年11月1日，恒升公司与郑州市铝制品厂签订《承包协议》，由恒升公司承包郑州市铝制品厂的场地及全部建筑。2006年，恒升公司在承包范围内增建部分经营性用房。2014年12月，郑州市城乡规划局作出《停止违法行为通知书》。通知书载明：郑州市铝制品厂在信息学院路西侧、文劳路南侧的房屋违反了《城乡规划法》第40条之规定，责令郑州市铝制品厂及其地块范围内经营性用房商户立即停止违法行为，限期接受处理。因通知书中列明的违法建设在恒升公司租赁郑州市铝制品厂地块范围内，故对恒升公司也产生效力。

2012年3月，金水区政府组织成立指挥部，对恒升公司所在地进行城中村改造拆迁。指挥部于2014年12月6日、10日分别向国网河南省电力公司郑州供电公司（以下简称郑州供电公司）发送《关于停断小铺村违法建设电力供应的函》和《通知》，函和通知中表明因小铺村开发地块的违章建筑正在进行拆迁，为避免违章拆除中引发安全事故，造成不应有的损失，要求郑州供电公司配合停止对该地块违章建筑供电。因恒升公司的经营性用房住所地在拆迁范围内，2015年4月22日，恒升公司在诉郑州供电公司供电合同纠纷一案中，由郑州供电公司举证得知金水区政府的行为。恒升公司认为金水区政府的行为侵害了其合法权益，故诉至法院。①

问题：在该案中，金水区政府通知停电行为构不构成行政行为？如果不构成，那么属于何种行为？

解析：本案中，金水区政府通知停电行为不构成行政行为，而构成行政事实行为。所谓行政行为，是指具有行政权能的组织运用行政权力，针对行政相对人设定、变更或者消灭权

① 作者对案例有所删节，案例来源于最高人民法院行政裁定书（2017）最高法行申8513号。

利义务的行为。该案中，金水区政府通知郑州供电公司停电是希望郑州供电公司提供辅助行为，并未在金水区政府与郑州供电公司之间设立、变更或者消灭权利义务，不具备行政行为的实质要件，因此金水区政府通知停电行为并不构成行政行为。

所谓行政事实行为，是指行政主体不以产生法律约束力，而以影响或改变事实状态为目的所实施的行为。一般而言，事实行为要求具备如下构成要件：（1）必须是行政主体实施的行为；（2）必须是行政主体基于行政职权实施的行为；（3）必须是不具备法律约束力的行为。其中，围绕行政行为与行政事实行为的区分，一般主要以行为事实是否可以产生、变更和消灭行政法律关系为判断标准。该案中，金水区政府作为一级地方人民政府，具有行政权能，其通知郑州供电公司停电是其涉案拆迁工作的一部分，具体运用了行政权，但并未在金水区政府与郑州供电公司之间设立、变更或者消灭权利义务关系，因此构成一种行政事实行为。

2. 2003~2004 年间，磨某某未经城乡规划主管部门审批同意，擅自在南宁市西乡塘区安宁街道办北湖园艺场罗伞岭建设房屋用于养殖业。2014 年 8 月 8 日，南宁高新区管委会以需要对磨某某所建房屋进行规划检查为由，对磨某某发出《综合行政执法检查通知书》，要求磨某某持《建设用地规划许可证》等相关手续，到南宁高新区规划监察大队接受检查。2014 年 8 月 13 日，南宁高新区管委会以磨某某未能提供房屋的相关规划审批手续，涉嫌违法建设为由予以立案。2014 年 8 月 20 日，南宁高新区管委会作出《行政处罚告知书》，告知磨某某其在上述地点所建设的房屋，违反了《南宁市高新技术产业开发区总体规划》和《城乡规划法》第 40 条的规定，拟对其作出限期拆除违法建筑的处罚，并于 2014 年 8 月 25 日作出《行政处罚决定书》，认定磨某某所建的涉案房屋属于违法建筑。2014 年 10 月 29 日，南宁高新区管委会对上述涉案房屋进行强制拆除。磨某某以该强制拆除行为违法，且给其造成财产损失为由，诉至法院，请求确认南宁高新区管委会强制拆除其养殖场房屋行为违法，并对相关损失予以赔偿。①

问题：《南宁市高新技术产业开发区总体规划》属于什么性质的行政行为？

解析：《南宁市高新技术产业开发区总体规划》属于行政规划。根据行政法理论，行政规划具有与行政立法及准立法共通的一面，即作为统一行政上的各项政策并付诸实施的基本标准而发挥作用。但是，行政规划与行政立法不同，行政立法是一般性假设命题式的规定，即具备了什么样的要件便采取什么样的行为；而行政规划是设定具体行政目标的活动，它必须以具体的现实情况为基础，并且对现状要有正确的认识，考虑到可以动员、利用的行政及财政上的能力，描绘出经过努力于一定目标年限可以达到的具体目标。据此标准，行政机关制定的《南宁市高新技术产业开发区总体规划》指引着南宁市高新技术产业开发区开展项目建设、发展，并非行政立法行为，而系行政规划行为。

① 作者结合广西省高级人民法院（2016）桂行终 350 号案例进行了适度的改编。

【练习案例】

1. 为迎接上级领导参观"路边工程"，某乡政府领导竟断然下令将沿公路边正在生长的高秆作物统统毁掉，并在这个乡公路两边各50米范围内整齐划一地种植着的辣椒、花生、烟叶等低秆经济作物。该乡沿公路的5个村的村民因此遭殃，他们眼看着长至1米高快要出穗的玉米大片大片地被乡村干部组织人员连根拔起，心痛不已。据农民估计，几个村被毁的玉米地不下百亩。农民们说，上边强迫我们在沿路50米内种植低秆作物，我们也没有说不响应。可关键是，我们春天种植玉米时村里为什么不说一声？现在玉米已经长有1米高了，说毁就毁，我们的损失谁来赔？对此，村书记也显得很无奈。他说，毁玉米之事乡里催得急，他也没有办法，乡里让毁玉米主要是因为路边板田里的高秆作物有碍上级领导检查。该镇领导说，这次毁玉米事件的教训深刻，村干部没有细致地做好群众的工作，没有把限制玉米生产的意义宣传到家，对此，镇、村都有责任。

问题：（1）行政指导与其他行政行为的界限是什么？

（2）本案中镇政府行为的性质如何？

（3）对于行政指导应如何救济？

2. 陆某在抚顺市新抚区有42.21平方米的住宅一处。2012年新抚区政府对陆某房屋进行征收。2012年12月18日，在未就房屋征收补偿问题达成补偿协议，亦未作出房屋征收补偿决定的情况下，新抚区政府将陆某房屋强制拆除。陆某不服，提起行政诉讼，请求确认新抚区政府强制拆除房屋行为违法，并赔偿其经济损失1 123 192元（其中涉及"房屋装修损失69 216元以及房屋内财物损失320 536元"。）另查明，新抚区政府在拆除房屋过程中，未对屋内物品进行清点并登记造册。

问题：对于涉及行政事实行为的侵权赔偿案件，如何确定当事人的举证责任？

【测试题】

一、名词解释

1. 行政合同
2. 行政指导
3. 行政事实行为
4. 行政规划

二、思考题

1. 行政合同与民事合同的区别在哪里？
2. 如何缔结行政合同？我国有哪几类常用的行政合同？
3. 行政合同的履行有何特殊性？
4. 行政指导的依据和原则是什么？
5. 行政指导的种类和方式有哪些？
6. 行政指导是否会产生争议？怎样解决？
7. 行政机关对行政指导是否负法律责任？

8. 如何区别一般行政行为与行政事实行为？
9. 行政事实行为的种类有哪些？
10. 行政规划与行政计划有何区别？
11. 行政规划如何获得法律救济？

【扩展阅读】

1. 应松年主编：《行政法学新论》，中国方正出版社2004年版。
2. 翁岳生编：《行政法》（上册），中国法制出版社2002年版。
3. 胡锦光主编：《行政法案例分析》，中国人民大学出版社2006年版。
4. 应松年主编：《外国行政程序法汇编》，中国法制出版社1999年版。
5. 莫于川：《行政指导要论——以行政指导法治化为中心》，人民法院出版社2002年版。
6. 姜明安主编：《行政法与行政诉讼法》，法律出版社2003年版。
7. 皮纯协、张成福主编：《行政法学》，中国人民大学出版社2002年版。
8. 余凌云：《行政契约论》，中国人民大学出版社2006年版。
9. 梁凤云：《行政协议案件适用合同法的问题》，《中国法律评论》2017年第1期。

本章自测自评

第十二章　行政程序

【本章导学】

行政程序是程序正义观在行政法上的直接体现，是现代行政法的一个非常重要的内容。通过本章的学习，应该掌握以下内容：理解行政程序的含义；明确行政程序的功能；了解正当行政程序的基本内容。

第一节　行政程序的含义及分类

一、行政程序的含义

行政程序作为一种行政法上的制度被单独提出来，并加以独立的强调，这是近现代西方行政法所衍生出来的一种现象。这种现象的一个十分明显的特征就是在实体与程序的二分法上，突出正当程序本身所固有的独立于实体的价值，强调法定程序的重要性，形成了行政程序独有的法理，并实现了行政程序的系统化和法典化。

行政程序，简单地说，也就是行政行为的过程。这里的“行政”并非子曰“为政以德”“道之以政”中的“政”，而是指西方近代意义上的宪法产生及民主政治确立以后的公共行政，这种意义上的行政是在实行三权分立后，相对于立法和司法，具有独特内涵和外延的一个概念。① “程序”一词大致可等同于“规程”和“法式”，② 如《汉书·高帝纪下》颜师古注：“程，法式也。”在现代汉语的一般语境中，程序是指“按时间先后或一次安排的工作步骤”。③ 在这里是指法律意义上的程序，意指按照一定的方式、步骤、时间和顺序作出法律决定的过程。“其普遍形态是：按照某种标准和条件整理争论点，公平地听取各方意见，在使当事人可以理解或认可的情况下作出决定。”④

从法律语义学上来说，对于“程序”一词含义的把握要注意三点：一是该词的含义远离其古时的文化背景，作为现代法律中的专门术语带有“旧瓶装新酒”的色彩，其现代内涵更多地是由作为现代法律之滥觞的西方法律文化所赋予的。二是在西方文化背景下，程序（procedure）是与实体（substance）对应存在的，而且也只有在这二者的关系中，程序的含义才能得到理解。⑤ 对这一概念的最早使用也许可以追溯至亚里士多德，他把正义区分为“矫正正

---

① 参见杨建顺：《日本行政法通论》，中国法制出版社 1998 年版，第 90~105 页。

② 《辞源》（第 3 卷），商务印书馆 1979 年版，第 2307 页。

③ 《辞海》，上海辞书出版社 1979 年版，第 4014 页，“程序”词条。

④ 季卫东：《程序比较论》，《比较法研究》1993 年第 1 期。

⑤ 参见杨建顺、刘连泰：《试论程序法与实体法的辩证关系——评“法即程序”之谬》，《行政法学研究》1998 年第 1 期。

义”和“分配正义”，这约略可相当于“程序正义”和“实体正义”。① 通常所说的法律程序，主要包括选举程序、立法程序、审判程序、行政程序这几种主要类型。其中，对于在 20 世纪以来出现的“行政国家”中生活的人们来说，行政程序是最为重要和最为息息相关的。

行政程序是一个行政法上所构建的概念，一般有广义和狭义之分。广义上的行政程序，是与立法过程中应遵循的程序即立法程序和司法过程中应遵循的程序即司法程序相对立的概念，是指行政过程中所必须遵循的一切程序。如果按照行政行为的分类，行政程序可以分为行政立法程序、行政处罚程序、行政强制执行程序、行政许可程序、行政复议程序等。从狭义上讲，行政程序是指行政机关在采取行政行为时所应遵循的程序，即行政行为的事前程序，② 这是相对于对行政行为的事后行政性审查程序即行政复议程序而言的。行政法学主要关心的是对行政主体和行政相对人之间关系的调整，即外部程序。行政机关的内部程序制度则属于行政学的研究对象。因此，行政程序法上所研究的行政程序，主要是指行政行为的事前程序和外部程序。

【案例 12-1】

北京大学 92 级无线电电子学系博士研究生刘燕文，于 1994 年 4 月 27 日通过学校安排的笔试考试，并于当年 5 月 10 日通过了博士研究生综合考试。1995 年 12 月 22 日，刘提出答辩申请，将其博士论文《超短脉冲激光驱动的大电流密度的光电阴极的研究》提交学校，由学校有关部门安排、聘请本学科专家对该论文进行评阅和同行评议。二者汇总意见为“达到博士论文水平，可以进行论文答辩”。

1996 年 1 月 10 日，刘以全票 7 票通过了所在系论文答辩委员会的答辩。系论文答辩委员会作出“授予刘燕文博士学位，建议刘燕文对论文作必要的修订”的决议。同月 19 日，系学位评定委员会以 12 人同意、1 人不同意的表决结果，建议授予刘博士学位。同月 24 日，北京大学学位评定委员会召开第 41 次会议，应到委员 21 人，实到 16 人，投票结果是 6 票赞成、7 票反对、3 票弃权。因此，校学位评定委员会不批准授予刘博士学位。之后，北京大学没有授予刘博士学位，也没有授予其博士毕业证书，而是为其颁发了博士研究生结业证书。

刘在得知其学位论文没有获得校学位评定委员会的通过后，先后向北京大学、北京大学校长询问，得到的答复分别是“无可奉告”和“研究一下”；向当时的国家教委学位办公室反映，被告知已责成北大给予答复，却一直未得到消息。1999 年 2 月 14 日，北京市海淀区人民法院对“田永诉北京科技大学拒绝颁发毕业证、学位证行政诉讼案”作出判决，给予刘寻求司法救济的信心和勇气。同年 9 月 24 日，刘分别以北京大学和北京大学学位评定委员会为被告，向北京市海淀区人民法院提起行政诉讼，请求授予其博士毕业证书和博士学位。③

---

① 参见［美］E. 博登海默：《法理学：法哲学与法律方法》，邓正来译，中国政法大学出版社 2004 年版，第 14 页。

② 参见杨建顺：《市场经济与行政程序法》，《行政法学研究》1994 年第 1 期。

③ 参见杨建顺：《行政诉讼与司法能动性——刘燕文诉北京大学（学位评定委员会）案的启示》，《法学前沿》（第 4 辑），法律出版社 2001 年版。

二、行政程序的分类

广义上的行政程序常见的分类大致包括以下几种：

1. 内部行政程序与外部行政程序。这是以行政程序的适用范围为标准所作的分类。所谓内部行政程序，是指行政机关在内部管理中所采用的程序，凡是基于上下级行政机关的领导监督关系或对等行政机关的协调关系而实施有关行为所遵循的程序都属于内部行政程序，如行政机构的设置程序、工作人员的调配程序、行政机关内部的监督程序、上下级的信息沟通及反馈程序等。所谓外部行政程序是行政机关在对外管理中所适用的程序，即行政机关与行政相对人基于行政管理关系而实施有关行为所遵循的程序，如行政强制程序、行政处罚程序等。外部行政程序一般与行政相对方的权利义务密切相关。内部行政程序与外部行政程序的区分不是绝对的，它们常常紧密联系，相互交织，有时还可以互相转换。

2. 法定程序和裁量程序。行政程序以是否由法律予以明确规定为标准分为法定程序和裁量程序。所谓法定程序，是指由法律加以明确规定，行政机关必须严格遵守的程序。行政机关实施行政行为时，违反法定程序将导致该行为被撤销。所谓裁量程序，是指行政机关在进行管理，实施行政行为时可以在法定范围内选择适用的程序，裁量程序的存在是由行政管理的多样性、客观情况的复杂性所决定的。法定程序与裁量程序的区分同样不是绝对的，根据管理的需要和民主、效率的要求，两种程序可以相互转化。

3. 事前行政程序和事后行政程序。这是按照行政程序适用的时间不同为标准所作的分类。所谓事前行政程序，是指行政行为实施前或实施过程中应遵循的程序，如行政处理决定过程中的调查程序、行政立法过程中的征求意见程序等。所谓事后程序，是指行政行为实施后，为确定其行为的合法性与正当性以及纠正违法、不当行为而适用的程序，如给予受害相对方补救的行政救济程序等。无论是事前程序还是事后程序，其目的都在于保障行政相对方的合法权益，监督控制行政权力。

4. 行政立法程序、行政执法程序、行政司法程序。这是以行政程序适用于不同的行政职能为标准所作的分类。国家行政机关具有行政立法、行政执法和行政司法的职能，这些不同类型的行政行为都必然要适用与其相应的行政程序。行政立法程序专指行政机关制定行政法律规范所适用的程序。行政执法程序是指行政机关及其工作人员依法行使行政职能，实施具体行政行为适用的程序。它包括行政决定程序、行政强制程序、行政处罚程序等，是行政程序的主要构成部分。行政司法程序是指行政机关以公断人的身份裁决行政主体与行政相对方的行政争议以及平等主体间特定民事争议所适用的程序，此种程序类似于人民法院处理争讼案件的程序，也被称为“准司法程序”。

第二节 行政程序的功能

一、行政程序的两种功能

行政程序相对于法治国家或者行政法系统来说，具有正、负两种功能。不过，在我国引进行政程序制度和对行政程序展开研究的过程中，更多地强调其正功能，甚至将正功能视为其唯一的功能，而完全忽略其负功能。[①] 正如杨建顺先生所指出的："人们更多地是从行政程序的正面效应来观察和分析行政程序的价值，以突出程序价值的重要性，从而自觉或不自觉地将行政程序等同于正当行政程序乃至正当法律程序（due process of law），忽视或不注重正当行政程序的对立面——繁文缛节、形式主义的行政程序。基于这种考虑，我们认为应当在研究中将行政程序和正当行政程序这两个概念区分开来。只有正当行政程序，才是为保障公民权益而由法律规范规定的、公正而民主的程序，才具有目前诸多论者所主张的价值，是行政机关在行政过程中所必须遵循的准则；而一般的行政程序则往往具有正负两方面的效应。实际上，人们在强调程序价值的时候，已经自觉或不自觉地将正当程序视为其主张的对象。研究行政程序，有必要运用辩证法的两点论予以考察，既要对正当行政程序进行分析，又要对一般行政程序进行探究；既要对一般行政程序的正面效应进行考察，又要对其负面效应予以剖析。"[②]

另外，在目前关于行政程序功能的研究中，常常出现的一个倾向是将行政程序的功能作为行政程序的价值来理解和论述。[③] 实际上，价值与功能是完全不同含义、不同层次的概念。价值（value）一词最初出现于18世纪，在经济学鼻祖亚当·斯密的经典著作中就已出现，其本来的含义是指商品交换的质与量。后该词被广泛应用于哲学以及其他学科中，成为对经济、道德、审美以及逻辑等进行研究的一个范畴；与此相应，价值被赋予了宽广意义上的善的含义，成为用来涵盖诸如正义、公正、效率等内容的"大词"。因此，"价值"这个词只是笼统地表示"善"或"好"，而"功能"这个词现在一般是个中性词，并不蕴含善恶的倾向。所以，"价值"只与行政程序的正功能相联系。[④] 可以这样说，只有正当行政程序才具有价值，而一般行政程序并不具有价值，而只是具有某些功能，这些功能则包括正、负两种功能。

二、正当行政程序的功能

行政程序相对于法治国家和法治社会的正功能，或者说，正当行政程序的功能，归纳起来可以概括为以下七个方面：[⑤]

1. 行政程序具有促使行政过程民主化的功能。民主政治的核心是公民可以平等切实地参与国家管理，行使民主权利。公民参与国家管理的广度和深度是衡量一个国家民主实现程度的基本标准。因此，现代行政不仅要求依法行使行政权力，而且要求在行政权行使的过程中，必须尊重可能受到行政权影响的相对人的意见。为此，恰当的做法就是创设一种制度，使行政相对人能够参与到行政过程中去。作为法律民主化产物的现代行政程序法，其功能的发挥就是通过一系列现代行政程序制度来实现的。一个合理的行政程序往往体现了若干制度，比如回避制度、听证制度、告示制度、审裁分离制度等。行政程序法中的听证制度、公开制度以及说明理由制度都是为了充分保障公民行使民主权利而建立的。许多国家的行政程序法规定，行政机关

---

① 在论述行政程序的功能时，有少数学者认识到行政程序上具有某些负功能。例如，王学辉：《行政程序法精要》，群众出版社2001年版，第199页；又如，张庆福、冯军：《现代行政程序在法治行政中的作用》，《法学研究》1996年第4期。

② 杨建顺：《行政程序立法的构想及反思》，《法学论坛》2002年第6期。

③ 参见姜明安主编：《行政法与行政诉讼法》，北京大学出版社、高等教育出版社2015年版，第328~330页。

④ 与大陆学者形成对照的是，台湾学者一般将"价值"和"功能"都进行了明确的区分，大陆学者用来阐述"行政程序的价值"的文字内容一般都被台湾学者冠以"行政法的功能"。参见吴庚：《行政法之理论与实用》，中国人民大学出版社2005年版，第335页；翁岳生编：《行政法》（下册），中国法制出版社2009年版，第936页。

⑤ 这里阐述的行政程序的功能，只是指一般意义上的功能，而不区分行政程序的法定功能和实际功能。

作出行政决定时，应当允许受决定影响的公民提供证据、陈述和申辩，行政机关必须听取公民的意见，公民有权要求参加行政决定的过程，有权参与和监督行政决定。这些制度的落实既体现了公平，又体现了行政过程的民主化。通过运用行政程序制度，允许行政相对人参与，行政过程就不再是单方面的“命令—服从”的模式了，而是融入了民主因素。行政相对人的参与和与行政主体的理性对话，使行政过程充满了民主化的色彩。

2. 行政程序具有促进依法行政的功能。通过法定程序，约束行政主体的行为，从而促进行政主体依法行政。一是法律文件明确规定了行政主体必须遵守或不得违背的程序。因事实上或法律上的重要性等原因，立法表达了某些行政程序必须遵守和不得违背的意图，如果行政机关违反了这类程序的规定，就构成违反法定程序，行政行为应当被确认违法或撤销。二是行政行为的形成程序。形成程序是作出行政行为所必需的步骤，正是在这些一个又一个的步骤程序中，产生了行政行为这个“产品”，这些步骤是形成行政行为的程序性构成要素。由于形成程序在行政行为的形成过程处于不可或缺的地位，所以，如果违背这些程序规定的要求，足以构成违反法定程序。三是与法律制度的目的、原则相关的程序。有些程序内容和程序制度，是与法律设计的某种制度的目的、原则相关的。这些与制度目的和原则相关的程序，就是法定程序，如果违背这些程序，就等于破坏了这一法律制度的精神。四是有关行政基本秩序的程序。有些行政程序，也许并不与当事人的权益直接相关，也不与行政行为的正确性相关，甚至是行政行为已经作出或决定后的程序，或者完全是行政机关的内部程序，但却仍然会构成法定程序。因为，这些程序关系到基本行政法治的维护和秩序的形成，违反这些程序，会严重破坏法律制度所要极力维护的秩序。即使与当事人和行政行为没有什么直接关系，也不得不遵守这些被立法认为是重要的和最起码的程序。

3. 行政程序具有保障公民权利的功能。首先，行政程序有助于保护公民的实体权利。程序性权利服务于实体权利所指向的某种利益或法律结果。任何结果都必须经相应的过程才能实现。程序性权利为实体结果的实现提供途径、方式、手段、步骤等，它们构成实体结果实现的过程。如果法律赋予公民以某种实体权利，但对这种权利的行使和实现设置了过于严密的程序限制，其结果可能是该实体权利实际上等同于不存在。同样的，如果人们被赋予一系列实体权利，但对这些权利如何行使、如何实现的程序却没有规定，个人为行使或实现其实体权利而必须享有的程序性权利得不到确认，则他们的实体权利将形同虚设。从实体权利的产生看，规定在实体法中的权利总是需要通过一定的法律程序产生。在奉行民主法治的国家中，包括宪法在内的作为实体权利载体的实体法律规范大多是通过一定的反映民主精神的法律程序产生的；从程序法与实体法相互作用的关系看，只有通过程序法的运作过程，即程序性权利的行使过程，实体权利和实体法的内容才能得到具体化。其次，行政程序有助于保护公民的程序权利。如果我们期望一个法律程序能够有效地促进实体权利的实现，能够有效地制约程序主持者权力行使的恣意，能够促进和保障程序的公平和个人在程序活动中的尊严，那么个人作为程序的参与者就应当具有相应的程序性权利。任何法律实体权利如果没有相应的法律程序权利予以保障，就难以得到实现。在行政法律关系中，行政相对人的法律程序权利只能通过相应的行政程序来保障。行政相对人权利之保障，行政权行使之理性化，说到底必须以承认和保障相对一方应当享有的程序性权利为基础或前提。对程序性权利的确认和保护既是法律程序工具价值的要求，同时也应当是法律程序的目的。对行政过程中相对人程序性权利的确认和保障，可以使相对人不再只是无助地将对程序公正的渴望、对自身合法权益的保护、对权力行使理性化的期待寄托于行政官员的自我节制甚至恩赐之上，而是能够自主地为权利而斗争。①

4. 行政程序具有促使行政决定理性化的功能。现代法治社会中，行政权力不是可以由行政机关恣意行使的权力，而是一种审慎行使的权力，需要杜绝非理性成分的存在。行政程序的合理性不仅指通过行政程序所产生的结果从实体角度看是合理的，更主要的是一个行政程序产生结果的过程是一个通过事实、证据以及程序参与者之间平等对话与理性说服的过程。换言之，行政程序在结构上应当遵循通过理性说服和论证作出决定的要求，不能恣意、专断地作出决定。行政权力作用的过程，实际上就是权力主体作出选择的过程，程序的“冷处理”作用有助于正确地选择决策方案。行政程序的设置为行政机关听取各方面意见、慎重作出决定提供了条件，它创造了一种根据证据材料和不同角色之间对话、论证而作出决定的制度。在程序中，通过仔细取证，衡量对照法律规定，可以使不同的观点和方案得到充分讨论和考虑，这为行政机关排除各种不良因素的干扰提供了必要的前提条件，使选择过程建立在充分理由的基础上，排除恣意，使行政决定理性化。②

5. 行政程序具有提高行政效率的功能。效率在一般意义上是指从一个给定的投入量中获得最大的产出，即以最少的资源消耗取得同样多的效果，或以同样的资源消耗取得最大的效果。③ 行政程序可以保证行政权力运行的高效率：（1）行政程序的时效制度保证了行政程序的各个环节有时间上的限制，超过时限即构成违法。（2）为了在不损害行政目的的前提下使行政程序简便易行，有的国家建立了简易行政程序、紧急处置程序等制度，其目的也在于提高行政效率。（3）格式化行政程序制度，即行政行为应当标准化、规范化，尤其是各种法律文书如记录、裁定书等应依法律作出统一的格式规定，这不仅保证了当事人享有法律上的平等权，也是提高行政效率的重要制度。（4）对行政行为顺序性的要求也是行政效率原则的一个重要内容。行政程序的各项制度表现为一定的顺序性。如果违反了法律规定的顺序，应当是程序违法。顺序性是行政程序实现性的表现和要求之一，其实质在于保证行政程序的合理运用，防止因时间上的差异而使行政程序徒有虚名。（5）行政程序中的参与机制，一方面有助于行政机关正确认定事实，减少行政程序中的错误成本。因为相对人的参与，不仅是保护公民权利的程序机制，也使行政机关听取了不同的意见，有助于正确认定事实；另一方面，行政程序的民主化加强了相对人对行政机关的信任，减少了行政过程中的障碍及事后提起行政争议的可能性，反而提高了行政效率。④

6. 行政程序具有减轻法院对行政行为事后性的司法审查负担的功能。行政程序对行政争议具有“过滤”的作用，可以有效地避免导致法院在处理行政案件方面的过重负担。在实际的行政行为中，如果在作出某一行政决定的合适阶段，让当事人有机会参与其中，表明意见，甚至对该决定的形成产生影响的话，那么，该项决定在正式作出之后就比较有可能让当事人接受。这样，由于当事人的利益能够通过公正的行政程序得到考虑与保护，相对人和行政主体之间就会相互理解，二者之间产生纠纷的可能性也会大大降低，进而，相对人对司法救济途径的

---

① 参见王锡锌：《行政过程中相对人程序性权利研究》，《中国法学》2001 年第 4 期。

② 参见王锡锌：《行政程序理性原则论要》，《法商研究（中南政法学院学报）》2000 年第 4 期。

③ 参见张文显：《法学基本范畴研究》，中国政法大学出版社 1993 年版，第 273 页。

④ 参见王万华：《行政程序法论》，罗豪才主编：《行政法论丛》（第 3 卷），法律出版社 2000 年版，第 254~259 页。

需求会得以缓解。所以说，行政程序通过对行政行为的事前预防监督，不仅可以使大量行政争议得以避免，而且，可以减轻法院对行政行为事后性的司法审查的负担。①

7. 行政程序具有增强行政合法性从而整合社会的功能。现代国家的合法性依据在于它是一种法理的权威，即通过法律程序设定国家行动的范围、界限及方式等。法、法律是国家权力的形式来源及其合法、正当的理由。现代行政程序作为法定程序，保障公民的参与权，让公民直接介入行政权的行使过程。在这个过程中，公民权成为行政权合法、正当伸展的一种外在规范力量，并随时可以对行政权是否合法、正当在法律范围内提出抗辩，并为行政机关行使职权提供一个反思的机会，行政机关如果发现有不合法或欠缺正当性的情况，即可以自动纠正，从而体现现代行政的合作、协商精神，提高行政行为的可接受性，增强行政行为的合法性。② 对于处于剧烈转型期的当代中国而言，随着市场经济体制的建立和国际化趋势日益明显，全新的思想观念和利益诉求不断冲击着本土现实，异质性世界观、价值观的交错和互动已经成为中国社会环境的一部分，并渐次渗透到各个领域之中，社会矛盾呈上升和激化趋势。既然任何一种价值都不能以支配性地位化解价值冲突，那只能以在一定意义上价值中立的法律程序来保障各种价值相安无事，以理性方式来决定公共事务。而对于行政主导下的中国转型而言，正当行政程序的制度引进和展开，作为沟通政府与公民、统治者与被统治者之间的理性的桥梁，无疑具有重要作用。③

第三节 正当行政程序的基本内容

正当行政程序，首先应该满足其作为一种行政法律技术所必须具有的完备性、逻辑性和系统性。这种层次的正当行政程序虽然起源于近代西方的法律转型，但是不论哪种文化和传统，人们还是倾向于接受这种法律技术的普适性。归纳起来，正当行政程序的结构性要素大致可以概括为以下四个方面：行政程序的中立、行政程序的公开、行政程序的论证和行政程序的自治。这四个要素必须同时满足，才可能构成作为一项无缺陷的行政程序法律制度。

一、行政程序的中立

行政程序的中立，是指行政程序在作为程序对峙双方的行政主体和行政相对人之间保持中立，两者作为行政程序的参与者保持形式上的平等，而且行政程序不受行政主体的偏好和其他利害关系的影响。

（一）行政程序在行政主体和行政相对人之间中立，两者在行政程序运作过程中地位平等

行政程序的中立有两个方面的要求：一是作为一种制度装置，行政程序制度本身不能对程序参与者一方有利，而对另一方不利。如果程序不是中立的，例如程序制度对行政主体有利而对行政相对人不利，即意味着程序没有给予所有的人以平等的对待。程序中立，就是承认所有

① 参见姜明安主编：《行政法与行政诉讼法》，北京大学出版社、高等教育出版社 2015 年版，第 328~330 页；吴庚：《行政法之理论与实用》，中国人民大学出版社 2005 年版，第 335~337 页；翁岳生编：《行政法》（下册），中国法制出版社 2009 年版，第 945~947 页。

② 参见章剑生：《行政程序法基本理论》，法律出版社 2003 年版，第 22~29 页。

③ 参见季卫东、吴铭：《什么是中国的正身？——作为最大公约数的中国经验与价值重建》，《21 世纪经济报道》2005 年 12 月 26 日。

的程序参与者是具有同样价值和值得尊重的平等的主体，必须给予他们同等对待。需要注意的是，这与行政权的优位并不矛盾，行政权无疑在实质上要优位于相对人，比如说法律赋予行政行为以公定力、强制力等，但是一旦行政主体参与到程序中来，与行政相对人一样，其权力行使必须按照行政程序的步骤、方式等来进行，在这种形式意义上，两者是平等的。二是行政程序制度不能被心存偏私的行政主体或程序主持人所利用。如果行政程序制度本身是中立的，而行政主体或程序主持人偏袒一方当事人，则同样会导致程序中立遭到破坏。因此，程序中立在制度上最主要的是要求有一个不偏不倚的决定作出者，这一点在现代法治社会中已被普遍认同。联合国于 1996 年通过的《公民权利与政治权利国际公约》明确承认在刑事诉讼和大多数民事诉讼中，当事人应当享受接受一个由“合格的、独立的、不偏不倚的”裁判主体进行裁判的权利。美洲国家于 1969 年通过的《美洲人权公约》对此也作了规定，要求主持司法性程序的主体必须是独立公正的。1950 年制定的《欧洲保护人权与基本自由公约》也要求，操作法律程序的主体应当是独立的和公正的。

程序中立的上述要求也为许多国家的宪法所承认。美国宪法修正案第 5 条以及第 14 条所确立的“正当程序”包含了程序操作主体必须独立、公正这一要求，加拿大的《权利与自由宪章》第 11 条要求所有刑事案件的被告都有权获得“由独立而公正的裁判者主持的审讯”，以保障所谓的“基本的正义”。我国 1982 年《宪法》也明确规定，人民法院独立行使审判权，不受任何其他机关、团体和个人的干涉。人民法院必须独立公正地审理案件。因此可以说，程序中立的要求在我国宪法中已有了明确的规定。最近修改的《刑事诉讼法》和《民事诉讼法》对程序中立的要求又进一步作了具体的规定。①

（二）行政程序不受程序主持人的偏好和利益的影响

影响行政程序中立的因素主要是程序主持人的偏好和利益。

1. 偏好。与个人利益对程序中立的影响不同，程序主持者或裁判者的偏好与具体的利益无关，而是由于其在程序活动中试图满足某种预设的观点或偏好，从而可能影响程序活动的公正性。美国行政法学者 K. C. 戴维斯曾经指出，程序活动中的偏好可能有三种情形：对法律和政策理解上的某种偏好、对特定情况下事实认定的偏好以及对特定当事人的偏爱。但是，对于上述三种情况，需要作进一步的分析：第一，如果裁判者仅仅是对于法律和政策存在某种预设的理解上的偏好，并不构成“偏私”。因为任何人都有可能对某一规范作自己的理解，他们也有权利这样做。事实上，在行政活动领域，行政官员都被要求推进法律、法规和特定的行政政策的落实，他们对有关的规定和政策表现出某种偏好并不构成偏私。在很多情况下，这种偏好恰恰是他们获得任命的原因所在。第二，裁判者对于某种事实的认定或判断上的偏好是否构成偏私，有时是难以确定的。因为这种情况往往与对法律和政策的理解有关。但是，假如一个裁判者在收到相关的证据之前就已经形成了对事实的判断，则表明存在偏见；有时裁判者可能对特定案件发生之前就已经对特定事实形成了自己的结论，在这些情况下，程序中立都可能受到影响，因而应当予以避免。例如，美国联邦第二巡回法院在 Texaco Inc. 诉美国联邦贸易委员会（Federal Trade Commission）一案中，认为联邦贸易委员会主持的听证程序有失公正。因为

① 参见王锡锌：《程序正义之基本要求解释：以行政程序为例》，罗豪才主编：《行政法论丛》（第 3 卷），法律出版社 2000 年版，第 288~291 页。

它的一位主席参加了听证和决定的制作，而在此之前该主席曾经在一次讲演中指责过 Texaco 公司有违法经营行为，因而不能排除他在事实认定上的偏私。① 第三，如果程序主持者或裁判者对参与程序的一方当事人存在偏私或偏见，显然是不公正的。但如何认定裁判者对某些当事人有偏见，实践中往往很难把握。②

2. 利益。利益，英文为 interest，本意为“利息”，原来主要被用来表示债权人对利息的要求是正当的、无可厚非的。近代以降，利益作为个人与社会的一种关系体现得到了广泛的应用。“这个概念，在关于自我与社会的关系方面，促成了一场认识革命。这种新的认识，是法国大革命的思想基础。”③ 奠定近代思想基础的社会契约论便认为：人们组成社会和国家，正是为了保护和追求利益。正如洛克所说：“人们组成这个社会仅仅是为了谋求、维护和增进公民们自己的利益。”④ 因而从这个角度可以说，人们参与行政程序的目的就在于实现自身的利益。但存在一个例外，那就是行政程序的主持人。从理论上来说，行政程序的主持人不能与行政程序存在利益上的关联，否则很难保证程序的中立性。如果行政程序的主持人对于程序活动的结果具有某种利益，往往使人们很难相信他们能够公正地主持程序的进行和作出裁决，即使他们事实上确实作出了“大公无私”或“大义灭亲”的裁决，也无法完全消除人们对公正性的怀疑。因此，不管结果公正与否，只要行政程序的主持人与行政程序的活动具有利益上的关系，都应该回避，这恰恰是程序中立的本质要求。其理由可以归结为以下几个方面：第一，从法律程序的实际操作来看，要确证个人利益是否对程序活动的结果产生了影响，往往是非常困难的，因此只要程序主持人对程序活动有某种利害关系，就很难指望人们相信这种利益没有对结果产生影响，即便实际确实如此。第二，在很多情况下，要判断程序活动的结果是否“公正”所依据的外在标准并非人们一致认可的。这不仅意味着判断结果的实体公正性有时会相当困难，而且也表明有时结果的公正与否取决于产生该结果的程序。第三，程序主持人对程序活动具有某种个人利益的事实，不可避免地将影响人们对裁判者的信心。⑤

（三）保障行政程序中立的正当行政程序制度

1. 回避制度。为了消除利益和偏私对程序中立的影响，回避制度应当成为正当行政程序的组成部分。当程序活动的主持者和裁判者受到或看起来会受到某种直接或间接利益的影响，或者对程序活动中的法律、事实和当事人存在偏见时，这样的裁判者对该具体的程序活动来说就是不合格的，他们应当回避，当事人也有权提出回避申请。

---

① *Texaco, Inc. V. FTS*, F. 2nd 754（D. C. Cir. 1964）。参见王锡锌：《程序正义之基本要求解释：以行政程序为例》，罗豪才主编：《行政法论丛》（第 3 卷），法律出版社 2000 年版，第 293 页。

② 参见王锡锌：《程序正义之基本要求解释：以行政程序为例》，罗豪才主编：《行政法论丛》（第 3 卷），法律出版社 2000 年版，第 293 页。

③ ［美］詹姆斯·S. 科尔曼：《社会理论的基础》（上），邓方译，社会科学文献出版社 1999 年版，第 35 页。

④ ［英］洛克：《论宗教宽容》，吴云贵译，商务印书馆 1982 年版，第 5 页。

⑤ 王锡锌：《程序正义之基本要求解释：以行政程序为例》，罗豪才主编：《行政法论丛》（第 3 卷），法律出版社 2000 年版，第 292 页。

【案例 12-2】

1998 年 6 月，章某向其所在的某市某区人民政府文化局申请经营电子游戏机的文化经营许可证。6 月 12 日，该区文化局批准了章某经营 2 台电子游戏机的申请，发给章某文化经营许可证，有效期至 2003 年 12 月 30 日。在此期间，章某扩大经营至 5 台游戏机，但未交管理费。2003 年 12 月 25 日，章某书面申请办理经营 5 台电子游戏机的文化许可证，但未获批准。2004 年 3 月 17 日，该区人民政府天桥街道办事处会同天桥派出所、天桥工商所等单位联合对文化市场进行执法检查，天桥街道办事处要求章某交付经营 5 台电子游戏机的管理费 3 250 元，章某当即交付 500 元，开出尚欠 2 750 元的欠单一张。后来，天桥街道办事处向区文化局请示后，以区文化局的名义作出处理决定，令其停止营业，交清所欠费用及补办经营手续后，方可继续经营。章某对此决定不服，向该区人民法院提起行政诉讼。该区人民法院受理案件，经审查核实，天桥街道办事处查处本案的负责人员王某的妻子在该区经营另一家电子游戏厅，两个电子游戏厅之间存在着较为紧密的竞争关系，王某本应在查处案件过程中主动申请回避，以确保案件处理的公正性。法院遂以王某应该回避而没有回避违反法定程序为由撤销该行政处罚。

2. 职能分离制度。程序结构上的职能分离有两个层次：一是完全的职能分离，即把调查职能、审理职能和裁决职能完全分开，由相互独立的机构行使。二是内部的职能分离，指行政机关的调查、听证和裁决职能由不同的实际工作人员行使。职能分离的重要目的在于避免裁判者在作出决定之前就形成“前见”，从而影响程序中立。假如制作裁决的主体与主持调查的主体是合一的，可能在决定正式作出之前就有了自己的结论，在听证和制作决定时可能就很难接受与自己观点相反的意见，因而也就难以客观、全面地作出裁决。换言之，由于受到调查阶段有关信息的影响，裁判者作出决定时的独立性会受到质疑。另一方面，调查与裁决的功能混合，还可能导致裁判者“成为自己案件的法官”这种情形。因为从逻辑上讲，裁判者总是会极力维护自己在调查阶段形成的“确信”。上述情况都会影响程序活动的过程和结果的公正性。同理，规则的设定权、实施权以及相应的裁决权的混合也可能产生类似的消极影响。①

二、行政程序的公开

英国大法官休厄特尝言：“公平的实现本身是不够的。公平必须公开地、在毫无疑问地被人们所能看见的情况下实现。这一点至关重要。”② 正因为此，行政程序的公开也构成正当行政程序的重要因素之一。行政程序的公开是指在行政程序活动中，除涉及国家机密、个人隐私和商业秘密外，行政主体必须向行政相对人及社会公开与行政职权运行有关的事项。

在 2007 年《政府信息公开条例》出台之前，《行政处罚法》和《行政许可法》中就有对公开制度的具体规定。比如《行政许可法》第 5 条第 2 款规定：“有关行政许可的规定应当公布；未经公布的，不得作为实施行政许可的依据。行政许可的实施和结果，除涉及国家秘密、

① 参见王锡锌：《程序正义之基本要求解释：以行政程序为例》，罗豪才主编：《行政法论丛》（第 3 卷），法律出版社 2000 年版，第 297 页。

② ［英］彼得·斯坦、约翰·香德：《西方社会的法律价值》，王献平译，中国人民公安大学出版社 1990 年版，第 97 页。

商业秘密或者个人隐私的外，应当公开。”第30条第1款规定：“行政机关应当将法律、法规、规章规定的有关行政许可的事项、依据、条件、数量、程序、期限以及需要提交的全部材料的目录和申请书示范文本等在办公场所公示。”国务院2007年制定的《政府信息公开条例》对政府信息做了明确的定义：政府信息，是指行政机关在履行职责过程中制作或者获取的，以一定形式记录、保存的信息。

（一）行政程序的公开

1. 行政程序的启动条件要公开。行政程序的启动条件分为行政程序启动的职权依据和行政程序启动的条件依据，这两种依据都要公开。

行政程序启动的职权依据的公开是指行政主体应当将其作为启动行政程序的职权依据，在实施行政权或者作出最终行政决定之前，向社会或行政相对人公开展示，使之知晓。行政程序启动的职权依据必须在影响行政相对人合法权益的行政决定作出之前公示，如事后公开职权的依据，将导致行政决定无效，但法律有特别规定的除外。行政程序启动的职权依据是指由法定的国家机关制定、发布的不具有直接执行性的规范性文件。它是一种预设的法律规范，它的公开有助于行政相对人预测行政权的运作，经济地安排自己的活动。《行政处罚法》第4条第3款规定：“对违法行为给予行政处罚的规定必须公布；未经公布的，不得作为行政处罚的依据。”这是对行政处罚程序启动的职权依据的公开。

行政程序启动的条件依据的公开是指行政主体在对具体个案启动行政程序之前，应当向行政相对人公开这一启动行政程序的条件依据。《行政处罚法》第42条第1款规定：“行政机关作出责令停产停业、吊销许可证或者执照、较大数额罚款等行政处罚决定之前，应当告知当事人有要求举行听证的权利；当事人要求听证的，行政机关应当组织听证……”该条规定便是行政处罚听证程序的条件依据。

2. 行政程序的过程公开。行政程序的过程公开，是指行政主体应当将行政决定的形成过程的有关事项向行政相对人和社会公开。行政程序的主导者往往是行政主体，作为被动一方的相对人要想通过行政程序保障自己的权益，首先必须要以了解行政活动的有关内容为基础。只有公开行政程序活动内容，相对人才谈得上了解；只有了解活动中所涉及的权利义务关系，并参与这一活动过程，才谈得上保护自己的权益。行政程序过程公开化也就意味着相对人的“了解权”，即“所有公民都应有了解政治事务的渠道，应能评价那些影响他们利益的提案和推进公共善观念的政策”。① 相对人的“参与权”则使相对人在行政活动内容涉及其权利义务时有机会表达自己的意见，为保障自己权益提供现实的途径。可见，通过行政过程公开化，使相对人了解行政活动的内容并参与行政活动，本身就是一种对行政过程公正性的监督，也是保障相对人权益的必要基础。行政程序的过程是行政决定的形成过程，因此，它的公开对行政相对人维护自身的合法权益和社会监督行政主体依法行使行政权具有重要的法律意义。行政相对人了解、掌握行政资讯，是他参与行政程序、维护自身合法权益的重要前提。行政主体根据行政相对人的申请，应当及时、迅速地提供其所需要的行政资讯，但法律有不得公开的禁止性规定的除外。②

---

① ［美］约翰·罗尔斯：《正义论》，何怀宏等译，中国社会科学出版社1988年版，第215页。

② 参见王锡锌：《行政程序法价值的定位——兼论行政过程效率与公正的平衡》，《政法论坛》1995年第3期。

3. 行政程序的结果及其理由公开。行政程序的结果及其理由公开，是指行政主体作出影响行政相对人合法权益的行政决定之后，应当及时将行政决定的内容及其理由以法定形式向行政相对人公开。行政决定是行政主体对行政争议在行政程序中作出的具有可执行性的结论，其对行政相对人具有强制力。行政程序中应该公开的内容包括：

第一，向行政相对人公开结果。行政主体作出行政决定之后，应当向行政相对人公开行政决定。这既是行政决定生效的条件，也是行政相对人行使救济权的前提。向行政相对人公开行政决定，有利于行政相对人认同行政决定，进而履行行政决定所设定的行政义务，使行政决定获得顺利执行。

第二，向行政相对人公开决定理由。行政主体作出行政决定之后，应当向行政相对人公开行政决定的理由，为行政相对人在后来的司法救济程序中行使抗辩权提供条件。①

【案例 12-3】

2004 年 5 月 10 日，董某向徐汇区房地局申请查阅一处房屋的产权登记历史资料，董某称“该处房屋由其父于 1947 年以 240 两黄金从法商中国建业地产公司购买，自 1947 年 9 月 1 日起至 1968 年 7 月 16 日董某一家实际居住该房屋”。针对董某的查阅请求，徐汇区房地局作出书面回复：“因该处房屋原属外产，已由国家接管，董某不是产权人，故不能提供查阅。”董某认为自己查阅房屋产权登记历史资料的目的在于获取该房屋历史上属于自己只是由于特殊原因被他人占用的证据，从而为自己的民事诉讼提供充足证据。对徐汇区房地局拒绝公开行为不服，向徐汇区法院提起行政诉讼，要求法院判令被告履行信息公开义务。董某提起诉讼的理由是，根据《上海市政府信息公开规定》（以下简称《信息公开规定》，政府信息公开工作应以公开为原则，不公开为例外；除法律明文规定可以免除公开的信息，其余政府信息应该按规定公开。而徐汇区房地局没有法律依据，拒绝公开她要求查询的信息，违反了《信息公开规定》的规定，因为该规定确定了任何人请求查阅政府信息的权利。

（二）告知制度

告知，是指行政主体应将与行政相对人具有利害关系的行政决定告知行政程序的当事人。告知，依照其时间和作用，大致包括以下两类：

1. 预先告知。指行政主体在作出行政决定之前将有关事实、理由和法律依据告知行政相对人和利害关系人。我国《行政处罚法》第 31 条规定：“行政机关在作出行政处罚决定之前，应当告知当事人作出行政处罚决定的事实、理由及依据，并告知当事人依法享有的权利。”预先告知的作用在于促使当事人及时行使程序权利，例如陈述意见、申请听证等。

2. 事后告知。指行政主体将已经作出的行政决定告知行政相对人和利害关系人。事后告知的功能，一是使行政相对人知晓行政决定的内容，从而确保告知的内容对其发生效力。二是使行政相对人能够通过行政诉讼来维护其自身权益。②

---

① 参见章剑生：《行政程序法基本理论》，法律出版社 2003 年版，第 53~55 页。

② 参见汤德宗：《行政程序法论》，元照出版公司 2001 年版，第 19~22 页。

三、行政程序的论证

如果行政程序是行政主体和行政相对人之间的沟通程序，那么行政决定则可以视为两者合意的达成，因此，在这个合意达成的过程中，必须诉诸理性交谈和论证。也就是说，行政决定必须是两者交锋和质辩之后的产物。因此，行政程序的论证构成了正当行政程序的必要因素。这里需要特别注意的是，行政程序的论证要素之所以成为正当行政程序的必要因素，就在于任何没有经过程序性论证所形成的结论在形式上都是不可靠的，将其作为必要因素可以防止行政主体首先形成一个结论而后利用程序给该结论打上的合法印章。

行政程序的论证由行政听证①和说明理由等制度加以保证。

（一）行政听证

行政听证的实质是行政相对人就行政主体的不利处分进行答辩防御的过程。从法律程序的角度来看，这是体现程序的形式公正的最基本的要求。正如英国丹宁勋爵所言："一个真正的审讯往往必须包括'让争议当事人拥有纠正或驳斥任何有损于他们观点的事情的公平机会，……如果被听取意见的权利要成为有价值的真正的权利，它必须包括让被控诉人了解针对他而提出的案情的权利。他必须知道提出了什么证据，有些什么损害他的说法；然后他必须得到纠正或驳斥这些说法的公平机会'。"②

也正因为此，行政听证成了正当行政程序的核心制度。在英国，作为自然正义的内容，任何人不得成为自己案件的法官，必须对双方进行听证的法理，一直是适用的。在美国，听证被当作正当程序的重要内容。在德国《联邦行政程序法》上，法定听证也被当作重要的程序原则之一予以规定。在法国，听证作为制裁性处分中的防御权，在判例上得以体现。③

行政听证分为正式听证和非正式听证。正式听证模仿司法程序，由听证主持人居中主持，行政主体和行政相对人处于两造对抗的态势，在听证过程中，行政相对人可以委任代理人、陈述意见、提出证据、对质证人、询问机关代表和鉴定人等。

一般而言，听证程序由如下基本步骤构成：（1）通知，这是指行政主体在举行听证前将有关听证的事项告知相对人。通知是听证必不可少的程序，它是相对人获得听证权的首要的程序保障。它包括将听证的内容以及有关事项告知相对人，如举行听证的时间、地点、性质，听证所涉及的事实问题和法律问题等；以及采取适当的方式将通知及时送达受通知人，如可通过公告、面告、邮寄的方式及时、迅速地将通知送达受通知人。（2）举行听证，它是相对人向行政机关陈述意思、递交证据和行政机关听取意见和接纳证据的过程。听证活动由听证主持人主持，双方当事人可以相互辩论、质证，提出有关证据，提出回避，听从听证主持人的决定。（3）听证笔录。双方当事人通过理性而自由的辩论，对各自的有效性声明进行质疑之后，排除了各自的主观因素，就辩论的客体达成了一致性结论。这一结论形成书面材料，便是听证笔录。听证笔录具有约束行政行为的法律效力，也就是说，经过听证之后的行政决定必须以听证

---

① "听证"这个概念，至迟于1732年已经出现于英国。王座法庭以剑桥大学未给被告答辩的机会为由，撤销了该校撤销 Dr. Bentley 学位的决定。参见汤德宗：《行政程序法论》，元照出版公司2001年版，第24~25页。

② ［英］威廉·韦德：《行政法》，徐炳译，中国大百科全书出版社1997年版，第181页。

③ 参见［日］盐野宏：《行政法》，杨建顺译，法律出版社1999年版，第191页。

笔录所记载的内容作为结论，因为这个结论具有“真理一致性”①。

（二）说明理由

说明理由是指在行政程序活动中，行政主体在作出对行政相对人合法权益产生不利影响的行政行为时，除法律有特别规定外，必须向行政相对人说明其作出该行政行为的事实因素、法律依据以及进行自由裁量所考虑的政策、公益等因素。

行政行为说明理由，就内容而言，可以分为合法性理由和正当性理由。前者是用于说明行政行为合法性的依据，如事实材料、法律规范；后者则是用于说明行政机关正当行使裁量权的依据，如政策形势、公共利益、惯例、公理等。

行政行为之所以需要说明理由，原因在于行政行为如果要对外发生法律效力，必须通过程序论证说服行政相对人，因为在理性化和民主化的世界中，行政相对人不会接受未经论证的行政决定。因此，行政程序中的说明理由制度是行政主体就作出行政行为的依据所进行的一种主观法理上的论证、阐述，充分体现了现代行政法治下行政行为之程序论证特点。经过说明理由，可以提高行政相对人对行政行为的可接受程度。

在今天，对行政决定说明理由，已成为现代法治国家公认的一项原则，各国行政程序法都对此作了规定。在葡萄牙，说明理由还是宪法所规定的一项义务。该国《宪法》第 268 条第 3 款规定：“……行政行为……如涉及公民的权利和受法律保护的利益，应当说明理由。”② 法国没有制定行政程序法典，但 1979 年制定的《说明行政行为理由及改善行政机关与公众关系法》规定了下列两种行政决定必须说明理由：一是对当事人不利的具体行政处理；二是对一般原则作出例外规定的具体决定。③ 德国《联邦行政程序法》第 39 条规定：书面或由书面证实的行政行为须以书面说明理由。④ 在日本规定有理由附记制度，即指作出处分时，将其理由附带记录在处分书上，以告知相对人。⑤ 美国《联邦行政程序法》指示，正式裁决的“所有决定”，无论是初审裁决还是最后裁决，“都应包括……调查结果和结论，以及依据所有记录在案的相关事实、法律或自由裁量而提出的理由或基础”⑥。此外，关于行政主体在作出对行政相对人不利处分时必须说明理由的规定，在荷兰、韩国以及我国台湾和澳门地区等都有非常细致的规定。同时应当指出的是，我国大陆的成文立法中，要求行政主体向行政相对人说明合法性理由的也不在少数。⑦

四、行政程序的自治

法律的自治性无疑是法治的一个基本特征。⑧ 作为法律系统的一个子系统，行政程序也是

---

① 1996 年的《行政处罚法》并没有明确听证笔录的法律效力，但 2003 年通过的《行政许可法》则明确了“行政机关应当根据听证笔录，作出行政许可决定”。这一立法例推进了听证程序制度的完备。

② 应松年主编：《比较行政程序法》，中国法制出版社 1999 年版，第 178 页。

③ 参见应松年主编：《比较行政程序法》，中国法制出版社 1999 年版，第 178 页。

④ 参见［德］平特纳：《德国普通行政法》，朱林译，中国政法大学出版社 1999 年版，第 233 页。

⑤ 参见［日］盐野宏：《行政法总论》，杨建顺译，北京大学出版社 2008 年版，第 179 页。

⑥ ［美］欧内斯特·盖尔霍斯、罗纳德·M. 利文：《行政法和行政程序法概要》，黄列译，中国社会科学出版社 1996 年版，第 179 页。

⑦ 如《行政处罚法》第 39 条规定，行政处罚决定书中应当载明“违反法律、法规或规章的事实和证据”。

⑧ 伯尔曼论及西方法律传统的特征时，提出的第一个特征也是法律的相对自治。参见［美］哈罗德·J. 伯尔曼：《法律与革命》，贺卫方等译，中国大百科全书出版社 1993 年版，第 9 页。

自治的。行政程序自治，是指一种行政程序与其外界环境相对隔离的状态，在这种状态下，行政程序自身的展开过程同时也就是程序功能的实现过程。行政程序作为一个系统的自治并非当然的，这是行政程序正在逐渐演进的一个方向。很显然，这一表述吸收了卢曼关于法的自我复制和自我生成的观点，以及哈贝马斯关于行政系统独立于生活世界的观点。根据哈贝马斯的观点，当行政系统独立于生活世界时，其正当性基础诉诸行政法的内在规则①；根据卢曼的观点，法律通过程序实现其正当性，相应地，行政法必定通过行政程序来实现其正当性。② 因此，行政法系统的自治必定以行政程序的自治为根基。行政程序主要是从以下几个方面实现其自治的。

（一）行政程序在形式逻辑上自我完结

行政程序在形式逻辑上总是日趋成为一个严密化和系统化的规则体系。首先，行政程序的展开过程在时间上遵循合理的顺序。因为人们日常生活的经验足以表明，一个理性决定的产生步骤在时间上应当有一个合理的先后顺序，而且这种时间顺序是不可逆的。例如，从作出决定的过程看，收集和阐述事实、证据及理由的程序步骤应当在制作决定的步骤之前进行。其次，行政程序的前后一致性。在给定的条件或前提相同的情况下，通过法律程序而产生的结果应当是相同的。为了保证一致性，英美法系的传统中产生了同样情况同样对待、遵守先例等原则。如果行政机关对于同样的情况作出不同的决定，从形式上看就是违背理性的。③ 最后，行政程序倾向于法典化。行政程序为了达到更高层次上形式逻辑的整合，倾向于将行政程序整合成一部完整的、逻辑严密的法典体系。这大概是程序自治的必然结果。

（二）行政程序在封闭的系统中运行

行政程序自成一个封闭的系统。首先，行政程序具有一个专业化的术语壁垒。例如行政程序中的职能分离、文书阅览、程序正义等词汇，具有高度的专业性，虽然都由简单的汉字构成，但非专业人士很难明白这些词汇的确切含义。其次，行政程序具有封闭的制度壁垒。如案卷制度。案卷是指行政主体的行政行为所依据的证据、记录和法律文书等，根据一定的顺序组成的书面材料。案卷的材料必须与案件有关，凡是与案件有关的材料必须是通过合法手段获得的，对行政相对人不利的证据必须已在行政程序中经过质证；案卷形成于行政程序结束之后，且案卷一旦形成便具有了封闭性的特点；行政主体凡是在行政程序结束之后调取的证据或者其他书面材料，不得成为案卷的一部分；行政主体被要求将行政行为的过程和依据形成书面材料，防止行政主体恣意行使行政职权。典型的案卷如听证笔录，具有高度的封闭性，行政行为受其约束。最后，行政程序在系统内部排除道德规范和政治规范的影响，只服从于程序规范，通过行政程序的过程便是正当的。不仅如此，行政程序不断通过专业术语和理论生产出程序理论来论证自己的正当性和推进行政程序的复杂性。

（三）行政程序通过程序自身实现自治

行政程序能够通过复杂的话语机制将外界的信息纳入自己的程序体系，予以重新解释，并

① 参见［德］尤尔根·哈贝马斯：《交往行为理论第1卷：行为合理性与社会合理化》，曹卫东译，世纪出版集团、上海人民出版社2004年版，第85~86页。

② 参见［德］哈贝马斯：《在事实与规范之间：关于法律和民主法治国的商谈理论》，童世骏译，生活·读书·新知三联书店2003年版，第589~591页。

③ 参见王锡锌：《行政程序理性原则论要》，《法商研究（中南政法学院学报）》2000年第4期。

在行政程序对外来信息的重构之中实现行政程序的统治。比如说，在行政听证程序中，一切参与者都获得了一种与其现实身份截然不同的新的身份，比如听证申请者、听证参加者、听证主持者、证人、代理人、鉴定人等，并以这种新的身份从事相应的程序活动，形成一定的程序法律关系。显然，这是一种临时的身份，它自行政听证程序开始时产生，随着行政听证程序的结束而消失。但这种临时身份对于一个自治的程序空间的形成却具有至关重要的意义，甚至可以说，正是这种角色的分化和重组，使得纠纷的“法律解决”成为可能。何谓纠纷的“法律解决”？它是一种“一般化”的解决，也就是说，它是一种不考虑纠纷的具体情景以及当事人的个体差异，仅仅着眼于事实和法律的纠纷解决。行政程序实现这一任务的第一步就是把当事人原来的身份隐去，而赋予他们一种法律上的固定身份。不管他在现实中是腰缠万贯的企业老板还是生活困窘的下岗工人，是学富五车的大学教授还是目不识丁的乡野村夫，在行政听证程序中，他们都要按照法律的要求扮演程序参加人、程序主持人、证人等角色。随着角色的转换，与当事人社会身份相联系的各种具体情景的差别也被忽略，由此对纠纷的评价和处理获得了一个相对单纯的背景。只有在这种相对单纯的背景下，关于纠纷解决的结果才会比较容易达成共识。另外，程序参加人、程序主持人、证人这些程序上的身份是与相应的权利和义务一一对应的，扮演一种程序中的角色，就要实施相应的行为。比如，成了程序参加人，就要清楚地阐述自己的主张，就自己的主张说明理由，并提出相应的证据；而另一方程序参加人则要就此进行答辩并提出反证。从这个意义上，角色的转换导致了行为方式的转换：当事人必须通过程序过程安排好了的方式来追求自己的目标。当事人因此被整合进了程序设定的“框框”之中，于是，纠纷的解决过程只能按照行政程序的“意图”，按照行政程序的逻辑一步步地展开。①

【引导案例】

2002年8月18日23时左右，延安市百花路派出所接到电话举报，称其辖区内有人正在播放黄色录像。接到举报后，民警来到张某诊所门外。但大门紧锁，干警无法核实是否有人播放黄色录像。据当时的民警介绍，为进一步调查，民警从诊所侧面的窗户缝里看到屋内正在播放录像。后据张某夫妻称录像可能涉黄的内容为“有一外国女人洗澡”。于是，民警以看病为借口进入该诊所并来到放录像的房间，后来民警和张某之间发生了一些冲突。于是民警采取强制措施，将张某带回派出所，理由为涉嫌传播淫秽物品罪和妨碍公务罪。作为播放淫秽录像的证据，警方将从现场搜到的3张淫秽光碟连同电视机、影碟机一起带回派出所。2002年8月19日，派出所在张某家人交付1 000元担保金之后将其放回家，并以“传播淫秽物品”为由给张某出具了《现场扣押物品清单》。

解析：1998年11月公安部对《关于鉴定淫秽物品有关问题的请示》的批复规定：“今后各地公安机关查获的物品，需审查认定是否为淫秽物品的，可以由县级以上公安机关治安部门负责鉴定工作，但要指定两名政治、业务素质过硬的同志共同进行，其他人员一律不得参加。当事人提出不同意见需重新鉴定的，由上一级公安机关治安部门会同同级新闻出版、

① 参见吴泽勇：《从程序本位到程序自治——以卢曼的法律自治理论为基础》，《法律科学（西北政法学院学报）》2004年第4期。

音像归口管理等部门重新鉴定。对送审鉴定和收缴的淫秽物品，由县级以上公安机关治安部门统一集中，登记造册，适时组织全部销毁。对于淫秽物品鉴定工作中与新闻出版、音像归口管理等部门的配合问题，仍按现行规定执行。”从该规定可以看出，这种公安的鉴定机制包括以下程序要件：第一，享有对查获的物品是否为淫秽物品的鉴定权的主体是县级以上公安机关的治安部门；第二，鉴定的人数为两人；第三，两人均为治安部门内部的工作人员；第四，鉴定人员需要满足“政治、业务素质过硬”的要求；第五，设立了重新鉴定程序，即如果当事人对于初步鉴定结论不服，可以申请上级公安部门会同相关部门进行重新鉴定。

由此可见，对于查获的物品是否属于淫秽物品的确认存在下列基本程序要求：第一，持有物品的相对人存在异议的，公安部门在查获之后必须经过鉴定程序才能确定查获的物品是否属于淫秽物品；第二，只有县级以上的公安机关的治安部门的相关人员才能确定，派出所作为县级公安部门的派出机构不享有对物品的“淫秽性质”鉴定权；第三，当事人不服的，上级部门应该重新鉴定。这些规定体现了现代行政程序的形式特征。

但从本案的实际情况看，在接到举报进行查处后，派出所初步按照《治安管理处罚条例》① 的规定，对张某采取了基于“传播淫秽物品”违法事实的行政强制措施，并在次日以“传播淫秽物品”为由给张某出具了《现场扣押物品清单》。也就是说，虽然相对人提出异议，但是派出所没有经过淫秽物品的法定鉴定程序便认定查收的三张光碟属于“淫秽物品”。在这个案件中，派出所基本上延续平日执法的经验，在接到举报之后，很自然地就将查获的带有“外国女人洗澡内容的”影碟自行认定为淫秽物品，完全没有履行或者是没有意识到需要履行一个鉴定程序。

【练习案例】

1. 国家计委依据铁道部报送的相关材料，批准对铁路部分旅客列车运价实行政府指导价，铁道部依据国家计委《批复》，发出《关于 2001 年春运期间部分旅客列车实行票价上浮的通知》，规定：节前（1 月 13 日至 22 日）自广州（集团）公司、北京、上海铁路局始发，节后（1 月 26 日至 2 月 17 日）为成都、郑州、南昌、上海铁路局始发的部分直通客车票价上浮，其中新型空调列车上浮 20%，其他列车上浮 30%；除夕、正月初一、初二不上浮；儿童、学生、现役军人、革命伤残军人票价不上浮。

乔占祥购买了 2001 年 1 月 17 日 2069 次从石家庄到磁县的车票和 2001 年 1 月 22 日 2069 次从石家庄到邯郸的车票。第一张车票比涨价前多支出了 5 元票价，第二张车票比涨价前多支出了 4 元票价。据此，乔占祥认为铁道部关于涨价的通知侵害了其合法权益，向法院提起诉讼。

2. 非典期间，某省为了从重从快打击擅自提高药品价格，扰乱市场的行为，发出紧急通知，题为《关于要求在“非典”防治时期提高听证程序规定罚款标准的紧急请示的答复》（某府法函〔2003〕59 号）的通知，全文如下：

---

① 随着《治安管理处罚法》于 2006 年 3 月 1 日正式实施，《治安管理处罚条例》被废止。

省物价局：

你局《关于要求在“非典”防治时期提高听证程序规定罚款标准的紧急请示》收悉。鉴于当前价格违法案件增多、依法罚款的数额较大等情况，为尽快查处与“非典”防治有关的价格违法行为，保证市场秩序的稳定，同时，为减少人员聚集，有利于“非典”防治工作，经研究，并报省政府同意，现答复如下：

在“非典”防治的特殊时期，全省各级物价部门作为价格行政主管部门，在作出对公民处以1 000元以上的罚款、对法人或其他组织处以10 000元以上的罚款决定之前，可不举行听证，但应将此情况告知当事人。“非典”疫情解除后，对公民、法人或其他组织处以较大数额罚款前，仍按《某省行政处罚听证程序规定》（某政〔1997〕66号）进行听证。本省其他行政执法部门查处与“非典”防治有关的违法行为，对公民、法人或其他组织处以较大数额罚款涉及听证的，按本答复执行。

某省人民政府法制办公室

二〇〇三年五月十九日

而某省《行政处罚听证程序规定》（1997年12月24日某省人民政府发布）第3条规定：行政机关作出责令停产停业、吊销许可证或者执照、较大数额罚款等行政处罚决定之前，应当告知当事人有要求举行听证的权利；当事人要求听证的，该行政机关应当组织听证。前款中较大数额罚款是指对公民处以1 000元以上的罚款，对法人或其他组织处以10 000元以上的罚款。国家有关部门对较大数额罚款已有规定的，从其规定。

【测试题】

一、名词解释

1. 行政程序
2. 行政信息公开
3. 职能分离
4. 案卷制度

二、思考题

1. 行政程序有哪些功能？
2. 行政程序与正当行政程序有什么区别？
3. 正当行政程序应该包括哪些基本内容？
4. 行政听证制度的具体内容是什么？

【扩展阅读】

1. ［英］丹宁勋爵：《法律的正当程序》，李克强、杨百揆、刘庸安译，法律出版社1999年版。

2. ［美］杰瑞·L. 马肖：《行政国的正当程序》，沈岿译，高等教育出版社2005年版。

3. ［美］约翰·V. 奥尔特：《正当法律程序简史》，杨明成、陈霜玲译，商务印书馆2006年版。

4. 翁岳生编:《行政法》(上册),中国法制出版社 2002 年版。
5. 应松年主编:《外国行政程序法汇编》,中国法制出版社 1999 年版。
6. 皮纯协主编:《行政程序法比较研究》,中国人民公安大学出版社 2000 年版。

本章自测自评

第十三章　行政复议

【本章导学】

行政复议是指公民、法人或者其他组织认为行政机关的具体行政行为侵犯其合法权益，依法向上级行政机关或者法律、法规规定的其他机关提出申请，由受理申请的行政机关对具体行政行为依法进行审查并作出处理决定的活动。对于行政复议的范围、行政复议决定等制度，需要结合《行政复议法》《行政复议法实施条例》等法律、法规详细了解。

第一节　行政复议的概念和原则

一、行政复议的概念

行政复议是指公民、法人或者其他组织认为行政机关的具体行政行为或者部分抽象行政行为侵犯其合法权益，依法向上级行政机关或者法律、法规规定的其他机关提出申请，由受理申请的行政机关对具体行政行为依法进行审查并作出处理决定的活动。行政复议具有以下特征：

1. 行政复议是行政机关的行政行为。行政复议的主体即复议机关是行政机关，行政复议是行政机关行使行政复议权的行为。行政复议权是行政权的一个组成部分，整个行政复议活动是以行政机关为主导进行的，从这个意义上说，它是一种行政行为。

2. 行政复议是以行政争议为处理对象的行为。行政争议是由于相对人认为行政机关行使行政管理权，侵犯其合法权益而引起的争议。行政复议只以行政争议为处理对象，它不解决民事争议和其他争议。

3. 行政复议以具体行政行为为审查对象，并附带审查部分抽象行政行为。行政机关作出的行政行为可以分为具体行政行为和抽象行政行为，前者如行政处罚、行政强制等行为，后者如制定和发布行政法规、规章和其他规范性文件等。我国行政复议以具体行政行为为审查对象，附带审查抽象行政行为中的其他规范性文件，但不得审查行政法规和规章。行政相对人如果认为行政法规、规章违法，应当通过其他法制监督途径解决。

4. 行政复议是由行政相对人启动的。行政复议只能由行政相对人启动，没有行政相对人的申请，行政机关不能主动进行复议活动。从这一点来看，它与司法活动近似，而与一般的依职权启动的行政行为有区别。

5. 行政复议是一种行政司法行为。行政复议虽然是一种行政行为，但创设这项制度的目的在于解决行政争议。从公正性的要求考虑，行政复议需要有比较严格的程序，这些程序与司法程序相类似，而与一般的行政程序有较明显的区别。因此，可以说行政复议是一种行政司法行为，或者称为“准司法行为”。

二、行政复议基本原则

（一）合法原则

合法原则是指行政复议机关必须严格地按照宪法和法律规定的职责权限，以事实为根据，以法律为准绳，对行政管理相对方申请复议的具体行政行为，按法定程序进行审查。根据审查的不同情况，依法作出不同的行政复议决定：对于合法的具体行政行为，依法予以维持；对于违法或者不当的具体行政行为，依法予以改变或者撤销，并可以责令被申请人重新作出具体行政行为。

（二）公正原则

公正原则是指复议机关在行使复议权时应当公正地对待复议双方当事人，不能有所偏袒，要公正地作出行政复议决定。《行政复议法》之所以增加该项原则，其原因在于，行政复议与其他行政司法活动一样，除坚持合法原则，还必须公允、合理、无偏私，特别在行政自由裁量权较大的情况下，必须公正复议，只有做到这一点，才能够保证复议制度真正取信于民，发挥其监督与救济的作用。

（三）公开原则

公开原则是指行政复议活动应当公开进行。除涉及国家秘密、个人隐私和商业秘密外，从复议案件的受理、审理到决定都应公之于众，使当事人和社会各界，包括媒体充分了解行政复议活动的具体情况，避免暗箱操作导致的腐败与不公，增强公众对行政复议的信任度。这一原则的主要内容体现在以下两个方面：

1. 行政复议过程公开。它要求行政复议机关尽可能听取申请人、被申请人和其他利害关系人的意见，让他们更多地参与到行政复议程序中。

2. 行政资讯公开。它要求行政复议机关在申请人、第三人的请求下，公开与行政复议有关的一切材料，确保申请人和第三人有效地参与行政复议程序。

（四）及时原则（或称效率原则）

及时原则是指行政复议机关应当在法律规定的期限内，尽快完成复议案件的审查，并作出相应的决定。

（五）便民原则

便民原则是指复议机关应当采取方便申请人进行复议的方式方法，以确保公民、法人和其他组织能够有效地行使复议的权利，保护其合法权益。便民原则在行政复议中表现为以下几个方面：

1. 在管辖上，原则上由申请人自己选择复议机关。《行政复议法》规定，对县级以上地方各级人民政府工作部门的具体行政行为不服的，由申请人选择，可以向该部门的本级人民政府申请行政复议，也可以向上一级主管部门申请行政复议。此外，还规定，申请人如果弄不清向哪一个行政机关申请复议，可以向具体行政行为发生地的县级地方人民政府提出行政复议申请，由接受申请的县级地方人民政府转送有关行政复议机关。

2. 在申请的形式上，规定了可以口头申请。《行政复议法》规定，申请人申请行政复议，可以书面申请，也可以口头申请；口头申请的，行政复议机关应当当场记录申请人的基本情况、行政复议请求、申请行政复议的主要事实、理由和时间。

3. 放宽了申请复议的时限。为了方便公民、法人或者其他组织通过申请行政复议保护自己的合法权益,《行政复议法》放宽了申请复议的时限,规定公民、法人或者其他组织认为具体行政行为侵犯其合法权益的,可以自知道该具体行政行为之日起60日内提出行政复议申请;但是法律规定的申请期限超过60日的除外。因不可抗力或者其他正当理由耽误法定申请期限的,申请期限从障碍消除之日起继续计算。

4. 行政复议机关受理行政复议申请,不得向申请人收取任何费用。申请人不交申请费,一方面便于行政机关了解行政管理中的违法和不足;另一方面为切实保护行政相对人的合法权益提供了便利。

(六)保障法律法规正确实施的原则

该原则要求行政复议活动不仅要纠正违法不当的具体行政行为,而且要保障和监督行政机关依法行使职权,使有关的法律法规得到忠实的执行和落实。

(七)诉讼终局原则(或称司法最终原则)

该原则是指行政复议活动是行政机关内部层级监督与救济的重要方式之一,但不是最终的救济方式。当事人对行政复议决定不服的,除法律规定的例外情况,均可以向人民法院提起行政诉讼,人民法院经审理后作出的终审裁决为发生法律效力的最终决定。该原则是确定行政复议与行政诉讼关系的重要准则。

第二节 行政复议范围

行政复议范围是指行政相对人认为行政机关作出的行政行为侵犯其合法权益,依法可以向行政复议机关请求重新审查的范围。从理论上说,任何权利都需要相应的救济,因此,作为公民权利救济手段的行政复议,它的范围应当与行政权的范围是一致的。但是,具体到一国的立法实践中,行政复议的范围因受到诸多因素的影响而往往小于行政权行使的范围。为此,《行政复议法》规定了可申请复议的行政行为和不可申请行政复议的事项。在确定受案范围的方式上,采取了概括加列举的方法。

一、可申请复议的行政行为

《行政复议法》与《行政复议条例》相比,最突出的一个特点就是明显扩大了行政复议的范围。根据《行政复议条例》不能受理的或立法未明确规定可以受理的行政复议案件,依照《行政复议法》均可进入行政复议范围。《行政复议法》是通过两种方式扩大行政复议范围的:一是扩大复议机关受理的行政行为的范围,包括具体行政行为和抽象行政行为;二是扩大行政复议法所保护的公民、法人或其他组织的权利范围。

(一)可申请复议的具体行政行为

1. 对行政机关作出的行政处罚决定不服的。行政处罚是指具有行政处罚权的行政机关为维护公共利益和社会秩序,保护公民、法人或其他组织的合法权益,依法对行政相对人违反行政法律规范但尚未构成犯罪的行为所实施的法律制裁。凡是行政机关作出的、影响相对人权益的行政处罚,行政相对人不服的,都可以提起行政复议。行政处罚是行政复议范围内最主要的具体行政行为,包括警告、罚款、没收违法所得、没收非法财物、责令停产停业、暂扣或者吊销许可证、暂扣或者吊销执照、行政拘留等。

2. 对行政机关作出的行政强制措施决定不服的。行政强制措施是行政机关对拒不履行法定义务或者违反法定义务的行政相对人实施的或出于维护国家、社会公益的需要而对特定行政相对人实施的一种具体行政行为，如限制人身自由的扣留，对财产的查封、扣押、冻结等。

3. 对行政机关作出的有关许可证、执照、资质证、资格证等证书变更、中止、撤销的决定不服的。这类证书通常是行政相对人从事某种职业的前提条件。

4. 对行政机关作出的关于确认不动产的所有权或者使用权的决定不服的。根据法律规定，这些不动产主要是指土地、矿藏、水流、森林、山岭、草原、荒地、滩涂、海域等自然资源。

5. 认为行政机关侵犯其合法经营自主权的。行政机关侵犯合法经营自主权主要是指行政机关非法干预、截留、限制或取消法律、法规赋予行政相对人在生产经营活动中处理其所属人、财、物以及决定产、供、销等方面权利的行为，特别是其对财产享有的占有、使用和依法处分的权利。例如，行政机关强制企业合并、转让知识产权等。行政机关对以上权利的侵犯，将直接影响到行政相对人的财产权。因此，法律允许企业对这种具体行政行为提起行政复议。

6. 认为行政机关变更或者废止农业承包合同，侵犯其合法权益的。

7. 认为行政机关违法要求履行义务的。行政相对人的义务必须由法律事先规定。如果行政机关在法律规定之外要求行政相对人履行义务，这种具体行政行为就属于行政复议的受案范围。例如，行政机关乱摊派费用、乱收费、违法集资、违法征收财物等。

8. 认为行政机关不依法办理行政许可等事项的。行政相对人认为自己符合法定条件而向行政机关申请许可证、执照、资质证、资格证等，或者申请行政机关审批、登记有关事项，行政机关拒绝办理或者不予答复的。

9. 认为行政机关不履行保护人身权、财产权、受教育权的法定职责的。对涉及行政相对人人身权、财产权和受教育权的法定职责，经行政相对人申请，行政机关必须及时依法履行。行政机关拒不履行或者不予答复的，行政相对人可以提起行政复议申请。

10. 认为行政机关不依法发放抚恤金、社会保险金或者最低生活保障费的。抚恤金等是国家规定对某些死亡人员的家属、伤残人员或者其他生活有困难的人员，为了保障其基本生活而发放的一种费用。有权享受此种权利的相对人认为行政机关没有履行依法发放义务的，有权提起行政复议。

11. 认为行政机关其他具体行政行为侵犯其合法权益的。这是一条概括性的规定，凡不属于上述列举情形的具体行政行为，只要行政相对人认为侵犯了其合法权益的，行政相对人均可对其提起行政复议申请。

（二）可申请附带复议的抽象行政行为以及可能被审查的依据①

《行政复议法》第 7 条规定："公民、法人或者其他组织认为行政机关的具体行政行为所依据的下列规定不合法，在对具体行政行为申请行政复议时，可以一并向行政复议机关提出对该规定的审查申请：（一）国务院部门的规定；（二）县级以上地方各级人民政府及其工作部门的规定；（三）乡、镇人民政府的规定。前款所列规定不含国务院部、委员会规章和地方人民政府规章。规章的审查依照法律、行政法规办理。"第 26 条规定："申请人在申请行政复议时，

---

① 根据《行政复议法》第 27 条的规定，在行政复议申请人没有对具体行政行为的依据申请复议的情况下，行政复议机关也能够基于复议管辖主动对具体行政行为的依据进行审查。尽管该制度设计并非行政复议受案范围，但属于行政复议审查范围内容，故放在此章节论述。

一并提出对本法第七条所列有关规定的审查申请的，行政复议机关对该规定有权处理的，应当在三十日内依法处理；无权处理的，应当在七日内按照法定程序转送有权处理的行政机关依法处理，有权处理的行政机关应当在六十日内依法处理。处理期间，中止对具体行政行为的审查。”第 27 条规定：“行政复议机关在对被申请人作出的具体行政行为进行审查时，认为其依据不合法，本机关有权处理的，应当在三十日内依法处理；无权处理的，应当在七日内按照法定程序转送有权处理的国家机关依法处理。处理期间，中止对具体行政行为的审查”。

1.《行政复议法》确定的两种审查方式。《行政复议法》确定了复议机关对“依据”的“依申请审查方式”以及“主动审查方式”。两种审查方式在审查范围、审查机关以及处理方式等方面存在较大差异，《行政复议法》第 7 条、第 26 条确立了“依申请审查方式”；《行政复议法》第 27 条确立了“主动审查方式”。

“依申请审查方式”主要有以下几个特点：(1) 根据《行政复议法》第 7 条的规定，属于当事人行政复议申请权范围的抽象行政行为仅限于除行政法规和规章以外的其他抽象行政行为。(2) 当事人必须在对具体行政行为提出复议申请的同时一并提出对“规定”的复议申请。换言之，当事人只能“附带式”地提出对“规定”的复议申请，而不能直接或者抽象地提出对“规定”的复议申请。细而言之，必须是在存在一个可申请复议的具体行政行为，而且该具体行政行为被当事人认为因违法或者不当侵犯其合法权益，当事人向法定的行政复议机关提出了复议申请的前提下，才可以对认为不合法的“规定”提出复议申请。即能够向行政复议机关提出对“规定”复议申请的主体，必须是具备对具体行政行为提出复议申请资格的主体。(3) 能够被申请复议的“规定”必须是提起复议申请的具体行政行为的依据。《行政复议法》规定的是“一并式”或称“附带式”，因此，不是同时提起复议的具体行政行为依据的“规定”，不能成为行政复议的对象。当然，这种依据既包括具体行政行为中明确列举的“规定”，也包括虽未列举但实际是作为依据的“规定”。

“主动审查方式”主要特点如下：(1) 行政复议机关在复议过程中主动进行审查，申请人没有提出申请。(2) 能够被审查的对象仅限于作为具体行政行为依据的“依据”，不仅包括抽象行政行为，也包括法律、地方性法规等。(3)“主动审查方式”的前置程序是复议申请人提出了对具体行政行为的复议申请。(4) 审查的标准是合法标准而不是相抵触标准。

2.《行政复议法》确定的“主动审查方式”是在《行政复议条例》的基础之上演进而来的。《行政复议法》第 27 条规定的对于“依据”的审查权是在《行政复议条例》第 43 条的基础上演进而来的。《行政复议条例》第 43 条确定的审查方式特点如下：(1) 行政复议机关主动对作出具体行政行为的依据进行审查，不需要申请人提出请求，申请人也不能提出对抽象行政行为的审查请求。(2) 审查的范围非常有限，仅限于规章以及具有普遍约束力的决定、命令，不能对除此之外的其他依据进行审查。(3) 区分有权处理和无权处理。有权处理的，可以作出撤销或者改变决定；无权处理的，提交上级行政机关处理，由上级行政机关依据处理权限的有无作出自行处理或者移交有权机关处理的选择。(4) 案件性。能够审查的对象仅仅是案件的依据。

而《行政复议法》第 27 条确定的审查方式特点如下：(1) 审查的范围不再局限于规章以及具有普遍约束力的决定、命令，而是扩大到具体行政行为的“依据”，即广义上的“立法”。审查的对象，不仅包括抽象行政行为，也包括法律、地方性法规等。审查的对象仍然只能是作为具体行政行为“依据”的某几个具体条文，而不能扩大到依据的具体条文之外的其他条文。(2) 审查的方式还是“主动式”，在申请人没有提出申请的情况下行政复议机关有权主动对具体行政行为的依据进行审查判断。(3) 案件性。行政复议机关仍然只能在具体的案件中提出对于“依据”的审查。也就是说，申请人首先提出对于具体行政行为的复议申请，复议机关受理该申请，在审查具体行政行为合法性以及合理性的时候，对作出该具体行政行为的依据的合法性加以怀疑并提出审查，而不能在没有具体行政行为被审查的时候主动加以审查。(4) 区分有权处理和无权处理两种情形。对于有权处理的，直接作出处理决定；对于无权处理的，直接移送有权机关处理。(5) 处理的方式增多。

《行政复议法》第 26、27 条所确定的审查权，不同于美国式的普通法院的违宪审查权（该种审查权由疑问权、解释权以及最终判断权结合而成）。行政复议机关对于“依据”的审查权，根据自己的行政级别以及权限范围，分别由怀疑权、解释权以及判断权排列组合而成。如果该“依据”是自己或者下级行政机关制定的，行政复议机关享有完整的由上述三项权力组合而成的审查权；如果该“依据”是自己的上级行政机关制定的或者其他自己不享有最终判断权的“依据”，那么其仅仅享有怀疑权，即将最后的解释权以及判断权交由有权机关去行使。基于这种判断，无论是主动审查方式还是依申请审查方式，《行政复议法》都确定了复议机关有权处理则自行处理，无权处理则移送相关机关处理的模式。

3. 对抽象行政行为的复议申请是以对具体行政行为的复议申请为前提条件的，只有在对具体行政行为申请复议时，才可以对作为具体行政行为依据的抽象行政行为一并提出复议申请（而不是单独提出）。但实际中可能会出现这样的情况，即申请人先对具体行政行为申请复议，尔后又认为有关抽象行政行为有问题，这时再提出来，要求复议机关一并审查，对此，行政复议机关应该受理对于该抽象行政行为的复议申请。《行政复议法实施条例》规定：申请人在对具体行政行为提出行政复议申请时尚不知道该具体行政行为所依据的规定的，可以在行政复议机关作出行政复议决定前向行政复议机关提出对该规定的审查申请。

4. 对抽象行政行为申请复议的内容仅限于该行为是否合法，而不包括其合理性问题。因为抽象行政行为原本是普遍适用的，是对各种不同利益和要求作出的一种整合，只能以大多数人的利益为选择结果，因此，在一部分利益主体的判断中，可能是不合理的，而且这种情况几乎存在于每一个抽象行政行为的形成过程中。在这种情况下，允许对抽象行政行为是否合理提出审查申请，不仅没有意义，而且也不可行。

二、行政复议的排除事项

（一）行政法规和规章

行政机关的抽象行政行为，包括行政机关制定和发布的行政法规、规章以及其他具有普遍约束力的决定、命令。行政相对人对抽象行政行为中的行政法规、规章不服的，可以向有关国家机关提出，由有关国家机关依照法律、行政法规的有关规定处理。

（二）内部行政行为

行政机关对其所属国家公务员作出的行政处分或者其他人事处理决定，属于内部行政行为，被处分或被处理的人不服的，不能申请复议，但可依照有关法律和行政法规的规定提出申诉。

【案例 13-1】

吴某因其向蓬莱市人民政府（以下简称“蓬莱市政府”）提交《关于申请蓬莱市政府安排工作的报告》后蓬莱市政府一直未予答复，于 2015 年 5 月 21 日向烟台市政府提起行政复议申请，请求责令蓬莱市政府履行法定职责，给其安排工作。

被告烟台市政府收到该申请后，于 2015 年 5 月 22 日作出告知书，告知吴某：经审查，你提出的责令蓬莱市政府履行法定职责给你安排工作的申请不属于行政复议受案范围，你不服行政机关作出的行政处分或其他人事处理决定的，应当依照有关法律、行政法规的规定提出申诉。根据《山东省行政复议条例》第 18 条第 2 款的规定，予以退回。

吴某收到告知书后，向烟台市中级人民法院提起诉讼。该院审查后认为吴某请求对其进行人事安排，根据《行政复议法》的规定，应依照有关法律、行政法规的规定提出申诉。判决驳回原告吴某的诉讼请求。

吴某不服，提起上诉，请求撤销原审判决，判令烟台市政府责令蓬莱市政府限期作出应答。

经过审理，山东省高级人民法院认为：根据《行政复议法》第 8 条第 1 款“不服行政机关作出的行政处分或者其他人事处理决定的，依照有关法律、行政法规的规定提出申诉”的规定，上诉人吴某向被上诉人提出的请求责令蓬莱市政府履行法定职责给其安排工作的申请不属于行政复议范围，被上诉人烟台市政府依照《山东省行政复议条例》第 18 条第 2 款之规定，向上诉人作出的其申请事项不属于行政复议范围及其可以依照相关法律、法规规定提出申诉的书面告知适用法律、法规正确，符合法定程序，原审法院判决驳回上诉人的诉讼请求并无不当，应予维持。①

（三）居间行为

行政机关对公民、法人或者其他组织之间的民事纠纷作出的调解、仲裁等行为，对双方当事人的约束力取决于其自愿接受，因此，一方当事人如不服，可以向人民法院提起诉讼或者向仲裁机关申请仲裁，但不能申请行政复议。

第三节　行政复议参加人和行政复议机关

行政复议参加人通常指申请人与被申请人，在某些情况下还包括复议中的第三人。

一、申请人

申请人是指认为具体行政行为侵犯其合法权益，依法以自己的名义向行政复议机关提出申请，要求对该具体行政行为进行复查并作出裁决的公民、法人或者其他组织。

（一）申请人的法律特征

根据法律、法规的规定，申请人具有如下法律特征：

1. 申请人必须是行政相对人，包括公民、法人或其他组织以及外国人、无国籍人。这一

① 作者对该案案情有所裁剪，详参山东省高级人民法院行政裁定书（2016）鲁行终 1308 号。

特征应该注意以下两个要点：一是并非所有的公民、法人或其他组织都有权申请行政复议，只有受具体行政行为影响的相对一方才有权申请复议；二是作出具体行政行为的行政主体不能作为复议申请人，而只能作为复议被申请人。

2. 申请人必须是认为具体行政行为侵犯其合法权益的公民、法人或其他组织。如果没有发现具体行政行为侵犯其合法权益的情形，则不可能作为复议申请人。这里是否存在侵权行为是申请人的一种主观认识，至于具体行政行为是否确实侵犯了其合法权益，必须等到行政复议机关审查后才能确定。

3. 申请人必须是以自己的名义申请行政复议的公民、法人或其他组织。如果以他人的名义申请行政复议，则是复议代理人。

（二）复议申请人的范围

复议申请人的范围，包括三种情况：

1. 公民。这里所讲的公民，是指具有中华人民共和国国籍的自然人。公民可以申请行政复议，从而成为行政复议申请人。如果有权申请行政复议的公民在申请行政复议期限内死亡，其近亲属可继受其行政复议申请人的地位，以自己的名义（而不必以死者的名义）直接申请行政复议。此外，在我国境内的外国人、无国籍人对我国有关行政机关作出的具体行政行为不服，认为侵犯其合法权益的，也可以作为行政复议申请人在我国申请行政复议。但是，如果该外国人所在国的法律对我国公民在其国内申请行政复议的权利进行限制的，我国遵循对等原则，对该外国人也应当进行同样的限制。

2. 法人。法人是指具有相应的民事权利能力和民事行为能力，能够依法独立行使民事权利和承担民事义务的组织。在我国，法人包括营利法人、非营利法人和特别法人。它们作为组织，是与公民相互区别的具有自己的独立利益的一类法律主体。在它们认为其合法权益受到具体行政行为的侵害时，与公民一样有权申请行政复议。

3. 法人以外的其他组织。所谓法人以外的其他组织，是指不具备法人资格的所有组织。在实践中，法人以外的其他组织很多。例如，根据《合伙企业法》成立的合伙企业，根据《企业法人登记管理条例》成立的法人分支机构，未办理法人登记的集体所有制企业等，都属于法人以外的其他组织。这类组织虽然没有法人资格，但是与法人一样具有自己相对独立的利益，是社会主义市场经济条件下一类特殊的民事主体，应当允许其作为行政复议申请人。对于法人或者其他组织来讲，如果它们受到违法的或者不当的具体行政行为的侵害，未及申请行政复议即告终止的，承受其权利的法人或者其他组织可以作为行政复议申请人提出行政复议申请。在我国境内的外国法人或者其他组织，也可以依法申请行政复议。

（三）申请人的资格转移

一般情况下，受到具体行政行为侵害的当事人是行政复议的申请人。但在特定条件下，行政复议申请人的资格也可能发生转移。根据《行政复议法》第 10 条的规定，行政复议申请人资格转移的情况有：（1）有权申请行政复议的公民死亡的，其近亲属可以申请行政复议。近亲属包括配偶、父母、子女、兄弟姐妹、祖父母、外祖父母、孙子女、外孙子女。（2）有权申请行政复议的法人或者其他组织终止的，承受其权利的法人或者其他组织可以申请行政复议。

基于实践需要，结合行政诉讼中的实践经验，《行政复议法实施条例》对申请人作出了新的规定，主要有以下几种情形：

1. 合伙企业申请行政复议的，应当以核准登记的企业为申请人，由执行合伙事务的合伙人代表该企业参加行政复议；其他合伙组织申请行政复议的，由合伙人共同申请行政复议。需要注意的是核准登记的合伙企业和其他合伙组织在申请人资格上存在差异：前一种情形下，合伙企业而不是合伙人是申请人；后一种情形下，合伙人而不是合伙组织为共同申请人。

2. 不具备法人资格的其他组织申请行政复议的，由该组织的主要负责人代表该组织参加行政复议；没有主要负责人的，由共同推选的其他成员代表该组织参加行政复议。

3. 股份制企业的股东大会、股东代表大会、董事会认为行政机关作出的具体行政行为侵犯企业合法权益的，可以以企业的名义申请行政复议。需要注意的是：第一，股东大会、股东代表大会以及董事会是以企业名义而不是以自己名义申请行政复议的；第二，与行政诉讼中的实践相区别，代表人不能以自己名义和企业名义申请行政复议；第三，能够以企业名义申请行政复议的企业内部机构不包含监事会和总经理。

4. 同一行政复议案件申请人超过 5 人的，推选 1~5 名代表参加行政复议。

二、被申请人

被申请人是指其所作出的具体行政行为被行政复议的申请人指控侵犯其合法权益，并由行政复议机关通知参加行政复议的行政主体。被申请人包括行政机关和法律、法规授权的组织。

（一）被申请人的法律特征

1. 被申请人必须是行政主体。行政主体是指享有行政执法权的行政机关或法律法规授权的组织。其他任何机关或组织不能作为被申请人。

2. 被申请人必须实施了具体行政行为。没有实施具体行政行为的行政主体不能作为被申请人。

3. 被申请人必须是相应具体行政行为被申请人指控并由行政复议机关通知参加行政复议的行政主体。

（二）被申请人的种类

根据《行政复议法》的规定，被申请人主要有以下几种情况：

1. 申请人对行政机关作出的具体行政行为不服，直接申请复议的，该行政机关是被申请人。

2. 两个或两个以上行政机关以共同名义作出同一具体行政行为的，共同作出具体行政行为的行政机关是被申请人。

3. 法律、法规授权的组织作出的具体行政行为引起行政复议的，该组织是被申请人。

4. 受行政机关委托的组织作出的具体行政行为引起行政复议的，作为委托人的行政机关是被申请人。

5. 行政机关与其他组织以共同名义作出具体行政行为的，行政机关为被申请人。

6. 下级行政机关依照法律、法规、规章规定，经上级机关批准作出具体行政行为的，批准机关为被申请人。

7. 行政机关设立的派出机构、内设机构或者其他组织，未经法律、法规授权，对外以自己名义作出具体行政行为的，该行政机关为被申请人。

8. 作出具体行政行为的行政机关被撤销的，继续行使其职权的行政机关是被申请人。在实践中，作出具体行政行为的行政机关被撤销后，被申请人的确定有以下三种情况：一是作出具体行政行为的行政机关被合并的，被申请人是合并后的行政机关；二是作出具体行政行为的行政机关被分解的，被申请人是分解后的承继其权利义务的行政机关；三是作出具体行政行为的行政机关被解散的，被申请人是解散它的上级行政机关或者有权机关指定的其他行政机关。

三、第三人

行政复议中的第三人是指与申请复议的具体行政行为有利害关系，经复议机关批准参加到复议中的公民、法人或者其他组织。

（一）第三人的法律特征

1. 第三人同申请复议的具体行政行为有利害关系。这种利害关系必须是直接的而非间接的，即具体行政行为和行政复议裁定会直接影响到第三人的权益。

2. 第三人是以自己的名义，并且是为了维护自己的合法权益而参加到复议中的。其既不依附于申请人，也不依附于被申请人，享有与申请人基本相同的复议权利，具有独立的法律地位。

3. 第三人是在行政复议开始后、终结前，经行政复议机关批准参加到复议中的。行政复议尚未开始，或者复议已经结束，包括复议机关已作出裁决时，均不存在第三人参加复议的问题。

（二）第三人的种类

从行政复议实践来看，行政复议中的第三人通常包括以下几种：

1. 在治安、食品卫生、药品管理等行政处罚案件中，被处罚人或被侵害人一方申请行政复议的，另一方可以作为第三人申请参加复议。

2. 在食品卫生、药品管理等行政处罚复议案件中，同申请人所受的具体行政行为的处理结果有利害关系的另一方公民、法人或者其他组织。如食品卫生监督检验所以某商店出售劣质食品为由，对其进行处罚，该商店不服申请复议，并称所售食品是从某生产厂家购进的，而该厂有产品检验合格证。这时，如果行政复议机关维持原食品卫生监督检验所的处罚决定，就意味着生产厂家的食品不合格。因此，该生产厂家可以作为第三人参加复议。

3. 行政处罚案件中的共同被处罚人。在有共同被处罚人的行政处罚案件中，有一部分被处罚人提起行政复议的，另外的被处罚人可以作为第三人参加行政复议。

4. 在行政确权案件中，被驳回请求的人申请复议的，被授予权利的人或者其他被驳回请求的人，可以作为第三人申请参加复议。如土地确权案件中，某市政府确认某土地的使用权为甲所有，乙不服并申请复议，要求撤销市政府的确权决定，这时甲面临可能失去该土地使用权的危险，因而可以作为第三人参加复议。

5. 两个或两个以上行政机关基于同一事实，针对相同的行政管理相对人作出互相矛盾的几个具体行政行为，相对人对其中一个具体行政行为不服申请复议的，其他行政机关可以作为第三人申请参加行政复议。如某市场监管局和技术监督局对一生产假冒产品企业分别予以处罚，该企业不服，对市场监管局的行政处罚提起行政复议，复议机关可要求技术监督局作为第三人参加复议，技术监督局也可以自行申请作为第三人参加复议。

6. 行政机关因越权处罚被申请复议时，被越权的行政机关可以作为第三人参加复议。行政机关超越权限作出具体行政行为，被越权的行政机关必然与该行为之间有利害关系，因而该行为被提起复议时，被越权的行政机关具有以第三人身份参加复议的资格。

四、行政复议机关

行政复议机关是指依照法律的规定，有权受理行政复议的申请，依法对被申请的行政行为进行合法性、适当性审查并作出决定的行政机关。这种组织的特征是：（1）行政复议机关是行政机关，法律、法规授权的组织不能成为行政复议机关。（2）行政复议机关是拥有行政复议权的行政机关。行政机关不一定都拥有行政复议权，如乡、镇人民政府等行政机关，《行政复议法》就没有授予其行政复议权。（3）行政复议机关是能以自己的名义行使行政复议权，并对其行为后果独立承担法律责任的行政机关。因此，行政复议机关必然是行政主体。

（一）行政复议机关

根据我国现行法律、法规的规定，行政复议机关的种类主要有：（1）作出被申请行政行为的行政主体。如对国务院所属部门和省、自治区、直辖市人民政府作出的具体行政行为引起的行政复议，国务院所属部门和省、自治区、直辖市人民政府是行政复议机关。（2）作出被申请行政行为的行政主体的上一级行政机关。由作出被申请行政行为的行政主体的上一级行政机关作为行政复议机关，尽管会给行政复议的申请人增加不便，但是，它可以最大限度确保行政复议的公正性，还可以利用上一级行政机关的领导权和监督权提高行政复议的权威性。（3）被申请行政主体所属的人民政府。由本级人民政府作为行政复议机关，既便于行政复议申请人申请行政复议，也有利于行政复议机关利用人民政府的权威及时、有效地解决行政争议。

根据《行政复议法》第12~15条的规定，具体的行政复议机关可以根据以下规则确定：

1. 县级以上地方人民政府部门作为被申请人。如果具体行政行为是由县级以上地方人民政府的工作部门作出的，申请人享有选择权，可以向被申请人所属的本级人民政府，或者上一级主管部门申请复议。但是对实行垂直领导的行政机关或者国家安全机关的具体行政行为不服的，需要向上一级主管部门申请行政复议。根据《行政复议法》的规定，对海关、金融、国税、外汇管理等实行垂直领导的行政机关和国家安全机关的具体行政行为不服的，应向上一级主管部门申请行政复议。

对于垂直复议，实践中的争议集中在两个问题上：第一，在海关、金融、国税、外汇机关之外是否存在其他垂直领导机关？第二，如果存在，由谁确定垂直领导机关的范围？

第一个问题可以称为“等内”抑或“等外”。通说认为，法律规范在例举其适用的典型事项后，又以“等”“其他”等词语进行表述的，属于不完全例举的例示性规定。如果在“等”之外以数字明示，则为例举式规定，不能解释为存在例举类型之外其他同类事物。例如“长江、黄河、黑龙江、珠江等四大河流”则表示为仅指上述四大河流，不能将上述四大河流之外的其他河流解释为该语句特指的河流。另外需要注意的是，以“等”“其他”等概括性词语表示的事项，均为明文例举的事项以外的事项，且其所概括的情形应为与例举事项相类似的事项。“例示事项所未设定的概括用语，不包括与例示事项明示的性质相异的事项”“举例之后概括所言，不离前例所示之类”。例如，“法律规定不得在工厂、商店、货仓或其他地方住宿，其他地方所指的不是任何地方，而是作工商业用途的住所”。故我们认为，在海关、金融、国税、外汇之外还存在其他行政机关实行垂直领导，而且其他机关应该在性质上属于上述四个机关的同类型机关。《行政复议法实施条例》采用了该种理解，承认在四机关之外还存在其他类型机关也属于垂直领导机关。

对于第二个问题，经过实践中的反复争议，《行政复议法实施条例》对垂直领导机关的行政复议机关确认作出了规定。《行政复议法实施条例》第24条规定：申请人对经国务院批准实行省以下垂直领导的部门作出的具体行政行为不服的，可以选择向该部门的本级人民政府或者上一级主管部门申请行政复议；省、自治区、直辖市另有规定的，依照省、自治区、直辖市的规定办理。

之所以在省级以下垂直领导行政机关的行政复议机关确定问题上存在争议，是因为对于省以下垂直领导制度的利弊有着不同认识。反对者认为，省以下垂直领导制度一方面会带来地方政府“空心化”：第一，这些行政机关原本就是地方政府不可或缺的组成部门，这也是我国行政区划中“条块结合”管理模式的基点。如果每个政府组成部门都因为其有“油水”而成为上级主管部门争夺的对象，势必会导致基层地方政府名存实亡。第二，这些行政机关一旦脱离了地方政府的管辖，其人、财、物均不再受制于地方，将会使地方人大对行政机关的选举、任免管理权限和立法监督因失去所指向的对象而处于尴尬境地，从而使宪法所规定的地方人大是地方的国家权力机关的规定形同虚设。第三，已经或者即将垂直管理的行政机关因其人、财、物均统归上级主管部门，必然使得其短期计划和长远规划与地方政府的相应动作难以同步，甚至相互掣肘，对地方经济的发展不利。另一方面也存在违法嫌疑：第一，侵犯了地方人民政府的领导权。我国《宪法》规定“地方各级人民政府的组织由法律规定”。《地方各级人民代表大会和地方各级人民政府组织法》第64条第3、4款规定：“省、自治区、直辖市的人民政府的厅、局、委员会等工作部门的设立、增加、减少或者合并，由本级人民政府报请国务院批准，并报本级人民代表大会常务委员会备案。自治州、县、自治县、市、市辖区的人民政府的局、科等工作部门的设立、增加、减少或者合并，由本级人民政府报请上一级人民政府批准，并报本级人民代表大会常务委员会备案。”同时，第66条还规定：“省、自治区、直辖市的人民政府的各工作部门受人民政府统一领导，并且依照法律或者行政法规的规定受国务院主管部门的业务指导或者领导。自治州、县、自治县、市、市辖区的人民政府的各工作部门受人民政府统一领导，并且依照法律或者行政法规的规定受上级人民政府主管部门的业务指导或者领导。”第二，侵犯了地方各级人民代表大会及其常务委员会的任免权。《地方各级人民代表大会和地方各级人民政府组织法》第10条、第44条分别规定了地方各级人民代表大会及其常务委员会享有选举任免本级人民政府的组成人员及本级人民政府秘书长、厅长、局长、委员会主任、科长的权力。实行垂直管理的行政机关在人、财、物方面均受上级机关管理，显然侵犯了地方各级人民代表大会及其常务委员会的任免权。第三，侵犯了地方各级人民政府的管理职能。《宪法》及《地方各级人民代表大会和地方各级人民政府组织法》均明确授予地方各级人民政府管理本行政区域内的经济、教育、科学、文化、卫生、体育事业、环境和资源保护、城乡建设事业和财政、民政、公安、民族事务、司法行政、计划生育等行政工作的职权。作为其工作部门实行垂直管理，显然也侵犯了它的管理职能。

赞同者认为，实行省以下垂直领导体制的复议管辖也应适用《行政复议法》第12条第2款的规定。理由在于：第一，从性质看，这些半垂直机关是上级主管部门的派出机构或直属机构，履行相应职责或开展工作，对上级主管部门负责，而不是同级政府的组成部门，并不接受同级人民政府的领导。这些机关的人员编制、财务经费、物资调拨“三权”完全由上级主管部门来控制，地方的财政、人事等部门不再干预。由于同级人民政府与这些半垂直机关之间没有领导与被领导的关系，如前所述，对半垂直机关作出的具体行政行为，地方人民政府不宜作为复议机关来管辖。第二，从机构改革的目的看，国家之所以进行机构改革，变政府领导这些部门为上级主管部门垂直领导，其重要原因是排除地方政府在执法中对它们的干扰，以克服地方保护主义。如果仍由地方政府管辖，则又回到了改革前的状况，违背改革的本意。第三，这些实行半垂直领导体制的行政机关与实行完全垂直领导体制的行政机关一样，也具有较高的专业性和较强的技术性特点。

《宪法》第 95 条第 2 款规定："地方各级人民代表大会和地方各级人民政府的组织由法律规定。"宪法并没有直接就地方行政机关垂直管理问题作出规定，而是授权全国人大及其常委会制定法律予以具体规定。因此，应当根据《地方各级人民代表大会和地方各级人民政府组织法》的规定，就某一部门的垂直管理问题进行判定。如果有法律、行政法规为依据，则是合法的；否则，就是不合法的。如《审计法》规定，地方各级审计机关受本级人民政府统一领导，受上级审计机关领导。这是一种双重领导关系。《烟草专卖法》规定，省级烟草专卖行政主管部门受国务院烟草专卖行政主管部门和省级政府双重领导，以国务院烟草专卖行政主管部门为主，这就是垂直管理关系。如果省以下直属机关的存在依据仅仅是国务院的规范性文件或者其他文件、会议纪要等，则值得探究。基于此种认识，《行政复议法实施条例》第 24 条采用了"妥协"立法模式，积极意义在于：（1）肯定了行政管理实践中存在的省以下垂直领导管理模式，承认省以下垂直领导机关属于《行政复议法》规定的垂直领导的行政机关；（2）对于省以下垂直领导机关的复议机关确认问题，则采用了变通妥协的方式，国务院确认的省以下垂直领导机关的复议机关原则上由该部门的本级人民政府或者上一级主管部门担任；但如果省、自治区、直辖市存在特殊规定，则从其特殊规定。需要注意的是，《行政复议法实施条例》采用的是"省、自治区、直辖市另有规定"的表述，并没有明确特殊规定采用的立法位阶。根据通说，"省级地方性法规"或者"省级地方政府规章"都可以对该问题作出特殊规定并且优先予以适用。例如，2001 年《湖南省实施〈中华人民共和国行政复议法〉办法》第 6 条规定，对工商行政管理、质量、技术监督等本省施行垂直领导的行政机关的具体行政行为不服的，向其上一级主管部门申请行政复议。因为存在省级的特殊规定，湖南省工商系统、质量技术监督系统所发生的行政复议案件，只能遵循垂直复议的规则，行政复议申请人不享有对于行政复议机关的选择权。如果省级行政区域的规定与《行政复议法实施条例》的规定相一致，则行政复议申请人享有对于行政复议机关的选择权。例如，《山东省行政复议条例》第 11 条规定，对实行省以下垂直领导的行政机关的具体行政行为不服的，可以向上一级主管部门申请行政复议，也可以向该行政机关所在地的县级以上人民政府申请行政复议。

【案例 13-2】

张某向厦门市地方税务局申请政府信息公开，厦门市地方税务局认为张某所申请的事项属于涉税违法案件的有关案情资料，为不予公开的信息，于 2014 年 7 月 4 日作出《厦门市地方税务局政府信息公开告知书》，决定不予公开。张某不服，向厦门市人民政府申请行政复议。2014 年 7 月 10 日，厦门市人民政府作出《行政复议告知书》，根据《税务行政复议规则》第 19 条第 1 款第 1 项的规定，告知张某向福建省地方税务局提出。张某不服，以厦门市人民政府不履行行政复议法定职责为由提起诉讼。

在初审中，厦门市中级人民法院指出，该案系张某对厦门市地方税务局的告知不服而提起的行政复议，按照相关规章的规定，其不服计划单列市税务机关的行政行为提起的复议申请，只能向福建省地方税务局提出，而不能向厦门市人民政府申请。

张某不服，提出上诉，称原审判决错误，辩称自己即可以选择向厦门市人民政府申请行政复议，也可以选择向福建省地方税务局申请行政复议。

在终审中，福建省高级人民法院指出，《行政复议法》规定："对海关、金融、国税、外汇管理等实行垂直领导的行政机关和国家安全机关的具体行政行为不服的，向上一级主管部门申请行政复议。"《行政复议法实施条例》第24条规定："申请人对经国务院批准实行省以下垂直领导的部门作出的具体行政行为不服的，可以选择向该部门的本级人民政府或者上一级主管部门申请行政复议；省、自治区、直辖市另有规定的，依照省、自治区、直辖市的规定办理。"由于福建省地方税务系统属省以下垂直管理，而被上诉人厦门市人民政府未提供证据证明福建省已就地方税务局的行政复议管辖另有规定。因此，在张某已就厦门市地方税务局作出的行政行为选择向厦门市人民政府申请行政复议的情形下，厦门市人民政府认为张某应当向福建省地方税务局申请行政复议，并告知张某向福建省地方税务局申请行政复议，属适用法律错误，厦门市人民政府应对张某提出的行政复议申请依法作出决定。①

该案最核心问题就是当事人对于半垂直领导的行政机关的具体行政行为不服时，应由哪一个行政机关行使复议管辖权。

2. 省以下地方各级政府作为被申请人时的行政复议机关。对省、自治区、直辖市人民政府以外的地方各级人民政府的具体行政行为不服的，上一级地方人民政府是行政复议机关。对省、自治区人民政府依法设立的派出机关即行政公署所属的县级人民政府的具体行政行为不服的，应当由行政公署作为行政复议机关。

3. 国务院部门或者省、自治区、直辖市政府作为被申请人时的行政复议机关。国务院部门或者省、自治区、直辖市人民政府作为被申请人时的行政复议机关，是作出该具体行政行为的国务院部门或者省、自治区、直辖市人民政府。对上述行政复议机关作出的复议决定不服的，既可以向人民法院提起行政诉讼，也可以向国务院申请裁决。但国务院按照《行政复议法》的规定作出的裁决是最终裁决。

4. 其他情形下的行政复议机关。（1）县级以上的地方人民政府依法设立的派出机关作为被申请人时，由设立该派出机关的人民政府作为行政复议机关。（2）政府工作部门依法设立的派出机构作为被申请人时，由设立该派出机构的部门或者该部门的本级地方人民政府作为行政复议机关。比如对公安派出所的决定不服的，可以到公安局或到公安局所属的人民政府申请复议。（3）法律、法规授权的组织为被申请人时，由直接管理该组织的地方人民政府、地方人民政府工作部门或者国务院部门作为行政复议机关。高等院校发放学位证书的权力来自法律、法规的授权，如果当事人对高等院校发放学位证书的行为不服，依据有关法律的规定，我们国家高等院校的主管机关有三个：第一个是教育部；第二个是地方政府；第三个是地方政府

① 作者对该案案情有所裁剪，案例详参福建省高级人民法院行政判决书（2015）闽行终字第284号。

教委（教育厅、局）。谁主管，就向谁申请复议。（4）两个或者两个以上的行政机关作为共同被申请人时，由它们的共同上一级行政机关作为行政复议机关。（5）继续行使被撤销行政机关职权的行政机关作为被申请人时，由继续行使职权的行政机关的上一级行政机关作为行政复议机关。

（二）行政复议机构

与行政复议机关相关的是行政复议机构。行政复议机构是享有行政复议权的行政机关内部设立的专门负责复议案件受理、审查和处理工作的办事机构。行政复议机构不是行政主体，它不能以自己的名义对外行使职权，上下级行政复议机关的行政复议机构之间没有领导和监督关系，它们对各自所属的行政复议机关负责。

为了加强行政复议机构的工作力量，督促行政复议机构有效履行职责，保障行政复议有效运行，《行政复议法实施条例》对行政复议机关对行政复议机构的支持、行政复议机构的职责以及行政复议人员等问题作出了规定：

1. 各级行政复议机关应当认真履行行政复议职责，领导并支持本机关负责法制工作的机构依法办理行政复议事项，并依照有关规定配备、充实、调剂专职行政复议人员，保证行政复议机构的办案能力与工作任务相适应。

2. 行政复议机构应当履行下列职责：（1）依照《行政复议法》第 18 条的规定转送有关行政复议申请；（2）办理《行政复议法》第 29 条规定的行政赔偿等事项；（3）按照职责权限，督促行政复议申请的受理和行政复议决定的履行；（4）办理行政复议、行政应诉案件统计和重大行政复议决定备案事项；（5）办理或者组织办理未经行政复议直接提起行政诉讼的行政应诉事项；（6）研究行政复议工作中发现的问题，及时向有关机关提出改进建议，对于重大问题，应及时向行政复议机关报告。

3. 专职行政复议人员应当具备与履行行政复议职责相适应的品行、专业知识和业务能力，并取得相应资格。具体办法由国务院法制机构会同国务院有关部门规定。

第四节　行政复议申请与受理

一、行政复议的申请

复议申请是指行政相对人不服行政主体的具体行政行为而向复议机关提出要求撤销或变更该具体行政行为的请求。在整个行政复议过程中，复议申请是行政复议的出发点，也是行政复议程序不可缺少的环节。

1. 申请复议的条件。公民、法人或者其他组织认为具体行政行为侵犯其合法权益的，可以在法定期限内向有管辖权的行政机关申请复议。申请复议应当具备以下条件：（1）申请人合格，即申请人必须是认为具体行政行为侵犯其合法权益的公民、法人或者其他组织；（2）有明确的被申请人；（3）有具体的复议请求和事实根据；（4）属于申请复议范围；（5）属于受理机关管辖；（6）法律、法规规定的其他条件。

2. 申请行政复议的申请时效。申请时效是对申请复议权的时间限制，超过申请时效，将丧失申请复议的权利。法律规定申请时效主要是为了促使申请人尽快行使复议申请权，以利于复议案件的处理和行政秩序的稳定。因此，申请人必须在申请时效内提起复议申请。申请时效可以分为一般时效和特别时效两种。其中，一般时效是指《行政复议法》所规定的，适用于一般复议案件的申请时效。同时，关于一般时效，《行政复议法》否定了其他法律、法规对复议申请期限短于60日的规定的效力，只有当其他法律规定的申请期限超过60日时，才适用该规定。特殊时效指其他法律、法规规定的适用于特定案件的复议申请时效。特殊时效只有在法律规定超过60日时才有效，否则，一般适用一般时效。

3. 复议申请形式。根据《行政复议法》第11条的规定，申请人申请行政复议，可以书面申请，也可以口头申请。口头申请的，行政复议机关应当当场记录申请人的基本情况、行政复议请求以及申请行政复议的主要事实、理由和时间；书面申请的，应当向行政机关递交复议申请书。复议申请书应当载明下列内容：（1）申请人的姓名、性别、年龄、职业和住所，法人或者其他组织的名称、住所以及法定代表人或者主要负责人的姓名、职务；（2）被申请人的名称、地址；（3）申请复议的要求和理由；（4）申请的年、月、日。

二、对行政复议申请的受理

复议受理是指行政复议机关基于审查申请人所提出的复议申请是否有正当理由而决定是否受案和对其进行处理。根据《行政复议法》第17条、第20条的规定，复议机关在收到复议申请后，依法应当在收到之日起5日内，对申请书进行审查并作出如下处理：（1）对于符合申请复议条件，且没有向人民法院提起诉讼的，依法应当决定受理；（2）对于不符合申请复议条件的，依法决定不予受理，并告知申请人不予受理的理由；（3）对于复议申请请求的内容有欠缺的复议申请，依法决定发还申请人并限期补正；（4）对于复议申请符合《行政复议法》规定，但不属该机关管辖的，应当告知申请人向有管辖权的复议机关提出；（5）公民、法人或者其他组织依法提出行政复议申请，行政复议机关无正当理由不予受理的，上级行政机关应当责令其受理；必要时，上级行政机关也可以直接受理。

三、行政复议与行政诉讼的关系

（一）行政复议与行政诉讼的区别

行政复议与行政诉讼有许多相似之处，二者都围绕具体行政行为展开，都以解决行政争议为直接目的，都以对具体行政行为的合法性进行审查为核心，因而适用的很多规则是相同的。但二者既有联系，也有区别。它们的区别主要体现在以下方面：

1. 性质不同。行政复议是由上一级行政机关对下一级行政机关所作出的行政行为进行的审查，整个过程都在行政系统内部进行，因而具有形式意义上的行政行为的特征。行政诉讼则是人民法院对行政机关所作行政行为实施的司法监督，属于司法行为。

2. 受理机关不同。行政复议的受理机关是作出行政行为的行政机关所属的人民政府或其上一级主管部门，而受理行政诉讼的机关则是人民法院。

3. 受案范围不同。人民法院所受理的行政案件，只是公民、法人或其他组织认为行政机关的行政行为侵害其合法权益的案件，而复议机关所受理的则既有行政违法案件，也有行政不当案件。也就是说，凡是能够提起行政诉讼的行政争议，公民、法人或其他组织都可以向行政机关申请复议，而可以提起行政复议的案件未必都能够提起行政诉讼。如法律规定行政复议为终局决定的，当事人不得提起行政诉讼。

4. 审查范围不同。人民法院只审查具体行政行为的合法性，一般不审查其是否适当；复议机关不仅审查具体行政行为是否合法，而且还要审查其是否适当。行政诉讼是“不告不理”，行政复议则是“有错必纠”，这意味着复议的范围不局限于申请人的申请。因此，行政复议的审查范围要大于行政诉讼。

5. 审理程序规则不同。人民法院审理行政案件完全按照司法程序进行，而行政复议由于是行政系统内部上级对下级的监督，故二者在审理程序规则方面存在许多差别。人民法院审理行政案件实行的是两审终审、公开开庭审理制度；行政复议则基本上实行一级复议制度，以书面审查为原则。较之行政诉讼程序，行政复议程序比较灵活、简便。

（二）行政复议与行政诉讼的联系

行政复议与行政诉讼之间的联系主要表现在程序上的衔接。行政复议与行政诉讼在程序上的衔接可以分为以下几种情况：

1. 选择关系。除非法律、法规规定必须先申请行政复议，当事人可以自由选择申请行政复议还是提起行政诉讼。但是，这个选择是排他的。行政复议已经被依法受理的，当事人在法定复议期限以内不得提起行政诉讼；行政诉讼已经被依法受理的，则不得再申请行政复议。

2. 必经关系。又称复议前置，是指法律、法规规定应当首先向行政复议机关申请行政复议，对行政复议决定不服再向人民法院提起行政诉讼的，行政复议机关不予受理或者受理后超过行政复议期限不作答复的，公民、法人或者其他组织才可以自收到不予受理决定书之日起或者行政复议期满之日起 15 日内，依法向人民法院起诉。只有在法律、法规明确规定的前提下，复议才可以是诉讼的前置程序，否则都由当事人自由选择。在判断是否属于复议必经时，需要特别注意两点：一是只有法律、法规规定的复议必经才有效；二是之所以规定复议必经，显然是因为上级行政机关希望通过这种方式了解、掌握和监督下级行政机关的工作，因此，上下级行政机关处于领导和被领导关系，特别是垂直领导关系，而不是指导与被指导关系的，才属于复议必经的范围。

还有一点需要提醒注意，根据《行政复议法》第 30 条第 1 款的规定，公民、法人或者其他组织认为行政机关确认土地、矿藏、水流、森林、山岭、草原、荒地、滩涂、海域等自然资源的所有权或者使用权的具体行政行为，侵犯其已经依法取得的自然资源所有权或者使用权的，经行政复议后，才可以向人民法院提起行政诉讼，但法律另有规定的除外；对涉及自然资源所有权或者使用权的行政处罚、行政强制措施等具体行政行为提起行政诉讼的，不适用《行政复议法》第 30 条第 1 款的规定。

对于确权行政行为与行政许可行为的区分，最高人民法院行政审判庭在《关于行政机关颁发自然资源所有权或者使用权证的行为是否属于确认行政行为问题的答复》（2005 行他字第 4 号）中指出：《最高人民法院关于适用〈行政复议法〉第三十条第一款有关问题的批复》（法释〔2003〕5 号）中的“确认”，是指当事人对自然资源的权属发生争议后，行政机关对争议的自然资源的所有权或者使用权所作的确权决定。有关土地等自然资源所有权或者使用权的初始登记，属于行政许可性质，不应包括在行政确认范畴之内。据此，行政机关颁发自然资源所有权或者使用权证书的行为不属于复议前置的情形。

3. 限制性的选择关系。当事人对行政机关作出的具体行政行为不服的，可以选择申请复议，或者向法院起诉。但是如果法律规定行政复议机关作出的行政复议决定是终局的，当事人不得提起行政诉讼。《行政复议法》涉及终局行政复议决定的有两种情形：一是《行政复议法》第 14 条规定的国务院裁决。二是《行政复议法》第 30 条第 2 款的规定：“根据国务院或者省、自治区、直辖市人民政府对行政区划的勘定、调整或者征收土地的决定，省、自治区、直辖市人民政府确认土地、矿藏、水流、森林、山岭、草原、荒地、滩涂、海域等自然资源的所有权或者使用权的行政复议决定为最终裁决。”

【案例 13-3】

杨某受某厂指派在本县范围内收购茶叶 2 万斤，厂方提供了介绍信、营业执照副本。杨某收购后未向税务机关纳税。县税务局知悉后即作出决定，杨某需缴纳增值税 5 000 余元。杨某不服，认为自己是接受某厂的指派，与该厂是委托关系，其税款应当由厂方缴纳。县税务局未采纳杨某的意见，坚持要求杨某纳税。杨某直接向人民法院提起行政诉讼，法院经过审查，裁定不予受理，并告知杨某必须先经过复议，不经复议不得起诉。

四、具体行政行为在行政复议期间的执行力

原则上，在行政复议期间，具体行政行为不停止执行，即所谓的“复议不停止执行制度”。复议不停止执行是保证国家行政管理的连续性、有效性的重要手段，是行政法上的一项重要制度，该制度的理论基础是国家意志的先定力理论和公权力优先理论或公务优先理论。国家意志先定力是指行政机关代表国家进行行政管理，具体行政行为一经作出即具有法律上的确定力、拘束力和执行力。在有权机关依法撤销它之前，都应认为它是合法有效的。行政相对人无权裁判具体行政行为的合法性、有效性。

复议不停止执行制度是有例外的，如《行政复议法》第 21 条规定，下列几种情况可以先停止执行：（1）被申请人认为需要停止执行的；（2）行政复议机关认为需要停止执行的；（3）申请人申请停止执行，行政复议机关认为其要求合理，决定停止执行的；（4）法律规定停止执行的。《治安管理处罚法》第 107 条规定：“被处罚人不服行政拘留处罚决定，申请行政复议、提起行政诉讼的，可以向公安机关提出暂缓执行行政拘留的申请。公安机关认为暂缓执行行政拘留不致发生社会危险的，由被处罚人或者其近亲属提出符合本法第一百零八条规定条件的担保人，或者按每日行政拘留二百元的标准交纳保证金，行政拘留的处罚决定暂缓执行。”

第五节 行政复议的审理、决定和执行

一、行政复议的审理

（一）审理方式

复议采取以书面审理为主，其他方式为辅的审理方式。《行政复议法》第 22 条规定：“行政复议原则上采取书面审查的办法，但是申请人提出要求或者行政复议机关负责法制工作的机构认为有必要时，可以向有关组织和人员调查情况，听取申请人、被申请人和第三人的意见。”

所谓书面复议制度，是指行政复议机关对行政复议申请人提出的申请和被申请人提交的答辩，以及被申请人作出具体行政行为所依据的规范性文件和证据进行非公开对质性审查，并在此基础上作出行政复议决定的制度。行政复议之所以确立书面复议制度，主要是基于以下理

由：（1）书面复议制度是及时原则在复议制度中的体现。行政复议不同于行政诉讼，它是一项行政司法制度，所以不可避免地要体现行政的基本特征：效率。（2）便民原则也是实行书面复议制度的一个重要原因。书面复议一方面免除了复议当事人的旅途之累；另一方面对于作为被申请人的行政机关来说，为其节约了一定的物力、财力。（3）有些经过行政听证的行政争议，行政复议实质上是对该行政争议的二审，因此，只进行书面复议也是比较合理、可行的。（4）行政复议机关对被申请的具体行政行为所涉及的行政事务相对比较熟悉，一般通过书面复议就可以查清行政复议案件的事实真相。因此，书面复议制度可以提高行政复议的效率，有利于及时解决行政争议，减少行政复议的成本，减轻行政复议中申请人与被申请人的对抗情绪，有利于行政争议在行政程序中获得解决。

所谓“其他方式”，是指复议机构认为必要时，向有关组织和人员调查情况，听取申请人、被申请人和第三人的意见，或者采取听证方式，在双方对争议事实、法律依据进行质证、辩论的基础上，最后由复议机关作出决定的审查方式。这种审查方式一般适用于较为复杂、影响较大的行政复议案件。

（二）举证责任

举证责任是指承担举证责任的当事人必须对自己的主张提出主要的事实根据，以证明其确实存在，否则将承担败诉后果的法定义务。举证责任通常是诉讼中的证据规则，但由于行政复议与行政诉讼都属于第三方居间解决行政机关与相对人争议的制度，具有某种共性，所以，行政复议也适用举证责任制度。根据《行政复议法》第 23 条和第 28 条的规定，被申请人承担对具体行政行为合法性和适当性的举证责任。被申请人的举证范围不限于具体行政行为的事实证据，还包括行政机关作出具体行政行为所依据的规范性文件。举证时间为收到复议申请书副本 10 日内，如果被申请人不按照有关规定提交作出具体行政行为的全部事实证据、依据和其他有关材料的，该具体行政行为被视为没有证据，复议机关有权撤销该具体行政行为。另外，被申请人在复议过程中，不得自行向申请人和其他有关组织或个人收集证据。对于申请人与第三人的举证责任问题，《行政复议法》没有具体规定。实际上，申请人和其他复议参加人也必须承担一定的举证责任。如在履行法定职责的行政复议案件中，如果申请人对自己主张的事实不承担任何举证责任，具体行政行为的合法性就无从判断。例如，申请人如果不能证明自己符合申请许可证的法定条件，复议机关就无法判断被申请人拒发许可证的行为是否正确。当然，与被申请人承担的举证责任相比，申请人的举证责任是次要的、第二位的。

（三）查阅材料

根据《行政复议法》第 23 条的规定，行政复议机关负责法制工作的机构应当自行政复议申请受理之日起 7 日内，将行政复议申请书副本或者行政复议申请笔录复印件发送被申请人。被申请人应当自收到申请书副本或者申请笔录复印件之日起 10 日内，提出书面答复，并提交当初作出具体行政行为的证据、依据和其他有关资料。申请人、第三人可以查阅被申请人提出的书面答复以及作出具体行政行为的证据、依据和其他有关资料，除涉及国家秘密、商业秘密或者个人隐私外，行政复议机关不得拒绝。

（四）撤回申请

复议申请的撤回是指复议申请被复议机关受理后，复议决定作出前，经复议机关同意，复议申请人撤回复议申请，终止复议审理的制度。《行政复议法》第 25 条规定：“行政复议决定作出前，申请人要求撤回行政复议申请的，经说明理由，可以撤回；撤回行政复议申请的，行政复议终止。”

二、行政复议的决定

（一）对行政规定和行政依据的处理

申请人在申请行政复议时，一并对有关行政规定和行政依据提出审查申请的，行政复议机关对该行政规定和行政依据有权处理的，应当在 30 日内依法作出处理决定；其无权处理的，应当在 7 日内按照法定程序转送有权处理的行政机关作出处理决定，有权处理的行政机关应当在 60 日内依法作出处理决定。此外，行政复议机关在对被申请人作出的具体行政行为进行审查时，认为具体行政行为的依据（如行政法规、规章等）不合法，行政复议机关有权处理的，应当在 30 日内依法处理；其无权处理的，应当在 7 日内按照法定程序转送有权处理的国家机关依法处理。处理期间，复议机关中止对具体行政行为的审查。

《行政复议法》第 26 条、第 27 条确定了两种不同的对于抽象行政行为依据的审查制度，二者在实践中存在较大差异。具体分析如下：（1）根据《行政复议法》第 26 条的规定，行政复议机关依申请进行审查时，其有权机关为有权处理的行政机关；（2）根据《行政复议法》第 27 条的规定，行政复议机关依职权进行审查时，其有权机关为有权处理的国家机关。

在第一种情形下，被申请复议的“规定”限于除行政法规、规章外的由行政机关制定的规范性文件。因此，有权机关具体为：（1）作为被申请复议的具体行政行为依据的“规定”的制定机关为人民政府的，有权处理的行政机关为其上一级人民政府；（2）作为被申请复议的具体行政行为依据的“规定”的制定机关为人民政府部门的，有权处理的行政机关为其同级的人民政府和有领导关系的上一级主管部门。

在我国，根据《宪法》《国务院组织法》《地方各级人民代表大会和地方各级人民政府组织法》的规定，行政机关实行双重从属制，即行政机关既要对上一级行政机关负责，也要对同级国家权力机关负责。因此，在上述第一种情形下，在法律上实际对行政机关制定的“规定”有权进行处理的国家机关，不限于行政机关，还应当包括国家权力机关。但《行政复议法》考虑到行政复议的及时性、高效性等特点，明确规定有权处理的机关为行政机关。被申请复议的具体行政行为的依据，既可能是由行政机关制定的，也可能是由权力机关制定的。根据《行政复议法》的规定，行政复议机关的行政级别最高为国务院，因此，实际上，法律、地方性法规、自治条例和单行条例是排除在行政复议机关有权处理的范围之外的，最多只能享有疑问权，而不能作出最后的处理决定。在第二种情形下，有权处理的国家机关根据《宪法》《国务院组织法》《地方各级人民代表大会和地方各级人民政府组织法》的规定，具体为：（1）作为被申请复议的具体行政行为依据的“规定”的制定机关为人民政府的，有权处理的国家机关为其上一级人民政府和本级人大及人大常委会；（2）作为被申请复议的具体行政行为依据的“规定”的制定机关为人民政府部门的，有权处理的国家机关为其同级的人民政府和有领导关系的上一级主管部门；（3）作为被申请复议的具体行政行为依据为“规定”的制定机关为人大常委会的，有权处理的国家机关为同级人大和上一级人大常委会；（4）作为被申请复议的具体行政行为依据的“规定”的制定机关为人大的，其有权处理的国家机关为上一级人大常委会。在这种情形下，有权处理的国家机关可能是两个以上的国家机关，《行政复议法》没有明确规定在出现这种情形时，应当向哪一个有权处理的国家机关转送。但从《行政复议法》关于当事人对“规定”申请复议的处理机关的规定原则及行政复议的特点推论，在实践中，处理的原则是：（1）如果有权处理的国家机关，既有行政机关，又有国家权力机关的，应当转送行政机关处理；（2）如果有权处理的国家机关，既有人民政府，又有上一级主管部门的，应当转送人民政府处理；（3）如果有权处理的国家机关，既有人民代表大会，又有人大常委会的，应当转送人大常委会处理。

（二）对具体行政行为的复议决定

行政复议决定是指复议机关对行政复议案件进行审理后所作的具有法律效力的处理。根据《行政复议法》的有关规定，行政复议机关根据不同情况应当在受理行政复议申请之日起 60 日内分别作出不同决定，法律另有规定的除外。

1. 维持决定。具体行政行为认定事实清楚，证据确凿，适用依据正确，程序合法，内容适当的，决定维持。行政复议的维持决定适用的条件是：（1）具体行政行为事实清楚、证据确凿。事实是指主要事实或基本事实。衡量所认定的事实是否有相应的可靠的证据证明，具体要求是：具体行政行为所针对的客观情况过程和环节清楚；各项证据相互协调一致，足以证明待证事实。（2）适用依据正确。适用依据正确是指具体行政行为作出时所依据的规范性文件正确，具体行政行为与所依据的规范性文件之间相互匹配。具体包含三层含义：具体行政行为作出时有规范性文件作为依据；这些依据本身是合法有效的；具体行政行为适用法律、法规及行政规范性文件是正确的，没有适用不该适用的规范，也没有该适用的规范未予适用。（3）程序合法。程序合法是指作出具体行政行为时遵守了法定程序，符合法定程序的要求。具体包括：符合法定的方式，如表明执法身份、说明理由等；符合法定形式，如采取书面形式、证照形式、制作笔录等；符合法定手续，如通知、批准、送达等；符合法定步骤，如先行告知等；符合法定时限要求，如讯问查证的时限不超过 24 小时等。

2. 履行决定。被申请人不履行法定职责的，应要求其在一定期限内履行。这种决定包括了确认不作为违法和要求履行法定义务两个方面的内容。依照《行政复议法》第 28 条第 1 款第 2 项规定，被申请人不履行法定职责的，行政复议机关应当决定其在一定期限内履行法定职责。行政复议机关依照《行政复议法》第 28 条的规定责令被申请人重新作出具体行政行为的，被申请人应当在法律、法规、规章规定的期限内重新作出具体行政行为；法律、法规、规章未规定期限的，重新作出具体行政行为的期限为 60 日。公民、法人或者其他组织对被申请人重新作出的具体行政行为不服的，可以依法申请行政复议或者提起行政诉讼。

3. 撤销、确认违法决定。具体行政行为有下列情形之一的，应决定撤销或者确认该具体行政行为违法；决定撤销或者确认该具体行政行为违法的，可以责令被申请人在一定期限内重新作出具体行政行为：（1）主要事实不清、证据不足的；（2）适用依据错误的；（3）违反法定程序的；（4）超越或者滥用职权的；（5）具体行政行为明显不当的。这些决定都是行政复议机关对违法具体行政行为的处理。被申请人不得以同一事实和理由作出与原来的具体行政行为基本相同的具体行政行为。撤销决定分为两种：第一种是只撤销，第二种是撤销的同时责令重作。撤销，适用于行政机关的行政行为完全违法的情形；撤销并责令重作，适用于行政机关的行政行为违法，但行政机关还应该作出行政行为的情形。

4. 变更决定。变更决定是行政复议机关对被申请人进行监督的一种重要形态，其变更权的适用范围比行政诉讼中的“行政处罚显失公平”的适用范围要广泛得多，体现了上级行政机关对于下级行政机关的监督权限。变更决定意味着行政复议机关可以直接对被申请复议的行政行为作出改变，有助于节约时间，提高效率。具体行政行为有下列情形之一，行政复议机关可以决定变更：（1）认定事实清楚，证据确凿，程序合法，但是明显不当或者适用依据错误的；（2）认定事实不清，证据不足，但是经行政复议机关审理查明事实清楚，证据确凿的。

5. 赔偿决定。申请人在申请行政复议时可以一并提出行政赔偿请求。行政复议机关认为符合《国家赔偿法》的有关规定应当给予赔偿的，在决定撤销、变更具体行政行为或者确认具体行政行为违法时，应当同时作出由被申请人依法给予申请人赔偿的决定。申请人在申请行政复议时如果没有提出行政赔偿请求，行政复议机关在依法决定撤销或者变更罚款，撤销违法集资、没收财物、征收财物、摊派费用以及对财产的查封、扣押、冻结等具体行政行为时，应当同时作出责令被申请人返还申请人财产，解除对申请人财产的查封、扣押、冻结措施，或者赔偿相应价款的决定。《行政复议法》关于行政赔偿责任规定的特点是实行“不告也理”的原则，即为了切实保护申请人的合法权益，即便申请人没有提出行政赔偿请求，行政复议机关对特殊类型的行政行为作出相应决定时，也应该责令被申请人返还财产，并赔偿相应的价款。

6. 驳回复议请求决定。根据《行政复议法实施条例》的规定，行政复议增加了驳回复议请求的决定种类。该决定种类源于最高人民法院司法解释中增设的“驳回诉讼请求”判决形态，主要适用于以下情形：（1）申请人认为行政机关不履行法定职责申请行政复议，行政复议机关受理后发现该行政机关没有相应法定职责或者在受理前已经履行法定职责的；（2）受理行政复议申请后，发现该行政复议申请不符合《行政复议法》和《行政复议法实施条例》规定的受理条件的。为了加强对于“驳回复议请求”决定的监督，上级行政机关认为行政复议机关驳回行政复议申请的理由不成立的，应当责令其恢复审理。

【案例 13-4】

张某因不服税务局查封财产决定向上级机关申请复议，要求撤销查封决定，但没有提出赔偿请求。复议机关经审查认为该查封决定违法，决定予以撤销，对于查封决定造成的财产损失，复议机关在作出解除查封的同时要求被申请人赔偿相应损失。

（三）调解结案

《行政复议法实施条例》增加了“调解”作为行政复议结案的方式之一，“调解”方式的确定来源于实践的广泛运用以及运用取得的实际效果。根据资料显示，在一些比较重视运用调解手段解决行政争议的部门和地方，如上海、河北、湖北、黑龙江等近年来通过调解达成和解的行政复议案件，一般能够占到行政复议案件数量的 20%～30%左右，其中湖北省市县两级复议机关通过调解结案的案件比例高达 50%以上。这种探索符合国务院《全面推进依法行政实施纲要》关于“要完善行政复议工作制度，积极探索提高行政复议工作质量的新方式、新举措”的要求，而且具有简便高效、成本低廉，凸显以人为本的行政管理理念，充分尊重当事人的选择权，减少复议申请人和被申请人之间的对立情绪，彻底解决行政争议等特点。基于这种认识，《行政复议法实施条例》吸收了实践经验，增加了“调解”作为行政复议决定方式的一种。具体制度设计如下：（1）行政复议机关可以按照自愿、合法的原则进行调解。（2）能够适用调解的案件分为两类：第一类是公民、法人或者其他组织对行政机关行使法律、法规规定的自由裁量权作出的具体行政行为不服申请行政复议的；第二类是当事人之间的行政赔偿或者行政补偿纠纷。(3) 当事人经调解达成协议的，行政复议机关应当制作行政复议调解书。调解书应当载明行政复议请求、事实、理由和调解结果，并加盖行政复议机关印章。(4) 行政复议调解书经双方当事人签字，即具有法律效力。(5) 调解未达成协议或者调解书生效前一方反悔的，行政复议机关应当及时作出行政复议决定。

三、行政复议决定的执行

根据《行政复议法》第33条的规定，申请人逾期不起诉又不履行行政复议决定的，或者不履行终局裁决的行政复议决定的，按照下列规定分别处理：(1) 维持具体行政行为的行政复议决定，由作出具体行政行为的行政机关依法强制执行，或者申请人民法院强制执行。(2) 变更具体行政行为的行政复议决定，由行政复议机关依法强制执行，或者申请人民法院强制执行。

【引导案例】

王某向南京市政府递交行政复议申请书，以南京市住建委于2015年9月28日向被拆迁家庭出售5元一式六份的《南京市经济适用住房买卖合同》(以下简称《买卖合同》) 是违法的具体行政行为为由，要求南京市政府作出如下决定：(1) 南京市住建委停止向安置房业主出售《买卖合同》，并责成南京市住建委重新印制保障性政策性商品房买卖合同；(2) 审查南京市住建委具体行政行为依据，即宁房管〔2008〕298号文的合法性；(3) 请求依法确认王某2004年所购的拆迁补偿安置房为保障性政策性商品房。

南京市政府经审查后，以王某所申请的事项不符合行政复议法第6条规定的受案范围为由，决定不予受理，并作出《不予受理行政复议申请决定书》(以下简称《决定书》)。

王某不服《决定书》，提起诉讼，请求撤销南京市政府作出的《决定书》，并责令南京市政府受理复议申请。

一审法院认为，南京市住建委向王某出售《买卖合同》的行为并不具有具体行政行为所应当具备的基本效力，亦未对王某的权利义务进行设定、变更或消灭。因此，市住建委向王某出售《买卖合同》的行为不是具体行政行为，故南京市政府以王某申请复议的事项不属于行政复议范围为由，决定不予受理，符合法律规定。一审法院驳回了王某的诉讼请求。

王某不服，继续上诉。

二审法院认为，南京市政府收到王某的复议申请后，如认为王某的复议申请存在表述不清楚的情形，应依法通知其补正，但在未通知王某进一步明确复议请求的情况下，直接将王某的申请复议请求认定为王某认为南京市住建委向其出售5元一式六份《买卖合同》违法，缺乏事实根据，据此作出的不予受理决定，实属不当。一审法院判决认为被诉的《决定书》认定事实清楚，适用法律错误，应依法予以纠正。因此，判决撤销一审判决，撤销南京市政府《决定书》，并责令南京市政府依法重新作出复议决定。

王某向最高人民法院申请再审，认为二审判决责令南京市政府依法重新作出复议决定，但未直接判令南京市政府依法重新作出确认涉案房屋为保障性政策性商品房，转让时免交土地差价收益金的复议决定，未从实体上解决私有房屋产权冲突等问题。

问题：1. 南京市政府不予受理决定王某的复议事项，是否恰当？

2. 二审判决未对涉案房屋属性等作出实体认定和处理，是否恰当？

解析：1. 根据《行政复议法》第6条的规定，公民、法人或者其他组织认为行政机关的具体行政行为侵犯其合法权益的，可以向行政机关提出行政复议申请。《行政复议法实施条例》第29条规定，行政复议申请材料不齐全或者表述不清楚的，行政复议机构可以自收到该行政复议申请之日起5日内书面通知申请人补正。补正通知应当载明需要补正的事项和合理的补正期限。无正当理由逾期不补正的，视为申请人放弃行政复议申请。由此可知，行政复议申请材料齐全、内容表述清楚，是行政复议机构准确把握申请人的利益诉求，正确判断是否应当受理的前提。

当申请人提起复议申请所提供的相关材料不齐全或者表述不清楚时，行政机关应依法通知申请人补正，如行政机关未经通知补正径行决定不予受理，既不利于对申请人行政复议权利的保护，也不利于矛盾争议的实质化解。

该案中，南京市政府在未要求王某进一步明确复议请求的情况下，以申请事项不符合行政复议法规定的受案范围为由，作出不予受理决定，实属不当。

2. 恰当。该案系王某因不服南京市政府《决定书》而提起诉讼，人民法院审查的对象是南京市政府作出该复议决定的合法性，当被诉的复议决定被依法撤销后，原复议申请人的复议申请事项仍需复议机关重新处理，且复议机关具有重新处理的法定职权。王某要求二审法院作出实体处理，已超出行政诉讼案件人民法院的职权范围，因此，二审法院未对王某的复议申请作出实体决定，具有合理性。

【练习案例】

1. 赵某于2014年1月13日以辽宁省灯塔市人民政府（以下简称灯塔市政府）为被申请人向辽阳市政府提出行政复议申请，请求事项为：(1) 要求被申请人认真执行《国有土地上房屋征收与补偿条例》等上位法规定；(2) 被申请人于2007年作出的《灯塔市采煤沉陷区城镇居民“住宅”拆迁补偿安置办法》与国法秘函（2003）306号等上位法规定相抵触，要求予以废止；(3) 要求辽阳法制办牵头，公开举行听证会，聘请国土资源、房地产、城乡规划、法制办、人大、政法委和法律专家参加，按照大家评议结果，确定申请人全家补偿安置标准；(4) 要求按照《辽宁省行政复议证据规则》第19条第1项及法律法规规定，认真调查处理被申请人渎职拆迁造成财政损失3亿元行为。

辽阳市政府经审查认为，赵某提出的行政复议申请不符合《行政复议法》规定的受案范围，决定不予受理，于2014年1月14日作出《不予受理行政复议申请决定书》，并以特快专递方式送达给赵某。赵某不服，提起行政诉讼。

问题：在本案中，赵某提出的复议请求事项是否合理？辽阳市政府作出不予受理的决定是否合理？为什么？

2. 2011年，国土资源部收到一起对国家海洋局颁发海域使用证的行为不服而提起的行政复议申请，国家海洋局属于国土资源部管理的国家局。

问题：对国家海洋局具体行政行为不服提起的行政复议申请，应该由国土资源部受理还是由国家海洋局受理？

3. 2010 年 10 月，甲省工商行政管理局对一家中外合作经营企业——广云高速公路有限公司作出了吊销营业执照的行政处罚。该公司在法定期限内并未提出行政复议，但该公司的合作外方——国际高速公路投资有限公司不服，在法定期限内以自己的名义提出了行政复议申请。

问题：由于甲省工商行政管理局的行政处罚是对合作企业作出的，合作企业的外方是否有权以自己名义申请行政复议？

【测试题】

一、名词解释

1. 行政复议机构
2. 行政复议
3. 一级行政复议
4. 书面复议

二、思考题

1. 行政复议的特征是什么？
2. 行政复议与行政诉讼的区别有哪些？
3. 行政复议的原则有哪些？
4. 试述可申请行政复议的范围。
5. 试述不可申请行政复议的范围。
6. 行政复议的管辖种类有哪些？
7. 行政复议的参加人有哪些？
8. 简述行政复议与行政诉讼的衔接模式。

【扩展阅读】

1. 蔡小雪：《行政复议与行政诉讼的衔接》，中国法制出版社 2003 年版。
2. 本书编写组：《法律法规询问与答复》，中国法制出版社 2006 年版。
3. 王平：《行政复议法例释》，武汉大学出版社 2003 年版。
4. 应松年、刘莘主编：《中华人民共和国行政复议法讲话》，中国方正出版社 1999 年版。
5. 张越主编：《行政复议法实施条例适用指南》，群众出版社 2007 年版。
6. 王万华：《〈行政复议法〉修改的几个重大问题》，《行政法学研究》2011 年第 4 期。
7. 余凌云：《论行政复议法的修改》，《清华法学》2013 年第 4 期。

本章自测自评

第十四章 行政诉讼

【本章导学】

本章的重点是我国行政诉讼基本制度，内容涉及行政诉讼的受案范围、审查强度、管辖、原告与被告资格、证据规则、诉讼程序、法律适用以及判决类型。

第一节 行政诉讼的概念与受案范围

一、行政诉讼的概念

在我国，行政诉讼是指公民、法人或者其他组织认为行政机关的行政行为侵犯其合法权益，依法定程序向人民法院起诉，人民法院在当事人及其他诉讼参与人的参加下，对行政行为的合法性进行审理并作出裁决的活动。我国的行政诉讼具有如下特征：

1. 行政案件由人民法院受理和审理。我国法院组织只设立一套人民法院系统，在人民法院内部设立行政审判庭，受理和审理行政案件，不另设行政法院。同时，专门人民法院不设行政审判庭，不受理和审理行政案件。

2. 人民法院审理的行政案件通常只限于就行政机关的行政行为的合法性发生的争议。就行政立法行为及行政行为的合理性发生的争议，不能通过行政诉讼的方式解决。

3. 行政复议不是行政诉讼的前置阶段或者必经程序。除少量法律、法规规定向法院起诉之前必须经过行政复议以外，是否经过行政复议，由公民、法人或者其他组织自行选择。同时，即使是必须经过行政复议才能向人民法院起诉的行政案件，通常也为一级复议，无须经过再复议程序。

4. 行政案件的审理方式原则上为开庭审理，法院在审理上诉案件时，只有在事实清楚的情况下，才可以采用书面审理方式。

二、行政诉讼案件的构成要件

在我国，行政诉讼案件由以下五个要件构成：

1. 原告是认为行政机关作出的行政行为侵犯其合法权益的公民、法人或者其他组织。

2. 被告是作出被原告认为侵犯其合法权益的行政行为的行政机关和被授权的组织。

3. 原告提起行政诉讼的行政争议必须属于法院受案范围且属受诉法院管辖。

4. 原告必须在法定期限内起诉。

5. 法律、法规规定必须经过行政复议的，已经经过了行政复议；自行选择行政复议的，复议机关已作出复议决定或者逾期未作出复议决定。

三、行政诉讼的特有原则

（一）选择复议原则

选择复议原则，即在法律、法规没有明确规定必须经过复议的情况下，当事人对行政处理决定不服的，既可以先向上一级行政机关或者法律规定的特定机关申请复议，对复议决定不服，再向法院起诉；也可以不经复议而直接向法院起诉。简言之，在我国，复议原则上不是进行行政诉讼的必经程序，是否经过复议，由当事人自己选择。

把行政复议作为行政诉讼的必经阶段，即行政复议前置原则，是一些国家行政诉讼的一项基本原则。其理论根据是，在进行行政救济之前，必须穷尽其他一切救济手段；其实践意义是，由行政机关自我检查、自我纠正，既可以维护行政机关的威信，也可以减轻法院的负担，还体现了司法权对行政权的尊重。

《行政诉讼法》第 44 条规定，对属于人民法院受案范围的行政案件，公民、法人或者其他组织可以先向行政机关申请复议，对复议不服的，再向人民法院提起诉讼；也可以直接向人民法院提起诉讼。法律、法规规定应当先向行政机关申请复议，对复议不服再向人民法院提起诉讼的，依照法律、法规的规定。据此，除法律、法规明确规定必须经过复议及单行法律、法规仅规定复议程序的以外，其他行政案件是否经过复议，由当事人选择，即使单行法律、法规没有设置复议程序，也可以选择复议。

（二）审查行政行为合法性原则

对行政机关作出的行政行为的要求应当包括两个方面，即合法性和合理性。行政行为违法或者虽然合法但不合理（即不适当），都有可能对公民、法人或者其他组织的合法权益构成侵害。《行政诉讼法》考虑到法院的性质和司法权与行政权的关系，在第 6 条规定，人民法院审理行政案件，对行政行为是否合法进行审查。因此，行政机关在法律、法规授予的行政裁量权范围内作出的行政行为是否合理、适当，原则上通过行政复议由行政机关自行判断和处理。

（三）行政行为不因诉讼而停止执行原则

行政行为是行政机关代表国家依据法律、法规的规定作出的，一旦作出即应推定为合法，即行政机关的行政行为具有先定力，合法的行政行为相应地也就具有约束力、确定力及执行力，因而，即使当事人认为行政行为违法并向法院起诉，要求改变或者撤销违法行政行为，在法院代表国家依据有关法律、法规作出生效判决之前，行政行为也仍然被推定为合法、有效，就要得到执行。同时，实行这一原则也有利于保证国家行政管理活动的正常进行。在我国，当行政相对人在规定的期限内不履行行政行为所要求的义务时，行政机关或者法院有权依据法律规定强制执行。

《行政诉讼法》同时也考虑到在某些特殊情况下，行政行为应当停止执行，否则，将可能造成难以弥补的损失，故在其第 56 条规定，诉讼期间，不停止行政行为的执行。但有下列情形之一的，裁定停止执行：（1）被告认为需要停止执行的；（2）原告或者利害关系人申请停止执行，人民法院认为该行政行为的执行会造成难以弥补的损失，并且停止执行不损害国家利益、社会公共利益的；（3）人民法院认为该行政行为的执行会给国家利益、社会公共利益造成重大损害的；（4）法律、法规规定停止执行的。其中，对于第 4 种情形，目前在全国尚无典型的规定，比较相近的规定是《治安管理处罚法》关于拘留的规定。根据《治安管理处罚法》第 107 条的规定，被处罚人提起行政诉讼的，在交纳了保证金或者提供了担保人的情况下，可以暂缓拘留。

（四）司法变更权有限原则

司法变更权是指人民法院对被诉行政行为经过审理后，改变该行政行为的权力。司法变更权涉及司法权与行政权的关系问题，因此，各国在规定法院所享有的变更权时都极为慎重。

《行政诉讼法》既考虑到最大限度地保护当事人合法权益的需要及保障司法权行使的有效性，又考虑到法定的权力分配关系，故在第 77 条规定，行政处罚明显不当，或者其他行政行为涉及对款额的确定、认定确有错误的，人民法院可以判决变更。人民法院判决变更，不得加重原告的义务或者减损原告的权益，但利害关系人同为原告且诉讼请求相反的除外。

此外，“被告行政机关在行政诉讼中负举证责任原则”也是行政诉讼中的重要原则，这一原则的内容及原因将在行政诉讼证据部分作详细介绍，此处不赘述。

四、行政诉讼的受案范围

行政诉讼的受案范围，又称“人民法院的主管范围”，是指法院受理并审理行政争议的范围。这一范围，从法院与行政机关的关系而言，是指法院对行政机关的哪些行政行为拥有司法审查权；从公民、法人和其他组织的角度而言，是指对行政机关的哪些行政行为不服时可以向法院起诉，以寻求司法救济。

（一）人民法院受理的行政案件

《行政诉讼法司法解释》第 1 条第 1 款对行政机关的受案范围作了概括式规定：“公民、法人或者其他组织对行政机关及其工作人员的行政行为不服，依法提起诉讼的，属于人民法院行政诉讼的受案范围。”

《行政诉讼法》第 12 条第 1 款和第 2 款则具体规定了法院的受案范围。第 1 款采用分类列举式，第 2 款采用法律、法规个别列举式。法院受理的行政案件有以下 12 类：（1）对行政拘留、暂扣或者吊销许可证和执照、责令停产停业、没收违法所得、没收非法财物、罚款、警告等行政处罚不服的；（2）对限制人身自由或者对财产的查封、扣押、冻结等行政强制措施和行政强制执行不服的；（3）申请行政许可，行政机关拒绝或者在法定期限内不予答复，或者对行政机关作出的有关行政许可的其他决定不服的；（4）对行政机关作出的关于确认土地、矿藏、水流、森林、山岭、草原、荒地、滩涂、海域等自然资源的所有权或者使用权的决定不服的；（5）对征收、征用决定及其补偿决定不服的；（6）申请行政机关履行保护人身权、财产权等合法权益的法定职责，行政机关拒绝履行或者不予答复的；（7）认为行政机关侵犯其经营自主权或者农村土地承包经营权、农村土地经营权的；（8）认为行政机关滥用行政权力排除或者限制竞争的；（9）认为行政机关违法集资、摊派费用或者违法要求履行其他义务的；（10）认为行政机关没有依法支付抚恤金、最低生活保障待遇或者社会保险待遇的；（11）认为行政机关不依法履行、未按照约定履行或者违法变更、解除政府特许经营协议、土地房屋征收补偿协议等协议的；（12）认为行政机关侵犯其他人身权、财产权等合法权益的。

其中，行政机关为实现公共利益或者行政管理目标，在法定职权范围内，与公民、法人或者其他组织协商订立的具有行政法上权利义务内容的协议，属于《行政诉讼法》第 12 条第 1 款第 11 项规定的行政协议。公民、法人或者其他组织就下列行政协议提起行政诉讼的，人民法院应当依法受理：（1）政府特许经营协议；（2）土地、房屋等征收征用补偿协议；（3）其他行政协议。

而《行政诉讼法》第12条第1款第12项规定的“其他人身权、财产权”，是指除上述11类案件所涉及的有关人身权、财产权以外的人身权、财产权。这也可以看作《行政诉讼法》对人身权、财产权保护的一种概括性保护规定，即在我国，公民、法人或者其他组织认为行政机关侵犯任何一种人身权、财产权，都可以向法院提起行政诉讼。根据我国现行法律、法规的规定，法院受理的侵犯其他人身权、财产权案件，主要有以下四类：（1）不服行政机关确认土地、矿产、森林、山岭、草原、荒地、滩涂等资源的所有权和使用权归属的行政处理决定的案件；（2）不服确认专利权等处理决定的案件；（3）不服行政机关对平等主体之间的赔偿问题所作裁决的案件，如果行政机关对这类争议进行调解或者仲裁，当事人不服的，不得提起行政诉讼；（4）不服行政机关依照职权作出的强制性补偿决定的案件。

此外，法律①、法规②规定应当受理的其他行政案件，法院也应当受理。

【案例14-1】

2008年3月，宁安市政府因经济开发区项目建设与宁安镇红城村四屯村民张某签订了《土地租赁协议书》，对租赁的土地面积及租赁费、租期、养老保险补贴金、地上物及其他补偿费等进行了约定。双方按期履行了协议。

2016年7月11日，张某向法院提起行政诉讼，请求确认宁安市政府与其签订的《土地租赁协议书》无效。③

我国《行政诉讼法》第12条第1款规定：“人民法院受理公民、法人或者其他组织提起的下列诉讼……（十一）认为行政机关不依法履行、未按照约定履行或者违法变更、解除政府特许经营协议、土地房屋征收补偿协议等协议的；……”该案中，宁安市政府为实现公共利益或者行政管理目标，在法定职责范围内与张某协商订立的土地租赁协议，属于《行政诉讼法》第12条第1款第11项规定的行政协议，属于行政诉讼的受案范围。

【案例14-2】

1984年5月，付某被湖南省邵阳市电业局招聘为农村人民公社农电员。2015年8月，邵阳市人力资源和社会保障局根据湘社险函〔2014〕43号的规定，在为付某核定城镇职工退休待遇时，核定付某的工作时间为1991年7月1日，退休时间为2015年8月1日。付某对此不服，遂成纠纷。④

该案中，被告作为邵阳市境内的社会保障部门，依照规定对原告付某的相关退休待遇进行核定的行为已经对原告的权益发生了影响。根据《行政诉讼法》第12条第10项的规定，公民、法人或者其他组织认为行政机关没有依法支付抚恤金、最低生活保障待遇或者社会保

① 此处的“法律”是指全国人大及其常委会制定的规范性文件。
② 此处的“法规”是指行政法规、地方性法规、自治条例和单行条例。
③ 案例来源于最高人民法院行政裁定书（2017）最高法行申7320号。
④ 案例来源于湖南省邵阳市北塔区人民法院行政判决书（2016）湘0511行初35号。

险待遇而提起诉讼的，人民法院应当受理。《社会保险法》第 83 条第 1 款亦规定："用人单位或者个人认为社会保险费征收机构的行为侵害自己合法权益的，可以依法申请行政复议或者提起行政诉讼。"据此，本案中，原告付某提起诉讼，人民法院应当依法受理。

（二）法院不予受理的事项

《行政诉讼法》第 13 条规定了司法审查的排除性条款，即明确规定对于某些事项法院不予受理。

1. 国防、外交等国家行为。国家行为又称"统治行为""政治行为"，是指涉及国家之间的关系、国家安全以及其他国家重大利益的高度政治性行为。具体来说，是指国务院、中央军事委员会、国防部、外交部等根据宪法和法律的授权，以国家的名义实施的有关国防和外交事务的行为，以及经宪法和法律授权的国家机关宣布紧急状态、实施戒严和总动员等行为。一般认为，国家机关依据宪法和法律授予的自由裁量权就国家重大政治问题所采取的行为，属于高度政治性行为而非法律性行为，若采取这类行为失当，国家机关及其首脑也只承担政治责任，而不承担法律责任。法院属司法机关，只有权审查法律行为，追究法律责任，因国家行为产生的争议，不能由司法机关而只能由人民或者政治性机关追究政治责任。各国因政治体制及国家结构形式不同，对国家行为的范围认识不一，且随形势的变化也有所发展，但各国一般都将国防和外交这两类行为视为国家行为。国防方面的国家行为主要有征兵、军需、军基、军事设施建设的决定、命令等；外交方面的国家行为主要有依据国家对外政策而缔结条约和协定、对外国政府的承认、对国际重大事件的看法等各种外事活动的决定、命令。

2. 抽象行政行为。《行政诉讼法》第 13 条第 2 项规定，人民法院不受理公民、法人或者其他组织对行政法规、规章或者行政机关制定、发布的具有普遍约束力的决定、命令提起的诉讼。据此，行政相对人直接就行政规范性文件向人民法院提起诉讼的，人民法院不予受理。同时，《行政诉讼法》第 53 条规定："公民、法人或者其他组织认为行政行为所依据的国务院部门和地方人民政府及其部门制定的规范性文件不合法，在对行政行为提起诉讼时，可以一并请求对该规范性文件进行审查。前款规定的规范性文件不含规章。"可见，规章及国务院制定的行政法规等不在提起诉讼的范围之内，当事人应当通过其他途径寻求救济。

3. 内部行政行为。这里的内部行政行为是指行政机关作出的涉及该行政机关工作人员公务员权利、义务的决定。行政机关管理其内部事务的行政行为，如对其所属的工作人员公务员进行奖惩、任免等，属于行政机关自律权范畴，法院对此不能通过审判程序进行干涉。同时，行政机关奖惩、任免工作人员公务员通常以内部规定、内部考核结果为依据，是行政机关综合判断的结果，法院无法判断行政机关的这些决定是否合法与适当。根据有关法律的规定，对这类行为的监督权，分别由其上一级行政机关、监察机关、人事机关行使。

4. 法律规定由行政机关最终裁决的行政行为。此处的"法律"仅指全国人大及其常委会制定、通过的规范性文件。如果其他规范性文件规定行政机关有权作出终局裁决，当事人向法院起诉的，法院应当受理。法律对由行政机关作出最终裁决的行政行为的范围的规定方式，主要有以下三种：

（1）明确列举的方式，即在法律中明确规定当事人不服行政机关的某项行政处理决定的，只能向有关行政机关申请复议，复议决定为最终裁决，不得向法院起诉，如《行政复议法》

第 30 条第 2 款的规定。

（2）由当事人选择，即当事人不服行政机关的行政处理决定的，可以向作出决定的行政机关的上一级机关复议，复议决定为终局决定；也可以直接向法院起诉，如《行政复议法》第 14 条的规定。

（3）法律虽然没有规定哪些行政争议由行政机关作最终裁决，但根据《行政诉讼法》第 12 条关于法院受案范围的规定，行政机关对因法院受案范围以外的行政行为发生的争议作出的复议决定就是一种事实上的最终裁决。例如，《集会游行示威法》第 13 条规定，集会、游行、示威的负责人对主管机关不许可的决定不服的，可以自接到决定通知之日起 3 日内，向同级人民政府申请复议，人民政府应当自接到申请复议书之日起 3 日内作出决定。该法没有规定当事人对政府的复议决定不服可以向法院起诉，《行政诉讼法》也未作此规定，因此，政府关于集会、游行、示威申请的复议决定就是最终裁决。

【案例 14-3】

2012 年 12 月，经吉林省人民政府批准，吉林省国土资源厅作出《关于集安市人民政府 2012 年第 12 批次农用地转用和土地征收的批复》，同意集安市 52.866 公顷农村集体农用地转为建设用地，并办理征地手续，同意征收农村集体建设用地和未利用地共计 53.394 公顷，用于工矿仓储项目建设。李某对批复不服，向吉林省人民政府申请行政复议，请求撤销该行政批复。吉林省人民政府以李某的行政复议申请超过法定期限为由，于 2014 年 7 月 31 日作出《驳回行政复议申请决定》。李某仍不服，向人民法院提起诉讼，请求撤销批复。①

《行政复议法》第 30 条第 2 款规定："根据国务院或者省、自治区、直辖市人民政府对行政区划的勘定、调整或者征收土地的决定，省、自治区、直辖市人民政府确认土地、矿藏、水流、森林、山岭、草原、荒地、滩涂、海域等自然资源的所有权或者使用权的行政复议决定为最终裁决。"《最高人民法院关于适用〈中华人民共和国行政复议法〉第 30 条第 2 款有关问题的答复》中明确规定，《行政复议法》第 30 条第 2 款规定的最终裁决应当包括两种情况：一是国务院或者省级人民政府对行政区划的勘定、调整或者征用土地的决定；二是省级人民政府据此确认自然资源的所有权或者使用权的行政复议决定。依照上述法律及司法解释的规定，省级人民政府征用土地的决定属于最终裁决行为。此外，《行政诉讼法》第 13 条第 4 项规定，人民法院不受理公民、法人或者其他组织对法律规定由行政机关最终裁决的行政行为提起的诉讼。在该案中，吉林省人民政府作出的批复，是省级人民政府征用土地的决定，属于行政机关作出的最终裁决。李某对该最终裁决不服提起的诉讼，不属于行政诉讼的受案范围。

5. 公安、国家安全等机关依照刑事诉讼法的明确授权实施的行为。为了查明案件事实，《刑事诉讼法》通常明确授权公安或者国家安全机关在立案阶段采取一定的强制措施，例如冻结存款、监视居住、询问证人等。这类行为一般被视为司法行为，而非行政行为，因而并不属于行政诉讼的受案范围。当然，若是公安或者国家安全机关实施的行为超越了《刑事诉讼法》

① 案例来源于最高人民法院行政裁定书（2016）最高法行申 721 号。

明确授权的范围，与刑事诉讼法授权的目的背离，司法机关便有权对之审查。

6. 行政机关的调解行为以及法律规定的仲裁行为。行政调解是指在行政机关的主持下，民事争议的当事人自愿达成协议，以解决纠纷的活动。由于行政调解遵循当事人意思自治原则，其通常不会体现公权力的强制性。当事人若对于行政机关居中调解的结果存在争议，可以另行提起民事诉讼，并无进行行政诉讼的必要。总之，考虑到行政调解的性质，应当将其排除于行政诉讼受案范围。

法律规定的仲裁行为是指根据全国人大及其常委会制定的法律，行政机关或行政机关授权的组织基于中立的立场，裁断民事纠纷的行为。通常而言，仲裁行为由双方当事人约定，体现了当事人的意思自治。另外，仲裁具有最终性，若是涉案当事人就同一纠纷向人民法院再次提起诉讼，人民法院应当不予受理。因此，应当将法律规定的仲裁行为排除于行政诉讼的受案范围。

7. 过程性行政行为。过程性行政行为一般是指行政机关为行政行为的最终作出而实施的准备、论证、研究、咨询等活动。相较于具有最终法律效力的行政行为，过程性行政行为表现出阶段性、程序性，通常并不具有最终的、对外的法律效力，因而过程性行政行为不属于行政诉讼的受案范围。

8. 驳回当事人对行政行为提起申诉的重复处理行为。由于驳回当事人对行政行为提起申诉的重复处理行为在内容上仅是对原生效行政行为的简单重复，未能改变行政主体与行政相对人之间的权利义务关系，因而不具有可诉性。

9. 行政指导行为。诚如前述，行政指导是为了实现行政管理的目的，行政主体基于法律、国家政策的规定，采用倡导、引导、劝告等方式作出的，旨在引导行政相对人自愿采取一定的作为或者不作为的、一种不具有强制力和拘束力的行为。由于行政机关作出“建议”“劝告”等行为时，没有调整行政法律关系的意思表示，这类行为也不具有强制力、拘束力，因而并不属于行政诉讼的受案范围。

10. 内部层级监督行为。内部层级监督属于行政机关上下级之间管理的内部事务，一般包括听取报告、执法检查、督促履责等行为。实践中，部分法律规定了上级行政机关对下级行政机关的监督。① 由于法律法规规定的内部层级监督行为不具有外部性，未能直接影响公民、法人或者其他组织的权利义务。因此，这类行为不具有可诉性，不应纳入行政诉讼的受案范围。

11. 信访办理行为。一般而言，信访办理行为包括行政机关就信访事项作出的登记、受理、交办、复查、复核意见等行为。最高人民法院于 2018 年出台的《行政诉讼法解释》对实践中争议较多的问题——“信访办理行为是否属于行政诉讼的受案范围”予以明确规定。最高人民法院江必新大法官指出：“信访办理行为不是行政机关行使‘首次判断权’的行为，根据《信访条例》的规定，信访工作机构根据《信访条例》作出的登记、受理、交办、移送、承办、协调处理、监督检查、指导信访事项等行为，对信访人不具有强制执行力。”② 由于此类信访办理行为不具有处分性，未能影响信访人的权利义务，因此，信访办理行为不具有可诉性，不属于行政诉讼的受案范围。

---

① 例如，《国有土地上房屋征收与补偿条例》规定上级人民政府应当加强对下级人民政府房屋征收补偿工作的监督。

② 江必新：《论行政诉讼法司法解释对行政诉讼制度的发展和创新》，《法律适用》2018 年第 7 期。

12. 行政机关根据人民法院的生效裁判、协助执行通知书作出的执行行为，但行政机关扩大执行范围或者采取违法方式实施的除外。根据行政行为的原理，一般认为，行政机关基于自身意思表示作出的行为才具有可诉性。“行政机关依照法院生效裁判作出的行为，本质上属于履行生效裁判的行为，并非行政机关自身依职权主动作出的行为，亦不属于可诉的行为。”① 但是，2018 年《行政诉讼法解释》也规定了两类例外情形：第一，行政机关超出了执行通知书上规定的执行范围；第二行政机关采取违法手段实施执行行为。由于行政机关超出执行通知书上规定的执行行为或者采取违法手段实施的执行行为已经不属于司法协助行为，实质上影响了当事人之间的权利义务关系，因而应当纳入行政诉讼受案范围。

13. 对公民、法人或者其他组织权利义务不产生实际影响的行为。由于对公民、法人或者其他组织权利义务不产生实际影响的行为未能产生法律效果，不能对行政相对人的权利义务产生调整作用，提起行政诉讼并无实际意义，因而，不属于行政诉讼的受案范围。

第二节 行政诉讼管辖

一、行政诉讼管辖概述

行政诉讼管辖是指上下级法院之间和同级法院之间受理第一审行政案件的分工和权限。换言之，它所解决的是公民、法人或者其他组织认为属于法院受案范围的行政行为侵犯了自己的合法权益时，向哪一级、哪一个法院起诉的问题。法院的审判权与管辖权既有联系又有区别：审判权是管辖权的基础和前提，没有审判权也就不可能有管辖权；管辖权是审判权的具体落实，但对于属于法院受案范围的行政争议，并不是每一个法院都有管辖权。《行政诉讼法》对行政案件的管辖权作出具体规定，便于公民、法人或者其他组织提起诉讼，有利于法院系统内部的合理分工及明确法院的内部职责，便于有关国家机关及全体人民对法院的工作进行监督。

《行政诉讼法》对管辖权的规定，考虑了以下因素：（1）法院内部的合理分工，包括上下级法院和同级法院之间的合理分工；（2）便于法院及时、便利地办理案件；（3）有利于法院公正地审理案件；（4）根据不同情况，便于原告或者被告参加诉讼。

行政案件由普通法院受理；专门人民法院、人民法庭不审理行政案件，也不审查和执行行政机关申请执行其行政行为的案件。

经最高人民法院批准，高级人民法院可以根据审判工作的实际情况，确定若干人民法院跨行政区域管辖行政案件。此外，“为了保证跨行政区划法院改革依法有序进行，有必要强调履行行政诉讼法第十八条第二款的报批程序。”② 对此，《行政诉讼法司法解释》明确了铁路运输法院等专门人民法院管辖行政案件所应履行的程序，强调了铁路运输法院等专门人民法院须经授权方能审理行政案件。

诉讼管辖具有恒定性。行政诉讼立案后，受诉人民法院的管辖权不受当事人住所地改变、追加被告等事实和法律状态变更的影响。

---

① 江必新：《论行政诉讼法司法解释对行政诉讼制度的发展和创新》，《法律适用》2018 年第 7 期。

② 最高人民法院行政审判庭编著：《最高人民法院行政诉讼法司法解释理解与适用》（上），人民法院出版社 2018 年版，第 63 页。

行政诉讼管辖分为级别管辖、地域管辖和裁定管辖三类，其中级别管辖和地域管辖是由法律明确规定的，又合称为“法定管辖”。

二、级别管辖

级别管辖是指上下级法院受理第一审行政案件的分工和权限。级别管辖是从纵向上解决哪些第一审行政案件应由哪一级法院受理和审理的问题。根据《行政诉讼法》的规定，对于级别管辖的要求具体如下：（1）最高人民法院管辖全国范围内重大、复杂的第一审行政案件；（2）高级人民法院管辖本辖区内重大、复杂的第一审行政案件；（3）中级人民法院管辖对国务院部门或者县级以上地方人民政府所作的行政行为提起诉讼的案件，海关处理的案件，本辖区内重大、复杂的案件，以及其他法律规定由中级人民法院管辖的案件①；（4）基层人民法院管辖除上级人民法院管辖的第一审行政案件以外的其他行政案件。

此外，根据《行政诉讼法司法解释》，对于经行政复议的案件，确定级别管辖应遵循如下规则：当复议决定改变原行政行为时，以复议机关为被告的，应按照复议机关确定级别管辖；当复议决定维持原行政行为时，作出原行政行为的行政机关和复议机关为共同被告的，应按照作出原行政行为的行政机关确定案件的级别管辖。

【案例 14-4】

梁某称，2010 年 2 月 11 日，营口市老边区人民政府在营口大剧院召开路南镇大水塘村动迁大会，梁某的别墅在动迁范围内，2012 年 3 月 30 日房屋被强迁，至今未得到补偿和安置。为了解事实情况，梁某于 2015 年 8 月 4 日递交政府信息公开申请书至营口市征收办负责信息公开的法制科，但遭到拒绝，理由是“不是我们作的”，并拒绝书面回复。2015 年 8 月 6 日，梁某向营口市征收办的主管领导递交政府信息公开申请书，又遭到拒绝，理由是“不是我们作的”，并拒绝书面回复。梁某为维护合法权益诉至营口市中级人民法院，请求判令营口市征收办履行法定职责，受理其政府信息公开申请。

营口市中级人民法院裁定认为，梁某起诉营口市征收办，不属于中级人民法院管辖的第一审案件，不符合立案条件，裁定对梁某的起诉不予立案。

梁某不服，提起上诉。辽宁省高级人民法院裁定认为，该案不属于中级人民法院管辖的第一审行政案件。一审据此裁定不予立案，并无不当。裁定驳回上诉，维持一审裁定。

梁某申请再审称：该案属于中级人民法院管辖范围。营口市征收办是营口市人民政府的直属行政机构，归营口市人民政府管辖，其行为要对营口市人民政府负责。请求撤销一、二审行政裁定，由营口市中级人民法院立案审理。

最高人民法院经审查后认为，根据《行政诉讼法》第 15 条规定，对国务院部门或者县级以上地方人民政府所作的行政行为提起诉讼的第一审行政案件，由中级人民法院管辖。营口市征收办是营口市政府的职能部门，是独立的行政主体。梁某对营口市征收办的行政行为不服，应当向基层人民法院提起诉讼。梁某向营口市中级人民法院提起诉讼，违反了《行政

---

① 具体包括：（1）社会影响重大的共同诉讼案件；（2）涉外或者涉及香港特别行政区、澳门特别行政区、台湾地区的案件；（3）其他重大、复杂案件。

诉讼法》关于级别管辖的规定，不符合法定起诉条件。因此，根据《行政诉讼法》第 51 条第 2 款规定，当事人起诉不符合法定受理条件的，应当裁定不予立案。一、二审对梁某的起诉裁定不予立案，适用法律正确。①

该案即涉及如何确定上下级法院受理第一审行政案件的分工和权限的问题。

三、地域管辖

地域管辖，又称“区域管辖”“土地管辖”，是指同级法院之间受理第一审行政案件的分工和权限。它根据法院的辖区与当事人所在地或者诉讼标的所在地的关系确定第一审行政案件的管辖。《行政诉讼法》所确定的地域管辖分为一般地域管辖和特殊地域管辖。

1. 一般地域管辖。又称“普通地域管辖”，是指按照最初作出行政行为的行政机关所在地确定的管辖。根据《行政诉讼法》的规定，行政案件由最初作出行政行为的行政机关所在地人民法院管辖。经复议的案件，也可以由复议机关所在地人民法院管辖。经最高人民法院批准，高级人民法院可以根据审判工作的实际情况，确定若干人民法院跨行政区域管辖行政案件。这一规定主要考虑的是便于双方当事人进行诉讼、便于法院审理案件及便于地方性法规、地方政府规章的适用。作出原行政行为的行政机关和复议机关为共同被告的，以作出原行政行为的行政机关确定案件的级别管辖。

2. 特殊地域管辖。又称“特别管辖”，是指根据行政行为的特殊性或者标的物所在地来确定管辖的法院。又分为专属管辖和共同管辖。

（1）专属管辖。因不动产提起的行政诉讼，由不动产所在地人民法院管辖。其中，“因不动产提起的行政诉讼”是指因行政行为导致不动产物权变动而提起的诉讼。不动产已登记的，以不动产登记簿记载的所在地为不动产所在地；不动产未登记的，以不动产实际所在地为不动产所在地。

（2）共同管辖，是指两个或者两个以上的人民法院对同一行政案件都有管辖权。共同管辖有两种情况：一是经过复议，复议机关改变原行政行为的，由最初作出行政行为的行政机关所在地或者由复议机关所在地的法院管辖；二是对限制人身自由的行政强制措施不服而提起的行政诉讼，由被告所在地或者原告所在地法院管辖。对行政机关基于同一事实，既采取限制公民人身自由的行政强制措施，又采取其他行政强制措施或者行政处罚不服的案件，由被告所在地或者原告所在地的人民法院管辖。其中，“原告所在地”是指原告的户籍所在地、经常居住地和被限制人身自由所在地。在上述情况下，原告可以选择两个或者两个以上有管辖权的法院中的一个起诉。如果原告同时向两个或者两个以上有管辖权的法院起诉的，由最先立案的人民法院管辖。

（3）异地管辖，是指对于可能影响公正审理的案件或按照一般地域管辖原则有管辖权的法院不适宜行使管辖权的案件，原告可以申请或该法院上报上级人民法院指定或者上级人民法院主动指定某一邻近的基层人民法院管辖的制度。它可以解决当前我国行政审判受到地方保护主义影响的问题，解除基层人民法院面临的压力，保证行政审判活动的公正性、独立性。

（4）提级管辖，是指上级人民法院审理本属下一级人民法院审理的案件。其目的主要是

① 作者适当裁剪了案例信息，详参最高人民法院行政裁定书（2016）最高法行申 581 号。

提高案件的公正性，特别是对于有影响力的案件，以此排除地方的不当干预。行政诉讼中也存在提级管辖。

四、裁定管辖

裁定管辖是指法院在某些特殊情况下，以裁定的方式确定行政案件的管辖法院。裁定管辖是法定管辖的补充。裁定管辖有移送管辖、指定管辖和管辖权的转移三种类型。

1. 移送管辖。这是指某一法院受理行政案件后，发现自己对该案件没有管辖权，将案件移送给有管辖权的法院审理。移送管辖必须具备下列条件：（1）移送法院已经受理了该案件；（2）移送法院对该案件没有管辖权；（3）接受移送的法院必须对该案件有管辖权。移送法院的移送裁定对接受移送的法院具有约束力，接受移送的法院不得再自行移送。接受移送的法院如果认为移送的案件也不属于自己管辖，应说明理由，报请共同上一级法院，由其指定某个下级法院管辖。移送管辖是行政案件在同级法院之间的移送，《行政诉讼法》设立这种管辖方式的目的在于保护原告的利益。

2. 指定管辖。这是指上级法院以裁定的方式指定某一下级法院管辖某一行政案件。包括以下两种情况：（1）由于特殊原因，有管辖权的法院不能行使管辖权。此处的“特殊原因”包括事实上的原因和法律上的原因。（2）法院之间对管辖权发生争议，协商不成的。

3. 管辖权的转移。管辖权的转移是指经上级法院决定或者同意，上级法院审理下级法院管辖的第一审行政案件，或者下级法院把自己管辖的第一审行政案件报请上级法院审理。《行政诉讼法》第 24 条规定，上级人民法院有权审理下级人民法院管辖的第一审行政案件。下级人民法院对其管辖的第一审行政案件，认为需要由上级人民法院审理或者指定管辖的，可以报请上级人民法院决定。管辖权的转移是对级别管辖的补充。

五、管辖异议

（一）管辖异议的含义

为了保障当事人的诉讼权利，克服司法审判中的地方保护主义，人民法院受理案件后，当事人对人民法院的管辖权存在异议的，可于特定期间内向受理该案的人民法院提出意见或者主张。这通常被称为“管辖异议”制度。

（二）提起管辖异议的条件①

提起管辖异议需要具备如下条件：（1）管辖异议的提起主体为被告。目前学界和实务界普遍不承认原告在行政诉讼中提起管辖异议的权利，因此，《行政诉讼法司法解释》限定了管辖异议的提请主体，即只有被告才具有提起管辖异议的权利。（2）被告提起管辖异议的期限存在要求。被告应于收到起诉状副本 15 日内提起管辖异议。超出上述期限，被告提起的管辖异议无效。（3）提起应以书面的形式。

此外，为了避免因诉讼当事人在其他程序中提起管辖异议，妨害其他当事人的正当权益，最高人民法院颁布的司法解释规定，人民法院对当事人在下列情形中提起的管辖异议不予审查：（1）人民法院发回重审的案件；（2）按第一审程序再审的案件；（3）当事人在第一审程序中未按照法律规定的期限和形式提起管辖异议，在第二审程序中提起的案件。这又一次强化

① 参见最高人民法院行政审判庭编著：《最高人民法院行政诉讼法司法解释理解与适用》（上），人民法院出版社 2018 年版，第 89 页。

了当事人应于一审期间提起管辖异议。

（三）管辖异议的处理

对于当事人提起的管辖异议，人民法院未经审查或审查后尚未作出裁定的，不得进入该案的实体审理。对于被告依照法律规定提起的管辖异议，人民法院应当进行审查。管辖异议若成立，人民法院裁定将案件移送有管辖权的人民法院；管辖异议若不成立，人民法院可以裁定驳回。当事人对人民法院驳回管辖异议的裁定不服的，可以依法上诉。

此外，人民法院审查管辖异议后确定有管辖权的，不因当事人增加或者变更诉讼请求等改变管辖。但存在两类例外情形：（1）违反级别管辖规定；（2）违反专属管辖规定。

第三节 行政诉讼参加人

行政诉讼参加人是指因与行政争议存在直接利害关系而参加行政诉讼的整个过程或者主要阶段的人及与他们的诉讼地位相类似的人，包括当事人和诉讼代理人。行政诉讼参与人是指除审判人员、书记员、执行人员以外的参与行政诉讼的人，包括当事人、诉讼代理人、证人、鉴定人和翻译人员等。他们在诉讼中所处的地位不同，享有的诉讼权利和承担的诉讼义务也不同。

行政诉讼参与人的范围比行政诉讼参加人的范围更大，前者包括了后者。行政诉讼参加人以外的诉讼参与人在诉讼中的地位和重要性要次于行政诉讼参加人。

一、当事人

1. 当事人的概念和特征。当事人是指因行政行为发生争议，以自己的名义到法院起诉、应诉和参加诉讼，并受法律裁判约束的公民、法人或者其他组织以及行政机关，包括原告、被告和第三人。当事人在不同的诉讼程序阶段有不同的称谓：在第一审程序中，称原告、被告、第三人；在第二审程序中，称上诉人和被上诉人；在执行程序中，称申请执行人和被执行人。当事人的不同称谓，表明其在不同诉讼程序中所处的诉讼地位及享有的诉讼权利、承担的诉讼义务也不同。

当事人具有以下特征：（1）参加诉讼是为了保护自己的合法权益。凡参加诉讼的目的是保护他人的合法权益，或者向法院提供客观事实及翻译活动的人，如诉讼代理人、证人、鉴定人、翻译人员等，均不是行政诉讼当事人。（2）以自己的名义进行诉讼。凡不以自己的名义而是以他人的名义进行诉讼的人，如诉讼代理人，都不是行政诉讼当事人。（3）与人民法院正在审理的行政案件有利害关系。以自己的名义参加诉讼，但与被诉具体行政行为没有利害关系的人，如证人、鉴定人等，不是行政诉讼当事人。（4）受人民法院的裁判拘束。法院的裁判是为了解决当事人之间的行政争议而作出的，因而对他们有拘束力。这一特征是当事人与其他诉讼参与人的重要区别。

2. 当事人的诉讼权利。赋予当事人在诉讼过程中以一定的权利，既是其用以维护自己合法权益的诉讼手段，也是法院及时、全面地查明案件事实，正确适用法律的保证之一。当事人在行政诉讼中享有广泛的诉讼权利，主要有：（1）当事人有使用本民族语言、文字进行诉讼的权利；（2）当事人在诉讼中有进行辩论的权利；（3）当事人有委托诉讼代理人进行诉讼的权利；（4）经法院许可，当事人可以查阅本案的庭审材料，但涉及国家秘密或者个人隐私的材料除外；（5）当事人在证据可能灭失或者以后难以取得的情况下，可以向法院申请证据保全；(6) 当事人有权申请财产保全；(7) 当事人有申请回避权，对法院作出的回避决定不服时，可以申请复议；(8) 经审判长许可，当事人有向证人、鉴定人和勘验人员发问的权利；(9) 当事人有查阅并申请补正庭审笔录的权利；(10) 当事人不服法院第一审裁判时，有权在法定期限内提起上诉；(11) 当事人对已生效的裁判，认为有错误的，有提出申诉的权利；(12) 对法院已生效的裁判，如果败诉一方当事人在法定期限内拒绝履行义务，胜诉一方当事人有权申请法院强制执行；(13) 公民、法人或者其他组织有向法院提起行政诉讼的权利；(14) 原告有权申请法院裁定停止行政行为的执行；(15) 原告有放弃诉讼请求的权利；(16) 原告有权申请先行给付；(17) 被告有应诉和答辩的权利；(18) 被告在第一审程序中有改变被诉行政行为的权利。①

3. 当事人的诉讼义务。当事人在享有上述诉讼权利的同时，必须履行下列义务：(1) 当事人不得滥用诉讼权利。当事人之间恶意串通，企图通过诉讼等方式侵害国家利益、社会公共利益或者他人合法权益的，人民法院应当裁定驳回起诉或者判决驳回其请求，并根据情节轻重予以罚款、拘留；构成犯罪的，依法追究刑事责任。(2) 当事人必须遵守诉讼秩序，服从法庭的指挥，不得实施妨害诉讼秩序的行为。(3) 当事人应当自觉履行法院已经生效的判决。(4) 被告行政机关在行政诉讼中负有举证责任。(5) 被告行政机关在诉讼过程中，不得自行向原告和证人收集证据。

二、行政诉讼原告

(一) 行政诉讼原告的概念与认定

行政诉讼原告是指认为行政机关的行政行为侵犯其合法权益，而依法以自己的名义向法院起诉的公民、法人或者其他组织。其法律特征是：(1) 认为行政行为侵犯其合法权益；(2) 以自己的名义向法院起诉；(3) 受法院的裁判拘束。

认为行政行为侵犯其合法权益，既是原告的特征之一，也是对原告资格的规定。从诉讼权利能力的角度看，公民、法人或者其他组织都具有在行政诉讼中充当原告的资格，但公民、法人或者其他组织要成为某一特定案件的原告，必须是行政行为的相对人或者其他与行政行为有法律上利害关系的人认为行政行为侵犯了自己的合法权益。行政诉讼原告有公民、法人和其他组织三类。

另外，在原告资格的认定过程中，具有如下情形之一的，应认定为“与行政行为有利害关系”：(1) 被诉的行政行为涉及其相邻权或者公平竞争权的；(2) 人民法院在行政复议等行政程序中被追加为第三人的；(3) 当事人为维护自身合法权益向行政机关投诉，具有处理投诉职责的行政机关作出或者未作出处理的；(4) 要求行政机关依法追究加害人法律责任的；(5) 撤销或者变更行政行为涉及其合法权益的；(6) 其他与行政行为有利害关系的情形。

针对实践中经常出现的行政机关针对相对人作出的不利处分，债权人是否享有原告资格的问题，最高人民法院在《行政诉讼法司法解释》中明确了债权人原则上不具有原告资格。由于债权是一种民法意义上的相对权，债权人若以行政机关对债务人所作的行政行为损害债权实现为由提起行政诉讼，人民法院应当告知其就民事争议提起民事诉讼，但行政机关作出行政行

① 需要注意的是，被告若在一审期间改变被诉行政行为，应当以书面形式告知人民法院。原告或者第三人若对改变后的行政行为不服，提起诉讼，人民法院应当就改变后的行政行为进行审理。

为时依法应予保护或者应予考虑的除外。

最后，《行政诉讼法司法解释》进一步明确和规范了“组织”的原告资格。具体的标准和原则为：（1）合伙企业向人民法院提起诉讼的，应当以核准登记的字号为原告，未依法登记领取营业执照的个人合伙的全体合伙人为共同原告。（2）个体工商户向人民法院提起诉讼的，以营业执照上登记的经营者为原告。有字号的，以营业执照上登记的字号为原告，并应当注明该字号经营者的基本信息。（3）股份制企业的股东大会、股东会、董事会等认为行政机关作出的行政行为侵犯企业经营自主权的，可以企业名义提起诉讼。（4）联营企业、中外合资或者合作企业的联营、合资、合作各方，认为联营、合资、合作企业权益或者自己一方合法权益受行政行为侵害的，可以自己的名义提起诉讼。（5）非国有企业被行政机关注销、撤销、合并、强令兼并、出售、分立或者改变企业隶属关系的，该企业或者其法定代表人可以提起诉讼。（6）事业单位、社会团体、基金会、社会服务机构等非营利法人的出资人、设立人认为行政行为损害法人合法权益的，可以自己的名义提起诉讼。（7）业主委员会对于行政机关作出的涉及业主共有利益的行政行为，可以自己的名义提起诉讼。业主委员会不起诉的，专有部分占建筑物总面积过半数或者占总户数过半数的业主可以提起诉讼。

（二）行政诉讼原告资格的转移

如果有权起诉的公民死亡，可由其近亲属作为原告继续进行诉讼。近亲属包括配偶、父母、子女、兄弟姐妹、祖父母、外祖父母、孙子女、外孙子女和其他具有扶养、赡养关系的亲属。公民因被限制人身自由而不能提起诉讼的，其近亲属可依其口头或书面委托以该公民的名义提起诉讼。若近亲属起诉时无法与被限制人身自由的公民取得联系，近亲属可以先行起诉，并在诉讼中补充提交委托证明。

法人或者其他组织作为原告参加诉讼，其诉讼行为由其法定代表人实施。有权提起诉讼的法人或者其他组织终止的，承受其权利和义务的法人或者其他组织可以继续诉讼；在合并的情况下，被合并的法人或者其他组织仍具有起诉权。属于继续诉讼的，原法人或者其他组织已进行的诉讼活动对继续诉讼的新法人或者其他组织具有约束力。

三、行政诉讼被告

（一）行政诉讼被告的概念与特征

行政诉讼被告是指作出被原告认为侵犯其合法权益并向法院提起诉讼的行政行为，而由法院通知应诉的行政机关。其具有以下特征：（1）被告只能是行使行政管理权、作出行政行为的行政机关；（2）其作出的行政行为被原告指控侵害其合法权益；（3）以自己的名义应诉，并受法院裁判拘束。

（二）行政诉讼被告的确定

在特定案件中，原告只有确定适当的被告后，其所提起的诉讼才有可能被法院受理。确定被告的原则和标准是：（1）公民、法人或者其他组织依法直接向法院起诉的，作出行政行为的行政机关是被告。（2）经复议的案件，复议机关决定维持原行政行为的，作出原行政行为的行政机关和复议机关是共同被告；复议机关改变原行政行为的，复议机关是被告。“复议机关决定维持原行政行为”包括复议机关驳回复议申请或者复议请求的情形，但以复议申请不符合受理条件为由驳回的除外。行政复议决定既有维持原行政行为内容，又有改变原行政行为内容或者不予受理申请内容的，作出原行政行为的行政机关和复议机关为共同被告。与此同时，“复议机关改变原行政行为”是指复议机关改变原行政行为的处理结果。复议机关改变原行政行为所认定的主要事实和证据、改变原行政行为所适用的规范依据，但未改变原行政行为处理结果的，视为复议机关维持原行政行为。复议机关确认原行政行为无效，属于改变原行政行为。复议机关确认原行政行为违法，属于改变原行政行为，但复议机关以违反法定程序为由确认原行政行为违法的除外。(3) 复议机关在法定期限内未作出复议决定，公民、法人或者其他组织起诉原行政行为的，作出原行政行为的行政机关是被告；起诉复议机关不作为的，复议机关是被告。(4) 两个以上行政机关作出同一行政行为的，共同作出行政行为的行政机关是共同被告。(5) 行政机关委托的组织所作的行政行为，委托的行政机关是被告。(6) 行政机关被撤销或者职权变更的，继续行使其职权的行政机关是被告。(7) 由行政机关组建并赋予行政管理职能，但不具有独立承担法律责任能力的机构，以自己的名义作出行政行为，当事人不服而提起诉讼的，应当以组建该机构的行政机关为被告。(8) 行政机关内设机构或派出机构在没有法律、法规或规章授权的情况下，以自己的名义作出行政行为，当事人不服而提起诉讼的，应当以该行政机关为被告。(9) 法律、法规或规章授权行使行政职权的行政机关内设机构、派出机构或者其他组织，超出法定职权范围实施行政行为，当事人不服而提起诉讼的，应当以实施该行为的机构或组织为被告。(10) 行政机关在没有法律、法规或规章规定的情况下，授权其内设机构、派出机构或其他组织行使行政职权的，应当视为委托。当事人不服而提起诉讼的，应当以该行政机关为被告。(11) 当事人不服经上级行政机关批准的行政行为，向人民法院提起诉讼的，以在对外发生法律效力的文书上署名的机关为被告。(12) 行政机关与非行政机关共同作出行政行为，当事人不服而向法院起诉的，应以作出决定的行政机关为被告，非行政机关不能作为被告。但在行政赔偿诉讼中，法院应通知该非行政机关作为第三人参加诉讼。(13) 当事人对由国务院、省级人民政府批准设立的开发区管理机构作出的行政行为不服提起诉讼的，以该开发区管理机构为被告；对由国务院、省级人民政府批准设立的开发区管理机构所属职能部门作出的行政行为不服提起诉讼的，以其职能部门为被告；对其他开发区管理机构所属职能部门作出的行政行为不服提起诉讼的，以开发区管理机构为被告；开发区管理机构没有行政主体资格的，以设立该机构的地方人民政府为被告。(14) 行政机关被撤销或者职权变更，没有继续行使其职权的行政机关的，以其所属的人民政府为被告；实行垂直领导的，以垂直领导的上一级行政机关为被告。(15) 当事人对村民委员会或者居民委员会依据法律、法规、规章的授权履行行政管理职责的行为不服提起诉讼的，以村民委员会或者居民委员会为被告。当事人对村民委员会、居民委员会受行政机关委托作出的行为不服提起诉讼的，以委托的行政机关为被告。(16) 当事人对高等学校等事业单位以及律师协会、注册会计师协会等行业协会依据法律、法规、规章的授权实施的行政行为不服提起诉讼的，以该事业单位、行业协会为被告。当事人对高等学校等事业单位以及律师协会、注册会计师协会等行业协会受行政机关委托作出的行为不服提起诉讼的，以委托的行政机关为被告。(17) 市、县级人民政府确定的房屋征收部门组织实施房屋征收与补偿工作过程中作出行政行为，被征收人不服提起诉讼的，以房屋征收部门为被告。征收实施单位受房屋征收部门委托，在委托范围内从事的行为，被征收人不服提起诉讼的，应当以房屋征收部门为被告。(18) 法律、法规、规章授权的组织作出行政行为的，该组织是被告；行政机关委托的组织作出行政行为的，委托的行政机关是被告。

【案例 14-5】

2015 年 5 月，杜某向辽宁省政府提出行政复议申请，请求撤销辽宁省阜新市政府作出的《关于向阜新市太平区棚户区改造办公室划拨国有建设用地使用权的批复》(以下简称《批复》)。辽宁省政府认为，2010 年 12 月，阜新市公用事业与房产局制发了《房屋拆迁许可证》，相关单位对杜某的房屋实施了拆迁，同时收回了杜某的国有土地使用权，其合法权益应当在房屋拆迁程序中解决。阜新市政府将已收回的国有土地划拨给阜新市太平区棚户区改造办公室，作出的《批复》与杜某没有利害关系，申请复议不符合法律规定。根据《行政复议法实施条例》第 48 条第 1 款第 2 项规定，作出辽政行复驳字〔2016〕92 号驳回行政复议申请决定，驳回杜某的行政复议申请。

杜某不服，以辽宁省政府、阜新市政府为共同被告，提起诉讼，请求撤销〔2016〕92 号行政复议决定。①

根据《行政诉讼法》第 26 条第 2 款规定，经复议的案件，复议机关决定维持原行政行为的，作出原行政行为的行政机关和复议机关是共同被告。《政诉讼法司法解释》第 133 条规定，《行政诉讼法》第 26 条第 2 款规定的“复议机关决定维持原行政行为”包括复议机关驳回复议申请或者复议请求的情形，但以复议申请不符合受理条件为由驳回的除外。

根据上述规定，复议机关以复议申请不符合受理条件为由作出的驳回行政复议申请决定为程序性驳回，不属于复议机关决定维持原行政行为的情形，作出原行政行为的行政机关和复议机关不能作为共同被告。因此，在法律没有规定复议前置的情况下，当事人应当在驳回行政复议申请决定和原行政行为之间择一起诉。

该案中，辽宁省政府〔2016〕92 号行政复议决定以不符合受理条件为由，驳回杜某的行政复议申请，不属于复议机关决定维持原行政行为的情形，因此，阜新市政府和辽宁省政府不是共同被告。

（三）被告的变更与追加

根据《行政诉讼法司法解释》，若原告起诉的被告不适格，人民法院应当告知原告变更被告；原告不同意变更的，人民法院裁定驳回起诉。其中，变更被告的起因在于原告所诉被告不适格或者说被告不正确。通常而言，被告不适格主要指原告错列单一被告或者多列被告②。在行政诉讼中，由于原告有处分起诉的权利，因此人民法院仅负有告知义务，而没有直接变更被告的权力。原告不同意变更的，因为起诉条件不符合法律要求，人民法院应当裁定驳回。

当涉案被告不完全、不健全时，法院应当在征得原告同意的基础上追加被告。这里的“被告不完全、不健全”，主要是指原告在起诉时遗漏被告的情况。若原告不同意追加被告，人民法院应当依职权将应追加为被告的行政主体列为第三人③，但存在一个例外，即当行政复议机关与原行政机关作共同被告时，人民法院应当依职权将行政复议机关列为共同被告，而非

① 案例来源于最高人民法院行政裁定书（2017）最高法行申 5713 号。

② 参见最高人民法院行政审判庭编著:《最高人民法院行政诉讼法司法解释理解与适用》(上)，人民法院出版社 2018 年版，第 156 页。

③ 关于“行政诉讼第三人”的阐述，详见后文。

第三人。

四、共同诉讼人

（一）共同诉讼人的概念

共同诉讼是指当事人一方或者双方为二人以上，因同一行政行为发生的行政案件，人民法院应予合并审理的诉讼，或者因同类行政行为发生的行政案件，人民法院认为可以合并审理并经当事人同意后而合并审理的诉讼。共同诉讼人是指在共同诉讼案件中，人数为两个或者两个以上的一方或者双方当事人。原告一方是两个或者两个以上主体的，称为“共同原告”；被告一方是两个或者两个以上主体的，称为“共同被告”。行政诉讼中的共同诉讼是诉讼主体的合并，即一个案件有两个或者两个以上的原告或者被告。

（二）共同诉讼的分类

根据共同诉讼成立的条件，可以将共同诉讼分为必须共同进行诉讼和普通的共同诉讼。

1. 必须共同进行诉讼。必须共同进行诉讼是指当事人一方或者双方为两个以上主体，因同一行政行为发生的行政案件，法院必须合并审理的诉讼。在行政诉讼中，下列情况可以引起必须共同进行诉讼的发生：（1）二人以上共同实施违法行为，被行政机关在同一决定中分别制裁，被制裁人均不服而起诉的；（2）行政机关在同一决定中给予法人或者其他组织及其负责人分别制裁，二者均不服而起诉的；（3）两个以上的共同被害人不服行政机关对加害人所作的行政制裁而起诉的；（4）被制裁人和被加害人双方均不服行政机关的制裁决定而起诉的；（5）两个以上行政机关作出同一行政行为，当事人不服而起诉的。

必须共同进行诉讼的当事人没有参加诉讼的，人民法院应当依法通知其参加，当事人也可以向人民法院申请参加。对于当事人提出的申请，人民法院应当予以审查，申请理由不成立的，人民法院应当裁定驳回；申请理由成立的，人民法院应当书面通知其参加诉讼。

2. 普通共同诉讼。普通共同诉讼是指当事人一方或者双方为二人以上，因同类行政行为发生的行政案件，人民法院认为可以合并审理并经当事人同意而合并审理的诉讼。普通共同诉讼的形成需要具备以下条件：（1）基于同类的行政行为。“同类”是指行政行为的性质相同或作出行政行为的事实和理由相同。（2）受同一法院管辖。（3）法院认为可以合并审理。（4）当事人同意合并审理。

《行政诉讼法司法解释》进一步明确了人民法院可以决定合并审理的情形：（1）两个以上行政机关分别对同一事实作出行政行为，公民、法人或者其他组织不服向同一人民法院起诉的；（2）行政机关就同一事实对若干公民、法人或者其他组织分别作出行政行为，公民、法人或者其他组织不服分别向同一人民法院起诉的；（3）在诉讼过程中，被告对原告作出新的行政行为，原告不服向同一人民法院起诉的；（4）人民法院认为可以合并审理的其他情形。

其中，必须共同进行诉讼与普通共同诉讼的主要区别在于：必须共同进行诉讼是行政机关的同一行政行为引起两个以上的原告或者被告，他们之间因该行政行为而有着相互联系的或者共同的利害关系，法院必须合并审理。普通共同诉讼是行政机关的同类行政行为引起两个以上的原告或者被告，他们之间没有相互联系的或者共同的利害关系，法院合并审理并经当事人同意后，形成共同诉讼；当法院分开审理的，成为各个独立的案件，因而属于可分之诉。

对于当事人一方人数众多①的共同诉讼，可以由当事人推选代表人②进行诉讼。当事人推选不出的，可以由人民法院在起诉的当事人中指定代表人。代表人的诉讼行为对其所代表的当事人发生效力，但代表人变更、放弃诉讼请求或者承认对方当事人的诉讼请求的，应当经被代表的当事人同意。

【案例 14-6】

再审申请人黎某嶂、黎某铃与被申请人三亚市天涯区人民政府（以下简称天涯区政府）、天涯区城管局及原审原告黎某奇、黎某宾、黎某莉规划行政强制及行政赔偿一案，原由黎某奇、黎某宾、黎某嶂、黎某铃、黎某莉（以下简称黎某嶂等5人）于2015年7月1日向海南省三亚市中级人民法院提起诉讼，该院以起诉不符合法定条件为由，裁定驳回黎某嶂等5人的起诉。

黎某嶂、黎某铃不服，上诉至海南省高级人民法院。该院经审查，裁定驳回上诉，维持一审裁定。黎某嶂、黎某铃仍不服，向最高人民法院申请再审。

黎某嶂、黎某铃申请再审称：在立案过程中，一审法院要原告一个一个单独起诉，几经反复争取，一审法院最终同意立案。该案是共同诉讼，人民法院必须合并审理，作出合一判决。对此，他们认为一、二审法院驳回起诉错误，请求最高人民法院撤销一、二审裁定。

最高人民法院审查后认为，《行政诉讼法》第27条规定："当事人一方或者双方为二人以上，因同一行政行为发生的行政案件，或者因同类行政行为发生的行政案件、人民法院认为可以合并审理并经当事人同意的，为共同诉讼。"其中，共同诉讼分为必须共同进行诉讼和普通共同诉讼。必须共同进行诉讼是指当事人一方或者双方为二人以上、因同一行政行为发生、人民法院必须合并审理的诉讼。必须共同进行诉讼因诉讼标的同一，是一种不可分之诉。受诉法院应当作为一个案件进行审理并作出裁判。普通共同诉讼是指当事人一方或者双方为二人以上、因同类的行政行为发生、人民法院认为可以合并审理并经当事人同意的诉讼。普通共同诉讼的当事人对同类行政行为没有共同的权利义务，分别享有各自不同的权利义务，是一种可分之诉。只有在人民法院认为可以合并审理并经当事人同意后，才能作为共同诉讼立案审理。如果人民法院认为合并审理将增加案件的难度、影响诉讼效率或不利于保护每个当事人的合法权益，就不能作为共同诉讼审理。

该案中，天涯区政府、天涯区城管局对黎某嶂等5人的4个建设行为分别立案查处，案号和被查处对象均不同，不属同一行政行为，而属同类行政行为。根据上述规定，该案不属于必须共同进行诉讼，而是普通共同诉讼，黎某嶂等5人可以针对上述4个虽同类但不同一的行政行为依法分别提起诉讼，但不能针对上述4个行政行为提起一个行政诉讼。一审法院多次向黎某嶂等5人释明，要求其依法分别提起诉讼，但黎某嶂等5人拒不更正，坚持仅提起一个行政诉讼。因此，黎某嶂等5人的起诉不符合法定起诉条件。③

① 一般指10人以上。
② 代表人的人数为2~5人。
③ 作者适当删节、改编了案例信息，案例来源于最高人民法院行政裁定书（2016）最高法行申2580号。

五、行政诉讼第三人

（一）行政诉讼第三人的概念和特征

行政诉讼第三人是指与提起诉讼的行政行为有利害关系的其他公民、法人或者其他组织。《行政诉讼法》第29条规定，公民、法人或者其他组织同被诉行政行为有利害关系但没有提起诉讼，或者同案件处理结果有利害关系的，可以作为第三人申请参加诉讼，或者由人民法院通知参加诉讼。第三人的特征是：（1）与提起诉讼的行政行为有利害关系；（2）相对于原告、被告而言，是与被诉行政行为有利害关系的其他公民、法人或者其他组织及行政机关；（3）在诉讼期间参加诉讼；（4）申请参加诉讼或者由法院通知参加诉讼。

（二）行政诉讼第三人的诉讼地位

第三人基于与被诉行政行为的直接的利害关系，以自己的名义，为维护自身的合法权益而参加诉讼，在诉讼中具有独立的地位。其既不是原告，也不是被告；既不依附于原告，也不依附于被告。从表面上看，第三人站在原告或者被告一边，维护原告或者被告的诉讼主张；但从实质上看，其最终目的是维护自己的合法权益。

六、行政诉讼代理人

根据诉讼代理人产生的不同基础，可将诉讼代理人分为法定代理人、委托代理人和指定代理人。在行政诉讼中存在指定代理人的可能性不大。需要由法院指定代理人的，必须同时具备三个条件：（1）当事人无诉讼行为能力；（2）无诉讼行为能力的当事人没有法定代理人；（3）诉讼必须进行。对于作为原告的公民而言，前两个条件可以具备，但“诉讼必须进行”是不存在的；对于作为被告的行政机关而言，前两个条件是不可能的。唯一可能的是，当公民作为第三人时，其无诉讼行为能力，又无法定代理人，而诉讼又必须进行。《行政诉讼法》对指定代理人的情况没有作出规定。

（一）法定代理人

法定代理是根据法律的直接规定而产生的代理。法定代理人是根据法律的直接规定行使诉讼代理权的人。《行政诉讼法》第30条规定，没有诉讼行为能力的公民，由其法定代理人代为诉讼。可见，法定代理是为无诉讼行为能力的公民进行诉讼而设立的一种代理制度。

法定代理人的代理权是基于亲权或者监护权而产生的，因而法定代理人在诉讼中居于与原告相类似的地位：凡是原告享有的诉讼权利，他都有权行使；凡是原告承担的诉讼义务，他都代为履行。他所进行的行为被视为原告的行为。他不仅有权代为处分原告的诉讼权利，如起诉、上诉等；而且有权处分原告的实体权利，如放弃诉讼请求、撤诉等。即有权代替原告为一切诉讼行为。

（二）委托代理人

委托代理是根据当事人、法定代理人的委托而产生的诉讼代理。被当事人、法定代理人委托代为进行诉讼的人是委托代理人。当事人、法定代理人可以委托1~2人作为诉讼代理人。下列人员可以被委托为诉讼代理人：（1）律师、基层法律服务工作者；（2）当事人的近亲属或者工作人员①；（3）当事人所在社区、单位以及有关社会团体推荐的公民②。

当事人委托诉讼代理人，应当向人民法院提交由委托人签名或盖章的授权委托书，委托书应当载明委托事项和具体权限。公民在特殊情况下无法书面委托的，也可以由他人代书，并由自己捺印等方式确认，人民法院应当核实并记录在卷。被诉行政机关或其他有义务协助的机关拒绝人民法院向被限制人身自由的公民核实的，视为委托成立。当事人解除或者变更委托的，应当书面报告人民法院。

（三）代理人的权限

代理诉讼的律师有权按照规定查阅、复制本案有关材料，有权向有关组织和公民调查、收集与本案有关的证据。对涉及国家秘密、商业秘密和个人隐私的材料，应当依照法律规定保密。但作为被告的诉讼代理人的律师，在诉讼过程中，不得自行向原告和证人收集证据。当事人和其他诉讼代理人有权按照规定查阅、复制本案庭审材料，但涉及国家秘密、商业秘密和个人隐私的除外。

第四节 行政诉讼程序

一、起诉与受理

（一）起诉

起诉是指公民、法人或者其他组织认为自己的合法权益受到行政机关的行政行为的侵害，而向法院提出诉讼请求，要求法院通过行使审判权，依法保护自己合法权益的诉讼行为。起诉是原告行使起诉权的单方诉讼行为。

公民、法人或者其他组织认为行政行为所依据的国务院部门和地方人民政府及其部门制定的规范性文件不合法的，在对行政行为提起诉讼时，可以一并请求对该规范性文件进行审查。这里的“规范性文件”不含规章。

起诉有两种类型：（1）直接向法院起诉。只要法律、法规没有明确规定必须经过复议的，公民、法人或者其他组织对行政行为不服时，都可以直接向法院起诉。（2）经复议后向法院起诉。又分为两种情况：一是法律、法规明确规定必须经过复议程序才能向人民法院起诉的；二是虽然法律、法规没有规定必须经过复议程序，但公民、法人或者其他组织自愿选择先申请复议，对复议决定不服的，再向法院起诉。

为防止公民、法人或者其他组织滥用起诉权，同时也为便于监督法院的受理工作，《行政诉讼法》对起诉设定了以下条件：第一，原告必须是认为行政行为侵犯其合法权益的公民、法人或者其他组织。《行政诉讼法》同时规定行政行为相对人以外的与行政行为有利害关系的其他公民、法人或者其他组织也具有原告资格。同时，当行政机关以法人身份与另一作为行政

---

① 其中，与当事人有合法劳动人事关系的职工，可以当事人工作人员的名义作为诉讼代理人。

② 根据《行政诉讼法司法解释》，有关社会团体推荐公民担任诉讼代理人的，应当符合下列条件：（1）社会团体属于依法登记设立或者依法免予登记设立的非营利性法人组织；（2）被代理人属于该社会团体的成员，或者当事人一方住所地位于该社会团体的活动地域；（3）代理事务属于该社会团体章程载明的业务范围；（4）被推荐的公民是该社会团体的负责人或者与该社会团体有合法劳动人事关系的工作人员。此外，经中华全国专利代理人协会推荐的专利代理人，可以在专利行政案件中担任诉讼代理人。

主体的行政机关发生争议时也具有原告资格。第二，有明确的被告。原告提供的被告的名称等信息足以使被告与其他行政机关相区别的，便可认定为“有明确的被告”。第三，有具体的诉讼请求和事实根据。根据《行政诉讼法司法解释》，有下列情形之一的，可以认定为“有具体的诉讼请求”：（1）请求判决撤销或者变更行政行为；（2）请求判决行政机关履行特定法定职责或者给付义务；（3）请求判决确认行政行为违法；（4）请求判决确认行政行为无效；（5）请求判决行政机关予以赔偿或者补偿；（6）请求解决行政协议争议；（7）请求一并审查规章以下规范性文件；（8）请求一并解决相关民事争议；（9）其他诉讼请求。第四，属于法院的受案范围和受诉法院管辖。第五，法律、法规规定在起诉前必须向行政机关申请复议的，应经过行政复议或者复议机关不受理复议申请或者复议机关在法定期限内不作复议决定后才能起诉。第六，不构成重复起诉①。第七，必须在法定期限内起诉。

根据行政诉讼法及其司法解释，对于起诉期限，具体要求如下：

公民、法人或者其他组织直接向法院起诉的，应当在知道行政机关作出行政行为之日起 6 个月内提出（法律对期限另有规定的除外）。

行政相对人申请行政机关履行法定职责，行政机关在接到申请之日起 60 日内不履行的，行政相对人有权在 60 日届满后的 6 个月内向人民法院起诉；行政相对人在紧急情况下请求行政机关履行保护其人身权、财产权的法定职责，行政机关不履行的，行政相对人可以随时向人民法院起诉。

针对“复议前置”的案件，公民、法人或者其他组织先向行政机关申请复议，复议机关逾期不作决定的，申请人可在复议期满之日起 15 日内向法院起诉（法律另有规定的除外）；申请人对复议决定不服的，在收到复议决定之日起 15 日内可以向法院起诉（法律另有规定的除外）。行政机关作出行政行为或复议决定时，未告知当事人诉权或者起诉期限的，其起诉期限从当事人知道或应当知道诉权或者起诉期限之日起算，但从知道或应当知道行政行为内容之日起最长不得超过 1 年。

公民、法人或其他组织不知道行政机关作出的行政行为内容的，其起诉期限从知道或应当知道行政行为内容之日起计算。对涉及不动产的行政行为从作出之日起超过 20 年，对其他行政行为从作出之日起超过 5 年提起诉讼的，人民法院不予受理。

公民、法人或者其他组织申请行政机关履行保护其人身权、财产权等合法权益的法定职责，行政机关在接到申请之日起 2 个月内不履行的，公民、法人或者其他组织可以向人民法院提起诉讼。法律、法规对行政机关履行职责的期限另有规定的，从其规定。公民、法人或者其他组织在紧急情况下请求行政机关履行保护其人身权、财产权等合法权益的法定职责，行政机关不履行的，提起诉讼不受前述期限限制。

此外，公民、法人或者其他组织因不可抗力或者其他不属于其自身的原因耽误起诉期限的，被耽误的时间不计算在起诉期限内。公民、法人或者其他组织因上述原因以外的其他特殊情况耽误起诉期限的，在障碍消除后 10 日内，可以申请延长期限，是否准许由人民法院决定。

---

① 对于重复起诉的认定，《行政诉讼法司法解释》第 106 条规定，当事人就已经提起诉讼的事项在诉讼过程中或者裁判生效后再次起诉，同时具有下列情形的，构成重复起诉：（1）后诉与前诉的当事人相同；（2）后诉与前诉的诉讼标的相同；（3）后诉与前诉的诉讼请求相同，或者后诉的诉讼请求被前诉裁判所包含。

起诉时，起诉人应提交必要的起诉材料。具体包括：（1）原告的身份证明材料以及有效联系方式；（2）被诉行政行为或者不作为存在的材料；（3）原告与被诉行政行为具有利害关系的材料；（4）人民法院认为需要提交的其他材料。由法定代理人或者委托代理人代为起诉的，还应当在起诉状中写明或者在口头起诉时向人民法院说明法定代理人或者委托代理人的基本情况，并提交法定代理人或者委托代理人的身份证明和代理权限证明等材料。

起诉应当向人民法院递交起诉状，并按照被告人数提出副本。书写起诉状确有困难的，可以口头起诉，由人民法院记入笔录，出具注明日期的书面凭证，并告知对方当事人。

（二）人民法院对诉讼请求的处理

人民法院在接到起诉状时，对符合《行政诉讼法》规定的起诉条件的案件，应当当场登记立案受理。对当场不能判定是否符合法定的起诉条件的，应当接收起诉状，出具注明收到日期的书面凭证，并在7日内决定是否立案。若是7日内仍不能作出判断，人民法院应当先予立案。不符合起诉条件的，人民法院应当作出不予立案的裁定。其中，裁定书应当载明不予立案的理由。

当事人若存在起诉状内容或者材料欠缺的情形，人民法院应当给予指导和释明，并一次性全面告知当事人需要补正的内容、补充的材料及期限。在指定期限内补正并符合起诉条件的，应当登记立案受理。当事人拒绝补正或者经补正仍不符合起诉条件的，退回诉状并记录在册；坚持起诉的，裁定不予立案，并载明不予立案的理由。

当事人若对人民法院不予立案的裁定不服，可以提起上诉。人民法院不接收起诉状、接收起诉状后不出具书面凭证以及不一次性告知当事人需要补正的起诉状内容的，当事人可以向上级人民法院投诉，上级人民法院应当责令改正，并对直接负责的主管人员和其他直接责任人员依法给予处分。人民法院既不立案，又不作出不予立案裁定的，当事人可以向上一级人民法院起诉。上一级人民法院认为符合起诉条件的，应当立案、审理，也可以指定其他下级人民法院立案、审理。

此外，针对立案实践中相对复杂的问题，《行政诉讼法司法解释》明确了相关处理要求，具体如下：

（1）公民、法人或者其他组织已经申请行政复议，在法定复议期间内又向人民法院提起诉讼的，人民法院裁定不予立案受理。法律、法规未规定行政复议为提起行政诉讼的必经程序，公民、法人或者其他组织向复议机关申请行政复议后，又经复议机关同意撤回复议申请，在法定起诉期限内对原行政行为提起诉讼的，人民法院应当依法立案受理。

（2）人民法院判决撤销行政机关的行政行为后，公民、法人或者其他组织对行政机关重新作出的行政行为不服向人民法院起诉的，人民法院应当依法立案受理。

（3）行政机关作出行政行为时，没有制作或者没有送达法律文书的，公民、法人或者其他组织只要能证明行政行为存在并在法定期限内起诉，人民法院应当依法立案受理。

（三）受理的法律后果

针对原告符合起诉条件的起诉，人民法院一旦决定受理，即产生以下法律后果：（1）实体法上，起诉一经受理，诉讼时效中断。（2）程序法上，某法院一旦决定受理某一案件，该案件的诉讼系属即予确定：受理法院取得了依法对该案件的审判权并承担经过审理解决行政争议的义务，除法律规定的特殊情况外，法院不得随意解除与当事人的诉讼法律关系；起诉与应诉双方分别相应取得了原告与被告的诉讼地位，各自依法享有诉讼权利、承担诉讼义务；原告不得自行就同一案件再向该法院或者其他法院另行起诉；被告行政机关不得自行向原告和证人收集证据。

二、第一审程序

（一）审判组织形式和审理方式

人民法院审查起诉后，决定立案审理的，第一审程序开始。第一审程序是人民法院依照法定管辖权限，对案件进行的初次审理。

1. 组成合议庭。人民法院审理行政案件一律实行合议制，合议庭是实现合议制审判制度的基本组织形式。一审的合议庭有两种组织形式：一是由审判员组成合议庭，二是由审判员与陪审员组成合议庭。陪审员参加审理案件的，是合议庭的组成人员，具有与审判员同等的权利。合议庭的人数必须是 3 人以上的单数。

合议庭由院长或者行政审判庭庭长指定合议庭中的审判员 1 人担任审判长；院长或者庭长参加合议庭审理案件时，由其担任审判长。合议庭在审判长的组织、领导下进行活动。合议庭成员平等，对于案件的调查、审理、裁判以及其他重要问题，由全体成员共同研究，按照多数决定原则作出决定。合议庭成员对其所审理的案件负集体责任。

2. 开庭审理。开庭审理是指在当事人和其他诉讼参与人共同参加下，合议庭在审判法庭上按照一定程序主持审理行政案件的整个过程。在行政诉讼的第一审程序中，人民法院不得进行书面审理，应当一律开庭审理。开庭审理是贯彻公开审判原则最主要的形式。

开庭审理具有以下特点：一是行政诉讼法律关系主体同时在法院的开庭地点参加诉讼活动；二是当事人可以充分行使各项诉讼权利；三是案件的事实和证据必须公开在法庭上调查、核实，凡未经法庭调查、核实的事实和证据不能作为定案根据；四是开庭审理具有一定的形式和程序，要求有一定的场所作为审判法庭，程序包括开庭前的准备、出庭情况审查、法庭调查、法庭辩论、评议判决、公开宣判等阶段。

开庭审理有两种方式：（1）公开审理。人民法院审理行政案件的活动，除法律另有规定外，必须公开进行。公开审理有两层含义：一是对当事人和其他诉讼参与人公开，即案件的审理须在当事人、其他诉讼参与人参加下进行；二是对社会公开，即开庭审理活动允许社会上与案件无关的群众旁听，允许记者采访、报道。公开审理是开庭审理的主要形式。（2）不公开审理。在开庭审理时，只允许当事人和人民法院通知到庭的其他诉讼参与人参加，不允许群众旁听，不准记者采访、报道。不公开审理的案件包括涉及国家秘密、个人隐私和法律另有规定的案件。涉及商业秘密的案件，当事人申请不公开审理的，可以不公开审理。

（二）审理前的准备

审理前的准备是合议庭开庭审理行政案件之前必须经过的诉讼阶段。人民法院审理前的准备工作包括以下各项：（1）人民法院应当在立案之日起 5 日内，将起诉状副本发送被告。被告应当在收到起诉状副本之日起 15 日内向人民法院提交作出行政行为的证据和所依据的规范性文件，并提出答辩状①。人民法院应当在收到答辩状之日起 5 日内，将答辩状副本发送原告。（2）初步审查诉讼文书和证据材料。（3）决定是否裁定停止行政行为的执行。（4）决定

① 被告若不提出答辩状，不影响人民法院审理。

是否进行财产保全。（5）决定是否先行给付。（6）准备并研究审理本案所需要依据的法律文件。

（三）开庭审理的程序

开庭审理行政案件从以下几个方面进行：

1. 开庭前主要准备事项。

（1）召开合议庭准备会议。本阶段研究确定案件能否开庭审理、是否公开审理，开庭的日期、时间、地点，应当传唤、通知的当事人和其他诉讼参与人，开庭审理时应当注意的重点或者主要问题，合议庭成员在开庭审理过程中的分工，等等。准备会议的内容由书记员记入笔录。

（2）传唤、通知当事人和其他诉讼参与人。法院在开庭审理的3日前，用传票或者通知书通知当事人和其他诉讼参与人。传票或者通知书须写明案由与开庭日期、时间、地点。当事人或其他诉讼参与人在外地的，应当留有必要的在途时间。

（3）公告。公开审理的案件，应当在开庭3日前向社会公告，内容包括当事人的姓名、单位、案由与开庭日期、时间、地点。

2. 出庭情况审查的内容。

（1）查明当事人和其他诉讼参与人是否到庭。如果诉讼参与人均已到庭，则由书记员宣布法庭纪律，审判长宣布开庭；如果出现诉讼参加人没有到庭的情况，由合议庭决定是否延期、按撤诉处理或者缺席审判等。

值得一提的是，对于当事人到庭，《行政诉讼法》第3条第3款规定，被诉行政机关负责人应当出庭应诉；不能出庭的，应当委托行政机关相应的工作人员出庭应诉。对此，《行政诉讼法司法解释》进一步明确规定，《行政诉讼法》第3条第3款规定的行政机关负责人，包括行政机关的正职、副职负责人以及其他参与分管的负责人。行政机关负责人出庭应诉的，可以另行委托1~2名诉讼代理人。行政机关负责人不能出庭的，应当委托行政机关相应的工作人员[1]出庭，不得仅委托律师出庭。

【案例14-7】

再审申请人高某因诉被申请人广东省民政厅行政复议，不服广东省高级人民法院作出的（2016）粤行终671号行政判决，向最高人民法院申请再审一案。经查明，该案的一审、二审过程中，广东省民政厅仅委托律师代理，行政机关负责人或者相关工作人员并未出庭。

根据《行政诉讼法》第3条第3款及《行政诉讼法司法解释》第128条的规定，行政机关负责人应当出庭应诉，不能出庭的，应当委托行政机关相应的工作人员出庭；行政机关负责人出庭应诉的，可以另行委托1~2名诉讼代理人，不得仅委托律师出庭。[2]

---

① “行政机关相应的工作人员”包括该行政机关具有国家行政编制身份的工作人员以及其他依法履行公职的人员。其中，被诉行政行为是地方人民政府作出的，地方人民政府法制工作机构的工作人员以及被诉行政行为具体承办机关工作人员，可以视为被诉人民政府相应的工作人员。

② 作者对案情有所改编，案例来源于最高人民法院行政裁定书（2017）最高法行申3736号。

在该案中，广东省民政厅在一审时委托1名律师及实习律师作为代理人，在二审时委托1名律师作为代理人，违反了上述法律规定，一、二审均未对此问题予以释明及纠正，最高人民法院对此予以指正。

（2）核对当事人身份，审查双方诉讼代理人的授权委托书和代理权限。

（3）宣布案由，宣布合议庭和工作人员名单，告知当事人的诉讼权利和义务。

（4）当事人申请回避。申请回避应当在案件开始审理时提出；回避事由得知或者发生在审理开始以后的，也可以在法庭辩论终结前提出，既可以口头提出，也可以书面提出。被申请回避的人员，除非案件需要采取紧急措施，应当暂停执行职务。

人民法院对当事人提出的回避申请，应当在申请提出的3日内以口头或者书面形式作出决定。其中，明显不属于法定回避事由的，法庭可以当庭驳回。申请人对决定不服的，可以在接到决定时申请复议一次。人民法院对复议申请，应当在3日内作出复议决定，并通知复议申请人。复议期间，被申请回避的人员不停止参与本案的工作。

3. 法庭调查的内容。

（1）明确诉讼争议。合议庭根据起诉状和答辩状的内容分别概述原告的诉讼请求和理由、被告答辩的基本观点和理由，询问原告、被告及其法定代理人、法定代表人或者诉讼代理人有无异议和补充。

（2）当事人陈述和询问当事人。

（3）询问证人，审查证人证言材料。

（4）询问鉴定人、勘验人，审查鉴定结论、勘验笔录。

（5）审查书证、物证及视听资料。当事人在法庭上有权提出新的证据，还可以要求重新鉴定、调查或者勘验，是否准许，由人民法院决定。如果合议庭认为案件事实已经查清，审判长即可宣布法庭调查结束，进入辩论阶段。

4. 法庭辩论。法庭辩论的顺序是：先由原告及其诉讼代理人发言，再由被告及其诉讼代理人答辩，然后双方相互辩论。第三人参加诉讼的，应在原、被告发言后再发言。法庭辩论由审判长主持，任何人发言须经审判长许可。辩论时，当事人重复陈述、陈述与案件无关的内容甚至侮辱、攻击、谩骂对方的，审判长有权制止。辩论中提出与案件有关的新的事实、证据的，由合议庭决定停止辩论，恢复法庭调查。审判长认为应该查明的事实已辩论清楚的，即可宣布结束辩论。审判长在按顺序征询原、被告的最后意见后，宣布休庭，合议庭进行评议。

5. 合议庭评议。在评议时，合议庭成员可以平等地表明自己对案件的处理意见。合议庭成员意见不一致时，适用少数服从多数的原则，按多数意见作出裁决。评议过程制成评议笔录，评议中的不同意见必须如实记入笔录，由合议庭全体成员签名。

6. 公开宣判。行政案件无论是否公开审理，都应当公开宣判。能够当庭宣判的，由审判长在休庭结束、恢复开庭后当庭宣判，并在一定日期内向当事人发送判决书。不能当庭宣判，需要报审判委员会讨论决定的案件，应当定期宣判。审判长可以当庭告知当事人定期宣判的时间和地点，也可以另行通知。定期宣判的，宣判后立即发给当事人判决书。

（四）诉讼阻却

诉讼阻却是指由于某些特定的原因，致使诉讼过程中断或者不能按正常程序进行审理和裁判。在行政诉讼中，诉讼阻却的情形主要有以下几种：

1. 延期审理。延期审理即法院在开庭审理之前或者审理过程中，由于特殊情况，无法按预定的时间开庭审理，而将开庭审理的时间推迟。需要延期审理的情况包括：（1）应当到庭的当事人和其他诉讼参与人有正当理由没有到庭的；（2）当事人临时提出回避申请且无法及时作出决定的；（3）需要通知新的证人到庭，调取新的证据，重新鉴定、勘验，或者需要补充调查的；（4）其他应当延期的情形。下次开庭审理的时间，可以在决定延期审理时确定，也可以另行通告。

2. 延长审限。延长审限即法院在审理行政案件过程中，由于发生特殊情况而无法在规定的审理期限①内结案，经高级人民法院或者最高人民法院批准而延长审理期限的诉讼行为。根据《行政诉讼法》及其司法解释的规定，法院应当在立案之日起 6 个月内作出第一审判决；上诉案件应当在 3 个月内作出终审判决；有特殊情况需要延长的，由高级人民法院批准；高级人民法院需要延长的，由最高人民法院批准。基层人民法院申请延长审理期限，应当直接报请高级人民法院批准，同时报中级人民法院备案。

3. 诉讼中止。诉讼中止即在诉讼过程中，由于发生某种无法克服和难以避免的特殊情况，法院裁定暂时停止诉讼程序的进行。诉讼中止的特征是：（1）在诉讼中止期间，法院除依法采取诉讼保全措施或者停止执行具体行政行为的措施以外，应当停止对本案的审理；（2）在诉讼中止期间，当事人及其他诉讼参与人的诉讼活动全部停止；（3）诉讼中止期间不计算在审理期限之内；（4）是否结束诉讼中止，恢复诉讼程序，取决于导致诉讼中止的原因是否消除；（5）恢复诉讼后，当事人在诉讼中止前的诉讼行为依然有效。

在行政诉讼中，导致诉讼中止的原因主要有：（1）原告死亡，须等待其近亲属表明是否参加诉讼的；（2）原告丧失诉讼行为能力，尚未确定法定代理人的；（3）作为一方当事人的行政机关、法人或者其他组织终止，尚未确定权利、义务承受者的；（4）一方当事人因不可抗拒的事由，不能参加诉讼的；（5）案件涉及法律适用问题，需要送请有权机关作出解释或确认的；（6）案件的审判须以相关民事、刑事或其他行政案件的审理结果为依据，而相关案件尚未审结的；（7）其他应当中止诉讼的情形。诉讼中止由法院作出裁定，当事人不服，不得申请复议和提起上诉。

4. 诉讼终结。诉讼终结即在诉讼过程中，因出现使诉讼不能继续进行且不能恢复或者诉讼继续进行已经没有实际意义的情况，法院裁定结束正在进行的诉讼程序。在诉讼终结的情况下，法院对当事人之间的争议因没有必要而没有作出实体处理。导致诉讼终结的情况有以下两类：（1）原告死亡，没有近亲属或者近亲属放弃诉讼权利的。（2）作为原告的法人或者其他组织终止后，其权利义务的承受人放弃诉讼权利的。此外，如原告丧失诉讼行为能力、死亡或者终止，等待权利、义务承受者满 90 天的仍无人继续诉讼的，裁定终结诉讼，但有特殊情况的除外。当事人不服终结诉讼的裁定，不得复议或者上诉。裁定一经送达即发生法律效力。诉讼终结后，当事人不得以同一事实和理由再行起诉。

5. 移送。移送即人民法院在诉讼过程中，把自己审理的案件或者案件材料全部或者部分

---

① 审理期限是指从立案之日起至裁判宣告、调解书送达之日止的期间，但公告期间、鉴定期间、调解期间、中止诉讼期间、审理当事人提出的管辖异议以及处理人民法院之间的管辖争议期间不应计算在内。

送交有关部门处理的措施。在行政诉讼中，有必要移送的情形有：（1）人民法院发现受理的案件不属于自己管辖，将整个案件移送给有管辖权的人民法院管辖。（2）人民法院在审理行政案件过程中，认为行政机关的主管人员、直接责任人员违反政纪的，应将有关材料移送该行政机关或者其上一级行政机关或者监察、人事机关。（3）人民法院对被告经传票传唤无正当理由拒不到庭，或者未经法庭许可中途退庭的，可以将被告拒不到庭或者中途退庭的情况予以公告，并可以向监察机关或者被告的上一级行政机关提出依法给予其主要负责人或者直接责任人员处分的司法建议。（4）人民法院在审理行政案件过程中，发现被处罚人的行为构成犯罪，应当追究刑事责任的，如果对刑事责任的追究不影响本案审理，应继续审理，并应及时将有关犯罪材料移送有关机关；如果对刑事责任的追究影响本案审理，应中止诉讼，将有关犯罪材料移送有关机关处理，在有关机关作出最终处理后，再恢复诉讼。

需要移送时，合议庭应制作裁定书或者通知书，陈述对移送材料的看法和移送的理由，然后连同有关材料移送至有关部门。

三、简易程序

为了节约司法资源，提高司法效率，2014 年修订的《行政诉讼法》增加了“简易程序”。简易程序与一般程序相对应，在起诉手续、审判程序、审理期限等方面均有所简化。

（一）简易程序的条件

根据《行政诉讼法》规定，人民法院审理第一审行政案件，认为事实清楚、权利义务关系明确、争议不大的，可以适用简易程序。其中，“事实清楚”是指当事人对争议的事实陈述基本一致，并能提供相应的证据，无须人民法院调查收集证据即可查明事实；“权利义务关系明确”是指行政法律关系中权利和义务能够明确区分；“争议不大”是指当事人对行政行为的合法性、责任承担等没有实质分歧。在此一概括标准下，《行政诉讼法》第 82 条具体列举了三类可以适用简易程序的案件：（1）被诉行政行为是依法当场作出的；（2）案件涉及款额 2 000 元以下的；（3）属于政府信息公开案件的。

除此以外，在行政案件一审中，当事人也可以协议适用简易程序。若当事人同意适用简易程序，人民法院可以适用简易程序。

就适用简易程序的消极条件而言，简易程序只适用于第一审行政案件，发回重审、按照审判监督程序再审的案件均不适用简易程序。

（二）简易程序的具体要求

根据《行政诉讼法》规定，对于适用简易程序审理的行政案件，由审判员 1 人独任审理，并应当在立案之日起 45 日内审结。

适用简易程序审理的行政案件，人民法院可以用口头通知、电话、短信、传真、电子邮件等简便方式传唤当事人、通知证人、送达裁判文书以外的诉讼文书。以简便方式送达的开庭通知，未经当事人确认或者没有其他证据证明当事人已经收到的，人民法院不得缺席判决。

适用简易程序案件的举证期限由人民法院确定，也可以由当事人协商一致并经人民法院准许，但不得超过 15 日。被告要求书面答辩的，人民法院可以确定合理的答辩期间。人民法院应当将举证期限和开庭日期告知双方当事人，并向当事人说明逾期举证以及拒不到庭的法律后果，由双方当事人在笔录和开庭传票的送达回证上签名或者捺印。当事人双方均表示同意立即开庭或者缩短举证期限、答辩期间的，人民法院可以立即开庭审理或者确定近期开庭。

（三）简易程序向普通程序的转化

在行政诉讼审判过程中，人民法院若发现案情复杂，需要转为普通程序审理的，应当在审理期限届满前作出裁定并将合议庭组成人员及相关事项书面通知双方当事人。其中，案件转为普通程序审理的，审理期限自人民法院立案之日起计算。

四、第二审程序

（一）第二审程序的概念与意义

第二审程序是指上一级人民法院依照法律规定，根据当事人在法定期限内提起的上诉，对下一级人民法院作出的尚未生效的行政判决或者裁定进行重新审理的程序。第二审程序是根据当事人的上诉而发生的，故又称“上诉审程序”。我国实行两审终审制，故第二审程序又称“终审程序”。

第二审程序并不是每一个行政案件的必经程序。第一审人民法院作出判决、裁定后，当事人在法定上诉期内不上诉，或者被第一审人民法院的上一级人民法院驳回上诉的，都不会引起第二审程序。

设置第二审程序的意义在于：（1）通过第二审人民法院的审判活动，可以纠正第一审裁判中的错误，保护当事人的合法权益。（2）能够帮助当事人服判息诉，减少纠纷和缠讼，增强行政审判的良性效果。

（二）上诉的提起和受理

1. 上诉的概念和条件。上诉是指当事人不服第一审人民法院作出的未生效的行政裁判，在法定期限内声明不服，提出上诉状，请求上一级人民法院对行政案件进行第二次审理并撤销或者改变第一审裁判的行为。上诉是法律赋予当事人的一项诉讼权利，既不可被剥夺，也不可被限制。无论第一审裁判是否正确，当事人都可提起上诉。只要当事人在法定上诉期内依法提起上诉，就必然引起第二审程序。

当事人提起上诉，必须依法具备以下条件：（1）上诉人和被上诉人必须合格。第一审程序的当事人，包括原告、被告、法院判决承担义务或减损其权益的第三人及其法定代理人，以及法人和其他组织的法定代表人，都有资格提起上诉；委托代理人必须经被代理人特别授权，才能以被代理人的名义提起上诉。第一审人民法院作出判决和裁定后，当事人均提起上诉的，上诉各方均为上诉人。诉讼当事人中一部分人提起上诉的，没有提起上诉的对方当事人为被上诉人，其他当事人依原审诉讼地位列明。（2）存在法律允许提起上诉的对象，即未生效的第一审行政判决或者裁定。最高人民法院的第一审行政裁判是终审的裁判，不能成为上诉的对象。（3）上诉必须在法定期限内提起。当事人不服人民法院第一审判决的，有权在判决书送达之次日起15日内向上一级人民法院提起上诉；当事人不服人民法院第一审裁定的，有权在裁定书送达之次日起10日内向上一级人民法院提起上诉。当事人逾期不上诉的，即丧失上诉权。在上诉期间，当事人因不可抗拒的事由或者其他正当理由耽误了上诉期限的，应在障碍消除后10日内申请顺延上诉期限，是否准许由人民法院决定。（4）上诉必须递交上诉状。上诉状是表明当事人上诉意愿和请求的书面诉讼文书。上诉状一般包括如下内容：当事人的姓名、法人或者其他组织的名称及其法定代表人的姓名，原审人民法院的名称，案件编号和案由，上诉的请求和理由。上诉请求是上诉人通过上诉所要达到的目的，上诉理由则是上诉人提出上诉请求的具体根据。（5）在递交上诉状的同时交纳诉讼费用。

2. 上诉的提起和受理。上诉由不服第一审人民法院未生效裁判的当事人在法定上诉期限内向原审人民法院的上一级人民法院提出。第一审并案审理的案件，判决后一人或者部分人上诉，上诉后是可分之诉的，未上诉的当事人在法律文书中可以不列；上诉后仍是不可分之诉的，未上诉的当事人可列为被上诉人。上诉状应当通过原审人民法院提出，并按照对方当事人的人数提出副本。当事人直接向第二审人民法院上诉的，第二审人民法院应当在5日内将上诉状发交原审人民法院。原审人民法院或者第二审人民法院收到上诉状后，应当立即通知对方当事人。上诉人上诉超过法定期限的，应由第一审人民法院裁定驳回上诉。

原审人民法院收到上诉状后，应在5日内将上诉状副本送交对方当事人。对方当事人收到上诉状副本后，应在15日内提出答辩状。已经预收的诉讼费用一并报送。当事人不提出答辩状的，不影响法院审理。

原审人民法院应对上诉的事实和理由提出看法和意见，附在卷内，供上一级人民法院审理时参考。对不符合要求的上诉状，应由上诉人限期补正。原审人民法院收到上诉状、答辩状后，应当连同全部案卷和证据，尽快报送上一级人民法院。上一级人民法院收到全部案卷、上诉材料和证据后，经审查认为符合法律规定条件的，即按第二审程序进行审理。

3. 上诉的撤回。在第二审人民法院受理上诉至作出二审裁判之前，上诉人认为自己的上诉理由不充分，或者接受一审裁判的，可以向二审法院申请撤回上诉。撤回上诉应当递交撤诉状。对于撤回上诉，是否准许，应由第二审人民法院裁定。法院不得准许撤回上诉的情形有：（1）发现行政机关对上诉人有胁迫的情况或者行政机关为了息事宁人对上诉人作了违法让步的；（2）在第二审程序中，行政机关不得改变原行政行为，而上诉人因行政机关改变原行政行为而申请撤回上诉的；（3）双方当事人都提出上诉，而只有一方当事人提出撤回上诉的；（4）原审人民法院的裁判确有错误，应予纠正或者发回重审的。

第二审人民法院对于当事人撤回上诉的申请应作出准予或者不准予撤回上诉的裁定，因此，应制作裁定书，由合议庭成员和书记员署名并加盖法院的印章。不准撤回上诉的裁定可以用口头形式表达，记入笔录。上诉撤回后，产生以下法律后果：一是上诉人丧失对本案的上诉权，不得再行上诉；二是第一审裁判立即发生法律效力；三是上诉费用由上诉人负担。

（三）上诉案件的审理和裁决

第二审与第一审审理的是同一诉讼案件，诉讼当事人没有改变，只是称谓发生了变化。当事人双方的诉讼主张与第一审也有密切联系：上诉人不仅要求撤销或者变更第一审裁判，而且要求第二审人民法院确认自己的合法权益。第一审是第二审的基础，第二审是第一审的继续，两者所适用的程序基本相同，但第二审有自己的特点：

1. 在审判组织形式上，第二审人民法院审理上诉案件一律由审判员组成合议庭，合议庭成员必须是3人以上的单数。

2. 第二审人民法院审理上诉案件，有开庭审理和书面审理两种方式。人民法院对上诉案件，原则上应当开庭审理。经过阅卷、调查或者询问当事人，对没有提出新的事实、证据或者理由，合议庭认为不需要开庭审理的，可以书面审理。

3. 第二审人民法院对上诉案件的审理，不受上诉范围和上诉内容的限制。除了全面审查第一审人民法院认定的事实是否清楚，适用的法律、法规是否正确，有无违反法定程序之外，还应审查被诉行政行为的合法性。

4. 第二审人民法院审理上诉案件，可以在本法院进行，也可以到案件发生地或者原审人民法院所在地进行。

五、审判监督程序

（一）审判监督程序概述

1. 审判监督程序的概念。审判监督程序是指人民法院发现已经发生法律效力的判决、裁定违反法律、法规，依法对案件再次进行审理的程序。审判监督程序不是必须经过的审理程序，不具有审级的性质，是第一审、第二审以外的检验法院已结案件办案质量的一种监督程序。审判监督程序包括再审程序和提审程序。

（1）再审程序是指人民法院为了纠正已经发生法律效力的判决、裁定的错误，依照审判监督程序对案件再次进行审判的活动。再审分为两种：一是自行再审，即人民法院自行按照审判监督程序对本院裁判已经生效的行政案件进行审理；二是指令再审，即上级人民法院按照审判监督程序，指令原审人民法院对裁判已经生效的行政案件进行审理。

（2）提审程序是指上级人民法院按照审判监督程序对下级人民法院裁判已经生效的行政案件进行审理的活动。

2. 审判监督程序与二审程序的异同。两者的共同点在于，都以人民法院已经作出的裁判为基础，都对人民法院的审判工作进行监督以保证办案质量的程序。两者的区别在于：

（1）提起的主体不同。提起审判监督程序的主体必须是法律明确规定的各级人民法院院长和上级人民法院、最高人民法院以及各级人民检察院。在审判监督程序中，当事人的申诉往往能为该程序的提起提供线索，但其自身并不能直接引起该程序的发生。而有权提起上诉的，是享有上诉权的当事人，并且当事人的上诉通常会引起第二审程序的发生。

（2）提起的条件不同。只有发现已经生效的判决、裁定违反法律、法规时，才能提起审判监督程序；而当事人只要不服一审未生效的判决、裁定，无论判决、裁定是否违反法律、法规，都可在法定期限内提起上诉，引起第二审程序的发生。

（3）审理的主体不同。适用审判监督程序的行政案件，既可由原审人民法院审理，也可由原审人民法院的上级人民法院审理；而适用第二审程序的行政案件，只能由第一审人民法院的上一级人民法院审理。

（4）审理的对象不同。适用审判监督程序审理的是已经生效的判决、裁定，而适用第二审程序审理的是尚未生效的第一审判决、裁定。

（5）程序的性质不同。审判监督程序是为了纠正人民法院生效判决、裁定的错误而设置的一种特殊程序，不具有审级性质，是对人民法院生效裁判的一种事后监督和补救措施；而第二审程序是按照两审终审的审级制度设置的，是对第一审行政案件的继续审理。

（二）审判监督程序的提起

审判监督的启动程序主要包括如下类型：（1）当事人申请再审；（2）人民检察院提出抗诉以启动审判监督程序；（3）人民法院依法自行启动再审程序。

1. 当事人申请再审。根据行政诉讼法及其司法解释，依据申请对象的不同，当事人申请再审又包含当事人申请法院再审和当事人申请检察院提起行政建议或抗诉两类。

（1）当事人申请再审，若符合法定条件，人民法院应当启动再审。依据《行政诉讼法》，当事人的申请符合下列情形之一的，人民法院应当再审：第一，不予立案或者驳回起诉确有错误的；第二，有新的证据，足以推翻原判决、裁定的；第三，原判决、裁定认定事实的主要证据不足、未经质证或者系伪造的；第四，原判决、裁定适用法律、法规确有错误的；第五，违反法律规定的诉讼程序，可能影响公正审判的；第六，原判决、裁定遗漏诉讼请求的；第七，据以作出原判决、裁定的法律文书被撤销或者变更的；第八，审判人员在审理该案件时有贪污受贿、徇私舞弊、枉法裁判行为的。

就申请时限而言，当事人向上一级人民法院申请再审，原则上应当在判决、裁定或者调解书发生法律效力后6个月内提出。具有下列情形之一的，当事人自知道或者应当知道之日起6个月内提出：第一，有新的证据，足以推翻原判决、裁定的；第二，原判决、裁定认定事实的主要证据是伪造的；第三，据以作出原判决、裁定的法律文书被撤销或者变更的；第四，审判人员审理该案件时有贪污受贿、徇私舞弊、枉法裁判行为的。

根据《行政诉讼法司法解释》，当事人申请再审应当提交再审申请书等材料。人民法院若认为有必要，可以自收到再审申请书之日起5日内将再审申请书副本发送对方当事人。自收到再审申请书副本之日起15日内，对方当事人有义务提交书面意见。在此过程中，人民法院可以要求申请人和对方当事人补充有关材料，询问有关事项。

对于当事人的再审申请，人民法院应当另行组成合议庭审查。在审查再审申请期间，人民法院视需要有权决定是否询问当事人；若新的证据可能推翻原判决、裁定的，人民法院应当询问当事人。若再审申请人申请人民法院委托鉴定、勘验的，人民法院不予准许。再审申请人撤回再审申请的，由人民法院裁定是否准许。在审查过程中，再审申请人经传票传唤，无正当理由拒不接受询问的，按撤回再审申请处理。

人民法院审查当事人申请再审的请求完成后，根据具体情况处理如下：第一，经审查，人民法院认为当事人主张的再审事由成立，且符合申请再审条件的，应当裁定再审。第二，当事人主张的再审事由不成立，或者当事人申请再审超过法定申请再审期限、超出法定再审事由范围等，不符合法定申请再审条件的，人民法院应当裁定驳回再审申请。此外，在审查再审申请期间，被申请人及原审其他当事人若依法提出再审申请，人民法院有义务将其列为再审申请人，对其再审事由一并审查，审查期限应当重新计算。经审查，若其中一方再审申请人主张的再审事由成立，人民法院应当裁定再审；若各方再审申请人主张的再审事由均不成立，人民法院应当一并裁定驳回再审申请。

（2）当事人申请检察院提起检察建议或者抗诉。根据《行政诉讼法司法解释》，在下述三类情形下，当事人可以向人民法院申请抗诉或者检察建议：一是人民法院驳回再审申请的；二是人民法院逾期未对再审申请作出裁定的；三是再审判决、裁定有明显错误的。

经审查，人民检察院认为驳回再审申请的裁定或者再审判决、裁定确有错误的，可以向人民检察院抗诉或者提出检察建议。

此外，为了维护人民法院的公信力，避免申诉重复处理，应当适当限制当事人申请再审。对此，在人民法院基于抗诉或者检察建议作出再审判决、裁定后，当事人若继续申请再审，人民法院应当不予立案。

2. 人民检察院经由抗诉以启动再审。根据《宪法》规定，人民检察院是我国的法律监督机关，其职责在于监督法律的执行。人民检察院通过对行政案件开展检察监督，有利于更好地维护当事人的合法权益，促进行政机关依法行使职权。

根据行政诉讼法及其司法解释的规定，目前检察监督主要包括如下途径：

（1）最高人民检察院对各级人民法院已经发生法律效力的判决、裁定，上级人民检察院对下级人民法院已经发生法律效力的判决、裁定，发现有当事人提出再审申请的情形之一，或者发现调解书损害国家利益、社会公共利益的，应当提出抗诉，以启动再审。

（2）地方各级人民检察院对同级人民法院已经发生法律效力的判决、裁定，发现有当事人提出再审申请的情形之一，或者发现调解书损害国家利益、社会公共利益的，可以向同级人民法院提出检察建议，并报上级人民检察院备案；也可以提请上级人民检察院向同级人民法院提出抗诉，以启动再审。

3. 人民法院启动再审。人民法院亦是法定的启动再审主体。根据行政诉讼法及其司法解释规定，目前有两类主体可以启动再审程序。

（1）各级人民法院院长对本院已经发生法律效力的判决、裁定，发现有当事人提出再审申请的情形之一，或者发现调解违反自愿原则或者调解书内容违法，或者发现对规范性文件的合法性认定错误，认为需要再审的，应当提交审判委员会讨论决定。

（2）最高人民法院对地方各级人民法院已经发生法律效力的判决、裁定，上级人民法院对下级人民法院已经发生法律效力的判决、裁定，发现有当事人提出再审申请的情形之一，或者发现调解违反自愿原则或者调解书内容违法，或者发现对规范性文件的合法性认定错误的，有权提审或者指令下级人民法院再审。

（三）再审案件的审理

1. 审理范围。《行政诉讼法司法解释》第120条首次详细明确了行政诉讼再审审查范围。

（1）人民法院审理再审案件应当围绕再审请求和被诉行政行为合法性进行。再审审查聚焦于再审请求和被诉行政行为的合法性呼应了行政诉讼既解决行政争议又监督行政机关依法行政的诉讼目的，而且有利于节约司法资源，避免审查范围过于蔓延。另外，为了保障当事人的诉权，在当事人的再审请求超出原审诉讼请求，符合另案诉讼条件时，法律规定人民法院有告知当事人有权另行起诉的释明义务。

（2）被申请人及原审其他当事人在庭审辩论结束前提出的再审请求，符合法定的申请期限的，人民法院应当一并审理。这一规定的确立平等保护了当事人的诉讼权利，有利于在同一再审程序中一次性解决行政争议，避免司法资源的浪费和矛盾裁判的出现。

（3）人民法院依职权启动再审的，则不限于当事人提出的请求范围①。人民法院经再审，发现已经发生法律效力的判决、裁定损害国家利益、社会公共利益、他人合法权益的，应当一并审理。

2. 原则上裁定中止原裁判的执行。人民法院按照审判监督程序决定再审的案件，原则上应当以裁定中止原判决、裁定的执行。裁定由院长署名，加盖人民法院印章，但支付抚恤金、最低生活保障费或者社会保险待遇的案件，可以不中止执行。

上级人民法院决定提审或者指令下级人民法院再审，应当作出中止原判决执行的裁定。当情况紧急时，可以将中止执行的裁定口头通知负责执行的人民法院或者作出生效判决、裁定的

---

① 参见最高人民法院行政审判庭编著：《最高人民法院行政诉讼法司法解释理解与适用》（上），人民法院出版社2018年版，第561页。

人民法院，但应当在口头通知后10日内发出裁定书。

3. 分别适用第一、二审程序。只经过第一审程序审结的案件，无论是自行再审或者指令再审，都仍适用第一审程序，作出的裁判是第一审裁判。当事人如不服，可以提出上诉。

凡经过第二审程序审结的案件，无论是自行再审或者指令再审，都只能适用第二审程序，所作裁判为终审判决。当事人如不服，不得上诉。

凡是最高人民法院或者上级人民法院按照审判监督程序提审的案件，均应按第二审程序审理，所作裁判为终审裁判。当事人如不服，不得上诉。

4. 再审终结的情形。人民法院审理再审申请期间，有下列情形之一的，裁定终结再审程序：（1）再审申请人在再审期间撤回再审请求，人民法院准许的；（2）再审申请人经传票传唤，无正当理由拒不到庭的，或者未经法庭许可中途退庭，按撤回再审请求处理的；（3）人民检察院撤回抗诉的；（4）其他应当终结再审程序的情形。

六、执行程序

（一）执行程序概述

执行是指人民法院按照法定程序，对已经生效的法律文书，在负有义务的一方当事人拒不履行义务时，强制其履行义务，保证生效法律文书的内容得到实现的活动。行政案件的执行具有司法执行的一般特征，又具有自己的一些特点：（1）执行的任务是实现生效法律文书所确定的行政法律关系；（2）申请人或者被申请人一方为行政机关；（3）对原告和被告采取不同的执行措施。

行政案件的执行分为三种类型：（1）公民、法人或者其他组织一方拒绝履行法院的生效裁判，行政机关向法院申请强制执行；（2）行政机关拒绝履行法院的生效裁判，公民、法人或者其他组织申请法院强制执行；（3）公民、法人或者其他组织拒不履行行政行为，又不在规定的期限内起诉，作出该行政行为的行政机关依法向法院申请强制执行。

（二）执行根据和执行条件

执行根据是指人民法院据以采取执行措施的生效法律文书。能够成为执行根据的法律文书必须具备两个条件：一是该法律文书已经发生法律效力；二是该法律文书具有执行力，即法律文书的内容需要当事人作出一定的行为才能实现。行政案件的执行根据有两大类：

1. 人民法院制作的发生法律效力并具有执行内容的法律文书。此类法律文书包括：（1）行政判决书。（2）行政裁定书。在行政诉讼中，具有或者有可能具有执行内容的裁定有三种：一是关于财产保全和先行给付的裁定；二是对行政判决书中的错误进行补正的裁定；三是人民法院制作的承认和执行外国法院行政判决的裁定。（3）行政赔偿调解书。（4）行政附带民事判决书和调解书。（5）决定书。主要有两种：一是对妨碍诉讼行为的实施者处以罚款或者拘留的决定；二是对拒不履行判决、裁定的行政机关的罚款的决定。

2. 行政机关制作的发生法律效力并具有执行内容、依法由法院强制执行的法律文书。行政机关的法律文书作为人民法院的执行根据应具备四个条件：一是该法律文书已经生效；二是具有执行力；三是公民、法人或者其他组织在法定期限内既不起诉，又不履行；四是法律、法规规定由人民法院强制执行。

行政案件执行程序的发生，除有执行根据外，还必须同时具备以下条件：（1）当事人拒绝履行作为执行根据的法律文书所规定的义务。“拒绝履行”意味着当事人有履行能力而故意不履行义务。因不可抗力或者其他意外事件造成当事人不能履行义务的，应当延长履行期限。（2）必须在法定期限内申请执行或者移送执行。

（三）执行程序的提起与执行准备

1. 执行管辖。分为以下两种情况：（1）对于发生法律效力的行政判决、裁定和行政赔偿调解书，由第一审人民法院执行。第一审人民法院认为必要时，需要由第二审人民法院执行的，可以报请第二审人民法院执行。第二审人民法院可以决定由其执行，也可以决定由第一审人民法院执行。（2）没有强制执行权的行政机关申请人民法院强制执行其具体行政行为的，由申请人所在地的基层人民法院受理；执行对象为不动产的，由不动产所在地的基层人民法院受理。基层人民法院认为执行确有困难的，可以报请上级人民法院执行；上级人民法院可以决定由其执行，也可以决定由下级人民法院执行。

2. 执行程序的提起方式。执行程序的提起方式有两类：

（1）申请执行。

第一，当事人申请人民法院执行生效的法律文书。公民、法人或者其他组织拒绝履行法院生效法律文书的，作为被告的行政机关或者第三人可以提出执行申请；行政机关拒绝履行法院生效法律文书的，作为原告或者第三人的公民、法人和其他组织可以提出执行申请；相对人拒绝履行行政机关的法律文书，又不起诉，并且法律、法规规定应当申请人民法院强制执行的，作出该法律文书的行政机关可以向人民法院提出执行申请。

当事人申请人民法院执行生效的法律文书，必须在2年内提出。申请执行时效的中止、中断，适用法律有关规定。申请执行的期限从法律文书规定的履行期限的最后之日起计算；法律文书规定分期履行的，从规定的每次履行期间的最后一日起计算；法律文书中没有规定履行期限的，从该法律文书生效之日起计算。逾期申请的，不予执行，但有正当理由的除外。

第二，没有强制执行权的行政机关可以申请人民法院执行其行政行为。[①] 行政机关申请人民法院强制执行其行政行为，应当具备七个条件：① 行政行为依法可以由法院执行；② 行政行为已经生效并具有可执行内容；③ 申请人是作出该行政行为的行政主体；④ 被申请人是该行政行为所确定的义务人；⑤ 被申请人在行政行为确定的期限内或行政主体催告的期限内未履行义务；⑥ 申请人在法定期限内提出申请[②]；⑦ 被申请执行的案件属于受理执行申请的法院管辖。

行政机关申请人民法院执行其行政行为，应当提交《行政强制法》第55条规定的相关材料。

人民法院对符合条件的申请，应当在5日内立案受理，并通知申请人；对不符合条件的申请，应当裁定不予受理。行政机关对人民法院作出的不予受理裁定存有异议，在15日内向上一级人民法院申请复议的，上一级人民法院应当在收到复议申请之日起15日内作出

---

① 值得注意的是，对于行政裁决类案件，当事人在法定期限内不起诉又不履行，作出裁决的行政机关在申请执行的期限内未申请人民法院强制执行的，生效行政裁决确定的权利人或者其继承人、权利承受人亦可以在6个月内申请人民法院强制执行行政行为。对此，《行政诉讼法司法解释》规定，享有权利的公民、法人或者其他组织申请人民法院强制执行生效行政裁决，参照行政机关申请人民法院强制执行行政行为的规定。

② 没有强制执行权的行政机关申请人民法院强制执行其法律行为的，申请执行的期限是自被执行人的法定起诉期限届满之日起90天。逾期申请的，除有正当理由外，人民法院不予受理。

裁定。

人民法院受理行政机关申请执行其行政行为的案件后，应当在 7 日内由行政审判庭组成合议庭对行政行为的合法性进行审查，并就是否准予强制执行作出裁定。人民法院在作出裁定前发现行政行为明显违法并损害被执行人合法权益的，应当听取被执行人和行政机关的意见，并自受理之日起 30 日内作出是否准予执行的裁定。需要采取强制执行措施的，由本院负责强制执行非诉行政行为的机构执行。

此外，在行政机关或者行政行为确定的权利人申请人民法院强制执行前，有充分理由认为被执行人可能逃避执行的，可以申请人民法院采取财产保全措施。后者申请强制执行的，应当提供相应的财产担保。

就审查标准而言，被申请执行的行政行为有下列情形之一的，人民法院应当裁定不准予执行：① 实施主体不具有行政主体资格的；② 明显缺乏事实根据的；③ 明显缺乏法律、法规依据的；④ 其他明显违法并损害被执行人合法权益的情形。行政机关对不准予执行的裁定有异议，在 15 日内向上一级人民法院申请复议的，上一级人民法院应当在收到复议申请之日起 30 日内作出裁定。

（2）移送执行。移送执行是指人民法院的审判人员依职权主动将发生法律效力的法律文书交付执行人员予以执行的诉讼行为。案件是否需要移送执行，由该案的审判人员根据法律规定结合案件的实际情况而定。一般说来，下列生效法律文书可以采用移送执行的方式：一是人民法院作出的执行内容涉及国家利益和社会利益的判决；二是人民法院作出的先行给付和诉讼保全的裁定；三是人民法院作出的有执行内容的决定。移送执行时，承办案件的审判人员应填写移送执行书，经院长或者庭长批准后，连同移送执行的法律文书交给执行人员，也可将案卷材料一并移交。

3. 执行的具体程序。人民法院执行庭负责审查和执行申请执行书或者移交执行书以及有关的法律文书，没有执行庭的，由行政审判庭负责审查和执行。审查的内容为：是否有执行根据、申请人是不是合格的当事人、提起执行的手续是否完备、申请执行是否超过法定期限等。

人民法院执行人员接到申请执行书或者移送执行书，应当在 10 日内了解案情，分不同情况作出处理：（1）符合执行条件的，应当迅速立案，并通知被执行人在指定的期限内履行，逾期不履行的，强制执行。（2）申请人不合格的，须向其说明应由符合条件的当事人申请执行。（3）申请执行的事项不符合法律文书规定的内容的，应说明理由，让其改正；不改正的，驳回执行申请。（4）执行根据主文不明确，有漏项或对被执行物品的名称、牌号、规格、质量、数量、颜色、特征等规定不清，双方发生争执，执行人员无法认定的，应退回原裁判或者决定机关补充裁判或者决定。如果法律文书事实不清、适用法律错误，应附加书面意见，退回原裁决法院，建议再审。如果申请执行的行政机关法律文书在认定事实或者适用法律上有错误的，应提出书面意见，报院长批准后退回申请机关复议。申请机关拒绝复议，或者复议后仍坚持错误的，不予执行。

执行人员在采取强制执行措施之前必须做好以下准备工作：（1）执行人员接到被执行书或者移送执行书，应当在 10 日内了解案情，明确需要执行的事项；（2）调查、了解被执行人不履行义务的原因和履行义务的能力；（3）指定被执行人履行义务的期限；（4）如果被执行人正在或者有可能隐匿、转移或者出卖财产的，经院长批准，依法先行查封、扣押；（5）制定强制执行方案，准备强制执行；（6）填写强制执行证，并报院长批准，通知当事人及协助执行的单位和个人。

（四）强制执行措施的适用

《行政诉讼法》根据当事人的不同情况，规定了不同的执行措施。

1. 对公民、法人或者其他组织适用的执行措施。主要有：第一，划拨或者转交、扣留、提取被执行人的存款或者劳动收入；第二，查封、扣押、冻结、变卖被执行人的财产；第三，强制迁出房屋、强制拆除违法建筑或者强制退出土地。人民法院在对公民、法人或者其他组织采取强制措施时，应注意下列事项：

（1）人民法院在对公民、法人或者其他组织的财产采取强制执行措施时，不得超出被执行人应当履行义务的范围；被执行人是公民的，应当保留被执行人及其所扶养家属的生活必需品和生活必需费用。

（2）人民法院查封、扣押财产时，被执行人是公民的，应当通知被执行人或者他的成年家属到场；被执行人是法人或者其他组织的，应当通知其法定代表人或者主要负责人到场。拒不到场的，不影响执行。被执行人是公民的，其工作单位或者财产所在地的基层组织应当派人参加。

（3）对于查封、扣押的财产，执行人员必须造具清单，由在场人签名或者盖章后，交被执行人一份。被执行人是公民的，也可以将清单交给他的成年家属一份。

（4）财产被查封、扣押后，执行人员应当责令被执行人在指定期间内履行法律文书确定的义务。被执行人逾期不履行的，人民法院可以按照规定交有关单位拍卖或者变卖被查封、扣押的财产；对于国家禁止自由买卖的物品，交有关单位按照国家规定的价格收购。

（5）强制迁出房屋、强制拆除违法建筑或者强制退出土地的，由院长签发公告，责令被执行人在指定的期间内履行。被执行人逾期不履行的，由执行人员强制执行。强制执行时，被执行人是公民的，应当通知被执行人或者他的成年家属到场；被执行人是法人或者其他组织的，应当通知其法定代表人或者主要负责人到场。拒不到场的，不影响执行。被执行人是公民的，其工作单位或者房屋、土地所在地的基层组织应当派人参加。执行人员应当将强制执行情况记入笔录，由在场人签名或者盖章。强制迁出房屋时被搬出的财物，由人民法院派人运至指定处所，交给被执行人；被执行人是公民的，也可以交给他的成年家属。因拒绝接收而造成的损失，由被执行人承担。

2. 对行政机关适用的执行措施。《行政诉讼法》第 96 条规定，行政机关拒绝履行判决、裁定、调解书的，第一审人民法院可以采取下列措施：（1）对应当归还的罚款或者应当给付的款额，通知银行从该行政机关的账户内划拨；（2）在规定期限内不履行的，从期满之日起，对该行政机关负责人按日处 50～100 元的罚款；（3）将行政机关拒绝履行的情况予以公告；（4）向监察机关或者该行政机关的上一级行政机关提出司法建议，接受司法建议的机关，根据有关规定进行处理，并将处理情况告知人民法院；（5）拒不履行判决、裁定、调解书，社会影响恶劣的，可以对该行政机关直接负责的主管人员和其他直接责任人员予以拘留；情节严重，构成犯罪的，依法追究刑事责任。

七、行政诉讼中的特殊程序与特殊制度

（一）调解

1. 人民法院审理行政案件原则上不适用调解程序。人民法院审理行政案件，既不能把调解作为行政诉讼过程中的一个必经阶段，也不能把调解作为结案的一种方式。法院审理行政案件，之所以实行不适用调解原则，其根本原因在于：法院审理行政案件是对行政行为的合法性进行审查，行政机关作出行政行为是行政机关行使法定职权的表现。这种法定职权，行政机关不得放弃这种法定职权或者作出让步，否则将构成失职。因此，行政机关作出的行政行为或者合法，或者违法，没有第三种可能。法院就某一争议在双方当事人之间进行调解的前提是当事人对争议的内容即权利、义务有处分的权利，即可以放弃或者作出某种程度的让步。在行政诉讼中适用调解原则，将会造成行政机关法定职权的性质与调解的前提之间相互矛盾。因此，人民法院审理行政案件原则上不应适用调解程序。

2. 适用调解的范围和原则。为了促进案结了事，保护公民、法人和其他组织的合法权益，《行政诉讼法》第 60 条在秉承"不适用调解原则"的基础上，规定了例外情形和要求，明确了在部分案件中可以调解，即在行政赔偿、补偿以及行政机关行使法律、法规规定的自由裁量权的案件中，人民法院可以调解。具体理由如下①：

（1）在行政赔偿类案件中，行政相对人有权处分自己的权利，并且行政相对人放弃这种赔偿请求权并未损害国家利益、社会公共利益或者他人的合法权益，因而在行政赔偿案件中，人民法院可以适用调解程序。

（2）在行政补偿类案件中，由于行政机关通常就补偿方式、金额享有一定的裁量空间，因而，行政机关在一定范围内处分其利益无损行政诉讼合法性审查的原则。

（3）在行政机关行使法律、法规规定的自由裁量权的案件中，由于行政机关依据法律享有裁量权，其在法律允许的空间内处分利益并未违反法律法规，而且不会侵害国家利益、社会公共利益或者他人合法利益。因此，这类案件通常可以调解。

3. 行政诉讼直接调解制度。根据《行政诉讼法司法解释》的规定，人民法院认为符合调解范围的行政案件法律关系明确、事实清楚，在征得当事人同意后，可以不经法庭调查辩论直接进行调解。

4. 行政调解的相关要求。

（1）行政调解活动应遵循保密原则。调解过程原则上不公开，但当事人同意公开的除外。调解协议的内容也不应公开，除非为了保护国家利益、社会公共利益、他人合法权益，人民法院认为确有必要的，调解协议的内容方能被公开。

（2）在调解过程中，人民法院认为确有必要的，可以通知第三人参加调解。

（3）当事人一方或者双方不愿调解、调解未达成协议的，人民法院应当及时判决，避免个别法官在行政诉讼中"以拖促调""以判促调"，迫使当事人接受调解方案②。

（4）和解或者调解协议的内容不得转化为判决书。根据《行政诉讼法司法解释》，当事人

---

① 参见江必新主编：《中华人民共和国行政诉讼法及司法解释条文理解与适用》，人民法院出版社 2015 年版，第 387~388 页。

② 参见最高人民法院行政审判庭编著：《最高人民法院行政诉讼法司法解释理解与适用》（上），人民法院出版社 2018 年版，第 408 页。

自行和解或者调解达成协议后，请求人民法院按照和解协议或者调解协议的内容制作判决书的，人民法院不予准许。

5. 调解书的内容、送达及其生效。调解书应当写明诉讼请求、案件的事实和调解结果。由审判人员、书记员署名，加盖人民法院印章，送达双方当事人。

调解书经双方当事人签收后，即具有法律效力。其中，调解书生效日期根据最后收到调解书的当事人签收的日期确定。

【案例 14-8】

2016 年 6 月 8 日，杨某向山西省人社厅申请公开《关于对太钢部分退休人员集体上访问题处理意见的函》(晋劳社仲函〔2005〕9 号)。当月 21 日，山西省人社厅作出《政府信息公开答复》，认为申请事项不属于《山西省政府信息公开规定》限定的政府信息。

一审法院认为，根据《山西省政府信息公开规定》，杨某申请公开的函件是对太钢部分退休人员集体上访问题的处理意见。山西省人社厅答复杨某申请事项不属于《山西省政府信息公开规定》限定的政府信息，认定事实清楚，程序合法，适用依据正确。故判决驳回杨某的诉讼请求。

杨某不服，上诉至山西省高级人民法院。经审查，杨某对申请公开的函件早在 2005 年就已手抄其内容，并且于 2016 年 5 月 24 日又一次在山西省人社厅查阅了该函件，知道了申请公开的信息内容。该信息内容是对上访人员所在单位的建议函，并没有对当事人的权利义务产生影响。杨某并不能说明申请该政府信息出于何种生活、生产需要，其获取该函件复印件的目的不明。

对此，山西省高级人民法院认为杨某已经获知信息，其知情权没有受到侵害，一审判决不支持其诉讼该请求并无不当。因此，二审判决驳回上诉，维持原判。

杨某不服山西省高级人民法院（2017）晋行终 320 号行政判决，向最高人民法院申请再审。

在再审审查期间，最高人民法院对本案进行了调解。最高人民法院认为：《行政诉讼法》第 60 条第 1 款规定："人民法院审理行政案件，不适用调解。但是，行政赔偿、补偿以及行政机关行使法律、法规规定的自由裁量权的案件可以调解。"允许行政案件在一定范围内适用调解，无疑具有积极意义。人民法院对行政案件进行调解，不只适用于一审和二审过程中，在立案、执行以及审查再审申请和再审审理的各个阶段均可随时进行。就调解范围而言，《行政诉讼法》第 60 条将其限定于"行政机关行使法律、法规规定的自由裁量权的案件"，用意在于排除"行政行为是否合法没有调解余地"的情形。对调解余地的判断，不仅要看行政机关在作出被诉行政行为时是否具有裁量权，更要看双方当事人特别是行政机关就调解标的是否具有处分权，且调解结果是否损害国家利益、社会公共利益和他人合法权益。

该案中，杨某提起诉讼，只是要求行政机关向他提供一份政府信息的复印件，行政机关拒绝了他的申请，尽管此前曾经允许他对该政府信息进行查阅、摘抄。最高人民法院审查后认为，案件的争执只在于政府信息公开的方式和形式问题，对此，行政机关拥有较大裁量空间。对于该类纠纷，协商调解更为经济、彻底。经最高人民法院合议庭建议，行政机关决定向杨某提供复印件，杨某同意撤回再审申请。由于杨某已经拿到了复印件，并且当场写了撤回再审申请，请行政机关帮他邮寄。

另外，《行政诉讼法司法解释》规定，调解过程和调解协议内容不公开。此一规定意在保护调解过程中当事人的敏感信息，不仅双方当事人应当保守调解秘密，人民法院亦应受到约束。但该司法解释第 86 条第 3 款对调解协议内容不公开还规定了例外情形，这就是“为保护国家利益、社会公共利益、他人合法权益，人民法院认为确有必要公开的除外”。最高人民法院认为，公开该案调解协议的内容，不仅没有当事人敏感信息被披露的危险，而且通过对双方当事人理性与合作态度的宣传，可以引导行政机关更好地服务人民群众，引导公民、法人或者其他组织更理性地行使诉讼权利，进而在全社会营造减少诉讼、增进和谐的风气。因此，最高人民法院决定对该调解协议的内容予以公开。

总之，经调解，最高人民法院最终准许杨某撤回其再审申请。①

（二）期间

期间是指人民法院进行行政诉讼行为的时限要求。

1. 期间的种类与期间的计算。根据《行政诉讼法司法解释》，期间包括法定期间和人民法院指定的期间。

期间以时、日、月、年为标准计算。其中，期间开始的时和日不计算在期间内。期间届满的最后一日是节假日的，以节假日后的第一日为期间届满的日期。期间不包括在途时间，诉讼文书在期满前交邮的，视为在期限内发送。

2. 立案期限的计算。立案期限是指人民法院审查当事人起诉是否合乎法定条件的期限。其中，因起诉状内容欠缺或者有其他错误通知原告限期补正的，从补正后递交人民法院的次日起算。由上级人民法院转交下级人民法院立案的案件，从受诉人民法院收到起诉状的次日起算。

3. 审理期限的定义、计算。行政诉讼的一审普通程序、简易程序、二审期限，是指从立案之日起至裁判宣告、调解书送达之日止的期间，但公告期间、鉴定期间、调解期间、中止诉讼期间、审理当事人提出的管辖异议以及处理人民法院之间的管辖争议期间不应计算在内。

再审案件按照第一审程序或者第二审程序审理的，适用《行政诉讼法》规定的一审普通程序、简易程序和二审程序的审理期限。审理期限自再审立案的次日起算。

（三）送达

1. 送达的概念。送达是指为了通知一定的诉讼事项，法院依据法律将诉讼文书送交案件当事人或者其他诉讼参与人的行为。送达沟通着整个诉讼活动，保障着诉讼活动的顺利开展。

2. 送达地址。在诉讼中，人民法院可以要求当事人签署送达地址确认书，当事人确认的送达地址为人民法院法律文书的送达地址。送达地址发生变更的，当事人应当及时书面告知受理案件的人民法院；未及时告知，人民法院按原地址送达的，视为依法送达。

① 作者适度裁剪了案例信息，案例来源于最高人民法院行政裁定书（2018）最高法行申 142 号。

3. 送达方式。

首先，人民法院可以采取直接送达的方式，将诉讼文书送交受送达人。面对司法实践中“送达难”的现状，《行政诉讼法司法解释》规定，若能够确认当事人身份，人民法院可以在当事人住所地以外向当事人直接送达诉讼文书。若当事人拒绝签署送达回证，采用拍照、录像等方式记录送达过程即视为送达。审判人员、书记员应当在送达回证上注明送达情况并签名，以便证明送达已经完成。

其次，人民法院可以通过电子送达的方式送达诉讼文书。信息化时代的到来极大地便利了诉讼活动，当事人同意电子送达的，人民法院可以采用电子送达的方式。对此，当事人应当提供并确认传真号、电子信箱等电子送达地址。

最后，人民法院也可以通过国家邮政机构以法院专递方式送达。

（四）缺席判决

1. 缺席判决的概念。缺席判决是指合议庭开庭审理时，在当事人缺席的情况下，经过审理作出判决。

2. 缺席判决的适用情况。缺席判决在行政诉讼过程中适用于以下两类情况：（1）经法院传票传唤，被告无正当理由拒不到庭的，或者未经法庭许可中途退庭的。对此，人民法院可以按期开庭或者继续开庭审理，对到庭的当事人的诉讼请求、双方的诉辩理由以及已经提交的证据及其他诉讼材料进行审理后，依法缺席判决。（2）不准撤诉的原告或者上诉人拒不到庭或者未经许可中途退庭的。

值得注意的是，在审判过程中，第三人经传票传唤无正当理由拒不到庭，或者未经法庭许可中途退庭的，并不发生阻止案件审理的效果。

（五）撤诉

1. 撤诉的概念。撤诉即原告或者上诉人在法院宣告判决或者裁定前，按照法律规定的程序，放弃其起诉权的诉讼行为。在本质上，撤诉行为乃原告或者上诉人对自身起诉权利的处分。

2. 撤诉的类型。根据《行政诉讼法》及其司法解释，撤诉分为两种情况：（1）申请撤诉，即原告自愿、主动放弃起诉权的行为，包括原告在被告改变被诉行政行为后表示同意而申请撤诉和在被告未改变被诉行政行为的情况下自愿申请撤诉。（2）视为申请撤诉或推定申请撤诉。具体包含三种情况：一是经法院传票传唤，原告无正当理由拒不到庭的；二是在开庭审理期间，原告未经法庭许可中途退庭，拒不返回的；三是原告在法定期间内未预交诉讼费用，又没有提出缓交、减交、免交诉讼费用申请或者提交申请未获批准的。

3. 撤诉的处理。原告申请撤诉或者有可视为申请撤诉的行为时，人民法院通过审查，裁量准许与否。

审查是否准许或者是否按撤诉处理时，若当事人有违反法律的行为需要依法处理的，人民法院可以不准许撤诉或者不按撤诉处理。

此外，虽然法庭辩论终结后，案件事实通常相对明确，撤诉行为理论上应当受到一定的限制，但考虑到原告有对起诉行为的处分权，现行行政诉讼法司法解释仍规定：对于原告的申请撤诉行为，若未损害国家利益、集体利益或者社会利益时，法院可以裁定准许撤诉。

若是准予撤诉的裁定确有错误，原告申请再审的，人民法院应当通过审判监督程序撤销原准予撤诉的裁定，重新对案件进行审理。但是，如果原告因在法定期限内未预交诉讼费用，又没有提出缓交诉讼费用的申请，按自动撤诉处理的，原告在起诉期限内再次起诉，法院应予立案。

考虑到法院的权威性及司法资源的有限性，原告行使撤诉权应当慎重。法院裁定准许原告撤诉后，原告以同一事实和理由重新起诉的，人民法院不予立案。

4. 撤诉的法律后果。撤诉经法院批准将导致诉讼终结。

（六）先予执行

1. 先予执行的概念。为了保护弱者权益，针对实践中行政机关不及时履行职责的行为，《行政诉讼法》规定了“先予执行”制度。通俗而言，“先予执行”是指对案件争议实体审判前，人民法院裁定一方当事人（在行政诉讼中通常为行政机关）向另一方当事人作出某种行为或者支付金钱的行为。

2. 先予执行的构成要件。根据《行政诉讼法》的规定，“先予执行”需具备如下条件：（1）涉及人民法院对起诉行政机关没有依法支付抚恤金、最低生活保障金和工伤、医疗社会保险金的案件；（2）权利义务关系明确、不先予执行将严重影响原告生活；（3）原告必须先申请，后由人民法院裁定。若原告并未申请，人民法院不得主动作出先予执行的裁定。

3. 先予执行的处理。当事人对先予执行裁定不服的，可以申请复议一次。复议期间不停止裁定的执行。

【案例 14-9】

吴某原系徐闻县龙塘糖厂职工。1991 年经其申请并经龙塘糖厂同意调往柏雅股份公司工作。龙塘糖厂于 1991 年 7 月出具了《龙塘糖厂干部、工人调动通知书》《企业职工工资关系介绍信》及《调动介绍信》，后吴某一直在柏雅股份公司工作。2000 年 4 月，龙塘糖厂依法宣告破产。吴某以其仍是糖厂职工为由，向破产清算组提出安置经济补偿的要求。清算组认定其已经不属于龙塘糖厂职工，不为其办理经济补偿手续。吴某不服，先后向徐闻县劳动争议仲裁委员会申请仲裁，以及向徐闻县人民法院、湛江市中级人民法院提起诉讼。

2002 年 9 月，湛江市中级人民法院作出民事裁定，认定龙塘糖厂破产清算组的职能已终止，不再具有在清算范围内从事民事活动的资格。徐闻县政府虽同意负责龙塘糖厂安置职工的缺口资金，并经法院裁定确认，但徐闻县政府与原龙塘糖厂的职工之间不属于平等的民事主体关系，其可通过其他途径向徐闻县政府申请解决，裁定驳回其起诉。吴某继续就相关事宜申请信访处理。

2006 年 10 月 10 日，徐闻县政府作出《信访事项复查意见书》，对吴某作出以下处理：确认吴某与原龙塘糖厂已不存在劳动关系，维持徐闻县公有资产经营管理公司《关于吴某信访问题的答复》的处理意见，吴某在生活上的实际困难由徐闻县公有资产经营管理公司协助龙塘镇龙发居委会解决。

2008 年 5 月 28 日，湛江市人民政府作出《信访事项复核意见书》，认为根据生效的（2002）湛中法民终字第 373 号民事判决查明的事实，吴某与龙塘糖厂不存在劳动关系。吴某在 2000 年龙塘糖厂破产清算前已经与该糖厂不存在劳动关系，其上访请求缺乏法律依据，不应支持，维持徐闻县政府作出的286号复查意见。2015年1月14日，吴某提起行政诉讼，请求判决徐闻县政府履行职责，其中要求“先予执行在京的维权生活费每月2 000元”。①

根据《行政诉讼法》第57条规定，人民法院对起诉行政机关没有依法支付抚恤金、最低生活保障金和工伤、医疗社会保险金的案件，权利义务关系明确、不先予执行将严重影响原告生活的，可以根据原告的申请，裁定先予执行。行政案件中的先予执行有严格的限定，只有符合法定的条件，才能作出先予执行的裁定。先予执行必须在行政诉讼案件审理过程中提出，不能就先予执行单独提起行政诉讼。因此，最高人民法院在再审审查中认定吴某直接提起行政诉讼要求先予执行生活费，没有法律依据。

（七）诉讼保全

一般而言，根据申请保全的时间不同，诉讼保全可分为诉讼中保全和诉前保全。

1. 诉讼中保全。人民法院对于因一方当事人的行为或者其他原因，可能使行政行为或者人民法院生效裁判不能或者难以执行的案件，根据对方当事人的申请，可以裁定对其财产进行保全、责令其作出一定行为或者禁止其作出一定行为；当事人没有提出申请的，人民法院在必要时也可以裁定采取上述保全措施。由此可见，就启动诉讼保全而言，原则上应当依当事人申请，法院在例外情形下亦可依职权采取临时性强制性措施。此外，诉讼中保全不仅包含了财产保全的规定，还包括对当事人“行为”保全的内容（即人民法院可以责令一方当事人作出或者禁止作出一定的行为）。

由于诉讼保全可依单方申请启动，为平衡保护诉讼各方利益，人民法院可以责令申请人提供担保。对于申请人不提供担保的情况，人民法院裁定驳回申请。

就作出裁定的时间而言，人民法院接受申请后，对情况紧急的，必须在48小时内作出裁定；裁定采取保全措施的，应当立即开始执行。

当事人若对人民法院作出的保全裁定不服，可以申请复议，但复议期间不停止裁定的执行。

2. 诉前保全。根据《行政诉讼法司法解释》的规定，利害关系人因情况紧急，不立即申请保全将会使其合法权益受到难以弥补的损害的，可以在提起诉讼前向被保全财产所在地、被申请人住所地或者对案件有管辖权的人民法院申请采取保全措施。

由此可见，诉前保全具有如下特点：（1）诉前保全应当在向法院提起诉讼前申请；（2）启动主体为利害关系人；（3）管辖法院包括被保全财产所在地、被申请人住所地或者对案件有管辖权的人民法院。

为了平等保护各方的利益，《行政诉讼法司法解释》规定申请人申请诉前保全应当一律提供担保。若申请人不提供担保，人民法院将裁定驳回申请。

就作出裁定的时间而言，人民法院接受申请后，必须在48小时内作出裁定。人民法院若裁定采取保全措施，应当立即开始执行。

就诉前保全而言，如果诉讼长期未启动，势必将影响被申请人的生活、生产状态。对此，在人民法院采取保全措施后30日内，申请人若没有依法提起诉讼，人民法院便应当解除保全。

---

① 作者对案例信息进行了适度裁剪，相关信息详参最高人民法院行政裁定书（2017）最高法行申2590号。

就诉前保全的救济手段而言，当事人若对保全的裁定不服，可以向作出裁定的人民法院申请复议。其中，复议期间不停止裁定的执行。

3. 诉讼保全的范围、方式、解除、赔偿。诉讼保全的范围应当限于请求的范围，或者与本案有关的财物，以避免给被申请人带来不必要的损失。

其中，财产保全可以采取查封、扣押、冻结或者法律规定的其他方法。为了保护被申请人的合法权益，人民法院一旦确定采取保全措施，便负有立即通知被保全人的义务。此外，对已被查封、冻结的财产，人民法院不得重复查封、冻结。

涉及财产的案件，若被申请人提供担保，实质上避免了申请人可能遭受的风险、损害，潜在地达到了保全措施所欲达到的目的，因此，人民法院应当裁定解除保全。

针对实践中保全措施存在的错误，《行政诉讼法司法解释》规定，若申请保全措施存在错误，申请人应当赔偿被申请人因保全所遭受的损失。

（八）行政争议与相关民事争议一并审理

在实践中，行政纠纷往往与民事纠纷交叉重叠。为了实质性化解纠纷，便于当事人诉讼，《行政诉讼法》第 61 条规定："在涉及行政许可、登记、征收、征用和行政机关对民事争议所作的裁决的行政诉讼中，当事人申请一并解决相关民事争议的，人民法院可以一并审理。在行政诉讼中，人民法院认为行政案件的审理需以民事诉讼的裁判为依据的，可以裁定中止行政诉讼。"

1. 适用前提。结合《行政诉讼法》以及最新的司法解释，行政案件与相关民事争议的一并审理应当具备如下条件：（1）仅限涉及行政许可、登记、征收、征用和行政机关对民事争议所作的裁决的行政诉讼。之所以只规定这五类案件，"主要是基于这五类案件引发的行政和民事诉讼在实践中最为集中和突出，是应对现实司法需要的一种举措，也是开辟新的审判领域、审判方式的新要求"①。（2）当事人在行政诉讼中申请一并解决相关民事争议。为了体现当事人意思自治之民事审判原则，在行政诉讼过程中，若当事人未申请一并解决相关民事争议，人民法院不应当一并审理。在审理行政案件过程中，人民法院若发现民事争议构成解决行政争议的基础，当事人没有请求人民法院一并审理相关民事争议的，人民法院应当告知当事人依法申请一并解决民事争议。当事人就民事争议另行提起民事诉讼并已立案的，人民法院应当中止行政诉讼的审理。对于民事争议处理期间，不应计算在行政诉讼审理期限内。（3）行政案件尚未超过起诉期。公民、法人或者其他组织请求一并审理相关民事争议，人民法院经审查，发现行政案件已经超过起诉期限，民事案件尚未立案的，应告知当事人另行提起民事诉讼；民事案件已经立案的，则应由原审判组织继续审理。（4）受理行政案件的法院可以一并受理。

从一并审理民事争议的消极范围来看，具有如下情形之一的，人民法院应当作出不予准许一并审理民事争议的决定，并告知当事人可以依法通过其他渠道主张权利：（1）法律规定应当由行政机关先行处理的。"应当由行政机关先行处理的"案件一般是指涉及自然资源所有权以及使用权等的民事争议。这类案件由行政机关先行处理，不仅有利于减轻司法机关的负担，而且考虑到行政机关的专业性，也有利于提升纠纷的解决效率。未经行政机关先行处理，便不

---

① 江必新主编：《中华人民共和国行政诉讼法理解适用与实务指南》，中国法制出版社 2015 年版，第 290 页。

能在行政诉讼程序中申请一并解决民事争议。（2）违反民事诉讼法专属管辖规定或者协议管辖约定的。因为涉及与“相关民事纠纷”的“一并”受理，若“一并受理”违反民事诉讼法上专属管辖规定或者协议管辖约定，人民法院显然无法“合并审理”。（3）约定仲裁或者已经提起民事诉讼的。根据《民事诉讼法》的规定，对于约定仲裁或者已经提起民事诉讼的案件，由于其他法院无法受理，因而难以“合并审理”。（4）其他不宜一并审理民事争议的情形。

2. 一并审理民事争议的程序要求。为了方便案件当事人参加诉讼，提升审判效率，公民、法人或者其他组织请求一并审理相关民事争议的，应当在第一审开庭审理前提出；若存在正当理由，也可以在法庭调查中提出。

人民法院在行政诉讼中一并审理相关民事争议的，民事争议应当单独立案，由同一审判组织审理。这是由于行政争议和民事争议在诸多方面不一致，分别立案有利于当事人分别行使上诉权，进而实质性化解争议；而两个争议由同一审判组织管理，不仅有利于保证法律适用的统一性和严肃性，也符合诉讼效益的原则①。与此同时，也存在一个例外，即人民法院审理行政机关对民事争议所作裁决的案件，一并审理民事争议的，不应另行立案。

在诉讼管辖上，人民法院决定在行政诉讼中一并审理相关民事争议，或者案件当事人一致同意相关民事争议在行政诉讼中一并解决并经人民法院准许的，应由受理行政案件的人民法院管辖。注意，应由人民法院行政审判庭而非民事审判庭一并审理。

就法律适用而言，人民法院一并审理相关民事争议，除非法律另有规定，应适用民事法律规范的相关规定。当事人在调解中对民事权益的处分，不能作为审查被诉行政行为合法性的根据。

就案件裁判而言，人民法院应当对行政争议和民事争议分别裁判。

就上诉审理而言，当事人仅对行政裁判或者民事裁判提出上诉的，未上诉的裁判在上诉期满后即发生法律效力。第一审人民法院应当将全部案卷一并移送第二审人民法院，由行政审判庭审理。第二审人民法院发现未上诉的生效裁判确有错误的，应当按照审判监督程序再审。

此外，行政诉讼原告在宣判前申请撤诉的，应由人民法院裁定是否准许撤诉。人民法院裁定准许行政诉讼原告撤诉，但其对已经提起的一并审理相关民事争议不撤诉的，人民法院应当继续审理。

（九）行政公益诉讼

1. 行政公益诉讼的含义及其设置背景。一般认为，行政公益诉讼是指为了维护公共利益，检察院、公民及社会组织认为行政主体行使职权的行为违法，侵害了公共利益或有侵害的可能时，无直接利害关系的当事人依据法律规定向人民法院提起的行政诉讼活动。

历经两年试点后，十二届全国人大常委会第二十八次会议于 2017 年 6 月 27 日修改通过了《行政诉讼法》，在原《行政诉讼法》第 25 条的基础上，增加了 1 款作为第 4 款：“人民检察院在履行职责中发现生态环境和资源保护、食品药品安全、国有财产保护、国有土地使用权出让等领域负有监督管理职责的行政机关违法行使职权或者不作为，致使国家利益或者社会公共利益受到侵害的，应当向行政机关提出检察建议，督促其依法履行职责。行政机关不依法履行

① 参见最高人民法院行政审判庭编著：《最高人民法院行政诉讼法司法解释理解与适用》（下），人民法院出版社 2018 年版，第 663 页。

职责的，人民检察院依法向人民法院提起诉讼。”该条款标志着我国正式确立了行政公益诉讼制度。

2. 行政公益诉讼的构成要件及其管辖。根据规定，提起行政公益诉讼需要具备如下要件：(1) 提起诉讼的主体为人民检察院。《行政诉讼法》将行政公益诉讼的提起主体限定为人民检察院，人民检察院以外的社会组织或者公民均无权提起行政公益诉讼。(2) 提起行政公益诉讼的前提是人民检察院在履行职责过程中发现环保、食药安全、国有财产保护、国有土地使用权出让等领域行政机关违法行使职权或者不作为，致使国家利益或者社会公共利益受到侵害。区别于私益诉讼，行政公益诉讼的目的在于保护公共利益。根据该条规定，立法者将“公益诉讼”的目的进一步明确为“为了国家利益或者社会公共利益”。就案件来源而言，行政公益诉讼案件来源于“人民检察院履行职责中”，这便将检察机关对行政机关监督的范围限制在了行政机关履行职责过程中发现的行政违法行为。此外，该条款还具体列举了人民检察院提起行政公益诉讼案件的范围，涉及生态环境和资源保护、食品药品安全、国有财产保护、国有土地使用权出让等领域。对此，沈岿教授指出，立法者认定这些领域最适宜也最需要行政公益诉讼，但是，由于“等”字的存在，以及对立法中出现的“等”字通常所作的开放解释，不排除检察机关在其他场合开展此项活动的可能性。[①] (3) 经检察院建议后不履行职责的，检察院可依法向法院提起行政诉讼。由此可见，检察院提起行政公益诉讼应遵循前置程序，即必须通过检察建议的方式督促行政机关改正。未经此前置程序，人民检察院不得直接向人民法院提起诉讼，否则人民法院将不予受理。

在行政公益诉讼管辖上，基层检察院一审起诉，由行政机关所在地基层法院管辖。

【案例 14-10】

2014 年 11 月至 12 月间，延边恒盛建材有限公司用翻斗车将延边国电龙华公司将近 1.3 万吨粉煤灰擅自倾倒在小营镇东光村九组集体所有的林地内。延边恒盛建材有限公司缴纳罚款后，未履行粉煤灰的移除义务，延吉市环境保护局未再督促该公司履行行政处罚决定，也未在法定期限内申请人民法院强制执行。

2016 年 3 月 24 日，延吉市人民检察院向延吉市环保局发出了检察建议，督促其立即采取有效措施，依法确保延吉市小营镇东光村南山沟处限期恢复原状。目前，虽然延吉市环境保护局督促延边恒盛建材有限公司清运了部分粉煤灰，但仍有大部分粉煤灰堆放在原处，生态环境破坏仍处于持续状态。

吉林省延吉市人民检察院因延吉市环境保护局怠于履行职责，依法向延吉市人民法院提起行政公益诉讼。

八、判决、裁定与决定

(一) 判决

行政案件的判决是指法院根据事实，依据法律、法规，参照规章，对具体行政行为的合法性作出的实体裁判。行政案件的判决分为一审判决和二审判决。此外，几类特殊案件的判决，

① 参见沈岿：《检察机关在行政公益诉讼中的请求权和政治责任》，《中国法律评论》2017 年第 5 期。

比较复杂，值得注意，这里一并介绍。

1. 一审判决。第一审人民法院经过审理，根据不同情况可以作出 8 种类型的判决，即驳回诉讼请求判决、撤销判决、限期履行判决、变更判决、给付判决、确认违法判决、确认无效判决和赔偿判决。

（1）驳回诉讼请求判决。行政行为证据确凿，适用法律、法规正确，符合法定程序的，或者原告申请被告履行法定职责或者给付义务理由不成立的，或者公民、法人或者其他组织起诉请求确认行政行为无效，人民法院审查认为行政行为不属于无效情形，经释明，原告拒绝变更诉讼请求的，人民法院应判决驳回原告的诉讼请求。

（2）撤销判决，即法院经过审查作出的否定被诉行政行为的判决。撤销判决分为判决全部撤销、判决部分撤销及判决撤销并责成被告重新作出行政行为三种情况。被诉行政行为有下列情形之一的，法院应作出撤销判决：第一，主要证据不足的，即被告向法院提交的证据不能证实其作出的被诉行政行为所认定的基本事实。主要证据不足实质上就是缺乏事实根据。第二，适用法律、法规错误的。主要有：应当适用甲法，却适用了乙法；应当适用甲法的某些条款，却适用了甲法的其他条款；应当同时适用两个以上法律、法规，仅适用了一个法律、法规；应当同时适用法律、法规的两个以上条款，仅适用了一个条款；适用了尚未生效的、已经失效或者无效的法律、法规；应当适用特别法，却适用了一般法。第三，违反法定程序的，即违反了法律、法规规定的方式、形式、手续、步骤、时限等。第四，超越职权的，即行政行为超越了法律、法规的授权范围。主要有：甲行政机关行使了应当由乙行政机关行使的职权；下级行政机关行使了应当由上级行政机关行使的职权；内部行政机关行使了应当由外部行政机关行使的职权；行政机关超出其行政辖区行使职权。第五，滥用职权的，即行政行为虽然在行政机关的自由裁量权限内，但背离了法律、法规的目的和宗旨。第六，明显不当的。

判决重新作出行政行为是撤销判决的补充。法院在作出撤销判决的同时，可以作出要求被告重新作出行政行为的判决，被告不得基于同一事实和理由作出与原行政行为基本相同的行政行为。但是，有以下两个例外：① 被告对原行政行为所依据的主要事实和理由作了部分改变后作出新的行政行为的；② 法院以违反法定程序为由，判决撤销行政行为的，被告经过相应的法定程序后可以同一事实和理由作出与原行政行为基本相同的行政行为。

（3）限期履行判决，即人民法院经过对行政案件的审理，认定被告有不履行或拖延履行法定职责的情形，而作出的要求被告履行其法定职责的判决。经审判，原告请求被告履行法定职责的理由成立，被告违法拒绝履行或者无正当理由逾期不予答复的，人民法院可以判决被告在一定期限内依法履行原告请求的法定职责；尚需被告调查或者裁量的，应当判决被告针对原告的请求重新作出处理。

（4）变更判决。行政处罚明显不当，或者其他行政行为对款额的确定、认定确有错误的，人民法院可以判决变更。人民法院判决变更，不得加重原告的义务或者减损原告的权益，但利害关系人同为原告，且诉讼请求相反的除外。

（5）给付判决。人民法院经过审理，查明被告依法负有给付义务的，判决被告履行给付义务。原告申请被告依法履行支付抚恤金、最低生活保障待遇或者社会保险待遇等给付义务的理由成立，被告依法负有给付义务而拒绝或者拖延履行义务的，人民法院可以依法判决被告在一定期限内履行相应的给付义务。其中，原告请求被告履行法定职责或者依法履行支付抚恤金、最低生活保障待遇或者社会保险待遇等给付义务的，原告应先向行政机关提出申请，否则人民法院将裁定驳回起诉。经审理，人民法院认为原告所请求履行的法定职责或者给付义务明显不属于行政机关权限范围的，可以裁定驳回起诉。

（6）确认违法判决。行政行为有下列情形之一的，人民法院判决确认违法，但不撤销行政行为：第一，行政行为依法应当撤销，但撤销会给国家利益、社会公共利益造成重大损害的。第二，行政行为程序轻微违法①，但对原告权利不产生实际影响的。行政行为有下列情形之一，不需要撤销或者判决履行的，人民法院判决确认违法：第一，行政行为违法，但不具有可撤销内容的；第二，被告改变原违法行政行为，原告仍要求确认原行政行为违法的；第三，被告不履行或者拖延履行法定职责，判决履行没有意义的。

（7）确认无效判决。行政行为有实施主体不具有行政主体资格或者没有依据等重大且明显违法②情形，原告申请确认行政行为无效的，人民法院判决确认无效。由于重大且明显违法的行政行为自始无效、确定无效、当然无效，在法律上并无产生约束力的可能性，因此对于“重大且明显”违法的行政行为，应当确认行政行为无效。

（8）赔偿判决。行政机关作出的行为给原告的合法权益已经造成损失或者必将造成损失的，人民法院应依法判决被告承担赔偿责任。就赔偿责任的分担而言，原告或者第三人的损失系由其自身过错和行政机关的违法行政行为共同造成的，人民法院应当依据各方行为与损害结果之间有无因果关系以及在损害发生和结果中作用力的大小，确定行政机关相应的赔偿责任。

人民法院对公开审理和不公开审理的案件，一律公开宣告判决。当庭宣判的，应当在10日内发送判决书；定期宣判的，宣判后立即发给判决书。宣告判决时，必须告知当事人上诉权利、上诉期限和上诉的人民法院。

2. 特殊案件的判决概述。通常而言，上述行政诉讼判决形式具有一般性，适用面颇为广泛。但依据行政案件类型的不同，还有两类特殊案件的判决值得重视。

（1）行政协议的判决。就行政协议的裁判而言，被告不依法履行、未按照约定履行或者违法变更、解除《行政诉讼法》规定的协议的，人民法院判决被告承担继续履行、采取补救措施或者赔偿损失等责任。被告变更、解除《行政诉讼法》规定的协议合法，但未依法给予补偿的，人民法院判决给予补偿。

【案例 14-11】

葛某系杭州市萧山区进化镇平阳村村民。2011 年，因天乐项目安置房工程建设，国土部门需征用萧山区进化镇平阳村宝山坂集体土地，葛某家的部分农村承包责任田位于该次征地范围内。2012 年 6 月 13 日，杭州市萧山区进化镇平阳村村民委员会（以下简称平阳村委

① 根据《行政诉讼法司法解释》，有下列情形之一，且对原告依法享有的听证、陈述、申辩等重要程序性权利不产生实质损害的，构成“程序轻微违法”：（1）处理期限轻微违法；（2）通知、送达等程序轻微违法；（3）其他程序轻微违法。

② 根据《行政诉讼法司法解释》，有下列情形之一的，构成“明显违法”：（1）行政行为实施主体不具有行政主体资格；（2）减损权利或者增加义务的行政行为没有法律规范依据；（3）行政行为的内容客观上不可能实施；（4）其他重大且明显违法的情形。

会）以自己名义（甲方）与葛某（乙方）签订《征地农户住房安置协议》（以下简称《安置协议》）一份。协议约定：因天乐项目工程需要，甲方征租乙方宝山坂人口田 0.779 亩，考虑乙方住房实际困难，甲方同意乙方在宝山坂多层安置房中购买安置房一套，面积为 150 平方米左右，价格以天乐村村民安置房为准（1 500 元/平方米），进化镇政府协助办理房产证和土地证。上述协议在落款处同时由进化镇政府作为见证单位盖章确认。征地完成后，国土部门已依法进行补偿和安置，葛某家也从杭州萧山进化平阳股份经济联合社（以下简称平阳经联社）收到了相应的土地补偿费和青苗补偿费，并获得萧山区征地农转非养老保险安置指标两个。

2016 年 10 月 13 日，进化镇政府要求平阳村申请多层安置房事项的农户作出书面《答复意见》。内容为：2011 年平阳经联社（或村委会）与农户签署的《安置协议》，虽名为“安置”，但实质上系农田征用时，出于农户住房困难考虑，给予照顾，不属于拆迁安置用房；协议若违反《土地管理法》等强制性规定应属无效；等等。葛某认为进化镇政府未履行《安置协议》内容，提起行政诉讼。

另查明，进化镇政府在进化镇平阳村宝山坂集体土地征用期间下派工作组到平阳村，并要求平阳村委会（平阳经联社）协助镇政府做好征地工作。天乐项目相关安置房的分配由进化镇政府负责。本次征地并未涉及葛某农村房屋的拆迁问题。

其中，《杭州市萧山区征用集体土地实施办法》（区委〔2003〕23 号）第 6 条明确规定：“镇、街道和农场统一征地工作职责：（1）在征地计划明确后，落实责任人，组成工作班子，并编制详细的征地拆迁实施方案和具体时间表上报区征地拆迁领导小组，同时抄送区国土资源局；（2）在区政府已经明确的统一征地政策范围内，协调好被征地村、农户及相关单位之间的关系；……（7）组织协调征地纠纷，督促村、农户及相关单位按时拆迁、按时交地；……”

该案经过一审，后上诉至杭州市中级人民法院。二审认为：根据《土地管理法》第 47 条规定，征收土地的，按照被征收土地的原用途给予补偿。征收耕地的补偿费用包括土地补偿费、安置补助费以及地上附着物和青苗的补偿费。《物权法》第 42 条规定，征收集体所有的土地，应当依法足额支付补偿费用，安排被征地农民的社会保障费用，保障被征地农民的生活，维护被征地农民的合法权益。征收单位、个人的房屋及其他不动产，应当依法给予拆迁补偿，维护被征收人的合法权益；如果征收了个人住宅的，应当保障被征收人的居住条件。①

本案中，葛某被征收的仅是承包地而不涉及个人住宅，其亦已通过土地征收补偿程序获得了相应的土地补偿、青苗补偿等费用以及社会保障指标。进化镇政府与葛某签订的案涉协议，允许葛某在法定征地补偿标准之外，另以 1 500 元/平方米的价格购买 150 平方米安置房，明显超出了《土地管理法》《物权法》规定的土地征收补偿范围，严重违反法律规定，且导致明显不公，应认定为无效协议。

本案各方争议的焦点在于案涉《安置协议》的效力。依照《行政诉讼法》第 75 条、第

---

① 案例来源于浙江省杭州市中级人民法院行政判决书（2017）浙 01 行终 944 号。

89条第1款第1项之规定，杭州市中级人民法院确认了杭州市萧山区进化镇人民政府于2012年6月13日与葛某签订的《安置协议》无效。

（2）经行政复议后的判决形式。对于复议机关与作出原行政行为的行政机关为共同被告的案件，人民法院对原行政行为作出判决的同时，应当对复议决定一并作出相应判决。人民法院依职权追加作出原行政行为的行政机关或者复议机关为共同被告的，对原行政行为或者复议决定可以作出相应判决。

维持行政行为的决定与原行政行为的处理结果一致，人民法院判决撤销原行政行为和复议决定的，“由于对于原告的合法权益产生真正影响的是原行政行为，且原行政机关对争议事项具有首次管辖权、判断权乃至裁量权，因此可以判决原行政机关重作”①。

针对原行政机关不履行法定职责或者给付义务，而复议机关不予纠正的案件，人民法院判决原行政行为的作出机关积极作为的同时，应当撤销复议决定。

若原行政行为与复议决定处理不一致，即原行政行为合法、复议决定违法的，人民法院可以判决撤销复议决定或者确认复议决定违法，同时判决驳回原告针对原行政行为的诉讼请求。

原行政行为被撤销、被确认违法或者无效，给原告造成损失的，应当由作出原行政行为的行政机关承担赔偿责任。若复议决定加重损害，则由复议机关对加重部分承担赔偿责任，以督促复议机关依法行使职权。

原行政行为不符合复议或者诉讼受案范围等受理条件，复议机关作出维持决定的，人民法院应当裁定一并驳回对原行政行为和复议决定的起诉。

3. 二审判决。第二审人民法院审理上诉行政案件后，根据不同情况，可以作出如下类型的判决。

（1）维持判决或者裁定。第二审人民法院通过对上诉案件的审理，确认一审判决或者裁定认定事实清楚，适用法律、法规正确的，作出驳回上诉人诉求、维持一审判决的判决或者裁定。一审判决只有具备以下三个条件，第二审人民法院才能判决维持原判：第一，一审判决认定事实清楚，即第一审人民法院对行政行为是否合法的裁决有可靠的事实基础和确凿的证据支持；第二，一审判决适用法律、法规正确，即第一审人民法院对行政行为是否合法的认定和据此作出的判决所依据的法律、法规正确；第三，第一审人民法院的审理程序合法。

（2）依法改判。第二审人民法院通过对上诉案件的审理，确认一审判决认定事实清楚，但适用法律、法规错误；或者确认一审判决认定事实不清、证据不足及由于违反法定程序可能影响案件正确判决的，在查清事实后依法改变一审判决。依法改判有两方面的原因：第一，一审判决认定事实清楚，但适用法律、法规错误。这是二审直接改判的条件。第二，一审判决认定事实不清、证据不足，或者由于违反法定程序可能影响案件正确判决。这种情况下，第二审人民法院通常将案件发回第一审人民法院重审。如果第二审人民法院认为第一审人民法院由于主观或者客观原因，很难或者不可能查清案件事实，可以在查明事实后直接改判。

① 最高人民法院行政审判庭编著：《最高人民法院行政诉讼法司法解释理解与适用》（下），人民法院出版社2018年版，第637页。

（二）裁定

行政案件的裁定是指在行政诉讼过程中，法院针对行政诉讼程序问题作出的裁决。裁定与判决具有同等的法律效力。裁定具有以下特点：（1）解决行政诉讼中出现的程序问题（补正判决书笔误的裁定除外）；（2）适用范围广，并且不以开庭审理为要件；（3）不要求都以书面形式出现；（4）当事人只对部分裁定享有上诉权。

裁定适用于下列事项：（1）不予立案；（2）驳回起诉；（3）管辖异议；（4）终结诉讼；（5）中止诉讼；（6）移送或者指定管辖；（7）诉讼期间停止行政行为的执行或者驳回停止执行的申请；（8）财产保全；（9）先予执行；（10）准许或者不准许撤诉；（11）补正裁判文书中的笔误；（12）中止或者终结执行；（13）提审、指令再审或者发回重审；（14）准许或者不准许执行行政机关的行政行为；（15）其他需要裁定的事项。对于不予受理、管辖权异议和驳回起诉的裁定，当事人不服的，有权在一审作出裁定之日起 10 日内向上一级人民法院提起上诉。裁定书应当写明裁定结果和作出该裁定的理由。裁定书由审判人员、书记员署名，加盖人民法院印章。口头裁定的，记入笔录。

第二审人民法院在审理上诉案件时，也需要作出某些裁定以解决程序问题。其中，以下两类是比较重要和常见的裁定：（1）应当立案或者审理的裁定。第二审人民法院审理不服第一审人民法院不予受理或者驳回起诉的上诉案件，如果认为原裁定确有错误，且起诉符合法定条件的，应当裁定撤销一审裁定，指令原审人民法院立案受理或者继续审理。（2）撤销原判、发回重审的裁定。撤销原判、发回重审的裁定适用于四种情况：一是一审判决认定事实不清；二是一审判决证据不足；三是一审判决违反法定程序，而且可能影响案件的正确判决；四是原审判决遗漏了必须参加诉讼的当事人。值得注意的是，对于第二审人民法院裁定发回原审人民法院重新审理的行政案件，原审人民法院应当另行组成合议庭进行审理。原审人民法院对发回重审的案件作出判决后，当事人提起上诉的，第二审人民法院不得再次发回重审。

（三）决定

行政案件的决定是人民法院在行政诉讼期间，对诉讼中遇到的特殊事项作出的裁决。决定是对人民法院各种命令的总称。决定在行政诉讼中主要调整人民法院自身与诉讼参与人或者其他人之间的关系，或者处理与案件程序有关而与当事人无直接关系的事项。决定与裁定一样，可以采用书面形式，也可以采用口头形式，口头决定应记入笔录。

决定一经宣布或者送达即发生法律效力。当事人对人民法院的决定一律不准上诉。法律规定被决定人可以申请复议的，复议期间不停止案件的审理和决定的执行。

决定适用于下列范围：（1）指定管辖；（2）决定管辖权的转移；（3）决定回避；（4）确定第三人；（5）指定法定代理人；（6）许可律师以外的当事人和其他诉讼代理人查阅庭审材料；（7）指定鉴定；（8）确定不公开审理；（9）处理妨碍诉讼行为；（10）决定案件的移送；（11）决定强制执行生效的判决和裁定；（12）确定诉讼费用的承担；（13）其他次要的程序问题或者人民法院在行政诉讼过程中发生的内部问题。

人民法院应当公开发生法律效力的判决书、裁定书，供公众查阅，但涉及国家秘密、商业秘密和个人隐私的除外。

第五节 行政诉讼证据

一、行政诉讼证据的特点与种类

证据是指用以证明案件事实的一切材料和事实。可见，证据不单纯是材料和事实，这些材料和事实是要用来揭示案件事实真相的。在行政诉讼中，能够作为证据的材料和事实包括书证、物证、视听资料、电子数据、证人证言、当事人陈述、鉴定意见、勘验笔录和现场笔录。在当事人提供的和法院收集到的上述形式的证据中，有的是真实的，有的则可能是虚假的、伪造的。只有能够反映案件真实情况、与待证事实相关联、来源和形式符合法律规定的证据，才能被视作认定案件事实的根据，这部分证据通常被称为“可定案证据”。

可定案证据具有以下三个特征：(1) 客观性。即作为可定案证据的事实和材料必须是客观存在的，而不是主观捏造或者想象的。(2) 相关性。即作为可定案证据的事实和材料必须与待证的案件事实有联系，它们或者是案件事实形成的条件，或者是案件事实发生的原因，或者是案件事实所导致的结果。(3) 合法性。即作为可定案证据的事实和材料必须合法，包括取证的程序合法和证据的形式合法。

行政诉讼证据是指在行政诉讼中用以证明案件事实情况的一切材料和事实。由行政诉讼的性质决定，其证据制度具有如下特点：(1) 行政诉讼证据所要证明的最终事实是被诉行政行为是否合法。法院在审查被诉行政行为是否合法时，主要审查两方面的内容：一是被诉行政行为合法性的事实依据；二是被诉行政行为合法性的法律依据。相应地，当事人所提供证据的证明对象包括事实依据和法律依据两个方面。(2) 行政诉讼被告原则上承担证明被诉行政行为合法的法定举证责任。(3) 行政诉讼被告在诉讼过程中，不得自行向证人和原告收集证据，作为被告代理人的律师也不得自行向原告和证人收集证据。(4) 法院在行政诉讼中有收集证据的权力，而无收集证据的义务，其主要任务是审查、判断证据。

行政诉讼证据包括书证、物证、视听资料、证人证言、当事人的陈述、鉴定意见、勘验笔录、现场笔录。

二、行政诉讼的举证责任

(一) 行政诉讼举证责任的负担原则

举证责任，又称“证明责任”，是指当事人双方必须就应当由自己举证的事实加以证明，否则便承担败诉风险及不利诉讼后果的诉讼法律责任。举证责任包括两方面的内容：一是由谁负责提供证据证明特定的案件事实，即举证责任的分担；二是不能履行举证责任时可能引起何种法律后果。

明确举证责任的意义在于：(1) 使当事人以及其他诉讼参加人以慎重的态度参加诉讼，积极、主动地收集证据证明自己的主张，有利于防止滥诉。(2) 确定当事人的举证责任，有利于法院集中精力运用当事人提供的证据来认定案件事实，准确适用法律。(3) 确定举证责任的前提在于对双方当事人争议标的合法与否的假定，作出何种假定取决于根据案件的性质确定保护的对象。举证责任一旦确定，说明已作出了某种假定，有利于法院在难以确认事实、辨明是非的情况下及时结案。

《行政诉讼法》第 34 条规定，被告对作出的行政行为负有举证责任，应当提供作出该行政行为的证据和所依据的规范性文件。被告不提供或者无正当理由逾期提供证据的，视为没有相应证据。但是，被诉行政行为涉及第三人合法权益，第三人提供证据的除外。确定由被告行政机关负担举证责任，其基本根据是：（1）法院审理行政案件是对行政行为的合法性进行审查，而被诉行政行为又是由行政机关作出的，因而由行政机关举证证明其所作出的行政行为合法，符合自然公正原则。（2）依据法治原则，行政机关必须依法行政，由此产生了对行政机关的两项基本要求：一是根据正当法律程序的要求，行政机关必须在有充分事实根据的基础上，才能对当事人作出行政行为，即“先取证，后决定”。二是行政机关必须根据明确的法律规定，才能对当事人作出行政行为。当公民、法人或者其他组织认为行政机关的行政行为侵犯自己的合法权益，向法院起诉时，行政机关应当证明所作出的行政行为是有充分的事实根据和法律根据的。（3）被告行政机关的举证能力比原告强。行政机关是某一领域的专门管理部门，技术手段先进，人员素质高，特别是在环境保护、食品卫生、发明专利等专业性很强的行政案件中，行政机关的举证能力显然强于原告。（4）与原告相比较，被告行政机关对其作出的行政行为的根据更为了解。

《行政诉讼法》确定由被告行政机关负担举证责任，也就意味着法院受理原告的起诉时即假定被诉行政行为违法，需要被告提供事实根据和法律根据来证明自己的行政行为是合法的，从而推翻违法假定。如果被告不能提供事实根据和法律根据证明自己的行政行为是合法的，违法假定就会成立，将导致以下法律后果：第一，对原告起诉是否超过起诉期限有争议的，如果被告不能举证，应当以原告提供的证据为根据；第二，被告在第一审庭审结束前，不提供或者不能提供作出行政行为的主要证据和所依据的规范性文件的，法院判决撤销被诉行政行为。

值得注意的是，在复议机关决定维持原行政行为的案件中，原行政行为的行政机关和复议机关对原行政行为合法性共同承担举证责任，可以由其中一个机关实施举证行为。复议机关对复议决定的合法性承担举证责任。

（二）原告的举证责任

我国法律规定行政诉讼举证责任由被告承担，但在特殊情况下不排除原告也承担一定的举证责任。

1. 证明起诉符合法定条件，但被告认为原告起诉超过起诉期限的除外。原告对起诉条件的证明是为了反驳被告提出的异议，使法院确认诉讼成立，从而使诉讼程序继续进行。如果原告不能证明其起诉符合法定条件，将承担被法院驳回起诉的法律后果。

如果被告认为原告的起诉超过起诉期限，那么被告应对自己提出的主张提供证据加以证明，此时举证责任在被告而不在原告。

2. 在起诉被告不作为的案件中，证明其提出申请的证据。这一规定是针对应申请行为而言的，是指基于被告负有法定义务，原告曾依法申请被告履行其法定义务，但被告不理睬、不答复、没有履行其法定义务，从而引起争议的情形。所以，对于此类应申请的行为，从逻辑上讲必须先有申请的存在，没有行政相对人的申请，行政机关不得或不可能主动为之，故申请是否存在就成了问题的关键。当行政相对人因行政机关不作为而提起诉讼时，不能由作为被告的行政机关来证明申请存在与否，也不能在被告不能证明申请不存在时推定申请存在；而只有作为原告的行政相对人能证明其申请存在，也只有其才有权请求法院支持其要求被告履行法定义务或其他的诉讼请求。

在某些（特别是紧急的）情况下，要求原告向行政机关提出申请时，还要留下书面的材料来证明自己已提出申请的事实，确实是很难操作的。例如，李某遭到一名暴徒的追杀逃至家中，关上门后立即拨打 110。暴徒在门外撬门，1 小时后暴徒破门而人，将李某打成重伤后扬长而去。事后李某起诉某公安机关，但是电信局没有电话记录或因李某昏厥时间较长电话记录已消除，那么李某将无从起诉。事实上，由于不能出具这样的证据而使诉讼程序不能启动的情形在我国并不少见。因此有人认为对原告提出这样的要求实际上是不公平的。本书认为，这样规定虽然不无遗憾，但相对而言比不作规定或规定由被告负举证责任还是更合适一些。

被告不作为的行为并非都是应申请的行为，也可能是依职权的行为。对此，《行政诉讼法》作出了补充规定，即在起诉被告不作为的案件中，原告应当提供其在行政程序中曾经提出申请的证据材料。但有下列情形的除外：

（1）被告应当依职权主动履行法定职责的。依职权的行政行为是行政机关应当主动实施而无须行政相对人申请的行政行为。对依职权行为的不作为提起行政诉讼时，原告当然不需要提供证据证明其向被告提出申请的事实存在，因为它本来就不需要行政相对人申请。相反，如果被告不能证明其已经依法实施了该行政行为，那么被告将承担败诉的法律后果。

（2）原告因正当事由不能提供证据的。在此情形下，由于被告本身的原因致使原告无法提供证据来证明其提出申请的事实存在，只要原告能够向法院作出合理说明，法院就推定原告提出申请的事实存在，被告要反驳原告必须证明其登记制度是完善的、原告理由不正当。这样规定，一方面保护了原告的起诉权，另一方面也促使被告完善其登记制度等。当然，这一规定中的“等正当事由”还包括哪些，“合理说明”如何理解，还需要法院在司法实践中作出进一步的解释并恰当地把握适用限度。

3. 在一并提起的行政赔偿、补偿的案件中，证明因受被诉行政行为侵害而造成损失的事实。在侵权赔偿、补偿案件中，原告要提供损害事实。因为承担赔偿责任是以损害的存在为前提的，有损害才赔偿，原告没有损害，就无从要求被告予以赔偿。而证明损害事实的存在应当是受害者或请求赔偿者的责任，因为对于是否有损害、有多大的损害，受害者最清楚，他可以请求有关单位（如医疗单位）作出检查、鉴定等；而被告不可能不通过受害者来了解有关情况。所以只能由原告举证，让被告来承担举证责任是不合适的。比如，警察执勤时打伤张三的案件中，打伤了头、腰还是其他地方，伤势怎样，只存在于张三的身体上，由张三掌握，医院经过检查能够给张三出具伤势证明；而不能让被告去收集证据证明打伤了张三什么地方、伤势如何，也许此时被告根本就不承认他打伤了人。

当然，在一并提起的行政赔偿、行政补偿的案件中，若基于被告的原因导致原告无法就损害情况举证的，应当由被告就该损害情况承担举证责任。考虑到被告的过错因素，此时不宜将举证责任再加诸原告。

4. 其他应当由原告承担举证责任的事实。原告可以提供证明行政行为违法的证据，原告提供的证据不成立的，不免除被告的举证责任。这是一个兜底条款，实践中也许有法院恰好利用这一兜底条款而无限制地要求原告对某些事实加以证明。如此一来，这一规定便可能被人们作出扩大解释，加重原告的举证责任，进而从根本上打破行政诉讼中被告负举证责任的原则。

【案例 14-12】

1983 年，王某的父亲王文以家庭联产承包方式，承包兴城市宁远街道西一村土地 3.25 亩，王某作为家庭成员之一享有其中份额。王文去世后，2013 年 1 月，经其他家庭成员同意，承包土地由王某经营使用。兴城市政府因青山水库配套设施净水厂公益建设，于 2013 年 5 月开始征收兴城市宁远街道西一村部分土地，其中包括王某经营使用的 1.1 亩土地。涉案 1.1 亩土地补偿款和青苗补助费，已提存在兴城市宁远街道。2013 年 11 月 26 日，王某发现其 1.1 亩承包地被损毁。2014 年 3 月，王某提起诉讼，请求确认兴城市政府损毁王某承包地及种植树秧的行为违法，并赔偿各种经济损失 1 336 800 元，其中合同违约款 90 万元、树秧定金款 15 万元、购置农机具款 1 300 元、打井 4 000 元、种植树苗及管理等费用 3 200 元、家庭内部转包金 2 000 元、土地补偿费及安置补助费 78 400 元、青苗补助费 17 900 元、树秧的经济收益 18 万元。

该案经过审理，一审法院、终审法院均认定“兴城市政府无证据证明其经过合法程序收回涉案土地，应当承担败诉责任”。“经质证，王某没有充分证据证明其存在合法权益”，并作出“确认兴城市政府征收王某承包的涉案土地行为程序违法；驳回王某主张赔偿 133.68 万元的诉讼请求”的判决。王某不服，请求最高人民法院再审。

最高人民法院经审查指出：《行政诉讼法》第 34 条规定，被告对作出的行政行为负有举证责任，应当提供作出该行政行为的证据和所依据的规范性文件。被告不提供或者无正当理由逾期提供证据的，视为没有相应证据。在该案中，涉案土地在兴城市政府征收土地的范围内，征收期间涉案土地及地上种植物被强制损毁，可以认定兴城市政府实施了被诉强制损毁行为。一、二审程序中，兴城市政府未能提供证据证明强制清除王某涉案土地地上种植物行为的合法性，且根据《土地管理法》等相关法律规定，行政机关并不享有对被征收土地地上物自行强制清除的法定职权。因此，一、二审判决确认兴城市政府损毁王某承包的 1.1 亩土地行为违法，并无不当。

《行政诉讼法》第 38 条第 2 款规定：“在行政赔偿、补偿的案件中，原告应当对行政行为造成的损害提供证据。因被告的原因导致原告无法举证的，由被告承担举证责任。”也就是说，通常情况下，原告应当对损害事实及其数额承担举证责任，但是，由于被告违法强制行为造成原告举证不能的，应当由被告承担举证责任；被告亦不能举证的，人民法院应当按照《最高人民法院关于行政诉讼证据若干问题的规定》第 54 条规定，结合案件基本事实，遵循法官职业道德，运用逻辑推理和生活经验，全面、客观和公正地分析判断，酌定损害事实和赔偿数额；原告提出了根据逻辑推理和生活经验等，法官难以酌定的损失的，原告应当对此承担相应的举证责任。

本案中，王某提出赔偿其栽种的名贵树苗损失 133.68 万元的诉讼请求，因兴城市政府违法强制损毁土地，造成王某无法举证，举证责任转移至兴城市政府，但是兴城市政府亦不能举证证明损失的具体情况，此时法官应当酌定损失。考虑到征收时兴城市政府已经按照征收补偿方案确定的补偿标准对王某发放青苗补助费，法官按照征收补偿方案确定的一般标准酌定损失，符合逻辑推理和生活经验。王某主张更高价值的赔偿，应当对此承担举证责任，但王某未提供有效证据证明兴城市政府因土地征收而给付王某的补偿费用低于被损毁树苗的价值。王某诉称树苗是从刘某处购买，除向法庭提交一张货款收据外，并无其他证据佐证树苗的数量和价格。王某提供的栽种树苗人的证人证言，仅能证明其在涉案土地上栽种过树苗，但关于树苗的价值，以及兴城市政府损毁树苗时树苗的长势等客观情况，均没有充分的证据予以证明。因此，王某主张赔偿 133.68 万元的诉讼请求，没有事实根据和法律依据，最高人民法院不予支持，并驳回王某的再审申请。①

（三）行政诉讼的举证时限

为了充分保障当事人的权益，提高审判效率并实现司法公正，人民法院应当在向当事人送达受理案件通知书或者应诉通知书时，直接告知当事人举证范围、举证期限和逾期提供证据的法律后果，并告知因正当事由不能按期提供证据时有提出延期提供证据申请的权利。

所谓“举证期限”，是指诉讼当事人为了支持自己的主张而向法庭出具有关证据的期限。对于逾期提供的证据，法院将不予接受，亦即被视为无效。因此，在行政诉讼过程中，原告、第三人或者被告在什么时间内向法院提供证据，也就成了一个非常关键的问题。如果当事人提出证据的时间太晚，必然会影响法院审理工作的进程，因为法院就是靠这些证据来审查行政行为的合法性，解决行政争议的；如果在一审程序结束之前当事人没有提供证据，而二审程序开始后才提供的，显然不利于法院审理案件，所以必须对行政诉讼的举证时限作出明确规定。

1. 被告的举证期限。被告对作出的行政行为负有举证责任，应当在收到起诉状副本之日起 15 日内提供证据。被告必须提供据以作出被诉行政行为的全部证据和所依据的规范性文件。被告因不可抗力或者客观上不能控制的其他正当事由，不能在规定的期限内提供证据的，应当在收到起诉状副本之日起 15 日内向人民法院提出延期提供证据的书面申请。人民法院准许延期提供的，被告应当在正当事由消除后 15 日内提供证据。逾期提供的，视为被诉行政行为没有相应的证据。因此，申请延期举证必须符合四个条件：（1）原因是不可抗力或者客观上不能控制的其他正当事由；（2）向人民法院提出申请的时间是收到起诉状副本之日起 15 日内；（3）前提是人民法院准许；（4）举证期限是正当事由消除后 15 日内。

2. 原告或第三人的举证期限。具体而言：

（1）原告在向人民法院提起行政诉讼时，必须提供符合起诉条件的相应的证据材料，否则，人民法院将裁定驳回起诉。关于这一点我们在前述内容中已经提及。

（2）原告或第三人应当在开庭审理前或者人民法院指定的交换证据清单之日提供证据。原告或第三人因正当事由不能按时提供证据的，有权向人民法院申请延期提供证据。人民法院对其提出延期的理由必须进行严格审查，经审查后准许其延期提供的，可以在法庭调查中提供。这也是针对某些特殊情形，考虑到原告或第三人逾期不能举证会对其产生极大影响，而其因确有困难而不能按期提供证据的情况也是可能存在的，对此让人民法院加以灵活处理以保证案件的公正性也是十分必要的。当然，延期举证不能任意拖延时间，只是对举证期限制度的必要补充，所以必须符合四个条件：第一，原告或第三人在法定举证期限内向法院提供有关材料，证明因为出现正当事由而使举证确实存在困难；第二，申请人必须在法定举证期限内提出

① 作者适度裁剪了案情，详参最高人民法院行政裁定书（2016）最高法行申 1594 号。

延期举证的申请；第三，人民法院在其自由裁量权范围内对是否“确有困难”和是否“确有正当事由”进行审查，裁定是否准许其延期举证；第四，人民法院准许后，原告或第三人应在法庭调查中提供证据，而不是在任意时间提供证据，法庭调查结束后提供的证据将不被采纳。原告或者第三人逾期提供证据的，人民法院应当责令其说明理由；拒不说明理由或者理由不成立的，视为放弃举证权利。原告或者第三人在第一审程序中无正当事由未提供而在第二审程序中提供的证据，人民法院不予接纳。

3. 当事人应当在举证期限届满前向人民法院书面申请延长举证期限。申请理由成立的，人民法院应当准许，适当延长举证期限，并通知其他当事人；申请理由不成立的，人民法院不予准许，并通知申请人。

（四）行政诉讼证据的来源

行政诉讼证据的来源有三个方面：一是被告举证，二是原告举证，三是法院依职权收集和保全证据。由于被告行政机关负担举证责任，因而行政机关举证是行政诉讼证据的主要来源。

1. 被告举证。在行政诉讼中，被告举证的事项包括：（1）提供当事人行为违法的事实根据和法律根据；（2）提供被诉行政行为具有充分事实根据的证据；（3）提供被诉行政行为符合法定程序和要件的证据；（4）提供被诉行政行为的规范性文件依据等。

作出原行政行为的行政机关和复议机关对原行政行为的合法性共同承担举证责任的，可以由其中一个机关实施举证行为。复议机关对复议程序的合法性承担举证责任。

《行政诉讼法》第 35 条规定，在诉讼过程中，被告及其诉讼代理人不得自行向原告、第三人和证人收集证据。这一规定意味着被告在诉讼过程中自行向原告和证人收集的证据，以及被告在作出行政行为之后至原告起诉、法院受理之前自行向原告和证人收集的证据，无论是否合法、客观，法院均不承认其证据效力。同时，这一规定也暗含着被告可以通过法院向原告和证人收集证明行政行为合法的非实质性证据。

2. 原告举证。在行政诉讼中，原告的举证事项包括：（1）提供被诉行政行为确实存在的事实证据；（2）提供被诉行政行为侵犯其合法权益的事实证据和法律根据；（3）提供反驳被告提出的事实根据和法律根据的证据等。

3. 法院取证。为了查明事实真相，公正、及时地解决案件争议，人民法院有权要求当事人提供或者补充证据①。与案件有关的下列证据，原告或者第三人不能自行收集的，可以在举证期限内申请人民法院调取：（1）由国家机关保存而须由人民法院调取的证据；（2）涉及国家秘密、商业秘密和个人隐私的证据；（3）确基于客观原因不能自行收集的其他证据。当事人申请调查收集证据，但该证据与待证事实无关联、对证明待证事实无意义或者其他无调查收集必要的，人民法院不予准许。

人民法院有权向有关行政机关以及其他组织、公民调取证据。但是，不得为证明行政行为的合法性调取被告作出行政行为时未收集的证据。人民法院调取证据的方式包括主动调取和依申请调取。其中，对当事人无争议，但涉及国家利益、公共利益或者他人合法权益的事实，人民法院可以主动责令当事人提供或者补充有关证据。

---

① 参见江必新主编：《中华人民共和国行政诉讼法及司法解释条文理解与适用》，人民法院出版社 2015 年版，第 236 页。

此外，人民法院也可依据原告或者第三人的申请责令被告提交证据。原告或者第三人确有证据证明被告持有的证据对原告或者第三人有利的，可以在开庭审理前书面申请人民法院责令行政机关提交。经过审查，申请理由成立的，人民法院应当责令行政机关提交。行政机关无正当理由拒不提交的，人民法院可以推定原告或者第三人基于该证据主张的事实成立。

4. 证据的保全。针对诉讼进程中证据可能灭失或者以后难以取得的情况，《行政诉讼法》第 42 条规定了证据保全的规则。据此规定，诉讼参加人可以向人民法院申请保全证据，人民法院也可以主动采取保全措施；既可以在诉讼开始前申请保全，也可以在诉讼中申请保全。其中，申请保全必须在举证期限届满前以书面形式提出。

三、行政诉讼证明标准

"证明标准"（standard of proof），也称为"证明要求"，是指依照法律规定承担证明责任的人提供证据对案件事实加以证明所必须达到的程度。在诉讼中，当事人为取胜所要完成的证明任务，不仅取决于所提供的证据的数量，更取决于所提供的证据的质量。也就是说，当事人所提供的证据必须符合法定的证明标准，达到法定的证明要求，其主张的事实才能成立，才不会因待证事实的证明问题而对自身产生不利影响。否则，当事人的证明便告失败，其主张的事实将不成立，将会因待证事实的证明问题而对自身产生不利影响。

在国外，不同诉讼制度大多采用不同的证明标准，对于行政诉讼证据主要采用"实质性证据标准"。"所谓实质性证据，是指能够成为审决认定事实之合理基础的证据，即基于该证据，具有理性的人通过合理考虑，就能够作出该事实认定"①。

我国三大诉讼法有关证明标准的规定，尽管在措辞上有所不同，但实际上实行的是一元化的证明标准，即要求达到案件事实清楚，证据确实、充分。具体表现为四个方面：首先，据以定案的证据均已查证属实；其次，案件事实均有必要的证据予以证明；再次，证据与证据之间、证据与案件事实之间的矛盾都得到了合理排除；最后，所有证据形成一条前后连贯的证据链，足以完整地说明全部事实真相，因而得出的结论是唯一的。长期以来，我国的证据制度都是建立在辩证唯物主义认识论的理论基础之上的，而根据辩证唯物主义认识论，客观世界是可以被人主观认识的。同任何其他客观事物一样，案件既然已经发生，它就是一种客观存在，因此，案件的事实真相也是完全可以通过人们坚持辩证唯物主义的认识论并充分发挥其主观能动性而认识的。在这种思想的指导下，我国学者通常认为，只要办案人员从实际出发，充分发挥主观能动性，全面、正确地收集和审查判断证据，案件的事实真相是完全可以被发现的。但是，诉讼是对已经发生的案件所涉及的有关事实加以了解、证明的一种活动，并不是一般意义上的认识活动。在多数情况下，要求所得到的案件事实达到百分之百的客观真实，对于诉讼活动而言是不可能的。实质上，我国三大诉讼法关于证明标准的规定是用希望实现的目标来代替可供操作的标准，这种绝对确定性标准显然与人们对证据的认识能力有较大距离。因为，第一，我们必须承认人的认识能力是有限的，人对事物的认识受到诸多主、客观因素的影响，根据现有的证明材料完全"复印"已经发生的案件事实真相是十分困难甚至不可能的；第二，人们已经掌握的证明材料也具有不确定性，司法证明不是数学证明，证明材料要受证明主体的感知能力、认知能力、判断能力以及表达能力等因素的影响，难以甚至不可能达到绝对准确的

---

① ［日］盐野宏：《行政法》，杨建顺译，法律出版社 1999 年版，第 286 页。

程度；第三，掌握的证据材料难以甚至不可能绝对准确，这就使得证明过程中逻辑推理的前提具有不确定性，当然难以得到准确的（唯一的）结论；第四，案件已经发生不能重现，这就使得证明材料所能证明的结果难以甚至不可能得到验证，因而证明结果也不具有确定性，这就很难实现我国诉讼法所规定的证明标准。我们说目前我国三大诉讼法所确定的证明标准难以达到，并不意味着不需要或不可能确定合理且具有可操作性的证明标准。我国诉讼法应确立的证明标准既不应是现行的标准，又应该在三大诉讼法之间有所区分。

《最高人民法院关于行政诉讼证据若干问题的规定》第二部分规定了当事人提供各种不同证据的要求，但是并未直接涉及具体的证明标准问题。

四、行政诉讼证据的审核、认定

在行政诉讼中，当事人为达到胜诉的目的，往往会收集、提交大量的证据；在某些特定情形下，法庭还有权调取证据。这些数量众多的证据难免鱼龙混杂、有真有假。而且，当事人基于自己参加诉讼的目的会尽量提供对自己有利的证据，并在庭审中尽可能夸大其证据的证明力，这样更增加了出现假证的可能性。因此，法庭必须对当事人提供的证据在质证的基础上依法进行认真审查，决定是否予以采纳。

（一）行政诉讼证据审查规则

1. 依案卷审查。行政诉讼不同于民事诉讼、刑事诉讼之处，主要表现在行政诉讼的审查对象是被诉行政行为，审查被诉行政行为的合法性。而被诉行政行为是作为被告的行政机关在行政程序中作出的，法院在审查被诉行政行为是否合法时主要依据的是被告在举证期限内向法院提供的作出行政行为时的全部证据和所依据的规范性文件。其中审查“全部证据”针对的是行政行为的事实问题，而审查“所依据的规范性文件”所针对的是行政行为的法律问题。因此，法院对行政行为的司法审查应从行政案卷入手，被诉行政行为的合法性是由行政案卷中所记载的证据和规范性文件依据来支持的：如果行政案卷中记载的证据和规范性文件依据不足以证明被诉行政行为合法，受诉法院将作出撤销被诉行政行为或确认被诉行政行为违法的判决；如果行政案卷中记载的证据和规范性文件依据足以证明被诉行政行为合法，受诉法院将驳回原告的起诉。法院在审查被诉行政行为的合法性时，原则上不接受行政机关在行政程序中没有调查、收集到的证据。所以，我国行政诉讼证据的审查大体上可以说是“依案卷审查”。虽然与一些国家实行的“行政案卷排除规则”尚有一定距离，但也吸收、借鉴了其中的一些合理内涵。

2. 原则上在庭审中审查。《行政诉讼法》第 33 条规定，证据经法庭审查属实，才能作为认定案件事实的根据。《最高人民法院关于行政诉讼证据若干问题的规定》第 35 条第 1 款规定，证据应当在法庭上出示，并经庭审质证；未经庭审质证的证据，不能作为定案的依据。根据《行政诉讼法司法解释》第 38 条，当事人在庭前证据交换过程中没有争议并记录在卷的证据，经审判人员在庭审中说明，可以作为认定案件事实的依据。对庭前交换过程中当事人没有异议的证据，可以认为证据已经经过质证①。所有这些规定都表明，人民法院对证据的审查原则上应当在庭审过程中进行，并建立在质证的基础之上。

---

①　参见最高人民法院行政审判庭编著：《最高人民法院行政诉讼法司法解释理解与适用》（上），人民法院出版社 2018 年版，第 211 页。

3. 全面、客观、公正地审查。《最高人民法院关于行政诉讼证据若干问题的规定》第54条规定，法庭应当对经过庭审质证的证据和无须质证的证据进行逐一审查和对全部证据综合审查……进行全面、客观和公正地分析、判断，确定证据材料与案件事实之间的证明关系，排除不具有关联性的证据材料，准确认定案件事实。这就表明法院审查证据时，首先应当将各方当事人提供的全部证据都纳入审查范围，不因证据的种类不同、来源有异、形式有别而区别对待；其次，应当站在客观的立场上对证据进行审查，防止主观臆断、弄假成真；最后，应当以公正的态度审查全部证据，避免偏袒一方、错误认定。

（二）行政诉讼的认证规则

所谓“认证”，是指对证据的证明效力的审查与认定。所谓认证规则，是指法庭在对证据进行认证时所应当遵循的规则。根据规定，行政诉讼的认证规则包括以下内容：

1. 证据合法性的要求。行政诉讼证据合法性的要求包括以下三个方面：（1）证据是否符合法定形式，即要符合《行政诉讼法》第33条所规定的8种形式。其中“现场笔录”是行政诉讼所特有的证据形式。（2）证据的取得是否符合法律、法规、司法解释和规章的要求。这里的“法律、法规、司法解释和规章”既包括行政诉讼法方面的规定，也包括行政实体法、行政程序法方面的有关规定。（3）是否有影响证据效力的其他违法情形。

2. 证据真实性的要求。行政诉讼证据真实性的要求包括五个方面：（1）证据形成的原因，主要指证据形成的客观过程；（2）发现证据时的客观环境，指当事人收集到证据时的客观环境和人民法院依职权或依申请调取证据时的客观环境；（3）证据是否为原件、原物，复制件、复制品与原件、原物是否相符；（4）提供证据的人或者证人与当事人是否具有利害关系；（5）影响证据真实性的其他因素。

3. 证据排除规则。证据排除规则是指对于某些本来可以采用的证据，基于某种原因而明确加以排除的证据规则。包括：

（1）非法证据排除规则。非法证据排除规则起源于英美法系国家，大多适用于刑事诉讼之中，是指对那些与案件事实具有关联，本来可以加以使用的证据，出于人权保障或其他政策性的考虑，为防止不可靠的证人非基于合法、正当的理由而取得，明确规定将其加以排除的证据规则。对此，我国《行政诉讼法》也有所吸收、采纳。《行政诉讼法》第43条第3款规定：“以非法手段取得的证据，不得作为认定案件事实的根据。”有下列情形之一的，属于《行政诉讼法》第43条第3款规定的“以非法手段取得的证据”：（1）严重违反法定程序收集的证据材料；（2）以违反法律强制性规定的手段获取且侵害他人合法权益的证据材料；（3）以利诱、欺诈、胁迫、暴力等手段获取的证据材料。

（2）其他不能作为定案依据的证据材料，主要包括下列五个方面：

第一，超期限提供的证据材料。举证期限是举证责任制度的重要组成部分，没有举证期限，举证责任制度将形同虚设。因此，当事人无正当事由超出举证期限提供的证据材料不能作为定案依据。值得注意的是，在诉讼程序进行中，有可能出现原告或第三人提出其在行政程序中没有提出的反驳理由或证据的情况。此时，被告由于事先不可能知道原告或第三人会在诉讼中提出什么新的反驳理由或证据，也就不可能事前准备好反驳原告或第三人提出的新证据的证据。同时，我们也不可能要求被告事先将所有可能在法庭上出现的新情况都估计到。从公平的角度而言，经人民法院允许，在第一审程序中，被告在遇到这种情形的，可以补充相应的证据。这类材料虽然超越了举证期限，但被告存在正当理由的，经人民法院允许，经补充后的证据可以作为定案依据。

第二，法定证明手续缺失的证据材料。《最高人民法院关于行政诉讼证据若干问题的规定》第16条规定，当事人向人民法院提供的在中华人民共和国领域外形成的证据，应当说明来源，经所在国公证机关证明，并经中华人民共和国驻该国使领馆认证，或者履行中华人民共和国与证据所在国订立的有关条约中规定的证明手续。当事人提供的在中华人民共和国香港特别行政区、澳门特别行政区和台湾地区内形成的证据，应当具有按照有关规定办理的证明手续。根据这一规定，在我国领域以外或者在我国香港特别行政区、澳门特别行政区和台湾地区形成的未办理法定证明手续的证据材料不能作为定案的依据。

第三，证明力缺失的证据材料。不能正确表达意志的证人提供的证言不能作为定案依据。

第四，补强证据排除。所谓“补强证据（corroborative evidence）”，是指不能单独作为认定案件事实的依据，只有在其他证据以佐证方式加以补强的条件下，才能作为定案依据的证据。我国《民事诉讼法》及其司法解释最早对补强证据作出了规定。《最高人民法院关于行政诉讼证据若干问题的规定》第57条、第71条规定的补强证据包括：①当事人无正当理由拒不提供原件、原物，又无其他证据印证，且对方当事人不予认可的证据的复制件或者复制品；②被当事人或者他人进行技术处理而无法辨明真伪的证据材料；③未成年人所作的与其年龄和智力状况不相适应的证言；④与一方当事人有亲属关系或者其他密切关系的证人所作的对该当事人有利的证言，或者与一方当事人有不利关系的证人所作的对该当事人不利的证言；⑤应当出庭作证而无正当理由不出庭作证的证人证言；⑥难以识别是否经过修改的视听资料；⑦无法与原件、原物核对的复制件或者复制品；⑧经一方当事人或者他人改动，对方当事人不予认可的证据材料；⑨其他不能单独作为定案依据的证据材料。

第五，不具备合法性和真实性的其他证据材料也不能作为定案依据。

（3）案卷外证据排除规则。对于被告在行政程序中依照法定程序要求原告提供，原告依法应当提供而拒不提供，而在诉讼程序中提供的证据，人民法院一般不予采纳。

4. 证据推定规则。根据《行政诉讼法司法解释》，原告或者第三人确有证据证明被告持有的证据对原告或者第三人有利的，可以在开庭审理前书面申请人民法院责令行政机关提交。申请理由成立的，人民法院应当责令行政机关提交。行政机关无正当理由拒不提交的，人民法院可以推定原告或者第三人基于该证据主张的事实成立。

持有证据的当事人以妨碍对方当事人使用为目的，毁灭有关证据或者实施其他致使证据不能使用的行为的，人民法院可以推定对方当事人基于该证据主张的事实成立。

5. 最佳证据规则。最佳证据规则是指证明同一事实的数个证据，如何认定其证明效力的规则。《最高人民法院关于行政诉讼证据若干问题的规定》第63条规定，一般可以按照下列情形分别认定：（1）国家机关以及其他职能部门依职权制作的公文文书优于其他书证；（2）鉴定结论、现场笔录、勘验笔录、档案材料以及经过公证或者登记的书证优于其他书证、视听资料和证人证言；（3）原件、原物优于复制件、复制品；（4）法定鉴定部门的鉴定结论优于其他鉴定部门的鉴定结论；（5）法庭主持勘验所制作的勘验笔录优于其他部门主持勘验所制作的勘验笔录；（6）原始证据优于传来证据；（7）其他证人证言优于与当事人有亲属关系或者其他密切关系的证人提供的对该当事人有利的证言；（8）出庭作证的证人证言优于未出庭作证的证人证言；(9) 数个种类不同、内容一致的证据优于一个孤立的证据。第64条规定，以有形载体固定或者显示的电子数据交换、电子邮件以及其他数据资料，其制作情况和真实性经对方当事人确认，或者以公证等其他有效方式予以证明的，与原件具有同等的证明效力。

6. 自认规则。"自认"可分为广义和狭义两种。广义的"自认"是指在诉讼中，一方当事人就对方当事人所主张的不利于自己一方的事实，在有关诉讼文书上或言词辩论中，承认为真实的声明或作出不予争执的表示。狭义的"自认"是指在诉讼中，一方当事人就对方当事人主张的对其不利的事实予以承认的声明或表示。这种表示可以是明确的表示，也可以是默认。《最高人民法院关于行政诉讼证据若干问题的规定》第65条规定，在庭审中，一方当事人或者其代理人在代理权限范围内对另一方当事人陈述的案件事实明确表示认可的，人民法院可以对该事实予以认定，但有相反证据足以推翻的除外。

7. 司法认知规则。所谓"司法认知"，是指法庭在庭审过程中以裁定的形式直接确认特定事实的真实性的诉讼证明方式。简言之，司法认知就是指法院对某些事实无须证明就可以认为其存在。司法认知是一种极为快捷的认证方式，能减少当事人无谓的发问、辩驳，节省司法成本，提高诉讼效率。《最高人民法院关于行政诉讼证据若干问题的规定》第68条规定，对于下列事实法庭可以直接认定：(1) 众所周知的事实；(2) 自然规律及定理；(3) 按照法律规定推定的事实；(4) 已经依法证明的事实；(5) 根据日常生活经验法则推定的事实。其中 (1) (3) (4) (5) 项，当事人有相反证据足以推翻的除外。

(三) 行政诉讼的认证时间

根据《最高人民法院关于行政诉讼证据若干问题的规定》第72条的规定，行政诉讼证据的认证时间有二：一是庭审中经过质证的证据，能够当庭认定的，应当当庭认定；二是庭审中经过质证不能当庭认定的，应当在合议庭合议时认定。

第六节 行政诉讼的法律适用

一、行政诉讼的审理依据

(一) 诉讼程序法律规范的适用

行政案件的审理活动应当按照《行政诉讼法》的规定及司法机关对《行政诉讼法》的司法解释进行。同时，一些单行法律、法规对行政复议和行政诉讼的程序问题也作了规定，《行政诉讼法》肯定了其作为特别规定在行政诉讼中的适用性。但是，由于立法经验的限制及考虑到规定上的必要性问题，《行政诉讼法》在内容上显得比较简单，对于许多在诉讼过程中必然遇到的问题没有作出规定。在我国，《民事诉讼法》对诉讼程序的规定最为具体和详尽。由于行政诉讼与民事诉讼有许多共同规律，因而，尽管行政诉讼与民事诉讼的性质不同，《民事诉讼法》的规定仍可有条件地在行政诉讼中适用。其适用条件是：

1. 《民事诉讼法》的规定与《行政诉讼法》不抵触。

2. 《行政诉讼法》对行政审判中的某些程序性问题未作规定，而《民事诉讼法》中有这样的规定。例如，《行政诉讼法》未明确规定行政案件开庭审理的程序、期间、送达、集团诉讼等，《民事诉讼法》中的有关规定就可以在行政诉讼中参照适用。

《行政诉讼法》第101条规定，人民法院审理行政案件，关于期间、送达、财产保全、开庭审理、调解、中止诉讼、终结诉讼、简易程序、执行等，以及人民检察院对行政案件受理、审理、裁判、执行的监督，本法没有规定的，适用《民事诉讼法》的相关规定。

（二）实体法律规范的适用

实体法律规范的适用是指法院在行政诉讼中应当选择哪些法律规范作为审判依据来判明被诉具体行政行为是否合法。根据《行政诉讼法》的规定，法院审理行政案件的实体法依据有：（1）法律。（2）行政法规。（3）地方性法规。其仅适用于制定该地方性法规的国家权力机关管辖范围内发生的行政案件。被告行政机关与审理法院不在同一地区的，法院审理行政案件适用地方性法规时，应当以作出行政行为的行政机关依法所适用的地方性法规为依据，即必须适用，而不能拒绝适用。（4）自治条例和单行条例。法院审理发生在制定该自治条例和单行条例的民族自治地方的行政案件时，应当以该自治条例和单行条例作为审理依据。结合《立法法》第99条的规定，法院在审理案件过程中，如果认为行政法规、地方性法规、自治条例和单行条例违反宪法或者违反法律的，有权通过最高人民法院向全国人大常委会提出审查意见。

在我国目前情况下，规章完全作为审理依据不行，完全不作为审理依据也不行，故《行政诉讼法》规定，法院审理行政案件"参照"规章。可见，规章在行政审判中的适用有其自身的特点：

1. 规章只具有参照适用的效力。所谓"参照适用"，是指法院在审理行政案件时，对符合法律、行政法规规定的规章，可以作为衡量行政行为是否合法的标准；对于不符合或者不完全符合法律、行政法规原则、精神的规章，可以有灵活处理的余地。确定规章是否合法，应视其是否符合以下条件：第一，规章的制定和发布是否有相应的法律、法规依据；第二，规章的内容是否与更高层次的合法、有效的规范性文件一致；第三，规章的制定和发布是否符合法定程序。

2. 根据《行政诉讼法》第63条第3款的规定，法院参照适用规章有两种情况：第一，对部门规章之间、部门规章与地方政府规章之间相抵触的情况，应由最高人民法院送请国务院作出解释和裁决。在这种情况下，法院无权选择适用。第二，当某一个规章与更高层次的规范性文件是否一致存在疑问时，法院有权进行审查，并予以选择适用。对规章"参照"适用，即暗含赋予法院对规章的一定的审查权的意思。

3. 法院作出判决或者裁定需要参照规章时，在判决书或者裁定书中的"理由"部分应当写明"根据《中华人民共和国行政诉讼法》第六十三条，参照××规章（条、款、项）的规定……"

此外，我国地方各级人大及其常委会、地方各级人民政府还制定了地方性法规及地方政府规章以下的规范性文件。制定规章以下的规范性文件是这些国家机关行使相应权力的表现，这些规范性文件在国家管理中并不是处于可有可无的地位，对被管理者而言也是具有法律效力的。由于这类规范性文件在我国行政管理中扮演着重要角色，根据《行政诉讼法》及其司法解释，人民法院可以在裁判文书中引用合法有效的、规章以下的规范性文件，这意味着人民法院在审理行政案件过程中可以通过审查最终决定是否适用这类规范性文件。

为了确保人民法院准确审查规范性文件，人民法院在审查过程中，发现规范性文件可能不合法的，应当尊重制定机关的程序性权力，听取规范性文件制定机关的意见。制定机关申请出庭陈述意见的，人民法院应当准许。当然，行政机关未陈述意见或者提供相关证明材料的，并不能阻止人民法院审查规范性文件。

就规范性文件的审查标准而言，人民法院在行政审判中一并审查规范性文件时，可以从规范性文件制定机关是否超越权限是否违反法定程序、作出行政行为所依据的条款以及相关条款是否合法等方面进行。

就处理方式而言，对规范性文件中合法的部分，法院应予适用；对不合法的部分，法院应不予适用，并在裁判理由中予以阐明。最终发现规范性文件不合法的，人民法院可以在裁判生效之日起 3 个月内，向规范性文件制定机关提出修改或者废止该规范性文件的司法建议。若规范性文件是由多个部门联合制定的，人民法院可以向该规范性文件的主办机关或者共同上一级行政机关发送司法建议。接收司法建议的行政机关应当在收到司法建议之日起 60 日内予以书面答复。情况紧急的，人民法院可以建议制定机关或者其上一级行政机关立即停止执行该规范性文件。

此外，根据《行政诉讼法司法解释》，人民法院审理行政案件，适用最高人民法院司法解释的，应当在裁判文书中援引。这里的“司法解释”是指由最高人民法院出台的、针对审判活动中如何具体应用法律问题的解释。总之，在审判行政案件时，人民法院负有在裁判文书中援引最高人民法院司法解释的义务。

二、法律规范冲突及其适用规则

人民法院在审查行政行为的合法性时，除要根据事实外，还需要依据相应的法律规范来作出判断。在适用法律规范的过程中，有时会出现同时有几个法律规范均适用于该具体行政行为，而几个法律规范之间却不相一致的情形，即法律规范之间发生某种冲突。实践中，法律规范之间发生的冲突主要有两类。

（一）不同等级的法律规范之间的冲突

我国法律体系的层级主要是法律、行政法规、地方性法规、规章、自治条例和单行条例。这种冲突包括行政法规、地方性法规、规章、自治条例和单行条例与法律之间的冲突，地方性法规、规章、自治条例和单行条例与行政法规之间的冲突，地方政府规章与地方性法规之间的冲突。

这类法律规范冲突的适用规则是：因低级法律规范的法律效力低于高级法律规范，在低级法律规范与高级法律规范之间发生冲突时，低级法律规范无效，人民法院应当适用高级法律规范。我国《宪法》《立法法》和有关法律对不同等级的法律规范之间的法律效力作了明确规定，如国务院根据宪法和法律制定行政法规，地方性法规不得与宪法、法律、行政法规相抵触，根据宪法、法律、行政法规、地方性法规制定规章等。当然，在法律另有授权的情况下，低级法律规范与高级法律规范发生冲突时，人民法院应当适用低级法律规范。例如《宪法》规定，民族自治地方自治条例和单行条例的制定前提是根据本民族的政治、经济和文化特点制定。可见，宪法规定的精神是，只要自治条例和单行条例在制定时经过了法定国家权力机关的批准，是允许其与法律、行政法规相冲突的。换言之，自治条例和单行条例与法律、行政法规发生冲突时，应当适用自治条例和单行条例（法律、行政法规专门就民族区域自治地方作出的规定除外）。

（二）相同等级的法律规范之间的冲突

其中又分为两种情况：一是同一机关制定的法律规范之间的冲突，如法律之间、行政法规之间、地方性法规之间、规章之间、自治条例之间和单行条例之间的冲突；二是不同机关制定的法律规范之间的冲突，如部门规章之间的冲突、部门规章与地方政府规章之间的冲突、部门规章与地方性法规之间的冲突。人民法院适用这些冲突的法律规范的基本规则如下：

1. 适用同一机关制定的相互冲突的法律规范的规则。

（1）在分为一般法和特别法的情况下，当特别法与一般法发生冲突时，依“特别法优于一般法”的原理处理，人民法院应当适用特别法。

（2）特别法之间或者一般法之间发生冲突时，依“新法优于旧法”（后法优于前法）的原理处理，人民法院适用新法。

2. 适用不同机关制定的相互冲突的法律规范的规则。根据《宪法》和有关法律的规定，我国人民法院对于法律规范的这种冲突没有判断权，当案件的审理涉及这种冲突，又必须解决这种冲突时，法院只能将冲突提请有权机关进行解释或者裁决。例如，行政法规之间对同一事项的新的一般规定与旧的特别规定不一致，不能确定如何适用时，由国务院裁决。地方性法规、规章之间不一致时，由有关机关依照下列规定的权限作出裁决：（1）同一机关制定的新的一般规定与旧的特别规定不一致时，由制定机关裁决。（2）地方性法规与部门规章之间对同一事项的规定不一致，不能确定如何适用时，由国务院提出意见。国务院认为应当适用地方性法规的，应当决定在该地方适用地方性法规的规定；认为应当适用部门规章的，应当提请全国人民代表大会常务委员会裁决。（3）部门规章之间、部门规章与地方政府规章之间对同一事项的规定不一致时，由国务院裁决。根据授权制定的法规与法律规定不一致，不能确定如何适用时，由全国人民代表大会常务委员会裁决。

【案例 14-13】

2007 年 11 月 12 日，鲁潍（福建）盐业进出口有限公司（以下简称鲁潍公司）从江西等地购进 360 吨工业盐。江苏省苏州市盐务管理局（以下简称苏州盐务局）认为鲁潍公司进行工业盐购销和运输时，应当按照《江苏盐业实施办法》的规定办理工业盐准运证，鲁潍公司未办理工业盐准运证即从省外购进工业盐，涉嫌违法。2009 年 2 月 26 日，苏州盐务局经听证、集体讨论后认为，鲁潍公司未经江苏省盐业公司调拨或盐业行政主管部门批准从省外购进盐产品的行为，违反了《盐业管理条例》第 20 条以及《江苏盐业实施办法》第 23 条、第 32 条第 2 项的规定，并根据《江苏盐业实施办法》第 42 条的规定，对鲁潍公司作出了（苏）盐政一般［2009］第 001-B 号处罚决定书，决定没收鲁潍公司违法购进的精制工业盐 121.7 吨、粉盐 93.1 吨，并处罚款 122 363 元。鲁潍公司不服该决定，于 2 月 27 日向苏州市人民政府申请行政复议。苏州市人民政府于 4 月 24 日作出了［2009］苏行复第 8 号复议决定书，维持了苏州盐务局作出的处罚决定。鲁潍公司不服，向人民法院提起诉讼，称：苏州盐务局根据《江苏盐业实施办法》的规定，认定鲁潍公司未经批准购买、运输工业盐违法，并对鲁潍公司作出行政处罚，其具体行政行为执法主体错误、适用法律错误。苏州盐务局无权管理工业盐，也无相应执法权，请求法院判决撤销苏州盐务局作出的（苏）盐政一般〔2009〕第 001-B 号处罚决定。

该案中，江苏省苏州市金阊区人民法院于 2011 年 4 月 29 日以（2009）金行初字第 0027

号行政判决书，判决撤销苏州盐务局（苏）盐政一般〔2009〕第001-B号处罚决定。生效裁判认为：其一，苏州盐务局系苏州市人民政府盐业行政主管部门，根据《盐业管理条例》第4条和《江苏盐业实施办法》第4条、第6条的规定，有权对苏州市范围内包括工业盐在内的盐业经营活动进行行政管理，具有合法执法主体资格。其二，苏州盐务局对盐业违法案件进行查处时，应适用合法有效的法律规范。《立法法》第69条规定，法律的效力高于行政法规、地方性法规、规章；行政法规的效力高于地方性法规、规章。苏州盐务局的具体行政行为涉及行政许可、行政处罚，应依照《行政许可法》《行政处罚法》的规定实施。

根据《行政许可法》第15条第1款、第16条第3款的规定，在已经制定法律、行政法规的情况下，地方政府规章只能在法律、行政法规设定的行政许可事项范围内对实施该行政许可作出具体规定，不能设定新的行政许可。因法律及《盐业管理条例》没有设定工业盐准运证这一行政许可，地方政府规章也不能设定工业盐准运证制度。根据《行政处罚法》第13条的规定，在已经制定行政法规的情况下，地方政府规章只能在行政法规规定的给予行政处罚的行为、种类和幅度内作出具体规定。而《盐业管理条例》对盐业公司之外的其他企业经营盐的批发业务没有设定行政处罚，故地方政府规章不能对该行为设定行政处罚。

人民法院审理行政案件，依据法律、行政法规、地方性法规，参照规章。苏州盐务局在依职权对鲁潍公司作出行政处罚时，虽然适用了《江苏盐业实施办法》，但是未遵循《立法法》第79条关于法律效力等级的规定，未依照《行政许可法》和《行政处罚法》的相关规定，属于适用法律错误，依法应予撤销。①

【引导案例】

1994年12月，四川省简阳市政府（以下简称“简阳市政府”）以通告的形式，对本市区范围内客运人力三轮车实行了限额管理。1996年8月、11月，简阳市政府对人力客运老年车改型为人力客运三轮车的经营者、客运人力三轮车经营者每人分别收取了有偿使用费3 500元、2 000元。从1996年11月开始，简阳市政府开始实行经营权的有偿使用，有关部门也对限额客运人力三轮车收取了相关的规费。在设定经营许可时，简阳市政府未通过书面形式明确告知张某等人其人力客运三轮车两年的经营权有偿使用期限。

针对有偿使用期限已届满两年的客运人力三轮车，简阳市政府分别于1999年7月15日、7月28日发布《公告》和《补充公告》。其中，《公告》第6条要求“原已具有合法证照的客运人力三轮车经营者必须在1999年7月20日前到市交警大队办公室重新登记”，《补充公告》第2条要求“取得经营权的登记者，每辆车按8 000元的标准（符合《公告》第6条规定的每辆车按7 200元的标准）交纳经营权有偿使用费”。

张某等182名经营者认为市政府作出的《公告》第6条和《补充公告》第2条的规定侵犯其经营自主权，向简阳市人民法院提起行政诉讼。

---

① 详参最高人民法院公布的指导案例5号鲁潍（福建）盐业进出口有限公司苏州分公司诉江苏省苏州市盐务管理局盐业行政处罚案。

经查明，1994年8月，四川省交通厅制定了《四川省小型车辆客运管理规定》。该文件第4条有“各地原则上对小型客运车辆运力投放实行额度管理，适度控制投放量”的规定，第8条有“各市、地、州运管部门对小型客运车辆实行额度管理时，经当地政府批准可采用营运证有偿使用的办法，但有偿使用期限一次不得超过两年”的规定。1996年4月，四川省人大常委会发布《四川省道路运输管理条例》(于1996年7月1日起实施)。其中第24条规定：“经县级以上人民政府批准，客运经营权可以实行有偿使用。”1997年2月，四川省人民代表大会财政经济委员会制发《关于印发〈四川省道路运输管理条例〉条文释义的通知》，其中第24条第2项规定：“客运经营权有偿使用是指经县级以上人民政府批准，道路运输管理机构对申请从事道路旅客运输的经营者有偿审批经营权，并按使用时限计收客运经营权使用费的一种道路旅客运输管理方式。客运经营权使用费的计收形式包括拍卖、投标、固定收取等。”1999年7月15日，简阳市政府发布的《公告》规定：“城区人力三轮车按500个指标进行竞标。原具有合法证照的人力三轮车经营者必须重新登记，并按中标金额平均价约90%缴纳经营权有偿使用费，否则自动失去经营权。有偿使用期限从1999年8月13日起至2001年8月12日止。”

本案经过二审，最终，申请人张某、陶某以被诉的《公告》和《补充公告》要求申请人重新登记和缴纳经营权有偿使用费7 200元，无事实和法律根据为由，申请最高人民再审。①

问题：1. 在上述案件中，《公告》和《补充公告》的法律属性如何？是否属于行政诉讼的受案范围？

2. 根据上述案情，该案中被诉的《公告》和《补充公告》是否合法？

3. 最高人民法院作出“确认四川省简阳市人民政府作出的《公告》和《补充公告》违法”的判决是否合理？

解析：1.《公告》和《补充公告》是行政行为。一般认为，行政行为是指由具有国家行政职权的机关、组织及其工作人员实施的，与行使国家职权有关的，对公民、法人或者其他组织的权益产生实际影响的行为以及相应的不作为。在理论上，行政行为的构成要件主要包括以下几个：(1) 行政行为由行政主体作出。其中，行政主体主要是行政机关，也可以是法律、法规授权的组织。(2) 行政行为指向确定的人、行为和物。(3) 行政行为既可以是行政主体的单方意思表示，也可以是双方甚至多方意思表示。(4) 行政行为具有程序要件，主要包括行为的方式、步骤、期限。(5) 行政行为能够对行政相对人的权益产生法律影响。

该案中，简阳市政府在1996年通过经营权许可设定了张某等人从事客运人力三轮车经营的权利，因而，《公告》第6条和《补充公告》第2条“原已具有合法证照的客运人力三轮车经营者必须在1999年7月19日至7月20日到市交警大队办公室重新登记”“经审查，取得经营权的登记者，每辆车按8 000元的标准（符合《公告》第6条规定的每辆车按7 200元的标准）交纳经营权有偿使用费”的内容实质上指向了特定的对象，并对当事人的权

① 作者适度删节了案例信息，案例来源于最高人民法院行政判决书（2016）最高法行再81号。

利义务产生了一定的影响，符合“行政行为”的构成要件。因而，《公告》和《补充公告》在法律属性上属于行政行为。

由于《公告》《补充公告》是简阳市政府就特定事项，针对特定对象（张某等182人）制定、发布的决定，而非行政机关制定、发布的具有普遍约束力的、可以反复适用的决定、命令，根据我国《行政诉讼法》的相关规定，《公告》《补充公告》属于我国行政诉讼的受案范围。

2.《行政诉讼法》第69条规定：“行政行为证据确凿，适用法律、法规正确，符合法定程序的，或者原告申请被告履行法定职责或者给付义务理由不成立的，人民法院判决驳回原告的诉讼请求。”据此，人民法院对被诉的《公告》和《补充公告》的合法性进行审查，不仅要审查其适用法律法规是否正确，还要审查行政行为的作出是否违反法定程序。

在适用法律法规方面，根据《四川省道路运输管理条例》第4条的规定，各级交通行政主管部门负责本行政区域内营业性车辆类型的调整、数量的投放。第24条规定，经县级以上人民政府批准，客运经营权可以实行有偿使用。四川省交通厅制定的《四川省小型车辆客运管理规定》第8条规定，各市、地、州运管部门对小型客运车辆实行额度管理时，经当地政府批准可采用营运证有偿使用的办法，但有偿使用期限一次不得超过两年。可见，四川省地方性法规已经明确规定客运经营权可以实行有偿使用。四川省交通厅制定的规范性文件虽然早于地方性法规，但该规范性文件对营运证实行有期限有偿使用与地方性法规并不冲突。

从作出程序上看，被诉的《公告》和《补充公告》存在程序瑕疵。该《公告》和《补充公告》是对已经取得合法证照的客运人力三轮车经营者收取有偿使用费的行为，而上述客运人力三轮车经营者的权利是在1996年通过经营权许可取得的。前后两个行政行为之间存在承继和连接关系。对于1996年的经营权许可行为，行政机关作出行政许可等授益性行政行为时，应当明确告知行政许可的期限。行政机关在作出行政许可时，行政相对人也有权知晓行政许可的期限。

该案中，简阳市政府在1996年实施人力客运三轮车经营权许可之时，未告知张某等人人力客运三轮车两年的经营权有偿使用期限。由于简阳市政府在作出行政许可行为的过程中未履行相应的告知义务，致使张某等人误认为其获得的经营权没有期限限制。因此，简阳市政府1996年的经营权许可在程序上存在明显不当，直接导致与其存在前后承继关系的本案被诉的《公告》和《补充公告》的程序明显不当。因此，《公告》和《补充公告》不具有合法性。

3. 具有合理性。根据我国《行政诉讼法》第74条第1款的规定：行政行为有下列情形之一的，人民法院判决确认违法，但不撤销行政行为：（1）行政行为依法应当撤销，但撤销会给国家利益、社会公共利益造成重大损害的；（2）行政行为程序轻微违法，但对原告权利不产生实际影响的。

结合该案案情来看，虽然简阳市政府作出的《公告》和《补充公告》在程序上存在瑕疵。但是，考虑到本案被诉行政行为作出之后，简阳市城区交通秩序有所好转，城市道路运行能力得到提高，城区市容市貌持续改善，以及原401辆三轮车中绝大多数已经分批次完成置换，如果判决撤销被诉行政行为，将会给行政管理秩序和社会公共利益带来不利影响。因此，最高人民法院依法确认简阳市政府作出的《公告》和《补充公告》违法，具有正当性。

【练习案例】

美国谢弗林案①所争论的主要问题是1977年《清洁空气法》(Clean Air Act)修正案中的“固定的空气污染源”(stationary sources of air pollution)一词的含义。该法要求任何公司的生产计划如果会造成新的重大空气污染源，必须事先经过周密的“新污染源检验”。环境保护署(EPA)最初将“污染源”界定为“对工厂建筑与设备等任何重大的添加或改装”，例如添加一个锅炉。但在1981年，EPA为了配合里根政府的规制缓和运动，对污染源的解释作了重新界定，转而采取以整个工厂作为污染单位(先前的解释是以工厂内的每一个污染排放点作为“污染源”的)。这一规定是以一项立法性规则表现的。这种界定比以前的界定要相对宽泛，只要公司能够保证其整个工厂对空气造成的污染没有增加，就没有必要去申请EPA的许可，因为当所添加的某个设备给空气造成了更大的污染时，其可以通过对工厂其他设备的改进减少污染从而保证污染总量没有增加。

然而EPA的新解释引起了美国的一个民间环保机构“自然资源保护委员会”(NRDC)的不满，后者向哥伦比亚巡回法院申请司法审查。法院认为，根据该法的语言和立法史，无法认定国会在使用“污染源”一词时的确切所指，但法院推翻了行政机关的解释。其理由是，EPA在改变其政策之前，没有对该政策的改变会给空气质量造成的影响加以评估。联邦最高法院推翻了巡回法院的此项判决，它批评巡回法院侵犯了行政机关政策制定权，认为清洁空气法及其立法史均没有提及究竟是工厂还是工厂范围内每个排放设施即构成一个“污染源”的问题。新的解释是EPA采取的对经济增长限制最小的方式，体现了其试图改善环境质量的一种新尝试。

进而，联邦最高法院在谢弗林案中提出了一种“两步法”来审查行政法规范解释的效力，并由此确立了著名的谢弗林尊重原则。

第一步，主要审查国会是否就涉及的问题作过准确的说明(whether congress has directly spoken to the precise question at issue)。如果国会的意图十分清楚，则问题结束，法院、行政机关都应服从国会明确表示的意图。但是，法院认为国会并没有就涉及的问题作出过明示的，便不能简单地将自己的解释强加于制定法，当然，在缺少行政机关的解释时这样做可能是必须的。

第二步，如果法律就相关问题沉默或较为模糊时，法院的作用在于判断行政机关的回答是否基于一种允许的法律解释之下。尽管法院没有明确定义“可允许的”(permissible)，但只要行政机关的解释合理(reasonable)，法院就应予以尊重。结合个案阐释合理性审查基准成为司法尊重原则最具魅力之所在。②

---

① *Chevron U.S.A v. Natural Resources Defense Council*, 467 U.S. 837 (1984)。有关该案例评价的中文文献可参见王名扬：《美国行政法》，中国法制出版社1995年版；姜明安、李洪雷主编：《行政法与行政诉讼法教学案例》，法律出版社2004年版，第26~29页；杨伟东：《行政行为司法审查强度研究——行政审判权纵向范围分析》，中国人民大学出版社2003年版；宋华琳：《中国的美国行政法研究：一个学术史的概观》，《浙江学刊》2005年第6期；高秦伟：《论行政机关法解释的审查基准》，《河南政法管理干部学院学报》2006年第2期。

② See *Edelman v. Lynchburg College*, 535 U.S. 106 (2002) (O'Connor, J. Concurring, joined by Justice Scalia).

在谢弗林案中，最高法院的法官先确定了国会对于争论问题的意图是否明确。如果是明确的，法院仅需执行国会的意图，根据规章是否符合国会的意图来接受或拒绝行政机关的规制（regulation）。法院认为在本案中，国会并没有明确就争议的问题进行规定，于是进入了第二步，认为EPA对法律的解释是可允许的（permissible）："如果国会明示留有空隙让行政机关来弥补，这就是一种直接的授权，让行政机关通过规制作出特别规定。这样的立法性规章应受到尊重（controlling weight），除非它们是专断的、任意反复的或与法律完全相反。"①

谢弗林案极大地增强了对行政法规范解释的司法尊重的强度。如果国会没有"就涉及问题作出直接说明"，只要解释"合理"，任何行政机关的解释都应得到确认。在此情况下，行政法规范解释之所以获得尊重，是因为国会立法将某些解释权委任给了行政机关，法院的法律宣示职能因此受到了一定的限制。从法理的角度来看，给予行政机关一定的尊重并不违背马伯里诉麦迪逊案和联邦行政程序法②，其不过是将法院对立法权的直接尊重变为了间接尊重，"谢弗林案本身所显示的法律文本的模糊性经常是政策问题而非法律问题……当国会通过授权或在法律结构内留有解释性的空间（an interpretive gap）时，其就将政策制定（policymaking）的权力授予了行政机关，对行政机关政策决定的审查程度是要受到限制的"③。而就解释能力而言，行政机关也较司法机关具有优势："（1）行政机关趋向于熟悉且精通它们负责实施的法律，它们了解各种规定之间的关系以及采纳一种解释反对另一种解释而产生的实际影响，等等；（2）随着不可预见的问题在实施复杂的规制项目过程中的不断发展，行政机关如果想使项目有效运转，就需要灵活性；（3）如谢弗林案所揭示的，行政机关与义不容辞的管理有联系，因此在政治上对其选择负有责任，而法院则不可能做到这一点；及（4）尊重促进了法律的一致性，因为它使散布于全国各地的行使审查权的法院不那么可能采取对法律的不同的看法；相反，由一个单一集中的机关所持的看法通常是能够起到控制作用的。"④ 总之，"当行政机关的决定呈现出是（行使其权限内的）专业性技能所产生的结论时，审查法院一定要给予行政机关决定以一定程度的尊重"⑤。

问题：请结合相关前述法律知识，对行政机关的解释在行政诉讼中的作用进行评价。结合本案，思考一下中国现在的立法及实践以及改进的建议。

① "If Congress has explicitly left a gap for the agency to fill, there is an express delegation of authority to the agency to elucidate a specific provision of the statute by regulation. Such legislative regulations are given controlling weight unless they are arbitrary, capricious, or manifestly contrary to the statue."

② See Eric M. Braun, *Coring the Seedless Grape a Rcmterprctanon of Chevron U. S. A lnc. v. NRDC*, Columbia L. Rev., Vol. 87, 986, 989 (1987).

③ *Pauly v. Bethenergy Mines, Inc.*, 111S. Ct. 2534 (1991).

④ Ernest Gellhorn & Ronald M. Levin, *Administrative Law and Process*, West Publishing Co., 1997, pp. 81 ~ 82.

⑤ Ronald J. Krotoszynski, Jr., Why Deference? Implied Delegations, Agency Expertise, and the Misplaced Legacy of Skidmore, *Admin. L. Rev.*, Vol 54. No2. Spring 2002, p. 379.

【测试题】

一、名词解释

1. 行政诉讼管辖
2. 行政诉讼原告
3. 行政诉讼证据
4. 再审程序
5. 行政公益诉讼
6. 先予执行

二、思考题

1. 人民法院不受理哪些行政争议？其理由是什么？
2. 行政诉讼中第三人的概念与特征是什么？
3. 移送管辖的条件是什么？
4. 行政诉讼的起诉条件是什么？
5. 行政诉讼的证据规则具体有哪些内涵？
6. 行政附带民事诉讼的范围为何？

【扩展阅读】

1. 何海波：《行政诉讼法》，法律出版社 2016 年版。

2. 马怀德主编：《司法改革与行政诉讼制度的完善：〈行政诉讼法〉修改建议稿及理由说明书》，中国政法大学出版社 2004 年版。

3. 胡建森主编：《行政诉讼法修改研究：〈中华人民共和国行政诉讼法〉法条建议及理由》，浙江大学出版社 2007 年版。

4. 江必新、邵长茂：《新行政诉讼法修改条文理解与适用》，中国法制出版社 2015 年版。

5. 最高人民法院行政审判庭编著：《最高人民法院行政诉讼法司法解释理解与适用》（上、下），人民法院出版社 2018 年版。

本章自测自评

第十五章　行政赔偿和行政补偿

【本章导学】

行政赔偿和行政补偿是现代行政法的两个很重要的制度。通过本章的学习，应该掌握以下内容：理解行政赔偿和行政补偿的概念；理解行政赔偿和行政补偿的基本内容；了解行政赔偿和行政补偿的程序。

第一节　行政赔偿

一、行政赔偿制度的发展

国家赔偿制度的建立是从人治走向法治的重要标志之一。19世纪中叶以前，对于国家机关及其工作人员的侵权行为，没有哪个国家明确承担行政赔偿责任。19世纪末至20世纪初，随着国家职能的迅速扩张，国家的侵权现象也日益增多，加之民权运动的高涨，公民对缺乏救济手段普遍不满，一些国家被迫在有些领域放弃了国家主权豁免观念，对执行公务、管理公共财产等管理行为，国家承担一定的赔偿责任。第二次世界大战以来，随着世界经济社会的迅速发展，各国民主政治和人权事业也取得了长足的进步，许多国家开始通过判例和立法健全国家赔偿制度。如二战以后美国、英国和日本相继公布的《联邦侵权赔偿责任法》《王权诉讼法》和《国家赔偿法》等。

我国几部宪法都从原则上对国家赔偿制度进行了规定，如1982年《宪法》第41条第3款规定："由于国家机关和国家工作人员侵犯公民权利而受到损失的人，有依照法律规定取得赔偿的权利。"1989年颁布实施的《行政诉讼法》中第一次规定了行政赔偿制度，成为建立国家赔偿制度的突破口。而1995年《国家赔偿法》的正式颁布实施及全国各地大量赔偿相关法律法规的出台，标志着我国国家赔偿制度正式确立并走向成熟。

我国国家赔偿主要包括行政赔偿与司法赔偿。考虑到本书的容量限制，本书将侧重于介绍行政赔偿。

要更加准确地把握行政赔偿，首先需要界定行政赔偿。本书认为，行政赔偿是指国家行政机关及其工作人员因违法侵犯公民、法人和其他组织的合法权益并造成损害，而承担赔偿责任的法律制度。

二、行政赔偿与相关概念的辨析

在学理和实践上，存在诸多与行政赔偿相关的概念。为了更好地把握行政赔偿，有必要辨析相关概念。

（一）行政赔偿与行政补偿

行政补偿与行政赔偿是两个比较相近的概念。表面来看，两者有诸多相似之处：主体都是一方为国家，另一方为行政相对人；都与国家的行政职权行为有关，且公民和法人因为这种行为而遭受了不应该的财产或人身损失；都有填补当事人损失的效果和目的。在实践中，两者经常有混淆的地方，但两者的区别是主要的，表现在如下方面：

1. 产生的前提不同。行政补偿基于国家行政主体的合法行为而产生。而我国《国家赔偿法》对行政赔偿归责原则的确立建立在违法归责的基础上，即行政机关或行政机关的工作人员只有违法实施侵权行为才承担赔偿责任。在行政补偿制度中，行政主体的行为虽然给行政相对人的权益造成了损失，但是这种行为是合法的且以满足社会公共利益为前提。

2. 法律依据不同。对行政赔偿事项作出具体规定的是《国家赔偿法》及司法解释、《行政诉讼法》及司法解释以及国务院相关行政法规等；而行政补偿的法律依据包括《宪法》第10条、第13条及一些单行法律、法规的规定。与行政补偿的法律依据相比，行政赔偿的法律依据是以完整的、系统的、统一的法律为核心，与其他配套法律、法规共同构成的行政赔偿法律体系；而行政补偿的法律依据则是众多分散性、单一的法律规定，系统性较差。

3. 范围不同。在行政赔偿中，行政赔偿的范围一般包括对人身权损害和财产权损害的赔偿，并且一般赔偿的数额都通过法律、法规明确予以规定；而行政补偿范围规定得较为零乱，不成体系，且各国规定又各不相同。

4. 程序启动的时间不同。行政赔偿是一种事后的救济途径，只有当违法或不当的行政行为发生后，并且该违法或不当的行政行为造成了一定的损害后果时，才有可能发生损害赔偿的法律后果；而行政补偿的程序既可能在损害结果发生前启动，也可能在损害结果发生后启动，并且在多数情况下，往往以事前补偿为原则，只有在紧急事件或其他特殊情况下，才适用事后补偿。

5. 承担责任的方式不同。行政补偿通常表现为金钱补偿，除此之外，还采用一些行政救济手段，如生产、就业等方面的妥善安置；行政赔偿的方式则多种多样，除支付赔偿金为主要方式外，还包括返还财产、恢复原状、消除影响、恢复名誉、赔礼道歉等。

（二）行政赔偿与民事赔偿

行政赔偿制度本质上脱胎于民事赔偿制度，两者有很多相通之处。① 但两类制度差异显著，具体体现在如下方面：

1. 赔偿的基础不同。民事赔偿发生于平等主体之间；而行政赔偿则发生于行政权力运行过程中，由国家行政机关及其工作人员的侵权行为所致。

2. 赔偿主体不同。民事赔偿的主体包括法人或者自然人等民事主体；而行政赔偿的主体是行政主体。

3. 归责原则不同。民事赔偿的归责以过错原则为主，以无过错原则和公平原则为辅；行政赔偿的归责则主要实行过错原则。

4. 纠纷解决的程序不同。解决民事赔偿纠纷的程序包括民事诉讼和民事仲裁；而解决行政赔偿纠纷的程序则包括单独提出行政赔偿的程序以及在行政复议、行政诉讼中一并提出赔偿请求的程序。

---

① 参见姜明安主编：《行政法与行政诉讼法》，北京大学出版社、高等教育出版社2011年版，第552页。

（三）行政赔偿与司法赔偿

诚如前述，司法赔偿制度构成着国家赔偿制度的重要内容，因此，司法赔偿与行政赔偿联系紧密。究其区别，本书认为，主要包括如下三点：

1. 侵权主体不同。与行政赔偿不同，司法赔偿是司法机关及其工作人员因职务行为侵害他人合法权益而引起的赔偿责任。

2. 归责原则不同。根据《国家赔偿法》，行政赔偿以违法归责为主，即以行政机关及其工作人员的侵权行为违反法律为前提；而司法赔偿则以结果归责为主，即使司法机关及其工作人员的行为未违反法律，只要造成了损害结果，也应赔偿。

3. 赔偿程序不同。例如，在司法赔偿程序中，申请赔偿人不能提起诉讼；而在行政赔偿程序中，申请赔偿人可以向人民法院提起诉讼。

三、行政赔偿的范围

（一）行政赔偿范围的确立方式

赔偿范围是行政赔偿中的核心内容。赔偿范围的大小，一方面体现了国家承担赔偿责任的限度，另一方面体现了公民和法人的合法权益受保护的程度。行政赔偿范围是指导致行政赔偿责任的原因行为范围，通俗地说，指行政赔偿责任应当界定在哪些事项上。行政赔偿之所以有一定的范围和限制，是因为行政赔偿不仅要保护公民、法人和其他组织的合法权益，还要考虑国家利益、社会公共利益、社会经济发展的水平等。

从世界各国的赔偿立法来看，行政赔偿范围的确立大体上有三种方式：一是概括式，即由国家赔偿法规定一个抽象的标准，只要符合该标准，受侵害的公民或者法人就可以请求国家赔偿，日本、韩国、俄罗斯国家赔偿法就是采用的这种界定方式；二是列举式，即通过列举的方式把属于或者不属于行政赔偿范围的事项逐个加以列举，法国就是典型的列举式；三是混合式，它将概括式和列举式结合使用，美国、英国、瑞士等大多数国家均采取这种方式。

我国《国家赔偿法》在《行政诉讼法》规定的基础上，针对实际存在的情况，也采取了混合式，规定了行政赔偿事项范围。《国家赔偿法》第 2 条第 1 款对国家赔偿范围作了概括式规定："国家机关和国家机关工作人员行使职权，有本法规定的侵犯公民、法人和其他组织的合法权益的情形，造成损害的，受害人有依照本法取得国家赔偿的权利"。并在第二章第一节对行政赔偿范围作了详细列举。具体来说，我国的行政赔偿范围的确立方式采用的是"肯定的概括式规定+肯定的列举+否定的列举"的模式。

（二）我国的行政赔偿范围

我国《国家赔偿法》关于行政赔偿范围的内容，从积极事项与消极事项两个方面分别进行了规定。

1. 积极事项。

（1）规定了对侵犯人身权的赔偿范围。《国家赔偿法》第 3 条对行政机关及其工作人员在行使行政职权时侵犯人身权，受害人有权要求赔偿的情形规定了五种：违法拘留或者违法采取限制公民人身自由的行政强制措施的；非法拘禁或者以其他方法非法剥夺公民人身自由的；以殴打、虐待等行为或者唆使、放纵他人以殴打、虐待等行为造成公民身体伤害或者死亡的；违法使用武器、警械造成公民身体伤害或者死亡的；造成公民身体伤害或者死亡的其他违法行为。"其他违法行为"属于"兜底"条款的规定，将前述四种违法行政行为以外的造成他人伤亡后果的违法行政行为统统归入此类行为。这一规定，既可充分维护公民、法人和其他组织的合法权益，又可避免任意扩大行政赔偿的范围。为了解决实践中对“其他违法行为”认定的困难，最高人民法院于1997年4月29日颁布的《关于审理行政赔偿案件若干问题的规定》第1条对此进一步作了明确解释，即“包括具体行政行为和与行政机关及其工作人员行使行政职权有关的，给公民、法人或者其他组织造成损害的，违反行政职责的行为”。

（2）规定了对侵犯财产权的行政赔偿范围。财产权包括公民个人财产权、继承权、土地使用权和承包经营权、采矿权、宅基地使用权、租赁权、抵押权、专利权和著作权等；财产权对法人及其他组织而言，主要指企业经营自主权、不动产和动产所有权、土地使用权、采矿权、专利权、商标权、财产租赁权等。《国家赔偿法》第4条对行政机关及其工作人员在行使行政职权时侵犯财产权，受害人有权求偿的情形规定了四种：违法实施罚款、吊销许可证和执照、责令停产停业、没收财物等行政处罚；违法对财产采取查封、扣押、冻结等行政强制措施；违法征收、征用财产；造成财产损害的其他违法行为。

2. 消极事项。所谓消极事项，是指国家不承担行政赔偿责任的事项，也称行政赔偿的例外或限制。在某些特殊情况下，由于损害并非由行政机关的行为造成，或者损害虽发生在行政活动中，但由不可抗力造成，因而国家不负赔偿责任。《国家赔偿法》第5条明确规定，在以下三种情况下，国家不承担赔偿责任：行政机关工作人员与行使职权无关的个人行为；因公民、法人和其他组织自己的行为致使损害发生；法律规定的其他情形。

【案例15-1】

绿韵花木场属肖某海个人独资企业。肖某相与肖某海是父子关系，肖某海与邓某丽是夫妻关系。绿韵花木场位于廉江市良垌镇篁竹村。2013年6月10日，廉江市国土资源局（以下简称廉江国土局）作出廉国土资（预）公告（2013）9号公告，载明：拟征收良垌镇篁竹村排龙坡经济合作社土地8.6121公顷，自该公告之日起，不得在拟征地范围内实施抢种行为，否则征地时一律不予补偿。2013年7月17日，廉江国土局与排龙坡村民小组签订征地协议，表明征收排龙坡村民小组的土地面积为171.54亩，并对耕地、园地、林地、养殖水面各类土地的征地补偿标准及付款方式等作出约定。2013年7月，肖某相多次作为排龙坡的村民，参与征收会议及丈量该村被征收的土地。2013年7月20日，肖某海在位于排龙坡的基本农田上抢种花果木，将部分盆栽花果木连盆移至征收区域的农田予以摆放。同日，廉江国土局对肖某海作出廉国土资执法（2013）第F171号《责令停止国土资源违法行为通知书》（以下简称171号通知），认为肖某海在排龙坡的基本农田上抢种花果木，构成破坏耕地行为，违反了《土地管理法》第36条第3款的规定，责令其立即停止违法行为，听候处理，自行整改、消除影响；不停止违法行为的，将依法提请有关部门强制执行。通知书上注明当日发送当事人，但没有签收人签名，肖某祥、肖某在拒绝签收证明人栏签名。2013年8月2日，廉江市政府、良垌镇政府对绿韵花木场位于排龙坡的花果木进行清理，将抢种抢栽的花果木移出农田，在路边摆放。清理面积8亩左右，均为水田。清理过程中，未对移出的花果木进行清点登记造册，未交给绿韵花木场或其他人妥善保管。绿韵花木场在政府相关人员撤离后，亦未及时对摆放在路边的花果木进行妥善处置。

2014年11月10日，肖某海向廉江市公安局新华派出所报案称，廉江市政府、良垌镇政府工作人员毁坏其花果木。2014年12月11日，绿韵花木场、肖某海、邓某丽提起诉讼，请求确认政府清理绿韵花木场花果木行为违法，并赔偿损失3 231 000元。①

从行政行为性质上看，171号通知是针对绿韵花木场违法抢种行为作出的行政处罚。收到171号通知后，绿韵花木场应当依照通知要求，自觉履行拆除义务；不服171号通知的，应当依法提起行政诉讼。绿韵花木场既不起诉，又不履行自行拆除义务的，廉江国土局可以在起诉期限届满后3个月内，依照《行政强制法》第五章关于申请人民法院强制执行的相关程序规定，申请人民法院强制执行。但是，171号通知作出后，廉江市政府和良垌镇政府没有依法申请人民法院强制执行，而是擅自采取联合行动，自行对绿韵花木场违法抢种的花果木实施强制清理，显属超越职权、违反法定程序的行为。

根据《国家赔偿法》第4条第4项、第5条第2项规定，行政机关及其工作人员在行使行政职权时，违法强制执行造成财产损害的，受害人有取得行政赔偿的权利。但是，因公民、法人和其他组织自己的行为致使损害发生的，行政机关不承担国家赔偿责任。该案中，廉江市政府和良垌镇政府在违法强制清理花果木过程中，未对花果木进行清点，未妥善保管强制移出的花果木，由此造成的花果木损失，应当承担行政赔偿责任。同时，绿韵花木场违法抢种抢栽，在执法人员撤离现场后，未及时采取措施防止损失扩大，对其自身行为造成的损失，廉江县政府和良垌镇政府不承担行政赔偿责任。

四、行政赔偿的构成要件

行政赔偿的构成要件是界定行政赔偿范围的重要依据，它要解决的是何种人实施何种行为，造成怎样的后果，国家要承担行政赔偿责任。因此行政赔偿构成要件主要涉及以下几个要素：侵权行为主体，即国家对哪些人的侵权行为承担赔偿责任；侵权行为，即国家对哪些行政侵权行为承担行政赔偿责任；损害结果，即国家对于受害人的哪些损害给予赔偿。

（一）主体要件

1. 侵权行为主体的类型。世界各国的行政赔偿制度中，关于侵权行为主体的规定并不一致，主要有三种类型，即：以国家机关作为侵权主体；以公务员作为侵权主体；以国家机关及其公务员作为侵权主体。

我国宪法及国家赔偿法均规定了两类侵权主体：国家机关或国家机关工作人员，行政机关或行政机关工作人员。如《宪法》第41条第3款规定：“由于国家机关和国家工作人员侵犯公民权利而受到损失的人，有依照法律规定取得赔偿的权利。”《国家赔偿法》第2条第1款也规定：“国家机关和国家机关工作人员行使职权，有本法规定的侵犯公民、法人和其他组织合法权益的情形，造成损害的，受害人有依照本法取得国家赔偿的权利。”

2. 几种特殊的侵权行为主体。除了国家机关及其工作人员可以成为行政侵权主体外，还有几种特殊的行政侵权行为主体。

（1）被委托人。在许多国家，行政机关为了保证行政效率或基于其他目的，有时会把一部分公务委托给个人或非国家组织去行使。如果受委托者执行该职务造成他人损害的，国家自

① 作者适度裁剪了案例信息，详参最高人民法院行政裁定书（2018）最高法行申1098号。

应负赔偿责任。对于受托人超出委托范围实施的侵权行为，如果受托人故意超出职权范围，凭自己意愿从事与职权无任何关系的行为并造成损害的，由此产生的法律后果直接归属于受托人，作为委托人的行政机关不需承担任何赔偿责任。但如果属于过失超出其职权范围实施与执行职务有关的行为，作为委托人的行政机关应承担赔偿责任。

（2）自愿协助执行公务的人员。对于自愿协助执行公务的人员在执行公务范围内的行为，行政机关应当负责。如某公民在协助警察追赶逃犯时用木棒殴打致人死亡的，行政机关应当对此类行为负责。但是，自愿协助人在执行公务范围外的行为，如对已抓获的逃犯殴打致死的行为，应当由其个人负责。

（3）无行为能力或者限制行为能力的工作人员。对于工作人员处于无意识状态或不能正确表达其意志的状态而造成的损害，行政机关是否应负赔偿责任？行政机关应负有选任工作人员和监督工作人员行为的责任。所以，行政机关对无意识状态和不能正确辨识自己行为的工作人员执行职务中造成的损害，应当承担赔偿责任。

（二）行为要件

1. 执行职务行为。构成行政侵权赔偿责任的行为必须是执行职务的行为，这在各国赔偿理论中已形成共识，我国也不例外。国家机关和国家机关工作人员的侵权行为是否属于执行职务的行为，直接关系到公民、法人和其他组织所遭到的损害能否得到赔偿，合法权益能否得到保障的问题。

2. 执行职务行为与个人行为的判断标准。目前我国法律中对于执行职务行为、个人行为并没有一个统一的判断标准。一般来说，判断执行职务行为，可以以公务员的身份和行为作为依据。首先，行为人必须以行政机关工作人员的身份为一定的行为。公务员的身份可以是明示的，也可以是暗示的，但这种暗示必须足以使相对人相信行为人是代表某行政机关行使公共权力。其次，行为人的行为与执行职务有关。具体来说是指为执行职务所必需的行为或协助执行职务的行为。公务员超越职权、滥用职权的行为都是与职务有关的行为，属于职务行为；如果行为人不具有行政机关工作人员的身份，又未被委托授权，但其行为具有行使公共权力的表象，在相对人尽了相当注意义务的情况下，仍然认为其在行使公共权力的，为了维护人民对政府的信赖关系，应由行政机关承担赔偿责任。最后，在执行职务过程中“顺带为之”的可以与执行职务相分离的行为，为公务员的个人行为，造成损害的，由公务员个人承担责任。

3. 执行职务行为既可以是作为，也可以是不作为。值得注意的是，执行职务行为既可以以“作为”的形式出现，也可以“不作为”的形式出现。根据《行政诉讼法司法解释》的规定，若因行政机关不履行、拖延履行法定职责，致使公民、法人或者其他组织的合法权益遭受损害的，人民法院应当判决行政机关承担行政赔偿责任。在确定赔偿数额时，应当考虑该不履行、拖延履行法定职责的行为在损害发生过程和结果中所起的作用等因素。

（三）损害结果要件

行政机关是否承担行政赔偿责任，要看该行为是否造成了特定人的损害，没有损害结果或遭受损害的是普遍对象，行政机关就不必承担赔偿责任，因此，损害结果是构成行政赔偿的必要要件之一。

损害的存在可能是由不同的原因引起的，只有具备下述条件，才能产生法律上的赔偿责任①：一是损害必须是已经发生的，确实存在的现实损害。将来的损害如其发生为不可避免，也视为已经发生的现实损害。不是现实的损害，不引起赔偿责任。二是损害必须是特定的损害。即为一人或少数受害人所特有，而非一般人所共有的损害。一般人所共有的损害，不构成对公共负担平等原则的破坏，不发生损害赔偿问题。三是损害必须是异常的损害，超过执行职务活动对公共生活所带来的正常负担。一切享受公共利益的人，必须承担某种合理的负担，即对一定的行政负担具有容忍义务。合理的、正常的损害不能认为是必须赔偿的损害。四是只能是受法律保护的利益受到损害，违法的利益受到损害的，不发生损害赔偿责任。我国《国家赔偿法》所确认的损害的范围包括人身权和财产权。前者包括限制人身自由、剥夺生命、致人伤残，以及毁坏名誉、荣誉等；后者包括直接损害和间接损害。大部分国家包括我国在内，只对受害人的直接财产损害承担赔偿责任，而不承认对间接的财产损害。五是我国《国家赔偿法》规定，只有侵害人身权致人精神损害，造成严重后果的，方能获得相应的精神损害抚慰金。

（四）损害结果与损害行为之间的因果关系

行政赔偿责任，必须在公务行为与特别损失之间存在某种客观联系，即具备因果联系的情况下，才能产生。因果关系是连接责任主体与损失的纽带，是责任主体对损失承担法律责任的基础与前提。如果缺失这种因果关系，行为人就没有义务对损失负责，也就不存在行政主体对相对人损失的赔偿救济了。为了行使职权而实施违法行为，引起损害的事实是原因，行政相对人所遭受的损失是结果，二者之间存在的因果关系是行政赔偿的必要条件。

五、行政赔偿程序

行政赔偿程序，即行政赔偿请求人向国家行政赔偿义务机关请求行政赔偿，行政赔偿义务机关给予行政赔偿以及通过人民法院解决行政赔偿纠纷的方式、方法和步骤的总称。从我国《国家赔偿法》的规定可以得知，行政赔偿程序由非诉程序（行政程序）与诉讼程序（司法程序）两个部分组成，而非诉程序则包括行政先行处理程序、行政赔偿复议程序和行政追偿程序等。因诉讼程序已经规定在行政诉讼中，本章讲述的主要是行政赔偿程序中的非诉程序。

（一）行政先行处理程序

行政先行处理程序是世界各国和地区的普遍做法。《国家赔偿法》第 9 条第 2 款规定："赔偿请求人要求赔偿，应当先向赔偿义务机关提出，也可以在申请行政复议或者提起行政诉讼时一并提出。"《最高人民法院关于审理行政赔偿案件若干问题的规定》第 4 条第 2 款也规定，赔偿请求人单独提起行政赔偿诉讼，须以赔偿义务机关先行处理为前提。赔偿请求人对赔偿义务机关确定的赔偿数额有异议或者赔偿义务机关逾期不予赔偿的，赔偿请求人有权向人民法院提起行政赔偿诉讼。

这些条文确立了行政赔偿中的先行处理程序。行政先行处理程序是指在行政赔偿请求人向法院提起行政赔偿诉讼之前，应当由行政机关依法进行处理，只有行政机关的处理未解决争端时，请求权人方可提起行政赔偿诉讼程序。

---

① 参见王名扬：《法国行政法》，北京大学出版社 2007 年版，第 566~567 页。

1. 申请与受理程序。行政赔偿程序中的申请与受理程序，也称协商程序，是指赔偿义务机关与赔偿请求权人在平等的基础上，就其赔偿争议，互相谅解，一方或双方互相让步，达成协议的一种活动。这也是解决行政赔偿争议的一种方式。这种协商是一种特殊的行为，其特殊性表现在，它是受害人的申请协商行为和赔偿义务机关同意协商、决定或认可行为的混合。

赔偿请求人向有关赔偿义务机关提出赔偿请求，以解决赔偿争议，即为协商的开始。而开始协商，必须具备一定的条件：侵权的行政机关及其工作人员执行职务的行为违法并造成了损害，对其执行职务行为的违法性，赔偿义务机关与请求人均无争议；复议决定已确认执行职务的行为违法，或者侵权的机关自己主动撤销或改变了自己所作的行政行为，受害人以此为据要求赔偿；执行职务的行为已为人民法院判决确认为违法行为，人民法院撤销执行职务行为的判决发生法律效力后，请求人以人民法院的生效判决为依据，提出赔偿请求。上述情形只要具备其中的一项，赔偿请求人即可向赔偿义务机关提出赔偿请求并进行协商。

赔偿请求人与赔偿义务机关进行协商，原则上应当采书面形式。赔偿请求人书写申请书确有困难的，可以委托他人代书；也可以口头申请，由赔偿义务机关记入笔录。赔偿请求人不是受害人本人的，应当说明与受害人的关系，并提供相应证明。赔偿请求人当面递交申请书的，赔偿义务机关应当当场出具加盖本行政机关专用印章并注明收讫日期的书面凭证。其中，申请材料不齐全的，赔偿义务机关应当当场或者在 5 日内一次性告知赔偿请求人需要补正的全部内容。《国家赔偿法》第 12 条具体规定了赔偿申请书的内容和要求。

2. 赔偿义务机关对申请的处理。赔偿义务机关应当自收到申请之日起 2 个月内，作出是否赔偿的决定。在赔偿义务机关作出赔偿决定过程中，应当充分听取赔偿请求人的意见，并可以与赔偿请求人就赔偿方式、赔偿项目和赔偿数额依法进行协商。

赔偿义务机关决定赔偿的，应当制作赔偿决定书，并自作出决定之日起 10 日内送达赔偿请求人。赔偿义务机关决定不予赔偿的，应当自作出决定之日起 10 日内书面通知赔偿请求人，并说明不予赔偿的理由。赔偿义务机关在规定期限内未作出是否赔偿的决定的，赔偿请求人可以自期限届满之日起 3 个月内，向人民法院提起诉讼。

3. 赔偿请求人的救济程序。根据《国家赔偿法》的规定，赔偿请求人对赔偿的方式、项目、数额有异议的，或者赔偿义务机关作出不予赔偿决定的，赔偿请求人可以自赔偿义务机关作出赔偿或者不予赔偿决定之日起 3 个月内，向人民法院提起诉讼。

（二）行政赔偿复议程序

《国家赔偿法》第 9 条和《行政复议法》第 29 条构成了行政赔偿复议制度的法律基础。行政赔偿复议程序作为行政复议程序的一种，是指行政相对人在受到行政职权行为侵害时，向有关行政机关提出行政赔偿复议的申请，复议机关对其请求进行审理和作出决定的过程。

对行政赔偿复议的审查采用的是书面审查方式，即行政复议机关对行政职权行为进行审查时，主要基于被申请人提供的有关证据和材料，一般不再另行调查取证。行政赔偿复议无论采取何种审查方式，都必须以公正、正确为前提。当行政复议机关通过书面审查无法达到查清案件事实的目的时，可以采取调查了解情况的方式作补充，包括召集各方当事人当面辩论、相互质证等。

行政赔偿复议的决定是指行政复议机关对被申请人的行政职权行为进行合法性、适当性审查后，作出的具有法律效力的决定。根据《行政复议法》的规定，行政复议机关负责法制工作的机构对被申请人的行政职权行为审查后，向行政复议机关提出审查意见。行政赔偿复议机关应在规定的期限内作出复议决定，制作复议决定书。

（三）行政追偿程序

行政追偿制度，又称求偿制度，是指国家（具体表现为行政主体——国家行政机关和法律、法规授权的组织）向受害人支付赔偿费用或履行义务后依法责令有故意或重大过失的公务人员或受委托的组织和个人承担部分或者全部赔偿费用的制度。在我国，《行政复议法》第29条、《国家赔偿法》第16条和第31条都对行政追偿制度作了规定。

1. 行政追偿权主体。追偿人和被追偿人构成了行政追偿权主体。依据《国家赔偿法》第16条的规定，赔偿义务机关赔偿损失后，应当责令有故意或者重大过失的工作人员或者受委托的组织或者个人承担部分或者全部赔偿费用。追偿人应是赔偿义务机关或者赔偿义务主体，具体包括以下几种：行政机关违法行使职权，侵犯公民、法人和其他组织的合法权益，造成损害，引起赔偿的，该工作人员所在的行政机关为追偿人；两个以上行政机关共同行使行政职权时侵犯公民、法人和其他组织的合法权益造成损害的，共同行使行政职权的行政机关为共同赔偿义务机关。法律、法规授权的组织的成员行使授权时，导致侵权赔偿的，被授权的组织是追偿人；受行政机关委托的组织或个人违法行使职权，造成侵权赔偿的，委托的行政机关是追偿人。赔偿义务机关被撤销的，继续行使其职权的行政机关为追偿人；没有继续行使其职权的行政机关的，撤销该赔偿义务机关的行政机关是追偿人。被追偿人一般而言是指在行使国家行政职权过程中，有故意或重大过失的公务人员。

2. 行政追偿的条件。行政追偿的条件，又称行政追偿权行使的要件，是指国家在何种情况下有权向公务人员或者受委托的组织和个人行使行政追偿权。对于行政追偿权的成立要件，根据《国家赔偿法》的规定，一般认为有两个：一是客观要件，即行政机关已向受害人支付了赔偿费用或履行了赔偿义务；二是主观要件，即公务人员主观上有故意或重大过失。赔偿义务机关在向受害人支付赔偿费用或履行赔偿义务之前，追偿权尚不存在，只有支付了赔偿费用或履行赔偿义务后，才能向被追偿人追偿。

关于故意和过失的内涵，国内外赔偿法规均未作出界定，大都借用刑法学中的过错理论来引用。从行政赔偿的角度来说，故意是指行政机关工作人员明知自己所执行的职务行为违法并且会对被执行人或者被执行人的人身、财物发生损害，仍然希望或者放任这种损害结果发生的主观心理状态。过失是指行为人应当预见自己的行为可能发生危害社会的后果，因为疏忽大意而没有预见，或者已经预见而轻信能够避免。实践中，故意和过失的区分很明显，但重大过失和非重大过失却很难判断。一般认为，行政追偿制度中的重大过失一般应包括两种情况：一是因明显疏忽大意而产生的过失，即“显然欠缺应有注意而产生的过失”；二是因明显过于自信而产生的过失。

3. 追偿金额范围及确立标准。追偿标准是指确定被追偿人是否承当追偿责任及承担多大追偿责任的标准。在把握追偿标准时，除了严格以《国家赔偿法》规定的“故意”或“重大过失”为原则以外，还应查清并划分侵害事件的起因状况，具体分析其他因素对责任主体的影响，以区分情况确定追偿程度。

至于追偿金额的确定，应仅限于赔偿义务机关向受害人支付的赔偿金额，不宜包括赔偿义务机关办理案件的费用。同时应考虑被追偿人的收入状况和生活水平，在追偿后还应保留被追偿人家庭的基本生活费用。

【案例 15-2】

程某曾在王村一中承包经营学生食堂。2002 年 12 月，程某与王村一中签订了食堂经营合同书，该合同约定，程某负责设计并投资建设学生餐厅等设施，自主经营，自负盈亏，水电费自理，其经营利润最高不超过成本的 40%，每年向学校交纳定额管理费。该合同还约定，程某若在经营期间有违法行为，学校有权干预并单方面终止合同。

2012 年 12 月，王村一中的数名学生出现疑似食物中毒现象，王村一中遂与程某发生纠纷，并将有关情况向荥阳市王村镇政府作出书面报告。2012 年 12 月 28 日，王村镇政府向程某作出停业通知书一份，责令程某关门停业。该停业通知书记载的处罚依据包括当地教育部门有关暑假安全工作的文件、食堂经营合同书的部分违约条款、有关部门就学校食堂零利润经营的要求等。

程某与王村一中发生民事纠纷后，曾向王村一中主张继续履行食堂经营合同，遭到拒绝。2013 年 4 月 7 日，程某不服王村镇政府所作停业通知，向河南省荥阳市人民法院提起行政诉讼，要求确认该行政行为违法。2013 年 4 月 18 日，王村镇政府向王村一中作出关于撤销停业通知的通知。2013 年 7 月 3 日，程某在该行政诉讼中申请撤诉，该院审查后依法裁定准许。撤诉后，程某曾向王村镇政府反映相关赔偿问题，终无结果。2014 年 7 月 18 日，程某以邮寄申请书的方式向王村镇政府提出赔偿，王村镇政府在法定期限内未予处理，程某遂向河南省荥阳市人民法院提起诉讼，请求确认被告荥阳市王村镇政府作出并事后撤销本案停业通知的行政行为无效，并支付赔偿金若干元。

河南省荥阳市人民法院在初审判决书中写道：行政处罚应由具有行政处罚权的行政机关在法定职权范围内实施。被告王村镇政府作为乡镇级人民政府，具有管理本行政区域内的经济、教育、科学、文化、卫生、财政、民政等行政工作，维护社会秩序的法定职责，可以参与组织、协调本行政区域的食品安全监督管理工作，但不具有针对餐饮服务活动中的食品安全违法行为作出处罚的行政主体资格。被告王村镇政府依据当地政府文件及民间合同的违约条款，作出责令停产停业的行政行为明显违法，为无效行政行为，自始没有法律效力，被告王村镇政府事后自行撤销其停业通知的行政行为也没有法律依据。

该案中，由于王村镇政府违法行使职权，越权认定并制裁民事合同的违约责任，损害了该案原告程某的合法权益，造成原告程某相关财产损失，根据《国家赔偿法》第 4 条第 1 款“行政机关及其工作人员在行使行政职权时有下列侵犯财产权情形之一的，受害人有取得赔偿的权利：（一）违法实施罚款、吊销许可证和执照、责令停产停业、没收财物等行政处罚的……”的规定，程某有取得赔偿的权利，被告王村镇政府应负赔偿责任。①

① 作者适度删节了案例信息，详参河南省荥阳市人民法院行政赔偿判决书（2015）荥行初字第 2 号。

六、行政赔偿的方式、计算标准和费用

（一）行政赔偿的方式

一般来说，行政赔偿方式是指国家承担行政赔偿责任的方式、手段的总称。根据《国家赔偿法》，行政赔偿应当采取如下方式：

1. 支付赔偿金。即以支付货币的方式支付赔偿金。考虑到现金支付便捷和运用广泛的特质，《国家赔偿法》确立了以“支付赔偿金为主，其他方式为辅”的行政赔偿制度，支付赔偿金被视为最主要的行政赔偿方式。

2. 返还财产。即由赔偿义务机关向受害人返还违法所得的赔偿形式。采用该赔偿方式的前提是存在原物。

3. 恢复原状。即行政机关及其工作人员非法侵害他人财产并造成损坏的，如果受损害的财产能够修理，则由人民法院判决赔偿义务机关通过修理恢复财产原来的状态、性能的赔偿方式。采用恢复原状的方式需要具备如下条件①：（1）恢复原状具有可能性；（2）恢复原状具有必要性；（3）恢复原状不会造成违法后果；（4）恢复原状不影响正常公务的进行。只有具备上述标准时，人民法院方能判决赔偿义务机关采用恢复原状的赔偿方式。

（二）行政赔偿的计算标准

行政赔偿的计算标准是指国家向受害人赔偿所应适用的标准。根据《国家赔偿法》的规定，具体包括如下内容：

1. 人身自由权损害赔偿的计算标准。行政机关及其工作人员执行职务的行为侵犯公民人身自由权的，每日赔偿金的计算标准应当按照国家上年度职工日平均工资计算。

2. 生命健康权损害赔偿的计算标准。行政机关及其工作人员因执行职务的行为侵犯公民生命健康权的，赔偿金计算标准应依据损害结果的严重程度确定：

（1）对于造成身体伤害，但尚未造成残疾的损害行为，赔偿义务机关应当向受害人支付医疗费、护理费，以及赔偿因误工减少的收入。

其中，对于因误工造成的损失，每日的赔偿金应当按照国家上年度职工日平均工资计算。此外，依据受害人的职业特性，立法者规定了最高限额，即不得超过国家上年度职工年平均工资的 5 倍。

（2）对于造成部分或者全部丧失劳动能力的，赔偿义务机关应当向受害人支付医疗费、护理费、残疾生活辅助具费、康复费等因残疾而增加的必要支出和继续治疗所必需的费用，以及残疾赔偿金。

残疾赔偿金应当根据丧失劳动能力的程度，按照国家规定的伤残等级确定，最高不超过国家上年度职工年平均工资的 20 倍。造成受害人全部丧失劳动能力的，对其扶养的无劳动能力的人，还应当支付生活费。

（3）造成受害人死亡的，赔偿义务机关应当支付死亡赔偿金、丧葬费，其总额为国家上年度职工年平均工资的 20 倍。此外，对死者生前扶养的无劳动能力的人，还应当支付生活费。

对于生活费的发放，其标准应当参照当地最低生活保障标准执行。若被扶养的人是未成年

---

① 参见马怀德主编：《中华人民共和国国家赔偿法释义》，中国法制出版社 2010 年版，第 195～196 页。

人，生活费应当给付至18周岁止；对于其他无劳动能力的人，生活费给付至死亡时止。

3. 精神损害赔偿的计算标准。行政机关及其工作人员违法行使职权限制或者剥夺公民人身自由，造成精神损害的，应当承担精神损害赔偿责任。值得注意的是，精神损害赔偿只针对人身权侵权行为，而不针对财产权侵权行为。

根据受害人精神受损的程度，采取不同的赔偿方式：若造成了无严重后果的精神损害，赔偿义务机关应当在侵权行为影响的范围内，为受害人消除影响，恢复名誉，赔礼道歉；若造成了严重后果，则应当支付相应的精神损害抚慰金。

4. 财产权损害赔偿的计算标准。行政机关及其工作人员侵犯公民、法人和其他组织的财产权造成损害的，按照下列规定处理：（1）处罚款、罚金、追缴、没收财产或者违法征收、征用财产的，应当返还财产；（2）查封、扣押、冻结财产的，解除对财产的查封、扣押、冻结，造成财产损坏或者灭失的，依照后述第（3）项、第（4）项的规定赔偿；（3）应当返还的财产被损坏的，能够恢复原状的恢复原状，不能恢复原状的，按照损害程度给付相应的赔偿金；（4）应当返还的财产灭失的，给付相应的赔偿金；（5）财产已经拍卖或者变卖的，给付拍卖或者变卖所得的价款；变卖的价款明显低于财产价值的，应当支付相应的赔偿金；（6）吊销许可证和执照、责令停产停业的，赔偿停产停业期间必要的经常性费用开支；（7）返还执行的罚款或者罚金、追缴或者没收的金钱，解除冻结的存款或者汇款的，应当支付银行同期存款利息；（8）对财产权造成其他损害的，按照直接损失给予赔偿。

（三）行政赔偿费用

一般而言，行政赔偿费用是指“国家用于支付行政赔偿金和恢复原状所支出的费用”①。根据《国家赔偿法》第37条规定，赔偿费用列入各级财政预算。赔偿费用预算与支付管理的具体办法由国务院规定。

第二节 行政补偿

一、行政补偿的含义

（一）行政补偿的概念

行政补偿，在不同的国家或地区又被称作损失补偿、公法上的损失补偿、国家补偿、行政上的损失补偿等。行政补偿制度发轫于近代的财产征用制度，指基于公共利益的需要，行政主体的合法行为使自然人、法人或者其他组织的合法权益遭受特别的损失，由国家给予补偿救济的过程或者法律制度。

在行政补偿的内涵和外延界定上，要注意其与国家补偿的不同。一般认为，行政补偿是国家补偿的一个有机组成部分，国家补偿除了行政补偿之外，还包括对立法权或者司法权的行使产生的损害而给予的补偿，如基于合法行为对犯罪嫌疑人进行逮捕、拘留以及对经审查无罪的人进行的刑事方面的补偿。

（二）行政补偿的特征

1. 行政补偿的前提是行政主体的行为合法。行政补偿的前提是为了实现国家和社会公共

① 姜明安主编：《行政法与行政诉讼法》，北京大学出版社、高等教育出版社2011年版，第597页。

利益而实施的合法行为所造成的损害。行为人的主观过错与补偿责任没有必然的联系，只要是为了公共利益而实施的一切合法行为，都有可能引起行政补偿的发生。

2. 行政补偿的主体是国家。行政补偿的主体是国家，而补偿义务机关是行政机关及其他依法或依委托执行国家行政公务的组织。任何组织、个人均不负担以自己的名义和财产给付行政补偿的义务。

3. 行政补偿的对象是特定的。行政补偿的对象是特定的公民、法人或者其他组织的合法权益所遭受的特别损失。同时，并不是所有损失都可以请求补偿，只有特别损失才可以请求行政补偿。

4. 行政补偿的损失是现实的。行政补偿的损失是现实的，并且损失的发生必须与行政主体的合法行为之间有因果关系。没有实际损失的存在，行政补偿便无以发生，因此行政补偿的金额一般以填补公民因行政主体的合法行为导致的直接损失为限。此外，因果关系也必不可少，如果某一行政主体的合法行为与某行政相对人的权益受损之间毫无因果关系，就不可能导致行政补偿的发生。

5. 行政补偿的范围一般由法律法规加以明确规定。除了法律法规可以规定行政补偿外，规章、政策也可以成为行政补偿的依据。对于没有明确法律依据的补偿领域，只能采取其他补救途径，而不能进行行政补偿。

6. 行政补偿的方式多样。行政补偿的方式具有多样性，支付补偿金、返还财产、恢复原状是行政补偿最基本的三种方式。此外，还可以从生产、生活和就业等方面加以妥善安置，或者给予产业政策倾斜、税收优惠等措施，以实现补偿的目的，如现物补偿、移民安置、给予医疗或者抚恤、办理农转非等。

7. 行政补偿的强制性。行政补偿的强制性，一方面是指行政主体作出的引起行政补偿的行为具有强制性，有关行政相对人必须服从，而不得阻碍或拒绝其实行，如土地征收行为及人民警察在执行紧急公务时征用有关公民、组织的物品的行为，这些行为都具有公益的目的，不能由当事人自行任意拒绝；另一方面是指行政补偿的规定对行政主体有法定的强制力，行政补偿不是国家给予个人的一种恩赐，而是因特定情况的发生，国家对人民所负有的一种义务，是国家的职责。也就是说，只要发生了法定事由，行政主体就必须进行补偿，如果行政主体拒绝或怠于履行这一义务，受损失方有权提起行政复议或行政诉讼。

二、行政补偿的标准

行政补偿的标准指的是行政主体在对相对人进行补偿救济确定补偿数额、方式时所应遵循的准则，也可以说是对相对人遭受的损失应该弥补到什么程度的具体阐述。有关行政补偿的理论仅仅论证了必须对相对人经济上进行补偿，但具体的补偿标准与各国经济发展水平以及采用的经济政策有关。通常，经济发达的国家具有较强的物质实力，可以考虑对遭受损失的相对人实行充分而完全的补偿，而另外的国家为了实现社会公平以及防止个别因此而产生的投机行为，大多采用不完全补偿或相当补偿的标准。

各国在行政补偿的标准上各不相同，一般来说，目前存在三种行政补偿标准①：一是完全补偿，也称全额补偿，即对于行政相对人因公共利益受到的特别损失，国家应予以全部补偿，

---

① 参见陈泉生：《行政法的基本问题》，中国社会科学出版社 2001 年版，第 189~191 页。

以使当事人的合法权益恢复到受损前的状况。补偿应包括一切附带损失，即补偿不仅限于征用、征收的客体，还包括与该客体有直接或间接关联以及因此延伸的一切经济上和非经济上的利益。二是不完全补偿，即补偿应限于被征用、征收财产的价值；对可以量化的财产上的损失、迁移损失以及各种必要费用等具有客观价值而又能举证的具体损失，应给予适当的补偿；对于难以量化的精神上的损失、生活权的损失等个人主观价值的损失，不应予以补偿。三是相当补偿，即在对征收、征用行为确定补偿时要对公共利益和行政相对人利益进行公正的权衡，根据不同情况采用完全补偿标准或不完全补偿标准。

我国的行政补偿标准规定在法律、法规等规范性文件中，且没有统一的固定表述。具体来看，在我国，有关行政补偿标准的规定主要有三种：一是全额补偿。我国法律规定给予“市场价格”补偿（如《矿产资源法实施细则》第21条）的，即属于全额补偿。此外，法律规定以返还财产或恢复原状的方式给予补偿的，一般也认为属于全额补偿。二是相当补偿（或称酌量补偿）。我国法律大都规定了给予“适当”补偿（如《国防法》第48条）、“相应”补偿（如《戒严法》第17条），此即属于相当补偿。三是不规定行政补偿的标准，而直接规定补偿数额（如《土地管理法》第47条）。

三、行政补偿的构成要件

行政补偿制度不像行政赔偿，有统一的《国家赔偿法》来规范运行的要件。行政补偿作为行政法上的一种制度，其合法性、正当性来源于宪法及其他法律、法规等规范性文件规定的征用、征收条款，因此行政补偿的构成要件，也是依据不同的立法规范之规定而体现出来的。一般认为，行政补偿的构成要件包括四个方面的内容：行政补偿的主体要件、行为要件、特别损失要件、行为与特别损失之间的因果关系要件。

（一）行政补偿的主体要件

行政补偿义务主体，又被称为行政补偿义务人或行政补偿义务机关，是指承担具体补偿责任的人或组织。从实质上讲，补偿既为行政补偿，即是由国家公权力行为引起的，补偿的义务主体应是国家，但由于国家是一个抽象的政治主体，行政相对人无法直接请求抽象的国家承担具体的补偿义务，因而许多国家都采取了“国家责任，机关补偿”的做法。其中代表国家承担行政补偿责任的机关即为行政补偿义务主体。同时如果存在其他的受益的行政主体，则应当进行内部的公平补偿。

由于行政相对人一般必须通过行政补偿义务主体才能获得补偿，因而确定行政补偿义务主体就具有十分重要的意义。一般来说，行政补偿的义务主体，可以分为如下类型：

1. 行政机关及其工作人员为实现公共利益而合法行使职权，给公民、法人或其他组织的合法权益造成损失的，以该行政机关为行政补偿义务主体。这是行政补偿义务主体的一般类型，不论法律规定的是“国家”“政府”“当地政府”“地方政府”还是“政府主管部门”，都要由具体的造成损失结果的行政机关来落实补偿事项，因此可以把这一行政机关作为行政补偿的主体。同时，如果法律没有作出明确的规定，也可参照这样的原则确定。如对外资企业的征收补偿，《外资企业法》并未明确规定行政补偿义务主体，但被征收的外资企业可以以作出征收决定的行政机关为行政补偿的义务主体。

2. 对于公民、法人或其他组织因维护社会公共利益受到特别损失，以负有维护该特定公共利益义务的行政机关为行政补偿义务主体。对于因协助行政机关执行职务受到特别损失，法律未明确规定行政补偿义务主体的，可以该行政机关为行政补偿义务主体。如《人民警察法》第34条第2款规定："公民和组织因协助人民警察执行职务，造成人身伤亡或者财产损失的，应当按照国家有关规定给予抚恤或者补偿。"对于因"见义勇为"而受到特别损失，法律没有明确规定行政补偿义务主体的，应考虑以该行为发生地的县级以上人民政府为行政补偿义务主体。

（二）行政补偿的行为要件

行政补偿的行为要件包括两个方面，即行政主体的行为合法与行政主体的行为目的是公共利益。合法的行为与公共利益的存在是对行政主体行为给相对人所造成的损失给予补偿救济的前提。如果是行政主体的违法行为造成了相对人的损失，行政主体所应承担的就是行政赔偿责任，不存在行政补偿的问题；如果行政主体的行为不是为了公共利益，那么其造成的损失应由其自身来承担，也就根本谈不上"特别牺牲"由"公共负担"的后果。

公共利益，指的是公共的利益，也可以说一定范围内不特定多数人的利益。但是，公共利益的概念不同于一般的法律概念，其最特别之处，在于其概念内容的不确定性。这种内容的不确定性，可以表现为其利益内容的不确定性及受益对象的不确定性两个方面。①

由于公共利益的内容具有不确定性，而且是由变动的社会、国家法秩序的价值概念来判断的，因此国家公共利益的要求往往会因不同的价值标准而有差异，以致在同一事件上，不同的公共利益会产生冲突，如环境保护与经济建设所带来的公共利益比较问题。这样，就需要在诸多已存在的、有待进一步斟酌的价值标准之中，选择一个最优先考虑的价值标准，作为公共利益。此时的公共利益是最高层次的公共利益，是重大的公共利益。

就我国而言，基于目前的征用、征收活动的范围已大大超出了公共目的的现状，对作为行政补偿要件的公共利益，应从实体与程序两方面严格加以界定，以保证行政主体行为的合法性。实体上要借鉴国外发达的法律制度，对公共利益的内涵进行列举加概括式的界定，以明确公共利益的范围，消除当前行政主体行为动辄以"公共利益"自居的局面。同时还必须从程序出发，严格约束行政主体的各项行为，以宪政框架下的民主决策程序限制权力滥用，以此防止恣意地决定公共利益含义的行为。

（三）行政补偿的特别损失要件

行政补偿中的特别损失，指的是特定的公民、法人或其他组织因行政主体的合法行为而造成的实际损失。行政机关等行政主体的合法行为必须对公民、法人或其他组织的合法权益造成了可以用金钱计算的实际损失或其他显而易见的损失，这是运行行政补偿的结果要件。如果行政主体的合法行为实施过程中没有导致相对人的权益受损，就根本不涉及行政补偿问题。

确立行政补偿责任的主要目的在于弥补行政相对人的损失，但是，并不是所有的损失都能够得到补偿，损失必须具有某种法律性质，才能得到补偿。这些法律性质包括：一是损失必须是特定人的损失，即为一个人或一部分人所特有，而非一般人所共有的损失；二是损失必须是特别的损失，只有当损失超过人们所应承受的合理负担，构成特别损失时，才有补偿的必要；三是损失必须是已经发生的、确实存在的现实损失，将来的损失如其发生已不可避

① 参见陈新民：《德国公法学基础理论》（上册），山东人民出版社2001年版，第182页。

免，也视为已经发生的损失；将来可能发生的不确定的损失，不是现实的损失，不引起补偿责任。

从行政补偿的立法及实践来看，其所称的特别损失，与民法上的损失基本相同，包括物质损失与精神损失、直接损失与间接损失等。关于应予补偿的损害范围，一般认为，不仅应当包括直接损失，还应当包括一定范围的间接损失；不仅应当包括物质损失，也应当包括精神损失。

（四）行政补偿的因果关系要件

行政补偿责任，必须基于公共利益与特别损失之间存在某种客观联系才能产生。因果关系是连接责任主体与损失的纽带，是责任主体对损失承担法律责任的基础与前提，缺失了这种因果关系，那么行为人就没有义务对损失负责，也就不存在行政主体对相对人的损失实施补偿救济了。为了公共利益而实施的合法行为引起损失的事实是原因，行政相对人所遭受的损失是结果，二者之间存在的因果关系是行政补偿运行的必要条件。

我国现行的行政补偿制度要件中的因果关系，尽管理论上还存在争议，但大多数认为应采用直接因果关系学说。① 即行为与结果之间存在着逻辑上的直接的关系，其中行为并不要求是结果的必然或根本原因，而仅仅是导致结果发生的一个较近的原因即可。至于其间关联性的紧密程度，则完全要根据具体的事例来决定。

四、行政补偿的程序

行政补偿程序，是指行政补偿的实现步骤、方式、顺序、手续和时限的总称。行政补偿作为一种行政行为，其作出必须遵守法律规定的程序。否则，受损失人除了会和补偿义务主体产生一般实体意义上的补偿纠纷外，还会因补偿行为的程序违法引发违法侵权纠纷，引起对行政主体违反程序规定作出的补偿行为提起的行政复议、行政诉讼。我国目前尚无统一的行政程序法，也没有统一的行政补偿程序的规定，虽然有部分单行法律法规为行政补偿规定了较为完整的行政程序，如土地征用补偿程序与城市房屋拆迁程序，但从整体上讲，大部分行政补偿程序尚未法律化。因此在当前行政补偿制度的组织法、行为法缺乏的情况下，对其进行具体的、可操作的规范的程序立法，就显得极为重要。

从国外的行政补偿程序来看，一般来讲，征用的补偿程序是整个征用制度的重要组成部分，包括了行政阶段与司法阶段两个环节。补偿程序的规定大多数体现在征收、征用法典或单行法律中，与征收、征用的申请、调查、批准等程序互为独立的程序。

我国行政补偿法律制度体系复杂，法律规范繁多。但具体到行政补偿程序上，具有详细规定的却很少。相对来讲，我国的土地征用补偿程序与城市房屋拆迁补偿程序因有较完备的法律规范而比较成熟，本章的论述也以这两个程序为基础。

（一）事先补偿程序

我国国有土地上房屋征收与补偿制度中都规定了事先补偿程序。从这个制度的有关规定来看，事先补偿程序主要包括通知或公告、补偿登记并听取意见、审查或调查、协商并签订补偿协议、补偿争议的行政处理、补偿争议的救济、给付补偿等。

1. 通知或公告。通知或公告的目的是及时通知与行政补偿有利害关系的人参加补偿的协

---

① 参见皮纯协、冯军主编：《国家赔偿法释论》，中国法制出版社 1994 年版，第 86 页。

商，使可能受到影响的行政相对人和第三人能适时维护自身利益。通知主要适用于补偿义务机关单方面作出补偿决定的情形。被补偿人和补偿义务机关签订协议的，一般在签订协议时即已知晓补偿的内容，不存在通知的问题。同时，补偿义务主体还应当告知当事人对补偿决定不服的救济程序。公告是通知的一种方式，是指补偿义务机关将补偿的范围、标准、程序等有关事项以适当的方式予以公布。行政补偿的公告程序是信息公开和切实保障公民“知情权”的要求，一般情况下，行政机关都要履行这一程序，便于申请人了解有关补偿的事项，提高补偿的透明度。如《土地管理法实施条例》规定，征收土地方案经依法批准后，被征收土地所在地的市、县人民政府应将批准征地机关、批准文号，征收土地的用途、范围、面积，征地补偿标准，农业人员安置办法和办理征地补偿的期限等，在被征收土地所在地的乡（镇）、村予以公告。《国有土地上房屋征收与补偿条例》第 13 条也规定，市、县级人民政府作出房屋征收决定后应当及时公告。公告中应当载明征收补偿方案和行政复议、行政诉讼权利等事项。

2002 年 1 月 1 日，国土资源部颁布了《征用土地公告办法》①，对征用土地的公告工作进行了详细的规范。规定征地补偿安置方案公告应当包括下列内容：“（一）本集体经济组织被征收土地的位置、地类、面积，地上附着物和青苗的种类、数量，需要安置的农业人口的数量；（二）土地补偿费的标准、数额、支付对象和支付方式；（三）安置补助费的标准、数额、支付对象和支付方式；（四）地上附着物和青苗的补偿标准和支付方式；（五）农业人员的具体安置途径；（六）其他有关征地补偿、安置的具体措施。”

2. 补偿登记并听取意见。登记是指被补偿人根据行政机关的公告，认为自己符合有关条件的，可以按照公告规定的期限和方式向有关的补偿义务主体提出补偿的请求。如《土地管理法》规定，被征用土地的所有权人、使用权人应当在公告规定期限内，持土地权属证书到当地人民政府土地行政主管部门办理征地补偿登记。另外，补偿义务主体还应听取被补偿人对补偿标准、金额等补偿事项的意见。一般而言，被补偿人比行政补偿义务主体更清楚自己的损失程度，因而听取被补偿人的意见有助于行政补偿义务主体确定补偿的内容，而且充分地听取被补偿人的意见也是从程序上保障被补偿人权利的基本要求。

3. 审查或调查。审查或调查，是指补偿义务主体对受理当事人补偿登记申请，对当事人提供的证据材料的真实性和有效性进行审查和调查的活动。审查和调查的方式包括书面审查和实地勘察。审查机关根据不同的情况，采取不同的审查和调查方式，来验证申请人提出的证据、材料是否真实，是否符合补偿条件。当然，审查或调查最有力的手段，是举行听证会进行调查。对于被补偿人提出的有关事实应当复核，认为其主张成立的，应当采纳。对有关事实存有疑问的，应当在调查后决定是否采纳。如在国有土地上房屋征收过程中，房屋征收部门应当对房屋征收范围内房屋的权属、区位、用途、建筑面积等情况组织调查登记，被征收人应当予以配合。

4. 协商并签订补偿协议。行政补偿义务主体在经过审查或调查后，在合法、自愿的前提下，可以就是否应当补偿，以及补偿的范围、方式、标准与申请人进行协商，如协商能达成一致意见，可以签订协议。否则，行政补偿义务主体可以依职权单方面作出决定。协商制度可以

① 2010 年 11 月 29 日，国土资源部第 6 次部务会议决定将《征用土地公告办法》的名称修改为《征收土地公告办法》。

取得行政相对人对行政机关所推行的补偿政策的理解和支持，协调可能发生的公共利益和其他程序参加者的利益之间的关系，获得双赢甚至多赢的均衡方案。

补偿协议是指在充分协商的基础上达成的补偿书面协议。该协议用来防止与解决纠纷。如《国有土地上房屋征收与补偿条例》规定，房屋征收部门与被征收人依照本条例的规定，就补偿方式、补偿金额和支付期限、用于产权调换房屋的地点和面积、搬迁费、临时安置费或者周转用房、停产停业损失、搬迁期限、过渡方式和过渡期限等事项，订立补偿协议。同样，在土地征收补偿中，有关市、县人民政府土地行政主管部门采用举行听证会等方法听取被征地农村集体经济组织、农村村民或者其他权利人对征地补偿、安置方案的不同意见，并依照有关法律、法规对批准征用土地方案进行修改的做法，也可被视为补偿行为双方协商的过程。

5. 补偿争议的行政处理。对现行行政补偿争议的处理方式，主要有行政调解、行政裁决、行政复议。

土地征用补偿中的行政处理程序主要适用以下情形：未履行告知义务，未履行登记义务，没有按批准后公告的征地补偿、安置方案进行补偿和安置，迟延履行征地补偿、安置责任，征地补偿方案被裁决违法或不当，侵占、挪用征地补偿费和其他费用等。如《土地管理法实施条例》规定，对补偿标准有争议的，由县级以上人民政府进行协调；协调不成的，由批准征收土地的人民政府裁决。《征用土地公告办法》规定，因未按照依法批准的征用土地方案和征地补偿、安置方案进行补偿、安置引发争议的，由市、县人民政府协调；协调不成的，由上一级地方人民政府裁决。对地方政府的行政裁决不服的，当事人可以按照《行政复议法》的规定，向有管辖权的行政机关提起行政复议。

《国有土地上房屋征收与补偿条例》则规定房屋征收部门与被征收人在征收补偿方案确定的签约期限内达不成补偿协议，或者被征收房屋所有权人不明确的，由房屋征收部门报请作出房屋征收决定的市、县级人民政府依照该条例的规定，按照征收补偿方案作出补偿决定，并在房屋征收范围内予以公告。被征收人对补偿决定不服的，可以依法申请行政复议。

6. 补偿争议的救济。补偿争议的救济指的是行政诉讼途径的司法救济。如果被补偿人和补偿义务主体达不成一致协议，行政补偿义务主体所作的补偿决定又不为被补偿人所接受，被补偿人可按照法律规定申请有关机关裁决，对裁决不服的，可以提起行政诉讼。如《国有土地上房屋征收与补偿条例》第 26 条规定，被征收人对补偿决定不服的，可以依法申请行政复议，也可以依法提起行政诉讼。当然，按照《行政复议法》的规定，对有关行政补偿的行政裁决不服，可向上一级行政机关提起行政复议；对行政复议决定不服的，仍然可以向人民法院提起行政诉讼。需要注意的是，根据国务院或者省、自治区、直辖市人民政府对行政区划的勘定、调整或者征收土地的决定，省、自治区、直辖市人民政府确认土地所有权、使用权的行政复议决定为最终裁决。

7. 给付补偿。在行政补偿协议书、行政补偿决定书、行政补偿判决书或者行政补偿调解书生效后，行政补偿义务主体应当按照补偿协议书或者其他生效的法律文书所确定的内容对行政相对人给付补偿费。

（二）事后补偿程序

一般来说，行政补偿的事后补偿程序应包括：

1. 受损人提出行政补偿申请。受损人应该在法律规定的期限内以书面形式向行政补偿义务主体提出补偿请求。申请书的内容一般包括申请人的基本情况、要求行政补偿的事实和法律依据（附上相关的法律文书、证明材料）、具体的行政补偿请求、提出申请的时间等。

2. 行政补偿义务主体对申请进行审查，必要时可以依法进行调查。行政补偿义务主体在收到行政补偿请求书后，要进行初步审查；经审查，认为申请人所主张的事实成立，依法需要给予补偿的，决定受理，并通知申请人。如果对申请人提出的事实存在疑问，则应进行调查，以便确定受损事实是否存在及其具体范围；如果经审查或调查发现申请人所主张的事实不成立，或者没有法律根据，则不予受理，并向申请人说明理由。

3. 协商补偿方案。行政补偿义务主体在经过审查、调查、初步确定申请人的受损事实之后，在坚持合法、自愿原则的前提下，可以就补偿的范围、方式、标准与申请人进行协商。

4. 签订补偿协议或者作出补偿决定。行政补偿义务主体和申请人就补偿方案达成协议的，应签订行政补偿协议书。双方签字后该协议书即发生终局法律效力。如果双方经过协商，不能达成协议的，行政补偿义务主体可以依职权单方面作出行政补偿决定。

5. 提起行政补偿诉讼。申请人向行政补偿义务主体提出行政补偿请求后，其请求如被行政补偿义务主体拒绝，或者是行政补偿义务主体虽然受理了申请，但拒绝补偿或不能和申请人达成协议，其所作出的补偿决定也不为申请人所接受的，申请人可自行政主体拒绝补偿之日或者是补偿决定送达之日起 3 个月内向人民法院提起行政补偿诉讼。

【引导案例】

2015 年 5 月 18 日，刘某等人向沈阳市中级人民法院起诉称：沈阳市政府及其相关职能部门违法招商引资，批准设立沈阳万象生物技术有限公司（以下简称万象公司），并在媒体号召城乡居民、下岗职工、农村富余劳动力参与合作养殖。刘某等人为此向万象公司缴纳集资款 745 000 元。由于沈阳市政府疏于监管，万象公司从事非法金融业务，于 2003 年 12 月被公安机关依法查封。刘某等人因此遭受巨大经济损失。请求：判令沈阳市政府返还刘某等人集资款 745 000 元及自 2003 年 12 月 13 日至今的银行同期贷款利息。①

问题：1. 刘某等人的诉讼请求，是否属于人民法院受案范围？

2. 原告主张沈阳市政府对万象公司负有监管不严的责任，致使当事人遭受经济损失。对此，沈阳市政府是否应予赔偿？为什么？

解析：1. 刘某等人的诉讼请求，不属于人民法院受案范围。根据《行政诉讼法》第 2 条及《行政诉讼法司法解释》第 1 条第 2 款第 10 项的规定，行政机关和行政机关工作人员的行政行为使公民、法人或者其他组织合法权益遭受侵犯，受害人向人民法院提起诉讼的，属于行政诉讼的受案范围。行政机关以外的公民、法人或者其他组织实施的行为给当事人造成损害的，应当由造成损害的人承担法律后果，而不应当由行政机关承担法律后果。

该案中，万象公司实施的集资行为给刘某等人造成经济损失，应由该公司承担相应的法律责任，因而不属于人民法院的受案范围。

---

① 案例来源于最高人民法院行政裁定书（2016）最高法行申 616 号，作者对案例信息有所删节。

2. 沈阳市政府不应当承担赔偿责任。最高人民法院指出：行政机关不履行法定职责造成公民、法人或者其他组织人身、财产损害的，应当依法承担相应的行政赔偿责任。但其前提条件是：第一，存在对具体的当事人不履行特定职责义务的违法事实；第二，造成了当事人人身、财产实际损失；第三，不履行特定法定职责义务的行为，与当事人受到的实际损失之间存在因果关系。

该案中，刘某等人虽主张沈阳市政府未尽监管职责造成其集资款不能返还，但其所主张的未履行监管职责，仅仅是认为沈阳市政府未履行法律规定的抽象的监管职责，而不是沈阳市政府对其负有的特定职责。即使刘某等人确有损失，因损失与抽象的不作为行为之间缺乏因果联系，亦不属于行政赔偿的范围。

【练习案例】

2007 年 3 月，李某为应付考试找陈某联系买假身份证，陈某又与许某联系，并将 200 元钱和照片交给许某。3 月中旬，陈某和李某到某市老城区找许某要身份证，双方用手机约定，在某地见面。许某将身份证交给李某时，被某市公安局老城区派出所干警当场抓住，李某、陈某和许某被带往派出所。途中，干警把陈某等人用手铐铐住，并动用警棍殴打陈某等人，造成陈某等人多处受伤。事后，陈某等人认为，某市公安局老城区派出所干警违法使用警械，对因此而造成的严重后果应予赔偿。

问题：请结合相关法律知识，对某派出所干警是否应承担行政赔偿责任进行分析。

【测试题】

一、名词解释

1. 行政赔偿
2. 行政补偿
3. 行政追偿
4. 行政先行处理程序

二、思考题

1. 行政赔偿的范围是如何规定的？
2. 如何确定行政赔偿的计算标准？
3. 行政赔偿的归责原则是什么？
4. 行政补偿的标准有哪些？

【扩展阅读】

1. 皮纯协、冯军主编：《国家赔偿法释论》，中国法制出版社 1994 年版。
2. 沈岿：《国家赔偿法：原理与案例》，北京大学出版社 2011 年版。
3. 张正钊主编：《国家赔偿制度研究》，中国人民大学出版社 1996 年版。
4. 姜明安主编：《行政法与行政诉讼法》，北京大学出版社、高等教育出版社 2015 年版。
5. 曾世雄：《损害赔偿法原理》，中国政法大学出版社 2001 年版。

6. 沈开举主编:《行政补偿法研究》，法律出版社 2004 年版。

7. 江必新、梁凤云、梁清:《国家赔偿法理论与实务》（上、下卷），中国社会科学出版社 2010 年版。

8. 杨建顺:《行政规制与权利保障》，中国人民大学出版社 2007 年版。

本章自测自评

参 考 书 目

1. 最高人民法院行政审判庭编著:《最高人民法院行政诉讼法司法解释理解与适用》(上、下),人民法院出版社 2018 年版。

2. 姜明安主编:《行政法与行政诉讼法》,北京大学出版社、高等教育出版社 2015 年版。

3. 余凌云:《行政法讲义》,清华大学出版社 2010 年版。

4. 沈岿:《国家赔偿法:原理与案例》,北京大学出版社 2011 年版。

5. 江必新、梁凤云:《行政诉讼法理论与实务》,北京大学出版社 2011 年版。

6. 何海波:《行政诉讼法》,法律出版社 2016 年版。

7. 章志远:《个案变迁中的行政法》,法律出版社 2011 年版。

8. 蒋红珍:《论比例原则——政府规制工具选择的司法评价》,法律出版社 2010 年版。

9. 应松年主编:《公务员法》,法律出版社 2010 年版。

10. 杨建顺:《行政强制法 18 讲》,中国法制出版社 2011 年版。

11. 李广宇:《政府信息公开司法解释读本》,法律出版社 2011 年版。

12. 章剑生:《行政听证制度研究》,浙江大学出版社 2010 年版。

13. 王万华:《中国行政程序法典试拟稿及立法理由》,中国法制出版社 2010 年版。

14. 江必新、梁凤云、梁清:《国家赔偿法理论与实务》(上、下卷),中国社会科学出版社 2010 年版。

15. 马怀德主编:《司法改革与行政诉讼制度的完善:〈行政诉讼法〉修改建议稿及理由说明书》,中国政法大学出版社 2004 年版。

16. 胡建淼主编:《行政诉讼法修改研究:〈中华人民共和国行政诉讼法〉法条建议及理由》,浙江大学出版社 2007 年版。

17. 冯军:《行政处罚法新论》,中国检察出版社 2003 年版。

18. 杨小君:《行政处罚研究》,法律出版社 2002 年版。

19. 胡锦光、刘飞宇:《行政处罚听证程序研究》,法律出版社 2004 年版。

20. 甘文:《行政诉讼证据司法解释之评论——理由、观点与问题》,中国法制出版社 2003 年版。

21. 马怀德主编:《行政诉讼原理》,法律出版社 2003 年版。

22. 吕立秋:《行政诉讼举证责任》,中国政法大学出版社 2001 年版。

23. 高家伟:《行政诉讼证据的理论与实践》,工商出版社 1998 年版。

24. 薛刚凌:《行政诉权研究》,华文出版社 1999 年版。

25. 曾祥瑞:《行政救济论》,人民出版社 2002 年版。

26. 胡锦光主编:《中国十大行政法案例评析》,法律出版社 2005 年版。

后　记

在我国建设社会主义法治国家的大背景下，行政法治建设和发展成为我国法治建设中最耀眼的一部分，几乎每一部涉及行政管理的法律制定过程都牵动着整个社会的神经；与此同时，行政法学也成为法学中的显学，越来越多的社会精英投入到行政法学的研究之中，行政法学也以前所未有的速度发展着，中国的行政法学者与任何法治发达国家的行政法学者坐在一起，有着共同的话语；近年来制定的涉及行政管理的法律，也几乎与发达国家的法律有着相同的制度规定。

但是，不可否认的是，中国又是一个比较缺乏法治传统和法治基础的国家，在行政法方面同样如此。虽然一些制度性规定本身非常先进，但在实施过程中却产生了变异。听证就是一个突出的例证。因此，在中国学习和研究行政法，如何将先进的理念、制度与中国的社会客观实际相结合，是一个巨大的挑战和艰巨的课题。

本教材试图在上述两者之间寻找一种平衡，既要向学生阐释先进的行政法治理念，又要从中国的社会实际出发，体现一种实用性。本教材作者力图在以下三个方面有所突出：

第一，本教材是一本教材，我们理解，作为教材，其最基本的要素是“基本”和“描述性”。所谓基本，即基本概念、基本原理、基本制度；所谓描述性，即使用通说最客观地说明本学科的基本内容，而不能单纯地采用作者的观点和讨论具有争议的问题。

第二，本教材是一本法学教材，因此，应当以法学思维、法律语言阐释制度和问题，突出法学学科的自身规律性。我们理解这是法学教材区别于其他学科教材的特点。

第三，本教材是一本具有实用性的教材，它既要适应法学本科生对于行政法与行政诉讼法学的学习要求，还要适应学生参加国家统一司法考试的要求。因此，本教材从体例到内容，不仅参考和依据了教育部确定的作为法学核心课程之一的行政法与行政诉讼法的教学大纲及基本知识点，还参考和依据了国家统一司法考试中的行政法与行政诉讼法部分的考试大纲及基本知识点。

本教材的编写程序是：由主编、副主编先编写出大纲，再由各位参编的作者对大纲进行讨论；各位作者写出初稿后，由主编和副主编统改定稿。本教材吸收了全国诸多法律院校对行政法学有所研究的中青年学者共同参与编写，作为主编，对这些作者的积极而认真的参与，表示衷心的谢意！

我十分相信，各位作者已经尽了自己的最大努力来编写所承担的内容，但要编写出一部让读者满意的教材，仍然是一个挑战。因此，由衷地希望读者诸君能够在学习过程中，对本教材所存在的问题提出批评和富有建设性的意见。

胡锦光

2007年6月26日

郑重声明

高等教育出版社依法对本书享有专有出版权。任何未经许可的复制、销售行为均违反《中华人民共和国著作权法》，其行为人将承担相应的民事责任和行政责任；构成犯罪的，将被依法追究刑事责任。为了维护市场秩序，保护读者的合法权益，避免读者误用盗版书造成不良后果，我社将配合行政执法部门和司法机关对违法犯罪的单位和个人进行严厉打击。社会各界人士如发现上述侵权行为，希望及时举报，本社将奖励举报有功人员。

反盗版举报电话　(010) 58581999　58582371　58582488

反盗版举报传真　(010) 82086060

反盗版举报邮箱　dd@hep.com.cn

通信地址　北京市西城区德外大街4号

　　　　　高等教育出版社法律事务与版权管理部

邮政编码　100120